国家社科基金
GUOJIA SHEKE JIJIN HOUQI ZIZHU XIANGMU
后期资助项目

国家社科基金
GUOJIA SHEKE JIJIN HOUQI ZIZHU XIANGMU
后期资助项目

宏观经济测算的前沿问题：

国民经济账户的新设计

A New Architecture for the U.S. National Accounts

D.W. 乔根森（Dale W. Jorgenson）
〔美〕 J.S. 兰德菲尔德（J. Steven Landefeld） 编
W.D. 诺德豪斯（William D. Nordhaus）
伍晓鹰 许宪春 高敏雪 施发启 等译

北京大学出版社
PEKING UNIVERSITY PRESS

著作权合同登记号 图字:01-2009-7710号
图书在版编目(CIP)数据

宏观经济测算的前沿问题:国民经济账户的新设计/(美)乔根森(Jorgenson,D. W.),(美)兰德菲尔德(Landefeld,J. S.),(美)诺德豪斯(Nordhaws,W. D.)编;伍晓鹰等译.—北京:北京大学出版社,2013.9
ISBN 978-7-301-22639-1

Ⅰ.①宏… Ⅱ.①乔… ②兰… ③诺… ④伍… Ⅲ.①国民经济-研究-美国 Ⅳ.①F171.241

中国版本图书馆CIP数据核字(2013)第129159号

A New Architecture for the U. S. National Accounts / edited by Dale W. Jorgenson, J. Steven Landefeld, and William D. Nordhaus
ISBN: 0-226-41084-6 (cloth)
0-226-41084-6 (paper)
Licensed by The University of Chicago Press, Chicago, Illinois, U. S. A.

书　　名: **宏观经济测算的前沿问题**——国民经济账户的新设计
著作责任者: 〔美〕D. W. 乔根森 J. S. 兰德菲尔德 W. D. 诺德豪斯 编
伍晓鹰 许宪春 高敏雪 施发启 等译
责任编辑: 郝小楠
标准书号: ISBN 978-7-301-22639-1/F·3640
出版发行: 北京大学出版社
地　　址: 北京市海淀区成府路205号 100871
网　　址: http://www.pup.cn
电子信箱: em@pup.cn QQ:552063295
新浪微博: @北京大学出版社 @北京大学出版社经管图书
电　　话: 邮购部 62752015 发行部 62750672 编辑部 62752926
出版部 62754962
印 刷 者: 北京宏伟双华印刷有限公司
经 销 者: 新华书店
730毫米×1020毫米 16开本 40.75印张 685千字
2013年9月第1版 2013年9月第1次印刷
定　　价: 98.00元

中文版序

D. W. 乔根森　J. S. 兰德菲尔德　W. D. 诺德豪斯

在2004年4月于华盛顿召开的收入与财富研讨会（CRIW）年会上，我们和我们的合作者提交了《美国国民经济账户的新设计》①。它所实施的第一步就是将由美国经济分析局（BEA）和联邦储备委员会（FRB）开发的宏观经济账户整合起来。② 它不仅整合了联邦储备委员会的资金流量账户（FFA）和美国经济分析局的国内收入与生产账户（NIPAs）③，同时也将这两者和联合国的2008年国民经济账户体系（SNA 2008）连接起来了。

本书中提出的新框架，对于中国国家统计局和其他统计机构根据SNA 2008标准对现有国民经济账户所进行的调整，是非常有用的。它对在国民经济核算中遵循国际标准，以确保中国和其他国家之间的可比性，是至关重要的。新框架的重要性也在于，它可以将新的信息纳入以福利和生产同时作为基础的，对经济表现进行测算的中国国民经济账户中。

2008年1月，美国国民经济账户的新核算框架被美国商务部部长的21世纪经济测算创新咨询委员会所认可④：

> "新框架"下的国内收入与生产账户将包括一整套比以往更准

---

① Jorgenson, Landefeld, and Nordhaus (2006), eds., *A New Architecture for the U. S. National Accounts*, Chicago, University of Chicago Press.

② Albert M. Teplin, Rochelle Antoniewicz, Susan Hume McIntosh, Michael Palumbo, Genevieve Solomon, Charles Ian Mead, Karin Moses, and Brent Moulton (2006), "Integrated Macroeconomic Accounts for the United States: Draft SNA-USA," in Jorgenson, Landefeld, and Nordhaus (2006), eds., pp. 471—540. 如果要了解目前通过整合宏观经济账户所得到的数据，可参见 http://www.bea.gov/national/nipaweb/Ni_FedBeaSna/Index.asp。

③ 有关开发这些账户的计划的讨论，参见 Marco Cagetti, Elizabeth Holmquist, Lisa Lynn, McIntosh, and David Wasshausen (2013), "The Integrated Macroeconomic Accounts of the United States," in Jorgenson, Landefeld, and Paul Schreyer (2013), eds., *Measuring Sustainability and Progress*, Chicago, University of Chicago Press。

④ Advisory Committee on Measuring Innovation in the 21st Century Economy (2008), *Innovation Measurement: Tracking the State of Innovation in the 21st Century Economy*, Washington, DC, Department of Commerce, January.

确、内部一致性更强的统计表，如收入报表、资产负债表、资金流量报表以及对整个经济和分产业的生产率估算表。①

2009年5月，为了回答创新咨询委员会的建议，美国经济分析局和劳工统计局公布了一个整合的生产账户，将多要素（全要素）生产率的测算与国内收入与生产账户（NIPAs）连接起来了。② 以往，在NIPAs和SNA中对生产率统计的遗漏，使对美国经济增长因素的分析遇到了严重的障碍。此外，生产率估计也是预测美国未来经济增长的基础。③

经济分析局和劳工统计局的 Fleck，Rosenthal，Russell，Strassner 和 Usher（2013）将新框架下1998—2010年间的国内收入与生产账户分解到65个行业水平。④ Jorgenson，Ho 和 Samuels（2013）已经将这个行业层面的账户扩展到了1947—2010年。⑤ 其方法与 Jorgenson，Ho 和 Stiroh（2005）所采用的方法一致，同时也符合 Schreyer 的《OECD 生产率手册》中所建立的国际标准。Jorgenson 和 Schreyer（2013）也已经说明了如何将 Jorgenson，Ho 和 Samuels（2013）行业层面的生产账户同2008年的SNA标准整合起来。⑥

目前，五个欧洲国家，以及澳大利亚、加拿大和美国的国民经济账户已经实现了同其行业层面生产账户的整合。欧盟的 KLEMS 项目也已经对27个欧盟成员国中的25个开发了系统的生产账户，涵盖了投入要素中的

---

① The Advisory Committee on Measuring Innovation in the 21st Century Economy (2008), p. 8.

② Michael Harper, Moulton, Steven Rosenthal, and Wasshausen (2009), "Integrated GDP-Productivity Accounts," *American Economic Review*, Vol. 99, No. 2, May, pp. 74—79. 如果要了解目前通过整合生产账户所得的数据，可参见 http://www. bea. gov/national/integrated_prod. htm。

③ Jorgenson, Ho, and Stiroh (2008), "A Retrospective Look at the U. S. Productivity Growth Resurgence," *Journal of Economic Perspectives*, Vol. 22, No. 2, Spring, pp. 3—24.

④ Fleck, Rosenthal, Russell, Strassner, and Usher (2013), "A Prototype BEA-BLS Industry-Level Production Account for the United States," in Jorgenson, Landefeld, and Schreyer (2013), eds. 关于1998—2010年间的数据，参见 http://www. bea. gov/industry/pdf/Prototype% 20BEA-BLS% 20Industry-Level% 20Production% 20Account% 20for% 20the% 20United% 20States% 201998-2010_Final. pdf。

⑤ Jorgenson, Ho, and Samuels (2013), "A Prototype Industry-Level Production Account for the United States, 1947—2010," 参见 http://www. worldklems. net/data/notes/jorgenson_ho_samuels. US-ProductionAccount. pdf。关于1947—2010年间的数据，参见 http://www. worldklems. net/data/basic/usa_wk_apr_2013. xlsx。

⑥ Dale W. Jorgenson and Paul Schreyer (2013), "Industry-Level Productivity Measurement and the 2008 System of National Accounts," *Review of Income and Wealth*, Vol. 59, Issue 2, pp. 185—211.

资本(K)、劳动(L)、能源(E)、材料(M)和服务(S),以及产出和生产率账户。[①] 对大多数的欧盟成员国来说,这个研究项目已经覆盖了1970—2005年间的72个行业。世界性的KLEMS项目倡议将欧盟采用的KLEMS框架延伸至重要的发展中和转型经济体,包括中国大陆以及阿根廷、巴西、智利、印度、印度尼西亚、墨西哥、俄罗斯、土耳其和中国台湾地区。[②]

建立官方的KLEMS账户应该是中国国家统计局和其他中国统计机构的一个重要目标。这将要求中国的行业数据与国民经济账户体系的整合。官方的KLEMS数据将成为行业层面分析和预测中国经济增长源泉的重要基础。此外,在持续的世界经济全球化的过程中,这样一组数据对评价比较优势的变化,以及制定保持中国未来经济增长的政策也将是宝贵的。

2008年8月,在收入与财富研究会年会提出新框架的四年之后,在国际收入与财富学会第30届大会的Richard和Nancy Ruggles纪念讲座上,Jorgenson介绍了他和Landefeld对国民经济账户原型系统的更新。[③]

Jorgenson提出国内生产总值应该将生产和个人消费支出作为潜在社会福利的一个组成部分来衡量。他强调,消费是测算当前福利流量的一个指标。储蓄作为国内支出的第二个组成部分,是通过消费测算当前经济活动对未来福利贡献的一个指标。[④] 这个账户体系是几乎同时出现的2008年国民经济账户体系(2009)的补充,后者包括了生产、消费、储蓄和财富的账户。[⑤]

Jorgenson的Ruggles讲座主要集中在如何通过国内收入与生产账户使

---

① 欧盟的KLEMS项目于2008年6月30日完成。关于项目结果的概述,参见Marcel P. Timmer, Robert Inklaar, Mary O'Mahony, and Bart van Ark (2010), *Economic Growth in Europe: A Comparative Industry Perspective*, Cambridge, Cambridge University Press; Matilde Mas and Robert Stehrer (2012), eds., *Industrial Productivity in Europe: Growth and Crisis*, Cheltenham, UK, Edward Elgar。关于当前数据,参见www.euklems.net/。

② Jorgenson (2012), "The World KLEMS Initiative," *International Productivity Monitor*, Fall. 参见http://www.csls.ca/ipm/24/IPM-24-Jorgenson.pdf。Jorgenson总结了由Jorgenson, Ho和Samuels (2013)所开发的以美国行业为例的生产账户。

③ Jorgenson (2009), "A New Architecture for the U.S. National Accounts," *Review of Income and Wealth*, Vol.55, Issue 1, March, pp.1—42.

④ 关于这一解释,参见Nordhaus and James Tobin (1973), "Is Growth Obsolete?" in Milton Moss, ed., The *Measurement of Economic and Social Performance*, Princeton, Princeton University Press, pp.509—564.

⑤ United Nations (2009), *2008 System of National Accounts*, New York, United Nations. 参见http://unstats.un.org/unsd/nationalaccount/sna2008.asp。

生产率指标与国民经济账户相整合①,这和整合之后的 BEA-BLS 生产账户一样,符合 Schreyer 的《OECD 生产率手册》(2001)中的标准。在这个新核算框架中,一个对美国国民经济账户的关键创新是,它引入了对所有生产性资产的资本服务价格和数量的测算。

由联合国统计委员会在 2004 年 3 月正式启动的建立 SNA 2008 的整个过程,几乎和新设计的美国国民经济账户的开发是同时进行的。其中,同资本测算有关的问题,在澳大利亚堪培拉会议之后,由堪培拉 II 期项目指定一个专家组进行处理。

将资本服务的价格和数量包括在 SNA 2008 之中是由堪培拉 II 专家组所建议,并由联合国统计委员会在其 2007 年 2—3 月的会议上所批准的。时任 OECD 国民经济账户主任的 Schreyer,准备了《OECD 资本测算手册》。② 这本手册提供了详细的测算资本服务价格和数量的方法。

对资本服务的估计,和其他在新框架中使用的指标一样,已经在 SNA 2008 中的第 20 章中进行了讨论:

> 通过……将所估计的资本服务与标准的增加值细分相对应,(劳动)和资本两者对生产的贡献都可以被包括在与 SNA 账户完全一致的生产率分析框架中。③

对实际投入量的测算是资本和劳动服务的一个物量指数,而对实际产出量的测算是投资和消费品的一个物量指数。生产率则是产出相对投入的比率。

Jorgenson 和 Slesnick(2013)已经在测算个人和社会福利的新核算框架中采用了国内收入与支出账户。④ 国内收入与支出账户最关键的核算恒等式是净收入等于净支出。净收入包括来自国内收入与产品账户中,扣除折旧后的资本和劳动服务的销售总收入。净收入还包含了来自国外的

---

① 有关生产率的测算问题是由前美国劳工统计局生产率与技术司副司长 Edwin Dean 所领导的 OECD 工业委员会的统计工作小组提出的。在总量和行业层面上,这个工作小组为生产率测算建立了国际标准。Schreyer (2001)在 *Measuring Productivity* (Paris, Organisation for Economic Co-operation and Development)一书中总结了该小组的工作结果。

② Schreyer (2009), *Measuring Capital*, Paris, Organisationfor Economic Co-operation and Development.

③ SNA 2008 (2009), Ch. 20, p. 415.

④ 关于更多细节,参见 Jorgenson (1990), "Aggregate Consumer Behavior and the Measurement of Social Welfare," *Econometrica*, Vol. 58, No. 5, September, pp. 1007—1040; Slesnick (1998), "Empirical Approaches to the Measurement of Welfare," *Journal of Economic Literature*, Vol. 36, No. 4, December, pp. 2108—2165; Jorgenson and Slesnick (2013), "Measuring Social Welfare in the U. S. National Accounts," in Jorgenson, Landefeld, and Schreyer (2013), eds. 。

收入净额,其中有税收和转移支付。净支出是个人消费支出、政府消费支出和净储蓄之和。①

Jorgenson 和 Slesnick 引入了一个基于个人消费支出的潜在社会福利指标。实际社会福利取决于人口中消费的分布。他们将其定义为“生活水平”。他们的“不平等”指标基于潜在的和实际的社会福利之间的差异。这些关于生活成本和生活水平的指标以及不平等程度的指标与所整合起来的宏观经济账户以及 NIPAs 是一致的。②

Jorgenson-Slesnick 的个人福利指标包括了三类信息。首先,个人消费支出代表了住户预算的规模。其次,消费以不变价表示并除以住户的人口规模。最后,他们以实际人均消费的对数表示个人福利水平,这样,个人福利的增量就等于按比例增加的消费。这些特征在研究消费者行为的文献中已经被普遍采用。

Jorgenson 和 Slesnick 将这些个人福利指标结合起来,归纳成为一个社会福利指标。他们强调,社会福利评价的有效性依赖于横向和纵向平等的道德规范条件(normative conditions),以及有关消费者偏好的信息。他们考虑了一组可以将个人平均福利和相对这个平均数的偏离程度结合起来的社会福利函数,这种偏离对有关平等的不同看法进行了额外的权重处理。

Jorgenson 和 Slesnick 已经将收入分配信息纳入美国国民经济账户中对不平等程度的测算以及对生活成本和生活水平的测算之中。这样,就将他们的福利指标和个人消费支出结合起来了,同时也将他们的生产指标和国内生产总值结合起来了。这里,劳工统计局的消费者价格指数可以被解释为一种生活成本指标。美国普查局建立和发布有关美国生活水平、贫困和不平等程度的官方统计。然而,这些统计并没有与 NIPAs 整合起来。

Jorgenson 和 Slesnick 测算福利水平的方法与 Dennis J. Fixler 和 David S. Johnson (2013)采用的方法是互补的③,后者将《当前人口调查》(*Current Population Survey*, CPS)中的收入分配指标和美国国民经济账户整合起来了。Fisher, Johnson 和 Smeeding(2012)对最近有关消费和收入不平等程

① Jorgenson (2009), Table 3, p. 15, 将本国收入与支出账户(Domestic Income and Expenditures Account)以 NIPAs 的形式表示出来。

② Jorgenson (1997), *Measuring Social Welfare*, Cambridge, MA, The MIT Press; Slesnick (2001), *Consumption and Social Welfare: Living Standards and Their Distribution in the United States*, New York, Cambridge University Press.

③ Fixler and Johnson (2013), “Accounting for the Distribution of Income in the U. S. National Accounts,” in Jorgenson, Landefeld, and Schreyer (2013), eds.

度测算的文献进行了详细的回顾。[①] 他们对 1984—2010 年间不平等程度的估计使用了《消费者支出调查》(*Consumer Expenditure Survey*,CEX)的数据。最近其他使用 CEX 数据对福利水平测算进行全面研究的还有 Attanasio,Hurst 和 Pistaferri (2012)以及 Meyer 和 Sullivan (2009)。[②]

将收入分配信息纳入中国国民经济账户体系中是从福利,也是从生产角度对中国经济增长进行评价的关键。这两个角度当然缺一不可。所幸的是,中国官方的消费和收入调查是在住户层面上进行的,因而同 Jorgenson 和 Slesnick 所使用的美国数据是可比的。中国统计机构面对的一项特殊的挑战将是衡量未登记在户籍制度中的农村和城镇家庭的个人福利水平。对一个像中国这样的发展中经济体来说,在存在大量的农村劳动力和大量的农村人口向城市迁移的情况下,这是一个常见的问题。

Katharine B. Abraham 和 Christopher Mackie (2005, 2006) 以及他们的合作者已经对非市场经济账户进行了一个详细、综合的考察。[③] 其中包括住户生产账户,以及对教育和卫生、非营利组织和政府、环境资产和服务进行投资的账户。Erwin Diewert 和 Schreyer (2013) 为家庭生产和消费建立了一个模型,并且进行了国际比较。[④] Michael B. Christian (2013) 建立了美国的人力资本账户;刘刚(2013)则建立了 16 个国家的人力资本账户,其中包括了 15 个 OECD 成员国。[⑤] 此外,Nicholas B. Muller, Robert Mendel-

---

① Fisher, Johnson, and Smeeding (2012), "Inequality of Income and Consumption: Measuring the Trends in Inequality from 1985—2010 for the Same Individuals," 32nd General Conference, International Association for Research in Income and Wealth, Boston, MA, August, pp. 6—9.

② Attansio, Hurst, and Pistaferri(2012), "The Evolution of Income, Consumption, and Leisure Inequality in the U. S., 1980—2010," NBER Working Paper No. 17982, April; Meyer and Sullivan (2009), "Five Decades of Consumption and Income Poverty," NBER Working Paper No. 14827, March. 这一短短的参考文献名单远不够详尽。

③ Abraham and Mackie (2005), eds., *Beyond the Market: Designing Nonmarket Accounts for the United States*, Washington, DC, National Academies Press. 关于本书的概要,参见 Abraham and Mackie (2006), in Jorgenson, Landefeld, and Nordhaus (2006), eds., pp. 161—192. 关于非市场核算的概念基础的讨论,参见 Nordhaus (2006), in Jorgenson, Landefeld and Nordhaus (2006), pp. 143—160。Abraham (2013), in Jorgenson, Landefeld, and Schreyer (2013), eds., 提供了一份关于福利的扩展指标的调查。

④ Diewert and Schreyer (2013), "Household Production, Leisure, and Living Standards," in Jorgenson, Landefeld, and Schreyer (2013), eds.

⑤ Christian (2013), "Human Capital Accounting in the United States: Context, Measurement, and Application," and Liu (2013), "Measuring the Stock of Human Capital for International and Intertemporal Comparisons," in Jorgenson, Landefeld, and Schreyer (2013), eds.

sohn 和 Nordhaus (2011) 也为美国建立了一个环境经济账户系统。① Allison B. Rosen 和 David M. Cutler (2007) 则提出了一个美国国家卫生保健账户。②

国民经济账户中的社会福利指标的边界可以延伸到主观福利的领域，以及包括对非市场化的产品和服务的测算。Alan B. Krueger (2009) 和他的合作者已经建立了详细的国民时间利用核算体系，其中包括市场和非市场活动的时间利用，并将其与主观福利评价相结合。③

国民经济账户体系边界的扩展以纳入非市场活动将对中国尤其重要。制定减轻中国环境污染的政策也需要一个像 Muller, Mendelsohn 和 Nordhaus 那样给美国建立的环境经济账户。中国还需要那些大量用于教育、卫生和其他形式人力资本投资的新信息——只有这些投资才可以使中国内地的生活水平达到像日本以及亚洲"四小龙"那样的先进水平。令人欣慰的是，对人力资本投资的重要研究已经在中国展开。④

将本书介绍给中文读者，特别是介绍给中国从事或有志于从事宏观经济测算的研究者，特别是青年学者，最初是伍晓鹰和许宪春的想法。这个想法得到了我们和我们的合作者，以及芝加哥大学出版社的大力支持。我们非常希望本书的中译本可以对中国宏观经济测算的改进起到一定的作用，也希望它可以鼓励有兴趣进行有关中国经济增长、生产率测算和福利水平测算的研究生及青年学者在这个领域有所建树。在本书的中文版问世之际，我们非常感谢伍晓鹰教授(日本一桥大学，兼美国世界大型企业研究会(TCB)高级研究员)、许宪春局长(中国国家统计局)、高敏雪教授(中国人民大学)和施发启博士(中国国家统计局)以及他们所分别领导的翻译小组，在过去的几年中为本书的翻译所进行的辛勤的和精益求精的工作。最后，我们也由衷地感谢北京大学出版社和责任编辑郝小楠女士在本书的编辑、校对、印刷和出版等各个环节所付出的坚持不懈的努力。

---

① Muller, Mendelsohn, and Nordhaus (2011), "Environmental Accounting for Pollution in the United States," *American Economic Review*, Vol. 100, No. 3, August, pp. 1649—1675. 关于进一步的结果参见 Muller (2013), "Towards the Measurement of Net Economic Welfare: Inter-temporal Environmental Accounting in the United States," in Jorgenson, Landefeld, and Schreyer (2013), eds.。

② Rosen and Cutler (2007), "Measuring Medical Care Productivity: A Proposal for U. S. National Health Accounts," *Survey of Current Business*, Vol. 87, No. 6, June, pp. 54—58.

③ Krueger (2009), ed., *Measuring the Subjective Well-Being of Nations: National Accounts of Time Use and Well-Being*, Chicago, University of Chicago Press.

④ Haizheng Li, Yungling Liang, Barbara M. Fraumeni, Zhiqiang Liu, and Xiaojun Wang (2013), "Human Capital in China, 1985—2008," *Review of Income and Wealth*, Vol. 59, Issue 2, pp. 212—234.

让官方统计更好地反映经济现实
（代译者序）

摆在我们面前的这本《宏观经济测算的前沿问题——国民经济账户的新设计》的核心，是如何通过对来自不同的政府统计机构，为不同的目的而建立的经济统计账户的整合，使政府统计数据最终能够在一个统一的、逻辑一致的国民经济账户体系之内，为宏观经济政策服务，为经济增长因素分析服务。

本书吸收了宏观经济测算领域里一系列最重要的前沿性的研究成果。单独地看，这些研究在各自的经济测算领域里，都可以改善相关的统计指标和核算账户，从而更好地反映经济活动的现实。然而，经济是一个有机的整体，所以，因不同目的而建立起来的各种账户，也应该有机地连接起来，成为一个能够反映全部经济活动的、统一的统计和测算体系。本书的内容就反映了这样一种前所未有的努力。由在经济增长核算领域享有国际声誉的哈佛大学经济学家戴尔·乔根森所推动，通过各个政府统计机构之间的积极合作，以及政府的统计工作者和高等院校经济学者之间的积极互动，这些分别从不同角度测算投入、产出、收入和支出活动的各种账户，以及相应的资产和财富的积累账户，正在被一致地和系统地连接起来，服务于经济增长核算与分析的目的。

经济发展、经济测算与经济统计

我们今天在本书中所看到的内容，是在几代政府统计学家和高等院校的经济学家自20世纪初以来共同努力的基础上，研究者们在最近二三十年内所取得的研究成果，它得益于电子计算机时代突飞猛进的大规模数据处理能力，更得益于政府统计机构的研究人员与经济学者之间更加密切的合作和互动。我们应该注意到，促进这种不断增强的合作和互动有两方面的重要原因，一方面是在经济增长因素核算的理论和方法上所出现的进步，另一方面是寻找成熟经济体新的增长动力的迫切需要。

特别是，对于一个已经处在世界技术前沿的、像美国这样的成熟经济体来说,实现一两个百分点的真实增长是非常困难的。这就大大提高了对宏观经济测算精度的要求,以及对作为这种测算基础的宏观经济统计质量的要求。这完全是符合发展规律的现象,对于发展中的经济体而言,有一天,粗放式的统计必然要随着粗放式经济发展的终结而改变。

统计信息与资源配置

现代统计制度是现代经济一个有机的组成部分。一个可以提供高质量统计信息的统计制度,是保证有效的宏观经济管理的不可或缺的条件。这样的统计制度也是保证一个有效率的市场,从而保证有效率的资源配置的基本条件之一。即使不存在影响市场竞争和要素流动的制度性障碍以及政府的行政干预,因统计制度的缺陷所造成的统计数据和信息的扭曲或失真,或者出现在统计信息资源使用上的障碍,同样会影响到一个经济体的资源配置效率。

从原则上讲,所谓高质量数据的基本标准就是其真实性和代表性。数据的真实性是指经济活动是否可以被如实地记录下来,它涉及相关人员和部门的法律责任和职业操守。影响这个因素的条件是制度性的。数据的代表性则是统计学意义上的,就是说不管什么角度或层面上的统计覆盖,也不管采用什么样的数据采集方法,作为结果的统计数据都应该是无偏的,建立在随机样本原则基础上的,也就是说对其特定的统计对象的总体而言,是有代表性的。

作为公共产品的统计信息

很明显,按照这样的原则建立起来的,反映总量经济和社会活动的统计数据具有公共产品的性质。它只应该根据社会和公众的需要而建立,使用的是公共资源,目的是为整个社会和所有公众个体或团体服务,而不代表任何有着特定利益的个体、组织或团体。这种服务于公众的统计数据和信息,在使用上是非竞争性和非排他性的,也没有空间和时间上的限制。也就是说,它可以被任何个体,在任何地点反复地、无数次地使用,而不会影响到其他个体的利益。

服务于公众的统计数据的这些特性,表明它有着经济学上所说的典型的正外部性(positive externality)。因此,一方面是由于需要对全社会经济活动进行调查统计而产生的巨大成本,另一方面是难以界定的收益边界,任何有着自身利益的个体都不会参与这样的统计工作(当然,由商业机构或个体建立的统计数据和政府统计有着完全不同的性质)。统计数据的这种公共产品性质决定了提供完整、准确、无偏的统计数据只能是政府的职责,是一个以服务于公众为目的的现代政府所必须做好的几件最重要的事情之一。再者,作为公共管理者,特别是宏观经济的管理者,政府自身也需要准确的统计数据来检查其公共政策目标的效果和为制定未来的政策做准备。

政府利益与统计信息质量

上面的讨论还只是理论性和原则性的。在现实中,不是任何官方统计机构都一定会提供真实、无偏的统计数据。这里一个重要的前提条件是,政府必须是利益中立的(neutralinterest),就是说,政府不能偏向任何个别的个体或集团。政府自身也绝对不应该涉及任何具有非公共产品性质的经济活动。这不是说政府必须绝对地远离经济。政府和经济的关系应该主要体现在,通过不断的制度建设以维护一个公平竞争的市场。在因制度缺陷出现市场失灵时,政府可以干预。但这种干预必须符合公共利益,通过提供公共产品的方式进行。任何干预必须通过严格的专业论证和公共听证程序,合法地得到公众认可。对政府这样的角色和行为的规范,是真实、无偏的政府统计数据的基础。

这里还应该强调两点。一是利益中立包含了政治中立,那就是政府职能部门只是为公众服务,而不是为执政党的政治利益服务。二是利益中立也包括政府职能部门的工作也要独立于政府自身的利益。做到第二点可能更加困难。具体到官方统计部门的工作上,专业统计指标的设置和统计结果的修改只应该以改善统计数据、更好地服务于公众为目的,而不能服务于任何政府的政策目标(当然更不应该是政治利益)。统计指标的专业性很重要,但是其连续性也同样重要。绝对不能因为政策目标的改变而影响这个连续性。

当然,即使政府是利益中立的,政府统计部门所提供的数据也未必是准确和完整的。可以投入在政府统计工作上的公共资源的有限性,统计部门专业水平的有限性及其所能够掌握的统计方法上的问题,现行统计制度的缺陷,以及同其他行政部门一样的统计机构内部的体制性障碍等,都会影响到统计数据的质量。每个国家在这方面需要做的工作都很多,本书告诉我们,即使是本书作者们引以为豪的美国国民经济核算体系(NIPAs),也是经历了很长时间的探索,才达到了今天的水平。这个探索的核心就是如何以经济增长理论为基础,改进官方统计的方法,协调和整合来自不同统计机构的不同经济账户,不断地提高数据的完整性和准确性。

统计信息的公开与透明

提高统计数据质量的另一个重要因素是要保证统计数据和有关统计方法的公开性和透明性。这是统计部门对公众的法律责任。数据上的公开性比方法上的公开性更容易做到。但是,后者更加重要。因为它涉及公开发表的统计指标是如何建立的,基础和中间计算步骤的数据是如何收集、汇总和处理的。由于公共资源的有限性,公开所有数据是不可能的,这样一来,方法上和基础及中间步骤计算上的透明性就显得更加重要。

敢于让统计数据和统计方法公开和透明,不仅是政府统计机构敢于接受公众质疑,明示政府统计工作服务于公众的表现,而且更重要的是敢于承认官方统计数据中的问题以及统计方法上的缺陷,随时准备接受批评和建议,随时准备改进统计工作的表现。也可以说,如果没有这种公开性和透明性,也就不会有本书所提倡的,在美国国民经济核算的发展中一直起到重要作用的,高等院校学者和政府部门统计工作者之间的密切合作和互动。

避免“没有理论的测算”

本书最重要的启发就是经济理论之于经济统计的重要性。没有理论,就不会有账户之间整合的需要和动力。国际著名资本理论学者、马里兰大学经济学教授 Charles Hulten 在本书第 5 章讨论资本测算时引用了 Tjalling Koopmans 的著名论述,反复强调了避免“没有理论的测算”(Measurement without theory)(Koopmans, 1947)的重要性。应该说,单纯由一般统计理论所指导的对经济活动的统计记录和归纳,还算不上是国民经济核算意义上的,为宏观经济分析而服务的国民经济统计学。后者始于 20 世纪 30 年代,因宏观经济政策的迫切需要而产生。通过经济学家们,特别是宏观经济学领域的经济学家们将近一个世纪的努力(这个时间可以追溯至 17 世纪,有兴趣的读者可以参考麦迪森所著的《世界经济千年统计》,北京大学出版社 2009 年版),才有了今天作为全世界经济核算标准的国民经济核算体系 SNA(System of National Accounts)。虽然可以说 SNA 囊括了从生产者理论、消费者理论,到资本理论和财富理论,再到价格理论等主要经济学理论,但是系统地看,其最重要的理论基础就是建立在生产函数分析之上的新古典经济学的经济增长理论。实际上,经济学家们在宏观经济测算领域里的研究成果特别推动了从 1993 年版 SNA 到 2008 年版 SNA 的发展。

经济理论之于经济统计的重要性还体现在对现有统计信息、统计指标的使用上。统计数据不可以被错误地使用,也不可以被错误地调整。使用者可以对官方统计指标进行调整甚至重建,这是宏观经济研究中司空见惯的事情。但是,如果没有理论指导,就会出现误用和误调。我想强调的是,我们既要避免没有理论的测算,也要避免对统计信息没有理论的使用。只有在正确的经济学理论的指导下使用统计信息,才可以正确地提出有关数据本身的问题,从而有利于促进官方统计工作的改进。

在官方统计中引进全要素生产率测算

正如有着提纲挈领作用的第1章所介绍和讨论的,以新古典经济学的经济增长理论为基础的国民经济核算体系,通过生产、使用和收入的相互对应,再通过从流量到存量,从行业、部门到总量,从国内到国外所有经济活动的关系,将一个开放经济体的投入和产出之间的联系全面系统地建立起来了。有了这样的系统,不但可以建立起行业和部门层面的生产率账户,更重要的是,还可以实现增长经济学家们一向所提倡和追求的,通过官方统计核算账户的整合实现对全要素生产率(total factor productivity,TFP;本书多数情况下使用多要素生产率(multifactor productivity,MFP))这个一直被视为可以解释经济持续增长的“密码”的直接推算。

在第1章的末尾,作者分解了通过这个庞大复杂的统计账户系统所产生的要素投入和全要素生产率对战后50年美国经济增长的贡献,以及它们和支出项目的对应。将一个对数据准确性要求极高的,更具体地来说,对投入要素的增长测算、要素的价格和作为权重使用的要素收入极为敏感的全要素生产率的测算引入国民经济核算系统,标志着宏观经济测算领域里一个新的里程碑。现在,体现增长质量的全要素生产率越来越在宏观经济管理上受到重视。很多发达国家的统计机构已经建立了生产率账户。一些国际上知名的智库,如The Conference Board,也开始定期发表其对各国经济的全要素生产率估计。对全要素生产率的测算,不仅增加了对官方统计数据精确度的要求,而且也增加了对不同政府统计机构之间的协调,以及它们的统计账户之间整合的需要。

怎么看待中国的官方统计

对于今天的中国经济来说,怎么强调官方统计的重要性也不为过。长期以来,中国宏观经济研究一直被很多数据问题所困扰。2008年爆发的世界性金融危机更加暴露了中国实体经济的深层矛盾,突出了转变经济增长方式的迫切性。然而,如果我们在总体消费是否过低,投资是否过高,出口数据是否扭曲，价格指数是否有代表性，以及根据官方数据所测算的生产率和资本回报率等是否准确等一系列重要的问题上，难以取得一致的意见，那么就很难为经济转型和深度改革找到正确的决策依据。对这些问题有说服力的回答，显然有赖于更加可靠的统计数据，这就对官方统计数据的质量提出了更高的要求。

当然，研究上的困惑，特别是一些重大宏观经济问题的迫切性，容易使研究者对官方统计质量产生过于情绪化的批评。官方统计数据肯定有问题，有很多需要改进，甚至重大改进的地方。但是，我想可以恰当地以“洗澡水和孩子”来比喻，倒洗澡水不应该连同孩子一起倒掉。一个严肃的学者从来就不应该把任何数据拿来就用，而是应该追究其生成的主要约束条件，如制度条件，以及数据的采集和处理方法。在这方面，进一步改进官方统计数据特别是统计方法的透明性是有帮助的。

说到这里，我想特别提到许宪春在《中国社会科学》2013 年第 2 期上的一篇重要文章。他并不回避地揭示了目前住户调查中的居民收入和居民消费数据存在低估，同时投资统计中的全社会固定资产投资数据存在高估的情况。他也说明了造成这些问题的原因。但是他认为问题的程度并没有直接影响到对中国国民可支配收入在居民、企业、政府三者之间的分配结构和最终需求结构等重大经济结构上的准确判断。我认为，这个从官方统计数据质量的角度得出的结论，有着重大的政策含义。也就是说，尽管统计数据不尽准确，但是它不足以改变我们对目前中国经济严重结构失衡问题的认识，也不足以扭转我们对必须转变现有经济增长方式的判断。

问题的性质

虽然中国官方统计的改进还跟不上经济发展的要求，但是我们不应该把官方统计中的问题简单化，特别是不应该把政治及行政体制上的问题简单地归咎于统计机构的问题。显然，在整治为追求政绩表现而对统计数据弄虚作假的行为方面，统计机构肯定比行政和司法部门更加无能为力。如今，我们也许已经很难想象中央政府还会直接地干预国家统计局的工作（无须讳言，间接干预或影响仍然存在），但是，很少有人相信地方政府不去干预地方统计局的工作，不会“特别关注”一些敏感指标。地方统计局绝不会像国家统计局那样，愿意或者能够主动地挤掉作为主要政绩考核指标的固定资产投资中的水分。在诸如价格、就业，乃至灾害、生育等指标上，地方利益和官员政绩肯定还在影响它们的变动方向和变动程度。

再看得到人们普遍关注的 GDP。地方 GDP 总和持续地、越来越多地超过国家统计局估计的GDP肯定不只是一个重复计算问题。我们今天所掌握的统计方法和计算机技术应该完全可以搞清楚这个重复计算的程度，主要发生在哪些行业和哪些部门,然后可以观察各个地方GDP中的重复计算程度是否和它们的经济结构特点相一致,得出比较准确的判断。然后,在这个基础上,挤出水分使地方的GDP估计和全国的GDP总量有机地结合起来——后者只能是前者的逻辑结果。如果再同准确的地方和全国的价格调查结合起来,那么在GDP增长率上也可以实现这样的逻辑联系。问题是,在这么做之后,国家统计局肯定就要面对地方政府到中央政府进行的各种“增长率游说”及因此而产生的很多麻烦。这样的问题很难出现在一个完全独立的统计部门。

改进的方向——本书的重要启示

无论从改进中国统计数据的质量还是从改进统计工作方法上看,本书都具有重要的启示。其中首先就是应该考虑着手进行对各个总量经济账户的整合,因为只有这样才可以进一步揭示经济结构的深层问题,更加深刻地分析影响增长的因素,包括结构因素。当然,这个整合对目前的官方统计来说会是一个巨大的系统工程。它不仅要求国家统计局内部各个部门不同统计账户的整合、国家和地方统计局之间各个账户体系的整合,还要求国家统计局和其他承担统计工作的政府部门之间在数据上的整合。这在现有体制下要克服很多部门利益和行政阻碍。

我认为,推动这个整合的一个可行的也是重要的切入点是劳动就业统计。我们至今还没有一个能够和现有的以投入产出表(哪怕是缩减表)为基础的“生产账户”完全对应的“劳动账户”。解决这个问题的关键在于如何处理现行行业统计中尚未包括的“城市单位”以外的就业人口分类问题。这不是一个小问题,因为这部分就业人口占城市全部3.6亿就业人口的60%,约2.2亿(2011年数据)。如果我们不能在行业层面上回答这样大数量的劳动者的产出和报酬水平,那就根本不存在建立一个完整的生产率账户的基础。

这个行业层面上的努力,可以迫使我们必须面对总量统计测算与行业和部门统计之间的不一致问题。这实际上是一种倒逼。中国官方统计长期关注的是“制度内”的经济活动,关注的是有“规模”的企业和有“资质”的企业,或者说是正式部门,但是较少注意它们同非正式部门经济活动的关系。细心的研究者会发现,2003年起所谓“规模以上”工业企业的增加值先是接近而后竟然在2007年超过了全国工业GDP的6%。按照我的估计,当这两者在2006年出现相等时,就意味着有大约2900万"规模以下"部门的工业劳动者和3700万"制度外"的工业劳动者的以增加值计算的产出为零。这是完全不可能的。国家统计局的总量GDP估计及时地纠正了这个问题,但是缺乏透明性。在我看来,必须要在行业层面上解决这个问题。

建立经济学者和官方统计工作者之间的合作和互动

最后,还想提到本书的一个隐含的,但是非常重要的启示,那就是改进官方统计的质量需要高等院校的经济学家们和官方统计工作者们之间持续不断的良性互动。我们殷切地希望本书中文版的出版可以促进这样的一种互动。细心的读者会在阅读中注意到这些重要文献背后的历史。实际上,在长达半个多世纪的时间里,美国一些著名高等院校的经济学家们从宏观经济学,特别是从经济增长和生产率的角度,持续不断地提出对官方统计数据的质疑和要求,挑战官方的统计方法和制度;与此同时,官方统计部门的管理者和研究者们也在不断地接受这些挑战,坚持不懈地探索如何尽可能地将官方各个性质不同、服务对象也不同的统计机构尽量协调起来,将不同的核算体系和账户整合起来,以便更好地服务于经济研究和经济政策的需要。

令人高兴的是,就在本书付梓之际,"中国金融40人论坛"已经决定为生产率研究立项,成立一个将学者同国家统计部门和决策部门的研究人员融合在一起的"生产率研究小组"。这就使本书的出版更加有意义。

关于本书

我和许宪春决定组织翻译本书的初衷,就是希望它能够有助于改善中国的宏观经济测算及其统计基础,也希望它能够有助于推动中国主要高等院校在宏观经济学和国民经济核算统计方面的教学与科研活动。这也正是本书作者们,特别是乔根森教授非常支持本书中文版出版的主要原因(详见著者的"中文版序")。为了突出本书在宏观经济测算理论和方法上的一般性,也为了让中文读者更容易接近本书,作者们同意将中文版的书名修改为《宏观经济测算的前沿问题——国民经济账户的新设计》(原书名为《美国国民经济账户的新设计》(*A New Architecture for the U. S. National Accounts*))。

对于在这个领域工作的研究者,本书有助于从专业角度深刻理解一些宏观经济测算中的核心问题,包括如何从生产、支出和收入整合的角度测算经济总量(参见第1、2、8、10章),如何从微观与宏观逻辑一致的角度测算资本流量和存量(参见第5、12章),如何协调与整合分量(行业)和总量的测算(参见第6、7章),以及如何将非市场性经济活动纳入市场经济原则的测算中(参见第3、4章)。对生产率测算特别感兴趣的读者,可以仔细阅读第8、9章,而希望了解美国国民经济账户和SNA的联系与差异的读者,可以参见第11章的内容。

致谢

在经历了长达三年的反复修改,和坚持不懈的努力之后,今天我和所有的译者们都有如释重负的感觉。我们几个主要译者首先要感谢各章的初译者,他们是研究生或者是青年学者和统计工作者。虽然现在呈现给读者的每一章都在初译的基础上几经修改,多处可能已经彻底"改头换面"了,但正是他们的工作启动了这个巨大的工程。他们是施发启(绪论、第2章),孙振(第1章),吕峰(第3章),许亚婷(第4章),王依军(第5、6章),高亚春(第7章),何静(第8章、小组评论),盛剑(第9章),钟诚(第10章),夏明忠(第11章),张芳(第12章)。在这里,我们要特别感谢本书的责任编辑北京大学出版社经济与管理图书事业部的郝小楠女士,正是她反复仔细地对原作和译稿的通读及校对,特别是提出问题,才使我们今天可以有这样一个令人满意的结果。我们也感谢她在整个编辑、校对和出版过程中所做的一切努力。同时,我们还要特别感谢经济与管理图书事业部主任林君秀女士对这项工作自始至终的支持。当然,疏漏和错误仍然在所难免。我本人将为此负责,还希望读者能够不吝赐教。

最后,还应该提到的是,本书的翻译工作得到了国家社科基金后期资助项目的支持,我在此代表译者们一并表示感谢。

伍晓鹰

2013年7月28日于北京

目　录

绪　论

D. W. 乔根森　J. S. 兰德菲尔德　W. D. 诺德豪斯*

自成立以来，收入与财富研讨会（Conference on Research in Income and 1
Wealth，CRIW）便集中研究美国国民经济账户（现正式命名为国民收入与生产账户，National Income and Product Accounts，NIPAs）。尽管已有这样的传统，CRIW 最新集中研究国民经济账户的书籍是由 Murray Foss 编辑并于 1983 年出版的《美国国民收入与生产账户选集》（*The U. S. National Income and Product Accounts: Selected Topics*），它收录了 25 年前即 1979 年 5 月 3 日至 4 日在华盛顿召开会议的论文集。

本选集收录了“美国国民经济账户的新设计”（A New Architecture for the U. S. National Accounts）会议的有关论文，该会议于 2004 年 4 月 16 日至 17 日在华盛顿举行。这次会议旨在促成建立一套完整的、全面的美国国民经济账户体系。完成这个目标需要付出巨大努力和相当多的时间，也需要许多相关个人和机构的合作。需要强调的是，尽管在某种意义上，这是一种新设计，但在另一方面，这也是对现有的国民经济账户进行更新、补充、调整等一系列步骤的最新进展。

新设计的目标在于整合现有的账户体系，找出差距和矛盾，并对非市场账户（Nonmarket Accounts）和核心账户（Core System）进行整合和扩展。幸运的是，这种扩展建立在以往成就的基础之上。Samuelson 和 Nordhaus
（2005，第 429 页）与美国商务部已对国内生产总值（Gross Domestic Prod- 2
uct，GDP）进行了定义，这是 20 世纪最为伟大的发明之一。①

美国是一个庞大而多样化的经济体，更重要的是，无论是经常账户还是金融账户，美国都与世界其他国家有着越来越密切的联系。美国经济的

---

* D. W. 乔根森（Dale W. Jorgenson）是隶属哈佛大学的莫里斯大学教授，J. S. 兰德菲尔德（J. Steven Landefeld）是美国商务部经济分析局局长，W. D. 诺德豪斯（William D. Nordhaus）是耶鲁大学经济学的史特林教授和美国国家经济研究局的副研究员。

① 在 1999 年 12 月 7 日的记者招待会上，美国商务部选择的发布主题是“国民收入与生产账户的发明是本世纪的杰出成就”，参见 Landefeld（2000）。

多样性反映在其统计系统的分散上。提供数据并生成账户的主要机构包括商务部下属的经济分析局(Bureau of Economic Analysis,BEA),劳工部下属的劳工统计局(Bureau of Labor Statistics,BLS),同样属于商务部的普查局(Census Bureau),联邦储备委员会(Board of Governors of Federal Reserve System),以及美国国内税务署的收入统计司(Statistics of Income, SOI)。

我们可以简略地罗列出这些主要机构的职责。经济分析局负责NIPAs,这是账户体系的核心。劳工统计局统计就业、工资和薪酬及生产率数据,包括劳动生产率和多要素生产率(Multifactor Productivity),以及几乎所有的基本价格数据。联邦储备委员会负责资金流量账户(Flow-of-funds Accounts),包括资产负债表。普查局收集并报告其商业和人口普查中的主要信息。收入统计司负责税收的相关数据以及用于计算国内总收入的收入数据。另外,其他一些机构以及私人部门也为国民经济账户提供数据源。

NIPAs、生产率数据以及资金流量账户的来源不同,反映了不同的目标和数据源,但它们彼此之间联系密切。例如,劳工统计局的多要素生产率数据要运用NIPAs中的产出、收入以及投资数据。资金流量账户中关于有形资产、可再生资产以及美国国际投资头寸的数据都来源于经济分析局的相关数据。国民经济账户新设计的重要目的之一就是整合不同的部分,使之保持一致。

不断显现出来的测量方面的问题也促使我们重新考虑国民经济账户的新设计。例如,如何理解近期储蓄的下降以及生产率增长和潜在经济增长的反弹。在这些问题上有其他不一致的观点,这是由不同的数据来源导致的。另外,国际交易中以所有权为基础的核算原则以及相关的宏观、微观账户也存在一些挑战。这些问题都需要引起国民经济核算界的关注。

3 国民经济账户的新设计的关键要素在第1章“扩展和整合的美国国民经济账户蓝图——回顾、评价和计划”(Dale W. Jorgenson 和 J. Steven Landefeld)中做了概要的说明。这一章提供了国民经济账户的原型,它将NIPAs、由劳工统计局统计的生产率以及由美联储负责的资产负债表整合起来。该体系和NIPAs一样,其特点都是关于GDP的核算,但是,GDP和国内总收入(Gross Domestic Income,GDI)、多要素生产率都是以现行价格和不变价格计算的。同样地,经济分析局的可再生资产账户和美国国际投资头寸账户已扩展到包括美国资产负债表。

Jorgenson 和 Landefeld 为我们提供了现有国民经济账户的体系以及对

现存体系的解释。第 1 章将 NIPAs 及其主要替代方法——国民账户体系(联合国,SNA 1993)中的国际核算准则进行了对比。最后介绍了美国国民经济账户的简史,从最初 Simon Kuznets 在国家经济研究局(National Bureau of Economic Research, NBER)的研究工作一直到最新的研究成果。这包含了 NIPAs 的新的七账户体系,后者在表 1.1 中有所显示。表中展示了 2002 年的国民经济账户,该年是最新基准修订的时间。

第 2 章"国民经济账户体系的设计——基于加拿大、澳大利亚和英国的国际比较"(Karen Wilson),对实施联合国 SNA 标准的三种国民经济账户体系进行了比较。这些体系围绕着建立投入产出账户所采用的供给和使用方面的框架来组成。在这三个国家,金融账户和资产负债表都是其体系的主要组成部分。但是,这种设计与美国的国民经济账户存在巨大差异,它强调支出法 GDP,也就是我们所熟知的 $C+I+G+X$,即个人消费支出、私人部门投资总额、政府支出以及净出口。

澳大利亚、加拿大和英国拥有高度集中的统计体系,并且每个国家都具有一个专门负责国民经济账户体系的机构。文中的表 2.6 归纳并比较了三个国家的国民账户顺序。从 GDP 开始,接着是收入、支出以及资本账户。三国的金融账户,包括资产负债表以及境外账户,与收入和生产账户进行了整合。第 11 章对 SNA 和 NIPAs 进行了更加详细的比较。

美国的国民经济账户不仅仅局限于市场活动的核心账户体系,后者围 4
绕 NIPAs 并包括生产率的统计和资金流量账户。在第 3 章"非市场账户的国民经济核算原则"中,William D. Nordhaus 考虑了非市场活动核算的一些重要的概念问题,这基于国家研究委员会的研究《自然之数》(*Nature's Numbers*, Nordhaus and Edward Kokkelenberg eds. ,1999)中为环境账户所设计的原则。Nordhaus 建议将国民经济核算(National Economic Accounts, NEA)作为非市场账户核算的指导性原则。在这一原则下,非市场化的产品和服务被视为在市场化条件下的生产和消费。这些账户包含仿效以市场化为基础的账户体系建立的一整套全面的经常性账户以及资本账户。

Nordhaus 强调,由劳工统计局在 2003 年发起的美国时间使用情况调查(American Time Use Survey)是非市场账户最重要的数据来源。一个重要的挑战是评估劳动力市场未包含的时间使用情况。Nordhaus 和 James Tobin (1973)运用了税后边际劳动补偿,后者已经被广泛用于估计时间价值。为新增的非市场账户勾画出适当的边界线是核心问题。狭义而言,当这些接近市场化的产品和服务具有直接与之相对应的市场化产品和服务时,这些边界就可以被描绘出来。广义而言,这个定义还应包括那些没有市场交易的私人产品和服务，以及对于整个社会来说具有公益性的公共产品。

美国国家科学院（U. S. National Academies）的国家统计委员会（Committee on National Statistics，CNStat）近期发表了一份关于非市场账户统计的全面调查——《在市场之外》（*Beyond the Market*），这份调查由CNStat小组的主席Katharine G. Abraham和CNStat的Christopher Mackie（2005）编辑。Abraham和Mackie在这份报告的第4章"非市场化经济核算框架"中做了总结。和Nordhaus一样，Abraham和Mackie仿照国民经济账户的核心体系进行非市场账户的核算，坚持复式记账原则并尽可能地按照市场交易对非市场化的投入产出进行估价。一个重要的目标是将非市场化行为的价格、数量以及价值囊括进来，而后者应该能够和市场化行为进行比较从而得出相应的估计。

《在市场之外》提议在五个领域为非市场账户建立"卫星"账户系统，这五个领域分别为：家庭生产、教育、医疗、非营利组织和政府部门以及环境。报告针对每个领域提出了具体建议，并且提供了详细的参考文献。Abraham和Mackie认为美国时间使用情况调查（劳工统计局，2004）是非
5 市场核算的一项新的重要数据来源。这可以运用于很多领域，包括家庭生产、医疗和教育的投资、志愿活动以及环境等。

Charles R. Hulten的论文"资本账户的设计：基本设计原则"中探讨了如何设计资本账户的问题。Hulten简述了劳工统计局（1983）在多要素生产率模型中的标准模型。关键的概念是资本服务的流动以及用户使用这些服务的成本。这些概念补充了以往概念中的资本存量和资产价格的概念，后者是经济分析局关于有形可再生财富的定义。将资本服务以及用户使用成本的概念合并入NIPAs体系，这将是向整合生产率统计与核心账户体系迈进的重要一步。这将同样有助于核算资本收益，后者主要来自家庭、非营利机构和政府部门。

Hulten运用循环流量模型（Circular Flow Model，CFM）作为资本核算的框架。对生产者而言，资本是生产性资产的存量；对消费者而言，资本是财富的储存。投资是一种支出，这种支出是为了增加未来而不是现在的消费。这个概念使得研究和开发以及其他无形投资成为资本的一部分，同时还需要考虑将资本成本或者用户使用成本作为生产账户的一个不可分割的组成部分，从而使之成为完整一致的账户体系的必要性。总产出是生产部门的天然度量方式，而净产出更适合衡量福利的变化。在一个完整的统计体系当中，两者缺一不可。最后，由于生产和消费部门的分离，资本也相

应分为生产者部门和消费者部门，前者使用资本，后者拥有资本。

对美国而言，在行业层面获得一个完整一致的生产账户的最大障碍就是建立一致的投入产出账户和国民收入账户，本书共有三章就这个重要而富有挑战性的命题进行了探讨。其中，第 6 章“行业账户与国民经济账户的整合——初步成果及改进方向”（Ann M. Lawson，Brian C. Moyer，Sumiye Okubo 和 Mark A. Planting），初步整合了经济分析局的年度投入产出账户和分行业的 GDP 数据。为了得到完整一致的账户体系，很多国家都假设各行业的中间投入占总产出的比重与最近的基准投入产出表中的相应比重保持一致，但经济分析局运用了不同的方法，该方法结合现有的数据来源，估计出一套平衡的年度投入产出账户以及分行业 GDP 账户。

整合行业 GDP 账户和最近年度投入产出账户是经济分析局关于行业账户的一系列改进中的一部分，包含以下几个步骤：第一，恢复公布年度投
入产出表，并且加快至在参考年份后三年之内公布。第二，将行业 GDP 账 6
户扩展为包含所有行业在内的总产出和中间投入的核算。第三，分行业 GDP 账户加快至在参考年份结束之后仅四个月内就可以获得。经济分析局的长期目标是将行业 GDP 账户、每五年编制一次的基准投入产出账户、NIPAs 以及年度投入产出账户进行整合。达到这个目标需要经济分析局花费几年的时间，同时需要其他统计机构（特别是普查局和劳工统计局）持续的合作与参与，以便进一步提高基本数据源的质量和及时性。在本书最后记载的分组讨论会上的发言中，普查局的 Thomas L. Mesenbourg 与劳工统计局局长 Kathleen P. Utgoff 提供了更多有关正在运作当中的措施的信息。

第 7 章“整合与推进 BEA 账户过程中的加总问题——分行业 GDP 计算方法的改进”（Brian C. Moyer，Marshall B. Reinsdorf 和 Robert E. Yuskavage），考虑了一种用 GDP 分行业账户来计算 GDP 总量的方法，该方法不同于 NIPAs 中基于支出法计算 GDP 的方法。本章中得出了一个重要结论，即数据源以及计算方法的不同是导致总产出增长不同的最主要因素，而统计误差（statistical discrepancy）的处理和加总方法（aggregation method）对该差距影响不大。本章中另一个重要发现是，经济分析局计算最终支出对 GDP 实际增长贡献的公式可以用于计算行业增加值对经济增长的贡献。当数据来源一致时，从收入方与支出方按这个公式估计出的实际 GDP 是一致的。

经济分析局的目标是充分整合行业账户以及支出账户，以减少或者消除现存差距。第 7 章给出了充分整合行业账户和 NIPAs 的各种方案，以及

所需的数据源的改进。作者建议在平衡的年度投入产出账户的框架内，使用一套一致的数据源，并使用经济分析局现有的汇总方法，这就需要对总产出、最终使用以及中间投入的数据来源进行重大改进。普查局在2002年的经济普查中采取有助于实现这个目标的若干举措。劳工统计局继续扩大服务业生产者价格指数的覆盖范围并改进其编制方法。然而，如何将新数据纳入和实现全面的整合仍需要投入大量的时间和精力。

第8章“支出与收入数据的整合——如何处理统计误差”(J. Joseph
7 Beaulieu 和 Eric J. Bartlesman)，是探讨整合行业账户与 NIPAs 的第三章。本章将支出法估计的 GDP 与汇总各行业增加值估计的 GDP 进行了比较，该比较是在年度投入产出账户的框架内进行的，后者是根据各种数据源编制的。通过消除统计误差，初始估计被转化为最终估计。这需要一些方法来“平衡”账户，根据平衡的结果，作者可以找出有助于确定优先次序的原始数据的改进方法。

Beaulieu 和 Bartlesman 研究的结果表明，几个问题行业的最终需求与增加值的测算方法的差异，可以解释总量数据之间的大部分误差。许多行业层面的统计误差来自私人消费支出，这与一些具体的行业相关，比如贸易、金融保险、化工、炼油、橡胶和塑料制造以及通信业。此外，机械和仪器工业在私人固定资产投资上也导致了统计的不一致。最后，在采矿业和医疗服务业，增加值的计算方法对结果有重要影响。Beaulieu 和 Bartlesman 建议结合支出和收入的数据建立一套完整一致的数据体系。

美国国民经济账户新设计更加具体的日程包括综合生产账户，后者计算 GDP 和 GDI，这与 NIPAs 相同。与劳工统计局核算多要素生产率相同，GDP 与 GDI 都用现价和不变价表示。与经济分析局年度投入产出账户相同，通过引入分行业的总产出和中间投入，这些被扩展到行业层面。第9章“经整合的 BEA/BLS 生产账户——初始步骤及理论思考”，作者是经济分析局的 Barbara M. Fraumeni 和 Robert E. Yuskavage，以及劳工统计局的 Michael J. Harper 和 Susan G. Powers，本章重点探讨了生产账户的问题。作者对经济分析局的生产账户以及劳工统计局生产率账户分别使用的数据源进行了比较，并讨论了整合二者的方法。

第9章向经济分析局和劳工统计局核算的整合上迈出了重要的第一步。本章描述了生产账户的框架，后者基于 Jorgenson，Gollop 和 Fraumeni (1987)的研究成果。这个框架根据投入产出账户，将单个行业商品的生产以及行业间资源的流动等数据包含进来。现行价格数据依据商品价格进行缩减，加总后用于计算行业的真实投入和产出以及生产率。本章为美国私营企业以及私营非农商业部门提供了一种完整一致计算总产出的方法。最后，本章证明并提供了一些替代性方法，用于从经济分析局和劳工统计 8
局计算行业产出。这些比较可供这两个机构使用，以调和或者消除剩余的差异。本章指出，将 NIPAs 和生产率数据转换成北美行业分类体系(North American Industry Classification System，NAICS)，将是进行更加彻底整合的重要契机。

John R. Baldwin 和 Tarek M. Harchaoui 在第 10 章“在 SNA 框架内整合加拿大生产率账户——现状及挑战”中说明了加拿大的生产账户与生产率账户的整合情况，这为在 SNA 国民经济账户体系内计算生产率提供了范例。行业层面的估计值基于现行不变价投入产出账户的总产出以及中间投入的数据。劳动和资本投入与劳工统计局统计多要素生产率时相同，但是范围涵盖了整个加拿大经济体。加拿大的生产率账户体系对于美国国民经济账户体系的整合以及最终达到一致具有重要的借鉴意义，但前提是要消除 NIPAs 与 SNA 的不同之处，以更好地借鉴加拿大的账户体系。

Baldwin 和 Harchaoui 强调了整合生产率账户与国民经济账户的益处。这需要一整套完整一致的投入产出数据，后者应符合国民经济账户体系的要求。这些数据有助于消除“不同故事”通常所产生的差异，比如经济分析局和劳工统计局行业数据的差异。建立生产率账户还提供了一个对国民经济账户重要数据的质量检查方法，并帮助查明和填补数据空白。整合生产率账户体系与国民经济账户体系，加强了国民经济账户体系的准确性、一致性、关联性和可解释性。Baldwin 和 Harchaoui 在结论中呼吁将生产率账户合并到联合国 SNA 统计框架中来。

关于美国国民经济账户新设计的最后一个问题是建立一个完整统一的金融账户和收入账户体系。这个问题在第 11 章“美国综合宏观经济账户——SNA-USA 草案”中做了说明，本章是由以下作者合作完成的：Albert M. Teplin、Susan Hume McIntosh、美国联邦储备委员会的 Michael G. Palumbo、达拉斯联邦储备银行的 Genevieve Solomon、投资公司协会的 Rochelle Antoniewicz，以及经济分析局的 Charles Ian Mead、Brent Moulton 和 Karin Moses。本章中将 NIPAs 以及来自经济分析局的美国国际投资头寸和来自美国联邦储备委员会的资金流量账户综合起来。更全面的整合将包括协调部门的边界，运用一致的数据源，并一致地对待交易。本章提供了一个 9
完整一致的统计体系的原型，这个体系解决了很多问题，并且指明了未来的努力方向。联邦储备委员会的 Larry Slifman 评论了不同意义上的整合，特别是 Teplin 和他的同事以及 Beaulieu 和 Bartlesman 的研究工作。

第 11 章提供了完整的 1985—2002 年的金融账户以及收入账户数据，这些数据基于 2004 年 6 月 10 日的官方数据，以及一些非官方的由作者自己估计的数据。这些账户分为七个部门：家庭和住户服务的非营利性机构、非金融非法人企业、非金融法人企业、金融企业、联邦政府、州政府和地方政府，以及国外部门。每个部门都编制现价生产和收入账户、反映积累的资本账户、重估价账户以及资产负债账户。相对于目前经济分析局和联邦储备委员会的出版物而言，综合账户体系明显地更接近联合国的 SNA 体系。新账户体系也同时进一步整合了 NIPAs、美国国际投资头寸以及资金流量账户，这也是 Richard 和 Nancy Ruggles (1982) 提出的目标。

最后一个关于方法的问题，是 Randy Becker、John Haltiwanger、Dan Wilson、Ron Jarmin 和 Shawn D. Klimek 在第 12 章“宏观数据与微观数据的整合——以资本为例”中提到的，关于资本账户的宏观和微观整合的问题。本章集中讨论了分行业以及分资产类型划分投资量的实证基础。最新的信息来自普查局的年度资本支出调查(Annual Capital Expenditures Survey, ACES)(普查局，2004)，后者无论是在总投资还是在行业层面的投资方面，都为资本账户的统计加强了经验基础。新信息同样有助于宏微观投资数据、股票投资以及资本服务方面的数据整合。

第 12 章的关键主题是关于资本的行业及资产测度与资本的企业及基本单位测算之间的不一致性，这个不一致性反映了两种测度方法的巨大差异。分行业和资产的投资估计值是根据投资品的商品流量法而获得的，在测算资本存量数据时使用了永续盘存法。一个重要的经验性问题就是投资和资本按行业分摊的基础问题。ACES 为按企业和基本单位分类的投资提供了直接的证据，这些企业和基本单位被纳入到分行业和资产的资本流量的最新基准表。本章讨论了协调资本的分行业及资产数据与资本的分企业和基本单位数据的一系列障碍，比如企业调查只能获得详细程度有限的
10 的资产数据以及大量的轮换样本，对于年轻企业来说更是如此。最后，本章建议整合资本测度的宏观和微观方法，并重新设计企业调查的方法，以获得资本流量和资产存量更好的微观数据。

我们的结论是，关于国民经济账户体系的新设计，大会已经初步完成了一个漫长的过程，这个过程是要建立一个完整一致的美国国民经济账户体系。这个过程需要经济分析局整合核心账户体系——NIPAs、投入产出账户以及国际账户。同时，这个过程需要经济分析局和劳工统计局这两个机构的合作，以获得完整一致的生产账户；需要经济分析局和联邦储备委员会合作，以获得完整一致的收入、支出、资本和财富的账户体系。一个未

解决但亟须关注的问题是,如何建立一个体制框架,以在高度分散化的美国统计体系中获得良好的机构间的合作。这种持续的合作和机构间一次性的合作活动有很大区别。这些问题在 Abraham 和 Landefeld 在专题小组讨论会的工作中有更加详细的说明。

在卫星账户系统中,建立合作机制是一个不太紧急的任务,但是仍然需要关注。经济分析局已经在 Jorgenson 和 Landefeld 调查的领域建立了一些合作关系,但还存在很多尚未利用的机会,比如 Abraham 和 Mackie 提到的问题。第三个需要国家统计机构解决的问题是,通过实施和修订 SNA 体系,以获得更好的国际协调机制。这在 Teplin 及其同事以及 Wilson 所写的章节中有所说明。国家统计机构的下一个目标是制定完成本书目标的日程以及优先顺序:建立完整一致的美国国民经济核算新体系。

参考文献

Abraham, Katharine, and Christopher Mackie, eds. 2005. *Beyond the market.* Washington, DC: National Academies Press.

Bureau of the Census. 2004. *Annual Capital Expenditures Survey, 2002.* Washington, DC: Bureau of the Census.

Bureau of Labor Statistics (BLS). 1983. *Trends in multifactor productivity, 1948–1981.* Washington, DC: U.S. Government Printing Office.

———. 2004. *American Time-Use Survey, 2003.* Washington, DC: Bureau of Labor Statistics.

Foss, Murray F. 1983. *The U.S. National Income and Product Accounts: Selected topics.* Chicago: University of Chicago Press.

Jorgenson, Dale W., Frank M. Gollop, and Barbara M. Fraumeni. 1987. *Productivity and U.S. economic growth.* Cambridge, MA: Harvard University Press.

Landefeld, J. Steven. 2000. GDP: One of the great inventions of the 20th century. *Survey of Current Business* 80 (1): 6–14.

Nordhaus, William D., and Edward Kokkelenberg, eds. 1999. *Nature's numbers.* Washington, DC: National Academy Press.

Nordhaus, William D., and James Tobin. 1973. Is growth obsolete? In *The measurement of economic and social performance,* ed. Milton Moss, 509–532. New York: Columbia University Press.

Ruggles, Richard, and Nancy D. Ruggles. 1982. Integrated economic accounts for the United States, 1947–1980. *Survey of Current Business* 62 (5): 1–53.

Samuelson, Paul A., and William D. Nordhaus. 2005. *Economics.* 18th ed. New York: McGraw-Hill.

United Nations, Commission of the European Communities, International Monetary Fund, Organisation for Economic Co-operation and Development, and World Bank. 1993. *System of national accounts 1993.* Series F, no. 2, rev. 4. New York: United Nations.

第1章　扩展和整合的美国国民经济账户蓝图
——回顾、评价和计划

D. W. 乔根森　J. S. 兰德菲尔德*

1.1　引　　言

13 美国拥有世界上最完善的一些经济账户，这些账户被定期更新，为研究人员和政策制定者提供了很好的服务。然而，为了满足不同的政策和分析需要，这些账户中的某些组成部分是独立编制的。因此，虽然美国联邦储备委员会（FRB）所编制的资金流量和资产负债账户，美国劳工统计局（BLS）所编制的生产率统计和美国经济分析局（BEA）所编制的其他国民经济账户都是世界上最好的经济账户，但是它们不尽完整而且也不是完全整合的。缺少整合性和彼此间的不一致已经阻碍了对20世纪90年代后期诸如个人储蓄的下降趋势，以及增长和生产率改进的因素等问题的分析。

更长期的问题对国民经济账户的范围和结构提出了挑战。从一开始，就有人建议扩展这些账户的范围以便包括非市场活动。美国账户的创始人之一西蒙·库兹涅茨认识到了专注于市场活动，而把住户生产和其他一系列广泛的有生产价值或产生满足感的非市场活动和资产排除在外的局限性。为了更好地理解战后经济增长的源泉，多种补充统计序列得到了开发，其中包括对人力资本投资的测算，这些多数是由学术机构的研究者完成的。

14 最近，一些数据使用者建议对这些账户的总体设计重新考量，因为虽然这些账户随着时间的推移进行定期更新，但其基本结构已经超过五十年没有进行大的改动了。可以就此举例的可供选择的新设计包括：以所有权

---

* D. W. 乔根森是隶属于哈佛大学的莫里斯大学的教授。J. S. 兰德菲尔德是美国经济分析局局长。

为基础的国际交易账户或与微观账户相联系的宏观账户。

在本章，我们通过回顾和评价这些账户考察了上述议题，发现现有的账户可以很好地为国民经济服务，但这些需要持续不断的更新、补充和协调。① 当前，我们认为并不需要一个全新的账户体系，而是需要与数据主要提供方美国普查局一道对 BEA、BLS 和 FRB 编制的账户进行扩展和整合。这些工作包括：(a) 对现有的账户进行扩展和整合，以包括分析增长和生产率所需的完整的生产账户；(b) 对现有的账户进行扩展，以包括那些对分析增长和生产率很重要但当前在现有账户中并没有被完全揭示的产品和服务，例如，矿产资源、人力资本和研发(R&D)；(c) 对现有的账户进行扩展，以包括非市场产品和服务，其不仅对经济很重要，而且还有很大的福利影响，例如，环境和卫生账户。

在本章的最后部分，我们提供一个建立在 Jorgenson 等人的研究成果和 BEA 的七个账户框架下的例证，作为 BEA 的国民收入与生产账户(NIPAs)2003 基准化修订的一部分。当前框架的范围被严格限定在现有市场账户，并专注于提供一个整合的、完整的和一致的账户体系，但是该框架也可被扩展到包含对分析经济增长和生产率十分重要的无形资产(例如 R&D)和住户生产一类的非市场活动。

1.2　核算市场部门的经济活动

1.2.1　引言：美国现有账户的概述

通过使用和共享同样的数据，现有美国账户体系间已经彼此相关联。BEA 负责编制大部分美国经济账户，包括国民收入、生产和可再生财富账户，国际收支平衡表和国际投资头寸账户，分行业国内生产总值 15
(GDP)和投入产出账户，地区账户，以及一系列相关的账户。这些账户通过使用美国普查局、BLS、国税局(IRS)、财政部、FRB 和其他数据来核算。FRB 使用 BEA 的可再生财富账户和国际收支平衡表的流量和头寸数据，结合 FRB 的国内金融存量和流量数据，来编制国内资本流量表和资产负债账户。BLS 使用 BEA 的实际产出、投资以及作为投入的资本和劳动收入的核算数据作为投入，来核算其总体的、多要素的和分行业的

① "我们"在这里指 Christensen 和 Jorgenson(1996)，Jorgenson 和 Fraumeni(1996a，1996b)，以及 Jorgenson，Gollop 和 Fraumeni(1987)关于建立整合账户的共同研究成果，还有在本书随后所讨论的研究成果。

产出和生产率。

BEA 的投入产出和行业部门账户根据每个行业的增加值率核算国内产出，估计每个行业的总产出和中间投入，追踪生产过程中行业间的产品和服务流量，提供国内生产的详细商品构成数据。BLS 的生产率估计包括了对劳动生产率、多要素生产率（multifactor productivity，等同于全要素生产率，total factor productivity——译者注）及相关指标，因此提供了每一个行业，以及劳动、资本和其他投入对生产率增长的贡献。

BEA 的财富账户对可再生资产的存量及其变动进行核算，而国际投资头寸账户对国际资产和负债及其变动进行核算。FRB 的资金流量账户记录了金融机构的作用、金融工具在储蓄和投资之间的媒介作用，以及由此导致的部门间的资产和负债变动。FRB 的资产负债表则记录了每季末的资产和负债的分配情况。

BEA 的辅助国际账户对美国居民与国外部门之间的交易进行核算并且按照产品和服务、收入、转移以及支付类型来记录这些交易。BEA 的地区账户将国内账户按照地理区域进行分解，并提供与国内账户类似的信息和相同的服务功能。

总之，这些国民账户为经济活动描绘了一幅完整的图景。该体系提供了一个相互联系的账户集合，以此来核算当前经济交易的流量（支出、收入和生产）、价格以及生产性资产和财富的存量。这些账户采用了复式记账原理使之彼此相联，从而为用户进行宏观经济监测、分析和决策提供了经济活动的全貌。在一份由联合国（UN）和国际货币基金组织（IMF）在 20 世纪 90 年代末开展的评估中，美国和加拿大按照国际公认
16 的国民经济账户体系（联合国等，以下称 SNA 1993）确定账户完整性，是仅有的获得满分六分的国家。美国的国民经济账户还被认为是最精准的、最新的和最及时的账户（以 GDP 更新、引入新的核算概念和方法以及 GDP 数据的发布来评判）。

美国账户的三个最经常被提到的缺陷是：(a) 不完整、不一致和存在数据缺口降低了其分析价值；(b) 与 SNA 1993 在分类、结构和表述方式上的不一致性降低了其国际可比性和分析价值（当美国经济作为国际比较的基准国和货币兑换计价国时，这一问题变得尤为突出）；(c) 缺少对扩展的和整合的经济活动（和福利）的测度；(d) 也是最近经常听到的批评是，美国账户在核算美国经济时所采用的概念和方法更新太快，以至于和那些更新不是很快的国家间的可比性受到了影响。

1.2.2　BEA 的 NIPAs

虽然在 NIPAs 和 SNA 1993 中有很多概括性的总量统计，很多账户和子账户，但其中最广为人知的还是国内生产总值(GDP)。GDP 对于核算国内生产是无可替代的，其可以通过三种方式来进行核算：(a) 通过最终消费；(b) 通过生产活动所获得的收入；(c) 通过生产法，即行业增加值等于总产出减去中间投入。在概念上，三种不同方法核算的 GDP 应该相等；在实际中，由于使用不同的和不尽完整的数据来源，三者彼此间并不完全相等。

BEA 使用上述三种不同的方法核算产出。GDP 是通过 BEA 的最终消费来核算的；采用收入法核算的是国内总收入(GDI)、分行业名义 GDP 和地区生产总值(GSP)；生产法增加值的核算来自 BEA 的投入产出账户和分行业的实际 GDP。

BEA 在 NIPAs 中的七个总体账户以 GDP 和 GDI 为重点，并且包括这些指标的名义和实际的季度和年度数据。NIPAs 的各个账户都是采用复式计账法。在同一个账户中，一个部门的资源使用(支出)被同时记录为另一个部门的资料来源(收入)；如果是部门内部的交易，这样的记录发生在同一部门的账户之内。

账户 1 是表 1.1 列示的国内收入与生产账户，这个账户记录了经济体中所有部门的合并生产活动，销售给最终用户的产品和服务总和记录在账户的右边，生产活动产生的收入记录在账户的左边。其他六个账户与账户
1 相一致，提供账户 1 中总量的详细信息。这些辅助的总体账户包括将近 20
300 个详细的辅助表和子账户。

表 1.1　NIPAs 汇总账户，2002 年

行代码		
	账户 1　国内收入与生产账户	
1	雇员报酬，支付	6 024.3
2	应付工资和薪金	4 979.8
3	支付(3-12 和 5-11)	4 979.8
4	应付工资减去支付(4-9 和 6-11)	0.0
5	工资和薪金的附加(3-14)	1 044.5
6	生产和进口税金(4-16)	760.1
7	减去：补贴(4-8)	38.2
8	净营业盈余	2 523.2
9	私营企业(2-19)	2 520.3
10	公共企业经常盈余(4-26)	2.8

（续表）

行代码		
	账户 1　国内收入与生产账户	
11	固定资本消耗(6-13)	1 288.6
12	国内总收入	10 558.0
13	统计误差(6-19)	-77.2
14	国内生产总值	10 480.8
15	个人消费支出(3-3)	7 385.3
16	耐用品	911.3
17	非耐用品	2 086.0
18	服务	4 388.0
19	国内私人总投资	1 589.2
20	固定投资(6-2)	1 583.9
21	非住宅	1 080.2
22	建筑物	266.3
23	设备和软件	813.9
24	住宅	503.7
25	私人存货变动(6-4)	5.4
26	产品和服务的净出口	-426.3
27	出口(5-1)	1 006.8
28	进口(5-9)	1 433.1
29	政府消费支出和总投资(4-1 和 6)	1 932.5
30	联邦政府	679.5
31	国防	438.2
32	非国防	241.2
33	州和地方政府	1 253.1
34	国内生产总值	10 480.8
	账户 2　私营企业收入账户	
1	对资产的收入支付	2 316.7
2	利息和其他支付(3-20 和 4-21)	2 267.7
3	对国外的红利支付(5-14)	42.1
4	在美国的 FDI 收益再投资(5-15)	6.9
5	企业的经常转移支付(净)	89.8
6	支付给个人(净)(3-24)	42.6
7	支付给政府(净)(4-24)	46.8
8	支付给国外(净)(5-19)	0.4
9	经存货估价和资本消耗调整的业主收入(3-17)	797.7
10	经资本消耗调整的个人租金收入(3-18)	173.0
11	经存货估价和资本消耗调整的企业利润	904.2

（续表）

行代码		
	账户 2　私营企业收入账户	
12	企业所得税	195.0
13	支付给政府(4-17)	185.9
14	支付给国外(5-19)	9.2
15	经存货估价和资本消耗调整的税后利润	709.1
16	净红利(3-21 和 4-22)	398.3
17	经存货估价和资本消耗调整的未分配企业利润(6-10)	310.8
18	私营企业收入的使用	
19	净营业盈余(1-9)	2520.3
20	资产收入	1761.1
21	利息(3-20)	1558.7
22	来自国外的红利收入(5-6)	81.5
23	美国对国外直接投资的收益再投资(5-7)	121.0
24	私营企业收入的来源	4281.5
	账户 3　个人收入和支出账户	
1	个人经常税(4-15)	1053.1
2	个人支出	7674.0
3	个人消费支出(1-15)	7385.3
4	个人利息支付(3-20)	194.7
5	个人经常转移支付	94.0
6	支付给政府(4-25)	58.6
7	支付给国外(净)(5-17)	35.4
8	个人储蓄(6-9)	183.2
9	个人税金,支出和储蓄	8910.3
10	雇员报酬(收到)	6019.1
11	工资和薪金支付	4974.6
12	国内(1-3 减去 5-11)	4971.4
13	国外(5-3)	3.2
14	工资和薪金的附加(1-5)	1044.5
15	雇主为雇员支付的养老金和保险金	680.4
16	雇主支付的政府社会保险金	364.1
17	经存货估价和资本消耗调整的所有者收入(2-9)	797.7
18	经资本消耗调整的个人租金收入(2-10)	173.0
19	个人资产收入	1378.5
20	个人利息收入(2-2 和 3-4 和 4-7 和 5-5 减去 2-21 减去 4-21 减去 5-13)	982.4
21	个人红利收入(2-16 减去 4-22)	396.2
22	个人经常转移收入	1292.2

（续表）

行代码		
	账户 3　个人收入和支出账户	
23	政府社会福利(4-4)	1 249.5
24	来自企业(净)(2-6)	42.6
25	减去:政府社会保险缴款(4-19)	750.3
26	个人收入	8 910.3
	账户 4　政府收入和支出账户	
1	消费支出(1-29)	1 595.4
2	经常性转移支付	1 271.1
3	政府社会福利	1 252.3
4	给个人(3-23)	1 249.5
5	给国外(5-18)	2.7
6	其他对国外的经常性转移支付(净)(5-18)	18.8
7	利息支付(3-20)	319.3
8	补贴(1-7)	38.2
9	减去:应付工资减去支付(1-4)	0.0
10	政府净储蓄(6-12)	-243.3
11	联邦政府	-240.0
12	州和地方政府	-3.2
13	政府经常性支出和净储蓄	2 980.7
14	经常性税收	2 006.2
15	个人经常性税收(3-1)	1 053.1
16	生产和进口税(1-6)	760.1
17	企业所得税(2-13)	185.9
18	来自国外的税收(5-18)	7.2
19	政府社会保险缴款(3-25)	750.3
20	资产收入	116.1
21	利息和其他收入(2-2 和 3-20)	114.0
22	红利(3-21)	2.1
23	经常性转移收入	105.3
24	来自企业(净)(2-7)	46.8
25	来自个人(3-6)	58.6
26	政府企业的经常性盈余(1-10)	2.8
27	政府经常性收入	2 980.7
	账户 5　国外交易经常性账户	
1	产品和服务的出口(1-27)	1 006.8
2	来自国外的收入	299.1
3	工资和薪金收入(3-13)	3.2

（续表）

行代码		
	账户 5　国外交易经常性账户	
4	资产的收入	296.0
5	利息(3-20)	93.5
6	红利(2-22)	81.5
7	美国国外直接投资收益的再投资(2-23)	121.0
8	来自国外的经常性收入	1 306.0
9	产品和服务的进口(1-28)	1 433.1
10	对国外的收入支付	277.6
11	工资和薪金支付(1-3)	8.4
12	资产的收入支付	269.2
13	利息(3-20)	220.2
14	红利(2-3)	2.1
15	美国的 FDI 收益再投资(2-4)	6.9
16	对国外的经常性税收和转移支付(净)	59.3
17	来自个人(净)(3-7)	35.4
18	来自政府(净)(4-5 和 4-6 减去 4-18)	14.3
19	来自企业(净)(2-8 和 2-14)	9.6
20	经常账户和国民收入与生产账户的平衡项(7-1)	-464.1
21	对国外的经常性支付和经常性账户的平衡项	1 306.0
	账户 6　国内资本账户	
1	国内总投资	1 926.3
2	私人固定投资(1-20)	1 583.9
3	政府固定投资(1-29)	337.1
4	私人存货变动(1-25)	5.4
5	资本账户交易(净)(7-2)	1.3
6	净借出或净借入(-),国民收入与生产账户(7-3)	-465.4
7	国内总投资、资本账户交易和净借出	1 462.2
8	净储蓄	250.8
9	个人储蓄(3-8)	183.2
10	经存货估价和资本消耗调整的未分配企业利润(2-17)	310.8
11	应付工资减去支付(私人)(1-4)	0.0
12	政府净储蓄(4-10)	-243.3
13	加上:固定资本消耗(1-11)	1 288.6
14	私人	1 077.8
15	政府	210.8
16	一般政府部门	177.6
17	政府企业	33.2

（续表）

行代码		
	账户 6　国内资本账户	
18	等于:总储蓄	1 539.4
19	统计误差(1-13)	-77.2
20	总储蓄和统计误差	1 462.2
	账户 7　国外交易资本账户	
1	经常账户和国民收入与生产账户的平衡项(5-20)	-464.1
2	资本账户交易(净)(6-5)	1.3
3	净借出或净借入(-),国民收入与生产账户(6-6)	-465.4
4	资本账户交易(净)和净借出,国民收入与生产账户	-464.1

资料来源:BEA(2004a).

注:表 1.1 与美国国民经济账户的 2002 年基准化修订相一致,而随后的表和图是基于 2003 年基准化修订的,后者来自 BEA(2004b)。

账户 2 到 5 提供了主要经济部门的收入和支出。例如,账户 2 是私营
21 企业收入账户,在账户的右边记录私营企业和其他企业的资金来源(收入),在账户的左边记录资金使用(支付);账户 3 是私人部门账户(包括住户和为住户服务的非营利机构);账户 4 是政府部门;账户 5 是外部或国外部门。

账户 6 是国内资本账户,反映的是国内储蓄的来源和国内投资的使用以及资本转移,从国外部门的净借入作为国内投资和国内储蓄之间的平衡项。账户 7 是外部或国外部门资本账户。

美国拥有依据国民经济账户的收入和支出估计测算的丰富的月度和季度指标。因此,虽然美国的国民账户只是根据基准投入产出账户每五年修订一次,但季度和年度 NIPAs 的支出和收入核算,是根据分行业 GDP 的年度生产(增加值)核算和投入产出核算独立编制的,它们不但互为基准,同时也是单独编制的。其结果是彼此间相互关联的账户与短期的经济指标存在高度的一致性(例如,支出核算与普查局的商业销售、存货、资本品运输量、国际贸易和企业利润等短期数据间的一致性)。这些联系对于那些高度依赖短期数据的美国金融市场、商业分析师和政策制定者来说十分重要。

很多国家,由于缺少短期指标和对经济活动的直接测算,高度依赖于其投入产出账户估计当期 GDP 和 GDI,因此更直接地囿于生产或增加值方法,其结果是在国民账户之间保持了高度的一致性,但一个问题是,当期的增加值是根据分行业固定的增加值率来计算的。这种核算方法可能与以月度或季度指标直接测算劳动者报酬和企业利润或最终支出的结果存在不一致性,因为后者可能在月度之间和季度之间变动很大。虽然缺乏对这些指标的直接测算,实情通常不可得知。有时,通常在初步核算数据公布一年

后，这些国家会根据它们的支出法和收入法的核算数据对其生产账户进行修订以达到平衡的目的。

NIPAs 更青睐支出法 GDP 和收入法 GDI 核算的主要原因是，BEA 认为通常情况下美国的支出和收入数据质量高于增加值核算数据（主要由于中间投入的计算不准确）。很显然，一个更好的核算方法是根据数据来源的质量和所采用的技术，同时使用支出法、收入法和生产法（增加值）来联合核算，这将会得到一套有着共同基础的、更可靠的核算数据，并且随着时间的推移而保持其动态平衡和前后一致性。

1.2.3 BEA 的其他流量账户 22

BEA 的国际和地区账户作为 NIPAs 的一部分，为 NIPAs 中出现的关联成分提供更详细的信息。虽然这些账户间还存在着某些不同之处，并且可以通过协调表来比较不同核算方法之间的差别，但其所采用的概念、数据来源和方法通常是一致的，主要的不同反映了在不同领域的不同需求。这些差距随着时间的推移已经被大大缩小了，特别是在国际领域，随着 IMF 的国际收支平衡编制手册和 SNA 1993 之间的衔接，更是如此。

1.2.4 BEA 的资本和金融账户

BEA 编制 SNA 1993 所定义的资本存量。这些核算包括对住户、企业和政府的可再生财富的实际水平、当期成本和历史成本核算，包括期初和期末净存量、投资流量、折旧、平均寿命和估价调整。这些资产可以按资产类型、部门和行业进行分类，它们与 NIPAs 都保持一致。

作为国际账户的一部分，BEA 还编制资本和金融账户。在国际收支平衡表中，经常性账户记录产品和服务、收入和转移的流量，资本账户记录与有形资产相关联的交易，例如从巴拿马运河到巴拿马的资产转移。金融账户记录美国国际资产和负债的变动，国际投资头寸记录这些资产和负债的年末水平。

1.2.5 BLS 的生产率核算

NIPAs 及其关联的行业账户包括很多生产账户的组成部分，但是它们与 SNA 1993 一样，缺少对资本服务的核算。BLS 的多要素生产率核算弥补了这一缺陷，在新古典经济学生产函数的框架内，采用虚拟租金价格、经劳动质量调整的劳务和中间投入对资本服务价值进行核算。BLS 的多要素生产率核算主要是基于美国学者的研究工作，后者主要包括 Denison 以及后来的 Jorgenson 和他的同事们,为了更好地解释经济增长,对 NIPAs 进行了扩充和改造。[2] BLS 的账户遵循了这一惯例,因此其核算在很大程度上与 NIPAs 保持了一致。

23 ### 1.2.6 FRB 的资金流量和资产负债账户

NIPAs 和 BEA 的分部门可再生财富核算包括存量和流量数据。BEA 的国际收支平衡表包括国际金融资产和负债的存量及流量数据,但是这些账户都没有涉及国内金融资产和负债的数据。FRB 利用这些数据,并纳入国内金融资产和负债及这些平衡项的变动数据,来编制资金流量和资产负债账户。这些账户涵盖了大部分经济情况,通常与 NIPAs、国际收支平衡表和财富账户保持一致。

1.2.7 国际 SNA 的概述

SNA 1993 是一个高度清晰完整的账户框架,是世界范围内国民经济核算的国际指南。该账户体系是由联合国(UN)、国际货币基金组织(IMF)、经济合作和发展组织(OECD)及欧盟(EU)联合编写的。如表 1.2 所示,它提供了和美国账户相似的流量和存量信息。SNA 1993 与美国账户之间的主要区别在于它比后者更侧重于生产账户、账户整合程度以及部门的划分。

美国账户主张采用支出法核算 GDP,而 SNA 1993 则主张采用生产法核算增加值。和 NIPAs 一样,SNA 1993 提供了分部门的生产活动产生收入的分配和这些资金的来源及使用的详细情况。除了在附属的产品和服务交易账户中,我们所熟悉的 GDP 核算公式:$C+I+G+(X-M)$并没有出现。在实践中,虽然大部分国家(如上所述)采用生产法核算增加值产出和 GDP,当发布国民经济账户和 GDP 核算时,这些国家,以及包括 UN、OECD 和 IMF 在内的国际组织,也在其国民经济账户中公布经过生产法调整的 GDP 及其支出构成部分。此外,大多数国家都不提供 SNA 1993 中推介的涵盖所有行业(部门)极为详细的信息。

美国账户与 SNA 1993 的区别在于其更为整合。例如,SNA 1993 的住户收入在几个单独的账户中进行列示(收入形成账户,收入初次分配账户,收入二次分配账户,收入再分配账户和收入使用账户)。在 NIPAs 的账户 3 中,所有的个人收入来源被整合到个人收入和支出账户。例如,工资、薪金、红利、税和转移支付都包括在整合的个人收入和支出账户里。这些交

② 参见 Denison(1967)、Jorgenson(1996b)以及 Christensen 和 Jorgenson(1996)。

易还在其他部门账户（私营企业、政府和国外部门）中有对应的登录。 25

表 1.2　SNA 1993

	非金融公司	金融公司	一般政府部门	住户	NPISH	经济总体	国外部门	合计
经常性账户				使用和来源				
产品和服务的生产/外部账户								
收入的分配和使用账户								
收入形成账户								
收入初次分配账户								
收入二次分配账户								
实物收入再分配账户								
收入使用账户								
积累账户				资产和负债变化以及净财富				
资本账户								
金融账户								
资产物量其他变化账户								
资产重估账户								
资产负债表				资产和负债				
期初资产负债表								
资产负债变动								
期末资产负债表								

资料来源：联合国等（1993，第 28、60—65 页）。

注：NPISH = 为住户服务的非营利机构。

最后，美国账户在部门划分上和 SNA 1993 存在差别。例如，SNA 1993 将为住户服务的非营利机构（NPISH）从住户部门中划出。当前，美国账户正在朝这个方向做改进，在 2003 年的全面修订中，已经将二者进行了分离。BEA 对住户和 NPISH 的收入及支出进行了独立核算。然而，在其他领域，从制度安排的角度看，当前 BEA 的定义比 SNA 1993 更适合美国国情。

1.2.8　针对经济和政策需求的变化，美国国民收入与生产账户的发展

在 NIPAs 出现之前，政策制定者只能依靠有限的和支离破碎的信息来指导美国经济，比如股价、产品装运量和不完整的工业生产指数。大萧条和政府在第二次世界大战期间对经济管理职能的不断提升，使得数据不完整的问题越来越突出，从而导致了国民经济账户的建立。

为了应对 20 世纪 30 年代的经济数据欠缺问题，美国商务部委任诺贝尔奖得主西蒙·库兹涅茨（Simon Kuznets）开展国民收入核算，其随后演变

成一套国民经济账户。在美国国家经济研究局(NBER)的协助下,收入与财富研讨会(CRIW)成立,西蒙·库兹涅茨出任第一任主席,旨在建立这个账户体系。库兹涅茨领导了一个设在美国商务部内外贸易局经济研究处的一个小组,同时协调在纽约的NBER研究员和他在商务部的同事的工作。其最初的账户雏形是以研究报告《国民收入,1929—1932》的形式于1934年递交了国会。

1942年年初,为了补充国民收入核算和适应战时规划需求,年度国民生产总值(GNP)核算被引入。诺贝尔奖得主华西里·里昂惕夫(Wassily Leontief)开发了投入产出账户,其随后成为NIPAs不可分割的一部分。在评价国民账户的用处时,NBER的主任Wesley C. Mitchell说:“只有那些经历了第一次世界大战经济动员的人们,才能够切身感受到国民收入账户所涵盖的20年数据和多种分类方式促进了二战时期的改进努力。”

26 随着时间的推移,为了满足政策的需要和经济的变化,美国账户被扩展到可以提供季度GDP和月度个人收入及支出核算、地区账户、财富账户、行业账户以及扩展的国际账户。

在20世纪40年代,为了满足第二次世界大战规划的需要,美国账户开发了生产或支出核算(那时称为国民生产总值)。到1947年,该账户已经逐步发展成一个统一的收入和生产账户,可以为经济提供一个完整的俯览。在50年代末和60年代初,刺激经济增长和探寻增长来源的兴趣促进了官方的投入产出表、资本存量核算以及更详细、及时的州和地方个人收入核算的开发。在60年代末和70年代,加速的通货膨胀促进了改进的价格估计和经过通货膨胀调整的产出核算的开发。

在80年代,服务贸易的国际化,导致了在NIPAs中国际服务贸易核算的扩展。为了应对技术革命和越来越重要的计算机及其价格估计,BEA与IBM合作,在计算机的质量调整价格和产出核算方面做了许多开创性的工作。在90年代,BEA引入了更精确的环比加权价格和经通货膨胀调整的产出核算,开发了计算机软件投资的核算,并更新了高技术产品和银行产出的核算。

BEA近年来不断对其账户进行更新,对不断改变的经济状况进行了更准确的核算,涉及的范围从金融保险到企业利润和养老金。BEA在改进账户的准确性、扩展账户范围和提高行业(基于生产的)账户时效性方面做了大量工作。最后,如上所述,为了提高国际可比性和以更易使用的形式提供扩展的信息,BEA已经对基本的国民经济账户结构做了改变。

总而言之,大部分观察者在回顾账户的演变史时,得出如下结论:美国商务部经济分析局在更新账户以跟随经济变化的脚步以及反映政策需求方面，做了很好的工作。正如美联储主席艾伦·格林斯潘（Alan Greenspan）在回顾账户演变史时所说：

> 商务部将国民收入账户，特别是 GDP，作为有生命的文件来对待；换句话说，就是努力去承认美国经济在不断变化。它的特性被技术和各种其他制度的影响所改变。因此，作为必然的结果，如何理解和度量产品和服务的市场价值也必须随着时间的推移而不断改变。而且我必须 27
> 说，令人钦佩的是，商务部的步伐能够跟得上各种各样的变化。③

1.2.9　遗留的挑战

虽然随着时间的推移，这些账户已经基本满足了用户的需求，但是在范围、整合和非市场的产品及服务方面还存在着差距。当经济学家们试图记载和分析第二次世界大战后经济增长的源泉时，账户中缺少反映经济增长的主要来源信息就变得十分明显。账户更直接地关注凯恩斯式财政政策方面，对经济增长源泉层面关注较少，因此，就更多地关注支出和收入流量方面的数据，而对资本投入和资本存量关注较少。

由于 NIPAs 缺少完整的数据，Denison、Jorgenson、Griliches 和其他学者利用国民经济核算数据中的收入份额、投资和其他信息建立了一套关于经济增长的丰富数据库和研究成果。如上所述，BLS 的多要素生产率核算建立在这一重要的研究成果之上，并开发了生产率增长分析的完整一致的官方框架和数据库。

BEA 的 NIPAs 和行业账户数据，以及 BLS 的生产率数据被广泛地用来研究经济增长、生产率和结构变迁。无论使用哪套数据，一般的经济活动应该是一致的，但其中还是存在一些差异。这些差异很大程度上来源于数据构建的不同目的，这主要表现在各机构在方法、范围和指数编制程序选择上的不同。

例如，在 BEA 的账户体系里，如上所述，当期的 NIPAs 除了基准化修订时，都是根据基于生产活动的年度投入产出账户和分行业 GDP 独立核算的。这一独立性主要体现在每一个账户侧重点的选择、基础数据质量的控制，以及账户的编制方法与当期指标的衔接上，例如投入产出账户中与普查局数据的衔接和分行业 GDP 与收入数据的衔接。基于上述原因，这些账户在准确性和一致性方面存在欠缺，不同的学者使用不同的数据会得

③　1999 年 12 月 7 日在华盛顿召开的新闻发布会。全文印于 Landefeld（2000）。

到不同的研究结果。当前的困难还包括在20世纪90年代后半期，预算编
28 制、货币政策和企业规划或行业增长动力分析的不确定性，在分析经济增长趋势时，使用收入法的数据得出的增长趋势快于使用支出法的数据。④

进一步的差别还体现在BEA和BLS数据的侧重点不同。BEA力求在NIPAs中对整个经济进行完整一致的涵盖，而BLS主要是追求不同方法核算生产率的最大可靠性。这些目标的不同，不一定会导致彼此间的不一致性，因为二者都要求可靠的产出和投入核算数据，但是彼此间的定义和涵盖范围以及方法还是会有所差异。BEA涵盖所有行业，甚至包括那些产出测度有时非常含糊的行业，而BLS只是侧重于那些产出测度比较稳健的行业。

特别是在细分的行业里，部分的差异也来自基础数据和汇总方法的不同选择。例如，BEA使用Fisher指数公式来一致地加总NIPAs中的价格和物量指数的各个部分，从而对GDP的名义变化进行分解。另一方面，BLS使用Tornquist指数公式来加总它的多要素生产率账户，因为该指数是一个精确的超级总量指数(superlative index)工具，可以匹配多要素生产率分析所需要的计量和统计特性。BEA和BLS对于不同行业和资产类型使用不同的折旧公式。直到最近一次的NIPAs全面修订，BEA和BLS为了满足各自的需要对企业部门采用了不同的定义。

通常情况下，由于选用不同的指数公式和折旧方法所导致的数量差异是非常小的，BEA对企业部门定义的改变也已经很大程度减少了因定义不同所造成对增长率核算结果的巨大差异。正如Diewert和其他学者证明的，所有的超级总量指数彼此间是非常接近的。甚至在一个较长的时间区间里，Tornquist和Fisher指数在小数点后五位都是相同的。⑤ 不同的折旧率可能对资本服务和多要素生产率产生影响，但是即使BEA和BLS在2001年对非住宅建筑物的折旧率进行了大的调整，其对资本投入和多要素生产率的影响也是非常小的。此外，BEA和BLS也在共同努力去保证折旧率的一致性。⑥

在BEA和BLS估计值之间的大部分显著差异是不同分析人员对价格缩
29 减指数的原始数据的不同选择所造成的，而不是因机构对采用特征价格法或其他一般方法的看法不同造成的。事实上，近年通过对具有不同实际增长率的行业采用相同的缩减指数，BEA和BLS在制造业估计值之间差异大部分被消除了。然而，在某些制造业和一些非制造业，还是存在着一定差异。

这些在BEA和BLS之间遗存的核算差异使得很多研究人员去构建各

---

④ 参见经济顾问委员会(1997)、管理和预算办公室(1997)和国会预算办公室(1997)。

⑤ 参见Diewert(1978)。

⑥ 参见BLS(2003)。

自的生产率核算方法,特别是为了研究 20 世纪 90 年代后期的“新经济”。根据不同的原始数据和详细程度,有时候这些研究结果的差异很大,甚至对于生产率的增长动力得出了不同的解释。例如,Nordhaus(2002)使用 BEA 的行业增加值数据(而不是 BLS 的官方数据)得出了更快的非农企业部门的劳动生产率增速。Baily 和 Lawrence(2001)使用 BEA 的分行业增加值数据,以及 Stiroh(2002)使用 BEA 的分行业总产出数据,得出如下结论:1995 年后的生产率加速增长已经从 IT 生产行业扩散到了 IT 使用行业。然而,Gordon(2001)通过 BEA 和 BLS 产出核算发现了相互矛盾的结果,质疑这种外溢效果是否发生过。Triplett 和 Bosworth(2004)撰文指出,依据 BEA 数据还是 BLS 数据,对广义部门和单个行业所测算的生产率可以得出显著不同的结果。这些差异阻碍了对生产率增长动力的整体判断。数据间的分歧迫使研究人员要么选择其一,要么各自估算。[7]

相似的问题同样出现在 BEA 和美联储对于储蓄和财富存量的核算上。因此 BEA 和美联储共同开发了储蓄和财富存量的核算,它们都提供了一致和整合的储蓄和财富趋势信息。即使如此,在对这两个序列进行协调处理时,还是存在重要的差异。与 BEA 和 BLS 之间的差异原因相同,BEA 和美联储之间的很多差异也是源自使用数据的目的不同。例如,美联储对储蓄的定义包括以购买耐用消费品形式存在的储蓄。但 NIPAs 对此定义并不认同,因为这样定义的话,逻辑上要求将耐用消费品作为投资处理,并且要求核算这些耐用消费品的资本服务,以及进一步使用一个完整的住户生产账户来核算住户的劳动和资本服务。

这两个机构间的这些差异,以及其他统计和方法上的差异促使经济学 30
家们去创建自己的序列。20 世纪 80 年代早期,Ruggles 和 Ruggles(1982)开发了一个整合的 NIPAs 和资金流量账户。近来,Gale 和 Sabelhaus(1999)为了分析最近十年美国储蓄不断下降的趋势,对 BEA 和美联储的数据进行了调整,创建了一个替代的储蓄定义。这些经过调整的储蓄核算结果显示:储蓄的下降速度低于官方的数据,并且各部门之间的下降速度也是不同的。他们的分析也强调了在住户财富核算中将储蓄、资本收入和其他变化的数据进行整合的重要性。

1.2.10　扩展账户的边界

近年来,研究者对于增长原动力以外问题的关注,促进了扩展的、更为

⑦ Jorgenson,Ho 和 Stiroh(2005)使用混合的 BEA 和 BLS 数据构建了生产率的核算。

整合的账户体系的开发。Kendrick(1961),Ruggles 和 Ruggles(1982)以及 Eisner(1989)扩展了 NIPAs,以便更好地分析企业、住户和政府的决策过程。本小节将讨论为了满足以上这些研究者的部分需要和研究经济增长原动力的需要而对现存账户进行的不同扩展。

扩展的价格和数量核算

BEA 的账户是以现价和不变价来表示的,但这并不完整。一个完整的生产账户要求对所有存量和流量的价格和数量进行核算。NIPAs 提供了产出(支出、总产出)、中间投入、部分资产(住宅和非住宅固定资产、存货、耐用消费品和政府固定资产)以及部分收入总量(GDI、GNP 和个人可支配收入)的价格和数量。对于一个完整的生产账户和其他目的而言,所缺失的是所有要素投入(劳动和资本收入以及增加值的所有组成部分)、储蓄以及金融资产和负债的价格和数量测算。

开展这样的价格和数量测算的主要问题是缺少概念清晰或有实践指导意义的缩减指数。对于市场上销售的产品,可以观测到其单价,但是对于企业利润或是储蓄,它们的单价又是什么呢? 同样地,虽然可以通过测算住宅价格来缩减住宅固定存量的名义价值,应用什么样的价格来缩减企业股权的价值呢? 一个解决办法是使用一些购买力指数。例如,BEA 使用
31 居民消费价格指数缩减个人可支配收入,但要想缩减其他收入是很困难的。例如,对企业利润进行缩减需要一个对消费支出(红利)、固定资产投资和存货投资(留存收益)以及政府(税收)加权平均的缩减指数。

耐用消费品、政府和非营利资本服务

一个完整的生产账户的其他所需成分,以及对住户和政府的经济活动进行分析所需要的那些扩展账户应该包括:(a) 对耐用消费品投资进行资本化处理,同时引入这些耐用消费品的服务价值;(b) 引入政府和非营利活动中使用的固定资产的完整服务价值。

在现有账户(SNA 1993 和 NIPAs)中,对耐用消费品的投资被作为当期消费处理,尽管它们像企业投资一样,随着时间的推移会产生收益流量。随着汽车租赁业的出现,这种不一致性变得越发明显。例如,如果住户租用了一辆汽车,这辆车将被租赁公司作为购买年当年的投资处理。然后它每年会产生一个资本服务流量(租金),该流量在整个租约过程中被计入 GDP。相反,如果此辆汽车是这个住户所购买的,它就将被作为购买年当年的消费处理,那么,在此辆汽车的生命周期里将不会增加资本服务流量。

与政府资本相关的不一致性是相似的。虽然现有账户将政府在资本品上的支出作为投资处理,通过计算政府资本的折旧价值,它们只是包括

政府资本的一部分服务价值(非营利资本的服务价值没有包含在内)。理论上,任何资本的服务价值应该至少等于资产所有者的租金收入:该项资产如被投资到其他领域所有者所获得的回报,或是对于资产在生产过程中由于使用所产生的价值损耗的补偿。[8] 尽管存在正的机会成本,当前对于政府资本处理的隐含假设是政府资本的回报是零。(对于非营利资本的处理假设是没有服务价值、净回报或折旧。)

如果租赁市场和有关数据是完整的,那么纳入耐用消费品和政府资本的服务价值并不困难。BEA 已经开始核算资本存量和折旧,并且使用市场租金去估算净资本存量的隐含回报。然而,缺少此类数据意味着资本存量的净回报必须进行估计并加入折旧来推算服务价值。这一估计提出了与机会成本相关的理论问题和估计这一成本的实际问题。 32

经济学界对于政府资本的机会成本长期以来存在争论,其中的建议包括使用住户回报率、政府借贷率、企业回报率或是以上一些加权的平均比率。而且,在实践中,也很难确定适当的利率值。例如,政府借贷率应该采用哪一个,短期利率、长期利率,还是加权平均利率? 以及应将其在多长的时间跨度中进行考虑?

由于这一不确定性,很多研究人员只是简单地选择一个利率,将其应用到资本净存量上,然后加上折旧去估计回报率。这种间接核算的服务价值与资本存量的波动趋于一致,并且减缓了 GDP 的波动。然而这种虚拟对于企业和税务部门以及那些对经济周期和经济中的"现金"成分感兴趣的研究人员来讲,并不是一个好方法。

纳入非市场交易如何影响国民账户,这样的例子已经在当前 GDP 核算中出现了。在 GDP 中所包括的最大的非市场活动之一是自有住房服务,即房屋所有者使用自己的不动产所"付给"自己的房租。虽然市场的租金可以获得,但使用这种虚拟方法得出的序列与房屋存量增长大致同方向变动。自有住房租金是市场化 GDP 很大的一块增量(相当于对耐用消费品虚拟的租金),它的规模自 1960 年以来大概占 GDP 的 5—8 个百分点,并且其实际增长波动范围小于实际 GDP 的增长波动范围。在 1960 年第一季度到 2003 年第四季度之间的经济衰退季度里(经济衰退季度来自 NBER 的定义),GDP 年均下降 1.6%,而同时虚拟的房租年均增长 3.6%。若扣除自有住房租金,则在经济衰退季度中 GDP 年均下降 1.9%,比单独的

---

⑧　这是一个关于资产服务价值的简化表述。如下所述,当把税收、资本利得和损失考虑进去时,服务价值的公式将变得更为复杂。

GDP 核算多下降 0.3 个百分点。在同样的时间跨度(仍然是 1960 年第一季度到 2003 年第四季度)的经济扩张季度中,自有住房租金温和增长。单独的 GDP 核算年均增长 4.2%,若扣除自有住房租金后,GDP 将年均增长 4.3%。由于包含自有住房租金,GDP 增长的波动程度也被降低了。包括自有住房的 GDP 的季度环比实际增长率是 3.3%,而扣除掉自有住房后是 3.5%。

由于这种平滑影响和合理回报率的不确定性,对此类非商务资本服务价值核算的一个解决办法就是将其引入补充或卫星账户进行核算,并辅之以进一步的研究以及市场租赁数据的收集。最终,在采用了不同的原始数
33 据和方法,并经过了用户的审核后,利用市场和虚拟回报相结合的核算方法可以将其整合到扩展的核心账户中。

按消费者和生产者价格对产出估价

消费税、销售税和其他针对产出征收的税(产出税)使得同样的产品在消费者和生产者面对的价格之间打入了一个楔子(可理解为加价/加税——译者注)。针对生产和支出的分析建议,在对产出和支出的估价中应该使用这些经济主体分别面对的价格。SNA 1993 建议做如下处理:对行业和部门的估价采用生产者价格(所谓的基本价格,或是市场价格减去产出税),对消费者、投资者和政府面对的最终消费采用市场价格(包含产出税)估价。

BEA 的投入产出账户使用生产者和购买者价格分解部门和行业产出,而分行业 GDP 则使用市场价格对行业和部门产出进行估价。这一处理的主要动机是想只通过一步就完全分解以市场价格估值的 GDP。假设 BEA 采用新方法(本书的其他部分将做具体描述)同时核算和编制一致的年度投入产出账户和 GDP,部门和行业核算将可以同时按两种价格估值。然而,在以总量生产核算为目的的 NIPAs 中,为了将支出转换到按生产者价格估值的生产账户中,要求从消费和其他 GDP 的组成部分中扣除生产税。

将业主收入分解到劳动和资本项下

NIPAs 对业主的收入提供了一个简单的核算方法,即不将业主的收入分解为个人劳动回报和所投入的资本回报。然而,一个完整的生产账户要求将生产的回报分解为劳动和资本的收入。这种分解面临着两方面的困难。首先,业主本身并不分解自己的收入,而是将其合并到公司收入中报告给税务和统计部门。其次,应用平均工资间接估算自雇人员的工作时间的回报,或是利用平均资本回报率核算业主的资本存量的资本回报,根据不同的虚拟方法,导致劳动或资本出现负回报。产生上述问题的原因并不十分清楚,可能是业主向税务和统计部门低报收入,在核算自雇人员的工作时间和资本投入中出现问题,以及存在自雇的非金钱收益等。

关于业主收入的更好数据需要等待自雇收入和时间报告制度的改进， 34
但是与此同时，有些方法也可用于核算大致的劳动和资本收入的回报以及这些回报的变动。BLS 的生产率核算中假定业主的劳动和资本回报的分配比例和企业部门的比率一致。使用此种方法，工资就是自雇收入，其差额是资本回报，虽然低于平均的资本回报率，但仍然是正的。

向 R&D 与其他无形资产、人力资本以及其他方面的扩展

对于账户的其他重要扩展包括人力资本（Jorgenson 和 Fraumeni，1996a；Eisner，1989；Kendrick，1961），研发（Christensen 和 Jorgenson，1996；Eisner，1989）和自然资源（Wright，1990）。更近期的研究成果（Hall 和 Hall，1993；Corrado，Haltiwanger 和 Sichel，2005）还对核算管理革新和其他无形资产的价值给予了关注。所有这些资产对于增长的重要性是明确的，然而在这些资产上的投资通常是由个人或是公司使用资本完成的，这些形成的资产很少被买卖。其结果是，虽然这些都是市场生产的经济资产，但是通常被作为非市场资产对待，其原因是这些资产不存在显著的第三方市场和相应的市场价格，从而无法对这些资产或这些资产提供的服务进行估价。

如同针对耐用消费品和政府资本的处理一样，所需的是开发一个扩展的卫星账户体系来包括 R&D 和其他无形资产、人力资本以及自然资源，同时需要设立一个研究项目以改进这些账户的估价基础。

1.3 对非市场部门中经济活动的测度

1.3.1 经济账户与福利账户

自从美国国民账户建立以来，有关自然资源和环境的处理以及经济和社会进步的广义福利测度的处理的争论就没有停息过，其中还包括上面我们讨论过的一些议题。以 Kuznets(1946)为代表的学派倾向于开发一个更宽泛的以福利为导向的账户，着重在可持续性、外部性和经济发展的社会成本问题。以 Jaszi(1971)为代表的另一个学派坚持国民账户要具有客观性和可描述性，因此要基于可观测的市场交易。Jaszi 认为，理论上账户应该被
扩展到对自然资源的经济发现、耗竭和存量的核算，从而与对厂房和设备以 35
及其他经济资源的处理相对称。然而，由于缺少可观测的市场交易和推算时的主观性，他的结论是这些活动不应该被包括在账户中。因此，如上所述，与福利分析相对立，Jorgenson 等开发了自己的用于生产分析的扩展账户。

在 20 世纪 60 年代和 70 年代早期，另一波更加重视环境的账户扩展

出现了，它源于人们对环境退化的忧虑和对世界将耗尽资源并达到“增长极限”的恐惧。[9] 与经济增长相关联的外部性也激发了人们扩展社会账户的新兴趣。其中，Nordhaus 和 Tobin(1973)等人对传统的经济账户的调整以反映休闲时间的变化、城镇化的消极影响、自然资源的耗竭、人口的增长和其他福利方面的影响，创建了反映经济富裕程度的指标。然而，范围的无限性、界线的不确定性以及在核算非市场活动中的主观性，限制了这些社会指标的实用性和人们对它们的兴趣。人们感到，包含这些指标将大大削弱传统经济账户对于分析市场活动的有用性，随后的注意力也就转向了更容易确认和更直接相关的市场问题，例如在经济账户中确认与保护环境和修复环境相关的支出(也称为防御性支出)。

1.3.2 卫星账户

联合国环境经济账户体系(SEEA)的开发，以及使用补充的或是卫星账户，为解决那些主张采用更广泛的账户体系和主张保持现存经济账户实用性的二者之间的长期矛盾开辟了一条道路(UN,1993)。补充账户可以使概念和实证研究与现行账户的核算同时进行，而不会破坏其实用性。卫星账户在拓宽一些部门的详细分类和扩展某些行业的定义方面也具有实用性。例如，国民核算账户中的交通运输比这个实际行业要小很多，因为很多公司拥有它们自己的货车或是其他运输系统，因此很多时候，交通运输并不是一种最终产品。

36 SEEA 是一个灵活的、可扩展的卫星账户体系。它以物质平衡法为基础，展示了全口径的经济与环境之间的相互关系。这一记账法根据资产存货或存量的初始水平及其增减进行核算。SEEA 基于 SNA 1993，并与之相配套。

1.3.3 整合的经济和环境卫星账户(IEESA)

在 20 世纪 90 年代，BEA 创建了一个整合的经济和环境卫星账户(Landefeld 等，1994)。[10] 在构建这一账户时，BEA 汲取了 70 年代社会账户的几个关键教训，并采用了 SEEA 的框架。第一，这些账户应该专注于一些特定问题。第二，考虑到核算结果的实用性、概念发展的早期阶段和统

---

⑨ 参见 Meadows 等(1972)，其对资源耗尽进行了概述。另外，Nordhaus 和 Tobin(1973)讨论了经济增长核算的更广泛议题。

⑩ 除了 IEESA，BEA 还在很多其他领域开发了卫星账户，其中包括住户生产(Landefeld 和 Howell,1977)，研发(Fraumeni 和 Okubo,2005)，旅游(Okubo 和 Planting,1998)，交通(Fang 等，2000)，以及以所有权为基础的国际交易账户(Landefeld,Whichard 和 Lowe,1993)。

计上的不确定性(即使核算被限定在影响环境的市场活动中),这样的核算应该在补充的或是卫星账户的框架中进行。第三,这些账户不应关注那些可持续性或规范性目标,而应该是那些与生产性市场活动紧密联系并能用市场价值或其他类似替代指标来估价的交互活动。第四,为了与现有账户的关注点保持一致,补充账户应按照与现有账户一致的方式来构建,以便于分析经济和环境在生产、收入、消费和财富方面的交互影响。表 1.3 和表 1.4 展示了 BEA 的 IEESA 的结构。

现有的经济账户和 BEA 的 IEESA 都不提供供规范性分析的数据。它们只是以市场的货币形式来描述活动,而不提供任何有关该情况对错的判断。IEESA 被设计用来报告市场价值或是其替代价值。如果由于产权的问题导致对资源的低估或过度开采,则一套整合的经济账户体系将不能揭示出正确的价格或是正确的存量水平。然而,它们可以提供对这些问题进行客观分析的数据,如存量价值的变化或是分配给某一类资源的收入比例。整合的经济和环境账户的目标是提供一个经济与环境之间交互作用 42
的描绘,包括资源的使用及其反馈效应。

与第一条标准相一致,BEA 限定 IEESA 去反映那些直接影响经济并与经济账户目标相关的交互活动。从这一立场来看,环境可以被认为是对经济提供可确认且重要的货物和服务流量的自然及环境资产的集合。经济对这些生产性自然资产及其提供的货物和服务的使用,可以归结为两大类。当永久或是暂时使用自然资产导致其数量减少时,这影响到货物或服务的流量,这种数量的减少被称为耗竭。当永久或是暂时使用自然资产导致其质量下降时,这种质量的下降被称为退化。然而,对自然资产的使用,只是经济和环境之间交互活动的一部分。这里还存在反馈效应,例如对农作物、木材、水产品和其他类似产品的当期污染和过度收获导致未来产量的下降。物质平衡和能源账户强调自然资产的使用及其使用过程中的反馈效应,因此,它们描述了经济和环境之间完整的交互活动。在环境资产的例子中,反馈是更复杂的,其经常影响到其他行业和消费者。虽然这个账户包括大量元素,相当复杂,但是根据定义,它并不包括很多环境自身的转换和交互活动,例如野生鱼类和哺乳动物的废弃物的处置,或是在陆地和海洋里的二氧化碳与氧气的相互转化。

与第二条标准相一致,IEESA 有两个主要的结构特征。第一,对自然和环境资源像生产性资产一样处理,即只有其生产性的经济部分得到考虑。这些资源,与建筑物和设备一起,被作为国民财富的一部分来处理,源于它们的货物和服务的流量得到确认,它们对于生产的贡献也被核算。

表 1.3 IEESA 的生产账户

	行代码	行业				最终使用(GDP)						商品总产出(4+10)(11)
		农、林、渔业	采矿、电力、水和卫生服务业	其他行业	合计	最终消费 住户(5)	最终消费 政府(6)	国内资本形成总额(7)	出口(8)	进口(9)	GDP(5+6+7+8+9)(10)	
商品												
制造	1											
资产	2											
固定资产	3											
环境管理	4											
污染减少和控制	5											
其他	6											
存货	7											
政府	8											
非农业	9											
农业	10											
其他	11											
环境清洁和废物处理服务	12											
其他	13											
自然和环境资产	14											
固定资产	15											
培育的生物资源：自然增长	16											
探明的地下资产	17											
开发的土地	18											
未培育的生物资源：自然增长	19											

（续表）

	行代码	行业				最终使用(GDP)						商品总产出(4+10)(11)
		农、林、渔业	采矿、电力、水和卫生服务业	其他行业	合计	最终消费		国内资本形成总额(7)	出口(8)	进口(9)	GDP(5+6+7+8+9)(10)	
						住户(5)	政府(6)					
未探明的地下资产	20											
未开发的土地	21											
水	22											
空气	23											
在制品存货(自然生长产品)	24											
中间总投入	25			增加值								
雇员报酬	26											
间接营业税等	27											
企业利润和其他财产收入	28											
固定资产折旧:建筑物和设备	29											
环境管理	30											
污染减少和控制	31											
其他	32											
自然和环境固定资产的损耗和退化	33											
增长的产品:固定资产	34											
探明的地下资产	35											
开发的土地	36											
未培育的生物资源:自然增长	37											
未探明的地下资产	38											
未开发的土地	39											

（续表）

	行代码	行业				最终使用(GDP)						商品总产出(4+10)(11)
		农、林、渔业	采矿、电力、水和卫生服务业	其他行业	合计	最终消费		国内资本形成总额(7)	出口(8)	进口(9)	GDP(5+6+7+8+9)(10)	
						住户(5)	政府(6)					
水	40											
空气	41											
增加值(GDP)(行25+27+28+29+33)	42											
折旧、损耗和退化(行29+33)	43											
净增加值(NDP)(行42－43)	44											
行业总产出	45											

资料来源：*Survey of Current Business*, April 1994, p. 47.

表 1.4　IEESA 的资产账户

	行代码	期初存量（1）	变动				期末存量（1+2）（6）
			总量，净值（3+4+5）（2）	折旧、损耗、退化（3）	资本形成（4）	估价和其他变动（5）	
生产性资产							
制造的资产	1						
固定资产	2						
居住建筑物和设备，私人和政府	3						
固定的非居住建筑物和设备，私人和政府	4						
相关的自然资源	5						
环境管理	6						
保护和开发	7						
水供应设备	8						
污染减少和控制	9						
卫生服务	10						
大气污染减少和控制	11						
水污染减少和控制	12						
其他	13						
存货	14						
政府	15						
非农业	16						
农业（农作物和除去牛以外的牲畜）	17						
玉米	18						

（续表）

	行代码	期初存量（1）	变动				期末存量（1+2）（6）
			总量，净值（3+4+5）（2）	折旧、损耗、退化（3）	资本形成（4）	估价和其他变动（5）	
大豆	19						
麦类	20						
其他	21						
开发的自然资产	22						
培育的生物资源	23						
培育的固定自然增长资产	24						
种、奶、耕用牲畜	25						
家畜	26						
鱼类	27						
葡萄园、果园	28						
用材林地	29						
自然增长产品的在制品	30						
肉畜	31						
家畜	32						
鱼类	33						
幼雏	34						
庄稼和其他生产性植物，未收获的	35						
探明的地下资产	36						
原油（包括液态天然气）	37						
燃气（包括液态天然气）	38						

（续表）

	行代码	期初存量（1）	变动				期末存量（1+2）（6）
			总量，净值（3+4+5）（2）	折旧、损耗、退化（3）	资本形成（4）	估价和其他变动（5）	
煤	39						
金属	40						
其他矿物	41						
开发的土地	42						
土地基础结构（私人的）	43						
农业用地（不包括葡萄园、果园）	44						
土壤	45						
再生地和水（公共的）	46						
森林和其他林木用地	47						
非生产性环境资产							
未培育的生物资源	48						
野生鱼类	49						
野生森林中的林木和其他植物	50						
其他未培育的生物资源	51						
未探明的地下资产	52						
未开发的土地	53						
水（存量变化对经济的影响）	54						
空气（存量变化对经济的影响）	55						

资料来源：*Survey of Current Business*, April 1994, p. 41.

第二，这些账户被设计用来提供更详细的支出和资产信息，以更好地理解和分析生产过程。完全执行 IEESA 将可以提供分行业、分收入类型、分产品以及分地区的自然和环境资源对经济的贡献等信息。

BEA 决定在 IEESA 中将自然和环境资源作为生产性资产处理，是基于它们与劳动和原材料等人造资本相似，都是用于生产固定资产，并在一段时间内产生服务流量。另一方面，存货是留待将来加工、销售、运输或是中间使用的存量。

43 存货和固定资产之间的区别并不总是很明确。已探明的矿藏储量可以视为存货，因为它们被用于将来生产的储量已经确定。然而，它们还满足经典的固定资本支出的特征，因为需要原材料和劳动来生产（开采）它们，并在未来相当长一段时间内产生产品的流量。而且，与机器这样的固定资产相似，来自一个新矿的可采储量是不确定的，并且随着时间和生产过程中的寿命周期而变化。最终，将矿藏储量作为固定资产处理，也满足了其可再生性的要求。

IEESA 的估价基础是市场价格或是其相应的替代价格。虽然可选择的方法如维护成本法和或有估价法，都有其理论上的优越性，但它们并不能满足 BEA 的目的，并且其在实际应用上的困难超过了其理论上的优势。为了与上述的目标和标准保持一致，市场定价是 IEESA 最优的选择。首先，市场定价保证了客观性，可以避免“愿意支付”调查所固有的偏差。其次，市场定价与 SEEA 这样的传统账户保持了一致，方便进行国际比较。最后，市场定价与所包括的交互影响的限制保持一致，因为其对那些交互影响是从市场的角度来估价的。

1.4　现在需要什么

1.4.1　建立一个整合的和一致的国民经济账户体系

前述回顾明确了建立一个更新的、整合的和扩展的美国国民经济账户体系的需求。我们最初也是最重要的一个目标就是使得 NIPAs 与 BLS 编制的生产率账户和 FRB 编制的资金流量账户保持一致性。为了获得一致性，生产账户、收入和支出账户、积累账户以及财富账户的边界必须在整个系统中保持统一。开发一个完全整合的和一致的账户体系需要 BEA、BLS 和 FRB 之间的紧密合作，以及和重要的基础数据生产部门普查局的合作。

本节将展示一个重构美国国民账户的蓝图，这是直接建立在新的NIPAs七个账户的框架和Jorgenson等人的研究成果，以及对NIPAs所作的2003基准修订之上的。虽然这一蓝图并不包括对账户进行非市场活动的扩展，但是根据Abraham和Mackie（本书第4章）以及Nordhaus（本书第3章）的研究成果，可以将其扩展到准市场和非市场部门。根据过去的教训， 44
任何这样的扩展，都应该是以卫星账户或是补充账户的形式。这些账户可以关注对生产有贡献的非市场货物和服务，以市场价格来估价，并与现有账户的经济概念保持一致。

如Fraumeni等（本书第9章）所建议的那样，我们最初的目标是把BLS的多要素生产率核算与NIPAs的生产账户进行整合。与BEA一样，我们以GDP来代表对产出的核算，以GDI来代表对投入的核算。像在NIPAs中一样，GDP按现价和不变价进行核算，同样，像在BLS的生产率账户中一样，GDI也是按现价和不变价进行核算。多要素生产率被定义为不变价GDP与GDI之间的比率。历史上，Denison（1967）以及Christensen和Jorgenson（1996）都曾经建议对生产账户进行如此重构。近年来，Hill（1999）、Jorgenson（2001）和Moulton（2004）也都支持这一做法。

构建一个一致和整合的生产账户的主要挑战来自对不变价GDI的核算。SNA 1993和BLS（1993）已经提供了对劳动服务的价格和数量的适当核算方法。这些方法可以与BLS（1983）中介绍的资本服务价格和数量核算方法相结合，去构建GDI的价格和数量指数以及多要素生产率。进行资本服务核算的主要障碍是缺少不同资本类型的市场租金数据。虽然对于大多数资产都存在租赁市场，比如工商业的房地产和设备，但是除了出租的房屋外，其他方面的租金数据很少被收集。

BLS所采用的一个核算租金价格的替代方法是，利用Jorgenson（1963）引入的用户成本公式从这些资产的市场价格去虚拟这些价格。除了资产的价格外，还需要核算折旧和回报率。在BEA（1999）的可再生财富账户中，提供了资产价格和折旧以及投资和资本存量的估计值。BLS使用NIPAs中的财产收入和BEA投资中导出的资本存量来核算回报率。BLS使用虚拟的租金价格去加权累积资产存量，以得到对资本服务的价格和数量测算。

我们的第二个目标是将美国经济中的有形财富核算和国际头寸整合进财富账户，该资产负债表是对Teplin等（本书第11章）提出的个人部门的资产负债表的一个扩展和整合。有形财富包括设备、建筑物、存货以及企业、住户和政府部门的土地。这些部门的整合消除了部门间的债权，只 45
包括美国对国外部门的债权，以及国外部门对美国除了有形资产以外的债权。BEA 编制的国际头寸表对这些债权进行了估计,因此美国经济的国际账户可以不加修改地整合进我们的蓝图。

一个重要的问题是如何正确地处理耐用消费品。Fraumeni and Okubo(2001)和 Moulton(2004)对此作了深入的探讨。Moulton(2004)采用 BEA 目前做法,将其作为投资纳入有形资产账户中,但将这些耐用消费品提供的服务排除在 GDP 之外。根据生产账户、收入和支出账户、积累账户以及财富账户的边界应该保持一致的假定,我们将耐用消费品的服务作为产出,同时也作为生产账户的投入。这些服务也是收入的来源,以及收入和支出账户中的一类支出。

遵循 BEA 对自有和租用住房的处理思路,我们对耐用消费品提出的处理方法适合自有和租用资产的核算,其主要的缺陷是必须将 GDP 以及与之相对应的 GDI 范围扩大。对于这一改变的支持理由是,BEA 已经编制了详细的投资和耐用消费品存量账户作为可再生资产账户的一部分。为了使账户中的住房和耐用消费品保持一致性,唯一需要再做的一件事就是对耐用消费品使用基于资产价格的虚拟租金价格,就像 BLS 对生产率账户的处理方法一样。

与之类似但略有区别的问题包括对像软件和研发这种无形投资的处理。我们采取 SNA 1993 和 NIPAs 将软件作为投资来处理的方法,但是根据住户、政府和企业部门的软件存量虚拟一个服务流量来扩展这一处理。这要求扩展住户和政府部门的 GDP 和 GDI 中资本服务的产出和投入的范围。虽然我们可以对研发采用同样的处理方法,但是我们选择了 Fraumeni and Okubo(2005)和 Moulton(2004)推荐的处理方法,即先将其作为卫星账户的一部分,直到获得研发活动创造资产的价格的满意数据为止。

1.4.2 一个完整账户体系的蓝图

图 1.1 展示了我们账户体系一个示意性的模型。这一完整的账户体系包括一个提供产出和投入数据的生产账户,一个提供收入、支出和储蓄
46 数据的收入和支出账户,一个将储蓄分配到不同资本类型的积累账户以及一个包括国家财富数据的国家资产负债表。生产账户、收入和支出账户以及积累账户通过商品和要素服务市场相连接。最后,积累账户与财富账户的连接则通过一个反映本期对上期的财富,以及净储蓄和资产重估值之和变化的核算恒等式来实现。

1. 生产 国内生产总值等于国内要素费用总值	
2. 国内收入和支出 国内收入等于国内支出	3. 国外交易经常账户 来自国外的收入等于对国外的支付和经常账户余额之和
4. 国内资本账户 总投资等于总储蓄	5. 国外交易资本账户 经常账户余额等于对国外的支付和净借贷之和
6. 国内资产负债表 国内财富等于国内有形资产和美国国际净头寸之和	7. 美国国际头寸 美国国外持有资产等于外国人在美国持有的资产和美国国际净头寸之和

图1.1　一个扩展的和整合的美国账户蓝图

我们样板体系的结构与 NIPAs 相似。NIPAs 当前提供现价的产出和投入核算,但是对于产出只有不变价核算。BLS 多要素生产率账户的一个关键性改革就是提供现价和不变价的产出和投入核算。不变价投入核算和多要素生产率对于考察经济增长的动力源泉是非常重要的。为了核算收入的产生和经济增长对它的消耗,我们还提供现价和不变价的收入和支出核算数据。最后,我们提供现价和不变价的储蓄和资本形成核算,以便在当期的经济活动和财富积累之间建立必要的联系。

按照 NIPAs 的原则,我们编制了美国经济的国内收入与生产账户来测算 GDP 和 GDI。GDP 和 GDI 都以现价和不变价来表示。基本的核算恒等式是采用现价计算的 GDP 和 GDI 相等。多要素生产率作为一个衡量经济表现的概括性指标,定义为不变价 GDP 与 GDI 的比率。对产出、 47
投入和生产率进行解释需要引入生产能力边界的概念。[11] 在每一个时期,资本和劳动服务的投入,被转换成可供消费和投资的产品的产出。这种转换取决于生产率的水平。

我们的系统和 NIPAs 之间最重要的区别是创造了一个整合的收入和支出账户。通过整合 NIPAs 中的住户、企业和政府部门的收入和支出账户,我们得到了一个单一的账户来展示收入及其分配,其优势是通过消除部门间的所有交易来大幅度地简化账户。例如,私营企业的税收既作为企业部门的支出,同时又作为政府部门的收入来源。在一个整合的收入和支出账户中,这一税收被相互抵消了。

---

⑪ Jorgenson(1996a,2001)以及 Jorgenson 和 Stiroh(2000)对此进行了解释。

对于收入与支出账户，基本的核算恒等式是现价的收入与支出相等。收入包括：国内收入与生产账户中按照市场价格估值的劳动和财产收入，来自国外的收入，对国外的净收入支付，以及对国外的当期税和转移支付。支出包括：个人消费支出，政府消费支出，储蓄，以及净折旧。为了通过支出和储蓄以及其他用于经济增长的花费来核算收入的形成及其使用，收入和支出都分别以现价和不变价来表示。对这些不变价数量的解释需要使用社会福利函数的概念。[12] 不变价的消费支出代表了用于消费的当期产品和服务流量，而不变价的净储蓄代表了未来消费流量在当期的增量。

国内资本账户将储蓄分成不同形式的投资，其基本的核算恒等式是现价的储蓄与投资相等，我们将储蓄和投资的不变价也处理为相等。不变价的投资是当期经济活动和资本存量积累之间的基本联系。像针对收入和支出账户的处理那样，我们通过整合住户、企业和政府部门的资本账户，极大地简化了国内资本账户。部门间的索赔账户被互相抵消，因此，我们只包括有形资产投资美国国际头寸表的变动。

财富账户补全了我们的美国国民经济账户体系的国内一方，我们的财
48 富账户与 Teplin 等（本书第 11 章）介绍的金融部门的资产负债表保持一致。我们通过涵盖企业、政府和住户部门的所有有形财富，以及美国的国际头寸账户，来扩充这些资产负债表。我们的资本和财富账户体系与 SNA 1993 的主要差别是：我们将 SNA 的资本和资产重估账户整合成一个单一的积累账户，后者也包括财富的期间变动。我们对耐用消费品的处理也和国际体系有所差别（参见 SNA 1993 第 9 章第 40 段，第 208 页）。

虽然最终理想是将我们的体系进行分解，以提供一个分行业的美国国民账户体系，但是我们的最初蓝图只是提供一个汇总的美国经济账户。正如 Lawson 等（本书第 6 章）所指出的那样，按照行业部门分解我们的生产账户需要完全整合的投入产出账户体系和分行业的总产出账户体系。Jorgenson，Ho 和 Stiroh（2005）指出，可以通过联合分行业的资本、劳动和中间投入的核算来得到分部门的生产账户。[13] Fraumeni 等（本书第 9 章）讨论了建立这些生产账户的基本原理。

我们的国外交易经常账户和资本账户与 NIPAs 完全一致。类似地，我们将 NIPAs 中的美国国际头寸表未作任何修改并入了我们的体系，其中收入和支出账户、资本账户以及财富账户都仅限于全国总量指标。如此处理

---

[12] Samuelson（1961），Nordhaus 和 Tobin（1973）以及 Weitzman（1976，2003）对此进行了解释。

[13] Jorgenson，Gollop 和 Fraumeni（1987）给出了一个分行业部门的美国经济生产账户体系，并且 Jorgenson，Ho 和 Stiroh（2005）对其进行了更新和修订。

的优势是，国内部门间的交易不需要在收入和支出账户里进行核算，同样，国内部门间的债权也不需要在资本形成和财富账户中核算。我们使用了2003年12月发布的NIPAs最新的基准修订中的数据，从这一点可以看出我们的方法与当前核算方法之间的基本相似性。

构建一个账户体系的第一步是建立现价账户。在1.4.3小节中，我们将介绍1948—2002年美国生产账户、收入和支出账户、积累账户以及财富账户。在1.4.4小节中，我们将引入不变价账户，并且介绍价格和数量指数。我们的不变价账户首先开始于1.4.5小节中的国内收入和生产账户，生产方包括不变价的消费品和投资品产出，收入方包括不变价的劳动和资本投入。实际产出和实际投入的比率是多要素生产率。在1.4.6小节中， 49
我们将给出美国国内经济和国外部门的不变价收入和支出账户、积累账户以及财富账户。

1.4.3 收入和财富

概述

对收入和财富的核算要求使用一个包括七个账户的体系，这些账户必须小心地区别于美国NIPAs的七账户新体系。我们的国内收入与生产账户提供美国经济的产出数据，以及资本和劳动服务的投入数据。收入和支出被分解为两个账户——收入和支出账户（IEA）以及国外交易经常账户（FTCA）。资本积累也在国内资本账户和国外交易资本账户两个账户中予以记录。最后，资产和负债记录在财富账户和美国的国际头寸账户中。

生产账户

我们编制美国国内经济（包括企业、住户和政府部门）的国内收入与生产账户。[14] 为了保持在投资品生产和财产报酬之间的一致性，我们对耐用消费品的服务和非营利机构使用的耐用品进行了虚拟，其中还包括对政府耐用品的净租金以及政府和非营利机构不动产的虚拟。这些资产的服务，与自有住房的服务一起，被包括进服务的产出，而且都在财产报酬中出现。这就确保了产出价值等于投入价值这一核算恒等式的成立。

在NIPAs中，GDP被区分成非耐用品、耐用品、建筑物以及服务。耐用品的产出包括耐用消费品，以及政府和非营利机构与私营企业使用的耐用生产品。建筑物的产出包括政府、私营企业和非营利机构的建筑物，以及

---

[14] 我们的核算是基于Jorgenson（2001）的研究成果，更新到2002年，以便与美国国民经济账户的2003基准修订相协调。

新建住房。我们对政府、住户和非营利机构的财产报酬进行虚拟的目的是,在整个系统中为投资品产出和财产报酬提供一个一致性的处理。

在 NIPAs 中,对自有住房(包括自有建筑物和土地)的租金,是通过出租不动产的市场租金来推算的。这些服务的价值被分解成净租金、利息、
50 税和固定资产消耗。对非营利机构使用的不动产服务也采取了相似的虚拟,但是这一虚拟的价值不包括净租金。最后,政府资本的折旧也被包括进来,但是这一资本的净租金被排除在外。耐用消费品服务和非营利机构使用的耐用生产品服务的财产报酬不包括在内。通过推算这些服务,即政府资本的净租金和非营利机构使用的不动产的价值,我们将这些资产的财产报酬的处理与私营企业使用的资产统一了起来。

我们将产品税和销售税等收入税与财产税等资本服务税加以区分。为了从生产者的观点反映价格,我们从产值中扣除产出税。但是,我们包括了投入方面的税金,因为这些税金包含在生产者的费用之中。产出税减少了部门收益,而补贴增加了这些收益,因此产出的价值包括生产补贴。具体而言,我们从产出中扣除产品税和销售税、企业非税支付以及海关关税,包括其他间接的企业税和补贴。我们的产出价值与 SNA 1993 定义的基本价格产出价值相对应。表 1.5 列示了 2002 年的国内收入与生产账户。

表 1.5　国内收入与生产账户,2002 年

行代码	生产	来源	合计
1	GDP(NIPA)	NIPA 1.1.5 第 1 行	10 487.0
2	+ 耐用消费品的服务	我们的推算	1 082.2
3	+ 非营利机构持有的耐用品的服务	我们的推算	31.8
4	+ 政府持有的耐用品、建筑物、土地和存货的服务	我们的推算	340.6
5	- 一般政府的固定资本消耗	NIPA 3.10.5 第 5 行	178.0
6	- 政府企业的固定资本消耗	NIPA 3.1 第 38 行,3.10.5 第 5 行	33.2
7	- 生产和进口的联邦税金	NIPA 3.2 第 4 行	87.3
8	- 来自企业的联邦政府经常性转移收入	NIPA 3.2 第 16 行	14.0
9	- 生产和进口的 S&L 税金	NIPA 3.3 第 6 行	675.3
10	- 来自企业的 S&L 经常性转移收入	NIPA 3.3 第 18 行	32.8
11	+ 资本存量税金		0.0
12	+ MV 税金	NIPA 3.5 第 28 行	6.9
13	+ 财产税	NIPA 3.3 第 8 行	291.5

（续表）

行代码	生产	来源	合计
14	+ 解雇费、评估费和其他税金	NIPA 3.5 第 29、第 30、第 31 行	47.8
15	+ 补贴	NIPA 3.1 第 25 行	38.2
16	- 政府企业的经常性盈余	NIPA 3.1 第 14 行	2.8
17	= 国内生产总值(GDP)		11 303.1
	收入	来源	合计
1	+ 固定资本消耗	NIPA 5.1 第 13 行	1 303.9
2	+ 统计误差	NIPA 5.1 第 26 行	-15.3
3	+ 耐用消费品的服务	我们的推算	1 082.2
4	+ 非营利机构持有的耐用品的服务	我们的推算	31.8
5	+ 政府持有的耐用品、建筑物、土地和存货的服务	我们的推算	340.6
6	- 一般政府的固定资本消耗	NIPA 3.10.5 第 5 行	178.0
7	- 政府企业的固定资本消耗	NIPA 3.1 第 38 行，3.10.5 第 5 行	33.2
8	+ 国民收入	NIPA 1.7.5 第 16 行	9 225.4
9	- 国外收入	NIPA 1.7.5 第 2、第 3 行	27.1
10	- 销售税	生产账户	463.2
11	+ 补贴	NIPA 3.1 第 25 行	38.2
12	- 政府企业的经常性盈余	NIPA 3.1 第 14 行	2.8
13	= 国内总收入(GDI)		11 303.1

国内总收入包括来自私营企业和住户以及非营利机构的收入，还包括来自政府的收入。我们加入了虚拟的耐用消费品的租金价值、非营利机构使用的耐用生产品的价值、政府耐用品和不动产与非营利机构不动产的净租金价值，以及包含在这些投入价值中的间接税。资本投入价值还包括固定资本消耗和统计误差，其中固定资本消耗是资本服务租金价值的一个组成部分。表 1.5 列示了 2002 年的 GDI 值。

生产和收入账户通过资本形成和财产报酬联系在一起。为了使此联系更显而易见，我们将 GDP 分解为消费品和投资品，将 GDI 分解为劳动和财产报酬。投资品的生产价值等于耐用品和建筑物的总产出；消费品的生产价值等于 NIPAs 中非耐用品和服务的产出，加上我们对于消费者和非营利机构的耐用品服务的虚拟值、政府耐用品和不动产的净租金虚拟值，以及非营利机构不动产的虚拟值。

财产收入包括统计误差和包含在财产报酬中的税金,例如机动车登记
费、财产税和其他税。政府、消费者和非营利机构耐用品服务的虚拟值,以
51 及政府和非营利机构不动产的净租金也包含在内。劳动收入包括私营企
业、住户、非营利机构和政府的劳动者报酬。劳动投入的价值还包括自雇
52 劳动者的报酬,其价值是根据可比类别的雇员收入虚拟得出的。[15] 表 1.6
给出了 1948—2002 年的 GDP 和 GDI,其中 GDP 被分解为投资品和消费品
的生产,GDI 被分解为劳动和财产收入。

表 1.6　国内收入与生产账户,1948—2002 年(10 亿现价美元)

年份	国内生产总值	投资品生产价值	消费品生产价值	劳动收入	资本收入
1948	290.8	78.7	212.1	173.2	116.9
1949	285.6	72.2	213.5	173.6	111.2
1950	319.9	92.4	227.5	187.0	132.0
1951	366.3	106.3	260.0	213.6	152.1
1952	387.1	103.8	283.3	228.7	158.0
1953	409.6	110.7	298.8	244.4	165.0
1954	415.5	107.2	308.3	244.5	171.2
1955	448.0	127.0	321.0	262.7	185.4
1956	475.7	132.0	343.8	283.6	192.6
1957	493.5	134.8	358.6	297.5	195.3
1958	512.7	126.8	385.9	299.3	213.7
1959	542.1	145.0	397.1	323.5	218.7
1960	576.9	148.5	428.5	339.5	237.2
1961	588.8	150.3	438.5	348.7	239.8
1962	626.4	165.7	460.7	371.3	255.2
1963	658.4	176.1	482.4	388.9	269.3
1964	713.4	190.8	522.6	416.2	297.0
1965	779.9	212.9	567.0	446.6	333.2
1966	864.4	234.7	629.6	490.3	374.1
1967	900.4	236.8	663.5	522.6	377.9
1968	980.9	257.1	723.8	575.2	405.7
1969	1 063.0	276.5	786.5	632.1	431.1
1970	1 096.3	272.9	823.5	673.1	422.9
1971	1 197.6	303.5	894.0	719.0	478.5
1972	1 350.5	343.8	1 006.7	789.3	561.1
1973	1 525.7	398.2	1 127.5	880.9	644.9
1974	1 652.2	415.5	1 236.7	966.1	686.0

⑮ Jorgenson,Ho 和 Stiroh(2005)给出了核算的具体细节。

（续表）

年份	国内生产总值	投资品生产价值	消费品生产价值	劳动收入	资本收入
1975	1 789.6	427.3	1 362.4	1 029.5	760.0
1976	2 012.7	508.6	1 504.1	1 147.5	865.3
1977	2 265.3	590.8	1 674.5	1 279.4	986.0
1978	2 558.3	687.3	1 871.0	1 448.6	1 109.5
1979	2 803.2	774.9	2 028.2	1 628.4	1 174.9
1980	3 000.7	784.8	2 215.9	1 792.6	1 207.8
1981	3 338.3	884.9	2 453.4	1 980.5	1 358.1
1982	3 489.8	837.4	2 652.4	2 090.2	1 399.4
1983	3 845.2	904.1	2 941.1	2 219.2	1 626.1
1984	4 308.4	1 093.3	3 215.0	2 447.9	1 860.6
1985	4 575.2	1 140.4	3 434.9	2 626.0	1 949.2
1986	4 814.6	1 177.1	3 637.5	2 785.0	2 030.0
1987	5 105.7	1 241.1	3 864.6	2 978.8	2 126.7
1988	5 546.9	1 320.5	4 226.4	3 214.1	2 332.7
1989	5 939.4	1 413.9	4 525.5	3 402.5	2 537.1
1990	6 245.4	1 436.7	4 808.7	3 610.4	2 635.2
1991	6 427.8	1 377.5	5 050.2	3 733.9	2 693.6
1992	6 790.5	1 454.4	5 336.1	3 931.5	2 858.8
1993	7 087.0	1 552.1	5 534.8	4 118.3	2 968.7
1994	7 501.0	1 705.2	5 795.8	4 332.5	3 168.3
1995	7 859.4	1 782.8	6 076.5	4 535.5	3 323.9
1996	8 340.0	1 934.2	6 405.8	4 749.1	3 591.2
1997	8 908.0	2 132.6	6 775.4	5 035.2	3 872.7
1998	9 366.3	2 266.8	7 099.5	5 409.0	3 956.9
1999	9 943.0	2 409.0	7 534.0	5 763.1	4 180.0
2000	10 525.6	2 528.8	7 996.8	6 204.4	4 321.6
2001	10 958.6	2 476.4	8 482.3	6 367.8	4 590.7
2002	11 303.1	2 439.4	8 863.7	6 493.5	4 809.4

收入与支出账户

我们将净收入定义为国内收入与生产账户中要素服务的销售收益，加上来自国外的收入，减去对国外的支付、净税金和转移支付，再减去折旧。我们将净支出定义为国内收入与生产账户中按照市场价格估计的个人和政府的消费支出，加上净储蓄。这些支出不包括购买耐用品的支出，但是包括这些耐用品累积存量所提供的服务。表 1.7 列示了 2002 年净收入的价值。

表 1.7 收入和支出账户,2002 年

行代码	收入	来源	总量
1	+总收入	生产账户	11303.1
2	+销售税	生产账户	463.2
3	-补贴	NIPA 3.1 第 25 行	38.2
4	+政府企业的经常性盈余	NIPA 3.1 第 14 行	2.8
5	=市场价的国内总收入		11730.9
6	+来自国外的收入	NIPA 1.7.5 第 2 行	301.8
7	-对国外的支付	NIPA 1.7.5 第 3 行	274.7
8	-对国外的经常性税金和转移支付(净)	NIPA 4.1 第 25 行	59.8
9	=总收入		11698.2
10	-折旧	我们的推算	1934.3
11	=净收入		9763.9
	支出	**来源**	**总量**
1	+个人消费支出		7574.0
2	非耐用品个人消费支出(NIPA)	NIPA 2.3.5 第 6 行	2080.1
3	个人消费支出服务	NIPA 2.3.5 第 13 行	4379.8
4	减去非营利机构房屋和非农住房的租金价值	我们的推算	3605.9
5	耐用消费品的服务	我们的推算	1082.2
6	建筑物和土地的服务	我们的推算	773.9
7	非营利机构持有的耐用品的服务	我们的推算	31.8
8	+政府消费支出		1738.7
9	政府非耐用品消费	NIPA 3.10.5 第 8 行	162.4
10	政府中间购买,耐用品	NIPA 3.10.5 第 7 行	47.7
11	政府消费服务总量		226.4
12	政府消费服务	NIPA 3.10.5 第 9 行	498.7
13	减去对其他部门的销售	NIPA 3.10.5 第 11 行	272.3
14	政府持有的耐用品、建筑物、土地和存货的服务	我们的推算	340.6
15	减去政府企业的固定资本消耗	NIPA 3.1 第 38 行,3.10.5 第 5 行	33.2
16	不包括国防的政府雇员报酬	NIPA 3.10.5 第 4—10 行	994.8
17	+国内总储蓄和统计误差	资本账户	2385.2
	=折旧	我们的推算	1934.3
18	=国内净支出		9763.6

消费支出包括个人和政府在服务和非耐用品上的支出,加上我们估计

的消费者、政府和非营利机构耐用品服务的虚拟价值，以及非营利机构和政府不动产的净租金。在NIPAs中，购买耐用消费品被作为个人消费支出处理，而在下面的国内资本账户中不作为支出而作为投资处理。个人和政府的消费反映了购买者的价格，包括税金而不包括产出的补贴。表1.7列示了2002年净支出的价值。

收入和支出账户通过储蓄和财产收入相联系。为了使此联系更显而易见，我们将净收入分解为劳动和财产收入以及净折旧，将净支出分解为净储蓄和消费。表1.8列示了1948—2002年现价的净收入和支出。收入分解为劳动和财产收入以及净折旧，净支出分解为个人和政府的消费及净储蓄。

表1.8　收入和支出账户，1948—2002年(10亿现价美元)

年份	净收入	劳动收入	净资本收入	个人消费支出	政府消费支出	净储蓄和统计误差
1948	262.5	173.2	89.2	179.0	39.5	43.9
1949	252.2	173.7	78.5	176.8	43.3	32.0
1950	285.6	187.1	98.5	189.6	47.3	48.6
1951	327.2	213.6	113.6	213.3	56.4	57.4
1952	347.0	228.7	118.3	227.0	68.4	51.4
1953	367.1	244.4	122.7	234.4	79.5	53.1
1954	369.7	244.5	125.2	247.1	76.4	46.1
1955	400.3	262.6	137.6	262.0	74.9	63.4
1956	423.1	283.5	139.6	282.7	77.2	63.1
1957	435.0	297.4	137.6	290.2	83.8	60.9
1958	452.5	299.2	153.3	308.4	96.5	47.4
1959	478.0	323.4	154.6	318.1	96.8	63.2
1960	512.1	339.4	172.7	343.8	104.0	64.4
1961	521.3	348.6	172.7	355.5	102.6	63.4
1962	558.4	371.2	187.2	371.4	110.3	76.9
1963	588.0	388.9	199.1	388.2	115.7	84.3
1964	640.5	416.2	224.3	417.5	127.1	96.0
1965	702.9	446.7	256.2	454.6	136.0	112.5
1966	778.6	490.3	288.3	500.1	153.9	124.4
1967	805.8	522.6	283.2	519.9	170.1	115.7
1968	879.4	575.2	304.1	567.5	187.2	124.8
1969	951.2	632.2	319.1	626.6	194.1	130.5
1970	970.2	673.2	297.1	664.8	193.0	112.5
1971	1 061.5	719.0	342.5	723.1	208.2	130.1

（续表）

年份	净收入	劳动收入	净资本收入	个人消费支出	政府消费支出	净储蓄和统计误差
1972	1 198.8	789.3	409.6	799.0	248.1	151.7
1973	1 368.7	880.9	487.8	886.2	281.1	201.3
1974	1 470.3	966.1	504.2	969.8	321.7	178.9
1975	1 569.5	1 029.5	540.0	1 054.9	360.6	153.9
1976	1 778.7	1 147.4	631.3	1 167.2	405.5	206.0
1977	2 006.2	1 279.4	726.8	1 319.7	439.4	247.1
1978	2 264.5	1 448.5	816.0	1 479.0	477.8	307.8
1979	2 469.1	1 628.4	840.7	1 641.7	485.3	342.1
1980	2 611.0	1 792.5	818.5	1 815.2	513.0	283.0
1981	2 903.1	1 980.4	922.8	1 998.5	572.9	331.8
1982	2 999.8	2 090.0	909.7	2 134.0	632.2	233.7
1983	3 341.3	2 219.1	1 122.2	2 310.4	755.3	275.4
1984	3 786.1	2 447.7	1 338.4	2 527.0	838.8	420.2
1985	4 005.2	2 625.8	1 379.4	2 732.5	868.9	403.6
1986	4 178.9	2 783.2	1 395.7	2 920.0	879.1	379.9
1987	4 413.2	2 977.4	1 435.8	3 122.3	918.7	372.5
1988	4 814.2	3 213.2	1 601.0	3 396.2	998.8	419.2
1989	5 159.3	3 401.2	1 758.1	3 654.8	1 044.4	460.3
1990	5 423.5	3 608.1	1 815.4	3 914.2	1 086.2	423.2
1991	5 609.3	3 731.2	1 878.2	4 072.7	1 158.4	378.1
1992	5 915.5	3 928.5	1 987.0	4 310.9	1 211.3	393.2
1993	6 171.5	4 115.0	2 056.5	4 587.3	1 146.1	438.1
1994	6 548.1	4 328.5	2 219.5	4 816.9	1 193.0	538.2
1995	6 848.3	4 531.4	2 316.9	5 097.0	1 188.1	563.3
1996	7 279.1	4 745.0	2 534.2	5 362.9	1 274.6	641.4
1997	7 796.5	5 030.8	2 765.7	5 695.1	1 336.4	765.1
1998	8 184.8	5 404.4	2 780.3	6 023.6	1 355.5	805.9
1999	8 695.5	5 757.9	2 937.6	6 438.3	1 422.5	834.8
2000	9 174.5	6 199.8	2 974.8	6 907.1	1 504.3	762.9
2001	9 492.4	6 362.6	3 129.7	7 269.0	1 632.2	591.3
2002	9 763.5	6 488.0	-3 275.4	7 574.0	1 738.7	450.8

NIPAs 中的国外交易经常账户记录来自出口的收益和从国外获得的收入,其与进口的花费、对外支付、当期税金和对国外的转移支付,以及经常账户的余额相对应。表 1.9 列示了经常账户的收入、支出和余额。表 1.10 提供了 1948—2002 年间以这些现价表示的价值。

表 1.9　国外交易经常账户,2002 年

行代码	来自国外的收入	来源	合计
1	+ 产品和服务的出口	NIPA 4.1 第 2 行	1 005.0
2	+ 来自国外的收入	NIPA 4.1 第 7 行	301.8
3	工资和薪金收入	NIPA 4.1 第 8 行	2.9
4	资产收入	NIPA 4.1 第 9 行	298.8
5	= 来自国外的经常性收入	NIPA 4.1 第 1 行	1 306.8
	对国外的支付和经常账户余额	来源	合计
1	+ 产品和服务的进口	NIPA 4.1 第 14 行	1 429.9
2	+ 对国外的收入支付	NIPA 4.1 第 19 行	274.7
3	工资和薪金支付	NIPA 4.1 第 20 行	8.4
4	对资产的收入支付	NIPA 4.1 第 21 行	266.3
5	+ 对国外的经常性税金和转移支付	NIPA 4.1 第 25 行	59.8
6	+ 经常账户余额	NIPA 4.1 第 29 行	−457.7
7	= 对国外的支付和经常账户余额		1 306.7

表 1.10　国外交易经常账户,1948—2002 年(10 亿现价美元)

年份	经常账户余额	来自国外的经常性收入	产品和服务的出口	来自国外的收入	对国外的支付和经常账户余额	产品和服务的进口	对国外的收入支付	对国外的经常性税金和转移的支付(净)
1948	2.4	17.6	15.5	2.0	17.6	10.1	0.6	4.5
1949	0.9	16.4	14.5	1.9	16.5	9.2	0.7	5.6
1950	−1.8	14.5	12.4	2.2	14.6	11.6	0.7	4.0
1951	0.9	19.9	17.1	2.8	19.9	14.6	0.9	3.5
1952	0.6	19.3	16.5	2.9	19.3	15.3	0.9	2.5
1953	−1.3	18.2	15.3	2.8	18.1	16.0	0.9	2.5
1954	0.2	18.9	15.8	3.0	18.8	15.4	0.9	2.3
1955	0.4	21.2	17.7	3.5	21.1	17.2	1.1	2.5
1956	2.8	25.2	21.3	3.9	25.3	18.9	1.1	2.4
1957	4.8	28.3	24.0	4.3	28.3	19.9	1.2	2.3
1958	0.9	24.4	20.6	3.9	24.4	20.0	1.2	2.3
1959	−1.2	27.0	22.7	4.3	27.0	22.3	1.5	4.3
1960	3.2	31.9	27.0	4.9	31.9	22.8	1.8	4.1
1961	4.3	32.9	27.6	5.3	32.9	22.7	1.8	4.2
1962	3.9	35.0	29.1	5.9	35.0	25.0	1.8	4.3
1963	5.0	37.6	31.1	6.5	37.6	26.1	2.1	4.4

（续表）

年份	经常账户余额	来自国外的经常性收入	产品和服务的出口	来自国外的收入	对国外的支付和经常账户余额	产品和服务的进口	对国外的收入支付	对国外的经常性税金和转移的支付（净）
1964	7.5	42.3	35.0	7.2	42.2	28.1	2.3	4.3
1965	6.2	45.0	37.1	7.9	45.0	31.5	2.6	4.7
1966	3.9	49.0	40.9	8.1	49.0	37.1	3.0	5.0
1967	3.6	52.1	43.5	8.7	52.2	39.9	3.3	5.4
1968	1.7	58.0	47.9	10.1	58.0	46.6	4.0	5.7
1969	1.8	63.7	51.9	11.8	63.7	50.5	5.7	5.8
1970	4.0	72.5	59.7	12.8	72.5	55.8	6.4	6.3
1971	0.6	77.0	63.0	14.0	77.0	62.3	6.4	7.6
1972	-3.6	87.1	70.8	16.3	87.1	74.2	7.7	8.8
1973	9.3	118.8	95.3	23.5	118.8	91.2	10.9	7.4
1974	6.6	156.5	126.7	29.8	156.4	127.5	14.3	8.1
1975	21.4	166.7	138.7	28.0	166.8	122.7	15.0	7.6
1976	8.9	181.9	149.5	32.4	181.9	151.1	15.5	6.3
1977	-9.0	196.6	159.4	37.2	196.6	182.4	16.9	6.2
1978	-10.4	233.1	186.9	46.3	233.2	212.3	24.7	6.7
1979	1.4	298.5	230.1	68.3	298.4	252.7	36.4	8.0
1980	11.4	359.9	280.8	79.1	359.9	293.8	44.9	9.8
1981	6.3	397.3	305.2	92.0	397.2	317.8	59.1	14.1
1982	-0.2	384.2	283.2	101.0	384.2	303.2	64.5	16.7
1983	-32.1	378.9	277.0	101.9	378.8	328.6	64.8	17.5
1984	-86.9	424.2	302.4	121.9	424.3	405.1	85.6	20.5
1985	-110.8	414.5	302.0	112.4	414.5	417.2	85.9	22.2
1986	-139.2	431.9	320.5	111.4	432.0	453.3	93.6	24.3
1987	-150.8	487.1	363.9	123.2	487.1	509.1	105.3	23.5
1988	-112.2	596.2	444.1	152.1	596.2	554.5	128.5	25.5
1989	-88.3	681.0	503.3	177.7	681.0	591.5	151.5	26.4
1990	-70.1	741.5	552.4	189.1	741.4	630.3	154.3	26.9
1991	13.5	765.7	596.8	168.9	765.8	624.3	138.5	-10.6
1992	-36.9	788.0	635.3	152.7	788.0	668.6	123.0	33.4
1993	-70.4	812.1	655.8	156.2	812.1	720.9	124.3	37.3
1994	-105.2	907.3	720.9	186.4	907.3	814.5	160.2	37.8
1995	-91.0	1 046.1	812.2	233.9	1 046.1	903.6	198.1	35.4

（续表）

年份	经常账户余额	来自国外的经常性收入	产品和服务的出口	来自国外的收入	对国外的支付和经常账户余额	产品和服务的进口	对国外的收入支付	对国外的经常性税金和转移的支付（净）
1996	-100.3	1 117.3	868.6	248.7	1 117.3	964.8	213.7	39.1
1997	-110.2	1 242.0	955.3	286.7	1 242.0	1 056.9	253.7	41.6
1998	-187.4	1 243.1	955.9	287.1	1 242.1	1 115.9	265.8	48.8
1999	-273.9	1 312.1	991.2	320.8	1 312.0	1 251.7	287.0	47.2
2000	-396.6	1 478.9	1 096.3	382.7	1 479.0	1 475.8	343.7	56.1
2001	-370.4	1 355.2	1 032.8	322.4	1 355.2	1 399.8	278.8	47.0
2002	-457.7	1 306.8	1 005.0	301.8	1 306.7	1 429.9	274.7	59.8

积累账户

NIPAs 包括一个记录投资和储蓄的国内资本账户，我们通过整合企业和政府部门的账户与住户和非营利机构部门的账户来构建这一账户。住户和非营利机构部门对企业部门的债权是企业部门的负债；在整合的账户中，这些资产和负债被相互抵消了。类似地，住户和非营利机构部门对政府部门的债权也抵消了。 54

投资包括以市场价格估计的私营部门国内总投资、政府投资、住户和非营利机构的耐用品支出，以及经常账户的余额。净储蓄包括 NIPAs 中定义的总储蓄，减去住户、非营利机构和政府部门的固定资本消耗。表 1.11 列示了国内储蓄和投资，以及固定资产的重估值和财富变动。表 1.12 列示了 1948—2002 年的以现价表示的国内投资。表 1.13 列示了总储蓄、折旧、净储蓄、资产重估值和财富变动。

表 1.11　国内资本账户，2002 年（10 亿现价美元）

行代码	投资	来源	合计
1	+私人固定投资，非居住建筑物	NIPA 5.4.5 第 2 行	271.6
2	+私人固定投资，设备和软件	NIPA 5.5.5 第 1 行	799.9
3	+私人存货的变动，非农户	NIPA 5.6.5 第 19 行	12.7
4	+私人存货的变动，农户	NIPA 5.6.5 第 2 行	-1.5
5	+私人固定投资，居住建筑物	NIPA 5.4.5 第 35 行	496.6
6	+个人消费支出，耐用品	NIPA 1.1.5 第 3 行	916.2
7	=私人国内总投资		2 495.5
8	+政府投资，建筑物	NIPA 5.8.5 第 6 行	222.6

（续表）

行代码	投资	来源	合计
9	+政府投资,设备和软件	NIPA 5.8.5 第 46 行	124.9
10	=国内总投资		2 843.0
11	+对国外账户的净借贷	NIPA 4.1 第 30 行	-458.9
12	+资本账户交易(净)	NIPA 4.1 第 32 行	1.3
13	=总投资		2 385.4
	储蓄	来源	合计
1	+净储蓄(NIPA)	NIPA 5.1 第 26 行	180.4
2	个人储蓄	NIPA 2.1 第 33 行	159.2
3	来自 IVA 和资本消耗调整的未分配企业利润	NIPA 5.1 第 5 行	300.7
4	应付工资减去支付(私人)	NIPA 5.1 第 9 行	0.0
5	政府净储蓄	NIPA 5.1 第 27 行	-279.5
6	+固定资本消耗	NIPA 1.7.5 第 5 行	1 303.9
7	=总储蓄(NIPA)	NIPA 5.1 第 1 行	1 484.3
8	+个人消费支出,耐用品	NIPA 1.1.5 第 3 行	916.2
9	=总储蓄		2 400.5
10	+统计误差	NIPA 5.1 第 26 行	-15.3
11	=总储蓄和统计误差		2 385.2
12	-折旧	我们的推算	1 934.3
13	=净储蓄		450.9
14	+资产重估	我们的推算	2 123.2
15	=财富变动		2 574.0

表 1.12 国内资本账户中的投资,1948—2002 年(10 亿现价美元)

年份	总投资	私人投资	政府投资	经常账户余额
1948	81.2	71.7	7.1	2.4
1949	73.4	62.7	9.8	0.9
1950	93.8	85.7	9.9	-1.8
1951	109.2	90.8	17.5	0.9
1952	106.8	83.9	22.3	0.6
1953	112.4	89.7	24.0	-1.3
1954	108.5	85.8	22.5	0.2
1955	129.1	107.7	21.0	0.4
1956	135.5	109.7	23.0	2.8
1957	140.2	111.0	24.4	4.8
1958	128.9	101.5	26.5	0.9

（续表）

年份	总投资	私人投资	政府投资	经常账户余额
1959	149.2	121.1	29.3	-1.2
1960	153.7	122.3	28.2	3.2
1961	155.8	120.0	31.5	4.3
1962	172.1	135.0	33.2	3.9
1963	183.9	145.3	33.6	5.0
1964	200.8	158.7	34.6	7.5
1965	223.1	181.4	35.5	6.2
1966	243.2	199.5	39.8	3.9
1967	245.5	199.0	42.9	3.6
1968	267.3	222.1	43.5	1.7
1969	287.5	242.4	43.3	1.8
1970	285.0	237.3	43.7	4.0
1971	317.5	275.1	41.8	0.6
1972	357.0	318.0	42.6	-3.6
1973	424.1	368.0	46.8	9.3
1974	434.6	371.7	56.3	6.6
1975	448.3	363.8	63.1	21.4
1976	526.3	451.0	66.4	8.9
1977	601.1	542.5	67.6	-9.0
1978	706.3	639.7	77.0	-10.4
1979	797.2	707.3	88.5	1.4
1980	805.4	693.7	100.3	11.4
1981	916.7	803.6	106.8	6.3
1982	869.7	757.5	112.4	-0.2
1983	935.8	845.0	122.8	-32.0
1984	1 114.6	1 062.2	139.3	-86.9
1985	1 147.7	1 099.7	158.8	-110.8
1986	1 183.4	1 149.4	173.2	-139.2
1987	1 240.2	1 206.7	184.3	-150.8
1988	1 349.1	1 275.2	186.1	-112.2
1989	1 456.2	1 346.8	197.7	-88.3
1990	1 480.9	1 335.2	215.7	-70.0
1991	1 490.7	1 256.8	220.4	13.5
1992	1 534.5	1 348.4	223.0	-36.9
1993	1 628.7	1 480.1	219.0	-70.4
1994	1 795.5	1 679.4	221.3	-105.2
1995	1 897.3	1 755.6	232.7	-91.0

（续表）

年份	总投资	私人投资	政府投资	经常账户余额
1996	2037.4	1892.8	244.9	-100.3
1997	2224.2	2082.4	252.1	-110.3
1998	2334.4	2259.4	262.4	-187.4
1999	2456.2	2443.2	286.9	-273.9
2000	2506.5	2598.7	304.4	-396.6
2001	2451.7	2498.1	324.0	-370.4
2002	2385.3	2495.5	347.4	-457.6

表 1.13 国内资本账户中的财富变动，1948—2002 年（10 亿现价美元）

年份	总储蓄	折旧	净储蓄	资产重估	财富变动
1948	81.2	36.5	44.7		
1949	73.4	40.5	32.9	4.5	37.4
1950	93.8	44.1	49.7	25.4	75.1
1951	109.2	51.1	58.1	71.7	129.8
1952	106.8	54.9	52.0	13.6	65.6
1953	112.4	58.8	53.6	42.8	96.4
1954	108.5	62.4	46.1	8.8	54.8
1955	129.1	65.9	63.2	31.5	94.7
1956	135.5	72.7	62.8	101.1	164.0
1957	140.2	78.7	61.5	79.0	140.6
1958	128.9	81.8	47.1	32.1	79.2
1959	149.2	86.2	63.0	45.0	108.0
1960	153.7	89.4	64.3	54.9	119.3
1961	155.8	92.1	63.7	59.8	123.5
1962	172.1	95.4	76.7	68.3	145.0
1963	183.9	99.7	84.2	34.6	118.8
1964	200.8	104.9	95.9	-9.4	86.5
1965	223.1	110.9	112.2	38.7	150.9
1966	243.2	118.9	124.3	78.4	202.8
1967	245.5	129.8	115.7	60.4	176.1
1968	267.3	142.6	124.7	191.2	315.9
1969	287.5	156.9	130.6	239.4	370.0
1970	285.0	172.5	112.5	158.1	270.5
1971	317.5	187.3	130.2	196.1	326.3
1972	357.0	205.3	151.7	259.8	411.4
1973	424.1	222.8	201.3	361.6	562.8
1974	434.6	255.8	178.8	606.4	785.3

（续表）

年份	总储蓄	折旧	净储蓄	资产重估	财富变动
1975	448.3	294.2	154.1	546.6	700.7
1976	526.3	320.2	206.1	326.5	532.5
1977	601.1	353.9	247.2	624.1	871.3
1978	706.3	398.5	307.8	860.5	1 168.3
1979	797.2	455.0	342.2	1 073.8	1 416.0
1980	805.4	522.1	283.3	1 069.9	1 353.2
1981	916.7	585.1	331.6	842.5	1 174.0
1982	869.7	635.9	233.8	527.6	761.4
1983	935.8	660.5	275.3	361.8	637.1
1984	1 114.6	694.4	420.2	333.9	754.2
1985	1 147.7	744.0	403.8	568.6	972.3
1986	1 183.4	803.6	379.8	917.9	1 297.7
1987	1 240.2	867.7	372.5	1 102.7	1 475.2
1988	1 349.1	929.9	419.2	1 193.6	1 612.9
1989	1 456.2	995.9	460.3	1 056.1	1 516.4
1990	1 480.9	1 057.7	423.2	744.5	1 167.7
1991	1 490.7	1 112.4	378.3	352.2	730.5
1992	1 534.5	1 141.3	393.2	311.6	704.8
1993	1 628.7	1 190.5	438.2	990.0	1 428.2
1994	1 795.5	1 257.3	538.2	793.8	1 332.1
1995	1 897.3	1 334.1	563.2	781.1	1 344.3
1996	2 037.4	1 396.0	641.4	801.9	1 443.3
1997	2 224.2	1 459.3	764.9	468.6	1 233.5
1998	2 334.4	1 528.5	805.9	626.0	1 431.9
1999	2 456.2	1 621.4	834.8	1 320.6	2 155.4
2000	2 506.5	1 743.7	762.8	1 654.1	2 416.9
2001	2 451.7	1 860.4	591.3	1 560.4	2 151.7
2002	2 385.3	1 934.3	451.0	2 123.2	2 574.1

我们对于国外净债权的资产重估值的核算是基于美国国际投资头寸表中以市场价格计价的账户。我们根据这些存量的期间变化与国外部门赤字之间的差额来核算资产重估值。NIPAs 包括一个连接对国外净债权和 NIPAs 的经常账户余额之间的国外交易资本账户。表 1.14 列示了 2002 年国外交易账户的数据，表 1.15 列示了 1948—2002 年的数据。

表 1.14　国外交易资本账户,2002 年

行代码	经常账户余额	来源	总量
1	经常账户余额	NIPA 4.1 第 29 行	-457.7
	资本账户交易和净贷出	来源	总量
1	资本账户交易(净)	NIPA 4.1 第 32 行	1.3
2	净贷出或净借入	NIPA 4.1 第 30 行	-458.9
3	=经常账户交易和净贷出		-457.6

表 1.15　国外交易资本账户,1948—2002 年(10 亿现价美元)

年份	经常账户余额	资本账户交易(净)	净贷出或借入
1948	2.4		2.4
1949	0.9		0.0
1950	-1.8		-1.8
1951	0.9		0.9
1952	0.6		0.6
1953	-1.3		-1.3
1954	0.2		0.2
1955	0.4		0.4
1956	2.8		2.8
1957	4.8		4.8
1958	0.9		0.9
1959	-1.2		-1.2
1960	3.2		3.2
1961	4.3		4.3
1962	3.9		3.9
1963	5.0		5.0
1964	7.5		7.5
1965	6.2		6.2
1966	3.9		3.9
1967	3.6		3.6
1968	1.7		1.7
1969	1.8		1.8
1970	4.0		4.0
1971	0.6		0.6
1972	-3.6		-3.6
1973	9.3		9.3
1974	6.6		6.6
1975	21.4		21.4

（续表）

年份	经常账户余额	资本账户交易(净)	净贷出或借入
1976	8.9		8.9
1977	-9.0		-9.0
1978	-10.4		-10.4
1979	1.4		1.4
1980	11.4		11.4
1981	6.3		6.3
1982	-0.2	-0.2	0.0
1983	-32.1	-0.2	-31.8
1984	-86.9	-0.2	-86.7
1985	-110.8	-0.3	-110.5
1986	-139.2	-0.3	-138.9
1987	-150.8	-0.4	-150.4
1988	-112.2	-0.5	-111.7
1989	-88.3	-0.3	-88.0
1990	-70.1	6.6	-76.6
1991	13.5	4.5	9.0
1992	-36.9	0.6	-37.5
1993	-70.4	1.3	-71.7
1994	-105.2	1.7	-106.9
1995	-91.0	0.9	-91.9
1996	-100.3	0.7	-101.0
1997	-110.2	1.0	-111.3
1998	-187.4	0.7	-188.1
1999	-273.9	4.8	-278.7
2000	-396.6	0.8	-397.4
2001	-370.4	1.1	-371.5
2002	-457.7	-1.3	-458.9

财富账户

到目前为止我们讨论的所有账户都包含流量数据，而财富账户则包含的是存量数据。这些账户在资产负债表中以资产的价值等于负债的价值这一核算恒等式来体现。财富账户包括住户、企业和政府部门的有形资产和对国外的净债权。美国的国际投资头寸表包括了国外持有的美国国内 57
资产和美国持有的国外资产。表 1.16 列示了 2002 年的财富账户，表 1.17 列示了 1948—2002 年间的年度国内财富数据。表 1.18 列示了 2002 年的美国国际头寸表，表 1.19 列示了这一时期的美国国际投资头寸表。

表 1.16 财富账户,2002 年(10 亿现价美元)

行代码	财富	来源	总量
1	+ 私人国内有形资产	我们的推算	38 111.6
2	+ 政府有形资产	我们的推算	9 331.4
3	= 国内有形资产		47 443.0
4	+ 美国的国际投资头寸净值		-2 553.4
5	= 财富		44 889.6

表 1.17 财富账户,1948—2002 年(10 亿现价美元)

年份	财富	私人国内有形资产	政府有形资产	美国的国际投资头寸净值
1948	770.6	492.0	265.7	12.9
1949	799.8	526.9	259.1	13.8
1950	875.6	605.5	257.0	13.1
1951	1 008.0	698.5	295.5	14.0
1952	1 079.6	747.3	318.0	14.2
1953	1 175.6	816.3	343.9	15.4
1954	1 234.5	859.9	359.8	14.8
1955	1 328.3	934.5	379.1	14.7
1956	1 483.1	1 043.2	422.6	17.3
1957	1 619.5	1 141.1	456.4	22.0
1958	1 697.6	1 199.0	475.2	23.3
1959	1 799.3	1 280.2	496.4	22.7
1960	1 902.0	1 365.4	509.9	26.7
1961	2 008.6	1 446.6	533.8	28.1
1962	2 144.7	1 547.5	563.2	34.1
1963	2 266.2	1 632.2	597.2	36.8
1964	2 363.7	1 694.8	626.6	42.2
1965	2 512.4	1 807.2	657.8	47.4
1966	2 714.1	1 961.2	701.5	51.4
1967	2 900.6	2 098.9	751.5	50.2
1968	3 194.2	2 340.4	806.0	47.8
1969	3 547.4	2 614.4	885.4	47.7
1970	3 836.9	2 826.6	980.9	39.3
1971	4 152.6	3 062.1	1 064.5	26.0
1972	4 687.3	3 477.1	1 188.8	21.4
1973	5 299.0	3 944.9	1 304.7	49.3
1974	5 784.9	4 168.6	1 542.5	73.7

（续表）

年份	财富	私人国内有形资产	政府有形资产	美国的国际投资头寸净值
1975	6 626.8	4 816.6	1 721.0	89.2
1976	7 202.4	5 295.1	1 829.0	78.2
1977	8 138.9	5 999.0	1 986.0	153.8
1978	9 356.8	6 965.8	2 179.0	212.0
1979	10 898.7	8 110.1	2 455.3	333.3
1980	12 428.1	9 220.9	2 828.6	378.6
1981	14 106.3	10 582.0	3 224.2	300.1
1982	15 009.3	11 349.4	3 424.0	235.9
1983	15 628.4	11 841.8	3 529.2	257.4
1984	17 081.0	13 278.8	3 668.2	134.1
1985	18 650.4	14 799.9	3 753.6	96.9
1986	19 987.4	15 884.1	4 002.5	100.8
1987	21 339.8	17 007.2	4 282.1	50.5
1988	23 005.1	18 427.1	4 567.6	10.5
1989	24 721.6	19 883.7	4 884.9	-47.0
1990	25 194.5	20 351.1	5 007.9	-164.5
1991	25 919.0	20 993.3	5 186.5	-260.8
1992	26 170.7	21 336.5	5 286.5	-452.3
1993	27 067.8	21 811.2	5 400.8	-144.3
1994	27 581.6	22 210.7	5 506.2	-135.3
1995	29 373.4	23 803.1	5 876.1	-305.8
1996	30 426.3	24 677.9	6 108.5	-360.0
1997	31 726.5	26 110.0	6 439.3	-822.7
1998	33 951.7	28 159.2	6 867.8	-1 075.4
1999	36 550.3	30 224.8	7 372.2	-1 046.7
2000	39 504.6	33 046.6	8 046.6	-1 588.6
2001	41 629.9	35 371.8	8 566.2	-2 308.2
2002	44 889.6	38 111.6	9 331.4	-2 553.4

表 1.18　美国国际头寸表，2002 年（10 亿现价美元）

行代码	财富	来源	总量
1	+美国拥有的国外资产		6 613.3
2	-国外拥有的美国资产		9 166.7
3	=美国的国际投资头寸净值		-2 553.4

表 1.19 美国国际头寸表,1948—2002 年(10 亿现价美元)

年份	美国拥有的国外资产	国外拥有的美国资产	美国的国际投资头寸净值
1948	29.4	16.5	12.9
1949	30.7	16.9	13.8
1950	32.8	19.7	13.1
1951	34.8	20.9	14.0
1952	37.2	23.0	14.2
1953	39.5	24.1	15.4
1954	42.2	27.4	14.8
1955	45.0	30.4	14.7
1956	49.8	32.5	17.3
1957	54.3	32.4	22.0
1958	59.4	36.1	23.3
1959	64.8	42.1	22.7
1960	71.4	44.7	26.7
1961	75.0	46.9	28.1
1962	80.3	46.3	34.1
1963	88.3	51.5	36.8
1964	99.1	56.9	42.2
1965	106.2	58.7	47.4
1966	111.8	60.4	51.4
1967	119.9	69.7	50.2
1968	131.1	83.2	47.8
1969	138.5	90.8	47.7
1970	136.7	97.4	39.3
1971	151.9	125.9	26.0
1972	181.0	159.6	21.4
1973	232.0	182.7	49.3
1974	276.9	203.2	73.7
1975	321.3	232.1	89.2
1976	343.4	265.2	78.2
1977	488.4	334.6	153.8
1978	645.9	434.0	212.0
1979	844.8	511.5	333.3
1980	1 003.8	625.2	378.6
1981	944.7	644.6	300.1
1982	961.0	725.1	235.9
1983	1 129.7	872.3	257.4
1984	1 127.1	993.0	134.1

（续表）

年份	美国拥有的国外资产	国外拥有的美国资产	美国的国际投资头寸净值
1985	1 302.7	1 205.8	96.9
1986	1 594.7	1 493.9	100.8
1987	1 758.7	1 708.2	50.5
1988	2 008.4	1 997.9	10.5
1989	2 350.2	2 397.2	−47.0
1990	2 294.1	2 458.6	−164.5
1991	2 470.6	2 731.4	−260.8
1992	2 466.5	2 918.8	−452.3
1993	3 091.4	3 235.7	−144.3
1994	3 315.1	3 450.4	−135.3
1995	3 964.6	4 270.4	−305.8
1996	4 650.8	5 010.9	−360.0
1997	5 379.1	6 201.9	−822.7
1998	6 174.5	7 249.9	−1 075.4
1999	7 390.4	8 437.1	−1 046.7
2000	7 393.6	8 982.2	−1 588.6
2001	6 898.7	9 206.9	−2 308.2
2002	6 613.3	9 166.7	−2 553.4

1.4.4　价格和数量指数

概述

上一小节给出了我们的美国国民经济账户体系的现价数据。为了获得不变价数据，我们必须对现价数据的组成部分使用价格和数量指数进行分解。不变价数据与数量指数相关联，而隐含的缩减指数与价格指数相关联。举例来说，国内收入与生产账户中的现价 GDP 是不变价 GDP 和隐含的 GDP 缩减指数之积。类似地，现价 GDI 是不变价 GDI 和隐含的 GDI 缩减指数之积。

第二个例子，收入和支出账户中的现价收入可以分解为不变价收入和隐含的收入缩减指数。类似地，支出的价值也可被分解为价格和数量的组
成部分。从购买者的角度来讲，包括生产和销售税的市场价格被用来估计 62
个人和政府的消费支出。为了将不变价的投资与财富的变化相联系，我们对储蓄和投资进行了扩展的价格和数量的分解。

指数体系

为了解释价格和数量指数体系的构建，我们以国内收入与生产账户中

的产出价值为例来进行讨论。假设在账户中有 m 个产出的组成部分;产出的价值,比如 qY,可以被记为:

$$qY = q_1Y_1 + q_2Y_2 + \cdots + q_mY_m.$$

我们的指数体系包括产出的价格指数 q 和产出的数量指数 Y,定义为 m 个部分的价格(q_i)和数量(Y_i)。根据 2003 年 12 月 NIPAs 的基准化修订,我们选择 2000 年作为价格基期,记做 1.000。数量指数的基期也是 2000 年对应的价值。

GDP 在 NIPAs 中既有现价又有不变价。价格指数体系是基于费雪的理想指数,即拉氏和帕氏指数的几何平均。产出的拉氏数量指数 Y^L 定义为:

$$Y_1^L = \frac{\sum q_{i0}Y_{i1}}{\sum q_{i0}Y_{i0}}.$$

帕氏指数使用现价而不是基期价格作为权重:

$$Y_1^P = \frac{\sum q_{i1}Y_{i1}}{\sum q_{i1}Y_{i0}}.$$

现价 GDP 除以费雪的理想数量指数就可以得到相应的价格指数。

64 Landefeld 和 Parker(1997)给出了一个 NIPAs 中使用的环比费雪理想价格和数量指数的详细介绍,Moulton(2001)讨论了这一指数体系的应用。Erwin Diewert(1976)定义了一个超级总量指数,其可精确地复制一个非约束的隐含的技术(或是技术偏好)。这种非约束性可以提供一个主观的(或偏好的)技术的二阶近似。Konus 和 Byushgens(1926)首先证明了 NIPAs 中所使用的费雪理想指数是最佳的,但拉氏和帕氏指数不是最佳的,其不能反映因价格变动而引起的产品之间的替代。

BLS 的多要素生产率项目使用了一个最佳数量指数来核算实际投入,其超越对数模型是:

$$\log Y_t - \log Y_{t-1} = \bar{w}_{it}(\log Y_{it} - \log Y_{i,t-1}).$$

w_i 是第 i 部分的产出在总产出中的比例,记做:

$$w_i = \frac{q_iY_i}{\sum q_iY_i}.$$

权重($\bar{w}_{it}$)是两个时期相关比重的算术平均,记做:

$$\bar{w}_{it} = \frac{1}{2}w_{it} + \frac{1}{2}w_{i,t-1}.$$

我们采用产出价值除以超越对数数量指数的方法得到相应的价格指数。[16]

在 SNA 1993 中,像在美国的国民账户中一样,超级总量指数体系被建议在生产账户的产出方使用。由于基期随着时间而变动,建议使用价格和数量的链式环比指数。我们的指数是来自 NIPAs 的环比费雪理想指数。 66

税收

在很多情况下,我们提供的净税收和总税收的数据,反映了由于存在税收楔子而导致的销售者和购买者之间的差异。举例而言,从购买者的观点看,收入和支出账户中的消费者在产品和服务上的支出包含了销售税和产品税。从生产者的角度来看,国内收入与生产账户中同样产品和服务的销售不包含上述税金。SNA 1993 将基本价格定义为扣除税金的价格。我们将销售税和产品税作为消费者负担价格的一部分,因此我们可以将交易价值量分解成三个部分——价格、数量和税率。

为了说明价格、数量和税金指数的构建,我们以收入和支出账户中的消费者支出为例。假设在账户中有 m 个不同组成部分的消费者支出,含总税金的产出 q^+Y 可以被记做:

$$q^+ Y = q_1^+ Y_1 + q_2^+ Y_2 + \cdots + q_m^+ Y_m.$$

价格(q_i^+)包括销售税和产品税,数量(Y_i)采用与国内收入与生产账户一样的核算方法。基于这些价格和数量的价格和数量指数的定义如前所述。

将税金引入到指数体系中,我们以市场价格估值的产出 q^+ 等于生产者接受的价格 q 乘以 1 加税率 t。以市场价格估值的产出记做:

$$(1 + t)qY = \sum (1 + t_i) q_i Y_i.$$

其中,消费者支付的价格(q_i^+)是由生产者接受的价格(q_i)和税率(t_i)组成的。因此,我们通过将交易中购买者的价格除以生产者的价格,来构建税金指数 $1+t$。由于在权重(w_i)中增加了税金,以市场价格估值的价格和数量指数与其相对应的生产者价格指数之间存在差别。 68

1.4.5　不变价国内收入与生产账户

概述

我们对不变价国内收入与生产账户的主要革新是,引入使用者成本公式来虚拟资本服务的租金。在传统上 SNA 以市场租金来做此虚拟估

---

⑯ Fisher(1922)首先讨论了超越对数指数。

算，但是市场租金的数据在范围上受到限制，不能满足一个整合和一致的美国国民账户对资本服务的需求。在这一小节，我们将讨论不变价国内收入与生产账户。

产出和劳动收入

为了构建 GDP 的数量指数，我们首先将产出价值在消费品和投资品之间进行分配。投资品包括耐用品和建筑物，消费品包括非耐用品和服务。NIPAs 中提供了消费品及投资品的价格和数量数据。我们构建了消费者、非营利机构和政府的耐用品服务，以及非营利机构和政府不动产的价格和数量指数，作为我们推算的资本服务价值的一部分。

从生产部门的角度来看，产出的价值不包括销售税和产品税，但是包括补贴。我们已经将这些税金和补贴按比例分配到现价的消费品和投资品的产出中。每一类产出的价格指数是包含在 GDP 中的价值和数量的隐含值。我们采用消费品及投资品的价格和数量环比费雪理想指数，来构建 GDP 的价格和数量指数。表 1.20 给出了这些结果。

表 1.20　国内收入与生产账户中的生产，1948—2002 年（2000 年不变价）

年份	国内生产总值		投资品生产		消费品生产	
	价格	数量	价格	数量	价格	数量
1948	0.178	1 634.2	0.256	307.4	0.159	1 332.9
1949	0.171	1 674.2	0.254	284.6	0.151	1 415.3
1950	0.175	1 825.2	0.255	362.1	0.156	1 456.8
1951	0.185	1 980.1	0.282	376.5	0.162	1 608.1
1952	0.186	2 080.0	0.284	365.1	0.163	1 742.5
1953	0.188	2 181.3	0.283	390.8	0.165	1 813.6
1954	0.191	2 176.0	0.284	377.8	0.168	1 829.7
1955	0.193	2 319.8	0.287	441.7	0.170	1 884.8
1956	0.201	2 372.3	0.304	433.6	0.176	1 958.5
1957	0.203	2 427.1	0.314	428.8	0.177	2 029.9
1958	0.212	2 421.9	0.319	397.5	0.186	2 078.6
1959	0.211	2 572.0	0.318	456.5	0.185	2 148.3
1960	0.219	2 633.0	0.321	462.4	0.194	2 207.6
1961	0.218	2 700.9	0.322	466.4	0.193	2 277.6
1962	0.220	2 847.7	0.323	513.4	0.195	2 365.4
1963	0.223	2 956.9	0.324	543.3	0.198	2 439.4
1964	0.229	3 121.1	0.326	584.7	0.204	2 556.5
1965	0.236	3 303.1	0.331	643.7	0.213	2 666.5
1966	0.245	3 530.3	0.336	699.2	0.222	2 832.7

（续表）

年份	国内生产总值		投资品生产		消费品生产	
	价格	数量	价格	数量	价格	数量
1967	0.248	3 626.7	0.342	691.6	0.225	2 950.5
1968	0.259	3 791.1	0.356	721.5	0.235	3 086.4
1969	0.272	3 909.9	0.372	744.1	0.247	3 183.2
1970	0.279	3 927.2	0.389	701.8	0.252	3 266.7
1971	0.295	4 057.0	0.405	749.1	0.268	3 337.8
1972	0.316	4 268.4	0.419	820.3	0.291	3 464.2
1973	0.338	4 511.6	0.436	912.8	0.313	3 596.9
1974	0.367	4 496.2	0.477	871.7	0.340	3 637.7
1975	0.398	4 495.4	0.537	795.8	0.364	3 745.9
1976	0.425	4 740.1	0.563	903.6	0.390	3 855.7
1977	0.455	4 974.6	0.594	994.2	0.421	3 981.0
1978	0.488	5 242.4	0.633	1 086.2	0.452	4 141.1
1979	0.519	5 401.8	0.691	1 120.9	0.476	4 264.6
1980	0.557	5 382.5	0.756	1 038.6	0.508	4 364.5
1981	0.607	5 500.1	0.825	1 073.0	0.552	4 442.4
1982	0.644	5 416.4	0.870	962.2	0.587	4 515.6
1983	0.681	5 649.0	0.869	1 040.9	0.632	4 656.2
1984	0.711	6 057.5	0.878	1 245.1	0.667	4 819.3
1985	0.722	6 337.2	0.888	1 284.3	0.678	5 065.8
1986	0.729	6 600.0	0.888	1 324.8	0.687	5 292.5
1987	0.746	6 845.6	0.901	1 378.2	0.705	5 484.2
1988	0.780	7 115.3	0.916	1 442.4	0.743	5 687.8
1989	0.806	7 365.1	0.940	1 504.3	0.770	5 873.7
1990	0.831	7 518.0	0.958	1 500.0	0.796	6 038.7
1991	0.857	7 502.9	0.972	1 417.4	0.825	6 121.4
1992	0.878	7 736.1	0.971	1 498.5	0.851	6 268.8
1993	0.892	7 943.7	0.982	1 581.3	0.866	6 543.5
1994	0.910	8 245.4	0.992	1 719.2	0.886	6 543.5
1995	0.928	8 471.2	1.001	1 780.3	0.906	6 707.0
1996	0.947	8 806.8	1.005	1 923.7	0.929	6 893.1
1997	0.966	9 220.6	1.004	2 124.6	0.954	7 099.0
1998	0.971	9 645.6	0.995	2 277.8	0.963	7 368.7
1999	0.983	10 111.7	0.993	2 425.4	0.980	7 686.4
2000	1.000	10 525.6	1.000	2 528.8	1.000	7 996.8
2001	1.027	10 670.5	1.010	2 452.7	1.032	8 216.7
2002	1.034	10 927.1	1.006	2 423.8	1.043	8 499.6

劳动收入的数量指数是根据工作小时和每小时劳动报酬的数据所构建的。我们从人口普查和当前人口调查获得分性别、年龄、教育程度和职业的工作小时及每小时劳动报酬的数据，这些数据是基于住户调查取得的。工作小时和每小时劳动报酬数据的总量控制数来自 NIPAs，这些总量控制数据的基础是行业活动单位调查和工资总额的记录。[17]

令 L 代表劳动收入数量指数，p_L 代表相应的价格指数，劳动投入的价值是所有类别劳动投入的汇总：

70

$$p_L L = \sum p_{L,j} L_j,$$

其中，$p_{L,j}$是第 j 类劳动投入的价格，L_j 是这一类工人工作的时间。采用 SNA 1993 推荐的方法，我们使用链式费雪理想数量指数来构建劳动收入的价格和数量指数。

表 1.21 列示了 1948—2002 年劳动收入的价格和数量指数，以及雇员、周工作时间、小时工资和工作时间。表 1.21 中将劳动质量定义为劳动收入的数量指数与工作时间的比率。正如 BLS(1993)所建议的，劳动质量描述了按不同工人特征分类的劳动力构成的变动情况。Jorgenson，Ho 和 Stiroh(2005)对我们的核算结果提供了更详细的描述。

表 1.21 国内收入与生产账户中的劳动收入，1948—2002 年(2000 年不变价)

年份	劳动收入				雇员	周工作时间	小时工资	工作时间
	价格	数量	价值	质量				
1948	0.077	2 246.1	173.2	0.734	61 536	38.9	1.4	124 616
1949	0.079	2 184.5	173.6	0.734	60 437	38.6	1.4	121 201
1950	0.082	2 277.2	187.0	0.746	62 424	38.3	1.5	124 336
1951	0.087	2 462.7	213.6	0.761	66 169	38.3	1.6	131 846
1952	0.090	2 534.9	228.7	0.775	67 407	38.0	1.7	133 284
1953	0.094	2 597.5	244.4	0.788	68 471	37.7	1.8	134 352
1954	0.096	2 536.8	244.5	0.794	66 843	37.4	1.9	130 070
1955	0.100	2 613.8	262.7	0.797	68 367	37.6	2.0	133 520
1956	0.106	2 677.8	283.6	0.803	69 968	37.3	2.1	135 779
1957	0.111	2 684.3	297.5	0.811	70 262	36.9	2.2	134 783
1958	0.114	2 618.6	299.3	0.817	68 578	36.6	2.3	130 526
1959	0.119	2 709.3	323.5	0.822	70 149	36.8	2.4	134 240
1960	0.124	2 748.1	339.5	0.827	71 128	36.6	2.5	135 346
1961	0.125	2 788.2	348.7	0.842	71 183	36.4	2.6	134 905

[17] Jorgenson，Ho 和 Stiroh(2005)给出了详细的描述。

（续表）

年份	劳动收入				雇员	周工作时间	小时工资	工作时间
	价格	数量	价值	质量				
1962	0.128	2 893.7	371.3	0.855	72 673	36.5	2.7	137 903
1963	0.133	2 930.9	388.9	0.859	73 413	36.4	2.8	139 032
1964	0.138	3 008.3	416.2	0.865	74 990	36.3	2.9	141 729
1965	0.144	3 105.4	446.6	0.865	77 239	36.4	3.1	146 304
1966	0.151	3 239.6	490.3	0.869	80 802	36.2	3.2	151 932
1967	0.159	3 290.3	522.6	0.875	82 645	35.7	3.4	153 260
1968	0.170	3 375.8	575.2	0.880	84 733	35.4	3.7	156 187
1969	0.183	3 463.6	632.1	0.881	87 071	35.4	3.9	160 067
1970	0.198	3 407.3	673.1	0.883	86 867	34.8	4.3	157 112
1971	0.211	3 408.2	719.0	0.887	86 715	34.7	4.6	156 454
1972	0.226	3 499.8	789.3	0.888	88 838	34.7	4.9	160 480
1973	0.242	3 640.8	880.9	0.889	92 542	34.7	5.3	166 760
1974	0.265	3 643.4	966.1	0.889	94 121	34.1	5.8	166 881
1975	0.287	3 586.8	1 029.5	0.899	92 575	33.8	6.3	162 482
1976	0.311	3 689.2	1 147.5	0.901	94 922	33.8	6.9	166 754
1977	0.335	3 814.1	1 279.4	0.901	98 202	33.8	7.4	172 399
1978	0.363	3 985.8	1 448.6	0.900	102 931	33.7	8.0	180 360
1979	0.395	4 120.2	1 628.4	0.901	106 463	33.6	8.7	186 235
1980	0.437	4 104.6	1 792.6	0.904	107 061	33.2	9.7	184 922
1981	0.478	4 145.3	1 980.5	0.910	108 050	33.0	10.7	185 539
1982	0.509	4 105.2	2 090.2	0.918	106 749	32.8	11.5	182 161
1983	0.532	4 168.7	2 219.2	0.919	107 810	33.0	12.0	184 781
1984	0.555	4 413.4	2 447.9	0.928	112 604	33.1	12.6	193 754
1985	0.580	4 531.0	2 626.0	0.32	115 201	33.1	13.3	198 072
1986	0.608	4 578.9	2 785.0	0.932	117 158	32.9	13.9	200 164
1987	0.628	4 743.4	2 978.8	0.938	120 456	32.9	14.5	206 046
1988	0.657	4 889.3	3 214.1	0.942	123 916	32.8	15.2	211 493
1989	0.674	5 047.1	3 402.5	0.947	126 743	33.0	15.7	217 179
1990	0.705	5 121.8	3 610.4	0.956	128 290	32.7	16.5	218 341
1991	0.737	5 069.2	3 733.9	0.964	127 022	32.4	17.4	214 106
1992	0.774	5 076.2	3 931.5	0.965	127 100	32.4	18.4	214 183
1993	0.787	5 236.2	4 118.3	0.974	129 556	32.5	18.8	218 916
1994	0.803	5 393.0	4 332.5	0.977	132 459	32.6	19.3	224 790
1995	0.819	5 539.7	4 535.5	0.982	135 297	32.7	19.7	229 741
1996	0.841	5 644.8	4 749.1	0.988	137 571	32.5	20.4	232 695
1997	0.867	5 804.6	5 035.2	0.989	140 432	32.7	21.1	239 043

（续表）

年份	劳动收入				雇员	周工作时间	小时工资	工作时间
	价格	数量	价值	质量				
1998	0.907	5 964.9	5 409.0	0.993	143 557	32.8	22.1	244 667
1999	0.944	6 105.2	5 763.1	0.996	146 468	32.8	23.1	249 676
2000	1.000	6 204.4	6 204.4	1.000	149 364	32.5	24.5	252 730
2001	1.032	6 168.4	6 367.8	1.005	149 166	32.2	25.5	250 029
2002	1.065	6 098.7	6 493.5	1.005	147 885	32.1	26.3	247 080

资本收入

核算不变价的资本收入、财产报酬、折旧和资本资产需要资本品的价格和数量数据。下面，我们来介绍这些数据的构建。[18] 构建资本收入数量指数的一个出发点是资本存量的永续盘存法。我们假设，资本资产的效率随着时间呈几何级数下降，所以折旧率 δ 是不变的。期末资本存量可以根据投资和期初资本存量来核算，记做：

$$K_t = A_t + (1 - \delta) K_{t-1},$$

其中，K_t 是期末资本存量，A_t 是投资的数量，K_{t-1}是期初资本存量。为了将资本存量转换为资本服务的流量，我们将新投资对生产发生作用的时间期限，假设为每一项资产的资本服务与当期和前一期资本存量的算术平均是成比例的。[19]

我们基于永续盘存法对资本存量的估计是以 Herman(2000)介绍的 BEA 的可再生财富账户为基础的。这些数据包括 1901—2000 年分资产类别的 61 类非住宅资产的投资和同一时期 48 类住宅资产的投资，以及 1925—2000 年 13 类耐用消费品。正如 Fraumeni(1997)所介绍的，可再生财富账户对大部分资产使用效率函数，这些资产的效率随着服务年龄呈几何级数下降。为了简化有形财富账户，根据 Hulten 和 Wykoff(1982)的建议，我们将根据服务期和效率的关系(age-efficiency profile)所确定的以非
73 几何级数下降的资产采用几何级数的最优几何平均值(BGA)来近似。表 1.22 列示了以 2000 年不变价计算的，以 2002 年为基期的资本存量估计、折旧率，以及对每一类资本所使用的价格指数的来源。

---

[18] Jorgenson，Ho 和 Stiroh(2005)给出了进一步细节的描述。

[19] Jorgenson 和 Stiroh(2000)，Jorgenson(2001)，Jorgenson，Ho 和 Stiroh(2005)，以及 Oliner 和 Sichel(2000)采用了这一假设。Jorgenson，Gollop 和 Fraumeni(1987)假设资本服务与滞后一期的资本存量成比例。

表 1.22　基准化修订、折旧率和缩减指数

行代码	资产类别	2002 年基准化修订（2000 年 10 亿美元）	折旧率	缩减指数
1	耐用消费品	3 846.0	0.201	NIPA
2	非居住类建筑物	11 482.5	0.024	NIPA
3	居住类建筑物	10 639.4	0.016	NIPA
4	设备和软件	5 561.2	0.144	NIPA
5	非农用存货	1 573.3		NIPA
6	农用存货	124.7		NIPA
7	土地	10 193.5		住户土地的隐含价格,资金流量

官方的计算机价格指数为经济测算提供了范例。这些指数反映了信息技术的价格所呈现的稳步下降,以及近来加速下降的情况。官方的中央办公交换设备和预装软件的价格指数也表现得很稳定。我们对于可再生资产的价格指数来自 NIPAs。一个重要的假设是,这些价格是以效率单元来核算的,并且这些资产的质量不随时间而改变。例如,我们假设计算机及其外围设备的效率保持不变,采用不变质量价格指数,该指数是由 BEA-IBM 工作组所创建的并于 1985 年引入了 NIPAs。Triplett(1986)对这些指数的经济解释,引起了人们对计算机价格迅速下降的广泛关注。

Dulberger(1989)给出了一个关于她为 BEA-IBM 项目所进行的计算机处理器价格研究的更为详细的报告。在她的模型中,处理器的速度和主存储器扮演着核心的角色。Triplett(1989,2005)针对计算机的特征价格指数研究做了完整的调查。Gordon(1989,1990)为计算机价格提供了一个可供选择的模型,其将计算机和通信设备与商业飞机一道,作为价格下降率最高的资产来处理。

通信技术对于互联网的迅速发展和传播至关重要,或许可将其称为美国经济中最具代表性的信息技术。Flamm(1989)是第一个比较计算机和通信设备价格行为的学者。他得出的结论是,通信设备价格的下降只是略 74
慢于计算机价格的下降。Gordon(1990)将 Flamm 的结果与官方的价格指数相比较,揭示了官方价格存在的巨大偏差。遗憾的是,不变质量价格指数只包括了通信设备的一部分。交换机和终端设备主要依赖于半导体技术,因此这个产品的发展反映了半导体的技术革新。Grimm(1997)关于数字电话交换机的不变质量价格指数于 1996 年被引入了国民账户。在 NIPAs 中,核算通信设备的不变价产出也采用了手机的不变质量价格指数。

很多通信投资以传动齿轮的形式,将数据、声音和图像终端与交换机相连接。诸如光纤、微波广播和通信卫星之类技术的发展速度甚至超过了半导体高速发展的速度。Mark Doms(2005)提供了完整的终端、交换设备和传动设备的价格指数。正如 Corrado(2003)所介绍的,这些指数已经被纳入美联储的工业生产指数,但是还没有包括在 NIPAs 中。

软件和硬件对于信息技术都是十分重要的,这一点反映在巨额的软件支出上。在 1999 年 10 月 27 日 BEA 发布的第十一次国民经济账户综合修订中,计算机软件被改作为投资处理。[20] 在这一重要的改进之前,企业的软件支出被作为当期费用处理,而住户和政府的软件支出被作为非耐用消费品的购买处理。软件投资的增长十分迅速,现在已经变得比计算机硬件的投资更为重要。

Parker 和 Grimm(2000)介绍了软件投资的新核算方法。BEA 对三类软件进行区分——以预装形式存在的标准软件、定制的和只为内部服务的软件。预装软件是以标准化的形式销售或被认证的,以打包或是从互联网下载的电子文件的形式配送。定制软件是按照特定用户的需要设计的,并辅之以分析、设计和编程等所需的定制服务。内部服务软件是指根据某个特定应用开发的软件。但是,只有预装软件的价格指数表现良好。

Parker 和 Grimm(2000)为预装软件提供了一个不变质量价格指数。这一指数整合了商业应用软件的特征价格模型,以及 Oliner 和 Sichel
75 (1994)开发的针对类似电子表格(spread sheet)和文字处理(word processing)程序的价格模型。在 1962—1998 年间,预装软件的价格大概每年下降超过 10%。1998 年以来,BEA 就依赖来自 BLS 的生产者价格指数(PPI)项目中所有类似的(相匹配)预装软件的价格指数。BEA 采用编程人员的工资率数据来核算内部服务软件和定制软件的价格。定制软件和内部服务软件的价格采用预装软件的价格和编程人员工资的加权平均来核算,并人为地设定编程人员工资占 75% 的权重,预装软件的价格占 25% 的权重。

由于存在分资产类型的市场租金价格,所有者使用其自有财产的虚拟租金价值可以应用这些市场化租金率来推算,这一推算方法被用来核算美国国民账户中的自有住房的租金价值。总的租金价值可分成税金、固定资本消耗、利息支出和净租金。非营利机构部门房屋的场地租赁费采用了类似的推算方法,但是该推算中不包含净租金。推广此种推算方法的主要障碍是缺少市场租金价格的数据。在美国经济中使用的资本品有相当大的比例存在活跃的租赁市场;大部分建筑物可以被租赁,很多类型的设备存在租赁市场,如飞机、卡车、建筑设备、计算机等。遗憾的是,对于建筑物

[20] Moulton(2000)介绍了第十一次 NIPA 完整修订和 1999 年的更新。

和设备租金数据的编制所付出的努力还远远不够。

为了提供一个可供选择的方法来推算租金价值，我们将永续盘存法扩展应用到对资本服务租金价格的估计。[21] 对于每一类资本，我们对其购置价格、服务价格、折旧和资产重估采用永续盘存法来核算。我们假设资本品的相对效率呈几何式下降，其购置价格在生命周期里呈几何式下降。资本存量价值的公式是：

$$q_{A,t}K_t = \sum q_{A,t}(1-\delta)^{\tau}A_{t-\tau}.$$

过去的投资通过相对效率加权汇总，并以新资本品 $q_{A,t}$ 的购置价格来进行估值。其次，折旧率 $q_{D,t}$ 是与期初资本存量价值成比例：

$$q_{D,t}K_{t-1} = \delta q_{A,t}K_{t-1}.$$

最后，重估值 $(q_{A,t}-q_{A,t-1})K_{t-1}$ 等于新资本品的购置价格变动乘以期初资本存量。

住户、非营利机构和政府不缴纳直接税。非法人企业只需缴纳个人所得税，而法人企业需要缴纳企业所得税和个人所得税。企业和住户根据其 76
财产的价值缴纳间接税。为了将税收上的差异反映到账户中，我们首先将每类资产在美国国民经济的五个部门间进行分配，即法人企业、非法人企业、住户、非营利机构和政府。表 1.23 给出了 2002 年每个部门分资产类别的资本存量的相应比例。

表 1.23　分资产类别和分部门资本存量的相应比例，2002 年

行代码	资产类别	部门				总量
		法人	非法人	住户	政府	
1	耐用消费品			0.078		0.078
2	非居住类建筑物	0.102	0.027	0.017	0.112	0.258
3	设备和软件	0.085	0.012	0.003	0.016	0.115
4	居住类建筑物	0.002	0.041	0.193	0.005	0.241
5	非农用存货	0.027	0.002		0.005	0.033
6	农用存货		0.003			0.003
7	土地	0.050	0.071	0.090	0.060	0.272
	合计	0.266	0.155	0.382	0.197	1.000

对于既不缴纳直接税，也不缴纳间接税的部门，我们可以利用资本服务价格 $q_{K,t}$：

$$q_{K,t} = q_{A,t-1}[r_t - \pi_t + (1+\pi_t)\delta],$$

其中，r_t 是名义回报率，π_t 是新资本品购置价格的通货膨胀率。下面将介

[21] Christensen 和 Jorgenson(1996)对这一永续盘存法的扩展给出了详细的介绍。

绍这一公式通过选择适宜的回报率,可以被应用到政府和非营利机构。[22]

给定政府和非营利机构的回报率,我们可以估计这些部门所持有的每类资产的资本服务价格,其中包括政府和非营利机构持有的土地、住宅和非住宅,以及耐用生产品和耐用消费品。通过使用 NIPAs 中的链式费雪理想指数,可以将分资产类别资本投入的价格和数量估计纳入政府和非营利机构的资本投入价格和数量指数。

住户持有的耐用消费品和自有住房是通过财产税间接课税的。为了将财产税计入资本服务的价格和数量测算中,我们在资本成本、折旧和重估值基础上加上税金,得到资本服务的价格:

77 $$q_{K,t} = q_{A,t-1}[r_t - \pi_t + (1 + \pi_t)\delta + (1 + t_e)\tau_t],$$

其中,τ_t 是财产税的税率,t_e 是收入的平均边际税率,财产税是可抵扣的。

住户的回报率是利率 i_t 和住户资产 ρ_t 中权益的名义回报率的加权平均,权重取决于住户债务额占其资本存量价值 β 的比率和住户财产(t_e)收入的平均边际个人税率。

$$r_t - \pi = \beta[(1 - t_e)i_t - \pi_t] + (1 - \beta)[\rho_t - \pi_t].$$

我们设定权益的名义回报率等于相应的税后自有住房回报率。

给定住户的回报率,我们可以核算住户持有的每类资产的资本服务价格,包括土地、住宅和耐用消费品。我们针对自有住房类财产(包括土地和建筑物)和耐用消费品使用不同的有效税率。使用链式费雪理想指数,可以测算分资产类型的资本收入的价格和数量,纳入住户资本收入的价格和数量指数中。

我们的 GDP 核算与 NIPAs 存在的差异,体现在对住户、非营利机构和政府持有的耐用品和不动产的处理上。我们把个人和政府对于耐用品的消费支出作为投资而非消费处理,这样做可以使 GDP 保持不变。我们将住户、非营利机构和政府耐用品的服务流量加入到产出和资本投入的价值中。我们也将非营利机构和政府部门不动产服务的净租金加入到产出和投入的价值中。

接下来我们考虑核算非法人企业资本服务的价格和数量,这里面临的主要挑战是如何将非法人企业的收入在劳动报酬和财产报酬间分配。我们根据同类可比雇佣人员的收入来核算自雇人员的劳动报酬。[23] 财产报酬是来自企业(不包括法人企业和政府企业)的收入之和(不包括自有住房的净租金),减去虚拟的业主和未付酬家庭成员的虚拟劳动报酬,加上非法人企业的固定资本消耗,减去自有住房和非营利机构建筑物的折旧免税

㉒ Moulton(2004)介绍了一种推算资本回报率的可供选择的方法。Jorgenson 和 Yun(2001)给出了资本服务价格的详细推导。

㉓ Jorgenson,Ho 和 Stiroh(2005)讨论了自雇人员劳动报酬的估算。

额，加上分配给非法人企业的间接营业税，同时我们也将统计误差分配给非法人企业的财产报酬。

为了获得非法人企业的回报率估计值，我们必须考虑个人所得税。经 78
过所得税和间接营业税调整后，资本服务价格变为：

$$q_{K,t}=\left(\frac{1-t_e z_t-k_t+y_t}{1-t_e}\right)q_{A,t-1}[r_t-\pi_t+(1+\pi_t)\delta]+q_{A,t-1}\tau_t,$$

其中，间接营业税 $q_{A,t-1}\tau_t$ 在税金作为费用之前从非法人企业财产报酬中扣除，t_e 是非法人企业财产报酬的平均边际税率，z_t 是每一美元价值投资的折旧现值，k_t 是投资税收抵免额，并且 $y_t=k_t u_t z_t$。除了1962年和1963年，变量 y_t 均被设定为零，这是用来说明在这些年中，折旧是按照资产的价值扣除投资税收抵免后计算的。只有对于耐用品和建筑物，其税收抵免和折旧免税额均不为零。

非法人的回报率是利息率 i_t 和非法人企业资产 ρ_t 的名义回报率的加权平均，权重取决于非法人企业的债务额占其资本存量价值 β 的比率，非法人企业财产 t_e 收入的平均边际个人所得税税率和非法人企业资产 t_g 的资本利得的边际税率，记做：

$$r_t-\pi=\beta[(1-t_e)i_t-\pi_t]+(1-\beta)[\rho_t-\pi_t(1-t_g)].$$

我们把非法人企业持有的每类资产的资本服务价格和数量相乘并汇总，求得回报率。给定购置价格、存量、税率和重置率，我们可以估计出非法人企业持有的每类资产的资本服务价格。如前所述，使用链式费雪理想指数，可以测算分资产类型的资本投入的价格和数量，然后将其纳入资本投入的价格和数量指数中。

最后，我们来核算法人企业的资本服务价格和数量。法人企业的财产报酬是来自法人企业的收入，减去雇员报酬，加上法人企业的固定资本消耗，加上企业转移支付，再加上分配给法人企业部门的间接营业税。为了获得法人企业的回报率，我们必须考虑法人企业的所得税。资本服务价格变为：

$$q_{K,t}=\left(\frac{1-uz_t-k_t+y_t}{1-u}\right)q_{A,t-1}[r_t-\pi_t+(1+\pi_t)\delta]+q_{A,t-1}\tau_t,$$

其中，间接营业税 $q_{A,t-1}\tau_t$ 在税金作为费用之前从法人企业财产报酬中扣除，u 是企业所得税率，z_t 是折旧免税额的现值，k_t 是投资税收抵免额，并且 $y_t=k_t u_t z_t$。

法人企业的回报率是利息率 i_t 和法人企业资产 ρ_t 的名义回报率的加 79
权平均，权重取决于法人企业的债务额占其资本存量价值 β 的比率、法人企业财产 t_e 收入的平均边际个人所得税税率、法人企业权益 t_g 的资本利得的边际税率，以及法人企业税后收入的股息率 α，记做：

$$r_t - \pi = \beta[(1-u)i_t - \pi_t] + (1+\beta)\left(\frac{\rho_t - \pi_t(1-t_g)}{(1-t_e)\alpha + (1+t_g)(1-\alpha)}\right).$$

估算法人企业回报率的方法与非法人企业的相同。法人企业部门的财产报酬是来自其持有的住宅、非住宅、生产性耐用设备、存货和土地的服务价值之和。为了估算法人企业部门的回报率，我们需要估算那些除去回报率以外进入资本服务价值的变量。我们随后求得以这些变量表示的回报率和总资产报酬。分资产类型的资本投入价格和数量指数被纳入法人企业部门的资本投入价格和数量指数中。

我们假设在一个特定部门内，所有资产的名义回报率都是相同的。对于法人和非法人企业部门，这一回报率是根据财产报酬的价值、购置价格和资本品存量价值、重置率以及描述税金结构的变量推导而来的。对于住户部门，这一回报率是根据来自自有住房服务的收入推导而来的。对于政府部门，这一回报率设定为法人企业、非法人企业和住户的企业与个人所得税后的平均回报率。为了获得国内部门资本收入的价格和数量指数，我们应用链式费雪理想指数对五个子部门的价格和数量指数汇总。这五个子部门分别是法人企业、非法人企业、住户、非营利机构和政府。表 1.24 给出了 1948—2002 年法人企业、非法人企业、住户、非营利机构和政府五个部门以及美国国内总体经济的资本收入价格和数量指数。

我们结合劳动和资本收入指数来构建 GDI 的价格和数量指数。劳动和资本的权重是劳动和资本收入在 GDI 中的相应比例。表 1.25 给出了 1948—2002 年美国国内 GDI 的价格和数量指数。表 1.25 还给出了多要素生产率，它是不变价 GDP 与不变价 GDI 的比率。[24] 多要素生产率的增
83 长可以被解释为生产中所使用的投入要素的效率增加，或是生产单位产出所需要的投入成本的下降。

1.4.6 收入与支出账户、国内资本账户和财富账户

概述

在上一小节，我们已经介绍了美国的不变价国内收入与生产账户。在这一小节，我们将介绍不变价收入和支出账户、国内资本账户和财富账户。我们通过这些账户来详细描述美国的国内经济，此外，国外账户与 BEA 所创建的相同。

㉔ Jorgenson(2001)对这一多要素生产率指数做了深入的探讨。

表 1.24　国内收入与生产账户中的资本收入,1948—2002 年(2000 年不变价)

年份	资本收入		法人企业收入		非法人企业收入		住户收入		政府收入		资本收入相应比例
	价格	数量	价格	数量	价格	数量	价格	数量	价格	数量	
1948	0.268	436.8	0.333	131.6	0.171	124.5	0.325	110.9	0.175	89.7	0.402
1949	0.235	472.8	0.309	139.8	0.147	131.7	0.256	131.4	0.175	86.3	0.389
1950	0.260	506.7	0.345	147.7	0.166	139.1	0.262	151.2	0.219	83.8	0.413
1951	0.278	547.3	0.364	159.2	0.215	146.8	0.279	171.3	0.175	83.5	0.415
1952	0.272	581.8	0.337	169.6	0.211	152.2	0.279	186.6	0.195	85.9	0.408
1953	0.270	611.6	0.333	177.6	0.200	156.6	0.256	200.0	0.262	89.7	0.403
1954	0.268	639.2	0.321	184.7	0.188	160.5	0.272	212.9	0.258	93.3	0.412
1955	0.277	670.0	0.368	193.2	0.185	164.7	0.275	227.7	0.221	95.9	0.414
1956	0.274	704.1	0.357	203.4	0.161	168.6	0.292	243.9	0.221	97.8	0.405
1957	0.266	733.7	0.352	212.9	0.180	171.7	0.262	257.5	0.223	99.3	0.396
1958	0.282	756.9	0.327	219.2	0.201	175.7	0.283	268.5	0.306	101.1	0.417
1959	0.280	781.0	0.371	225.4	0.184	179.9	0.256	279.3	0.293	104.1	0.403
1960	0.293	809.4	0.357	233.7	0.173	184.1	0.296	291.3	0.331	107.4	0.411
1961	0.287	834.5	0.358	241.4	0.188	187.8	0.293	300.9	0.270	110.9	0.407
1962	0.296	863.2	0.383	250.7	0.200	192.8	0.292	310.8	0.260	114.9	0.407
1963	0.299	899.7	0.394	262.7	0.202	199.8	0.293	323.9	0.256	118.5	0.409
1964	0.316	939.5	0.410	276.0	0.216	206.5	0.303	339.5	0.299	121.7	0.416
1965	0.338	985.4	0.436	292.3	0.234	213.2	0.326	357.8	0.313	124.4	0.427
1966	0.359	1 043.2	0.440	314.0	0.275	222.1	0.350	379.7	0.330	127.5	0.433
1967	0.343	1 102.1	0.423	335.2	0.272	232.8	0.327	401.0	0.319	131.8	0.420
1968	0.350	1 158.2	0.432	354.3	0.274	242.5	0.335	423.0	0.327	136.0	0.414

（续表）

年份	资本收入		法人企业收入		非法人企业收入		住户收入		政府收入		资本收入相应比例
	价格	数量	价格	数量	价格	数量	价格	数量	价格	数量	
1969	0.354	1 216.6	0.425	375.3	0.270	251.4	0.365	446.7	0.293	138.7	0.406
1970	0.334	1 267.6	0.396	394.3	0.291	260.5	0.347	465.7	0.210	140.4	0.386
1971	0.364	1 315.7	0.427	411.3	0.321	270.2	0.381	484.4	0.226	140.6	0.400
1972	0.404	1 389.3	0.448	436.0	0.339	288.6	0.411	513.0	0.404	140.5	0.415
1973	0.436	1 480.2	0.457	468.5	0.377	311.5	0.429	548.9	0.552	140.9	0.423
1974	0.456	1 505.6	0.469	478.3	0.392	308.2	0.432	566.9	0.679	141.2	0.415
1975	0.500	1 520.4	0.552	485.4	0.454	302.5	0.431	577.2	0.739	143.2	0.425
1976	0.545	1 586.5	0.588	512.0	0.498	313.7	0.460	602.1	0.894	146.9	0.430
1977	0.595	1 656.4	0.643	539.8	0.517	322.1	0.527	634.5	0.925	149.7	0.435
1978	0.636	1 743.1	0.682	576.1	0.560	335.5	0.563	670.5	0.989	152.4	0.434
1979	0.639	1 839.9	0.681	617.8	0.623	355.5	0.576	703.6	0.822	155.2	0.419
1980	0.627	1 925.6	0.676	659.1	0.582	372.4	0.601	726.5	0.686	158.6	0.403
1981	0.671	2 025.0	0.749	708.2	0.576	397.8	0.638	745.7	0.753	162.5	0.407
1982	0.662	2 112.7	0.734	752.0	0.480	419.6	0.662	763.3	0.847	166.4	0.401
1983	0.748	2 174.7	0.787	780.7	0.606	426.7	0.672	783.5	1.328	170.5	0.423
1984	0.812	2 292.5	0.856	827.9	0.636	452.3	0.721	826.8	1.529	175.5	0.432
1985	0.792	2 461.6	0.837	891.0	0.644	496.6	0.723	887.9	1.325	182.2	0.426
1986	0.780	2 602.4	0.806	937.2	0.694	523.5	0.748	947.2	1.057	191.6	0.422
1987	0.786	2 705.5	0.839	968.1	0.666	531.6	0.751	998.4	1.038	202.4	0.417
1988	0.831	2 806.5	0.893	999.2	0.647	541.5	0.792	1 047.6	1.230	211.5	0.421
1989	0.870	2 915.6	0.904	1 037.5	0.803	555.7	0.810	1 096.1	1.210	219.1	0.427

（续表）

年份	资本收入		法人企业收入		非法人企业收入		住户收入		政府收入		资本收入相应比例
	价格	数量	价格	数量	价格	数量	价格	数量	价格	数量	
1990	0.881	2 992.3	0.902	1 067.4	0.867	558.2	0.827	1 131.2	1.113	227.1	0.422
1991	0.885	3 043.4	0.906	1 089.9	0.850	555.3	0.825	1 153.0	1.206	235.1	0.419
1992	0.922	3 099.5	0.917	1 116.2	0.977	554.2	0.838	1 175.5	1.272	242.3	0.421
1993	0.942	3 151.5	0.939	1 148.1	1.071	544.2	0.900	1 201.3	0.908	248.5	0.419
1994	0.990	3 200.4	1.002	1 184.7	1.148	527.8	0.917	1 229.3	0.977	253.3	0.422
1995	1.007	3 301.8	1.041	1 241.0	1.114	526.5	0.965	1 273.3	0.841	257.4	0.423
1996	1.044	3 441.4	1.077	1 312.8	1.174	533.5	0.961	1 330.2	1.042	261.9	0.431
1997	1.076	3 597.7	1.110	1 394.9	1.192	538.9	0.994	1 396.6	1.104	266.1	0.435
1998	1.036	3 817.9	1.062	1 502.5	1.091	560.1	0.991	1 484.0	1.029	270.7	0.422
1999	1.028	4 067.9	1.034	1 620.1	1.089	584.1	1.004	1 586.3	0.994	277.2	0.420
2000	1.000	4 321.6	1.000	1 738.7	1.000	606.3	1.000	1 692.5	1.000	284.2	0.411
2001	1.012	4 537.1	0.946	1 836.6	1.132	620.9	1.013	1 790.4	1.157	291.0	0.419
2002	1.021	4 709.2	0.965	1 894.1	1.211	632.6	0.994	1 887.7	1.141	298.5	0.425

表 1.25 国内收入和生产账户中的生产率,1948—2002 年(2000 年不变价)

年份	国内生产总值		国内总收入		多要素生产率
	价格	数量	价格	数量	
1948	0.178	1 634.2	0.129	2 258.7	0.725
1949	0.171	1 674.2	0.125	2 292.6	0.732
1950	0.175	1 825.2	0.132	2 416.6	0.757
1951	0.185	1 980.1	0.140	2 609.2	0.760
1952	0.186	2 080.0	0.142	2 719.7	0.766
1953	0.188	2 181.3	0.146	2 814.3	0.775
1954	0.191	2 176.0	0.147	2 822.6	0.770
1955	0.193	2 319.8	0.153	2 930.1	0.792
1956	0.201	2 372.3	0.157	3 030.8	0.782
1957	0.203	2 427.1	0.160	3 093.0	0.786
1958	0.212	2 421.9	0.166	3 080.9	0.786
1959	0.211	2 572.0	0.170	3 185.9	0.807
1960	0.219	2 633.0	0.177	3 261.0	0.808
1961	0.218	2 700.9	0.177	3 330.9	0.811
1962	0.220	2 847.7	0.182	3 450.0	0.825
1963	0.223	2 956.9	0.186	3 537.3	0.836
1964	0.229	3 121.1	0.195	3 656.0	0.854
1965	0.236	3 303.1	0.205	3 799.1	0.870
1966	0.245	3 530.3	0.217	3 988.1	0.885
1967	0.248	3 626.7	0.219	4 118.5	0.881
1968	0.259	3 791.1	0.230	4 268.6	0.888
1969	0.272	3 909.9	0.240	4 421.1	0.884
1970	0.279	3 927.2	0.246	4 451.3	0.883
1971	0.295	4 057.0	0.265	4 516.8	0.898
1972	0.316	4 268.4	0.288	4 691.2	0.910
1973	0.338	4 511.6	0.310	4 928.6	0.915
1974	0.367	4 496.2	0.333	4 966.5	0.905
1975	0.398	4 495.4	0.362	4 941.8	0.910
1976	0.425	4 740.1	0.394	5 114.1	0.927
1977	0.455	4 974.6	0.427	5 309.2	0.937
1978	0.488	5 242.4	0.460	5 566.0	0.942
1979	0.519	5 401.8	0.483	5 804.3	0.931
1980	0.557	5 382.5	0.508	5 901.6	0.912
1981	0.607	5 500.1	0.551	6 057.4	0.908
1982	0.644	5 416.4	0.570	6 127.4	0.884
1983	0.681	5 649.0	0.615	6 256.5	0.903

（续表）

年份	国内生产总值		国内总收入		多要素生产率
	价格	数量	价格	数量	
1984	0.711	6 057.5	0.652	6 611.8	0.916
1985	0.722	6 337.2	0.661	6 920.1	0.916
1986	0.729	6 600.0	0.676	7 127.4	0.926
1987	0.746	6 845.6	0.690	7 395.5	0.926
1988	0.780	7 115.3	0.726	7 643.1	0.931
1989	0.806	7 365.1	0.751	7 910.7	0.931
1990	0.831	7 518.0	0.774	8 066.3	0.932
1991	0.857	7 502.9	0.796	8 076.2	0.929
1992	0.878	7 736.1	0.834	8 144.7	0.950
1993	0.892	7 943.7	0.849	8 350.5	0.951
1994	0.910	8 245.4	0.877	8 550.0	0.964
1995	0.928	8 471.2	0.893	8 798.4	0.963
1996	0.947	8 806.8	0.921	9 052.0	0.973
1997	0.966	9 220.6	0.950	9 375.2	0.984
1998	0.971	9 645.6	0.959	9 768.3	0.988
1999	0.983	10 111.7	0.978	10 168.3	0.994
2000	1.000	10 525.6	1.000	10 525.6	1.000
2001	1.027	10 670.5	1.024	10 704.1	0.997
2002	1.034	10 927.1	1.046	10 802.6	1.012

收入和支出账户

我们以核算美国国内经济的总储蓄以及住户和政府不变价消费支出为出发点。为了构建住户和政府支出的价格和数量指数，我们从国内收入与生产账户获得非耐用品和服务的消费支出数据，不包括非营利机构不动产服务消费支出数据。我们以市场价格来估计消费支出，并使用这些数据来推算住户、非营利机构和政府耐用品的服务价值，以及非营利机构和政府不动产的服务价值。

按市场价格计算消费支出价值包括海关关税、产品税和销售税，不包括补贴。我们通过非耐用品和服务的价格和数量指数，以及使用链式费雪理想指数所估计的资本服务，来构建消费支出的价格指数。不变价的总储蓄和净储蓄是来自下面将要介绍的国内资本账户。表 1.26 给出了个人和政府消费支出的价格、数量和税收指数。

表 1.26　收入和支出账户中的支出,1948—2002 年(2000 年不变价)

年份	净支出		个人消费支出		政府消费支出		净储蓄		消费支出的有效税率
	价格	数量	价格	数量	价格	数量	价格	数量	
1948	0.161	1 634.4	0.176	1 014.7	0.098	401.8	0.268	166.5	0.046
1949	0.155	1 631.9	0.166	1 062.6	0.101	431.0	0.266	123.7	0.048
1950	0.159	1 806.8	0.169	1 123.7	0.110	429.5	0.263	189.1	0.046
1951	0.168	1 953.8	0.180	1 182.3	0.106	534.8	0.294	197.7	0.043
1952	0.171	2 033.3	0.183	1 239.4	0.109	624.3	0.296	175.6	0.046
1953	0.173	2 129.7	0.182	1 290.5	0.122	652.9	0.283	189.1	0.047
1954	0.177	2 087.8	0.186	1 329.4	0.124	615.3	0.297	155.2	0.045
1955	0.178	2 248.3	0.187	1 399.8	0.123	609.3	0.303	208.8	0.045
1956	0.184	2 294.3	0.193	1 465.0	0.126	612.5	0.323	194.5	0.044
1957	0.186	2 342.6	0.192	1 510.0	0.130	643.3	0.336	183.3	0.044
1958	0.196	2 308.2	0.199	1 545.8	0.149	647.5	0.333	141.3	0.046
1959	0.191	2 502.5	0.197	1 612.6	0.146	661.2	0.297	212.3	0.049
1960	0.203	2 520.1	0.207	1 658.6	0.155	668.9	0.338	190.2	0.051
1961	0.202	2 580.2	0.209	1 704.5	0.148	691.0	0.339	188.1	0.049
1962	0.204	2 737.3	0.210	1 766.1	0.150	734.9	0.341	224.7	0.050
1963	0.206	2 850.9	0.213	1 825.2	0.152	758.9	0.343	245.6	0.050
1964	0.212	3 017.2	0.217	1 924.1	0.164	774.6	0.345	277.8	0.050
1965	0.220	3 201.4	0.224	2 026.3	0.170	797.5	0.355	316.0	0.048
1966	0.229	3 406.5	0.234	2 137.5	0.179	858.8	0.362	343.1	0.043
1967	0.231	3 486.0	0.235	2 216.8	0.184	923.1	0.372	310.6	0.045
1968	0.240	3 661.2	0.243	2 331.1	0.194	964.0	0.381	327.1	0.048

（续表）

年份	净支出		个人消费支出		政府消费支出		净储蓄		消费支出的有效税率
	价格	数量	价格	数量	价格	数量	价格	数量	
1969	0.253	3 767.2	0.258	2 426.9	0.198	978.3	0.402	325.3	0.048
1970	0.260	3 737.3	0.265	2 510.5	0.199	967.4	0.433	259.7	0.050
1971	0.274	3 880.5	0.280	2 584.7	0.216	965.7	0.431	302.3	0.050
1972	0.290	4 139.1	0.294	2 722.2	0.257	965.6	0.396	383.3	0.047
1973	0.319	4 292.0	0.311	2 853.2	0.295	952.5	0.494	407.0	0.048
1974	0.348	4 219.4	0.338	2 869.7	0.333	967.0	0.525	340.4	0.049
1975	0.376	4 177.3	0.359	2 938.5	0.365	988.0	0.598	257.6	0.049
1976	0.401	4 437.3	0.379	3 076.2	0.407	996.6	0.616	334.5	0.047
1977	0.433	4 631.5	0.412	3 203.8	0.432	1 016.4	0.670	369.0	0.044
1978	0.464	4 885.7	0.442	3 349.6	0.461	1 036.4	0.714	430.9	0.043
1979	0.490	5 039.4	0.475	3 458.6	0.463	1 048.7	0.752	455.0	0.042
1980	0.527	4 959.7	0.520	3 493.8	0.480	1 068.1	0.771	367.4	0.044
1981	0.575	5 044.5	0.563	3 548.3	0.527	1 086.5	0.879	377.0	0.048
1982	0.610	4 917.7	0.591	3 609.0	0.569	1 110.8	0.958	243.9	0.044
1983	0.641	5 212.0	0.614	3 765.6	0.665	1 136.5	0.844	326.3	0.044
1984	0.679	5 573.9	0.643	3 931.9	0.727	1 153.1	0.901	466.3	0.044
1985	0.692	5 787.0	0.660	4 143.1	0.718	1 210.3	0.937	430.8	0.044
1986	0.699	5 981.8	0.676	4 317.0	0.689	1 275.2	0.943	402.8	0.042
1987	0.714	6 178.2	0.695	4 494.0	0.708	1 297.7	0.921	404.5	0.041
1988	0.749	6 427.4	0.727	4 673.9	0.760	1 313.8	0.930	450.6	0.042
1989	0.777	6 644.1	0.757	4 826.9	0.781	1 337.0	0.946	486.8	0.042

（续表）

年份	净支出		个人消费支出		政府消费支出		净储蓄		消费支出的有效税率
	价格	数量	价格	数量	价格	数量	价格	数量	
1990	0.801	6 767.7	0.791	4 949.6	0.795	1 366.3	0.911	464.6	0.043
1991	0.823	6 815.5	0.815	4 999.7	0.838	1 381.7	0.843	448.7	0.046
1992	0.828	7 145.9	0.838	5 146.1	0.873	1 386.8	0.598	657.7	0.046
1993	0.868	7 107.4	0.868	5 286.6	0.828	1 384.3	0.957	458.0	0.045
1994	0.890	7 353.6	0.885	5 442.7	0.861	1 386.4	1.002	537.4	0.048
1995	0.908	7 539.8	0.911	5 593.8	0.855	1 390.0	0.995	566.1	0.046
1996	0.932	7 814.2	0.928	5 780.3	0.915	1 393.7	0.996	644.2	0.045
1997	0.956	8 153.6	0.951	5 990.9	0.943	1 417.3	1.029	743.5	0.044
1998	0.966	8 469.2	0.959	6 282.2	0.943	1 438.1	1.076	748.9	0.045
1999	0.981	8 864.5	0.978	6 582.3	0.961	1 479.6	1.043	800.5	0.043
2000	1.000	9 174.2	1.000	6 907.1	1.000	1 504.3	1.000	762.8	0.044
2001	1.031	9 206.5	1.022	7 109.7	1.055	1 547.4	1.066	554.6	0.042
2002	1.045	9 347.3	1.031	7 346.4	1.083	1 604.8	1.101	409.6	0.043

估算国内资本收入的价格和数量构成部分的出发点是国内收入与生产账户中的资本收入的价格和数量。我们构建资本收入的价格和收入指数的方法,与先前用于国内收入与生产账户中的方法类似,其最重要的创新是使用租金价格公式去推算资本服务的价格。表1.27给出了资本收入的价格和数量指数。类似地,通过使用链式费雪理想指数,将不同类别劳动服务的价格和数量并入劳动收入的价格和数量指数。表1.28给出了劳动、资本和总收入的价格和数量指数。

表1.27　收入和支出账户中的财产收入,1948—2002年(2000年不变价)

年份	财产收入		国外财产收入		国内财产收入	
	价格	数量	价格	数量	价格	数量
1948	0.243	497.3	0.139	63.6	0.268	436.8
1949	0.223	532.6	0.132	58.7	0.235	472.8
1950	0.248	575.9	0.149	71.5	0.260	506.7
1951	0.263	625.6	0.151	83.5	0.278	547.3
1952	0.258	671.4	0.153	99.5	0.272	581.8
1953	0.257	707.1	0.154	106.9	0.270	611.6
1954	0.255	734.5	0.157	104.4	0.268	639.2
1955	0.264	772.5	0.160	113.6	0.277	670.0
1956	0.262	810.6	0.168	117.4	0.274	704.1
1957	0.257	843.0	0.175	119.8	0.266	733.7
1958	0.272	865.9	0.181	117.9	0.282	756.9
1959	0.270	892.6	0.184	120.4	0.280	781.0
1960	0.281	932.2	0.183	135.5	0.293	809.4
1961	0.277	957.6	0.186	134.5	0.287	834.5
1962	0.285	992.7	0.192	142.3	0.296	863.2
1963	0.288	1 038.4	0.192	153.9	0.299	899.7
1964	0.303	1 085.7	0.198	162.7	0.316	939.5
1965	0.323	1 135.5	0.205	165.5	0.338	985.4
1966	0.342	1 190.1	0.212	156.3	0.359	1 043.2
1967	0.329	1 255.1	0.217	161.7	0.343	1 102.1
1968	0.337	1 326.1	0.228	180.5	0.350	1 158.2
1969	0.341	1 394.1	0.235	191.3	0.354	1 216.6
1970	0.325	1 444.0	0.249	187.4	0.334	1 267.6
1971	0.354	1 497.6	0.266	193.0	0.364	1 315.7
1972	0.391	1 573.2	0.279	192.7	0.404	1 389.3
1973	0.421	1 687.3	0.298	220.9	0.436	1 480.2
1974	0.441	1 721.7	0.318	232.6	0.456	1 505.6

（续表）

年份	财产收入		国外财产收入		国内财产收入	
	价格	数量	价格	数量	价格	数量
1975	0.485	1 721.4	0.351	211.0	0.500	1 520.4
1976	0.528	1 801.7	0.379	227.6	0.545	1 586.5
1977	0.575	1 878.9	0.404	234.6	0.595	1 656.4
1978	0.615	1 973.9	0.434	242.1	0.636	1 743.1
1979	0.621	2 085.3	0.468	258.0	0.639	1 839.9
1980	0.616	2 176.1	0.507	261.9	0.627	1 925.6
1981	0.660	2 283.9	0.555	270.1	0.671	2 025.0
1982	0.657	2 351.7	0.594	246.1	0.662	2 112.7
1983	0.737	2 418.0	0.626	250.3	0.748	2 174.7
1984	0.797	2 551.0	0.647	266.1	0.812	2 292.5
1985	0.782	2 716.2	0.674	258.4	0.792	2 461.6
1986	0.769	2 859.1	0.654	258.7	0.780	2 602.4
1987	0.778	2 960.1	0.694	254.8	0.786	2 705.5
1988	0.822	3 079.0	0.724	273.7	0.831	2 806.5
1989	0.861	3 196.9	0.768	282.4	0.870	2 915.6
1990	0.875	3 285.4	0.807	294.6	0.881	2 992.3
1991	0.881	3 395.8	0.831	357.6	0.885	3 043.4
1992	0.914	3 420.9	0.832	323.9	0.922	3 099.5
1993	0.937	3 466.6	0.879	316.7	0.942	3 151.5
1994	0.982	3 540.0	0.900	342.7	0.990	3 200.4
1995	1.000	3 649.6	0.932	350.8	1.007	3 301.8
1996	1.036	3 793.4	0.956	354.4	1.044	3 441.4
1997	1.068	3 957.8	0.973	361.8	1.076	3 597.7
1998	1.031	4 179.6	0.973	361.9	1.036	3 817.9
1999	1.023	4 454.5	0.980	386.9	1.028	4 067.9
2000	1.000	4 718.4	1.000	396.8	1.000	4 321.6
2001	1.012	4 930.1	1.016	393.0	1.012	4 537.1
2002	1.021	5 105.1	1.011	395.9	1.021	4 709.2

表 1.28　收入和支出账户中的收入,1948—2002 年(2000 年不变价)

年份	净收入		劳动收入		净财产收入	
	价格	数量	价格	数量	价格	数量
1948	0.116	2 272.4	0.077	2 246.1	0.258	345.9
1949	0.111	2 275.6	0.080	2 184.4	0.213	368.0
1950	0.119	2 404.0	0.082	2 277.2	0.246	399.6
1951	0.126	2 604.3	0.087	2 462.3	0.261	434.4

（续表）

年份	净收入		劳动收入		净财产收入	
	价格	数量	价格	数量	价格	数量
1952	0.127	2 723.4	0.090	2 534.3	0.253	468.2
1953	0.130	2 817.8	0.094	2 596.9	0.249	493.7
1954	0.132	2 800.8	0.096	2 535.8	0.246	508.3
1955	0.137	2 913.1	0.101	2 612.7	0.256	538.3
1956	0.141	3 004.8	0.106	2 676.6	0.248	562.8
1957	0.143	3 049.0	0.111	2 683.2	0.235	585.8
1958	0.150	3 019.2	0.114	2 617.5	0.256	598.2
1959	0.153	3 128.9	0.119	2 708.2	0.249	622.0
1960	0.159	3 210.7	0.124	2 746.9	0.264	653.4
1961	0.159	3 270.4	0.125	2 787.1	0.258	670.7
1962	0.164	3 401.4	0.128	2 892.9	0.267	700.4
1963	0.169	3 488.0	0.133	2 930.2	0.271	735.9
1964	0.178	3 604.2	0.138	3 007.8	0.291	770.1
1965	0.188	3 735.4	0.144	3 105.3	0.319	803.7
1966	0.200	3 894.6	0.151	3 239.5	0.344	837.1
1967	0.201	4 000.5	0.159	3 290.1	0.323	877.3
1968	0.212	4 147.1	0.170	3 375.7	0.328	927.1
1969	0.222	4 284.0	0.183	3 463.4	0.329	970.5
1970	0.227	4 269.9	0.198	3 407.1	0.299	994.5
1971	0.246	4 320.7	0.211	3 408.0	0.332	1 032.0
1972	0.268	4 477.9	0.226	3 499.6	0.376	1 089.6
1973	0.290	4 723.9	0.242	3 640.6	0.413	1 179.8
1974	0.311	4 728.9	0.265	3 643.2	0.427	1 181.7
1975	0.338	4 646.5	0.287	3 586.6	0.467	1 156.9
1976	0.369	4 823.6	0.311	3 689.0	0.517	1 221.9
1977	0.401	5 001.7	0.335	3 813.9	0.571	1 273.8
1978	0.433	5 233.9	0.363	3 985.6	0.611	1 336.0
1979	0.453	5 448.9	0.395	4 120.0	0.597	1 409.3
1980	0.474	5 503.0	0.437	4 104.4	0.559	1 463.9
1981	0.514	5 645.2	0.478	4 144.7	0.594	1 553.9
1982	0.531	5 654.4	0.509	4 104.6	0.570	1 596.2
1983	0.579	5 768.8	0.532	4 168.0	0.682	1 644.8
1984	0.619	6 116.8	0.555	4 412.7	0.765	1 749.1
1985	0.629	6 365.0	0.580	4 530.3	0.739	1 866.4
1986	0.642	6 509.7	0.608	4 578.2	0.714	1 953.8
1987	0.658	6 712.0	0.628	4 742.8	0.720	1 995.4

（续表）

年份	净收入		劳动收入		净财产收入	
	价格	数量	价格	数量	价格	数量
1988	0.695	6929.8	0.657	4888.6	0.775	2067.1
1989	0.721	7154.8	0.674	5046.3	0.823	2135.0
1990	0.746	7268.3	0.705	5121.0	0.835	2173.0
1991	0.769	7296.2	0.736	5068.4	0.837	2243.9
1992	0.810	7300.6	0.774	5075.4	0.886	2241.8
1993	0.827	7461.5	0.787	5232.0	0.913	2252.4
1994	0.857	7639.7	0.803	5388.3	0.974	2279.8
1995	0.874	7837.5	0.819	5534.9	0.993	2332.9
1996	0.906	8032.8	0.841	5640.4	1.048	2417.5
1997	0.940	8291.5	0.867	5799.8	1.101	2513.0
1998	0.952	8599.5	0.907	5960.1	1.048	2651.8
1999	0.974	8924.2	0.944	6100.0	1.039	2827.5
2000	1.000	9174.5	1.000	6199.8	1.000	2974.8
2001	1.028	9231.4	1.033	6162.0	1.019	3069.9
2002	1.056	9244.4	1.065	6091.9	1.038	3154.4

88 净支出的数量指数是社会福利的一个测度，按照 Weitzman（1976，2003）的建议，它包括当期消费的数量和在当期里用于未来消费的净增量。类似地，净收入的数量指数是美国经济创造的劳动和财产收入的一个测度。不变价支出与不变价收入的比率称为生活水平（Level of Living），它是一个产生于当期和未来消费的福利数量指数，与以劳动供给和资本服务形式所表示的对投入的需要成正比。这一比率必须与多要素生产率仔细区分，后者是 GDP 与 GDI 的比率，衡量生产的效率。表 1.29 给出了净支出和净收入的价格和数量指数以及生活水平指数。[25]

表 1.29　收入和支出账户中的生活水平，1948—2002 年（2000 年不变价）

年份	净支出		净收入		生活水平
	价格	数量	价格	数量	
1948	0.161	1634.4	0.116	2272.4	0.719
1949	0.155	1631.9	0.111	2275.6	0.717
1950	0.159	1806.8	0.119	2404.0	0.752
1951	0.168	1953.8	0.126	2604.3	0.750
1952	0.171	2033.3	0.127	2723.4	0.747

㉕ Hulten（1992）给出了进一步的探讨。

（续表）

年份	净支出		净收入		生活水平
	价格	数量	价格	数量	
1953	0.173	2 129.7	0.130	2 817.8	0.756
1954	0.177	2 087.8	0.132	2 800.8	0.745
1955	0.178	2 248.3	0.137	2 913.1	0.772
1956	0.184	2 294.3	0.141	3 004.8	0.764
1957	0.186	2 342.6	0.143	3 049.0	0.768
1958	0.196	2 308.2	0.150	3 019.2	0.764
1959	0.191	2 502.5	0.153	3 128.9	0.800
1960	0.203	2 520.1	0.159	3 210.7	0.785
1961	0.202	2 580.2	0.159	3 270.4	0.789
1962	0.204	2 737.3	0.164	3 401.4	0.805
1963	0.206	2 850.9	0.169	3 488.0	0.817
1964	0.212	3 017.2	0.178	3 604.2	0.837
1965	0.220	3 201.4	0.188	3 735.4	0.857
1966	0.229	3 406.5	0.200	3 894.6	0.875
1967	0.231	3 486.0	0.201	4 000.5	0.871
1968	0.240	3 661.2	0.212	4 147.1	0.883
1969	0.253	3 767.2	0.222	4 284.0	0.879
1970	0.260	3 737.3	0.227	4 269.9	0.875
1971	0.274	3 880.5	0.246	4 320.7	0.898
1972	0.290	4 139.1	0.268	4 477.9	0.924
1973	0.319	4 292.0	0.290	4 723.9	0.909
1974	0.348	4 219.4	0.311	4 728.9	0.892
1975	0.376	4 177.3	0.338	4 646.5	0.899
1976	0.401	4 437.3	0.369	4 823.6	0.920
1977	0.433	4 631.5	0.401	5 001.7	0.926
1978	0.464	4 885.7	0.433	5 233.9	0.933
1979	0.490	5 039.4	0.453	5 448.9	0.925
1980	0.527	4 959.7	0.474	5 503.0	0.901
1981	0.575	5 044.5	0.514	5 645.2	0.894
1982	0.610	4 917.7	0.531	5 654.4	0.870
1983	0.641	5 212.0	0.579	5 768.8	0.903
1984	0.679	5 573.9	0.619	6 116.8	0.911
1985	0.692	5 787.0	0.629	6 365.0	0.909
1986	0.699	5 981.8	0.642	6 509.7	0.919
1987	0.714	6 178.2	0.658	6 712.0	0.920
1988	0.749	6 427.4	0.695	6 929.8	0.927

（续表）

年份	净支出		净收入		生活水平
	价格	数量	价格	数量	
1989	0.777	6644.1	0.721	7154.8	0.929
1990	0.801	6767.7	0.746	7268.3	0.931
1991	0.823	6815.5	0.769	7296.2	0.934
1992	0.828	7145.9	0.810	7300.6	0.979
1993	0.868	7107.4	0.827	7461.5	0.953
1994	0.890	7353.6	0.857	7639.7	0.963
1995	0.908	7539.8	0.874	7837.5	0.962
1996	0.932	7814.2	0.906	8032.8	0.973
1997	0.956	8153.6	0.940	8291.5	0.983
1998	0.966	8469.2	0.952	8599.5	0.985
1999	0.981	8864.5	0.974	8924.2	0.993
2000	1.000	9174.2	1.000	9174.5	1.000
2001	1.031	9206.5	1.028	9231.4	0.997
2002	1.045	9347.3	1.056	9244.4	1.011

国内资本账户

国内资本账户的基本核算恒等式是收入和支出账户中的总储蓄等于投资，且投资和储蓄在现价和不变价上都保持相等。投资是一个以市场价格估值的私营和政府投资的链式费雪理想指数，其中数量取自国内收入与生产账户，而价格则包括投资品购买者支付的消费税和产品税。表 1.30 给出了 1948—2002 年总投资的价格、数量和税收指数。

表 1.30　国内资本账户中的投资，1948—2002 年（2000 年不变价）

年份	总投资		私人投资		政府投资		投资支出的有效销售税率
	价格	数量	价格	数量	价格	数量	
1948	0.243	334.4	0.252	284.3	0.174	40.7	0.046
1949	0.244	300.5	0.256	245.0	0.175	56.1	0.048
1950	0.245	383.3	0.262	327.5	0.171	57.9	0.046
1951	0.268	407.7	0.282	322.2	0.191	91.6	0.043
1952	0.270	395.4	0.283	296.6	0.195	114.2	0.046
1953	0.267	420.5	0.289	310.6	0.193	124.5	0.047
1954	0.273	396.8	0.289	296.8	0.192	117.4	0.045
1955	0.279	463.2	0.294	366.1	0.195	107.5	0.045
1956	0.294	461.1	0.305	359.1	0.213	108.0	0.044
1957	0.306	458.3	0.316	351.4	0.223	109.6	0.044
1958	0.305	422.1	0.317	320.1	0.222	119.6	0.046

（续表）

年份	总投资		私人投资		政府投资		投资支出的有效销售税率
	价格	数量	价格	数量	价格	数量	
1959	0.298	499.8	0.326	371.3	0.224	130.8	0.049
1960	0.316	486.3	0.327	373.7	0.222	126.8	0.051
1961	0.316	492.2	0.327	367.4	0.224	140.5	0.049
1962	0.320	537.7	0.330	409.6	0.228	145.9	0.050
1963	0.322	571.1	0.330	439.7	0.235	143.3	0.050
1964	0.325	618.9	0.333	476.3	0.237	146.1	0.050
1965	0.330	676.1	0.337	538.6	0.244	145.7	0.048
1966	0.335	726.8	0.340	586.3	0.251	158.6	0.043
1967	0.343	716.3	0.348	572.5	0.258	166.3	0.045
1968	0.354	755.4	0.362	613.7	0.268	162.1	0.048
1969	0.370	777.8	0.376	644.6	0.285	151.8	0.048
1970	0.391	729.8	0.390	608.1	0.309	141.6	0.050
1971	0.401	792.3	0.408	673.8	0.331	126.2	0.050
1972	0.399	895.3	0.423	751.2	0.364	116.9	0.047
1973	0.449	945.6	0.442	832.2	0.389	120.3	0.048
1974	0.481	902.6	0.483	770.0	0.444	126.8	0.049
1975	0.538	832.9	0.535	679.6	0.478	131.9	0.049
1976	0.564	933.4	0.565	797.7	0.495	134.0	0.047
1977	0.604	996.0	0.601	902.6	0.519	130.2	0.044
1978	0.644	1 096.4	0.646	990.6	0.553	139.3	0.043
1979	0.687	1 160.0	0.701	1 009.3	0.599	147.8	0.042
1980	0.732	1 100.3	0.764	908.5	0.660	152.1	0.044
1981	0.809	1 132.6	0.832	966.2	0.725	147.3	0.048
1982	0.861	1 099.8	0.873	867.6	0.770	146.0	0.044
1983	0.839	1 115.4	0.877	963.5	0.783	156.8	0.044
1984	0.864	1 290.5	0.883	1 203.3	0.791	176.0	0.044
1985	0.882	1 301.4	0.892	1 232.9	0.795	199.9	0.044
1986	0.893	1 325.0	0.906	1 269.0	0.796	217.5	0.042
1987	0.898	1 380.7	0.927	1 302.0	0.802	229.8	0.041
1988	0.915	1 473.6	0.947	1 346.1	0.814	228.5	0.042
1989	0.934	1 559.0	0.968	1 390.9	0.832	237.8	0.042
1990	0.934	1 585.2	0.983	1 358.8	0.852	253.1	0.043
1991	0.925	1 610.8	0.995	1 263.2	0.865	254.7	0.046
1992	0.850	1 804.6	0.996	1 353.9	0.869	256.5	0.046
1993	0.972	1 675.4	1.008	1 468.0	0.888	246.6	0.045
1994	0.998	1 799.6	1.025	1 638.1	0.911	243.0	0.048

（续表）

年份	总投资		私人投资		政府投资		投资支出的有效销售税率
	价格	数量	价格	数量	价格	数量	
1995	1.007	1 884.5	1.038	1 692.1	0.936	248.6	0.046
1996	1.008	2 021.4	1.031	1 835.6	0.947	258.5	0.045
1997	1.016	2 190.1	1.021	2 040.3	0.953	264.5	0.044
1998	1.025	2 277.6	1.004	2 249.8	0.959	273.7	0.045
1999	1.011	2 428.5	0.997	2 450.7	0.976	294.1	0.043
2000	1.00	2 506.5	1.000	2 598.7	1.000	304.4	0.044
2001	1.018	2 408.7	1.000	2 497.1	1.014	319.4	0.042
2002	1.018	2 343.2	0.992	2 516.3	1.026	338.6	0.043

为了补全不变价国内资本账户的储蓄方，我们需要不变价的折旧和资产重估值。如果资本品的效率呈几何级数下降，则对于单一资本品，其财富的相邻时期变动可以表示为：

$$W_t - W_{t-1} = q_{A,t}K_t - q_{A,t-1}K_{t-1} = q_{A,t}(K_t - K_{t-1}) + (q_{A,t} - q_{A,t-1})K_{t-1}$$
$$= q_{A,t}A_t - q_{A,t}\delta K_{t-1} + (q_{A,t} - q_{A,t-1})K_{t-1},$$

$q_{A,t}A_t$ 代表总储蓄，其与总投资相等，并具有同样的价格和数量组成部分。

$q_{A,t}\delta K_{t-1}$代表折旧，我们使用滞后一期的存量 K_{t-1}和折旧价格 $q_{D,t}$作为权重，来构建折旧的价格和数量指数。$(q_{A,t} - q_{A,t-1})K_{t-1}$代表资产重估，我们使用滞后一期的资本存量和资产重估$(q_{A,t} - q_{A,t-1})$作为权重，来构建资产重估的价格和数量指数。表 1.31 给出了 1948—2002 年个人储蓄、折旧以及资产重估的链式费雪理想价格和数量指数。

93 财富账户

财富价值的期间变化可以分解为价格和数量两个组成部分。在假设资本品的效率呈几何级数下降的前提下，净投资是财富价值变化的数量组成部分，而资产重估是价格组成部分。财富的价值可表示为：

$$W_t = q_{A,t}K_t.$$

财富是价格指数 $q_{A,t}$和数量指数 K_t 的乘积。通过使用链式费雪理想指数，可以将资本存量的购置价格和数量纳入财富的价格和数量指数中。

我们关于美国经济的财富账户包括企业、住户、非营利机构和政府持有的有形资产，以及对外国人的净债权。通过对每一部门持有的每类资产的价格和数量数据使用链式费雪理想指数，我们可以估计出五大部门资产的价格和数量。在表 1.32 中，通过对五个部门的价格和数量指数应用这些指数，我们构建了 1948—2002 年的私人部门国内有形资产、政府有形资产以及财富的价格和数量指数。

表 1.31 国内资本账户中的财富变动,1948—2002 年(2000 年不变价)

年份	总储蓄		折旧		净储蓄		重估价		财富变动	
	价格	数量	价格	数量	价格	数量	价格	数量	价格	数量
1948	0.243	334.4	0.239	152.8	0.268	166.5				
1949	0.244	300.5	0.244	166.0	0.266	123.7	0.005	911.4	0.092	404.0
1950	0.245	383.3	0.248	178.0	0.263	189.1	0.027	951.4	0.133	565.9
1951	0.268	407.7	0.265	193.1	0.294	197.7	0.071	1 016.5	0.217	597.4
1952	0.270	395.4	0.267	205.2	0.296	175.6	0.013	1 069.7	0.116	565.9
1953	0.267	420.5	0.273	215.6	0.283	189.1	0.042	1 026.6	0.164	587.1
1954	0.273	396.8	0.273	228.1	0.297	155.2	0.009	930.8	0.110	496.5
1955	0.279	463.2	0.279	236.4	0.303	208.8	0.035	891.8	0.154	614.2
1956	0.294	461.1	0.291	250.0	0.323	194.5	0.110	916.1	0.274	599.5
1957	0.306	458.3	0.303	259.6	0.336	183.3	0.086	922.5	0.239	587.5
1958	0.305	422.1	0.304	269.4	0.333	141.3	0.035	911.8	0.155	510.7
1959	0.298	499.8	0.315	273.4	0.297	212.3	0.050	901.8	0.167	646.0
1960	0.316	486.3	0.317	282.3	0.338	190.2	0.063	878.5	0.199	600.5
1961	0.316	492.2	0.317	290.5	0.339	188.1	0.068	881.8	0.207	598.0
1962	0.320	537.7	0.321	297.0	0.341	224.7	0.084	815.1	0.229	632.0
1963	0.322	571.1	0.324	308.0	0.343	245.6	0.041	844.8	0.175	677.0
1964	0.325	618.9	0.326	321.4	0.345	277.8	−0.012	779.1	0.115	751.6
1965	0.330	676.1	0.329	337.7	0.355	316.0	0.047	816.1	0.178	849.9
1966	0.335	726.8	0.331	359.3	0.362	343.1	0.093	844.1	0.223	908.4
1967	0.343	716.3	0.338	384.4	0.372	310.6	0.066	916.5	0.200	878.8
1968	0.354	755.4	0.351	405.9	0.381	327.1	0.201	952.6	0.343	919.7

（续表）

年份	总储蓄		折旧		净储蓄		重估价		财富变动	
	价格	数量	价格	数量	价格	数量	价格	数量	价格	数量
1969	0.370	777.8	0.364	430.6	0.402	325.3	0.261	915.8	0.413	895.4
1970	0.391	729.8	0.379	455.0	0.433	259.7	0.143	1 106.6	0.293	922.7
1971	0.401	792.3	0.397	471.4	0.431	302.3	0.190	1 030.5	0.347	940.9
1972	0.399	895.3	0.419	490.5	0.396	383.3	0.267	971.3	0.414	993.8
1973	0.449	945.6	0.432	515.7	0.494	407.0	0.421	858.0	0.600	938.6
1974	0.481	902.6	0.468	546.9	0.525	340.4	0.634	956.6	0.816	961.9
1975	0.538	832.9	0.517	569.1	0.598	257.6	0.485	1 126.4	0.683	1 026.0
1976	0.564	933.4	0.547	585.4	0.616	334.5	0.237	1 379.5	0.416	1 279.1
1977	0.604	996.0	0.579	611.0	0.670	369.0	0.837	745.2	0.992	877.9
1978	0.644	1 096.4	0.619	644.0	0.712	430.9	0.860	1 000.3	1.030	1 134.3
1979	0.687	1 160.0	0.667	682.4	0.752	455.0	1.047	1 025.9	1.208	1 172.0
1980	0.732	1 100.3	0.727	717.6	0.771	367.4	0.849	1 260.3	1.033	1 309.7
1981	0.809	1 132.6	0.791	740.0	0.879	377.0	0.511	1 647.9	0.728	1 613.4
1982	0.861	1 009.8	0.832	764.7	0.958	243.9	0.288	1 831.9	0.498	1 529.1
1983	0.839	1 115.4	0.843	783.6	0.844	326.3	0.289	1 251.6	0.476	1 339.3
1984	0.864	1 290.5	0.852	814.8	0.901	466.3	0.203	1 647.4	0.411	1 835.9
1985	0.882	1 301.4	0.861	864.1	0.937	430.8	0.417	1 364.0	0.606	1 603.3
1986	0.893	1 325.0	0.875	918.6	0.943	402.8	0.605	1 517.8	0.774	1 677.4
1987	0.898	1 380.7	0.891	973.3	0.921	404.5	0.675	1 634.0	0.833	1 771.9
1988	0.915	1 473.6	0.912	1 019.4	0.930	450.6	0.705	1 692.0	0.863	1 869.5
1989	0.934	1 559.0	0.932	1 068.2	0.946	486.8	0.605	1 745.6	0.776	1 953.9

（续表）

年份	总储蓄		折旧		净储蓄		重估价		财富变动	
	价格	数量	价格	数量	价格	数量	价格	数量	价格	数量
1990	0.934	1 585.2	0.948	1 116.1	0.911	464.6	0.418	1 780.3	0.599	1 949.3
1991	0.925	1 610.8	0.963	1 155.7	0.843	448.7	0.204	1 725.2	0.387	1 886.1
1992	0.850	1 804.6	0.966	1 180.9	0.598	657.7	0.181	1 722.3	0.304	2 315.0
1993	0.972	1 675.4	0.980	1 214.7	0.957	458.0	0.535	1 849.5	0.693	2 061.4
1994	0.998	1 799.6	0.998	1 259.7	1.002	537.4	0.394	2 014.6	0.578	2 305.6
1995	1.007	1 884.5	1.014	1 315.8	0.995	566.1	0.508	1 538.3	0.669	2 009.7
1996	1.008	2 021.4	1.015	1 375.0	0.996	644.2	0.435	1 841.7	0.613	2 354.0
1997	1.016	2 190.1	1.010	1 444.3	1.029	743.5	0.340	1 377.4	0.556	2 217.9
1998	1.025	2 277.6	1.001	1 527.5	1.076	748.9	0.422	1 483.1	0.624	2 295.7
1999	1.011	2 428.5	0.997	1 626.6	1.043	800.5	0.676	1 952.9	0.787	2 737.7
2000	1.000	2 506.5	1.000	1 743.7	1.000	762.8	1.000	1 654.1	1.000	2 416.9
2001	1.018	2 408.7	1.000	1 860.5	1.066	554.6	1.012	1 541.3	1.028	2 093.0
2002	1.018	2 343.2	0.991	1 951.8	1.101	409.6	1.022	2 076.8	1.045	2 463.4

表 1.32　财富,1948—2002 年(2000 年不变价)

年份	财富		私人国内有形资产		政府有形资产	
	价格	数量	价格	数量	价格	数量
1948	0.107	7 202.7	0.118	4 158.6	0.092	2 878.3
1949	0.108	7 424.4	0.118	4 448.2	0.094	2 765.7
1950	0.111	7 893.5	0.124	4 876.6	0.093	2 758.3
1951	0.120	8 400.3	0.133	5 264.5	0.104	2 846.7
1952	0.122	8 861.0	0.134	5 582.2	0.107	2 973.6
1953	0.126	9 319.9	0.139	5 882.0	0.110	3 121.1
1954	0.127	9 710.3	0.140	6 141.4	0.111	3 241.2
1955	0.130	10 189.4	0.143	6 516.7	0.114	3 316.5
1956	0.140	10 558.4	0.153	6 840.5	0.127	3 333.6
1957	0.148	10 919.1	0.160	7 141.2	0.135	3 372.7
1958	0.151	11 222.2	0.163	7 364.8	0.138	3 441.0
1959	0.155	11 595.0	0.167	7 653.7	0.141	3 508.6
1960	0.160	11 893.8	0.172	7 920.1	0.145	3 521.4
1961	0.165	12 155.7	0.178	8 139.8	0.150	3 549.3
1962	0.171	12 550.1	0.183	8 449.3	0.156	3 617.6
1963	0.174	13 004.7	0.186	8 786.2	0.161	3 720.6
1964	0.174	13 586.7	0.185	9 166.7	0.160	3 912.9
1965	0.177	14 162.0	0.188	9 604.6	0.163	4 032.8
1966	0.183	14 822.9	0.194	10 125.4	0.169	4 151.5
1967	0.187	15 477.9	0.198	10 577.2	0.173	4 343.1
1968	0.200	15 993.5	0.212	11 050.8	0.185	4 357.9
1969	0.214	16 538.8	0.227	11 513.3	0.200	4 417.4
1970	0.224	17 103.6	0.236	11 914.0	0.215	4 567.0
1971	0.235	17 650.7	0.248	12 342.9	0.228	4 665.6
1972	0.249	18 788.9	0.261	13 340.2	0.250	4 758.4
1973	0.269	19 701.6	0.279	14 124.8	0.269	4 853.8
1974	0.300	19 277.6	0.308	13 555.4	0.308	5 015.1
1975	0.330	20 108.9	0.338	14 257.3	0.336	5 124.6
1976	0.347	20 781.6	0.358	14 807.1	0.350	5 230.4
1977	0.376	21 652.0	0.386	15 535.1	0.371	5 351.4
1978	0.415	22 529.9	0.426	16 334.9	0.403	5 409.1
1979	0.464	23 502.1	0.471	17 205.7	0.447	5 494.5
1980	0.510	24 360.7	0.518	17 813.6	0.492	5 744.8
1981	0.545	25 870.9	0.556	19 022.9	0.534	6 032.4
1982	0.567	26 480.1	0.581	19 534.5	0.559	6 119.8
1983	0.580	26 938.7	0.594	19 943.9	0.571	6 186.0

（续表）

年份	财富		私人国内有形资产		政府有形资产	
	价格	数量	价格	数量	价格	数量
1984	0.593	28 788.4	0.609	21 790.3	0.583	6 287.0
1985	0.613	30 440.3	0.629	23 542.2	0.599	6 271.5
1986	0.641	31 165.3	0.656	24 229.2	0.624	6 413.5
1987	0.675	31 624.9	0.688	24 722.5	0.655	6 538.7
1988	0.709	32 427.9	0.723	25 481.0	0.683	6 691.5
1989	0.741	33 372.5	0.757	26 252.6	0.713	6 854.6
1990	0.762	33 075.5	0.781	26 067.9	0.738	6 788.9
1991	0.773	33 527.8	0.794	26 446.8	0.753	6 891.9
1992	0.782	33 480.3	0.806	26 469.8	0.764	6 916.3
1993	0.815	33 221.6	0.824	26 463.6	0.782	6 906.9
1994	0.843	32 710.5	0.844	26 304.4	0.803	6 854.4
1995	0.866	33 899.2	0.870	27 364.6	0.833	7 051.6
1996	0.890	34 187.2	0.889	27 747.5	0.860	7 107.0
1997	0.902	35 184.9	0.908	28 742.2	0.884	7 288.2
1998	0.921	36 874.2	0.931	30 235.7	0.913	7 525.6
1999	0.958	38 171.2	0.959	31 523.6	0.948	7 779.3
2000	1.000	39 504.6	1.000	33 046.6	1.000	8 046.6
2001	1.042	39 939.6	1.048	33 764.5	1.055	8 122.7
2002	1.096	49 950.4	1.088	35 021.8	1.107	8 428.4

1.4.7　经济增长的来源和使用

在本小节中，我们举例来说明我们所开发的美国国民账户的应用。该账户的主要优势是提供了一个完整分析美国经济的框架。这一框架包括：(a) 一个整合的生产账户；(b) 一个整合的资本和财富账户；(c) 将这些账户与基础的行业、资产和负债账户相连接。这些账户可以被用来对下述问题进行总体和详细分析，这些问题包括经济增长的来源、财富的规模和构成变动对消费和储蓄的影响，以及贸易赤字对财富的影响。

我们首先根据表 1.25 中所列示的生产账户的产出、投入和多要素生产率数据，分析战后美国经济增长的来源。我们接下来利用表 1.29 中给出的国内收入和支出账户的收入、支出和生活水平数据讨论经济增长的支出方面。最后，我们对表 1.30、表 1.31 和表 1.32 中国内资本和财富账户的投资、储蓄和财富进行分析。

对投入、产出和生产率的解释需要引入 Jorgenson(1996a) 提出的生产可能性边界 (production possibility frontier) 的概念。

$$Y(I,C) = A \times X(K,L).$$

95 不变价国内生产总值 Y 包括投资品 I 和消费品 C 的产出,这些产品是由资本服务 K 和劳动服务 L 生产的。这些要素服务是不变价国内总收入 X 的组成部分,并被多要素生产率 A 所放大。

生产可能性边界的重要特点是其明确给出了投资和消费产出的相对价格变动。总量生产函数作为一种竞争性方法,给出了一个以资本和劳动投入为函数的单一产出。因此投资品和消费品的单独价格不起任何作用。在假设产品和要素市场是竞争性均衡的前提下,按份额加权的产出增长等于按份额加权的投入增长和多要素生产率增长之和:

$$\bar{w}_I\Delta I + \bar{w}_C\Delta\ln C = \bar{v}_K\Delta\ln K + \bar{v}_L\Delta\ln L + \Delta\ln A,$$

其中,$\bar{w}$ 和 $\bar{v}$ 分别代表现价 GDP 中产出和投入的平均份额。

我们根据表 1.6 中现价投资品和消费品数据来计算两类产出的平均份额,这些产出的增长率根据表 1.20 中的不变价数据获得。类似地,我们根据表 1.6 中的现价资本和劳动服务数据来计算资本和劳动投入的平均份额,劳动投入的增长率是来自表 1.21 中的不变价数据,而资本投入的增长率是来自表 1.24 中的不变价数据。给定产出和投入价值相等的核算恒等式,产出和投入的份额加起来等于 1。

根据 Jorgenson(2001)的研究成果,表 1.33 给出了 1948—2002 年时期以及其不同分时期的美国经济增长情况。较早的时期是根据经济周期峰值出现的 1973 年和 1989 年来划分的。1989 年后的时期以 1995 年来划
96 分,这是信息技术引致的美国经济强劲增长的起始年份。每部分产出的贡献率是以其增长率相对应的收入份额加权而来的。类似地,每部分投入的贡献率也是其增长率的加权。多要素生产率的贡献率是产出和投入二者增长率之间的差额。

表 1.33 产出和增长的贡献率,1948—2002 年

	1948—2002	1948—1973	1973—1989	1989—1995	1995—2002
产出					
国内生产总值	3.52	4.06	3.06	2.33	3.64
消费贡献率	2.55	2.91	2.30	1.72	2.59
投资贡献率	0.97	1.16	0.77	0.62	1.05
增长					
国内总收入	2.90	3.13	2.96	1.77	2.93
资本服务贡献率	1.83	2.00	1.79	0.87	2.14
劳动服务贡献率	1.07	1.13	1.17	0.90	0.79
多要素生产率	0.62	0.93	0.11	0.56	0.71

图 1.2 反映了产出和投入的份额。劳动和资本投入的份额在 1948—2002 年间变化不大。其中，投资的份额逐步下降，而消费的份额则逐步上升。图 1.3 描绘了投资品和消费品产出对美国经济增长的贡献率，以及经济增长的来源——投资和劳动服务以及多要素生产率的贡献率。

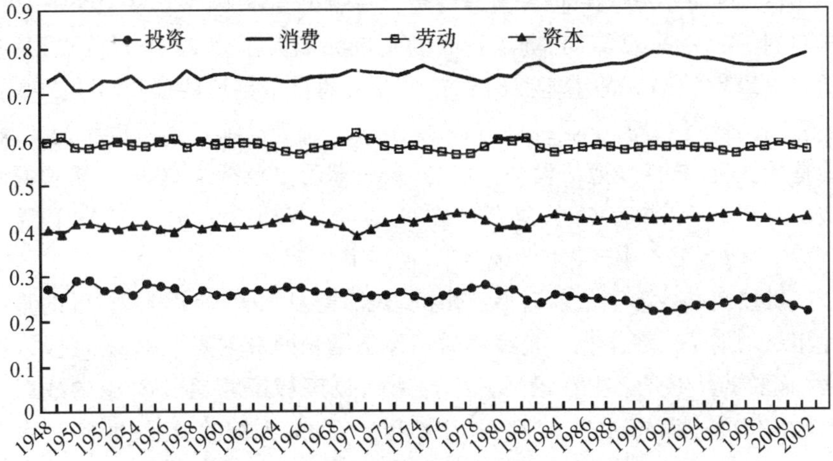

图 1.2　产出和投入份额

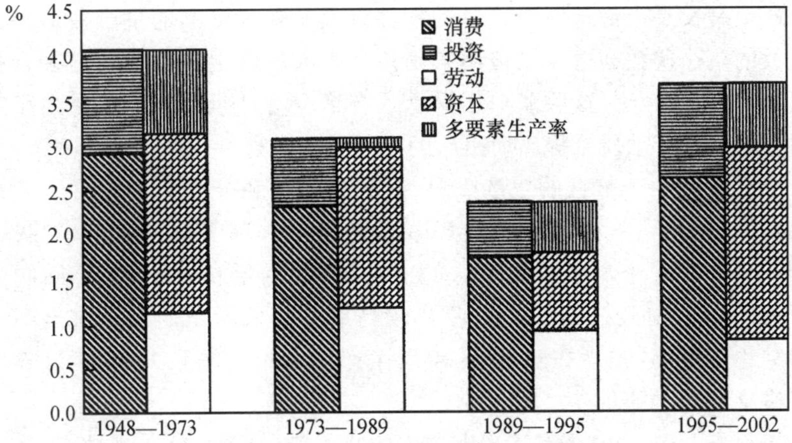

图 1.3　产出和经济增长的贡献率

从图形上看，美国经济增长的历史记录在 1973 年之前和之后出现了让人感到熟悉的历史情况。在经历了 20 世纪 50 年代、60 年代和 70 年代初的强劲产出和生产率的增长后，美国经济的增长速度在 1973—1989 年间显著放慢。产出增长从 4.06% 下降到 3.06%，多要素生产率的增长从 0.93% 陡降到 0.11%。资本投入的贡献率也从 1948—1973 年的 2.00% 下降到1973—1989年的1.79%，足以抵消劳动投入贡献率从1.13%到1.17%的缓慢增长。从1989年到1995年，美国经济增长率进一步下降，这是因为资本投入和劳动投入的贡献率分别下降到0.87%和0.90%，抵消了生产率0.56%的复苏式增长。

在1995—2002年间，美国经济增长率飙升至3.64%。从1989—1995年间到1995—2002年间，资本投入的贡献率跃升了1.27个百分点，是拉
97 动产出增长1.31%的主要原因。资本投入的贡献率反映了20世纪90年代后期的投资热潮，企业、住户和政府投入了大量资源兴建厂房和设备，特别是计算机、软件和通信设备。但是，这一期间也包括了2001年短暂而轻微的衰退以及2002年的复苏。在此期间，劳动投入的贡献率下滑了0.11%，而多要素生产率的贡献率则提高了0.15%。

虽然消费主导了战后时期产出的增长，但自1995年以来，投资的重要性相对增加了。资本投入是战后时期经济增长的最重要来源，劳动投入次之，而多要素生产率排在最后。生产率大概解释了略超过20%的战后美国经济增长，而资本和劳动投入解释了经济增长的几乎80%。除了1989—1995年时期外，资本投入的贡献率都超过了劳动投入。

对美国经济增长源泉的进一步分解可以揭示，1995年后有多少产出和生产率增长是由信息技术设备和软件以及其他投资品的生产效率提升而引致的。这些数据也可以被用来确认在多大程度上经济增长是来自投资增加和资本深化。这些账户还揭示了有多少劳动投入的增长是由于劳动时间增加和劳动质量提高而引起的。

如果没有一个整合的生产账户，在总量层面和分行业层面对于经济
98 增长来源的分析，就必须依赖于BEA的生产账户和BLS的生产率数据，结合一些分析人士对于缺失信息（如劳动质量的增长）的估算。不同的分析者可能会对经济增长的来源在较高或是较低增长的期间得出不一致的结论，例如这出现在对1973年后生产率增长放缓和1995年以来生产率迅猛增长的研究中。[26]

基于表1.29中收入和支出账户中的收入、支出和生活水平数据，我们接下来讨论经济增长的支出方面。对支出的解释需要一个社会福利函数，就如Weitzman（2003）所建议的那样。支出包括个人和政府的消费，反映了产品和服务当期消费的流量。支出还包括储蓄、净折旧以及当期消费流

㉖　一个使用通用方法和原始数据的整合的美国账户，将有助于消除由于方法和原始数据的不同所引致的差异，这将为经济增长分析、账户体系的扩展和备择数据提供一个改进的基准。

量的未来增量。

经济增长为当期和未来的消费创造了机会。这些机会由资本和劳动服务供给的扩张所创造，并被生活水平变动所放大：

$$Z(C,S) = B \times W(L,N),$$

其中，不变价国内净支出 Z 包括扣除折旧后的消费支出 C 和储蓄 S，这些支出是由不变价净收入 W 创造的，包括劳动收入 L 和扣除折旧后的财产收入 N。

生活水平 B 与多要素生产率 A 必须进行仔细区分。生活水平的上升意味着，给定创造劳动和财产收入的要素服务供给，美国经济可以为当期和未来消费提供更多机遇。按份额加权的支出增长是按份额加权的收入增长和生活水平增长之和：

$$\bar{w}_C \Delta \ln C + \bar{w}_S \Delta S = \bar{v}_L \Delta \ln L + \bar{v}_N \Delta \ln N + \Delta \ln B,$$

其中，$\bar{w}$ 和 $\bar{v}$ 分别代表支出和收入的平均份额。

我们根据表 1.8 中现价个人消费支出、政府消费支出和净储蓄来计算支出中的两类构成（消费和储蓄）的平均份额。劳动和资本收入的份额可以通过在同一张表中的这些收入的现价估计值来获得。支出的增长率通过表 1.26 中的不变价估计值获得，劳动和财产收入的增长率通过表 1.18 中的不变价估计值获得。表 1.29 提供了生活水平的数据。

表 1.34 提供了一个 1948—2002 年间从使用角度对经济增长的分解。99
支出的增长率是个人消费支出、政府消费支出和净储蓄的加权平均增长率，每一类支出的贡献率是其相应的加权平均增长率。类似地，劳动和财产收入的贡献率是其相应份额的加权平均增长率。生活水平的贡献率是支出和收入增长率之间的差额。

表 1.34　支出的贡献率，1948—2002 年

	1948—2002	1948—1973	1973—1989	1989—1995	1995—2002
收入	2.60	2.93	2.59	1.52	2.36
劳动收入贡献率	1.21	1.26	1.34	1.02	0.90
财产收入贡献率	1.39	1.66	1.26	0.50	1.46
生活水平	0.63	0.93	0.14	0.59	0.71
净支出	3.23	3.86	2.73	2.11	3.07
消费	3.00	3.38	2.69	1.93	3.25
个人消费贡献率	2.51	2.74	2.24	1.80	2.90
政府消费贡献率	0.49	0.64	0.45	0.13	0.35
净储蓄	0.23	0.48	0.04	0.18	-0.18

图 1.4 中显示了支出和收入的份额。与生产账户中资本和劳动投入的份额所表现的一样,资本和劳动收入的份额在 1948—2002 年间也保持了稳定。在此期间个人消费支出的份额逐步上升,这在 1973 年之后更为明显,而政府消费的份额则上下波动。净储蓄保持了持续下降的趋势。图 1.5 揭示了资本和劳动服务的供给以及生活水平的上升对支出增长的贡献率,该图还描绘了当期消费以及通过净储蓄导致未来消费增加的情况。

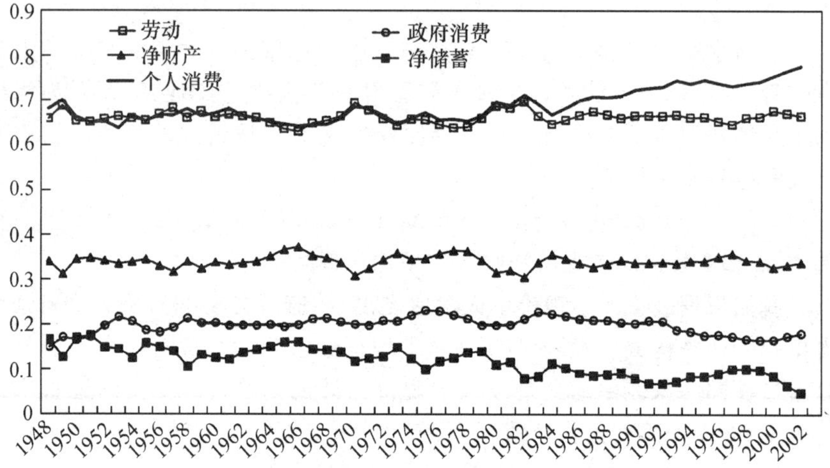

图 1.4 收入和支出份额

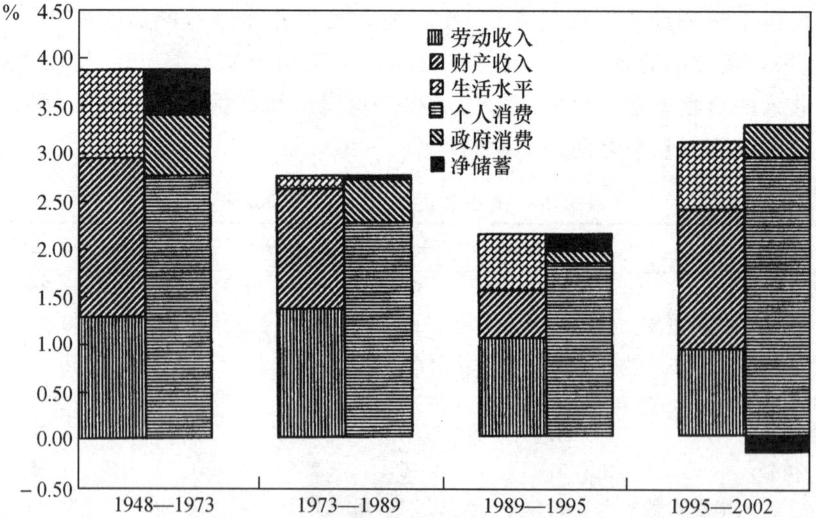

图 1.5 净支出和收入的贡献率

净支出的增长很大程度上反映了产出增长的情况，即在 1948—1973 年间经历了强劲的支出增长，在 1973 年后经历一个衰退阶段，1989 年后经历了进一步加速下滑，以及在 1995 年后处于强力回升阶段。战后期间，支出的平均增长率是 3.23%，而产出的平均增长率是 3.52%。然而，1995 年后支出的增长和产出的增长相背离，支出仅仅增长了 0.96%，而产出则出现了跳跃，增长了 1.31%。

储蓄的陡降已经引起了普遍关注，有兴趣的读者可参看 Gale 和 Sablehaus(1999)以及 Reinsdorf(2005)的研究成果。从使用方来看经济增长，最引人注目的特征是净储蓄的逐渐消失，它曾经在 1948—1973 年间贡献了 0.48%的经济增长率。私人和政府的当期消费增长率的贡献在 1973— 100
1989 年间都呈现了下降趋势，但是净储蓄的贡献几乎消失了，下降到了 0.04%，只是在 1989—1995 年间温和地回升到了 0.18%，但在 1995—2002 年间，又跳水至 -0.18%。20 世纪 90 年代后期的投资热潮和消费升温都是由国外借贷来实现的。

整合的财富账户可以帮助解释储蓄占当期收入比重长期下降的原因。美国的税务体系对未来的消费比当期的消费课税更多，这就促使人们将储蓄转换成住房和企业股权以使资本增值。从表 1.13 中可以看到这些税法条款的影响，其揭示了经资产重估调整后的财富年度变化占来自当前收入的储蓄的份额，从 1950—1960 年间的平均 41% 上升到 1995—2000 年间的 54%。

从表 1.30、表 1.31 和表 1.32 中的国内资本和财富账户，我们对资本和储蓄的关系有了进一步的了解。以现价和不变价计算的投资和总储蓄都是相等的，总储蓄减去折旧等于净储蓄，后者通过资产价值重估可以得到财富的变动。最后，财富包括私人的国内有形资产、政府有形资产和美国国际头寸。使用整合的账户以及美联储资产负债表和 NIPAs，我们可以聚焦于住户部门，大部分净财富的增加是来自住户部门。在 1990—2000 年间，39% 来自股权价值和共同基金，22% 来自住房服务。

我们根据表 1.12 中的现价估计值来计算构成总额的个人投资、政府 101
投资和国外投资的平均份额。这些组成部分的增长率是通过表 1.30 中的不变价估计值来获得的。类似地，我们通过表 1.13 中的现价估计值来计算折旧和净储蓄的平均份额。总储蓄组成部分的增长率是通过表 1.31 中的不变价估计值来获得的。

国内资本账户和国内财富账户之间的一个连接项是净储蓄，它是核算资产数量变动的指标；另一个连接项是资产重估，它是核算资产价格变动的指标。这两个指标一起构成了表 1.13 中的现价财富变动，并且其平均份额从该表中可以获得。我们根据表 1.31 中的不变价数据来计算财富变动两个组成部分的增长率。最后,我们在表 1.17 中给出了现价国内财富账户的资产方数据,该表中的数据被用来计算三个组成部分的平均份额,其增长率是根据表 1.32 中的不变价计算得到的。

表 1.35 给出了总投资和总储蓄的分解数据。各构成部分的贡献率是其通过相对份额加权后的增长率。在 1948—2002 年间,私人投资的贡献率与总投资的增长率几乎一致。政府投资的贡献几乎抵消了国外投资的
102 负贡献。在整个战后时期,外国人在美国积累的资产比美国人在国外累积的资产更多。实际上,除了 1989—1995 年间国外投资的贡献率是正的以外,其他期间都是负的。

表 1.35　投资和储蓄的贡献率,1948—2002 年(%)

	1948—2002	1948—1973	1973—1989	1989—1995	1995—2002
总投资	3.61	4.16	3.13	3.16	3.11
私人投资贡献率	3.57	3.58	2.98	2.97	5.39
政府投资贡献率	0.55	0.65	0.55	0.10	0.54
国外投资贡献率	-0.51	-0.07	-0.41	0.09	-2.82
储蓄	3.61	4.16	3.13	3.16	3.11
净储蓄贡献率	0.76	1.55	0.23	0.67	-0.79
折旧贡献率	2.85	2.61	2.89	2.49	3.91

图 1.6 揭示了总投资和总储蓄的份额。个人投资的份额在整个战后时期持续上升,并且在 1995 年后超过了 100%。而政府投资的份额在 20

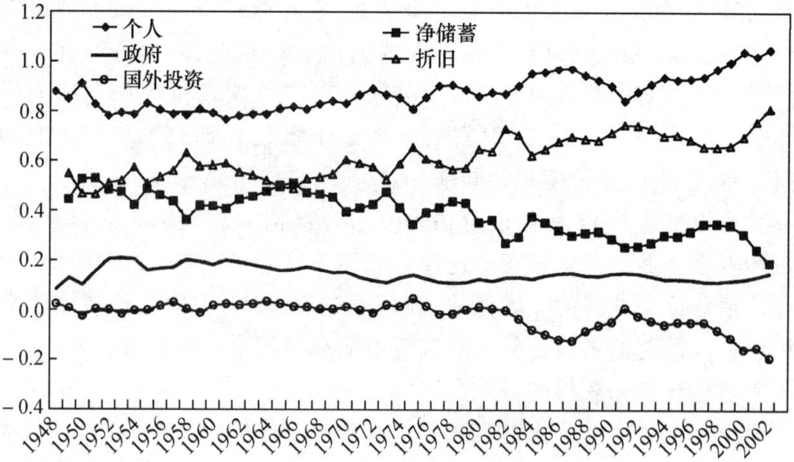

图 1.6　投资和储蓄份额

世纪 50 年代初达到峰值,随后逐渐下降。国外投资的份额在 20 世纪 80 年代初以前大部分年份几乎为零,随后进入了负区间。1991 年是国外投资唯一为正值的一年,随后一路走低,直到 2002 年结束。净储蓄占现价总储蓄的份额持续走低,而折旧的份额则持续增加。这一变化趋势反映了投资结构变化倾向于更短期的资产(例如信息技术设备和软件)。

图 1.7 描绘了私人投资、政府投资和国外投资对资本形成的贡献。总投资从 1948—1973 年间的 4.16% 下降到 1973—1989 年间的 3.13%,从此之后保持了相当一段时间的稳定,一直持续到 2002 年年底。然而,1995 年后,总投资的构成发生了剧烈变动,1995 年前私人投资的贡献率一直保持了出奇的稳定。随后从 1989—1995 年间的 2.97% 跃升到 1995—2002 年间的 5.39%,这一变化反映了 1995 年后令人惊叹的投资热潮,大量的投资涌入到信息技术设备和软件中。然而,私人投资的上升,完全被国外投资贡献率的下降所抵消,后者从 1989—1995 年间的 0.09% 下降到 1995—2002 年间的 -2.82%。

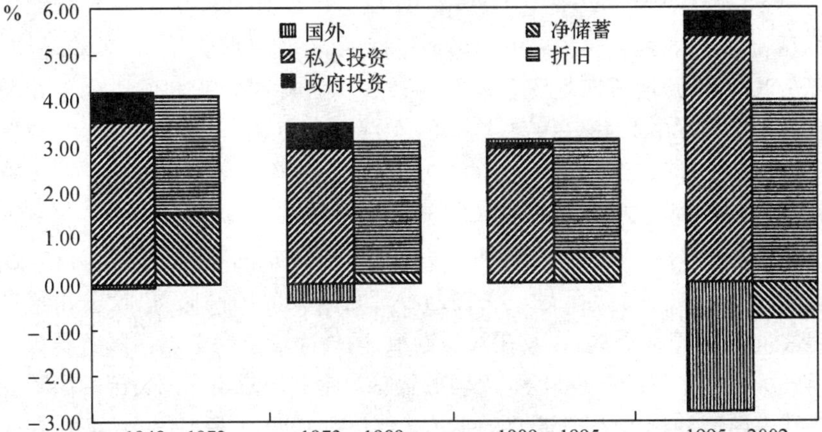

图 1.7　投资和储蓄的贡献率

净储蓄的贡献率存在强烈的下降趋势,在 1989—1995 年间出现短暂的反弹到 0.67% 之前,它从 1948—1973 年间的 1.55% 下滑到 1973—1989 年间的 0.23%。随后在 1995—2002 年间,净储蓄又跳水到 -0.79%。与之相反,折旧的贡献率则缓慢上升,在 1995—2002 年间达到了 3.91%。表 103
1.36 提供了净储蓄的另一种描述方式,净储蓄和资产重估共同构成了财富的变动。其中资产重估的贡献波动非常剧烈,从 1948—1973 年间(期间资产价格经历了下跌)的 -0.13% 跃升到 1973—1989 年间的 3.61%,这是
一个包括了 20 世纪 70 年代和 80 年代大部分时间的相对快速的资产价格 104

通胀时期。资产重估的贡献率在跃升到1995—2002年间的3.07%之前，在1989—1995年间是-1.14%。

表1.36 财富变动的贡献率,1948—2002年(%)

	1948—2002	1948—1973	1973—1989	1989—1995	1995—2002
财富变动	3.41	3.51	4.58	0.47	2.91
净储蓄贡献率	2.11	3.65	0.97	1.61	-0.16
资产重估贡献率	1.30	-0.13	3.61	-1.14	3.07
财富	3.22	4.02	3.29	0.26	2.70
私人有形资产贡献率	2.92	3.47	2.95	0.56	2.93
政府有形资产贡献率	0.48	0.56	0.49	0.09	0.52
国际投资头寸贡献率	-0.18	0.00	-0.15	-0.39	-0.74

最后,表1.36分解了国内财富增长率。国内财富的增长率在1973—1989年间的下降到3.29%之前,曾在1948—1973年间经历了一个4.02%的战后高增长。财富在1989—1995年间只是平均增长了0.26%,但在1995—2002年间增长恢复到了2.70%。美国国际投资头寸的贡献率在跌入负区间之前,在1948—1973年间的大部分时间几乎是零增长,然后在1995—2002年间以每年0.74%的速度下降。在整个战后时期里,私人有形资产增长相对而言更加重要了。

这些整合的和一致性的账户可以拓展现有账户的复式记账能力,以便正确看待美国贸易赤字问题。关键的特征是表现为国民储蓄、投资和贸易赤字之间的核算恒等式,以及在贸易赤字、国外净借款和美国国际贸易头寸之间的关系。扩展的账户显示,美国的贸易盈余和净贷出导致美国的国际投资头寸占财富的比重从1948年的1.7%上升到1980年最高的3.1%。在那之后,以支出为主导的国内需求增长快于以GDP为代表的供给,因此贸易盈余转变成了赤字。美国的净贷款转变成了净借款,以至于美国国际收支头寸占美国财富的比重从1989年的-0.2%下降到2002年的-5.7%。

整合的账户可以方便地将美国的净负债与其财富进行比较,从而提供美国国际净头寸的规模(-2.6万亿美元),并且可以与其他国家的外债规模进行比较。类似地,NIPAs可以将贸易赤字和联邦预算赤字作为GDP的百分比来研究。当前,由于概念和方法的差别,使得跟踪BEA净出口数据上的变化和美联储的资产负债表中美国国际投资头寸的变化变得相当困难。

105 总之,美国经济增长的来源揭示了美国经济增长在1973年之后的放缓,在1989年后的进一步恶化,以及1995年后美国经济增长重新反弹的原因。从使用方观察，则经济增长揭示了战后时期净储蓄的作用逐渐下降的情况。20世纪90年代后期的投资热潮和消费崛起都是由国外借款来支撑的，国外的投资行为对其此功不可没。外国人在美国资产上的迅速累积是一个长期趋势，使美国的国际投资头寸恶化了。一个不为人知的事实是，我们的体系揭示作为财富变化组成部分的资产重估反映了资产价格的大幅波动。

1.4.8　总结和结论

我们现在已经完成了勾画一个一致的和整合的美国国民账户蓝图。我们只是探讨了国家总体层面和基于市场交易的账户。我们针对国民账户体系的主要创新在于，以 Jorgenson(1963)提出的使用者成本公式为基础，系统化地利用了资本资产的虚拟租金价格，这是整合 BEA 的 NIPAs 和 BLS 生产率账户的关键所在。

为了在投资品生产和资本收入之间获得一致性，我们虚拟了住户、非营利机构和政府的资本收入，以及法人企业和非法人企业的资本收入。对于住房服务，我们遵循 BEA 根据出租住房的租金价值来虚拟自有住房租金价值的方法来处理，这种虚拟方法是以市场租金价格为基础的。我们根据同类资产的市场价格来虚拟耐用消费品以及非营利机构拥有的耐用品和不动产的租金价值。对于政府的资产，包括设备和软件以及政府的不动产，我们采用了类似的方法来虚拟其租金价值。

我们将耐用消费品的投资从住户消费中扣除，但将其与相应资产服务的虚拟租金价值一道纳入 GDP 中。我们对于非营利机构和政府部门持有的资产采取类似的处理方法。如此系统地处理住户、政府和企业部门的投资品生产和资本收入的结果是，我们在表1.5中所核算的 GDP 比 NIPAs 中核算的 GDP 高了几乎10%。

NIPAs 提供现价和不变价 GDP 以及现价 GDI，而国内收入与生产账户提供现价和不变价 GDI，以及定义为不变价 GDP 和 GDI 比率的多要素生产率。表1.6中的国内收入与生产账户提供了 Jorgenson(2001)提出的美国经济增长因素分析所需的数据，经济增长来自劳动、资本投入以及生产率的增长。 106

我们的蓝图还包括一个经合并的收入和支出账户。收入包括要素服务销售获得的收益，加上来自国外的收支净额，以及来自国外的净税收和净转移支付。支出包括以市场计价的私人和政府支出，加上来自国内资本账户的净储蓄。我们的收入和支出账户整合了 NIPAs 的住户、企业和政府的三个收入和支出账户。这一整合账户的优势是部门间的支付互相抵消，从而使账户大大简化了。

为了提供将收入分解为支出和净储蓄的数据，我们在表 1.29 中提供了现价和不变价的收入和支出账户。经济增长的使用包括个人消费支出、政府支出和净储蓄。净储蓄来自国内资本账户和国外交易资本账户，等于总储蓄减去折旧。我们将生活水平定义为净支出与净收入的比率，这就是当期消费和当期未来消费增加与创造所需收入的资本和劳动服务成正比。

我们的国内资本账户与 NIPAs 中相应的资本账户相对应。投资包括私人国内投资、政府投资以及住户和非营利机构购买耐用品的支出，这些都以市场价来估价。国内资本账户提供财富变化的数据，等于净储蓄和资产重估价值之和。这为反映在国内收入与生产账户以及收入和支出账户中的当期经济活动，以及反映在财富账户中的财富累积提供了一个必要的联系。这些账户的边界在我们整个国民账户体系中保持一致。

最后，我们的财富账户与国内资本账户一样，和美联储的资本流量表保持一致。我们将资本流量表中的细分账户进行整合，并把不同金融部门的国家资产负债表进行整合。通过消除住户、政府和企业等国内部门间的债权，简化了储蓄、投资和财富账户。我们保留了 NIPAs 中的国外交易流量表和资本账户以及美国国际头寸表不变。

附录　美国国民账户：数据、概念和方法指南

107 可获得的国民经济账户数据、作为基础的核算概念以及编制它们的方法分散在编制这些账户的机构部门中和编制那些国民账户指南的国际组织中。下边列出了一些了解国民账户所需的基本参考资料。

美国资料

经济分析局(BEA;www. bea. gov)

下年数据发布计划被公布在当年 12 月出版的《当前商业调查(SCB)》和网站上，该期的 SCB 还包括一个全年文章的目录索引，这些文章涵盖方法、研究和近来的数据发布情况。1994 年以来的文章可以从网站(www. bea. gov/bea/pubs. htm)上获得，从网站主页上也可以找到数据发布时间表的链接。

国民账户(www. bea. gov/bea/dn1. htm)：NIPAs 的季度和年度数据，以

及个人收入和企业利润的月度和年度数据可以通过新闻通稿、SCB 文章和网站互动的方式获得，其中包括一些精选的 NIPA 系列的详细数据。年度有形财富(固定资产)数据也可以通过互动表格形式获得。关于账户的历史简介可以在 2000 年 1 月出版的 SCB 文章中找到，其题目是“GDP:20 世纪最伟大的发明之一”。方法和原始数据可以从 BEA 网站的国民账户部分获得，还可以从精选的分析文章和国民账户简要回顾中获得，其题目从链式指数到储蓄都有所涉及。

国际账户(www. bea. gov/bea/di1. htm):季度和年度的国际收支平衡表(BOP)数据，以及年度的国际投资头寸表(IIP)数据可以通过新闻通稿和 SCB 文章的方式获得。BOP 的互动数据和年度 IIP 数据可以通过 BEA 网站的国际部分获得。关于国际账户的方法文章以及其他指南和文章也可以获得。

地区账户(www. bea. gov/bea/regional/data. htm):州个人收入(SPI)、地方个人收入、州内生产总值(GSP)数据和新闻通稿都可以在 BEA 网站的地区部分获得。年度 SPI、季度 SPI、年度地方收入和年度 GSP 可以通过 108
单独的互动表格形式获得。关于地区账户的理论文章，近期的发布稿和 SCB 文章可以通过地区主页获得。

行业账户(www. bea. gov/bea/dn2. htm):季度和年度的分行业 GDP 数据，以及年度的和基准化的投入产出(I-O)数据可以通过 BEA 网站的主要行业页面获得。分行业 GDP、年度投入产出表和基准化投入产出表可以通过互动表格的形式获得。

联邦储备委员会(FRB;www. federalreserve. gov)

资金流量账户(FOF):最近的季度和年度 FOF 数据可以通过网站(www. federalreserve. gov/release/z1/)获得。更长时间的 FOF 数据序列以及 PRN 文件的下载，可以通过网站(www. federalreserve. gov/release/z1/current/data. htm)获得。在 FOF 数据中，还包括使用 BEA 提供的有形资产数据的资产负债表数据。资金流量账户指南提供了一个完整的账户编制方法，该指南的部分章节可以在线阅读。完整的两卷书可以通过 FRB 订购。

劳工统计局(BLS;www. bls. gov)

生产率账户:BLS 出版了三个生产率系列。年度和季度主要部门的生产率，以及年度行业生产率数据可以通过网站(www. bls. gov/lpc/home. htm#overview)获得。这一主页提供近期的发布、方法文章和详细的数据序列的链接。文章也在《月度劳动评论》上发表，同时 1982 年以来的文章可以在线获得(www. bls. gov/opub/mlr/mlrhome. htm)。主要部门的生产率数据是基于 BEA 公布的 GDP 来构建的。行业生产率数据使用各个公共和私人机构公布的基本数据。年度多要素生产率数据(MFP)、近期的发布稿、方法文章和详细的数据序列可以通过网站(www. bls. gov/mfp/home. htm)获得。MFP(多要素生产率)数据序列是使用 BEA 提供的投资和产出数据,以及 BLS 收集的劳动数据来构建的。BLS 的方法手册提供了一个完整的 BLS 数据序列的方法指南(www. bls. gov/opub/hom/homtoc_pdf. htm)。

其他资源

1993 年国民经济账户体系(SNA 1993)

109 SNA 1993 是一个国际认可的整合的经济账户体系。该手册由欧共体委员会、国际货币基金组织(IMF)、经济与合作发展组织(OECD)、联合国(UN)和世界银行共同编写,完整的手册可以通过 UN 来订购(www. un. org)。

《国际收支手册》(第五版)(www. imf. org/external/np/sta/bop/biblio. htm#mg)

由 IMF 出版,该手册为编制国际账户提供了国际指导,第五版于 1993 年出版。

参 考 文 献

Baily, Martin N., and Robert Z. Lawrence. 2001. Do we have a new e-conomy? *American Economic Review* 91 (2): 308–312.

Bureau of Economic Analysis (BEA). 1999. Fixed reproducible tangible wealth in the United States, 1925–94. Washington, DC: U.S. Government Printing Office, August.

———. 2004a. Table A: Summary National Income and Product Accounts, 2002. *Survey of Current Business* 84 (2): 37–38.

———. 2004b. National Income and Product Accounts tables. *Survey of Current Business* 84 (8): 30–166.

Bureau of Labor Statistics (BLS). 1983. *Trends in multifactor productivity, 1948–1981.* Washington, DC: U.S. Government Printing Office.

———. 1993. Labor composition and U.S. productivity growth, 1948–1990. Bureau of Labor Statistics Bulletin no. 2426. Washington, DC: U.S. Department of Labor.

———. 2003. Revisions to capital inputs for the BLS multifactor productivity measures. Available at http://www.bls.gov/web/mprcaptl.htm.

Christensen, Laurits R., and Dale W. Jorgenson. 1996. Measuring economic performance in the private sector. In *Postwar U.S. economic growth,* ed. Dale W. Jorgenson, 175–272. Cambridge, MA: MIT Press.

Congressional Budget Office. 1997. An economic model for long-run budget simulations. CBO memorandum. Washington, DC: Congressional Budget Office, July.

Corrado, Carol. 2003. Industrial production and capacity utilization: The 2002 historical and annual revision. *Federal Reserve Bulletin* 89 (April): 151–176.

Corrado, Carol, John Haltiwanger, and Daniel Sichel, eds. 2005. *Measuring capital in the new economy.* Chicago: University of Chicago Press.

Council of Economic Advisers. 1997. *Economic report of the president.* Washington, DC: U.S. Government Printing Office.

Denison, Edward F. 1967. *Why growth rates differ.* Washington, DC: Brookings Institution.

Diewert, W. Erwin. 1976. Exact and superlative index numbers. *Journal of Econometrics* 4 (2): 115–146.

———. 1978. Superlative index numbers and consistency in aggregation. *Econometrica* 46 (4): 883–900.

Doms, Mark. 2005. Communications equipment: What has happened to prices? In *Measuring capital in the new economy,* ed. C. Corrado, J. Haltiwanger, and D. Sichel, 323–62. Chicago: University of Chicago Press.

Dulberger, Ellen R. 1989. The application of a hedonic model to a quality-adjusted price index for computer processors. In *Technology and capital formation,* ed. D. Jorgenson and R. Landau, 37–76. Cambridge, MA: MIT Press.

Eisner, Robert. 1989. *The total income system of accounts.* Chicago: University of Chicago Press.

Fang, Bingsong, Xiaoli Han, Sumiye Okubo, and Ann M. Lawson. 2000. U.S. transportation satellite accounts for 1996. *Survey of Current Business* 80 (5): 14–22.

Fisher, Irving. 1922. *The making of index numbers.* Boston: Houghton-Mifflin.

Flamm, Kenneth. 1989. Technological advance and costs: Computers versus communications. In *Changing the rules: Technological change, international competition, and regulation in communications,* ed. Robert C. Crandall and Kenneth Flamm, 13–61. Washington, DC: Brookings Institution.

Fraumeni, Barbara M. 1997. The measurement of depreciation in the U.S. National Income and Product Accounts. *Survey of Current Business* 77 (7): 7–23.

Fraumeni, Barbara M., and Sumiye Okubo. 2001. Alternative treatments of consumer durables in the national accounts. Paper presented at a meeting of the Bureau of Economic Analysis Advisory Committee, May 11.

———. 2005. R&D in the National Income and Product Accounts: A first look at its effect on GDP. In *Measuring capital in the new economy,* ed. C. Corrado, J. Haltiwanger, and R. Sichel, 275–322. Chicago: University of Chicago Press.

Gale, William G., and John Sabelhaus. 1999. Perspective on the household saving rate. *Brookings Papers on Economic Activity,* Issue no. 1:181–224.

Gordon, Robert J. 1989. The postwar evolution of computer prices. In *Technology and capital formation,* ed. D. Jorgenson and R. Landau, 77–126. Cambridge, MA: MIT Press.

———. 1990. *The measurement of durable goods prices.* Chicago: University of Chicago Press.

———. 2001. Did the productivity revival spill over from manufacturing to services? Conflicting evidence from four data sources. Paper presented at the National Bureau of Economic Research Summer Institute. 27 July, Cambridge, Massachusetts.

Grimm, Bruce T. 1997. Quality adjusted price indexes for digital telephone switches. Washington, DC: Bureau of Economic Analysis. Memorandum, May.

Hall, Bronwyn H., and Robert E. Hall. 1993. The value and performance of U.S. corporations. *Brookings Papers on Economic Activity,* Issue no. 1:1–34.

Herman, Shelby W. 2000. Fixed assets and consumer durable goods for 1925–1999. *Survey of Current Business* 80 (9): 19–30.

Hill, Peter. 1999. Capital stocks, capital services and depreciation. Paper presented at a meeting of the Canberra Group on Capital Stock Statistics. 8–10 November, Washington, DC.

Hulten, Charles R. 1992. Account for the wealth of nations: The net versus gross output controversy and its ramifications. *Scandinavian Journal of Economics* 94 (suppl.): 9–24.

Hulten, Charles R., and Frank C. Wykoff. 1982. The measurement of economic depreciation. In *Depreciation, inflation and the taxation of income from capital,* ed. Charles R. Hulten, 81–125. Washington, DC: Urban Institute Press.

International Monetary Fund (IMF). 1993. *Balance of payments manual.* 5th ed. Washington, DC: IMF.

Jaszi, George. 1971. Review: An economic accountant's ledger. *Survey of Current Business* 51 (7, part II): 221–225.

Jorgenson, Dale W. 1963. Capital theory and investment behavior. *American Economic Review* 53 (2): 247–259.

———. 1996a. *Postwar U.S. economic growth.* Cambridge, MA: MIT Press.

———. 1996b. Productivity and postwar U.S. economic growth. In *Postwar U.S. economic growth,* ed. Dale W. Jorgenson, 1–24. Cambridge, MA: MIT Press.

———. 2001. Information technology and the U.S. economy. *American Economic Review* 91 (1): 1–32.

Jorgenson, Dale W., and Barbara M. Fraumeni. 1996a. The accumulation of human and nonhuman capital, 1948–84. In *Postwar U.S. economic growth,* ed. D. Jorgenson, 273–332. Cambridge, MA: MIT Press.

———. 1996b. The output of the education sector. In *Postwar U.S. economic growth,* ed. D. Jorgenson, 333–370. Cambridge, MA: MIT Press.

Jorgenson, Dale W., Frank M. Gollop, and Barbara M. Fraumeni. 1987. *Productivity and U.S. economic growth.* Cambridge, MA: Harvard University Press.

Jorgenson, Dale W., Mun S. Ho, and Kevin J. Stiroh. 2005. *Information technology and the American growth resurgence.* Cambridge, MA: MIT Press.

Jorgenson, Dale W., and Kevin J. Stiroh. 2000. Raising the speed limit: U.S. economic growth in the information age. *Brookings Papers on Economic Activity,* Issue no. 1:125–211.

Jorgenson, Dale W., and Kun-Young Yun. 2001. *Lifting the burden.* Cambridge, MA: MIT Press.

Kendrick, John. 1961. *Productivity trends in the United States.* New York, National Bureau of Economic Research.

Konus, Alexander A., and S. S. Byushgens. 1926. On the problem of the purchasing power of money. *Economic Bulletin of the Conjuncture Institute* (suppl.): 151–172.

Kuznets, Simon. 1946. *National income: A summary of findings.* New York: National Bureau of Economic Research.

Landefeld, J. Steven. 2000. GDP: One of the great inventions of the 20th century. *Survey of Current Business* 80 (1): 6–14.

Landefeld, J. Steven, Carol S. Carson, Gerald F. Donahoe, Bruce T. Grimm, Stephanie L. Howell, Arnold J. Katz, Gary L. Rutledge, Timothy E. Slaper, and Eric J. Troyer. 1994. Integrated economic and environment satellite accounts. *Survey of Current Business* 74 (4): 33–49.

Landefeld, J. Steven, and Stephanie L. Howell. 1997. Accounting for nonmarketed household production within a national accounts framework. Paper presented at the Conference on Time-Use, Nonmarket Work, and Family Well-being, Bureau of Labor Statistics and MacArthur Network on the Family and the Economy. 20–21 November, Washington, DC.

Landefeld, J. Steven, and Robert P. Parker. 1997. BEA's chain indexes, time series, and measures of long-run growth. *Survey of Current Business* 77 (5): 58–68.

Landefeld, J. Steven, Obie G. Whichard, and Jeffrey H. Lowe. 1993. Alternative frameworks for U.S. international transaction. *Survey of Current Business* 73 (9): 50–61.

Meadows, Donnella H., Dennis L. Meadows, William W. Behrens, and Jorgen Randers. 1972. *The limits to growth: A report for the Club of Rome's project on the predicament of mankind.* New York: Signet.

Moulton, Brent R. 2000. Improved estimates of the National Income and Product Accounts for 1929–1999: Results of the comprehensive revision. *Survey of Current Business* 80 (4): 11–17, 36–145.

———. 2001. Working with chain-type indexes: A few tricks. Paper presented at the Forecasters Club of New York. 16 June.

———. 2004. The System of National Accounts for the new economy: What should change? *Review of Income and Wealth* 50 (2): 261–278.

Nordhaus, William D. 2002. Productivity growth and the new economy. *Brookings Papers on Economic Activity,* Issue no. 2:211–265.

Nordhaus, William D., and James Tobin. 1973. Is growth obsolete? In *The measurement of economic and social performance,* ed. Milton Moss, 509–532. New York: Columbia University Press.

Office of Management and Budget. 1997. *Analytical perspectives: Budget of the United States government fiscal year 1998.* Washington, DC: U.S. Government Printing Office.

Okubo, Sumiye, and Mark A. Planting. 1998. U.S. travel and tourism satellite accounts for 1992. *Survey of Current Business* 78 (7): 8–22.

Oliner, Stephen D., and Daniel E. Sichel. 1994. Computers and output growth revisited: How big is the puzzle? *Brookings Papers on Economic Activity,* Issue no. 2:273–317.

———. 2000. The resurgence of growth in the late 1990's: Is information technology the story? *Journal of Economic Perspectives* 14 (4): 3–22.

Parker, Robert P., and Bruce T. Grimm. 2000. Recognition of business and government expenditures on software as investment: Methodology and quantitative impacts, 1959–1998. Washington, DC: Bureau of Economic Analysis, November.

Reinsdorf, Marshall B. 2005. Saving, wealth, investment, and the current-account deficit. *Survey of Current Business* 85 (4): 3.

Ruggles, Richard, and Nancy D. Ruggles. 1982. Integrated economic accounts for the United States, 1947–1980. *Survey of Current Business* 62 (5): 1–53.

Samuelson, Paul A. 1961. The evaluation of "social income": Capital formation and wealth. In *The theory of capital,* ed. Friedrich A. Lutz and Douglas C. Hague, 32–57. London: Macmillan.

Stiroh, Kevin. 2002. Information technology and the U.S. productivity revival: What do the industry data say? *American Economic Review* 92 (5): 1559–1576.

Triplett, Jack E. 1986. The economic interpretation of hedonic methods. *Survey of Current Business* 66 (1): 36–40.

———. 1989. Price and technological change in a capital good: Survey of research on computers.

———. 2005. Performance measures for computers. In *Deconstructing the computer,* ed. Dale W. Jorgenson and Charles Wessner, 99–139. Washington, DC: National Academies Press.

Triplett, Jack E., and Barry P. Bosworth. 2004. *Productivity in the U.S. services sector: New sources of economic growth.* Washington, DC: Brookings Institution.

United Nations. 1993. *Integrated environmental and economic accounting.* Studies in Methods, Handbook of National Accounts. Series F, no. 61. New York: United Nations.

United Nations, Commission of the European Communities, International Monetary Fund, Organisation for Economic Co-operation and Development, and World Bank. 1993. *System of national accounts 1993.* Series F, no. 2, rev. 4. New York: United Nations.

Weitzman, Martin L. 1976. On the welfare significance of national product in a dynamic economy. *Quarterly Journal of Economics* 90 (364): 156–162.

———. 2003. *Income, wealth, and the maximum principle.* Cambridge, MA: Harvard University Press.

Wright, Gavin. 1990. The origins of American industrial success, 1879–1940. *American Economic Review,* September, 651–668.

第2章　国民经济账户体系的设计

——基于加拿大、澳大利亚和英国的国际比较

K. 威尔逊*

自从十多年前国民经济账户体系(联合国等,1993,以下称为SNA 1993) 113
出版以来,基于该体系所建议的这些标准,各国在账户的结构、范围以及测算方法方面出现了明显的趋同。首先,本章从该体系的基本元素及其分析基础入手,简要介绍SNA 1993标准的设计。然后,基于对该体系的描述,本章对这些标准在三个国家的应用进行了比较。这些比较主要在以下两个方面进行:一是范围(流量账户包括哪些基本要素以及它们是如何构成的),二是整合(当账户之间存在差异以及核算恒等式不成立时,如何对不同的账户进行整合)。

2.1　“国民经济账户体系”的发展

国民经济账户体系(SNA)源自宏观经济分析的经济账户体系,其架构来自各个领域的宏观经济研究。Richard Stone在20世纪首先引入了国民收入的概念,这是最早对经济总量进行测度的指标,并成为国民账户体系的基石。同时,早期的经济学也关注商品生产、将投入转化为产出的生产率概念以及生产要素对于产出变化的贡献率。这个分析领域最终导致里
昂惕夫开发出投入产出表,这对采用国内生产总值作为宏观经济分析的核 114
心变量产生了深远影响。最终,凯恩斯提出了一个解释20世纪30年代大萧条中的宏观经济运行机制的分析框架,这个框架引入了一系列重要的宏观经济变量,比如消费、投资、储蓄和财富等,这些变量都成为现在国民经济账户体系的核心变量。凯恩斯引入了“部门”(或者称为重大决策中心)的概念,从而引出经济中的交易者——住户、企业、政府、国外部门,并通过它们收入中的消费倾向、储蓄倾向或者投资倾向阐述其对经济体产生的动

---

* K. 威尔逊(Karen Wilson),经济学硕士,加拿大统计局国民经济账户核算司司长,从事国民经济核算和经济分析方面的研究工作27年。

态影响,而其收入来源于生产活动。20 世纪 40 年代末 50 年代初,设法建立一套旨在将这些分析重点整合到一起的综合账户体系成为国际社会关注的焦点。1968 年,这个设想随着国民经济账户体系(联合国,1968)的出版最终得以实现,由剑桥大学的 Richard Stone 教授领衔的来自全世界各地的专家小组对此做出了重大贡献。

这个最初的"账户体系"设计并描述了其分析内容和潜在用途。它对为什么要建立一致的账户体系进行了如下阐述:"为了提供一个经济体发展的全貌,建立一系列描述和分析经济变化和促进各种决策的国民经济账户是非常有用的,同时也是必不可少的。"(联合国,1968,第 12 页)除了分析的用途之外,该体系还被称为"经济统计数据采集的指南"。

该体系通过考察一个经济体中收入的生产和使用到固定资产及金融资产的积累,从而最终得到剩余项——该经济体的国民净财富,阐述了宏观经济中发生的重大交易。这个进行充分整合的体系主要是围绕以下核心宏观变量展开的:生产、消费、投资和财富积累。如表 2.1 所示,各种账户通常与学术研究或政策管理有关的特定分析类型联系在一起。

尽管 1968 年体系具有丰富的分析基础,但却不具备良好的统计架构。由于只是账户体系的早期形式,它并没有详细阐述统计体系的真实架构。有关生产范围(市场和非市场生产的划分)、分类体系(行业、产品以及按照功能的分类)、统计单位(行业活动单位、企业、机构)以及关于资产的界限(生产性的、自然的、有形的、无形的资产等)都没有得到很好的厘清。

这个早期的体系是当代账户设计体系的基础。随着各国不断地开发和应用这个体系,以及用户基于分析应用的经验不断给予反馈,全球统计
115 界开始对该体系的统计基础进行修订和改进。20 世纪 80 年代中期到末期,得益于各国建立经济账户的许多经验,通过国际努力最终建立了在今天被称为 SNA 1993 的账户体系。

2.2 SNA 1993 的设计架构——比较的基础

本节首先通过解释前文提及的与分析基础相关的框架,描述了 SNA 1993 的账户设计架构。SNA 1993 的设计架构可以分成以下三个部分:

- **中心框架**,将"账户体系"的分析观点转化为基本的核算结构;
- **基础结构**,定义了构建一个完全一致的经济账户体系所需的基本元素;
- **综合数据体系**,它是一套描述经济运行过程所必需的账户和表。

表 2.1　账户体系的分析基础

供给	使用：期初资产		生产		消费		积累				国外部门		重估价		期末资产	
	1	2	3	4	5	6	7	8	9	10	11	12	13	14	15	16
1. 金融债权 2. 净资产							国家财富的研究;生产率分析									
3. 商品生产 4. 非商品生产			投入产出分析;生产率分析;商业周期分析		消费者需求分析;政府支出分析		存货和固定资本形成模型;投资政策				出口需求分析;“全球化”现象研究					
5. 最终消费 6. 收入与支出			生产函数;生产率分析;要素贡献;份额分析		收入的分配与再分配;财政政策		折旧分析;投资补助				国外投资回报分析;双重征税政策				对消费的“财富效应”的分析	
7. 存货变动 8. 固定资产投资 9. 金融债权 10. 资本融资	净财富的研究				储蓄行为分析		货币政策与流动性偏好				国际融资与流动性;长期外国援助政策		资本损益分析;资本利得税收政策		净财富分析	
11. 经常交易			进口需求分析		短期外国援助政策		国际融资与流动性;长期外国援助政策资本重估价				国际贸易收支情况分析					
12. 资本交易 13. 金融债权 14. 净资产																
15. 金融债权 16. 净资产							国民财富分析;生产率分析									

注:带编号的列对应供给的类别。

2.2.1　SNA 1993 的核心框架

SNA 1993 的核心框架包括以下几部分：

（1）经整合的分机构部门经济账户，跟踪各个机构部门从收入的生产到财富积累的全过程；

（2）产品和服务的生产及使用，跟踪从各行业的商品生产到作为各机构部门的中间投入或最终使用的全过程；

（3）交易的三个维度分析，从账户的"实体"面（生产、消费和投资）和同一交易的"金融"面（金融债权和固定资产的订立或取消）详细阐述了本体系中的所有交易，基于各个机构部门（从谁到谁），促进本体系的一致性；

（4）各机构部门支出目的的功能性分析，例如，政府支出（卫生、教育、国防等）、消费者支出（住宿、餐饮、交通、卫生等）和企业支出（中间使用和投资）；

（5）人口和就业数据，这些数据符合 SNA 有关分析劳动力变量以及人均水平的概念。

正如 SNA 早期版本所指出的那样（表 2.1），该框架中这五个因素反映出对宏观经济数据系统的分析要求。

2.2.2　SNA 1993 的基础结构

117 为了建立用于分析的一致的数据库，就必须明确界定数据系统的基础结构，同时系统包含的账户设置也必须一致。作为这个体系的基础，针对核心框架所具备的五个因素，一些重要的结构因素如下：

（1）将各机构部门和机构单位合并起来进行测度，是获得经整合的账户序列的基础。有两大基本机构单位，即住户和法人实体。法人实体如为企业，创立的目的是行使一些经济功能，比如进行生产；如为政府，则行使治理职能以及提供公共产品和服务。每个单位都能够与其他单位进行交易、获得资产或者承担负债。这些单位是一个经济体中融资、储蓄和投资的决策中心。基于其经济目标、职能和行为，这些单位被划入彼此不相容的类别。仍以上述有关机构单位为例，企业的经济职能是生产用于在市场上销售的产品和服务，目的是为所有者赚取利润。而政府部门的职能和目标则完全不同。它从事非市场生产，同时也有其经济目标，那就是通过税收和转移对收入和财富在不同部门之间进行再分配。本体系中的主要机构部门包括：

a. 非金融公司

b. 金融公司

c. 一般政府

d. 住户

e. 为住户服务的非营利机构

f. 国外部门

从部门(a)到部门(e)涵盖了本国经济,(f)涵盖了本国与世界其他各国之间进行的交易。以上这些主要部门还可以细分为子部门,比如一般政府可以分为各级政府,金融公司可以划分为银行、保险以及其他金融机构。

(2) 供给和使用分析涉及生产单位的产品及服务的生产。在本部分涉及两个重要因素,即生产和资产的边界以及估价原则。

a. 生产的范围包括提供给其他单位的所有单个或集体产品和服务的生产,还包括生产者用于自身消费或固定资本形成所保留的所有产品的自给性生产。就住户单位而言,这种自给性生产包括住房服务生产以及住宅 118
的自行建造。住户生产的其他用于自身消费的产品只有当其很重要的时候才会被计算,这通常是指农场生产和使用的农产品。

b. 资产范围是指本体系中那些真正意义上的财富。它是指一个或者多个单位所拥有并可从中获得一年以上经济收益的资产。这种收益通常来自在生产过程中使用这些资产,以及为保值而持有的资产。由某单位生产且在未来反复使用的金融资产和实物资产,显然符合资产的定义。自然形成的资产(矿藏、森林等),只有被特定的机构所拥有,并且这个机构能够对其行使有效的所有权时,才可被涵盖进来。贵重产品可被视为资产,但不属于资本形成。

c. 在供给/使用的框架中,按基本价格对生产进行估价,基本价格是指生产单位从购买者那里所获得的、扣除了产品税加上生产补贴后的价格。当不存在等价的市场价格时,非市场生产按成本法估价。当生产结转到账户序列时,需要将产品税加进来,将生产补贴扣除,以获得按市场价格计算的国内生产总值。

d. 这种测度方法的基础涉及两个基本的分类体系:行业分类体系(SNA 1993 中推荐的国际标准行业分类修订第 3 版(ISIC Rev 3),两位数分类码,约对应 120 个行业)和商品分类体系(即中心产品分类(CPC),三位数分类码,约对应 300 种产品)。在测度产出时的相关统计单位就是生产单位,后者在一个经济体中能够上报其产品的产出以及所使用的投入。统计单位的选择要基于同质生产技术原则,或者按照 SNA 1993 中的说法,要求这些单位是同质生产单位。一个经济体中有许多生产单位,生产一种商品的大多数是较小的单位,其他的单位是大型的综合企业,它们生产不同种类的产品和服务,并且涉及多个行业。为了实现统计的目的——编制由同质生产技术生产的同质产品的供给和使用表,需要这些企业进一步细分为子单位,即所谓的“行业活动单位”。

(3) 统计基础结构的三个维度方面也被称为四式记账。不同部门之间的交易在四个相对应的交易中进行记录,这就确保了在不同的部门以及
119 不同的账户之间的一致性。比如,当一个公司向中央政府缴纳所得税时,该项交易同时被记录为支付者即公司的收入转移,以及接受部门即政府的收入。同时,这项交易被记录为公司部门金融账户上的现金减少,以及政府部门的现金增加。这就确保了各部门资产负债表中期末余额也能反映出收入从一个部门转移到另一个部门,从而确保了本体系中流量与存量之间的一致性,这对于理解和分析一个经济过程非常重要。该特点对确保表 2.1 中所列的许多类型分析能提供一致结果至关重要,例如多要素生产率分析将生产活动与来自固定资本存量的服务流量联系起来。

(4) 功能分析被设计用来描述各部门支出的目的,从而有助于分析各机构部门的目标和功能。SNA 1993 建议采用以下四种分类:

a. 政府职能的分类(COFOG),阐述了政府支出的十四项重要职能,比如卫生、教育、社会保障等。

b. 按个人消费用途的分类(COICOP),将住户支出分为十个主要用途(包括子分类),比如住房、交通、卫生、教育、休闲等。

c. 按非营利机构支出用途的分类(COPNI),阐述了非营利机构(NPI)支出的八类用途,比如卫生、教育、宗教服务、福利服务等。

d. 按生产者支出用途的分类(COPP),将生产者支出用途分解成诸如研究与开发、修理与保养、雇员培训和福利等之类的类别。

(5) 与 SNA 有关概念相一致的就业和人口数据,意味着人口数据与账户体系的国家界限相一致,同时与住户部门的定义相一致。同时,它还意味着就业测算方法与生产账户的生产范围和劳动投入的定义相一致——这对于计算和分析生产率的发展趋势非常关键。相关的定义和分类可参见 SNA 1993 中的第 17 章。

2.2.3 SNA 1993 的综合数据体系

经济账户序列

1993 年标准的核算模型使用了一个“账户序列”来跟踪收入到财富的

转变过程。账户序列的基石主要为以下六个机构部门：住户和非法人企业①、为住户服务的非营利机构、金融公司、非金融公司、政府以及国外部门。对每个机构部门而言，都需要对整个经济过程进行记录，后者包括从收入的生产，到收入的分配、消费、储蓄，再到固定资产和金融资产的积累，最后到净资产头寸。如表 2.2 和表 2.3 所示，主要的宏观经济变量在账户序列中要么被记录，要么被视做平衡项。 120

表 2.2　SNA 1993 的经济账户序列

生产账户：每个机构部门（除了非常住居民部门）中，都要记录产出，将其扣除中间消费（从投入变成产出的过程中所消耗的产品和服务）后获得一个平衡项，即增加值。所有机构部门的增加值总和就等于一个经济体的国内生产总值。

收入的生产：在生产过程中，最初投入，即劳动和资本，产生了收入。各部门都要记录工资、薪金、补充收入以及总营业盈余。各部门初始收入的总和等于各部门增加值，而所有部门的初始收入总和等于国内生产总值。

收入的初次分配：财产性收入来自实物以及金融资产的借贷获取的收入。由于使用金融资产要支付利息，使用实物资产要支付租金或特许权使用费，初始收入在各个部门间被重新分配。各部门的总收入等于初始收入加上财产净收入。将所有部门的初始收入加总（包括非常住部门），得到国民生产总值，在此基础上，扣除资本消耗，便得到国民净收入。这就是由国内生产（国内的概念）产生的收入到由国家领土（国民的概念）的常住居民产生的收入的转变。

收入的再分配：这个账户记录了部门间的收入净经常转移。部门总收入等于初始收入与财产净收入之和。在扣除了直接税收和社会缴款后，初次分配账户的平衡项就是可支配收入。在收入使用账户中，经常性支出也作为收入的使用计入这个账户。储蓄是这个账户的平衡项，各部门储蓄之和就是国民储蓄。国民储蓄在扣除资本消耗之后，就能得到国民净储蓄。

资本积累账户：收入的再分配账户中的净储蓄是资本积累账户的起点，因为它是资本积累的资金来源。在此基础上，加上折旧和资本净转移，就能得到可用于投资的资金总额。将有形和无形资产的固定资本形成作为资金的使用予以记录，以得到这个部门的净贷款/借款头寸。各部门的净贷款/借款加总为零。同时，再分配收入账户中的经常性支出以及资本积累账户中的资本支出减去进口，就等于按照最终支出法计算的国内生产总值。

金融积累账户：金融资产和负债的交易按每个机构部门进行记录。金融资产的净变化额减去金融负债的净变化额就等于金融资产的净变化额，后者等于资本积累账户中的净贷款/借款额。

---

①　非法人企业被归入住户部门，理由是将住户与其经营活动之间的交易分割开来比较困难。对于某些账户，比如生产账户，最好是能够将二者分开，从而得到纯的“企业”部门，但对于收入和分配账户而言，区分二者的边界就很困难。

（续表）

其他资产物量变化账户：该账户记录各部门持有金融和非金融资产的收益与损失。同时，也记录因异常事件导致的资产灭失。非生产性资产的耗竭和新发现也是这个账户的内容之一。总体来讲，该账户记录了资产非因“交易”引起的任何变化。
资产负债表账户：这里记录金融资产和负债以及无形和有形的非金融资产的期末余额。各机构部门资产负债表的平衡项为净资产，而各部门的净资产加总就得到国民净资产。国民净资产等于国民净财富，即按市场价格计算的所有有形和无形固定资产存量的总和。

表 2.3 账户与变量摘要

账户	关键变量	平衡项
生产账户	GDP，产出	增加值
收入的生产	劳动收入，总营业盈余	GDP
收入的初次分配	劳动收入，业主收入	国民收入，国民可支配收入
收入的再分配	转移收入，消费支出，转移支付	可支配净收入，净储蓄
资本积累账户	固定资本形成总额，资本转移，资本消耗	净贷款/借贷
金融积累账户	金融资产的获得，金融负债的发生	净金融投资
其他资产物量变化账户	资产与负债的价值重估，资产的新发现与损毁	其他资产物量净变化
资产负债表账户	总资本存量与净资本存量，净金融头寸	国民净资产

账户序列的结构和顺序反映了收入、生产、消费、投资、财富创造等一系列经济过程。通过账户系列描述经济过程，根据本体系固有的一系列核算恒等式确保数据的一致性。表 2.4 列出了账户序列的主要核算恒等式。

表 2.4 账户序列的恒等式

生产恒等式
GDP = 产出 − 产品税减补贴 − 中间消耗
GDP = 最终消费支出 + 存货变动 + 固定资本形成总额 + 贵重产品获得减处置 + 产品和服务的出口 − 产品和服务的进口
GDP = 雇员的报酬 + 企业总营业盈余 + 混合收入 + 产品税减补贴
收入和储蓄恒等式
国民总收入（GNI）= GDP + 产品和进口税减补贴（从国外的净获得）+ 雇员的报酬（从国外的净获得）+ 财产性收入（从国外的净获得）
国民净收入（NNI）= GNI − 固定资本消耗

（续表）

国民可支配净收入(NNDI) = NNI + 从国外获得的收入和财产所得税净额 + 来自国外的社会缴款和福利净值
净储蓄 = NNDI - 最终消费支出 + 来自国外的住户养老金净权益 + 净资本转移
净储蓄 + 净资本转移 = 因储蓄和资本转移带来的财富净值的变化
收入和储蓄恒等式同样适用于各个机构部门和全国总计,前提是将恒等式中相关项变为来自其他部门的应收净额即可
储蓄和投资恒等式
净储蓄 + 净资本转移 = 固定资本形成总额 + 存货变动 + 贵重产品以及非生产非金融资产的获得减处置 + 净贷款/借款
净贷款(+)/借款(-) = 金融资产的净获得额 - 金融负债的净发生额
财富恒等式
期初资产净值 = 期初资产 - 期初负债
净资产的变动 = 因储蓄和资本转移带来的净资产变动 + 其他资产物量变化带来的净资产变动 + 资产持有收益或损失带来的净资产变动
净资产的期末余额 = 期末资产 - 期末负债

观察 GDP 总量有三种不同的视角:增加值的总和、要素收入的总和、最终支出的总和。测度各部门的净贷款有两种方法:一种是计算总收入和总支出之间的差额,另一种是计算资产和负债交易之间的差额。本体系的一致性也允许某些变量通过倒挤法而不是直接计算得到,比如储蓄是当前收入与消费或者经常性支出之差;政府赤字是政府部门总收入与总支出之间的差额。甚至一些详细的变量,通常是不能通过行政记录或者运用调查直接获得的,但可以使用倒挤法间接得到。比如,国民核算中的存货投资很难直接进行测度,但在相互一致的账户中,可以通过计算商品的供给和使用之间的差额间接获得。由于住户一般不编制资产负债表,因此住户财富的许多方面也不便直接进行测度,但是,利用资产负债表中的基本恒等式,例如通过金融机构提供的抵押贷款可以计算出住户的抵押借款。

完整一致的账户体系能够大大增强宏观经济分析的可靠性。比如,通过比较劳动投入变量与增加值,就能够分析出劳动生产率的变化趋势。通过住户、政府和企业的债务水平占其总收入的比重,可以计算出三者的债务负担,其中各部门债务水平数据来自其资产负债表,各部门总收入数据来自其收入分配账户,并且同时还可以计算出各部门的利息负担率,后者 122
为各部门支付的利息占其总收入的比例。资本的回报率可以通过计算净营业盈余占实物资产余额的比例得到。所有账户序列保持统一的架构(分类和测度原则),能够更好地解释由此计算出来的总量。这些比率对于理解各个部门经济职能的可持续性至关重要。

对于统计体系而言,综合体系基本上也是一个审计和计划的工具。由于本体系使用了来自调查和行政记录的各种数据,这些数据的质量水平参差不齐,因此用不同方法得出的总量绝不会相等。但是,高质量的统计体系能够得到在可接受范围内的结果,同时这种偏差也可以通过平衡的方法得以解决。比如,SNA 1993 建议,运用增加值法(即所谓的“生产法”)计算出 GDP 水平,然后将统计误差分摊到按收入法和支出法计算出的质量相对较低的各分项中,以便按三种方法计算出的结果保持一致。所使用的分摊方法取决于统计基础数据的相对质量。如果统计误差不是随机的,而是存在系统性偏差,则通常它们就可以用于识别统计过程中的误差或测度偏差。在本章的跨国比较中将介绍不同的平衡方法的应用实例、如何识别误差以及测度偏差。

123 “其他资产物量变化”账户对于保持本体系流量和存量之间的一致性非常重要。它可以细分为两个账户,即资产重估账户和其他资产物量变化账户。资产重估账户记录了持有实物资产和金融资产的收益或损失。根据储蓄或持有损益,将财富变化划分为不同的部分,是研究财富效应对各个部门行为影响的核心。另外,搞清其他资产物量变化,比如发现了以前未知的矿产储量,或者因一些灾难性事件导致资产的损毁,对于测算净资
124 产和分析其驱动因素是非常重要的。从本章后面的内容可以看出,这个账户在很多国家的国民账户中都被低估了,这是造成数据矛盾的重要原因。

有关本体系恒等式如何发挥作用的数据例子,请参看 SNA 1993 手册以及 2004 年联合国出版的《国民经济账户:实用简介》。

供给与使用表和投入产出

除了以上列出的账户序列以外,本体系还包括产品与服务账户、供给与使用表以及提供行业和产品的详尽分析的对称投入产出表。事实上,这些表是生产账户和收入形成账户的进一步分解。这是本体系的一部分,所反映的生产函数是结构和生产率分析的核心。表 2.5 是一个简化的供给与使用表,反映了本体系如何运用核算恒等式来平衡产品的生产和使用。

表 2.5 简化的供给与使用表

	产品	行业	国外部门	最终消费	资本形成总额	合计
产品		1. 中间消费	2. 出口	3. 最终消费支出	4. 资本形成总额	产品的总使用
行业	5. 产出					行业的总产出

（续表）

	产品	行业	国外部门	最终消费	资本形成总额	合计
增加值的构成项		6. 增加值				
国外部门	7. 出口					
合计	总供给	各行业的总投入				

该表检验了计算 GDP 的三重恒等式：

行业增加值总和(5 - 1) = 生产要素的收入总和(6)

= 对国内生产的最终支出总和(2 + 3 + 4 - 7)

供给与使用恒等式：

产出 + 进口(供给 5 + 7) = 中间消耗(分行业) + 最终消费

+ 固定资本形成总额

+ 出口(需求 1 + 2 + 3 + 4)

就供给与使用表的维度来讲，一般而言，它是一个长方形，产品数远多于行业数。SNA 1993 建议使用 CPC 分类标准，后者按五位分类码涵盖了 1 800种商品，但对那些采集数据不够详细的国家而言，最好采用三位分类码（约对应 300 个产品组）。对于行业分类标准，建议使用 ISIC Rev 3。同样，行业分类的详细程度取决于各国的统计体系，但通常被公认的合理分类水平至少是两位码（对应大约 20 个行业）。

在 SNA 中，供给与使用表是重要的统计工具，它们主要用于检验和监测账户序列所使用的数据体系的质量。比如，该表可以应用于以下几个方面：

（1）识别数据体系中的差异、不一致以及估价问题；

（2）计算价格和物量指数的权重；

（3）估计因填报负担或填报成本过高造成统计体系遗漏的部分；

（4）为短期指标的亚年度数据和外推数据提供年度基准，以提高数据一致性。

供给与使用表还被用来计算产品 × 产品或行业 × 行业对称投入产出表，这些表将供给与使用表从一个统计工具转化为分析工具。投入产出表 125
被用来进行各种结构分析，当其与 SNA 框架其他部分相结合时，还可以用来进行表 2.1 中所列示的各种分析，该表反映了账户体系的分析重点，包括：

（1）生产、投入结构、多因素生产率的分析；

（2）诸如消费支出和固定资产投资之类的最终需求结构变化的分析；

（3）税率和税制变化对产品与生产影响的分析；

（4）经济政策变化影响的分析；

（5）技术和/或相对价格变化影响的分析；

（6）其他。

供给与使用表以及投入产出表如果与本体系的其他部分结合起来，还会带来其他好处，如可以为包括卫星账户在内的许多分析数据副产品提供基础。后者通常在现有标准产品或行业分类体系中不能通过归并或重新分类得到，但却具有重要的分析价值。这些副产品通常跨多个行业和产品，比如旅游、运输、通信以及卫生等。同时，这也为本体系叠加其他相关数据提供了基础，比如环境流量，它被用来测度经济对环境的影响。

尽管供给与使用数据系统是本体系中数据最密集的部分，但它们也成
126 为联系本体系各个部分的纽带，就统计分析的完整性和有用性而言，其对于本体系数据的质量具有重大影响。

2.2.4 支出的功能分类以及就业和人口数据

核心框架中的最后两个要素，在这里就不再进行详细讨论了，它们的目的已经在基础结构部分说明过了。功能分类增强了对于各项支出用途的分析深度。比如，对住户支出用途的分类，使得我们能够在联合消费（将汽车购置及修理费用归并在一起）情形下对消费功能进行分析，还可以对替代品（将不同的运输方式归并在一起）进行分析。将人口和就业数据与SNA 有关概念统一起来，有利于开展多种类型分析。其中，就业数据是开展生产率分析的必备基础。虽然这些数据看起来很直接，但对于很多统计体系来讲，就业数据往往不止一个，其中有来自住户调查的，有来自企业调查的。在很多情况下，这些数据既不符合 SNA 中有关工作小时数的概念，也与其生产范围概念不一致，因此我们需要研究建立就业数据与 SNA 有关概念一致的测算方法。

2.3 三个国家的比较：澳大利亚、加拿大和英国

澳大利亚、加拿大和英国都全面实施了 SNA 1993 体系。在这一节中，我们将对这三国的账户体系分别进行阐述，以说明这些国家是如何应用SNA 1993 体系的，并且将在一定程度上分析各国的统计体系是如何影响其账户体系的。

2.3.1　澳大利亚

澳大利亚国民经济账户体系（ASNA）是一个极好的例子，它完全按照SNA 1993 的标准设计和实施了自己的账户体系，但是，基于对用户需求的重要性和数据可获得性，可能与 SNA 1993 有些差异。[②] 它的数据体系从1994—1995 年以后完全执行 SNA 1993 标准，其中许多部分具有更长的时间序列。

生产和资产的范围

ASNA 关于生产和资产的范围，与 SNA 1993 体系基本吻合。生产范围包括未明确收费的金融服务产出、自有住房服务的价值以及住户自己建造或改造住房所提供的服务，但对非法活动没有给出明确的估计，这是和SNA 中关于生产范围的唯一不同之处。资产范围也与 SNA 1993 基本吻合，但例外的是贵重产品，后者至今还没有被纳入固定资产。 127

估价方法

ASNA 使用 SNA 1993 建议的估价方法。包括资产负债表在内的账户间的交易，均采用市场价格进行估价。投入产出表和供给与使用表均使用SNA 1993 建议的基本价格估价方法。

ASNA 账户序列

ASNA 每年公布完整的账户序列，对国际准则略加修改。ASNA 的账户如下：

- **国内生产总值账户**，记录了生产的价值（GDP）、来自生产的收入，以及生产的产品和服务的最终支出，这是对 SNA 1993 中的生产账户和收入账户的综合。澳大利亚对外公布按照行业、要素收入类型以及最终支出类型（但不按照机构部门分类）分类的生产账户，这是基于用户对 GDP 的三种分类的主要需求，而用户通常对生产账户数据中的部门分析兴趣不大。使用年度链式拉氏指数公式法，并依据 GDP 的最终支出法计算及发布物量和价格指数。

- **收入账户**，反映了收入初次分配和再分配、最终消费支出以及固定资本消耗，净储蓄是这个账户的平衡项。ASAN 的收入账户将 SNA 1993中的收入初次分配和再分配账户综合成一个账户，这些账户按国内以下四个主要机构部门进行编制：住户（包括为住户服务的非营利机构）、金融公

---

② 本小节提供的关于 ASNA 的信息来自澳大利亚国家统计局网站（http://www.abs.gov.au），更详细的内容可参看以下两个文献：《澳大利亚国民经济账户：概念、数据来源和核算方法》（澳大利亚国家统计局，2000）和《测度澳大利亚经济》（澳大利亚国家统计局，2003）。

司、非金融公司、政府。

- **资本账户**,记录通过储蓄和资本转移形成的非金融资产和融资的累计净值,净贷款/借款是这个账户的平衡项。同样,这些账户也按上述四个主要部门进行编制。

- **金融账户**,反映了金融资产的获得和金融负债的净发生。净金融
128 头寸是这个账户的平衡项,等于资本账户中的净贷款/借款。同样,这些账户也按上述四个主要部门进行编制。

- **资产负债表**,记录了某个时点的资产(金融或非金融的)和负债的存量,净资产是平衡项。同样,这些账户也按上述四个主要部门进行编制。

- **对外账户**,与账户序列分开记录,并且根据国际货币基金组织(IMF)的国际收支手册来编制和公布。该账户完全遵循了SNA标准,这主要表现在两个账户中诸如进口、出口、利息和其他收入之类的相同变量都是一致的。

这个账户序列(仅缺少其他资产物量变化账户),每年按财政年度比参照时期滞后约150天对外公布。这些仅仅是初步核算,待所有基础数据来源都可获得时,最终核实数据大约比参照时期晚36个月。届时会公布关于账户序列的大约24张表,同时还要额外公布80张表,这些表包含了本体系中许多变量的详细内容,主要包括:按照资产类型分类的固定资本形成总额以及资本存量,按行业和机构部门分类的资本消耗,详细的家庭支出,以及按照各级政府划分的政府账户,等等。

在每季度后60天时,也会公布季度账户序列的摘要。季度账户序列包括按支出分类的GDP、分行业增加值的预测值以及按照收入类型划分的GDP,按照不变价格估算的GDP是基于支出法GDP使用年度链式拉氏法计算得到的。部门账户包括全国经常项目和资本项目账户、住户部门收入账户、国外部门和政府部门的收入/资本账户摘要,季度数据库还包括许多支出的详细分类。除了公布原始数据外,同时还公布经季节和趋势调整的数据。

供给与使用表以及投入产出表

ASNA既编制用于平衡系统的矩形的供给与使用表,也编制行业×行业对称投入产出表或方形投入产出表。行业分类采用澳大利亚和新西兰行业分类体系(ANZIC),后者与ISIC Rev 3出入不大。至于商品分类,使用了仅仅为编辑投入产出表以及供给与使用表而设计的分类标准。投入产出表以及供给与使用表密切相关,它们的编制过程如下:

129 (1)最初的供给与使用表在参照时期后12个月开始编制,其规模约为100个行业×150个商品。这个预计的供给与使用表被用来平衡账户序

列的生产账户，从而 GDP 的三种方法之间不存在任何统计误差。

（2）“初步”的供给/使用表基于部分基准数据在参照时期后 24 个月内开始编制，本体系的其余部分以这些初步数据为基准，因此季度系统的预测超前期从不超过 7 个季度。

（3）“最终”的供给/使用表基于“最终”的调查和行政数据在参照时期 36 个月内开始编制，这些数据由统计系统尽可能完整地提供。它们的规模约为 109 个行业 ×1 100 个商品，账户系列的“最终”版本便是基于此。

（4）当且仅当供给/使用表是“最终”版本时，行业 × 行业投入产出表才被编制并公布，该表是包含 109 个行业的对称表。这些表在最终供给与使用表编制之后 4 个月或者在参照时期后 40 个月才可以获得。这种特殊形式的分行业表，其规模的选择充分调和了数据填报负担与分析使用需要之间的矛盾。该表的分析应用包括要素成本、生产率和税收的变化对生产、进口和最初投入所带来的影响。

当所有数据都是“最终”数据时，这种用现有投入产出表来平衡 ASNA 体系的供给与使用表的特殊循环生产过程，可以充分利用 SNA 架构设计完全协调的优势。它们给用户从生产账户到资本积累账户提供一整套一致和无统计差异的账户体系。账户初步版本基于预测或者不完整数据进行编制，可以利用投入产出有关比率来填补数据缺口。

最终供给/使用表是本体系中数据最密集的部分，需要被调查对象按照商品填入投入和产出数据。投入的结构按照“行业活动单位”来采集数据，后者是基于同质生产技术的统计单位，但仍可以采集到更完整的数据。这就意味着，在一些单位存在主要的、次要的和辅助生产活动，但在一个行业活动单位内部，并不能按照各种类型收集相应的投入数据。为了尽可能减少数据填报负担和提高数据的有用性，澳大利亚国家统计局制定了一套收集数据的策略，即根据投入结构的稳定性，在 3—5 年内对行业进行轮换。对于发展更为迅速的行业，每三年轮换一次。每一年，25% 的投入基于收集到的数据，其余来自估算或分摊的投入。由于澳大利亚统计体系属 130
于集中型体系，经济数据的收集在结构、细节和时效性上，都是围绕国民账户编制组织和展开的。

ASNA 的其他特点

将供给/使用表和账户序列综合起来，能够为账户序列下至资本积累账户平衡项（净贷款/借款）提供一个平衡的工具。因此，当引入对外账户的时候，所有部门净贷款/借款额之和为零，但净贷款/借款（净金融需求）依然要从金融账户中计算出来。金融账户中的统计误差能够使得这两个平衡项相等。对于资产负债表中多数项目而言,由于住户部门的数据难以直接获得,而企业、政府和国外部门的数据容易获得,因此住户部门被用来平衡其他各个部门的数据。

除了账户序列以外,按照 SNA 1993 口径的功能分类数据可在年度和季度账户序列的详细支出表中找到。此外,澳大利亚国家统计局还编制生产率账户,作为 ASNA 数据库的一部分,后者包括按照 SNA 1993 定义的劳动力投入数据。

最后,区域或者州层面的生产账户是 ASNA 的另一个特点,其中包括一些其他的关键变量,比如各州的住户部门和部分政府部门的收入账户。

2.3.2 英国

英国也有一整套完整一致的账户体系③,英国账户体系的设置遵循欧洲账户体系(ESA 1995),后者是根据 SNA 1993 专门为欧盟国家设计的账户体系。ESA 1995 与 SNA 1993 完全一致,在某些方面(SNA 1993 建议采取不同解决方案)ESA 1995 比 SNA 1993 更加精细。由于需要计算欧盟成员国的贡献以及监测整个欧盟经济体,ESA 1995 试图将 SNA 的总量测量方法进行标准化。1998 年,英国编制了基于 ESA 1995 的一整套账户体
131 系,后者包含了一个长期项目——在十年内要将分散的统计系统集中化。这意味着以前由其他机构发布的 SNA 相关数据,今后都要由英国国家统计局(ONS)来发布。例如,金融账户、资产负债表和国际收支平衡表统计数据以前都是由英格兰银行来发布的。

生产和资产的范围

英国的生产和资产的范围完全符合 SNA 1993/ESA 1995 的规定,生产范围包括没有明确收费的金融服务产出和自有住房的服务价值。虽然没有明确涉及非法活动的估价,但开展了大量工作来"穷尽"一切可能,以尽可能减少漏报和数据缺口。欧盟统计局对整个欧洲的非法活动进行了估值。对于住户生产自用产品的生产范围,按照惯例只包括住房的自营建造和农产品的自给生产,其余的都被认为是微不足道的。

资产范围大体上也符合 SNA 1993 标准,包括将贵重产品界定为固定资产。如采用 ESA 1995 的"小工具"原则,则小于 500 欧元的任何采购交

③ 这部分关于英国国民经济账户的信息来自英国国家统计办公室网站(http://www.statistics.gov.uk),更详细的内容参见以下两个文件:《英国国民经济账户:2003 年蓝皮书》(英国国家统计办公室,2003a),《英国国民经济账户:概念、资料来源和方法》(英国国家统计办公室,2003b)。

易都被排除在资产范围之外，尽管它在生产过程中的使用期限可能超过一年。

估值方法

英国 SNA 采用 SNA 1993 和 ESA 1995 中所建议的估价方法。账户序列（包括资产负债表在内）都按照市场价格进行估价，投入产出表、供给与使用表按照基本价格进行估价。

英国的账户序列

英国每年发布完整的账户序列，后者与国际标准略有不同，但完全符合 ESA 1995。以下账户序列按四个国内部门——非金融公司、金融公司、政府、住户和非营利机构进行编制，根据需要有时也编制对外部门账户。

- **产品和服务账户**，是一张按各个机构部门编制的总供给与使用表。它将按基本价格计算的产出和进口记录为来源（或供给），将中间使用、消费、投资、政府支出和商品出口记录为使用（需求）。该表提供了按基本价格计算的分部门 GDP，然后在此基础上加上产品和进口税净额就得到了按市场价格计算的 GDP。使用年度链式拉氏指数公式，基于 GDP 的"最终支出"法可以构造及发布物量和价格指数。
- **收入产生账户**，记录了按要素收入分类的 GDP 的使用，后者按市场 132
价格估值。
- **初始收入分配账户**，反映了各部门作为来源的不同类型的初始收入。
- **收入再分配账户**，反映了作为来源的部门间转移和作为使用的税收支付及社会保障缴款产生的收入再分配，从而得到各部门可支配收入。
- **实物收入再分配账户**，反映了各部门生产和使用的实物性收入，后者归入各部门的可支配收入中。
- **收入使用账户**，反映了各部门可支配收入中用于消费的支出以及对养老金净权益的调整，净储蓄是这个账户的平衡项。
- **非金融资产获得账户**，记录了通过储蓄和资本转移形成的非金融资产和融资的累计净值，净贷款/借款是这个账户的平衡项。该账户按以上提到的四个国内部门进行编制。
- **金融账户**，反映了金融资产的获得和金融负债的净发生，净金融头寸是这个账户的平衡项，等于资本账户中的净贷款/借款。同样，这些账户也按上述四个主要部门进行编制。
- **资产负债表**，记录了某个时点的资产（金融或非金融的）和负债的存量，净资产是平衡项。同样，这些账户也按上述四个主要部门进行编制。

这种账户序列的特殊视角——从每个账户的来源和使用加以反映,是ESA 1995所推荐的表现形式。尽管ESA 1995建议将为住户服务的非营利机构分离开来,从而作为一个单独的部门来处理,但是目前英国的账户体系并没有这么做。基于初步数据编制的账户序列在参考时期后6个月首次对外发布,在随后的三年中每年都要对账户进行修订。

季度账户序列的摘要版本在参考季度之后55天对外发布,主要包括一些重要宏观经济变量和住户、政府和国外部门账户。此外,在参考季度之后40天会发布季度GDP的初步估计值数据。

另外,还对外发布住户按用途(基于COICOP)分类的详细支出数据、按功能(COFOG)分类的政府支出数据以及按照资产类型分类的支出数据。

133 *投入产出表以及供给/使用表*

在英国,供给与使用表、投入产出表都是行列相等的方形。供给/使用表主要用于平衡生产账户,后者由基于NACE Rev 1分类体系(欧洲行业分类体系,相当于国际标准行业分类中的第二级行业分类)的123个行业和基于CPA(欧洲产品分类体系)的123个产品构成。对外发布的对称投入产出表(产品×产品)的规模为123种产品。这种投入产出表的规模和格式(产品×产品投入产出表)主要是依据ESA 1995的建议,即行业分类采用NACE中的两位分类码,产品分类采用CPA中的三位分类码。按照ESA 1995的建议,大多数欧洲国家公布的供给/使用表和投入产出表大致具有相似的规模——略多于100个行业和产品。

供给与使用表被用来平衡生产账户,一般在第一个完整年度的时候,即约在参考年之后18个月进行编制。这就意味着,在获得供给/使用表和投入产出表的所有年份,账户序列没有统计误差。供给/使用表的数据基于年度企业问卷,后者通过对每个行业抽取子样本来获得投入的数据,从而估计出所有行业的投入数据。虽然收集到的数据不是很详细(未细到商品,因此不能采用双缩法计算各行业的实际增加值),但覆盖了所有行业。

英国SNA的其他特点

英国完整的账户序列在每年的蓝皮书中发布,书中包含了约十年的数据(可以从互联网和印刷版中获得)。这个完整的数据库中的数据最早可追溯到1994年,但诸如不变价GDP之类的许多重要变量具有更长的时间序列。

在蓝皮书中,账户序列按照子部门、金融企业部门以及政府部门来发布。在英国,透明是平衡和公布数据的关键因素。在供给/使用表中,还会公布一系列一致性的调整,以表明供给和需求的均衡到底是如何得到的。账户序列公布以后,这些调整被分摊到各个部门,并且作为统计调整对外公布,这对于抵消生产账户中的平衡项调整是非常必要的。这个过程意味着直到账户序列中的净贷款/借款这个平衡项目出现之前,都不会产生统计误差,但在金融账户中的净贷款/借款和净资金需求账户上,依然存在统 134
计误差。有关英国账户的总体平衡方法的详情,可参看“概念、资料来源和方法”部分,这一部分也公布在英国国家统计办公室(NSO)网站(http://www.statistics.gov.uk)。

作为供给与使用表的一部分,与英国账户相一致的就业和资本存量也基于行业来公布,并用于生产率分析。

2.3.3 加拿大

加拿大国民经济账户体系(CSNA)是基于 SNA 1993 标准高度整合的体系[4],它很注重季度,各账户都是按季度发布。加拿大供给/使用表以及投入产出表都有重要的区域特色,这部分是因为当局使用供应/使用体系来分配增值税,该增值税由加拿大联邦政府统一管理,但在特定区域要与该区域的间接税相协调。这种行政使用意味着供给/使用表是按区域编制的,然后汇总成为国家供给/使用表。这种制度安排牺牲了及时性,增大了数据收集的成本,因为这需要设计高质量地估计加拿大各地区增加值的调查。同样,加拿大国民经济账户体系也建立在高度集中的统计体系之上。经济数据系统、调查、国民经济账户都是基于1968年国民经济账户体系的综合框架。为了满足 CSNA 的需要,加拿大统计局设计出并不断改进其经济调查与行政数据收集体系。CSNA 被用做检验数据收集体系质量的工具,为了与 CSNA 保持一致,加拿大统计局对数据来源不断地进行监测和改进。

生产与资产的范围

加拿大的生产和资产范围与 SNA 1993 高度一致。生产范围包含了没有明确收费的金融服务产出以及自有住房服务价值。没有对住户自给固定资产投资(自有住房改造和建造)中的劳动价值进行推算,目前只将建筑材料部分计入固定资产投资中。对于除了烟草走私以外的非法活动也没有进行明确的估算,目前对非法活动的估值工作正在评估中。对于住户生产自用产品的生产范围,按照惯例只包括住房的自营建造和农产品的自 135
给生产,其余的都被认为是微不足道的。

除了将贵重产品作为固定资产以外,加拿大资产范围大体与上 SNA

---

④ 这一小节有关 CSNA 的信息来自加拿大统计局网页(http://www.statcan.ca/english/freepub/13-010-XIE),点击“更多信息”可查看资料来源和编制方法。该电子出版物的名称为《加拿大季度国民经济账户概览》。

1993 保持一致。在固定资产的资本化中没有设置门槛,任何在生产过程中使用时间超过一年的产品都被计入资产。

估值方法

CSNA 中的估价方法与 SNA 1993 所建议的方法略微有些差异。账户序列(包括 GDP 与资产负债表)交易按照市场价格估值,后者从 2004 年年底开始被转换为全额市场价值(之前是账面价值与市场价值的混合)。为了平衡需要,投入产出表与供给/使用表采用了一种经修正的基本价格估值法,这是一种按行业和产品购买价格估值的方法。当分行业增加值公布时,它们已被转换为 SNA 1993 所建议的基本价格。

CSNA 账户序列

CSNA 按季度发布与国际标准略有不同的全套账户序列。CSNA 的账户如下:

- **国内生产总值账户**,记录了生产的价值(GDP)、来自生产的收入以及生产的产品与服务的最终消费,这是 SNA 1993 体系中生产账户与收入生产账户的结合。这些账户还每月发布工业增加值,但仅为链式不变价增加值。GDP 账户没有按部门分类数据,唯一的例外是将 GDP 分为企业和非企业创造的增加值,主要用于估计劳动与多要素生产率。使用季度链式费雪指数公式,基于 GDP 的最终支出法可以构造及发布物量和价格指数。
- **收入支出账户**,反映初次收入以及再分配收入交易、最终消费支出和固定资本消耗。净储蓄是这个账户的平衡项。CSNA 的收入账户将 SNA 1993 中的收入初次分配及再分配账户整合成一个账户,这些账户按以下四个主要机构部门进行编制:住户(包括为住户服务的非营利机构)、公司、政府和国外部门。
- **资本账户**,反映了金融资产的获得和金融负债的净发生,净金融头
136 寸是这个账户的平衡项,等于资本账户中的净贷款/借款。这些账户按五个主要部门进行编制,其中除了以上提到的部门,公司部门可进一步细分为金融公司与非金融公司。
- **金融账户**,反映了金融资产的获得和金融负债的净发生,净金融头寸是这个账户的平衡项,等于资本账户中的净贷款/借款。同样,这些账户也按上述五个主要部门进行编制。此外,金融账户还发布 35 个分部门的详细数据。
- **资产负债表**,记录了一个时点的资产(包括金融资产与非金融资产)与负债存量,净资产是其平衡项。该账户按季度分为五个主要部门进行编制。此外,资产负债表还发布 35 个分部门的详细数据,但后者仅限于

年度数据。

在参考季度之后的 60 天左右,除资产负债外的季度账户序列(仅缺少其他资产物量变化账户)和 GDP 一起发布,季度资产负债表一般滞后 90 天发布。虽然 GDP 账户与供给/使用表以及投入产出表完全协调,但加拿大关于平衡账户序列的方法和其他国家有所不同。在供给/使用平衡表获得之前,可以获得 12 个季度的初步数据。在初步数据系统中,GDP 的三种测算数据没有一种被认为是最准确的。首先按照支出法与收入法分别独立核算出 GDP(按照市场价格),然后公布两种方法计算的平均值,并在各自账户中显示大小相等、符号相反的统计误差。接下来,对支出法 GDP 进行缩减,然后利用季度支出法 GDP 更完整的信息,对分行业月度不变价 GDP(按基本价格估值)进行调整,但是这种调整并不能使得月度数据与季度数据之间完全保持一致。收入法与支出法之间的误差没有在各部门间进行分摊,这意味着整个经济(包括国内部门与国外部门)的净贷款/借款并没有抵消为零。单独的统计误差也反映在收入支出账户与金融账户之间的净贷款/借款差额上。原则上,加拿大的做法是修正可具体识别的数据缺口与统计误差,但从不调整基础数据,从而导致统计误差在一定程度上无法完全消除。即使在 GDP 账户与供给/使用表协调之后仍存在少量误差,因为 GDP 账户发布基于调查得到的存货变动与营业盈余,后者是根据供给/使用表通过倒挤法计算出来的。总之,相比初步数据体系,本体系在进行充分整合后其发布的数据尽管仍存在少量的统计误差,但一致性大大增强了。

加拿大的账户序列存在一个主要的不一致。账户序列中记录的企业固定资本消耗直接来自企业会计记录,后者是基于历史成本价与账面价之 137
间的一个混合价计算得出的。而企业部门的资产负债表中记录的资本存量是按照永续盘存法计算得出的,该法中资本存量按照当期重置成本估价,因而资本净值中的固定资本消耗是按照当前价来计算的。另外,为了测度多要素生产率,还需要测算第三种资本存量。这是加拿大账户体系需要开展进一步工作来消除不一致的领域。

供给/使用表与投入产出表

如先前指出的,供给/使用表是用来平衡生产账户的统计工具,同时也是用来在联邦政府与省级政府间分摊增值税的重要行政工具,这就决定了地理维度与商品维度的细节程度。加拿大的供给/使用表是矩形平衡表,其行业规模为 301 个(采用北美行业分类体系(NAICS)),其产品规模为 727 个(采用加拿大投入产出表独有的产品分类体系)。行业 × 行业对称投入产出表(系数)是根据供给/使用表中的 300 个行业来发布的。同澳大利亚账户体系一样，加拿大的投入产出表选择行业 × 行业模式基于同一理由，从而对有关行业技术（据此在行业活动单位水平收集相关数据）不需要做简化假定，通过将次要活动从行业中分离出来从而编制出商品 × 商品表也是如此。

加拿大每年编制 13 个区域（省和地区）供给/使用平衡表，并形成上述国民账户序列中 GDP 的基准（加拿大也按省公布 GDP、住户部门和政府部门的账户序列以及净贷款/借款）。从数据采集到表的生成的过程，对于初步表约需 3 年，对于最终表约需 4 年。与其他多数国家相比，加拿大账户体系的格外详细使得其最终账户序列编制时间要多花一年。目前，加拿大正在做工作试图缩短编表的时滞，并开展试点编制与澳大利亚和英国相类似的供给/使用初步表。

CSNA 的其他特点

加拿大统计局发布住户支出（COICOP）和资本支出的详细分类数据，作为账户序列的一部分。目前与 CSNA 一致的政府按功能分类的详细支
138 出数据还得不到，但在未来几年内加拿大统计局按照国际货币基金组织发布的《政府财政统计手册 2001》编制出政府财政统计数据时有可能获得这类数据。

作为 CSNA 的一部分，企业部门（法人企业和非法人企业）的季度劳动生产率在季度 GDP 数据发布后的 10 天左右发布。每年还发布企业部门的多要素生产率数据以及用于计算这一数据的劳动和资本服务数据（与 CSNA 一致），之所以只发布企业部门的生产率分析数据，是因为非企业部门的产出仍仅由用于非企业 GDP 的投入来测度（假定生产率保持不变）。

此外，还发布年度购买力平价数据作为 CSNA 的一部分，这是基于经济合作与发展组织（OECD）每三年一公布的基准（GDP 的物量指数以及在 GDP 水平和最终支出构成水平的价格比较）。应 CSNA 主要用户的要求，加拿大—美国比较项目开发了一个更详细的双边购买力平价数据库。

2.4 总结和结论

本章中对比的三个国家——澳大利亚、加拿大和英国，都具有高度综合的账户体系，从而极大地增强了本国研究以及国际比较研究中的分析一致性。它们的共性在于以下三点：一是三个国家的账户体系都基于高度集中的统计体系，二是三国在国民经济核算方面都有悠久的历史，三是三国都将国际收支平衡表统计作为 SNA 统计体系的一部分。

每个国家都采用了 SNA 1993 所建议的供给/使用框架,使其账户体系达到平衡。对于澳大利亚和英国,这个框架在引入 SNA 1993 之后才开始实施,相对较晚。对于加拿大,供给/使用体系在 1986 年就被作为账户体系中官方 GDP 基准来使用,并且自 1961 年起每年都要公布供给/使用表。三个国家最大的不同在于如何使用核算恒等式来平衡账户体系。在英国和澳大利亚,供给和使用的恒等式被用来消除账户序列中除净贷款/借款之外的所有统计误差,这是通过把所有最终需求和要素收入在供给/使用表中分摊,且在本体系的其他部分也使用同样的估计值来实现的。在加拿大,供给/使用框架主要基于行业活动单位的数据源,而机构部门的数据则建立在机构单位的数据之上。供给/使用决定了 GDP 的水平,但关于企业盈余和库存的变化与来自机构单位的数据并不完全一致(主要与基于企业数据和基于 139
行业活动单位的公司数据有关)。两种测量方法导致基于最终支出法和要素收入法的 GDP 不一致。三个国家都记录了净贷款/借款和资金需求之间的差异,保留这种统计差异可以跟踪统计投入体系(statistical feeder system)所产生的问题,并且可以跟踪从初步核算数据到最终核算数据的质量变化。如此,这种账户体系可用来监测用于支持它的统计数据的质量。

尽管三个国家都大体上遵循 SNA 1993 的标准,但应用却不尽相同。尽管三国都编制某些重要的总量分析指标,比如 GDP、储蓄、投资、消费、净贷款/借款以及财富,但各国的账户序列的表述方式仍有很大区别。英国账户体系的表述方式最接近 SNA 1993 所推荐的表述方式,澳大利亚账户体系的表述方式略有修改,但仍然保持内在一致。在加拿大,账户序列都会按照单独的产品公布,这使得用户难以识别不同产品的综合属性。因此,在未来数年内为用户提供更加综合的数据,成为加拿大统计机构的核心工作。

关于生产范围的应用(以及账户体系中的某些方面的核算方法)和估值方法也略有不同,这反映了某个经济体的重要部分是什么。某些不同是源于在实行 SNA 1993 之前使用的账户体系中历史、用户的习惯和可获得的数据。这些不同在多大程度上影响国际比较,是难以评估的。即使在一些领域表面上使用了一致的标准,但对于类似的实体所使用的核算方法和分类的不同,也会导致核算结果的不同。因此,国际协调对促进这些不同账户体系的一致性将会发挥关键作用。由于 ESA 1995 试图澄清编制账户体系中出现的所有“模棱两可”的问题,因此在欧洲联盟范围内遵循 ESA 1995 将促进 ESA 1995 的标准在欧盟各国的应用。

表 2.6 和表 2.7 总结了三个国家比较的主要特点。尽管在本章中并没有对美国国民经济账户体系进行比较,但在近期的一篇论文“NIPAs 与国民

表 2.6 账户序列的比较

	加拿大	澳大利亚	英国
供给与使用表	301 个行业 ×727 种商品 年度 $t-3$	109 个行业 ×1 100 种商品 年度 $t-3$ 100 个行业 ×150 种商品 初表：$t-2,t-1$	123×123 方形行业供给/使用表 初表和最终表：$t-2,t-1$
投入产出表	301 个行业 ×727 种商品 长方形商品 年度 $t-3$	109×109 方形产业 × 行业 年度 $t-2$	123×123 方形产业 × 行业 年度 $t-2$
GDP × 部门	无	5 个部门[a] 年度 $t-1$	5 个部门[b] 年度 $t-1$
收入的初次分配和再分配	4 个部门[b] 一个联合的收入分配账户 季度（60 天滞后期）	5 个部门[a] 一个联合的收入分配账户 年度和部分季度（60 天滞后期）	5 个部门[a] 收入初次分配账户和收入再分配账户 年度和部分季度（60 天滞后期）
金融账户	35 个部门 季度（60 天滞后期）	5 个部门[c] 年度（90 天滞后期）	5 个部门[d] 年度和部分季度
重估价和其他资产物量变化账户（OVCA）			
资产负债表	35 个部门 年度（90 天滞后期） 5 个部门 季度（90 天滞后期）	5 个部门 年度（90 天滞后期）	5 个部门 年度和部分季度

注：a 部门分别是住户和非营利机构、金融公司、非金融公司、政府以及国外；
b 部门分别是住户和非营利机构、公司、政府以及国外；
c 这里的部门与上述脚注 1 中 GDP 的部门分类一致；
d 这里的部门与上述脚注 1 中 GDP 的部门分类一致。

表 2.7　范围和估值的比较

	加拿大	澳大利亚	英国
生产范围	FISIM 部分非法活动	FISIM 不包括非法活动	FISIM 不包括非法活动
资产范围	不含贵重产品 软件和 E&D	不含贵重产品 软件和 E&D	含贵重产品 软件和 E&D 小工具价值的低阈值水平
估值方法	GDP 基于基本价格和市场价格 IO 基于购买价格 资产基于市场/账面价值的混合价值	GDP 基于基本价格和市场价格 IO 基于购买价格 资产基于市场价值	GDP 基于基本价格和市场价格 IO 基于购买价格 资产基于市场价值
分类	NAICS IO 产品	ANZIC IO 产品	NACE CPA

注:FISIM = 间接计算的金融中介服务;E&D = 勘探和开发;GDP = 国内生产总值;IO = 投入产出;NAICS = 北美行业分类体系;ANZIC = 澳大利亚和新西兰行业分类;NACE = 欧盟成员国使用的行业分类;CPA = 欧盟成员国使用的产品分类。

经济账户体系”(发表于 2004 年 12 月的《现代企业调查》,见 Mead,Moses 和 Moulton,2004)中对国民收入和产品账户(NIPAs)以及 SNA 体系进行了比较研究。此外,Teplin 等(本书第 11 章)基于 SNA 1993 的账户体系以及部门分类,为美国提出了一套综合的账户体系。对于在本研究中比较的国 141
家而言,近期有一种非常明显的趋势,那就是公司部门积累大量的净贷款头寸(盈余)并使用这些盈余来重构其资产负债表。美国目前的 NIPAs 体系中并没有公布公司净贷款的测算方法,因此无从考察这种趋势。美联储公布的“资金流量”账户表明,在美国也出现了这种趋势。在第 11 章中,Teplin 等说明了如何同金融账户一道显示美国公司的净贷款,以明确表明如何利用这些盈余资金来重构资产负债表。

在本章所比较的所有国家中,各国一致并且几近完整的国民经济账户体系给用户带来了好处。各国的统计体系也充分利用 SNA 作为验证和增强统计调查数据及行政数据系统的工具,这有助于保持数据的相关性和维护本体系的质量。

账户体系的设计旨在促进分析宏观经济从收入(通过生产)的产生到财富的变化的整个过程,并为生产和支出结构以及生产初始要素使用的变化提供详细的信息。同时,SNA 1993 作为构建统计数据库的工具,已得到国际社会的广泛支持。

参考文献

Australian Bureau of Statistics. 2000. *Australian national accounts: Concepts, sources and Methods.* Canberra: Australian Bureau of Statistics.

———. 2003. *Measuring Australia's economy.* 7th ed. Canberra: Australian Bureau of Statistics.

Mead, Charles L., Karin Moses, and Brent Moulton. 2004. The NIPAs and the System of National Accounts. *Survey of Current Business* 84 (December): 17–32.

U.K. National Statistics Office. 2003a. *United Kingdom national accounts: The blue book 2003.* London: National Statistics Office.

———. 2003b. *United Kingdom national accounts: Concepts, sources and methods.* London: National Statistics Office.

United Nations. 1968. *A system of national accounts.* Studies in Methods, series F, no. 2, rev. 3. New York: United Nations.

———. 2004. *National accounts: A practical introduction; Handbook of national accounting.* New York: United Nations.

United Nations, Commission of the European Communities, International Monetary Fund, Organisation for Economic Co-operation and Development, and World Bank. 1993. *System of national accounts 1993.* Series F, no. 2, rev. 4. New York: United Nations.

第3章　非市场账户的国民经济核算原则

W. D. 诺德豪斯*

3.1　背景和目的

本章的目的是阐述在对扩展的国民经济账户进行设计和实施时可能 143
会用到的一些主要原则。这里所谓“扩展的账户”，指的是针对市场和非市场经济活动的一套完整账户。由于这样一套扩展账户本质上最缺乏的部分是非市场活动，因此我将主要讨论这些活动。本章建立在《自然之数：扩展国民经济账户以包括环境》(*Nature's Numbers: Expanding the National Economic Accounts to Include the Environment*, Nordhaus and Kokkelenberg, 2000)一书中为环境账户所开发的原则的基础之上，同时也针对其他部门进行了一些补充。

在设计扩展账户时，应遵循两条普遍原则：第一，它们应该能通过对收入和产出的测算，给出净经济福利的最佳反映，描述主要的概念方面的问题；第二，它们应该既包括市场活动，也包括非市场活动。

扩展账户被用来描述发生在市场和/或核心国民经济账户之外的人类经济活动。这些重要的方面包括自然资源、未付酬劳动、教育和卫生投入以及环境。

在开始讨论细节之前，我必须强调，尽管非市场和环境账户对于我们 144
理解经济活动是一个重要的补充，但它们还没有准备好成为舞台的中心。如果现在就把将来的主要非市场活动纳入核心国民收入与生产账户中来，

---

* W. D. 诺德豪斯(William D. Nordhaws)是耶鲁大学经济学史特林讲座教授，同时也是美国国家经济研究局的研究员。

作者感谢 Katharine Abraham、Chris Mackie、Robert Mendelsohn 的评论。本文是在国家研究中心(NRC)“为美国设计非市场账户”专家小组报告的基础上扩充而来的，利用了国家研究中心的研究成果《自然之数：扩展国民经济账户以包括环境》。国家研究中心专家小组的报告包含在 Abraham 和 Mackie(2005)中，但该报告的分析没有反映在当前的分析中。

那将是不明智的做法。我们也不能自作聪明地认为,美国非市场账户的现状已经过了实验期。然而,如果要为美国统计系统树立一个在未来为不同领域开发非市场卫星账户的目标,则将是明智的。

3.2 基本核算框架

在任何账户体系的实际构建过程中,提出的首要问题总是涉及核算框架。关于设计扩展账户的自然起点,在我看来最能经得起检验的选择就是使用国民经济账户的经济原则(这里称之为“NEA 设计”)。这些账户包括一整套的经常账户、资本账户,以及在可能的地方联系经常账户和资本账户的账户。

使用 NEA 设计作为非市场账户出发点的原理基于两个基本的有利条件。第一,NEA 设计作为广泛的研究对象和实践操作对象已经有很多年了。NEA 的原则已经被认真地思考过,实践经验也表明它们可以被实施,同时它们和经济福利之间也有粗略的对应关系。第二,扩展账户的许多问题在 NEA 设计中都有对应的部分,同样对于答案也有对应的部分,因此它们可以作为扩展账户设计的起点。

虽然 NEA 核算的一般原则是清晰明了的,但实际上在不同的体系之间有几种不同的模型和实践做法。

(1) 一套账户是美国的国民收入与生产账户(NIPAs)及环境卫星账户。这大概是最广为人知的账户体系了,可以作为一个有效的模型使用。然而目前它们在某些领域还是不完备的,同时非市场账户也应该遵循现行的原则。

(2) 国际上有两个版本的国民经济账户体系(SNA),其中最新的版本是 1993 年版的。① SNA 最重要的特点是它包含了联系生产、收入、消费、
145 积累和财富的多套账户。SNA 的综合性特点是一个非常好的特性,也是美国国民核算的一个目标,同时也应该成为发展非市场账户时要考虑的一个关键要素。

(3) Jorgenson 账户序列在发展综合账户方面同 SNA 非常接近。Jorgenson 账户包含非市场要素以及一整套推算方法,不过目前它们还不包括

① 国民经济账户体系(或 SNA)由联合国及其他国际组织开发,包括一整套概念、定义、分类和核算原则。最新版本的 SNA 是 1993 年版的,可以在下列地址找到:http://esa.un.org/unsd/sna1993/introduction.asp。美国遵循了 SNA 中的大部分原则。

一套环境或外部账户。②

(4) 还有其他几个在不同领域开发的局部账户。为自然资源和环境开发的账户参见美国科学院的报告《自然之数》。

在考虑扩展账户的设计时,主要的问题集中于以下几个方面:(a) 对 NEA 设计进行必要的调整以使得扩展账户能更接近于反映经济福利的指标;(b) 必要的调整、增加和删减以包含非市场活动;(c) 非市场账户的边界。

3.2.1　为与经济福利指标相一致而进行的必要调整

一般来说,经济账户中的"产出"和"收入"应该根据与经济福利相一致的概念来设计。在很多领域中,现行的 NEA 设计不能足够地或恰当地反映经济福利。一个典型的例子集中于国内生产总值、国内收入总值以及其他一些反映总产出而不是净产出和净收入的指标。目前,在净值的基础上对收入和产出进行调整相对来说是简单明了的,尽管对于利润方面还有一些模糊处理。

进行必要调整以与经济福利相一致方面,其他的例子包括将总产出划分为中间产品和最终产品。例如,美国现在的 NIPAs 把军费支出包括在最终产出中,但在第一个版本的 NIPAs 中,仅包括其中的民用产出部分。同样的问题也发生在警察、安全和污染控制支出方面,这些支出可能更容易被划分为"防御性"支出,而不是最终支出。

部分地说,由于非市场账户可以调整其设计以适应经济福利,而不是像 NEA 那样以测量当前产出和收入为首要目的,因此需要对产出的定义重新进行考虑。这里更重要的一点是,我们包括了手段性支出(instrumental expenditures)在内,这是因为与之相关的产品或服务要么是非市场活动,要么没有得到恰当的测量并被排除在核心账户之外。例如,如果盗窃损失是非市场账户的一部分,那么这些损失和家庭安全支出都可以被排除在最终产品之外。那么,减少了同样数额盗窃损失的家庭安全支出就可以被正确地处理为没有净福利变化。同样的问题也会出现在控制污染支出和污染的非市场影响方面。 146

② "Jorgenson 国民账户体系"(Barbara Fraumeni,1999)对 Jorgenson 账户序列进行了介绍,并对其本质原理有很好的描述。应注意该体系同 SNA 体系之间最主要的区别在于前者包含广泛的来源于资本存量的收入和产出的推算,以及广义非市场账户的开发。

3.2.2 为包含非市场活动而进行的必要调整、增加和删减

下一个问题集中于如何恰当地处理非市场活动。应该注意到，现有的账户已经包含了一些非市场活动的真实价值，包括居民自有住房服务和农场的自用食品。处理非市场活动的一个自然原则如下：

> **测量非市场活动的基本原则**：非市场的产品和服务应该被假设为是按市场活动被生产和消费来处理的。在此规定之下，非市场产品和服务的价格应该在可比的市场产品和服务的基础上进行推算。

例如，如果住户从国有森林中采集了10品脱的浆果，那么该活动的价格应该按该地区等质浆果的价格计算。在实施这一基本原则时，可能会存在巨大的操作层面的困难，但基本的逻辑是清晰的。

近市场产品和服务

在这一点上一个重要的区分是产品和服务是否为“近市场”(near-market)的。近市场产品或服务在市场上都有一个直接的对应部分(如木材、浆果、自有住房以及家庭自产番茄)。近市场产品和服务遵循“第三方原则”，即有一个第三方可以像制造这些产品或服务的那一方那样制造它们。

个人产品和服务

其他的情况没有名字，但或许可以称之为个人产品和服务，表明这些产品和服务仅能由消费者自身来制造。个人产品和服务不遵循第三方原则。由于市场上没有交易发生，它们的价格无法观测，尽管如此但仍可从
147 住户的消费行为推测其价值。个人商品最清晰的一个例子是闲暇时间，没有人能为我制造闲暇。对于个人产品和服务，没有市场交易，我们必须依赖虚拟价格或隐含价格。在闲暇时间的情况中，我们一般是通过假设个人会最优化其时间来对闲暇的价值进行推算，这通常也意味着闲暇的价值是个人的税后边际工资率。(稍后我会再回到这个问题。)

在近市场和个人产品之间，没有主要的概念上的区分。进一步说，这种区分是操作层面的问题，对个人非市场产品的估值可能是极其困难的，因为没有交易和市场标准。

公共产品和私人产品

另外一个需要在核算框架内进行分析的重要区分存在于私人产品和服务与公共产品和服务(在萨缪尔森的意义上)之间。私人产品和服务指的是可以被分割并提供给不同的个人，同时不会为其他人带来额外的收益或成本的产品和服务。一个例子是面包。10条面包可以用多种方式进行

分割并提供给个人，一人所吃的面包不可能被其他人吃。私人产品对于经济核算来说是比较简单的，对于 NEA 背后的理论也是比较核心的。不需要做出概念上的改变，就可把非市场私人产品（不管是近市场的还是个人的）包括进来。

相反，公共产品和服务的利益是不能在整个商品间进行分割的，无论是否有人愿意购买它们。一个例子是天花的根治。不管是老人还是年轻人，富人还是穷人，美国科学家还是非洲农民，也不管一个人是否希望根治天花，每个人都能从中受益。

非市场账户特别是环境账户的一个主要问题是公共产品（或带有外部性的产品）的处理。在该领域，我建议相对于标准的国民核算处理方法而言做一个改变。应该注意，公共产品已经包括在账户中，但在一整套账户中对它们进行处理时存在概念上的困难。有两种有趣的情形：情形一，流量完全在市场账户中的公共产品；情形二，部分流量在非市场领域的公共产品。

情形一（流量在市场领域）　已经有很多完全在账户中的外部性的情况。一个例子是空气污染和农业。假设化学公司 A 造成的污染对农业公司 B 有一个单独的影响，造成其谷物减产 100 美元。虽然在两个公司间没 148
有市场交易发生，但该活动的全部影响已经包括在市场账户中。

这里主要的问题是，我们是否希望通过一个过程将交易重新划分或分解为两个相互抵消的交易，我称这个过程为外部性分解。在此情形下，公司 A 向公司 B 提供一个 -100 美元的投入，公司 B 向公司 A 提供一个 100 美元的潜在转移或补助。虽然化工和农业部门的增加值将会改变，但这种分解将不会影响市场部门的净产出。这些交易可能会对潜在补贴的规模以及特定行业的总增加值是否会发生显著改变提供有用的信息。例如，如果能够得知在进行外部性分解后煤炭和烟草行业净产出的大小和符号，将会非常有趣。

情形二（流量穿过市场边界）　第二种情形对于市场产出和收入的总体流量及其测算来说更为显著。这种情况存在于只有部分交易发生在市场内时。一个例子是工业空气污染。这里通过外部性分解或许可以发现，美国的空气污染代表从工业部门（电厂等）向住户部门非市场账户每年 -1 000亿美元的投入，这会造成非市场活动的损失或非市场产出的减少。对应的交易是住户部门非市场账户向工业部门每年 1 000 亿美元的潜在转移或补贴。

应该注意到，在某些税的核算中，已经存在同外部性分解类似的处理。在这种情形中，生产者价格同消费者价格不同，两者之间的差值很明确，即为收入方的“生产和进口税减生产和进口补贴”(以前称为间接税)。通过外部性分解可以得到,平衡项就是潜在补贴。另外还有一个问题,就是在净产出计算时是否应包括潜在补贴,这个问题同国民收入是应按市场价格还是按要素成本计算类似。

注意,情形二中的外部性分解同时改变了市场账户和非市场账户的增加值,但市场和非市场账户加总的产出和收入没有变化。相反,对于情形一进行恰当的核算时不改变这三方中任何一方的值。对于情形一而言,外部性分解不是必需的,但能提供有用的信息(此时外部性存在于账户总体中的某一特定部分)。对于情形二而言,为了精确地核算进行外部性分解绝对是必需的,在这种情况下外部性跨越了市场和非市场部门的边界。

3.2.3 边界问题

149 市场账户的边界从原则上来说是清晰的:它包括在市场上交易的产品和服务。也许在设计扩展账户时,最困难的问题就是在哪儿画出这样一条边界线。它们应该仅包含近市场产品吗? 所有的非市场产品? 公共产品? 全球性的公共产品? 无形资产和有形资产? 犯罪和艾滋病的成本? 还是生命、自由和宪法的价值?

对于这些问题没有明确的答案。不过下列原则可能会对此有所帮助:第一,应该强调非市场账户的目的不是开发“万物账户”。更进一步说,非市场账户的目的是包括本质上有经济意义的活动以及那些可替代市场活动的活动。这也意味着未付酬劳动和用于研究、教育及培训的非市场时间是非市场账户的重要目标。类似地,在会员制俱乐部以及保龄球联盟内的“社会资本”的价值将会非常难以定义及测量。第二,非市场账户的设计要保证我们的经济账户不会受到扭曲,这是因为随着时间的推移,市场和非市场之间的界限也会变化。如果女性劳动力比重上升,同时大量的女性劳动力由不付酬的家务劳动转向市场活动,那么我们就必须将时间利用作为非市场账户的一个候选对象,以保证不会高估人均增长率。最后,非市场账户的某些方面非常适用于政策制定或社会系统解读。

与边界问题密切相关的一个问题是从何处开始开发非市场账户。第一步应该考虑的方面包括偏好、兴趣以及纯经济的计算。以我个人的观点来说,应从住户生产、森林和水等近市场领域、人力资本、卫生和污染等几个重要的部门入手。它们应该在列表中得到优先考虑,因为它们高度符合上述的几个一般原则,同时许多学者和政策制定者也对它们对总体经济福利的贡献度感兴趣。

3.2.4　非市场账户中的一些难题

还有其他几个同非市场账户有关的问题值得讨论。

普遍的数据缺乏

或许最重要的一个问题就是缺乏几乎所有非市场活动领域任何关于物量、价格或总价值的数据。相反,市场账户在总价值的三个方面都有丰富的数据:支出、收入和生产。

下面来自《自然之数》的段落描述了基于物量数据对一片面包开发账户的困难:

> 本节强调了在缺乏市场数据的情况下构建环境账户的困难性。150
> 在缺乏市场交易的前提下,我们来考虑如何对简单的一片面包构建账户的问题。要构建账户的话,我们要对大量的流量数据进行测量和估值,这包括:生产小麦所需投入的水、肥料、杀虫剂、劳动力、天气以及资本等;与运输有关的燃料、交通工具、装卸、天气延误、交通拥堵和洪水等;会对粮库造成侵蚀的真菌、孢子、各种动物啮咬及其排泄物等;磨制面粉所需的人力技能、设备和建筑物的复杂组合;面包师的技巧以及电脑控制的烘焙和分割机器中的软件;包装机器中复杂的化学和规格环境;以及销售网络的发展等。
>
> 看起来不会有人愿意尝试这样做,也可以断言没有人可以成功地描述这一小片面包中所包含的所有物理流量。然而幸运的是,经济核算不需去完成这一极为艰巨的任务。进一步说,国民账户以美元为通用的工具对所有这些活动进行测量。尽管可以按照常识将美元流量分解为不同的阶段——小麦、运输、磨粉、烘焙、销售,不过人们不可能对每个物理流量进行描述并对每一个物理阶段赋以美元的价值量。但对于一套完备的、详尽的环境账户来说,这些都是必需的。这些比较或许可以给人们一些感觉,为什么对市场以外的环境流量进行核算是如此令人生畏的一个任务。[③]（第 120—121 页）

这个例子说明非市场账户不可避免地比现有的市场账户要粗略一些,我们在此领域的期望值必须适度。

推算价格的困难

构建非市场账户时最大的实际困难就是对非市场的产品、服务和资产

---

③　对了更清晰,我对部分文字做了改动。

进行估值。简而言之,就是没有类似于像美国劳工统计局(BLS)可统计到的价格数据那样可供观测的价值或价格数据。该问题对于近市场产品的估值来说最不严重,对私人但"个人"的产品的估值来说要更严重一些,对于公共产品的估值来说极为严重。

在实践中,价值常按以下方式推算:(a) 观察揭示消费者对商品估值的行为;(b) 对商品不同的组成部分分类计价;(c) 利用调查数据。在旅游成本方法、特征回归或分析以及条件估值调查中都相应地使用了这三种技术。在这些问题上,《自然之数》有如下建议:

> 151 [环境账户的]估值方法应该依赖于尽可能获得的市场和行为数据,不管这些数据来自何时何地。尽管诸如条件估值法等非行为方法存在一些困难,不过开发这些新颖的估值技术对于开发一套综合性的生产和资产账户将会是重要的。(Nordhaus 和 Kokkelenberg,2000,第167 页)

不管使用何种估值技术,确定非市场部门的价值一般来说都仍将是困难的,特别是包括个人产品和服务时,有可能还会存在争议。国民收入核算人员一般更喜欢使用存在客观行为对象的估值方法,该对象要么是市场价格,要么是个体行动。过于主观以及仅依赖于调查数据的估值方法——例如条件估值法——难以适用,应尽量避免,不过或许在某些领域会需要这些方法。

消费者盈余问题和"零值问题"

在对非市场活动进行估值时,分析人员经常使用总价值,而不是边际价值(价格乘以物量)。换句话说,它们有可能在边际价值之外,包含了消费者盈余。④

包括消费者盈余是否恰当?这里有两种观点。第一种观点,在扩展账户中引入消费者盈余将给账户带来严重的不协调,因为标准的国民经济账户是基于边际价值的。

第二种观点,使用消费者盈余会带来包括不同活动"零值水平"的一整套新的结果。例如,如果我们为水的消费引入消费者盈余,那么我们需要将介于某个"零值"水平和现有产出之间的边际盈余(需求和成本曲线之间的差值)包括在内。但是这会带来"零值"水平的问题。水为零值的假设合理吗(在这种情况下消费者盈余本质上是无穷大的)?或者应假设

---

④ 使用总值(包括消费者盈余)进行分析的一个重要例子是对生态系统的估值。参见 Costanza 等(1997)。

为前工业时代的水平？如果是后者的话，前工业时代应该是 17 世纪吗？那时美国的水资源是丰富的。或者应该是人类首次越过西伯利亚半岛的时代？那时冰是丰富的但水资源是稀缺的。更进一步，如果我们在过多领域用低值的"零"作为消费者盈余，毫无疑问我们会发现很多无穷大的产出和收入。

一旦我们在这个方向上多想一下，很快就会得到这样的结论：为了测量产出和收入，我们应该在所有领域使用边际估值法作为标准方法。正如我在下节将要解释的那样，这并不能完全地避免零值问题，但它的确可以 152
保证我们在不同的账户体系之间有可比性，并且将会避免在很多部门出现大量无穷大价值量的问题。

自然资产的测量

对于生产资产来说，可以把机器、房屋、软件包等产出的数量和价值作为自然的测量工具，将其加总就可以形成资本存量。而自然资产的测量则不是显而易见的。什么是新生森林、未经开采的石油储量、洁净空气的存量价值呢？野生鱼类的饲养潜力呢？

这里有一个不太令人满意的答案，那就是市场账户：传统的核算假设自然存量的价值为零，因为它们的（市场）产出成本为零。我们无疑需要承认非市场资产有价值，同时它们的价值能够通过人类活动得到提高或降低。

然而，一旦我们开启了自然存量价值非零之门，又会再次出现"零值问题"。我们要测量与"零存量"有关的存量价值吗？或者是测量与某个其他基准值有关的存量价值？另外，我们需要使用边际估值法或总值估值法估计上述两者之间的差距吗？

在估计"生态系统价值"时，这个问题是经常被讨论的。生态系统的估值经常是在完全缺乏信息（大概应是缺乏所有生命的信息）的情况下进行的。使用总值估值系统（本质上包括了消费者盈余的现时价值），生态系统的确会有一个接近于无穷大的价值量，而且人力资本、技术资本、土地、空气以及其他要素投入也会出现这个问题，这样，我们就回到了多个无穷大值的问题。

为了避免资产的零值问题，首先我们需要使用边际估值原则，这里存量的价值等于物量乘以边际价值。另外，我们或许希望计算相对于一个较近基期或上一期的存量，或者使用链式指数。这些假设将保证自然和非市场资本的计算同收入、生产和资产账户保持协调，保证它们的处理同市场账户保持协调，同时保证它们的规模不会大大超越其他部门的资本价值。

之所以有必要编制一套整合的生产、收入、消费、积累和财富账户，原因之一就是要保证不同账户之间的定义保持协调。在整合的生产和收入账户中，积累等于边际价值乘以存量变化值，这样就显然与“零值”存量无关了。

测量不可再生资产方面的“欧洲观点”与“美国观点”

在设计扩展账户的诸多难题之中，一个很有趣的争论发生在如何利用
153 恰当的方法计算石油和天然气等不可再生资产的价值方面。目前我们的NIPAs中包括了对矿产生产和流通的估计，不过没有考虑珍贵地下资产的存量变动。在其环境卫星账户（整合的经济和环境卫星账户，或简称为IEESA）中，美国经济分析局（BEA）对矿产资源存量“损耗”和“增加”的影响进行了估计。⑤ 这个方法简明易懂，我称之为“美国法”。BEA定义矿产存量的实际净投资或净增加如下：

$$地下资产净投资_t = N_t = p_t(A_t - D_t). \qquad (1)$$

这里，N_t 为按0年价格计算的地下资产的净投资，A_t 为在 t 年期间储备增加的物量，D_t 为在 t 年期间储备减少或损耗的物量，p_t 为地面上储备的价值。目前在NIPAs中自然资源的处理省略了方程（1）。对方程（1）进行修正的主要困难在于如何估计地面上储备的价值 p_t。

BEA处理矿产增加的方法同处理其他形式的资本形成一样。在这个方面，美国的核算同联合国制定的另外一套卫星账户体系——“综合环境与经济账户体系”（SEEA）是不一样的，后者我称之为“欧洲法”。在两种账户体系中，损耗都被作为负的净投资处理。⑥ 但是在SEEA中，矿产的增加没有作为正值被包括进来，也没有作为资本形成出现在生产账户中。在计算国内生产总值（GDP）时，SEEA仅将“人造资本”的投资作为资本形成处理，没有包括矿产发现，而是将矿产增加值作为“表外资产”登录处理。这种方法也被世界银行在计算真实储蓄时所使用。⑦ 因此在SEEA中不可再生资源的净投资被计为：

$$地下资产净投资_t = N_t = -p_t D_t. \qquad (2)$$

---

⑤ BEA在1994年4月的《当代经济调查》中给出了一套环境和资源账户（IEESA）。该研究项目在首次发表成果后不久就被国会终止了。这些账户按照以前的惯例使用了拉氏指数计算存量和流量，不过即使使用链式指数，结果也没有重大区别。

⑥ 参见联合国（1993）。该项研究包含对环境进行刻画的几种不同方法，这些方法利用了相似的非市场账户体系。该研究广泛地受到环境保护主义者的认可。由于分析的欠缺，国家科学院“自然之数”研究小组一般认为该成果存在不足。它的称为“最终草稿”的修订版本在2003年开始发行。

⑦ 参见Bolt，Matete和Clemens（2002）。

第一眼看上去，方程(1)的方法明显是更合适的，因为它对于资源存 154
量的增加和减少采用了对称的处理方法。如果要在两种方法之间选择，方法(1)是更可取的。不过这两种方法是一个更完备的理论的两种极端情况。美国法和欧洲法都集中于资源的一种单一情况，即储备。一个更一般的理论会包括资源的至少两种不同的情况，已探明储备(R_1)和未探明储备(R_2)。有两种活动，第一种活动是储备探测，或者说是将未探明储备向已探明储备转换，这属于增加(A_t)；第二种活动是从已探明储备中进行矿产品产出的生产，这属于损耗(D_t)。我们可以将价格 p_t 和 q_t 同这些相应的物量联系起来。在这个更广泛的概念上，一个给定年份的净产出为：

$$N_t = p_t(A_t - D_t) - q_t A_t. \tag{3}$$

方程(3)的第一部分同美国法中对已探明储备变动价值的处理是一致的。然而它还有第二部分，反映了在 A_t 单位的未探明储备向已探明储备转换的过程中对未探明储备损耗的修正。(这也可以被扩充为包括多种不同情况和价格，不过本质上没有区别。)

从美国法的观点来看，隐含假设存在着极其丰富的未探明储备的供应量，并可以通过开发投资转换为已探明储备——这有点类似于 19 世纪时西进的美国人可获得的广阔土地。在这种方法里，由于未探明储备是不稀缺的，因此 q_t 为零，这样一旦未探明储备的价格被设为零，则方程(3)就变成和方程(1)等价了。换句话说，BEA 的处理方法隐含假设未探明储备的影子价格本质上为零。

相反，欧洲法隐含假设未探明储备的存量是极其有限的，或许是因为随着开发前沿的消失，几乎所有的储备都已被确认并探明了。在这种情况下，未探明储备的影子价格(q_t)或许非常接近于已探明储备的价格。在极限情况下，如果 $q_t = p_t$，那么由方程(3)就可以导出方程(2)，这时 SEEA 的方法就是合适的处理方法。

所有这些都指向这样一个问题：未探明储备的影子价格是应该更接近于零(美国法)，还是应该更接近于已探明储备(欧洲法)？一项最近的研究表明，1982—2002 年间美国的石油储备的价值一直是稳定的，储备的价格大约相当于油田价的 30%，未探明储备的价格看起来比正在开采的储
备的价格低得多(Adelman 和 Watkins，2003)。同欧洲法相比，这三个结果 155
相对来说与美国法更一致。不过为了对地下资产进行正确的核算，这仍是一个重要的公开问题。

3.3 使用时间利用数据中的问题

3.3.1 时间利用数据的重要性

在前面我基本上忽略了非市场账户的特定数据需求，但接下来我会提到一个关键的领域。对于非市场的生产和收入账户来说，最重要的一个基础数据就是关于人们如何花费时间的数据。

下面来讨论为什么说时间利用对于非市场账户如此重要。非市场活动包括诸如教育、娱乐及其他休闲、照看婴儿、洗衣及类似家务劳动等活动，也包括与工作相关的一些活动，如上下班通勤。这些活动的投入包括非市场和市场的劳动、资本服务以及物质投入。到目前为止，非市场活动最大的组成部分就是时间利用。更精确地说，非市场部门几乎全部的增加值都来自时间投入，相对来说大部分的非时间投入实际上是在市场中购买的。

考虑家务劳动（例如洗衣）或娱乐（例如打高尔夫）的价值。这些活动的总价值包括购买的市场投入（肥皂、洗衣机、高尔夫球以及高尔夫俱乐部的会员身份）的价值加上所花费的时间的价值。例如，洗衣的总价值可能是 21 美元，其中 20 美元（1 小时 ×20 美元/小时）是时间的价值，1 美元是肥皂和洗衣机服务的成本。不管相对价值是多少，几乎所有的非市场投入看起来都是时间。

几乎每一种非市场活动都有同样的情况：主要的非市场投入是劳动。一个重要的例外或许是娱乐和健康活动中的非市场环境资本（清洁的空气、清洁的水、公共海滩）投入。这些例子说明，时间利用数据将会是非市场账户最重要的一个组成部分。

在此方面，应该注意美国到目前为止已经在进行综合性和周期性的时间利用统计方面严重地落后了。现在其他的主要高收入国家都搜集这样的数据。幸运的是，美国劳工统计局（BLS）在 2003 年启动了一项大的美国时间利用调查（ATUS）。[8] 自 2004 年开始，该调查每年从现行人口调查
156 中抽选 14 000 个住户进行访问。按照计划，它将成为世界上唯一的在连续的基础上实施的时间利用调查。ATUS 将会是美国统计系统的重要补充，也会成为未来扩展账户构建中的关键因素。

---

⑧ BLS 时间利用调查的一份回顾报告参见 http://www.bls.gov/atus/home.htm。

3.3.2　时间定价问题

时间利用的价格推算问题,通常通过给定时间的影子价格来解决,该给定价格一般是假设为个人在劳动市场上能得到的价格。尽管大多数研究用的是平均工资率,但从概念上来说该价格应为边际税后报酬。在个人总是能够以他们的税后工资出售时间的假设下,这就给出了一个自然的时间利用价格,可利用该价格对闲暇、非市场生产以及时间利用的其他部分进行估值。这种方法被 Nordhaus 和 Tobin(1972)使用,同时也是大多数时间估值方法中的标准方法。

另外一种估值方法是直接调查个人如何对自身的时间进行估价。图3.1展示了美国一个住户调查中关于不同活动享乐度的调查结果。这个调查有两个令人惊讶的结果:第一,在工作和非工作之间没有明显的可解释为边际工资的分界线。工作甚至在各种享乐活动中居于中间地位。第二,找不到一组非工作活动,组合后比工作活动有更高的享乐价值。相反看起来倒是有一组活动不太讨人喜欢——清洁房屋、杂货购物、洗衣以及看牙医。[9]

我们应该如何在我们的微观经济学时间分配理论的框架下理解图3.1的结果?

- 一个可能的解释是,图3.1所列示的享乐活动用的是平均估值,而不是边际估值。例如,对于工作这一活动来说,人们或许会报告说工作从平均意义上来说是一种高度令人愉悦的活动,不过最后一个小时的估值也许会大大低于边际非工作时间。这个解释同另外一个调查的结果相一致,该调查说明第二职业比"本职工作"的享乐价值要小(Robinson 和 Godbey,1997,第340页)[10]。
- 第二种可能的解释是,微观经济学理论在这里不适用,因为大多数人(或者说这个调查里的大多数人)不能在市场上按照计算好的税后工资 157
率出售他们的每一个小时。对于定期领取工资的人来说,边际工资一般为零;而对于领取计时工资或计件工资的人来说,他们在日复一日的工作中很难控制工作时间。自我雇佣者的确可以控制工作时间,不过我们没有他们边际时间回报的数据。如果对于一段较长时间来说其边际工资为零,那

⑨　这个现象 Juster(1985)注意到并讨论过。Juster 认为劳动市场的不均衡是这个矛盾现象最可能的来源。Juster 将内在价值或时间享乐度表示为"过程好处"。

⑩　Robinson 和 Godbey(1997)的调查是最新的,它将工作排在修理花园和烹饪或在家工作之间。

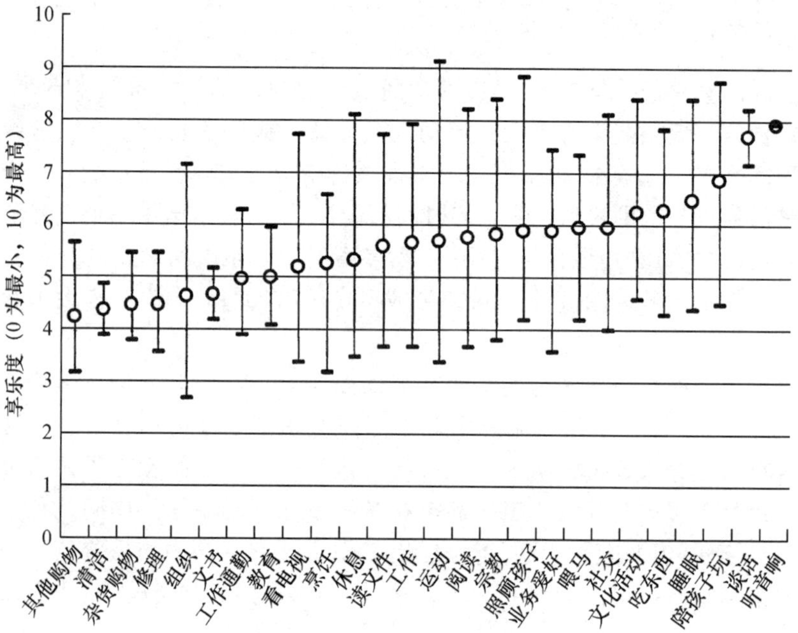

图 3.1 不同活动享乐度的排序

资料来源：Robinson 和 Godbey（1997，第 243 页）。

注：图中的竖线表示了不同活动享乐度的均值（圆圈）、最大值（上端点）和最小值（下端点）。该结果来自于 1965—1985 年间的五个调查，样本容量从 133 到2 500不等。

么得到工作享乐价值不会明显不同于其他活动享乐价值的结论也就不足为奇了。

• 第三种解释认为，时间是一种异质商品，对于一天中的不同时段以及一年中的不同时期不应该用同样的价格来估值。一个类似的情况是电力价格，电同时间非常相似，因为两者都不能被存储。每小时电力价格在一天之中经常有五档不同标准，而在 1999 年一年间则可能有 50 档不同标准，因此没有理由认为时间的价格不应发生大的变动。对于遵守严格日程
158 （如上班、上学、会议等）的个体来说，我们很容易发现边际估值法处处依赖于“限时完成”的程度。

• 第四种可能性是，由于方法论的原因，所得到的结果可能是不正确的，工作实际上没有那么吸引人。这种解释是由 Kahneman，Krueger，Schkade，Schwarz 和 Stone（2004）（以下称 KKSSS）的调查得到的。他们使用了将时间利用当日估值和日后估值相结合的估值方法，而图 3.1 的研究使用“程式化的”方法对活动的过程价值进行估计。KKSSS 发现在“自我享乐”方面得分最低的三种活动由低到高依次是上下班通勤、做家务和工作。这

个发现同标准的劳动市场理论吻合得相当好。然而该结果还只是初步的，并且使用了一个不可复制的样本（居住在田纳西州两个大城市中的妇女，具有全职工作和高中及以上的文化程度，且剔除了前一天没有上班的人）。KKSSS 的结论表明“工作”或“照顾孩子”的吸引力比实际经验认为的那样更令人愉悦。

最后，我们很可能会根据平均税后工资用到传统时间估值法的某种变形，特别是当我们不能测量时间的产出时，但我们必须意识到最好还是要使用传统估值法。这是一个严重依赖于工作经验的领域，特别是当有新的时间利用数据可供使用时。

3.3.3　同步活动问题

使用时间利用数据时，另外一个重要问题是同步活动的处理问题。我们应该如何对用于多种目的的时间利用进行分类和估值？我们经常会看到人们边走路边打手机，显然这里有两种截然不同但不能分开的活动——通信和交通。另外一个例子是在家里的活动。在家里的时候，我们或许会同时照顾狗、照看房子、照顾小孩、听收音机、同家人聊天以及做晚饭。上面我提到过一个令人困惑的情况，也就是工作在调查中得到一个很高的享乐度方面的评价。或许还存在另外一个可能的原因，那就是工作有一些相关的正面活动，比如社交。这些不是孤立的例子。同步时间利用的确是非常普遍的情况。

由于到目前为止很少有时间利用方面的研究从经济角度进行考虑，因此也很少有人关注到时间利用中联合产出的问题。用于解决同步时间利用问题的方法包括：(a) 区分主要和次要活动；(b) 将活动累加处理，这样人们或许会有“三十六小时的一天”；(c) 构造组合活动，比如说将照看孩子和看电视组合在一起，作为一种新的商品处理。

还有一种新的“理论估值”法，在经济学上更站得住脚。这种方法根 159
据不同活动的价值将同步活动在各组成部分间进行分配。我们总是在做很多事情。如果我们在做的一件事情是有益的，而另外一件事情是无益的，那么理论估值法就会把我们的时间分配给有益的活动。例如，假设我正在照看我的小孩，这是很重要的活动，同时我还在互联网上看广告，这是无价值的活动，那么这种方法就会认为所有时间都花在了看小孩上。如果要对同步用于烹调羊肉和洗羊毛袜的时间进行估值，那就类似于对羊身上得到的羊肉和羊毛的联合产出进行估值。

考察一下近市场产品和服务，这种方法就会很清楚。假设在一个小时之内我同步提供照看小孩和做晚饭两种服务。假定照看小孩服务的价值是 5 美元/小时,做晚饭服务的价值是 10 美元/小时。那么我们说这一个小时可被分为两部分:20 分钟用于照看小孩,40 分钟用于做晚饭。如果不是同步活动,而是前 20 分钟照看小孩,后 40 分钟做晚饭,那么这种方法将会再次得到同样的答案,与传统方法也相一致。(对于非市场活动,我们使用相对效用估值法。)

之所以理论估值法在考虑同步活动时是有效的,原因之一在于传统方法趋向于强调时间利用的物理和地理特征。例如,如果我正边吃晚饭边与家人聊天,那么吃饭这一物理活动一般会被归为主要活动,而聊天要么会被忽略,要么会被归为次要活动。但实际上聊天有可能才是更重要的,在理论估值法里也会这样处理。

我将从一个更加深入思考的角度对同步活动的处理进行阐述,并以此作为结束。我们的社会是由农业社会转换为工业社会,再转变为信息社会的。因此时间利用的物理特性变得越来越不重要,智力、社交、心理方面的特性越来越重要了。脑力的价格相对于马力正在逐渐上升。传统的时间利用计算方法局限于物理和地理方面,不能反映出这种转换。这一点意味着转向理论估值法将可以帮助我们理解时间的进化本质,也能帮助我们将时间利用调查准确地应用于经济账户。

参 考 文 献

Abraham, Katharine G., and Christopher Mackie, eds. 2005. *Beyond the market: Designing nonmarket accounts for the United States.* Washington, DC: National Academies Press.

Adelman, M. A., and G. C. Watkins. 2003. Oil and natural gas reserve prices, 1982–2002. MIT Center for Energy and Environmental Policy Research. Working Paper, October.

Bolt, Katharine, Mampite Matete, and Michael Clemens. 2002. Manual for calculating adjusted net savings. Environment Department working paper. Washington, DC: World Bank, September.

Costanza, Robert, Ralph d'Arge, Rudolf de Groot, Stephen Faberk, Monica Grasso, Bruce Hannon, Karin Limburg, et al. 1997. The value of the world's ecosystem services and natural capital. *Nature* 387 (May): 253–60.

Fraumeni, Barbara F. 1999. The Jorgenson system of national accounting. In *Econometrics and the cost of capital: Essays in honor of Dale W. Jorgenson,* ed. Lawrence J. Lau, 111–42. Cambridge, MA: MIT Press.

Juster, F. Thomas. 1985. Preferences for work and leisure. In *Time, goods and well-being,* ed. F. Thomas Juster and Frank P. Stafford, 333–51. Ann Arbor, MI: Institute for Social Research.

Kahneman, Daniel, Alan B. Krueger, David A. Schkade, Norbert Schwarz, and Arthur A. Stone. 2004. A survey method for characterizing daily life experience: The day reconstruction method. *Science* 306 (December): 1776–80.

Nordhaus, William D., and Edward Kokkelenberg, eds. 2000. *Nature's numbers: Expanding the national economic accounts to include the environment.* Washington, DC: National Academy Press.

Nordhaus, William D., and James Tobin. 1972. *Is growth obsolete?* In *Fiftieth anniversary colloquium V.* New York: Columbia University Press.

Robinson, John, and Geoffrey Godbey. 1997. *Time for life: The surprising ways Americans use their time.* University Park, PA: Pennsylvania University Press.

United Nations. 1993. *Integrated environmental and economic accounting: Interim version.* Studies in Method, series F, no. 61. New York: United Nations.

第4章　非市场经济核算框架

K. G. 阿伯拉罕　C. 麦基*

4.1　引言和动机

161 从20世纪30年代西蒙·库兹涅茨为美国建立国民收入与生产账户(NIPAs)开始,就一直有人对它的不完整性表示担心。NIPAs遵循严格的标准,并在对跟踪经济活动感兴趣的数据使用者中赢得广泛认可。但它主要是以市场为基础设计的,很少涉及家庭或其他非市场环境。此外,即便对于市场化活动,NIPAs也可能忽略了某些重要方面。还有一些情况,非付费时间投入和相应的产出在生产过程中至关重要,但由于其供给与市场交易无关,这部分生产并没有反映在账户中。估算结果(LaPlante,Harring-
162 ton和Kang,2002)显示,家庭成员和朋友提供的长期家政服务的价值大于类似市场化服务的价值。

在有些领域,市场化生产的产出可能被错误地定义和估价。例如,教育部门的产出应作为投资而不是消费,其价值应通过投资回报而不是生产投入的成本来核算,这一点是得到广泛认可的。常规账户中不包括与教育、医疗卫生及其他个人投资活动相关的人力资本生产的资产价值。可获

---

* K. 阿伯拉罕(Katharine G. Abraham)是马里兰大学调查方法学教授和经济学副教授,美国国家经济研究局(NBER)助理研究员。C. 麦基(Christopher Mackie)是美国国家科学院国家统计委员会的专职经济学家和高级研究经理。

本章反映了美国国家科学院有关非市场账户专题研究小组的工作成果,Katharine G. Abraham为该小组的主席,Christopher Mackie为该小组的研究主任,该小组的其他成员包括:David Cutler,Nancy Folbre,Barbara Fraumemi,Robert E. Hall,Daniel S. Hamermesh,Alan Krueger,Robert Michael,Henry M. Peskin,Matthew D. Shapiro和Burton A. Weisbrod。该小组的最终报告最近被出版(Abraham和Mackie,2005)。虽然所列作者负责起草本章,但本章所包含的思想反映了专题研究小组所有成员的学术贡献。此外,本章还受益于Joseph Beaulieu、William Nordhaus、Marshall Reinsdorf、收入与财富研讨会(CRIW)召开的国民账户设计会议的参会代表以及两位匿名评审人有见地的评论。本章所有缺陷理所当然由作者负责。

得的估算结果虽然不够精确,但反映出人力资本存量价值可能与物质资本存量相当(参见 Kendrick(1967)以及 Mankiw,Romer 和 Weil(1992)对经济增长分析的讨论)。

尽管非市场生产性劳动的重要性早就被认可了,但却很少有人尝试提供其量化的信息。非市场核算的现状与 20 世纪二三十年代 NIPAs 建立之前的市场化核算类似。经济核算不需要也不应该涵盖所有的非市场活动,但作为 NIPAs 补充的非市场账户将在某些领域做出重要贡献。对于核算志愿者和家庭生产活动、教育、卫生及环境改善或退化的新方法,我们强调其潜在价值。这些非市场活动的原始数据变得更加丰富了,但这些数据是否能有效地用于扩大国民生产的核算范围,还有待观察。

扩展国民账户体系的范围以更好地涵盖非市场生产,对政策制定者和研究人员都具有实质利益。例如,长期以来,研究经济增长问题的学者都需要对研发、人力资本投资及自然环境服务进行外部估算以补充国民核算数据。经济学家和历史学家研究表明,在人类历史的近几个世纪,诸如技术变革、科学创造以及医学发现等要素——其中很多都是非市场性的——对生活水平的提高起到了至关重要的作用。历史趋势揭示了一个事实,即经济生产或是对社会福利的贡献不仅仅局限于市场范围,而是延伸至许多非市场活动。

因此,完善非市场核算的目的之一就是改进经济表现的总量指标的核算方法。非市场账户将提高研究人员(和统计机构)的能力,使他们能够 163
更加全面地核算扩展的国内生产总值(GDP),并构造适于计算实际产出和生产率的价格指数。一个更加全面的国民生产核算可能产生与以往不同的结论,涉及当前产出相对于前期的水平,以及美国产出与其他国家的比较。

非市场核算还将阐明某些具体部门中投入转化为产出的过程。以卫生业生产为例,当前构建的卫生支出账户记录了市场化支出,但没有采用有利于核算价格变动或生产率的方法来确认产出,与之相反,卫生账户可以将健康水平的提高(生产出来的真实“产品”)与医疗以及包括日常饮食、环境、锻炼和研发在内的其他各种投入联系起来。大多数测算结果显示,健康水平的提高已经快于医疗支出的增长。尽管医疗与这些相关要素相互影响,但我们并不确信要素资源的生产率是否直接影响医疗生产率(Cutler 和 Richardson,1997;Cutler,2004)。最理想的方法是同时记录支出和结果,这样就可以监测健康状况的变化以及各种相应的活动,这些信息还可以帮助我们更好地进行支出管理以达到预定的结果。

再以教育业为例,设计教育账户的目的是要将技能资本的增加(即产出)与教育过程中的各种投入联系起来。与卫生业一样,学校教育兼有市场化和非市场的投入和产出。学生花费在学校的时间价值(关键的非市场投入)可能至少与市场化投入的支出相当。《2003 年统计摘要》显示,2000 年初等教育和中等教育的学校支出达到近 4 000 亿美元,而这仅仅包括 4 700 万登记在册的学生。按一天 6 小时、一年 180 天计算,加上每个学生一天 1 小时的通勤和 2 小时完成家庭作业的时间,这些年级的学生对教育的贡献超过 750 亿小时。如果按当前的最低工资每小时 5.15 美元(仅为了分析的需要)计算学生的时间价值,则非付费的学生时间价值相当于常规账户核算的支出。

如果市场化活动和非市场活动的趋势相似,则 NIPAs 的内在局限性——没有全面考虑经济中的生产性投入和产出——可能就不那么重要了,但目前并没有证据证明二者确实相似。举一个常用的例子,如果不考虑家庭内部产出,在对通过常规方法核算的整个经济生产进行比较时,将
164 产生误导性的结果。美国劳工统计局(BLS)的数据显示,美国女性劳动力的参与率已显著提高,从 1950 年的 34% 增长到 2000 年的 60%(参见 http://www.bls.gov)。从这个意义上来说,女性参与付费劳动降低了她们对家庭生产的贡献,因此 GDP 核算的产出的长期趋势可能夸大了国民产出的实际增长(Landefeld 和 McCulla,2000)。同样,美国家庭生产对总产出的较低贡献也夸大了美国国民产出与很多发展中国家的差距。

利用国民产出测度商业周期中存在的潜在问题可能未被广泛认同。在收缩期失业的人们如果利用这段没有收入的时间增加家庭生产,则国民产出的短期下降幅度相对于 GDP 核算结果来说可能就会有所减小。更多地了解非市场活动的水平和贡献,对其他方面也很重要。例如,这些信息可以改变对美国家庭中经济不平等程度的看法,以及这种不平等是如何随时间发生变化的,从而影响到福利水平和贫困线的确定(Michael,1996)。

本章指出并讨论了非市场核算中隐含的几个关键的和具有争议的问题,目的之一是提醒读者注意我们的经济账户体系中所忽略的主要内容。与此同时,我们希望能激励社会学家致力于完善非市场活动的核算,并提出已经起到促进作用的新观点和新数据。时间是非市场生产的主要投入,而不能准确地核算人们如何支配时间,严重阻碍了该领域的工作。我们相信,由 BLS 新组织的美国时间利用调查(ATUS)将为非市场账户提供新的数据来源。简单地从这项调查第一次发布的统计数据就能清楚地看出非市场核算的潜在重要性——以 2003 年美国总人口(包括所有就业和无业

的美国人)的平均数计算,15 岁及以上的美国人每天只花费 3.7 小时从事市场化工作及相关活动,这就意味着他们的大部分时间都用于各类非市场活动。

4.2 卫星账户

在考虑非市场经济活动时,卫星账户非常有用,它们在实验的基础上报告常规账户未包括的某些活动的数据。在可观测市场交易中,核心账户具有时间上的一致性、国家之间难得的可比性以及坚实的基础等特点,这些特点对于或多或少地保留核心账户的目前形式提供了有力支持。卫星账户 165
不会取代目前的国民账户,而是与其并存。卫星账户可以适当地与国民收入账户相联系,而且还会扩展至 NIPAs 涉及不到的领域。此外,在准确性和数据质量达不到 NIPAs 标准的情况下,也可以使用卫星账户,而无须拘泥于传统账户的概念基础或技术上的完整性。类似地,对于非市场活动的某一方面,在没有公认的最佳处理方法的情况下,可以通过卫星账户对各种备选方法进行实验。设置卫星账户的目的是扩展国民生产投入和产出的核算范围,从而为检验某些难以测算的非市场活动的生产功能提供一个框架。

卫星账户并不是一个新概念,美国经济分析局(BEA)早就开始对常规账户以外的范围进行研究。BEA 对卫星账户作用的代表性描述如下:

> 卫星账户作为扩展经济分析能力的框架,不会增加过多的细节,也不会影响它的设计初衷。卫星账户是对现有账户的补充而不是取代,它以一种完全一致的、符合近期分析热点的方法组织信息,同时保持与现有账户的衔接。在最灵活的运用方式下,它可以使用不同于现有账户的定义和分类……此外,卫星账户通常会加入一些细节和其他信息,包括经济中某一具体方面的非货币信息。(经济分析局,1994 年,第 41 页)

国民经济账户体系(SNA)中也有类似的描述:

> 卫星账户提供了一个与核心账户相联系的框架,可以关注国民核算范围内经济和社会生活的某个领域或方面;常见的卫星账户有环境账户、旅游账户和非付酬家庭劳动账户……卫星账户或卫星体系的主要作用是以一种灵活的方式扩展国民核算对特定社会领域的分析能力,而不会扰乱核心账户或增加其负担。(联合国等,1993,术语表,第 45、489 页)

本章所描述的核算框架与上述概念基本吻合。对于非市场成分占重要地位的行业和部门，卫星账户可以为政策制定和研究提供有意义和有益处的数据。

166 在考虑非市场账户的可行性时，人们很自然地就会想到所测度的投入和产出的准确性和可靠性必须达到什么程度，才值得构建非市场账户。通常情况下，负责经济核算的统计机构——BEA 和 BLS——都对准确性设置了很高的标准。由于数据的内在局限性，将同样严格的标准应用于卫星账户是不现实的，但这并不意味着官方统计机构就不应该进行非市场核算的努力，而是应该对核心账户及其他主要经济指标之间做出区分，并对非市场活动的重要领域进行实验研究。在推进非市场活动的研究方面，学者和民间研究人员比官方统计机构更加积极。这些民间研究结果可能与一个私人咨询公司当前公布的月度 GDP 数据（使用经济分析局提供的数据计算）相类似。BEA 认为，他们所提供的这些数据中，有些行业数据的可靠性不够，还不能用于计算官方月度 GDP 数据。尽管认识到这些数据的局限性，咨询公司仍然相信其客户会对月度数据感兴趣，从而决定继续发布。[①] 我们期待非市场数据也能如此。

4.3　优先扩展的核算范围

4.3.1　NIPAs 涵盖的范围

现代国民账户包括了在市场交易中买卖的主要产品和服务。[②] 国民经济核算始于 1665 年威廉 · 配第尝试测算英国的国民收入。[③] 从现代标准来看，配第账户虽然数据基础不完整，但涉及范围很广，不仅包含了市场上的购买，还对家庭生产的价值进行了推算（Kendrick, 1970，第 285 页）。相比之下，其他人对生产的定义就狭窄多了，法国重农主义者认为只有农业活动才能生产真正的净产品；亚当 · 斯密和卡尔 · 马克思认为一国的生产能力只通过其生产物质产品（不包括服务）的能力来体现。

从阿尔弗雷德 · 马歇尔（1920）和 A. C. 庇古（1920）的著作开始，概念
167 上的趋势是将国民经济核算的研究范围扩展至所有产生“效用”或福利的

---

① 美国经济研究局商业周期测定委员会是这些月度数据的用户之一。

② 很多资料都提供对 NIPAs 构成的详细描述。作为入门，可参见 Popkin（2006）；BEA 网站提供了更加详细的信息。

③ Kendrick（1970）对国民收入账户的发展历史进行了研究。

要素，包括发生在市场之外的活动。庇古在其著作中写到，国民经济账户应包括所有反映经济福利，并能够"直接或间接用货币测量"的要素（庇古，1920，第 11 页）。他强调，这里的"能够"包括所有"能够轻易地测度"和经过"适当努力"及"艰苦努力"后能够测度的情况。在国民经济核算实践中，相对于那些只有经过"艰苦努力"才能用货币测度的要素，大多数国家更加倾向于核算"能够轻易地"用货币测度的活动。

需要指出的是，BEA 编制的国民经济账户中包含一些不参与任何市场交易或不生产任何市场化产出的活动。GDP 总量中有将近 15%（2002 年 104 808 亿美元的 GDP 中有 15 594 亿美元）是推算出来的（NIPAs 中的推算成分见 NIPAs 表 7.12，www.bea.gov）。其中，数量最大的是对自有住房房租价值的推算。这些推算基于非常粗略的假设，例如，类似于以市场上保洁服务的价格来估算打扫房屋所花费的时间价值，也就是说包含的和不包含的活动的区别并不单纯是实际考虑所产生的附带结果。对自有住房服务进行推算的目的之一是确保账户与住房自有化趋势（在过去的半个世纪发展很快）保持一致。类似地，当人们从非付酬或家庭生产转移到市场化生产（反之亦然）时，非市场账户可以提高我们评估总产出变化趋势的能力。

NIPAs 中其他未作价的非市场项目也通过推算来估计，包括实物薪资，农场消耗的食物和燃料，银行、保险公司和其他金融中介机构提供的未反映在直接收费中的服务。对银行服务的推算有些特殊，银行业存在可观测的市场交易，可以估算银行业产出的名义价值，但仍然需要通过推算将未作价服务的名义价值在借款者和存款者之间进行分摊（更详细的论述参见 Fixler，Reinsdorf 和 Smith，2003）。

常规账户体系中所包含的非市场项目的一个关键特点在于，它们的消费与市场化产品和服务的买卖密切相关，从而可以直接估价。但对于某些非市场项目来说，推算过程可能会困难得多，虽然这种区分仅仅是程度上的差别。如果"推算"一词是指任何无法直接观测到的数据，那么显然，几
乎所有国民经济核算数据，无论是市场化的、准市场化的，还是非市场的， 168
都或多或少包含推算的成分。

最后，国民经济账户中已经包含了很多有关非市场活动的信息。非市场生产所购买的投入通常作为最终需求中的消费。例如，在家庭生产中，食物、保洁用具、家电用品等支出都记入个人消费。④ 政府和父母对孩子

④　从概念上讲，最好是将居民消费的耐用品（如大多数家用电器）作为资本资产来处理，因为与其他资本品一样，这些耐用品也在一段时间内提供了生产性服务。但常规账户中并没有这样处理，障碍之一是 BEA 没有将家庭生产列入 NIPAs 的生产范围。

教育的部分支出包含在账户中，但没有包括学生花费在教育上的时间价值（从投入的角度），并且也没有尝试直接测算教育所产生的人力资本价值（从产出的角度）。类似地，对医疗服务的许多投入包含在账户中，但个人对自身或家人照料所花时间的未付酬投入则被排除在外，常规账户极少反映所提供的卫生服务或所形成的健康资本的价值。

对于大多数应该进一步开发的非市场经济活动领域，常规账户中没有全面反映其生产中所使用的投入。从而，产出的价值，无论是用于当前消费的产品和服务，还是生产性资产，都没有完全、独立地核算其生产中所使用的投入价值。

4.3.2 卫星账户的核算范围

关于非市场账户体系框架的首要问题就是范围——在那些具有经济价值的活动范围内划定边界。非市场账户可以将生产性投入和产出的范围扩展至国民经济的很多非市场领域，但不应包含所有人类活动；建立一个全面核算所有人类愿望的体系，至多是未来的一个设想而已。相反，应该针对那些与常规市场化账户中反映的活动最为接近的领域，优先开发实验性账户。这些实验性账户将为研究在 NIPAs 中没有包括或没有完全包括但又难以测度的活动的生产职能提供一个框架。首先要做的是解决产出核算中的遗漏问题，狭义上是指确定一个范围，剔除那些即便在原则上
169 也难以获得市场可比价格的活动（例如休闲和睡觉）。此外，还应该关注那些核算方法的改进将促进决策和科学发展的领域。

卫星账户扩充了市场化经济账户的信息，更加全面地反映了关键非市场领域的经济活动。这使得现行的 NIPAs（包括 GDP 核算在内）可以继续保持与历史数据的衔接。同时，研究人员可以运用成熟的卫星账户中的数据，在另一种概念框架下测算产出或福利。进行国民经济核算的主要目的是监测经济发展趋势并预测各项政策选择的影响。这就意味着卫星账户与 NIPAs 一样，如果能够定期编制，对于研究和政策将非常有价值。

在可能的情况下，一套扩展账户中应该包括很多生产活动。但我们将优先对下列内容进行核算：

- 住户生产
- 正规教育的投资及所形成的技能资本存量
- 卫生业的投资及所形成的健康资本存量
- 非营利机构和政府部门的部分活动
- 环境资产和服务

出于各种原因,我们在卫星账户中突出以上几个领域,但需要强调的是,这些领域并不代表完整的潜在卫星账户。所列的这几项在数量上都很重要,因此关注这些领域将增进我们对整个国民生产的了解。其中部分领域在 NIPAs 中也有所涉及,从而可以完善现行的官方统计。以上列表也反映了可行性的制约因素。虽然几乎每个非市场卫星账户的建立都充满争议,但上述所列内容都不包括那些计算投入产出数量和价值的方法特别难以实现的领域。我们也将优先研究那些新兴数据来源能够提供新机遇的领域。

即便是这里提到的这些领域,在开发新卫星账户方面的准备情况也不尽相同。目前,家庭生产账户和环境账户的基础最为坚实;不可否认,BEA 和其他国家统计机构在这两个领域已经开展了实质性的工作。对于我们提出要开发的其他领域,包括政府部门和非营利机构、教育业和卫生业,还需要进行大量的基础性研究和数据收集工作。

然而我们认识到,非市场生产远远超出我们在这里所列出的范围,但
一套包含上述所列五个领域的账户,将有助于证明非市场生产对社会或私 170
人福利所产生的贡献,并将总结出大多数总体适用于非市场账户的关键原则。[⑤] 其他在数量上具有重要性的非市场活动领域也需要进一步关注,但由于数据方面的限制以及缺乏一个成熟的概念框架,目前还不适合将这些领域纳入协调的非市场核算工作中。与生育有关的住户生产以及这些孩子的人力资本存量就是一个很好的例子。这项非市场活动显然具有巨大的经济(和非经济)价值,但仅仅依靠我们目前所掌握的知识还无法在一个核算框架下对相关价格和数量进行定义、估算和分类。类似地,具备了合适的数据,就可以运用与自然环境卫星账户相似的方法,对影响生活水平的社会环境因素(例如犯罪和公共安全)的变化进行核算。但目前我们尚不具备建立这样一个账户所需的信息。地下经济生产涉及很多重要的科学和政策问题;但是,很多这类活动虽然是非法的,但都参与市场交易,从而引发了一系列不同的问题和挑战。

居民享受的闲暇时间数量的变化也是衡量生活水平的一个重要指标。Fogel(1999)估算的结果显示,男性家庭成员在闲暇时间里参与休闲活动的平均时间从 1880 年的每天 1.8 小时增加到 1995 年的每天 5.8 小时。

---

⑤ 美国科学院非市场账户专家研究小组在最近发布的报告(Abraham 和 Mackie,2005)中,建议开发下列五个领域的非市场卫星账户——住户生产、教育、卫生、非营利和政府机构以及环境,并给出了对相关投入和产出进行测算及估价的具体建议。该报告还提供了可进一步参考阅读的相关文献。

毋庸置疑，整个社会的闲暇价值总量是巨大的，从原则上来说应该进行测算，但是根据指导原则（William Nordhaus 在本书第 3 章中提出）“非市场产品和服务应该被假设为是按市场活动被生产和消费来处理……（其价值）应该在可比的市场产品和服务的基础上进行推算”，我们不建议在目前投入资源开发一个独立的闲暇账户。如果建立非市场账户的目的是将“具有经济属性和可替代市场化活动的活动纳入账户体系”，并逐步将社会经济产出的核算范围扩展至常规经济账户之外，那么应该优先开发那些从事传
171 统生产的非市场活动。由于闲暇是一项非同质产品，因此在任何常规的“产出”定义中都不涉及，我们建议对纳入上述非市场核算领域的闲暇活动（例如娱乐或增加健康资本的活动）予以关注。

哪些活动属于非市场账户的核算范围，主要取决于核算目标。如果一个账户的设计者不能确定账户是要反映经济产出的变动还是社会福利的变动，最终产品的概念就会出现混乱，这两种目标下的估价方法可能完全相反。一个关于如何估算通勤时间的简单例子可以说明这种复杂性。如果以测算“产出”为目标，则可能将父母送孩子上学和从事其他活动的时间价值计算在内。雇用一个司机的市场成本可以用来估算这部分时间价值，当然还可以采用其他估价方法。随着驾驶时间的增加，家庭生产中这部分的价值也会增大；但同时，父母的福利也会降低，因为它占用了闲暇和其他产生效用的活动时间。在这种和其他诸多类似情况下，产出和福利是分开测算的，尽管不可否认二者的相互联系。作为一个实际问题，我们建议应该首先致力于更加全面地核算全国经济产出。

账户设计人员还必须意识到设定各类相关非市场活动边界的难度。例如，健康状况的改善可能是由于医疗水平的提高，更好的教育使饮食和锻炼习惯更健康，或是水和空气质量的改善。要将导致健康状况改善的所有投入都考虑到是非常困难的，并且有些投入还可能产生其他理想的产出。再举一个例子，人力资本存量的增加不仅来自正规教育部门的投资，也可能来自家庭投资，因此也是家庭产出的一种形式。目前还没有一个可行的方法来分别考虑非市场服务的不同领域，但描述这些不同领域之间相互作用和相互补充的需求应被视为一项工作进展。

有一种用于定义非市场产出（特别适用于家庭产出）的方法——Margaret Reid（1934）的第三方准则：该产出是否也可以雇用其他人为自己生产？可以在具备某些条件的情况下，根据这个标准建立一个有限范围的、以消费为导向的家庭生产账户。这样一个账户可以涵盖做饭、洗衣、居住、看护孩子等服务，但生育、学习和锻炼身体等活动无法包括在内。因为根

据概念,它只能建立一个符合第三方准则的有限范围的家庭生产账户。对于其他领域,例如教育和健康(有些是在家庭内部生产的),第三方准则是 172
明显不适用的:别人无法参与一项能够提升我们自身认知能力和改善我们自身健康状况的活动,但这些活动所产生的有价值的非市场资本产出却没有充分反映在现有的国民账户中。非市场公共产品,例如环境服务,也无法通过第三方准则来核算。

另一个问题是,个人在从事家庭生产活动时获得的快乐(不同于他们在生产上所花费的时间数量和价值)是否应作为非市场产出价值的一部分。我们认为答案是否定的。类似地,我们也反对将参加非营利组织的志愿者所获得的享受计入非市场生产。我们在这个问题上的观点部分是由于一致性的需要。传统账户包括付酬工人生产的产品和服务,但不包括他们可能从雇佣劳动中获得的享受,因此我们在核算家庭生产或非营利部门产出时仍将遵循这种区分标准。

还有关于非市场生产的投入构成的问题,特别是如何处理花费在消费上的时间。例如,在饭店享受一餐美食所需要的不仅仅是饭菜,还有顾客所耗费的时间。这里的时间应该计入非市场产出的投入吗?同样地,我们不认为核算用于消费的时间有什么用处,至少在建立非市场账户的第一阶段是如此,我们将把重点放在那些生产可识别的产品和服务所投入的时间的数量和价值上。

编制一系列卫星账户还将产生很多其他的挑战。例如,"时间利用"对于几乎所有生产活动领域都是一个关键投入。特定的时间利用活动(例如志愿活动),同样也适用于多个可识别的部门。非市场活动可以按生产单位分组——例如住户、政府和非营利机构;也可以大致按行业分组(存在一些重复和遗漏)——例如教育、卫生。在坚持唯一(交付体系或行业基础)分组的原则下,很难涵盖所有主要的非市场领域。所产生的引起关注的政策和科学问题可能需要根据不同标准划分的数据。当然,采用这个方法的结果是,我们所设想的卫星账户形式无法简单地通过加总得到国民总产出或总收入。

4.4　一个概念框架

尽管非市场账户是实验性的,但其开发不能在方法上脱离NIPAs。将
国民经济账户作为开发非市场账户的起点具有若干优势。国民经济账户 173
经过仔细审核,反映了几十年来在政策和研究领域的广泛运用;其主要原

则经过反复测试,并且实践表明应用这些原则是可行的。此外,很多有关扩展账户的方法问题与国民经济账户中的问题类似,从而可以从中找到答案(Nordhaus,2002,第 3 页)。

国民经济账户已被证实是监测和研究经济变化的行之有效的工具,当然,它也有自身的局限性:未将非市场活动系统涵盖在内。[6] 鉴于决策者和其他相关人员对现有账户的高度依赖,我们将和相关研究人员一起开发与 GDP 衔接的产出扩展核算,只要所涵盖的信息尽可能与 NIPAs 中的信息一致,开发的任何补充账户都将是最有效的。

这具体意味着什么? NIPAs 以复式记账结构为基础,即分别对产出和投入进行估值,并同时核算二者的数量和价格。国民经济核算最重要的应用之一是测算生产率增长,这要求对产出和投入进行单独核算。NIPAs 使用美元价格作为相关价值的计价单位;使用边际价值而非总价值估算产出,并从任何可观测的市场交易中获得这些边际价值。将同样的方法运用到非市场账户中,可便于非市场账户与 NIPAs 之间的比较。

国民经济账户提供每个细分产品的三个数据:数量、价格及其以美元计价的价值,三者通过"价值 = 数量 × 价格"的原则相联系。通常,国民经济账户从初始数据来源获得价值数据,并通过价值除以估算价格得到数量。在少数情况下,可获得价值和数量,通过二者之比得到价格。我们希望类似的计算方法可以应用到卫星账户中。此外,一个卫星账户也可能使用数量和估算价格来计算价值,这种计算过程在国民经济账户中很少用到,因为价值一般可以从初始数据来源中获得。

4.4.1 复式记账法的含义

NIPAs 的优点之一就是在构建时运用了复式计账法。总产出的独立
174 估算一方面建立在产出销售的美元价值的基础上,另一方面建立在生产要素支付的美元价值的基础上。从原则上讲,两方面分别得到的合计数——生产法计算的 GDP 和收入法计算的 GDP——应该相等。两个计算结果的差额为统计误差,即导致差额不等于零的原因仅为测量误差。在常规账户中,统计误差小反映了较好的产出估算,因为两个相互独立的核算方法得到了近乎相同的结果;相反,统计误差大则说明统计方法可能存在问题。

[6] 如前所述,BEA 已经在核算自有住房服务、农场消费的食品、银行业和保险公司的某些金融服务。BEA 也核算政府服务,目前以成本估价(加上资本折旧),因此从我们的角度来看尚不完整。改进 BEA 的政府服务测算方法的工作正在进行;参见 Fraumeni 和 Okubo(2005)的文章,它讨论了从资本角度完全核算政府服务。

对于非市场账户中投入成本与产出价值之间的差距,解释起来就不那么简单了。在一个竞争性的市场环境下,一个低效率的公司——所用资源的价值超过产出的价值——最终将会破产。然而,竞争压力在非市场环境下所起的作用并不相同。例如,家庭寻求时间配置最优化是一个最合理的假定,但没能做到的家庭并不会被淘汰,而是会永久地存在下去。这种现象反映了这样一个可能性,即根据测算方法的不同,家庭生产所消耗的时间可能超过或低于其生产价值。

市场化账户中的产出价值与投入成本在理论上相等,也反映了测算资本成本时所运用的惯例。用其他生产成本之外的收入被作为资本成本的一部分;换句话说,资本被作为剩余索取者。另一个测算资本服务的方法——可能适用于非市场账户——是使用一个标准的资本成本流量来计算。使用这种方法计算时,资本服务所分配的成本可能大于或小于其产出价值。

资本市场的约束,例如由于贷款人不愿意为那些滞销资产的生产注资,从而使那些资产无法随时作为贷款抵押品,这在非市场背景下可能特别重要。在缺少资本市场约束的情况下,投资规模可能会更大。因为投资总量是受限制的,但产生的投资回报率将超过市场回报率。在忽略这个可能性的条件下测算非市场投资——例如,根据所使用的投入成本来测算教育产出——所得到的数据可能小于资产的实际产出价值。

非市场生产和市场生产之间在生产技术和规模上的差异也可能是导
致非市场生产的投入成本与产出价值之间差异的原因。例如,准备十个人 175
的饭而不是一个人的饭可能更有效率,但除非在一个大家庭中,否则一个人在家做饭无法利用规模经济的优势,并且对在家做饭所使用的资源的合理估值将超过餐馆饭菜的市场价值。但去餐馆吃饭的交易成本使得在家做饭用餐仍具有吸引力。

虽然生产非市场产出的投入价值之和并不能很好地估算其产出价值,但这已经普遍应用于非市场生产的某些领域。例如,该方法是目前文献中所介绍的政府服务和家庭生产测算中最常使用的方法(参见 Slater 和 David(1998)关于政府服务的文章,Holloway,Short 和 Tamplin(2002)关于家庭生产的介绍)。设计良好的基于投入的产出估算对于完全忽视非市场活动来说的确是一个进步。但只有单独核算非市场产出价值,才有希望解决许多问题,非市场账户对这些问题的解决可能是最有价值的。

总的来说,我们有充分的理由将 NIPAs 的复式计账法应用于任何卫星账户,即便在非市场背景下的操作方式不完全相同。对于某些领域——特别是像卫生业这样产出测算特别困难的领域——对投入和产出测算的研究将不会同步进行。但这不应该影响在这些领域的继续努力——单边账户总好过一无所有。例如,一个以推算的学生时间价值为基础的正规教育的投入账户,即使不单独测算教育产出的价值,也非常有用。类似地,经济中的志愿者劳动账户可以为研究和政策提供有用的数据。对“时间利用”数据的扩展运用可以推进对生产性投入的识别和量化,并可以提供其价值估算的相关信息。

4.4.2 配送服务应作为中间产出还是最终需求?

许多致力于修订或扩展国民经济账户的工作都是由于认为当前账户中的错误分类歪曲了对经济活动的描述。例如,有人可能质疑,至少某些政府活动(例如保护和检查服务)应该被作为企业活动的投入而不是目前的经济产出。[7] 类似地,通勤成本和其他与工作相关的消费者支出,也可以看做生产投入而不是含在消费中的产出(尽管对于生产率测算等而言应
176 该在使用中如何分摊这些成本尚不明确)。相反,目前某些被作为中间投入的项目应该是用于最终需求的产出。BEA 的研究人员已经认识到了这个问题,并调整了某些市场化生产的分类。例如,BEA 目前将企业购买的计算机软件作为投资而不是中间消耗处理。

与此相对应,为了更好地应用复式计账法和促进生产率分析,必须对非市场投入和产出进行适当分类。对于市场活动和非市场活动进行分类并非总是一件容易之事,但解决分类中存在的这些问题将是开发扩展账户的必由之举。

4.4.3 外部性

如果将外部性的估算纳入卫星账户中将会非常有用。在这个方面,卫星账户会与 NIPAs 有明显差别。外部性是指个人或企业活动对他人所产生的效用损害或利益贡献,而不必向其支付或索取相应的报酬。外部性的处理对环境核算非常重要。最具吸引力的是在空气和水污染方面的应用,外部性很可能带来非常可观的价值。由环境资源生产的产品和服务的价值显然与污染程度的变化相关,市场账户只反映了一部分污染所产生的影响,而不是全部。以固体排放物数量的减少为例,这不仅将使得因病误工的人数下降(市场效应),而且也提高了人们的健康水平(未定价的)。类

---

⑦ 这些观点和一些更常见的分类问题都在收入与财富研讨会(1958)上进行了讨论。

似地，影响环境的因素也可能反映或未反映在市场支出中。催化式排气净化系统的成本直接反映在汽车的销售价格中。另一方面，在生产技术的选择上，一个公司不可能考虑到与各种选择相关的所有污染成本。

NIPAs将在多大程度上反映污染所造成的总体影响，取决于成本的承担主体。正如William Nordhaus（本书第3章）所指出的，存在两种相关情况：第一种情况是外部性流量产生的所有影响都反映在市场账户中，尽管不存在市场交易。如果一个化工厂污染了附近的水源，并且产生的唯一危害是当地农民的粮食产量（在市场上销售的）下降，那么这个流量就发生在市场内部。出于核算的目的，仅当我们需要按部门分解产出时（在这个例子中，即分解为化工业和农业），才考虑这种情况。第二种情况是外部性流量跨越了市场边界，这种情况更难处理。如果化工厂排放的污染物影响了产出的质量或数量，例如非市场的休闲娱乐空间或是人类健康，那么不 177
考虑这些影响将会歪曲对产出和福利的测算。Nordhaus建议，要适当考虑第二种情况就需要对NIPAs的标准核算方法进行修订，因为外部性的分解将改变非市场部门和市场部门的增加值。

这类信息与政策的相关性显而易见。外部性的相关数据将有助于决策者针对污染物或工业废弃物排放制定相关税费政策。如果制定合理，这些税费将非常接近与危害活动相关的损害成本，将成本内部化从而促进生产过程的社会最优决策。但是无论税费是否真实反映所提供的空气和水资源服务的正价值和负价值，例如垃圾处理服务的正价值或废弃物排放导致的污染负价值，按照常规市场化测算，对企业污染权收费的社会看起来将与另一个对外部性不加干涉的相似社会有所不同。

在一个核算框架下，有两种途径来处理与市场化生产相联系的环境改进或恶化。我们可以将一个企业在生产过程中产生的污染看做是一个负价值的产出——这个企业生产产品，但同时也排放有害物质。我们也可以将与污染相关的环境损害看做是生产成本——为了生产，企业需要工人、设备以及用于排放废弃物的环境。需要指出的是，污染的危害和废弃物排放服务的投入，二者并不是估算同一事物的可相互替代的方法。事实上，它们的价值通常不相等，废弃物排放价值可能非常高，而污染危害的价值接近于零，反之亦然。出于这个原因，环境账户体系应该保留这些概念上的区别。环境恶化影响非市场产出（例如健康和休闲），对它的估价是比较困难的，因为人们对污染和健康之间的联系了解得并不多，同时对健康增量的估算也存在争议。尽管如此，这种估算方法的开发仍将具有广泛的适用性。[8]

4.4.4 数量测度

与非市场生产相比，市场生产中投入的美元价值相对容易获得。可以运用合适的价格指数缩减名义支出，来测算这些市场投入的数量。相反，对于非市场投入和非市场产出来说，数量测度通常是货币估价过程中不可或缺的第一步。

178 即使对于市场投入来说情况也很复杂。例如，居民购买的资本设备在NIPAs中作为最终消费。但测算住户生产的投入时需要耐用消费品存量数据。为了建立这样的存量估算，必须将一段时期内家庭生产中所使用的洗碗机、冰箱、真空吸尘器、洗衣机和其他资本设备的信息与这些设备的使用寿命的信息结合起来。尽管对家庭生产中资本设备存量的复杂估算存在操作上的困难，但基本方法比较完善。[9]

非市场生产所耗费的时间是一项非常重要的非市场投入，但目前仍然缺少数量数据。幸运的是，2003 年年初由 BLS 开展的美国时间利用调查（ATUS）应该有助于填补这个空白。ATUS（下面将更详细地阐述）将提供一系列有关生产性家庭活动的高质量数据。如果普查局定期更新有关人口特征分布的信息，用于补充时间利用新信息并从总体上支持核算工作，那么这些数据的作用将会更大。一个完整的人口资料数据库应该包括年龄、性别、在校状态、受教育年限和获得的学位、职业、家庭结构、移民状态、就业状态以及其他人口特征。了解人口特征的分布及其在一段时期内的变化非常重要，例如，这将有助于研究人员确定所观测到的时间利用形式的变化是否反映了人口结构或其他因素的变化。用来支持这项工作的人口统计数据，其中已经可以使用的大部分主要来自普查局，但也有一部分来自 BLS、国家卫生统计中心和其他机构。一个有毅力的研究人员可以通过现有资料来源自己编制和加工这些数据，但如果所有信息都集中在一起，且时间序列一致可比，这将会非常有用。人口统计数据库自身不是现有经济账户的一个卫星账户，但将有助于这类卫星账户的开发和使用。

测算非市场产出数量的难易程度差别很大。有些领域可以获得质量较好的数据，例如劳动年龄人口受教育的程度。这些数据为教育部门产出

---

⑧ 有关环境核算问题的进一步讨论可参见 Nordhaus 和 Kokkelenberg(1999)。

⑨ 这是核算对象不属于核心账户但 BEA 仍然保留所需数据序列的一种情况。参见 Katz (1983) 对耐用消费品存量测算的讨论。

的量化提供了一个起点。死亡率和发病率的变化也有较好的记录，尤其当它们结合了记录人口结构变化的人口统计账户的相关信息时，就能够为人 179
口健康状况的量化提供一个基础。在其他情况下，要测算非市场产出的数量则需要大量的创造，并且要从根本上完成一项工作可能需要收集新的数据。记录空气质量需要较好地测度公众所接触的污染物及其造成的成本。记录家庭部门的产出需要掌握诸如准备饭菜的数量或清洗和烘干衣服的重量等方面的数据。但是，至少在原则上，我们可以看到这项工作该如何进行。

以洗衣服为例来详细解释，在投入方面，账户将记录洗衣服的小时数；这些小时数可以通过当地雇员的工资、机会成本或从事洗衣工作的市场人员的预期工资（这些方法将在下一小节讨论）来估价。剩余投入就是家庭的洗衣机和烘干机，以及水、电和其他必需材料的资本服务。投入的数量和价格都将被记录。在产出方面，账户将记录洗好衣服的数量和价格，后者以洗净这些衣服的市场成本为基础来估价。[10]

4.4.5　设定价格

研究和开发非市场账户必须在缺少价格的情况下，确定如何最好地对各种账户中的产出和投入进行估价。对非市场投入和产出进行估价通常需要寻找相关的市场替代物。鉴于某些效用产生活动与市场之间存在距离，这种方法有时并不可行。

如何测算花费在非市场生产中的未付费时间的价值，是投入估价的核心问题。一种方法是，用个人从事非市场活动的机会成本来估算非市场时间。文献中提到的另一种方法是用市场上替代品的价格对时间进行估价——雇用一个工人完成相关工作所需支付的工资。如果较高工资的人花时间完成市场工资相对较低的工作，那么这两种方法得到的答案可能大不相同。

乍一看可能有点儿荒谬，一个人为什么会选择从事劳动报酬率（支付的工资或非市场产出的价值）低于其市场工资的工作？进一步思考后就会清楚认识到，这样的选择可能是完全合理的。经济理论设想人们对其时间 180
在不同活动中的分配做出边际选择。根据满意最大化的观点，与付费工作或生产一个有价值产出相关的个人边际损失的价值，应等于个人边际收

⑩　在以市场价格作为替代估价时，需要进一步思考生产率测算的含义。在缺少对非市场活动产出的直接测算时，可以利用市场生产中的产出与投入的关系来推算。在这种情况下，对非市场活动的生产率测算可能简单地复原了推算计划。

益、工资率或是非市场生产中的产出价值。个人损失的价值等于从非工作活动中获得的边际满意度或边际享受与从工作中获得的内在边际满意度或边际享受(假定比前者小)之差。

该理论的关键点在于:即使在同一时刻,任何一个人的时间都可能有不同的边际价值,反映为不同的劳动报酬率。原因在于不同的活动可能与不同的个人损失价值相关。一个每小时向公司客户收取200美元的律师可能从事每小时仅收50美元的慈善工作,这是由于从事慈善工作能获得从公司工作中无法得到的个人利益(享受)。根据同样的原则,高收入的人会选择在家做饭,而如果这个人用做饭的时间去工作,那么所获得的收入将远远超出这顿饭的市场价值。做饭的休闲价值是指,如果工作中不存在类似的休闲价值,则做饭的边际价值低于工资。在这两个例子中——律师从事慈善工作或高收入的人在家做饭——如果我们错误地使用机会成本(即工资),对他们花费在自己喜爱的活动中的时间进行估价,将高估非市场活动的投入成本,同时低估他们的生产率水平。

让我们回到经济理论,为那些从事非市场活动的人所耗费的时间寻找一个合适的替代成本。一个生产函数将生产性投入——劳动 L 和资本 K——与产出 Q 联系在一起:

$$Q = f(bL, K).$$

从数量上看,人们的时间(L)是非市场生产中最重要的待估算投入。在非市场环境下,我们通常必须将一项非付费劳动与市场替代物进行比较。与从事类似的付费市场工作相比,从事非市场工作的人通常可能不够专业,干得也不那么努力。在非市场产出的生产函数中,b 是指非市场劳动相对于市场劳动的系数。如果我们的推测正确,b 通常介于0和1之间。一个家庭成员在家从事一项可以由市场雇工来完成的工作,对于这个例
181 子,合理的方法是首先计算家庭成员的工作时间,再用一个比率对时间进行估价,该比率等于系数 b 乘以从事该项工作人员的市场工资。因此,如果一个业主选择自己重盖屋顶,在使用相同的材料和工具的情况下,所耗费的时间是一个每小时工资30美元的专业瓦工的两倍,那么我们将记录该业主从事这项工作所耗费的所有时间,并以每小时15美元计价。并且,无论该业主在他自己的市场工作中每小时挣100美元还是10美元,我们都同样使用每小时15美元来估价。对于每小时挣100美元的人来说,我们无疑将分配每小时85美元的愉悦价值给盖屋顶这项工作,而对于每小时挣10美元的人来说,我们将分配给他每小时5美元的不愉悦价值。

对于无法由其他人完成的任务——例如学习或锻炼——可以使用时

间的机会成本作为其价格。对于在市场上工作的人,机会成本可以来自他的工资;对于没有市场工作的人,就必须做一些推算。在任何一种情况下,原则上都需要对工作愉悦与非市场活动愉悦之间的差异进行调整。

估算非市场产出通常比估算投入更加困难。处理非市场产品和服务的一个合理的指导原则是,假设它们在市场中被生产和消耗。这是指,在任何可能的情况下,非市场产品和服务的推算价格应该来自相应的市场替代物。例如,很多青年运动组织主要由志愿者运作,虽然参与活动需要缴纳一定的费用,但这个费用不能作为市场价格。但也有一些私营企业,他们为青少年提供类似的参与休闲活动的机会,并收取市场价格。给定相应的产出数量信息——例如,参与非营利青年运动组织的各类休闲活动的青少年人数,就可以运用私营企业提供类似活动的价格来估算非营利组织的产出。

在某些情况下,家庭产出和市场产出在质量上可能存在差异,就像家庭生产投入和市场生产投入一样。原则上,对非市场产出的估价应该考虑到与类似市场产出的所有质量差异,正如我们建议估算非市场劳动投入相对于市场劳动投入的价格那样。

即使在准市场产品的情形下,市场产出和非市场产出可能都不是理想的替代,从而使其价值比较变得复杂。如果一个非市场产品是一项没有直接市场对应物且从未出售过的资产,那它的价值就更难确定。对于这些情况,一个可行的方法是使用市场价格估算这项资产在未来一段时间内生产的产出价值流,然后用回报的现值作为该项资产的估值。该方法在涉及 182
“可在市场上销售的资本资产的估价”的标准理论中具有明确的基础,并且 Jorgenson 和 Fraumeni(1989,1992)在估算人力资本投资时也使用了该方法,用一个人在生产寿命期内累计产生的收入增加的现值(并假设教育同等地提高了市场和非市场时间的价值),来测算人力资本增量投资的价值。

健康投资同样将在一段时期内产生非市场服务流。健康状况的改善不仅增加了劳动力市场活动的预期年限,从而增加了劳动力市场的收益,而且还增加了享受生命的预期年限。对医疗卫生投资产生的生命附加年限的价值进行市场化测算是存在争议的,虽然劳动力市场数据已经证实了这样做的有效性。特别是,不同的职业具有不同的致命伤害风险和不同的相对工资率,这个事实已经被利用于估算附加寿命的价值。虽然这些测算还存在很多缺陷,但其优势是基于产生可观测市场结果的现实世界决策,正因为如此,它们仍具有一定的吸引力。

具有公共属性的非市场产出可能需要使用不同的方法来测度,例如犯罪率和空气质量。另外,也可以在市场交易的基础上测算这些产出的价值。即使不是全部,至少很多这类非市场产出的水平会具有地区差异。人们很可能愿意为生活在一个低犯罪率、空气质量更好的社区支付更多费用。这些正面特征的价值应反映在房屋价格上。至少从原则上来说,可以通过特征模型将房屋价格与这些(和其他)社区特征(参见 Black(1999)的一个有趣应用)联系起来,从而获得低犯罪率、好学校或高质量空气的估值。

还存在很多领域,使用市场估价甚至是根据非市场类似物进行推算也不可行,无法获得产出价值。这些领域包括社会资本的某些方面,例如,家庭的稳定性,恐怖主义对人们幸福感的影响,或是诸如大峡谷之类国立纪念物的"存在"价值和"遗产"价值。在这些例子中,任何估算都必须依赖
183 更间接的证据。我们强调应首先关注那些可以使用最合理的和以市场为基础的方法进行估价的非市场产出类别。

4.4.6 计数和估价问题

国民经济核算有一个报告价格和相应数量的一致结构。价格和数量有着密切的联系,因为价格是不同产品数量进行汇总的基础。国民经济核算采纳了指数理论学者一贯倡导的方法——每种产品数量的变动百分比用这种产品美元价值占所有产品美元价值的比例进行加权,得到各组产品的链式加权数量指数。这样一来,就可以通过账户直接计算生产率。任何一组产品的生产率增长——包括 GDP 中的所有产品——等于总数量的增长率减去相应投入的加权增长率。

在市场经济中,货币总量通常是最易获得的对活动水平的测算——美元计价的销售额、美元支付的工资和薪水等——而数量的测算通常更加困难。但根据定义,非市场活动不涉及货币交易。也就是说,构成传统国民收入核算基础的货币总量数据在非市场活动中无法获得。而可获得的数据是有关活动水平的物质指标或其他数量指标,例如用于家庭生产的小时数,受教育的年限,或是各种空气污染物的周围浓度。

一方面,有人认为不存在一个通用的方法,可将货币价值分配至各种不同质非市场的投入和产出,并且任何这种分配都将不可避免地反映对统计机构不适宜的价值判断(例如,van de Ven,Kazemier 和 Keuning,2000,第8页)。持相反看法的人认为,如果不尝试将货币价值分配到数量指标(非市场产出核算的基础部分)中,决策者将很难理解和运用这些信息。这就

是说,非市场产出最终被忽视了,分配到的价值为零。决策者也可以主观地为非市场产出确定一个价值,但远不如统计部门所使用的方法合理。在这两种情况下,测度专家都有充分的理由,根据最优的可行方法提供测度结果,即便存在很多问题,但至少不会留下一个统计空白。尝试将货币价值分配至数量指标的另一个论据是,这样做可以过滤那些在经济上不重要的指标。单纯的实物统计体系的一个问题是,它们可能对某些研究课题有用,但涵盖的内容太多,而且很难理解。很多情况下,经济学 184
可以通过近似估算价格的科学方法将有偏的价值判断降到最低程度。同时,有了货币度量,就可以将产出的详细数据进行汇总,得到更大、更有用的指数。出于这些理由,非市场投入和产出应该尽可能多地使用美元估价。

货币估价方法的有效性取决于货币价值最终可以在多大范围内及多高的准确性上被赋予相关的投入和产出。因此,这种价值赋予应该尽量客观,我们赞成尽量根据可观测的市场交易或替代物的信息进行估价。并且,即便在难以根据市场交易估算时,估价方法可由独立观测者进行复制也是非常重要的。在某些情况下,将价格赋予至产出(或投入)可能存有较大争议,因此公布实物量账户可能是最佳选择。鉴于编制常规货币化账户需要使用价格和数量数据,只要明确一系列假设,就可以建立最好的价格和货币量统计。账户受限于实物量账户应该是一个例外,而不是规定。我们还需要再次强调,应该优先核算那些可以通过市场化比较进行估价的非市场领域。

4.4.7　边际估价法和总量估价法

经济学的估价方法分为两大类:第一,在国民经济核算框架下,以价格为基础,反映的是边际收益;第二,认为所有消费者都愿意购买消费者剩余超过价格的产品或服务。这两种方法从不同的角度来计算收益。

在完全竞争市场上销售的产品或服务,其价格是生产成本等于消费单位产出的价值。边际估价法不考虑产品和服务的超边际收益。在很多情况下,知道消费者购买第一个和后续单位的产品及服务的意愿对决策没有任何意义。尽管公众从冰激凌的生产中享受到大量的消费者剩余——所获得的享受价值超过支付的冰激凌价格——但没有任何与这项剩余相关的政策或核算问题。生产率和其他一些核算使用的是市场价格所反映的边际价值,很多纳入卫星账户的非市场产品和服务的价值也根据该原则核算。

185 对于医疗服务业这个重要行业来说,边际估价法和总量估价法可能具有本质区别。设想一种治疗镰状细胞贫血症的新药,边际成本为1美元。这项创新的总价值可能是巨大的,而使用与药品销售挂钩的边际估价法所计算的价值可能很小。对于一个卫生账户,考虑有关生产性活动所产生的社会福利的情况,将更加符合核算原则。这需要特别注意投入和产出的识别及分类。在一个完全细化的卫生账户中,基础研究和开发(R&D)、用于改善身体状况的时间、医疗创新等投入——有些在市场中进行买卖,有些不在市场中进行买卖——记录在账户的一方(投入);在账户的另一方(产出),记录健康状况的变化,其估价反映了一年的健康生活价值,必须进行测算和估价。由于投入和产出是分别估价的,如果测算合理,它们可以反映研究投资和其他投入所产生的社会利润。在这个例子中,与发现一种治疗镰状细胞贫血症的方法相关的健康状况的改变所产生的社会价值将大大超过其研发成本,甚至超过账户中的所有投入。

大量社会利润似乎主要产生于新产品,导致消费者福利的离散型变化。曾经有人认为,消费者给新产品设定的价值应该在合理构建的价格指数中反映为价格水平的降低(可参见 Hausman,1996)。尽管目前在价格指数的相关文献中对这个问题尚无定论,但我们注意到,采用考虑了新产品消费价值的价格指数来缩减名义支出,所得到的实际产出包含了与这些产品相关的消费者剩余。在一个国民收入核算框架下计算现存产品的总价值是没有意义的。有时候总价值数据被用于成本—收益分析,这是可以的,因为成本—收益分析与国民账户的基本概念框架和目标都不相同。

4.5 非市场核算的数据

正如我们在本章中已经介绍过的,开发卫星账户的一个障碍在于缺少支持相关活动的量化和估价的可用数据。正如已经指出的,新 ATUS 将提供最重要的非市场生产投入的丰富信息,即人们花费在非市场活动中的时间。其他非市场生产的投入通常在市场中购买,也就是说测算这些投入(非可有可无的)的困难应该与建立 NIPAs 所遇到的困难类似。开发用于
186 独立核算非市场产出的数据还需要进行大量工作。这节我们将要介绍新 ATUS,然后指出所需要的其他关键数据。

适用于测算非市场活动所花费时间的数据必须来自人们工作以外的活动信息的记录。收集这些信息的工具是一项时间预算调查——这是一项关于以个人为单位的一个大样本在其日记账中记录他们一天或是几天

中的活动的研究。时间预算调查中的典型做法是,将活动与所花费的时间一起列出来,然后将其编码分组。与其他了解人们如何支配时间的方法相比,时间预算调查的一个优点在于它限定了所上报的每人每天花费在所有活动中的时间总量等于 1 440 分钟。

虽然联邦机构定期对时间利用研究提供资金支持,但联邦统计体系中尚没有部门设计或开展相关调查和研究。2003 年 1 月,BLS 开始将收集时间预算数据作为月度 ATUS 的一部分。最迫切地希望 BLS 开展时间利用调查的是那些对妇女花费在家庭中的时间感兴趣的研究人员和活动人员,在经过近十年的发展和检验(Horrigan 和 Herz,2005)后已经可以使用的新调查数据,将更广泛地运用于构建美国的补充经济账户。

ATUS 样本是从完成了为期 8 个月的当期人口调查(CPC)的家庭成员中随机抽取的。BLS 预期每个月抽取大约 2 800 个家庭,获得 70% 的反馈率。由于资金方面的限制,从 2004 年 1 月开始,抽样家庭的数量从每月 2 800 个减少到 1 800 个。电话日记账的反馈率为 59%,小范围亲自调查(对于没有电话的家庭)的反馈率为 34%。从 2004 年开始,每年的期望实际反馈来自大约每月 1 200 个家庭的成员,其中约有 14 000 人完成日记账。

抽样家庭的选择基于不同层次(包括民族/种族和孩子的年龄),目的是降低美国人口小类统计数据的抽样方差。这里一个关键的问题是将调查对象口头描述的活动种类划分为适用于核算和分析的类别。基本代码被汇总成 17 个大类:个人护理(主要是睡眠);家庭活动;照顾和帮助家庭成员;照顾和帮助非家庭成员;工作和工作相关的活动;教育;购买消费物 187
(例如购买食物);专业的和个人护理服务消费(例如看医生);家庭服务消费;获得政府服务和公民义务;吃饭和喝水;社交、放松和休闲;运动、锻炼和娱乐;宗教和精神活动;志愿者活动;打电话;旅游。每个大类下还有进一步的细分。该分类结构非常符合根据本章讨论的思路构建的补充账户。除了完成时间使用日记账之外,ATUS 的调查对象还要填写 CPS 中有关工作情况、人口特征、收入和(等量的)家庭收入等调查信息。

作为一个大范围的、持续的时间预算调查,ATUS 在世界范围内是独一无二的。其他很多国家的时间支配数据库虽然足以得到可靠的时间分配测算数据,可以用于建立具有统计意义的简要描述,但没有能够在持续更新方面与 NIPAs 账户类似的支持补充非市场账户的时间利用数据。年度 ATUS 样本与其他国家的时间利用调查在大体上一致,但 ATUS 对于建立非市场账户的特别价值在于,它的信息提供将是持续的。

ATUS 可用于量化人们在生产性活动(市场和非市场)中所花费的时

间。有人认为 ATUS 的设计者只收集每个调查对象一天的时间安排,只调查每个家庭中的一名成员,限制了 ATUS 数据的价值。ATUS 的这个决定确实限制了它在某些研究中的运用,例如那些关注活动的时机选择或是家庭议价的研究。但要用于建立卫星账户的时间利用估算,这些问题并不是主要缺陷。

ATUS 的其他方面可能对于这些数据在非市场核算中的运用更加重要。一个相关的设计特点是,该调查记录主要活动而不是次要活动,换句话说,这些数据的编码只反映人们在一段时间参与的一项活动。但该项调查设计了单独的问题来了解用于照顾孩子的时间,从经验上来说,这是调查对象在其他时间使用调查中所反馈的最重要的"次要"活动。有关次要活动的更加完整的信息对于监测与其他活动或休闲同时发生的生产性非市场活动的投入时间非常重要。一个相关问题是,对于一次只需要几分钟就完成的活动——例如,将衣服放进洗衣机,再从洗衣机移入烘干机——
188 是否需要每次汇报来保证时间估算的准确性。从非市场核算的角度来说,ATUS 的另一个局限性是数据收集对象只包括年龄在 15 周岁以上的人。不包括小孩和十几岁的年轻人意味着,在建立教育卫星账户时,需要使用其他数据对花费在学校及学校相关活动中的时间进行推算。

对于 ATUS,我们最关心的可能是数据不能完全代表人们支配时间的平均水平的风险。虽然在仔细审核数据之前尚无法确定,但似乎比较忙碌的人较少参与调查,也就意味着调查结果可能被歪曲。因此,需要对调查对象中可能存在的偏差大小进行评估,如有必要,可通过提高反馈率或是对结果进行适当调整来控制偏差。

我们要强调的是,这些问题并不是对 ATUS 的指责,其实 AUTS 考虑了非市场生产投入,我们认为这本身就是一个巨大的进步。我们能够理解 ATUS 的设计有着操作上的原因。事实证明,如果要调查某家庭各类成员某一天的时间利用信息,则调查反馈率可能会更低。类似地,在调查开发阶段进行的测试使人们担心,系统地测算调查对象可能参与的次要活动将极大地增加调查对象的回答负担,从而对反馈率产生反作用。BLS 意识到了无应答误差的可能性,并已经计划评估它的重要性。随着 ATUS 工作的推进和时间利用数据收集变得越来越普遍,我们应该关注当前用于非市场核算数据的局限性和潜在偏差。

时间利用调查提供了人们花费在不同活动中的时间数量。非市场核算也要求将价值(价格)赋予这些数量数据。为了估算第三方花费在活动中的时间价值——例如用在家庭生产或志愿者活动中的非市场时间——

我们主张采用替代成本法。如果非市场劳动和市场劳动具有相似的熟练程度和强度,支付给从事相关工作雇员的市场工资就可以作为替代成本的一个合理估值。但在其他情况下,非市场劳动与市场劳动的效率有很大差别,这就需要对观测到的市场工资进行调整来反映非市场劳动的相对低效。目前,我们缺乏能够为这项调整提供实证基础的市场和非市场生产函 189
数参数的相关信息,这是另一个需要进行研究和数据开发的领域。

如上文所指出的,很多非市场核算的运用还需要人口统计结构变动的相关信息。虽然个别研究人员可以通过 CPS 特殊目的表或普查局的微观数据来编制这类信息,但目前还没有及时更新的描述人口基本特征的公开信息来源。一个高度衔接的人口统计学数据的编制工作对于非市场核算具有显著的意义——例如,在教育卫星账户中建立教育素养测算,或在卫生账户中用于确定观测到的某疾病发生率的变化是否由人口年龄结构变动或其他相关原因所导致。用于构建支持非市场核算的人口统计数据库所需要的原始资料已经有了,因此这应该是一个相对容易弥补的数据缺口。

除了劳动投入之外,一个完整的非市场账户还必须包括非劳动投入的估算。例如,一个家庭生产账户中测度家庭产出时必须包括资本服务、原材料和能源投入的数据,作为非付酬劳动的补充。用于家庭生产的原材料的购买已经包括在 NIPAs 中,在生产方计做产品消费,在收入方计做资本、劳动和其他投入的回报。NIPAs 还包括耐用消费品的支出,例如冰箱和洗衣机,尽管与耐用消费品存量相关的年度服务流量不需要与当年购买耐用消费品的支出完全相符(Fraumeni 和 Okubo,2001)。在家庭生产核算中,相关的和所需要的是这些耐用品的服务流量数据。

最后,还需要进一步研究和开发数据来解决与定义和测算产出相关的老问题。各种非市场活动的产出是什么? Zvi Grilliches 曾经发现“在很多服务部门,并不清楚交易对象是什么,产出是什么,与支出相对应的服务是什么”(Griliches,1992,第 7 页)。这个发现尤其适用于这里提到的服务(难以测算的服务)领域,例如教育、卫生、社会服务、文化和艺术以及娱乐。

开发非市场产出测算的需求可以通过教育业和卫生业来反映。对于这类难以测算的部门,产出价值通常等于其生产投入的总价值。因此,对于这些部门的增长、质量提高或生产率知之甚少。近年来,其他方法被开 190
发出来用于更直接地估算教育产出。这些方法包括指标(例如,基于测验分数)法、增量收益法和住房价值法等。类似地,对于健康账户,有关人口健康状况的数据、正在开发的疾病状况和健康损害研究的分类数据,为直接测算卫生部门产出提供了保证。

4.6 总　　结

在本章,我们主张建立一个系统的非市场活动账户体系来补充现有的国民收入与生产账户。根据设计,NIPAs 主要核算市场活动,基本上不考虑市场以外发生的产品和服务的生产。家庭生产、教育投资、医疗投资、志愿者活动、环境改善或退化等领域的卫星账户在更加全面地描述经济增长情况和促进对经济增长贡献因素的理解方面有着巨大的价值。

现有的国民经济账户在长期的使用和完善过程中显示了它们的价值。主要考虑到这个因素,我们赞成在现有国民经济账户的基础上建立非市场卫星账户。这就是说,我们赞成保留复式计账法(这是 NIPAs 的特点),并在核算非市场投入和产出时尽可能地以市场交易为基础。

开发非市场账户的一个主要障碍在于缺乏数据支持。缺乏合适的数据无疑会继续成为一个限制因素,但新 ATUS 促使我们对非市场核算问题展开新一轮的思考。这个新的调查将提供用于非市场生产投入核算的关键数据。我们希望研究人员继续致力于开发与非市场经济活动相关的各种产出核算的合理方法。

参考文献

Abraham, Katharine G., and Christopher Mackie, eds. 2005. *Beyond the market: Designing nonmarket accounts for the United States.* Washington, DC: National Academies Press.

Black, Sandra E. 1999. Do better schools matter? Parental valuation of elementary education. *Quarterly Journal of Economics* 114 (May): 577–99.

Bureau of Economic Analysis, U.S. Department of Commerce. 1994. A satellite account for research and development. *Survey of Current Business* 74 (November): 37–71.

Cutler, David. 2004. *Your money or your life: Strong medicine for America's health care system.* New York: Oxford University Press.

Cutler, David, and E. Richardson. 1997. Measuring the health of the United States population. *Brookings Papers on Economic Activity, Microeconomics:* 217–72.

Conference on Research in Income and Wealth. 1958. *A critique of the United States Income and Product Accounts.* A report of the National Bureau of Economic Research. Princeton, NJ: Princeton University Press.

Fixler, Dennis J., Marshall B. Reinsdorf, and George M. Smith. 2003. Measuring the services of commercial banks in the NIPAs. *Survey of Current Business* 83 (9): 33–44.

Fogel, Robert W. 1999. Catching up with the economy. *American Economic Review*

89 (March): 1–21.

Fraumeni, Barbara, and Sumiye Okubo. 2001. Alternative treatments of consumer durables in the National Accounts. Paper prepared for the BEA Advisory Committee Meeting. 11 May, Washington, DC. Available at http://www.bea.gov/bea/papers/cdinnipa.pdf.

———. 2005. R&D in the National Income and Product Accounts: A first look at its effect on GDP. In *Measuring Capital in the New Economy,* ed. Carol Corrado, John Haltiwanger, and Daniel Sichel, 275–316. Chicago: University of Chicago Press.

Griliches, Zvi. 1992. Introduction. In *Output measurement in the service sectors,* ed. Z. Griliches, 1–22. Chicago: University of Chicago Press.

Hausman, Jerry. 1996. Valuation of new goods under perfect and imperfect competition. In *The economics of new goods,* ed. T. F. Bresnahan and R. J. Gordon, 209–37. Chicago: University of Chicago Press.

Holloway, Sue, Sandra Short, and Sarah Tamplin. 2002. Household satellite account (experimental) methodology. London: United Kingdom Office for National Statistics. Available at http://www.statistics.gov.uk/hhsa/hhsa/resources/fileattachments/hhsa.pdf.

Horrigan, Michael, and Diane Herz. 2005. A study in the process of planning, designing and executing a survey program: The BLS American Time-Use Survey. In *The economics of time use data,* ed. Daniel Hamermesh and Gerard Pfann, 317–50. Amsterdam: North-Holland.

Jorgenson, Dale, and Barbara M. Fraumeni. 1989. Investment in education. *Educational Researcher* 18 (May): 35–44.

———. 1992. The output of the education sector. In *Output measurement in the service sectors,* ed. Z. Griliches, 303–38. Chicago: University of Chicago Press.

Katz, Arnold. 1983. Valuing the services of consumer durables. *Review of Income and Wealth* 29:405–77.

Kendrick, John W. 1970. The historical development of national income accounts. *History of Political Economy* 11 (Fall): 284–315.

———. 1976. *The formation and stocks of total capital.* New York: Columbia University Press for NBER.

Kuznets, Simon S. 1934. National income 1929–1932. Senate Document no. 124, 73rd Cong., 2nd sess. Washington, DC.

Landefeld, J. Steven, and Stephanie H. McCulla. 2000. Accounting for nonmarket household production within a national accounts framework. *Review of Income and Wealth* 46 (3): 289–307.

LaPlante, M. P., C. Harrington, and T. Kang. 2002. Estimating paid and unpaid hours of personal assistance services in activities of daily living provided to adults living at home. *Health Services Research* 37 (2): 397–415.

Mankiw, N. Gregory, David Romer, and David N. Weil. 1992. A contribution to the empirics of economic growth. *Quarterly Journal of Economics* 107 (May): 407–37.

Marshall, Alfred. 1920. *Principles of economics: An introductory volume.* 8th ed. London: Macmillan.

Michael, Robert. 1996. Money illusion: The importance of household time use in social policy making. *Journal of Family and Economic Issues* 17 (Winter): 245–60.

Nordhaus, William D. 2002. Principles of national accounting for nonmarket accounts. Draft document prepared for the Panel to Study the Design of Nonmarket Accounts. Yale University, Department of Economics.

Nordhaus, William D., and Edward C. Kokkelenberg, eds. 1999. *Nature's numbers: Expanding the national economic accounts to include the environment.* Washing-

ton, DC: National Academies Press.
Pigou, A. C. 1920. *The economics of welfare.* London: Macmillan.
Popkin, Joel. 2000. Data watch: The U.S. National Income and Product Accounts. *Journal of Economic Perspectives* 14 (Spring): 205–13.
Reid, Margaret. 1934. *The economics of household production.* New York: Wiley.
Slater, Courtenay M., and Martin H. David, eds. 1998. *Measuring the government sector of the U.S. accounts.* Washington, DC: National Academies Press.
United Nations, Commission of the European Communities, International Monetary Fund, Organisation for Economic Co-operation and Development, and World Bank. 1993. *System of national accounts 1993.* Series F, no. 2, rev. 4. New York: United Nations.
Van de Ven, Peter, Brugt Kazemier, and Steven Keuning. 2000. Measuring well-being with an integrated system of economic and social accounts. Paper presented at the 2000 meeting of the Sienna Group. 22–24 May, Maastrich, the Netherlands.

第5章 资本账户的设计:基本设计原则

C. R. 豪特恩*

期待政府可以在一些概念比较模糊,以及对测量对象和测量方式尚无专业共识的领域中,给我们提供统计数据的想法是不合理的。

——Griliches(1994,第14页)

若非有“资本”,国民收入核算将是一件相对比较简单的事情。在此 193
情形下,所有产出流量都将用于即期消费,劳动是生产中的唯一要素(而且此时的劳动是相对无差别的,因为不存在诸如卫生和教育等使其变复杂的各种投资事务)。此时需要面对的主要问题首先应该是如何划分市场活动和非市场活动之间的界限,其次是如何测算与服务等无形产品有关的实际产出。但这两个问题从本质上而言是实施的问题,而不是基本理论问题,因没有概念上的依据将经济资源的非市场使用排除在整个国民经济账户之外;同样,以现行价格和不变价格表达投入与产出也毫无争议。

然而,一旦涉及资本,那就更多的是要做什么,而不是如何做的问题了。从马克思和奥地利学派的资本理论研究者,到凯恩斯和“剑桥之争”,资本给经济理论带来的麻烦最多,伴随着对熊彼特不确定性、信息不对称和不完全竞争理论关注度的上升,以及阐述无形资产重要性著作的问世,这种模糊性更加严重了。此类问题的未决状态对国民收入账户的设计显
然是一个大问题。因为,正如Griliches(1994)观察所得,如果就一件事物 194
究竟是什么尚存在基础性的分歧,那么将很难对其进行测算。国民经济账户体系的现行设计,以及金融账户体系的结构,都反映出了这种模糊性。现行体系还无法从多个方面和角度构建出一套完整的资本账户。

---

* C. R. 豪特恩(Charles R. Hulten)是马里兰大学经济学教授,美国经济研究局特邀研究员。

感谢对本章初稿提出宝贵意见者,特别是Erwin Diewert和Paul Schreyer。当然,文中谬误之责都由作者自负。

本章关于资本账户架构的讨论将从上述这些问题出发。用建筑学的话来说，本章仅限于介绍抽象设计原理，而不会对一个具体建筑物给出设计蓝图；从逻辑上说，首要问题是应该做什么，而不是讨论该怎样去做。这是著名的 Koopmans(1947)训诫所带来的启示，那就是要避免"没有理论的测算"。该训诫认为，理论应当引导测算实践，以便于为账户体系内所包含变量的选择和定义提供指导，划定边界，保证这些变量的内在一致性，为其含义诠释和以后的实际应用提供便利。然而，尽管 Koopmans 训诫对于界定资本在国民账户中的作用至关重要，但却没有明确给出任何具体的理论，当然，可充当这一角色的备选者很多：资本账户可以沿着凯恩斯路线构建(如美国国民收入与生产账户的传统结构)，或者进行更广泛的界定，将环境、社会和生活质量等指标变量包括在内；即使在"标准经济学"范围内，单就新古典增长模型而言，就已存在至少三种描述资本的方法。没有任何一种单一方法可以宣称其在所有方面(或观点)上都绝对优于其他方法，因为任何一套账户的目标只在于说明某一特定的问题，而相关问题的界定、为寻找答案选择理想方法，却需要由用户自己决定。然而，哪怕仅仅是为了保证内在的一致性，也必须对体系构造做出选择，为此本章要基于新古典经济学描述这样一个架构设计。该设计以我们所熟悉的源于标准供求分析的收支和产品循环流量模型为基础，以新古典经济的生产和消费理论为总体结构。这一设计隐含于当前的账户体系——如(美国的)国民收入与生产账户体系以及联合国的国民账户体系(联合国等，1993)——之中，尽管尚未完全实现；同时与 Christensen 和 Jorgenson(1969,1970)所规划的结构也大体相似。

循环流量模型(CFM)是按照功能性活动的原则(消费和生产)而不是结构性的原则(非金融企业、金融企业、政府、国外部门和住户)来组织
195 的。① 这些当事人在该核算结构里的角色是双重的：作为生产者，他们为当前消费供应产品，通过产品投资为未来消费供应产品，同时对生产产品所必要的要素投入提出需求；作为消费者，他们供应了这些要素投入，同时对生产者的产出提出需求。各个部门通过市场联系起来，其中，投入和产出根据供求法则进行交换和定价。一些交换可能存在于正规的市场之外，只能按照影子价格进行，因此需要经济统计工作者进行推算，但由此引起的困难仍然只是一个实施问题，而不涉及基本设计。

---

① Patinkin(1973)发现，现代形式的 CFM 可以追溯到 Frank Knight 20 世纪二三十年代所完成的工作。Patinkin 认为，还可以找到该模型的更早形式，但那些模型的目的显然不是为了阐释产品和服务在一个完整经济体系(即本章中模型的应用对象)内的分配和分布。

鉴于资本的复杂本性,本章将先从不包括任何形式资本的最简单的 CFM 开始。然后以此为基础,按照复杂程度,渐进引入“资本”的各个方面。我们从仅因为消费品的生产和使用在时间上的错位而出现的资本开始,但不涉及任何实际的资本品。之后再对 CFM 进行扩展,把资本考虑进来,以存货存量为起点,随后引入各种有形和无形的生产性资本投入。按照这样的顺序,许多看起来相互独立、相互区别的被称为“资本”的实体可以一一显示出来。但对各种情况进行比较后,可以发现:资本的所有特征最终都是源于延迟即期消费以提升或维持未来预期消费水平的决定。

CFM 的功能性结构同样揭示了“资本”这个统一概念的双重特性。从消费者的立场来看,延迟即期消费涉及将当期收入由消费向储蓄转移,而这将增加消费者的财富存量水平,从而引致更多的未来收入和更高水平的未来消费。从生产部门的角度来看,延迟即期消费意味着将资源从消费品生产行业转移到投资品生产行业,这种转移将增大生产性资本的存量水平,以便在未来带来更多的消费品产出。这种双重结构可有助于我们厘清生产者资本和消费者财富、生产者投资和消费者储蓄以及生产者的资本成本和消费者的资本收益之间的各种联系。②

5.1　基本的循环流量示意图

CFM 的结构如图 5.1 所示,图中的四个部分描述了支出流和物量流,其中生产活动位于图的一侧,消费活动位于另一侧,投入位于图的下部,产出位于图的上部。投入和产出流通过图中上下两部分的“市场”连接在一起,在市场中,产品从一个部门转移到另一个部门。这些双边交换是 CFM 的根本特征,经过市场估价的检验后,即可在收益、成本、收入和支出之间建立等价关系。这些交换如图 5.1 外侧所表示的那样逆时针流动,基于此形成了将产出价值和投入价值联系起来的基本核算恒等式。假定只有消费品(C)和劳动(L)两种商品,CFM 中的流量关系即可简化表示为 $P^C C = P^L L$。 196

构建国民经济账户的主要目的之一,是能够跟踪记载不同时间上的投入和产出数量,因为只有各个时间点上的数量流(不是其名义价值流)才是经济健康发展的决定因素。消费品和劳动投入流如图 5.1 内侧所示,按

② 在讨论资本核算设计时,区分资本成本和资本收益尤为重要,因为这一点在当代国民核算实践中很大程度上被忽视了。正是因为恪守这种区分的重要性(它确实很必要),CFM 才得以确立其在构建一套一致的国民收入和财富账户体系中的作用。

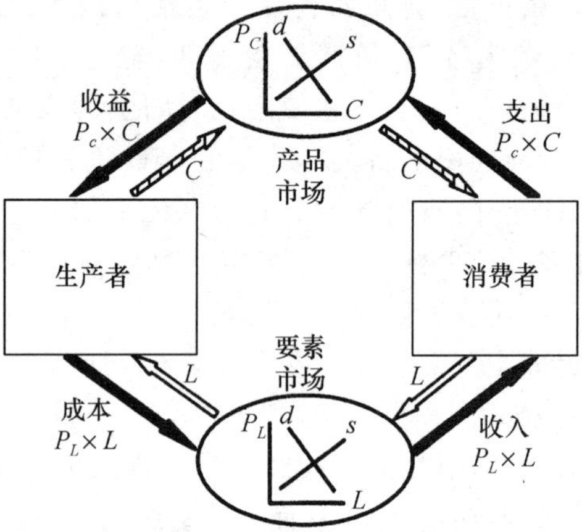

图 5.1 不包含资本的循环流量模型

顺时针方向流动。若所有价格标准化为 1(即 $P^C = P^L = 1$),将任一时期的名义价值流动反方向表示,即可得到这一流量。如果这些价格不随时间改变,就不会存在不同时期间的可比性问题,实际上就根本不需要考虑价格。但我们没有理由假定价格是不变的,因为生产率变化和通货膨胀都会使名义价格随时间发生绝对的和相对的改变。在这种情况下,必须通过独立估计的价格缩减指数或数量指数,将每个时期的价值流量($P^C C$ 和 $P^L L$)分割
197 成价格和数量两部分,结果就产生了两套收入和生产账户的时间序列,一个按名义价格编制:

$$P^C(t)C(t) = P^L(t)L(t), \tag{1a}$$

一个按不变价格编制:

$$P^C(0)C(t) = A(t)P^L(0)L(t). \tag{1b}$$

$A(t)$因子必须包含在不变价格账户中,表示生产率随时间自主变化。

迄今为止,很少有文献讨论引起 CFM 之各种流量的经济结构。然而,即使在图 5.1 这样一个简单的设计中,就已经通过部门和市场组织体现了一种隐性的结构。L 流入生产者部门,C 流出生产者部门,这意味着从投入向产出的转变,即在标准理论中通过生产函数 $C(t) = F(L[t],t)$所要表达的内容。此处的 t 考虑了无成本的生产效率提高,是不变价格恒等式 1b 中 $A(t)$的来源。类似地,C 流入消费者部门,L 流出该部门,则表明了竞争性备选项中的消费者选择,也就是标准理论中通过效用函数 $U(C[t],$

$L[t]$)所要模拟的内容。③ 利用欧拉定理,这些生产和效用函数可以与核算等式(1a)和(1b)联系起来(Hulten,2001),还可以获得一些有意义的特性,来确立图 5.1 中 CFM 之流量账户——或者从实际意义上说旨在完整描述可利用资源如何满足经济需求的任何账户——的自然边界。该理论结构表明,任何具有效用的产品和生产中所必需的投入,无论其是否处于正规市场之中,都应该包含在一整套经济账户的核算边界之内。④

等式(1a)和(1b)表达的核算模型并没有涉及那些生产出来用于其他行业消耗的产品(如用于生产汽车的钢铁)。如果将整个经济体划分为若干部门,这些中间产品将很重要,并会使 CFM 的设计变得更为复杂。但是,由于这些产品的生产和使用都发生在同一个核算时期内,因此它们并不出现在经济体的总量账户中。遗憾的是,这经常让人们错误地以为,中间产品这个概念在很大程度上与总量无关(除非是为了在增加值 $P^L L$ 与最终产品 $P^C C$ 之间做出区分)。之所以有这样的混淆,原因在于,什么是中间产品,什么是资本,其区分主要取决于所选核算时期的长度。如果核算期是一个月,一支铅笔可能成为资本,如果是一年,一支铅笔就变成了中间产品。当核算期是一年时,一台平均经济寿命为 20 年的机床是资本,但核算期若是 100 年,则该机床就变成了中间性投入品。既然核算期的长短是人为确定的,那么,资本作为生产性产品,其本身也就是一个主观人为的核算概念,也就是说,在某些特定的核算模型里完全可以将其摒弃掉(Hulten,1979)。 198

5.2　作为延迟消费的资本

上一节给出的只考虑消费—劳动的模型设想了一个没有资本的世界。

③　效用函数通常用消费和闲暇的形式表达,而不是工作的小时数,即 $U(C[t],H-L[t])$,其中,H 表示可用于工作的时间,因此闲暇的时间为($H-L$)。在多种产品的 CFM 中,N 种消费品各自都有自身的生产函数,从原理上说都会消耗一些劳动投入(共 M 种),$C_i(t)=F-(L_{i1}[t],\cdots,L_{iM}[t],t)$;则相应的效用函数为 $U(C_1[t],\cdots,C_N[t];H-\sum_i\sum_j L_{ij}[t])$。为简化起见,我们假定一个最少的必要产品数,同时忽略常数项 H,以对闲暇项也予以压缩,因为它对于本章所描述的资本账户并不发挥核心作用。

④　编制价格缩减指数时的一些常见问题经常对核算边界的选择构成约束。考虑无形商品时,这一难题尤为突出,因为,原则上说,此时甚至其测算单位都难以定义,更不用说测算的精度了。对非市场产出而言,确定合适的缩减指数也极为棘手。目前的常用做法是,将各种随着非市场使用时间推移而发生在人力资本、研发(R&D)和其他无形资产上的投资都排除在账户以外,尽管理论上说应该包括在其中。

所有产品都在生产出来后随即被消费掉，所有投入都是在同期形成的，因此，这些经过加总的经济变量的范围只涉及当前核算期，不同时期之间——即 $C(t-1)$ 与 $C(t)$，或 $L(t-1)$ 与 $L(t)$ 之间——并无关联。然而，单个主体的效用函数可能存在着关联。由于大多数人的寿命跨越了多个核算期，将单个的效用函数表述为整个寿命 T 的消费和休闲函数似乎更为合理，即 $U^j(C_j[1],\cdots,C_j[T];L_j[0],\cdots,L[T])$，而不应该是其寿命的单个时期。在每年可获得收入额 $P^L(t)L_j(t)$ 的约束条件下，对上述效用函数最大化求解，会得出一个最优消费计划，在该计划下可能会出现期望消费高于或低于当年收入的情况。例如，在收入高的时期，人们可能会将消费支出向收入低的时期（如退休期间）转移。

如果存在能够实现跨时期转移的金融工具，就可能会出现个人消费转移。借助于这些工具，单个消费者可以借出或借入一部分的当期收入 $P^L(t)L_j(t)$，也就是说，允许其进行储蓄或动用储蓄。由于总消费是固定
199 的，因此贷款人每年的储蓄与借款人每年使用的储蓄必然平衡。适应这种消费转移机制，收入和生产账户体系给出了关于等式(1a)和(1b)的一套总量账户。当消费转移发生在个人层面上时，个人可以进行储蓄或动用储蓄 $S_j(t)$，由此可得出个人收入的等式：

$$P^C(t)C_j(t) + S_j(t) = P^L(t)L_j(t). \tag{2}$$

为了同时满足等式(1a)、(1b)、(2)，每年所有个人的总储蓄 $\sum_j S_j(t)$ 必须为零，因为每年生产出来的所有产品必须在当年消费完。

进一步看，因为每一项贷款都必须还本付息，个人储蓄或动用储蓄在每个人的生命期间内必须保持平衡。个人借贷行为的基本时间约束是其一生劳动收入的贴现值，该贴现值必须等于其一生消费的贴现值。假定没有遗产留给下一代，也没有从上一代继承遗产，在经济寿命开始时，人一生的预算约束如下：

$$W_j(0) = \sum_{t=1}^{T} \frac{P^C(t)C_j(t)}{(1+r)^t} = \sum_{t=1}^{T} \frac{P^L(t)L_j(t)}{(1+r)^t}. \tag{3}$$

为了表述简单，假定折现因子 $(1+r)$ 不随时间改变。根据等式(2)可知，每个人一生的储蓄余额必然为零，这意味着个人净资产($\mathrm{NW}_j(0)$)也为零：

$$\mathrm{NW}_j(0) = \sum_{t=1}^{T} \frac{P^C(t)C_j(t)}{(1+r)^t} = \sum_{t=1}^{T} \frac{P^L(t)L_j(t)}{(1+r)^t} = \sum_{t=1}^{T} \frac{S_j(t)}{(1+r)^t} = 0, \tag{4}$$

这说明，所有贷款都需要用生命期限内的收入偿清。而且，每个时间点上的

净资产总和为零，因为每个时间点上个人净资产的总和 $\sum_j \mathrm{NW}_j(t)$ 必须反映出 $\sum_j S_j$ 为零。

从整个经济体层面上看，并没有创造出净资产，所以也就不存在总量的资产负债表。但对于单个个体而言，却存在基于这些现值等式的资产负债表，逐年记录过去所有储蓄和动用储蓄行为的净后果。个体净资产头寸的存在，意味着即使没有显性的资本品，但由于消费品在不同年份间发生了实际转移，财富及相应的平衡表也能够存在。

如果一个国家是开放的，发生了国际流量，则上述结论必须进行修正。在这种情况下，借款和贷款可跨国界进行，对任一国家的居民而言，用于未来消费的权益和债务净余额可以非零。所有国家的净头寸合计仍为零，但 200
此时每个国家总的财富约束为：

$$W(0) = \sum_{t=1}^{T} \frac{P^C(t)C(t)}{(1+r)^t} = P^C(0)K(0) + \sum_{t=1}^{T} \frac{P^L(t)L(t)}{(1+r)^t}. \qquad (3')$$

$P^C(0)K(0)$是以当期消费测算的，过去至决策期期初（“现在”）所积累的外部债权或债务（即以往储蓄或动用储蓄）余额。该开放经济体的净资产总量（以及对应的资产负债表）可表述为：

$$\mathrm{NW}(0) = \sum_{t=1}^{T} \frac{P^C(t)C(t)}{(1+r)^t} = \sum_{t=1}^{T} \frac{P^L(t)L(t)}{(1+r)^t} = P^C(0)K(0). \qquad (4')$$

任一时间点上，净资产可正可负，这说明，在经济活动中隐含着一种形式的“资本”，尽管并不存在明确的资本品，甚至所有生产出来的消费品在当期即被（某些人）消费掉了。

5.3　作为存货的资本

对上一节分析做一个小小的调整，将使我们更进一步认识资本问题。5.2 节所讨论的情况是，消费品必须在其生产出来的当期消费掉，但同时可以通过“纸”债务协议在不同时期之间、消费时间偏好不同的人之间进行有效转移。但如果消费品可以存储，由此即可直接从一个时期转移到另一个时期，上述逻辑将发生一个重要变化。这项调整虽然小，但却意义重大。这样，实物产品可以跨时期转移，而不再仅仅是债务，由此就有了“资本品存量”，尽管所有存货都是由消费品组成的。

为了使产品存货能从一个时期延续到下一个时期，必须为该项产品储存提供条件直到其被消费掉。存储活动自然应该归入生产部门，因为，按职能划分,存储活动既是消费又是生产,并可以视做是为以后消费而进行的生产。如此一来,消费品的生产函数就需要修正,以反映当期部分产出在未来使用的可能性。现在的生产函数为:$C(t)+I(t)=F(L[t],t)$,其中的 $I(t)$ 表示转移到下一期的产品数量。总收入等式则变为:$P^C(t)C(t)+P^C(t)I(t)=P^L(t)L(t)$。

201 在此框架下,如果存在从以往生产中转移过来的存储消费品存量,则任一时期的消费都有可能大于该期生产的产品数量。该存量等于当期存货的增加量 $I(t)$,加上以前各期留下来尚未使用的产品结余 $K(t-1)$,经损耗率 δ 调整,结果就是可用于下期消费的存货 $K(t)$:

$$K(t) = I(t) + (1-\delta)K(t-1). \tag{5}$$

该存量在任一年的价值都要按重置价值确定,即要以当期商品价格计算,表示为 $P^C(t)K(t)$。它也等于(假定)生产者卖出所有存货可获得的价值,因此可将其视为生产者部门的一项资产。然而,生产者在销售这些消费品获得收入 $P^C(t)C(t)$ 的同时,还要支付工资 $P^L(t)L(t)$,这样就产生了一项冲抵的负债。二者的差额 $P^L(t)L(t)-P^C(t)C(t)$ 是递延工资,可视为消费者对生产部门持有存货存量的权益。

表述这一递延项的方式是,假定生产者发行了一纸债权,如债务或权益工具,承诺支付与递延工资等额的数量:$P^C(t)S(t)=P^L(t)L(t)-P^C(t)C(t)$。等式中的 $S(t)$ 表示以产品单位标记的延迟消费数量,因此可以视为产品储蓄的数量(与存货投资 $I[t]$ 相等),即便这种储蓄采取了纸权益的形式。$P^C(t)S(t)$ 是权益的名义价值,可以视为消费者净资产的增加额。这种以未来消费权益形式表述的储蓄公式,可以与上一节的纯消费—贷款模型相比较:净资产等式(4′)同样适用于本节的分析,因为在这两种情况下,净资产均是消费和劳动的未来收入流量现值之差,且两者的净资产均为 $P^C(t)K(t)$。纯消费—贷款模型与此处存货模型的主要差异在于:在后者,$K(t)$ 代表实际产品的存量。因此,只有在这种情况下,才可能出现一份真正的资产负债表,一侧是存量的价值,另一侧是对该存量的财富权益。

该资产负债表与 CFM 的收入和生产账户同时存在,那么应将其置于 CFM 示意图的哪个位置呢?究其本质而言,CFM 描述的是资金、产品从经济的生产和消费部门流进、流出的过程,并没有涉及从一个核算期到下一个核算期的产品存量。解决该问题的一种方法就是在各部门资产负债账户上添加相应项目。对生产者部门可以添加资本存量账户,即 $P^C(t)K(t)$;对消费者部门可以添加财富账户,即 $NW(t)$。这两个存量账户与 CFM 各流

量之间的关联可以通过储蓄和投资账户实现；在储蓄和投资账户中，存货 202
投资 $I(t)$ 流入资本存量账户，而储蓄 $S(t)$ 则流入财富账户。

5.4　作为生产手段的资本

到此为止，我们所描述的资本账户缺失了一项根本性的东西：被大多数人直觉地认为是“资本”的那些实体——如机器和建筑物般相当坚固和耐用的产品。与上一节所讨论的存货不同，那里的资本存量是已经生产出来的消费品存货，而现在这种资本则是用于未来生产的投入，且其自身也是被生产出来的。因此两者之间根本的分析性差异在于生产的结构。对存货资本而言，生产函数的形式是 $C(t)+I(t)=F(L[t],t)$，分析中隐含了一个辅助性的储存函数（storage function）。但是在生产性资本情形下，生产结构必须能够反映出投资是一项单独的产品，有其自己的生产函数。相应地，需要添加上两个条件：$L=L_I+L_C$，$K=K_I+K_C$，前一节介绍的几个等式必须调整为：

$$I(t) = F^I[L_I(t),K_I(t),t] \text{ 和 } C(t) = F^C[L_C(t),K_C(t),t], \qquad (6)$$

积累等式（5）仍为 $K(t)=I(t)+(1-\delta)K(t-1)$。该结构有两点与前述情况不同：一是现在的投资 $I(t)$ 和消费 $C(t)$ 是不同的产品，不再像以前那样可以完全替代；二是资本存量 $K(t)$ 成为跨时期的生产要素。

这两种生产结构的不同，使得资本品的估价也不相同。与存货存量相关的价值单位是与效用函数相关的消费品价格 $P^C(t)$。而在生产性资本情形下，存在着两种价格：一是与投资品产出相关的价格 $P^L(t)$，涉及生产该产品的边际成本；二是与生产中所投入产品相关的价格 $P^K(t)$，涉及资本投入的边际生产率，并等于该产品用于年度生产可要求的租金。两种价格概念并不是相互独立的，因为对一单位新资本存量的支付意愿必然与这些产品在经济寿命期（N）里所形成的未来租金流量 $P^K(t+\tau)$ 有关。假定每年都追加投资，直到最后一单位的成本正好等于租金收入的贴现值，那么：

$$P^I(t,0) = \sum_{\tau=0}^{N} \frac{P^K(t+\tau,\tau)}{(1+r)^{\tau+1}}. \qquad (7)$$

r 仍然表示贴现率。在本节以下的部分里，我们假定：所有的生产性资本均在正规市场上出租，以确保 $P^K(t)$ 为可观测价格。有关生产者利用的资本 203
将在下一节介绍。

图 5.2 为对应生产性资本情形的循环流量图。图中流量已进行了调整，考虑了生产者部门的投资品产出和消费者部门以外的租金收入流量。

国内生产总值(GDP)的基本等式由两个部门的产品决定:$P^I(t)I(t)=P^L(t)L_I(t)+P^K(t)K_I(t)$,$P^C(t)C(t)=P^L(t)L_C(t)+P^K(t)K_C(t)$。总等式是这两个等式相加:

$$P^C(t)C(t)+P^I(t)I(t)=P^L(t)L(t)+P^K(t)K(t). \tag{8}$$

图5.2的右上方流量反映了消费者角度的产品流量,对消费者而言,获得资本品是一种储蓄行为:

$$P^C(t)C(t)+P^I(t)I(t)=P^C(t)C(t)+S(t). \tag{9}$$

这就导出了上一节介绍的储蓄账户,其现在的形式为 $P^I(t)I(t)=S(t)$。同上文,生产性资本由消费者存储于生产者部门。但是,现在假定生产者购置新的单位资本,直至其边际成本等于未来租金流量贴现值,如等式(7)。结果 $P^I(t)I(t)$ 从生产者部门流向投资账户,$S(t)$ 则从消费者部门流入储蓄账户,然后通过债券和权益工具的金融市场与投资账户相联系。同上文,$P^I(t)I(t)$ 追加到生产者的资本账户中,$S(t)$ 追加到消费者的财富账户中。在图5.2模式的CFM中,出现了一个新的核算元素,即对租金
204 $P^K(t)K(t)$ 的处理。我们可以将租金的处理视为经由租金市场流入附着于生产者资本账户的资本支付账户,而后以债券和权益工具(财富账户持有)回报的形式流入消费者的资本收入账户。

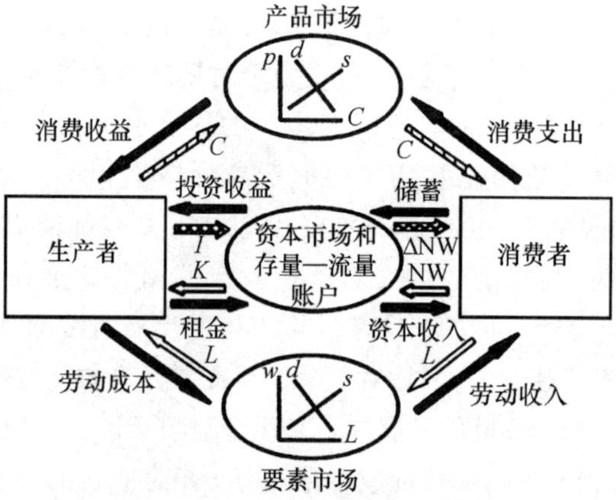

图5.2 包含资本的循环流量模型

与资产负债等式对应的等式(4′)可以从一个考虑了现值后进行扩展的收入等式得到。在目前情形下,其形式为:

$$\begin{aligned} NW(0) &= \sum_{t=1}^{\infty}\frac{P^C(t)C(t)}{(1+r)^t}-\sum_{t=1}^{\infty}\frac{P^L(t)L(t)}{(1+r)^t} \\ &= \sum_{t=1}^{\infty}\frac{P^K(t)K(t)}{(1+r)^t}-\sum_{t=1}^{\infty}\frac{P^I(t)I(t)}{(1+r)^t}=P^I(0)K(0). \end{aligned} \tag{10}$$

该等式之所以可以化简为最后的形式,是因为除了既往转入的初始资本投入价值外,$K(t)$和$I(t)$可以相互抵消。当然,这一结果应该与存货资本和外债净值情形下获得的结果相同。因此生产性资本情形下的收入和财富账户是上一节所述账户的延伸,这说明,当资本概念扩展到包含作为生产手段的资本时,账户设计的原则并没有发生根本性改变。

5.5　生产者运营的固定资本

如果租赁市场很活跃,那么固定资产核算仍将会是一件相对简单的事情。此时,收入和生产账户内的所有价格都可以根据实际的市场交易获得。遗憾的是,资本市场的正常运作却并非如此。仅有一小部分生产性资本存量通过正规租赁市场流通,其他大部分租赁价格$P^K(t)$并不明确,也没有租金流量$P^K(t)K(t)$可供国民经济核算人员使用。因此,图 5.2 左下侧“成本”分支部分在实证上不可行,所以,目前的核算实践中一直忽略这一项目,在 CFM 的结构中也未能体现。⑤ 幸运的是,这种情况已开始改善。

正规租赁市场缺失,对全面实施 CFM 这一目标而言,无疑对实际操作构成了严重挑战,但是经济理论提供了一种方法,即可以利用可观测的总量数据对不可观测的出租价格进行推算。该方法源于 Jorgenson(1963)以及 Hall 和 Jorgenson(1967)开创的资本使用者成本理论,其中,资产定价方 205
程(7)被用于求解一个隐性的出租价格:

$$P^K(t) = \{r(t) - \rho(t) + [1 + \rho(t)]\delta\} P^I(t). \tag{11}$$

该表达式是一项新资产的使用者成本,未考虑税收和其他费用。它是该项资本的生产者—使用者每年必须支付的机会成本,因此等于资本的出租价格。如果等式(11)右侧的各因素——资产价格重估率$\rho(t)$、经济折旧率δ、回报率$r(t)$、资产购置价格$P^I(t)$——都是可测算的,我们就可以对每一种资产的使用者成本进行估算。计算结果就是每种资本出租价格的推算值。

对于生产者成本推算值中各因子的测算,其难度不尽相同。有关有形资产获得价格的相关数据很容易得到,从而可以得到资产重估率$\rho(t)$的估计值。经济折旧率δ的估计最为困难,这将在以后单独一节里讨论。回报率$r(t)$的估算也比较困难(最新的介绍可参见 Schreyer,2004),一种方法

⑤　使用者成本最早由 Jorgenson(1963)引入,自此成为资本和增长应用理论的构成部分,但其融入核算实践的进程一直很缓慢。Diewert(1976)和 Hulten(1990)的调查对该理论进行了概述,并提供了更详尽的细节。

是,假定套利能够使回报率和利息率持平,由此可利用购买资本品所需资金的利息率来估计 $r(t)$,或者用债券和公司股票回报率的加权平均值估计。以上述形式获得 $r(t)$ 事前测算值,将有利于把使用者成本与投资者预期购买资本品时面临的融资成本紧密联系起来。另一方面,我们并不能保证投资者的决策实际上是以特定的金融回报率为基础的。风险和流动性约束的存在,可能会使得投资者在根据资产估价方程(7)评估隐性成本和收益时,使用一个较高的贴现率。而且,无法保证用 $r(t)$ 的事前测算值得出的 $P^K(t)$ 推算值能够满足下述要求:投入的价值等于收入和生产核算基本等式(等式(8))中的产出价值。

Jorgenson 和 Griliches(1967)以及 Christensen 和 Jorgenson(1969,1970)开发了一种以事后资本回报率为基础推算使用者成本的方法,可以保证等式(8)的左右两侧相等。该方法的第一步是通过测算不作为劳动收入支付的剩余收入,估计出对资本投入的总支付 $\Pi(t)$,即 $\Pi(t) = P^C(t)C(t) + P^I(t)I(t) - P^L(t)L(t)$。考虑到基本核算等式,以上表达式还等于 $P^K(t)K(t)$,将生产者成本代入 $P^K(t)$,即得:

$$\Pi(t) = P^K(t)K(t) = \{r(t) - \rho(t) + [1 + \rho(t)]\delta\} P^I(t)K(t), \tag{12}$$

206 一旦估计出等式(12)右侧的其他因素,即可求解等式(12),得出 $r(t)$ 的估计值。⑥ 可喜的是,Berndt 和 Fuss(1986)证明,事后回报率可以解释为马歇尔的准租金,体现为资本效用变化的一个校正项。存在的问题是,这种方法假定,所有的相关资本都已在等式(12)中考虑,没有其他的租金来源(下文将详细讨论)。由此出现的一个实证上的困难是,在资产价格快速增长的时期,依据这种方法推算出的使用者成本可能是负值。

5.6 生产者建造的固定资本

上一节讨论了非直接所有权对国民收入和财富核算的影响,其问题在于缺少明确的租金价格。如果资本存量不仅仅是由生产者使用的,也是由生产者制造的,就会产生进一步的问题。如果资本资产是由其使用者生产的,那就不仅不存在所需估计的市场租金价格 $P^K(t)$,而且也不存在获得

---

⑥ 如果存在多种类型的生产性资本,且使用者成本不同,根据等式(12),可有:

$$\Pi(t) = \sum_{t=1}^{N} P_t^K(t)K_t(t) = \sum_{t=1}^{N} \{r(t) - \rho_t(t) + [1 + \rho_t(t)]\delta_t\} P_t^I K_t(t).$$

而对于某单一资产,等式右侧的其他元素测算出后,即可求解得到公因子 $r(t)$ 的估计值。

此类资产价值（即隐含的 $P^I(t)I(t)$）的可观测的市场交易。生产此类资产的成本有时可以确定，但是由于规模和其他原因，公司内部的生产成本未必总是等于资产的建造价值。而且，即使二者相等，仍然会产生一个问题：因为没有价格缩减指数 $P^I(t)$，我们无法分离出真实的投资数量 $I(t)$。

对企业有形资本而言，自建问题引发的数量影响相对有限，主要存在于特定类型的维护和修理情形下。但在企业无形投资方面，如研究和开发、公司内部计算机软件开发、员工竞争优势和产品营销，它的影响要更为显著。许多此类项目都是公司特有的，即仅（或主要）对本公司有价值，而且其生产过程需要该公司的特定专业知识。其他项目，如研究和开发（R&D）等，可能在公司之外也有价值，但会因为其专有性而被秘密持有。所有这些的共同特征是，几乎无法定义其测算单位；为此，其数量 $I(t)$ 或许 207
原则上是可测算的，但却很少能在实践中观测到。事实上，它们本身的存在就是有争议的，因为它们不具有有形的载体，因此，用于无形资本的支出很可能成为企业为寻求“改善”资产负债和收入报表而采用的手段。为此，宏观和微观层面上的核算人员一直都不太愿意将其视为资本支出，尽管在宏观层面上情况已开始发生变化，国民收入与生产账户体系已经将软件支出资本化，有关研究和开发的卫星账户也在创建中。

此种支出面临着很多测算困难，但这对于是否应将其视为资本并无直接意义。应该考虑的是其内在本质，或者具体来说，就是现在的支出是否是为了增加未来的消费（或防止未来消费水平下降）。如果答案是肯定的，那么，标准跨时期经济理论就会明确告诉我们：它应被视为一种储蓄，应作为资本处理（Corrado，Hulten 和 Sichel，2005）。将这一规则应用于具体个案，那些预期会防止未来消费水平下降的维护和修理支出，在很大程度上应该作为资本处理。在此规则下，R&D 支出和许多其他旨在增加未来产出，以及增加潜在消费的无形商业支出一样，也是一种资本形成。在企业部门以外，为了接受更多的教育而延迟工作的机会成本应当被视做人力资本投资，与身体健康有关的各种支出也是如此。[7]

---

⑦　Corrado，Hulten 和 Sichel（2005）发现，每年没有包括在美国投资支出中的无形资产支出超过一万亿美元，大约等于每年有形固定资产的支出额。Jorgenson 和 Fraumeni（1989，1992）也认为，在当前核算实践中忽略了巨额的人力资本支出。

5.7 折旧和报废

经济折旧多年来一直困扰着国民核算,因此需要我们给予特别关注。[8] 可折旧资产的本质特征是,它们会由于磨损和侵蚀而在生产过程中“被用尽”,导致生产效率随时间推移逐渐下降。上述等式(5)中就包含着侵蚀问题,但假定其是一个不变的折旧率 δ 而把问题做了简化。下面是一
208 种包含了上述简单情形的更一般表述,其中将资本存量定义为所有现存的过去投资的加权和,权重为各自的剩余生产效率 ϕ_i[9]:

$$K(t) = \phi_0 I(t) + \phi_1 I(t-1) + \cdots + \phi_N I(t-N). \qquad (13)$$

在这个存量积累等式里,用 ϕ_i 表示的相对效率在使用过程中是不断下降的,直至资产报废退出服务的第 N 期变为零(在上一节的存量积累等式中假定 $\phi_i = [1-\delta]^i$)。

若其他条件不变,权重 ϕ 的下降,意味着资本服务数量的下降。而这又会导致资本资产价值的降低,其中部分原因在于报废前的生产率损失,另一部分原因在于,每年对资产的使用使其逐渐接近其生产性寿命的终点,因此缩短了其在资产估价等式(7)中的剩余收入流。价值的下降被称为“经济折旧”,在概念上有别于资产退化($\Delta\phi_i$)(decay),但需要指出的是,当折旧过程符合几何模式时,其折旧率和退化率相等(即 $\Delta\phi_i/\phi_i = \delta$)。对于等式(7),经济折旧 $\delta(t)$ 是资产价格 $P^I(t,s)$ 关于已使用年限 s 的偏导数,而资产重估效应(即等式(11)使用者成本表达式中的 $\rho(t)$)则是价格关于时间的偏导数。在特定假设条件下,单纯年限效应的估计可以通过测量两种不同使用年限的类似资产在同一时间点的价格差额来获得。这是 Hulten-Wykoff 指标测算经济折旧的基础,并被美国国民账户体系所使用。[10]

---

⑧ 对此问题做全面的历史回顾不属于本章的讨论范围,本章也不再讨论资产退化、折旧和资产估价之间的数学关系。更多内容可见于 Hulten 和 Wykoff(1981,1996)、Triplett(1996),以及 Hulten(1990)提供的关于此问题的数学公式。

⑨ 相对效率 ϕ_i 实际上就是一项新资产和已使用 i 期资产之间的边际技术替代率。因此,新资产的相对效率为 1(即 $\phi_0 = 1$)。为了保证模型的操作可行性,假定 ϕ 固定不变,但是在更一般的模型里,它可以根据经济条件的变化而变化(可参见 Jorgenson(1973)或 Hulten(1990))。

⑩ 值得注意的是,单一资产的折旧过程不必和同一年内设置的整个类似资产组的平均过程相同,对国民核算有意义的是整个资产组。一般而言,资产组的每一项资产会在不同年份报废,如果其报废模式是正态分布的,资产组的平均折旧率会接近于几何比率(Hulten and Wykoff,1981)。这个结果似乎和直觉——一项实物资产(如椅子)的大部分生产性价值似乎可以一直延续到其报废(某期突然失效模型)——相矛盾,但这样的直觉却属于一个合成谬误(萨缪尔森提出,“对于部分来说是对的事情,对于整体来说也是对的,这一错误的概念就是合成谬误”——译者注)。

上述分析对于收入和财富测算具有以下意义。资本每年总回报中的折旧部分(即使用者成本中的 δ)必须被视做是维持原始投资价值使其不受损害的相关成本,而不能作为所有者的收入。该原则意味着,源于 CFM 生产者的商品总价值应等于归属于消费者的净收入加上折旧,而不仅仅是净收入。这并不妨碍资金循环流量的恒等关系,因为 CFM 上部的流量是 209
生产和购买商品的总价值,它们等于模型下部生产者向消费者的总支付流量。但是,总收入和净收入的差别意味着,测算经济活动总量可以有两种不同的方法,一种适用于 CFM 的生产方,另一种则适用于消费方;GDP 未必是描述年度产出对跨年效用贡献的恰当指标。

Weitzman(1976)严谨地发展了这一想法。他证明,跨时期效用函数极大化的最优解为 $C(t)+p(t)\Delta K(t)$,其中,$p(t)$表示与消费品价格有关的投资品价格。此即 Haig-Simon 收入,等于消费加上净资产变化,它也等于要素收入减去折旧,或国内生产净值(Hulten,1992)。Weitzman 的结论可以理解为国内生产净值(NDP)在测算总量经济活动时要优于国内生产总值(GDP),但 CFM 表明二者同样重要。CFM 供给方的生产函数代表了将劳动和资本投入转变为产出(实际离开厂门)的过程。没有人看见过或者能够看见不包含折旧的实物产品出厂,因为根本就不存在这样的产品。GDP 是研究生产函数的各种参数以及各种投入要素之生产率如何随时间而变化的适当概念。另一方面,NDP 的概念却适用于研究消费者福利,因为正像 Weitzman 指出的,NDP“可以作为未来消费贴现值的近似值”(第 156 页)。这个区别表明,CFM 可用于对经济活动的划分:一旦净产出、总产出问题被纳入 CFM 的范畴,这两个概念对各自的经济活动领域将显得格外重要。此外,核算人员未能对 CFM 的设计保持清晰的认识是引起净产出和总产出的争论中概念混乱的主要原因。

技术性报废是资产估价的另一个方面,它使得资产定价模型大为复杂化,同时也成为最近很多困惑的根源。如果技术进步体现在新投资品的设计上,就会发生这种现象。高质量的资产通常迥异于与之相竞争的老资产(如喷气式飞机与螺旋桨飞机),而且原则上讲,它已经是不同类型的资本,有其自己的生产函数。遗憾的是,以这种方法获取数据的要求太高,以至于不可操作。[11] 然而,Hall(1968)证明了,如果假定新老资产在质量上的 210
差异可以用其有效资本服务数量之差来表示,内含性技术变化(embodied

---

[11] 如果(机器的)每项新技术进步都视为独立生产工序的一部分,那就必须分每台机器收集总产出、劳动和材料投入等有关数据。我们的主要任务是在基层单位层面上得到一致的生产数据,很难期望在单个机器层面上获得分项数据。

technical change)模型在实证上是可操作的。在前述不考虑质量差异的公式中,新资产的相对效率参数 ϕ_0 不再强制为1,而是随时间以内含性技术变化率 λ 增长。相应地,新资产的效率函数演变为:$\phi_{t,0}=(1+\lambda)\phi_{t-1,0}$。$\phi_{t,s}$表示已使用年限为 s 的现存资产在第 t 期的效率,该资产的形成时间取决于:$v=t-s$。$\phi_{t,s}$模型假定折旧仅仅是由于磨损,与投入新资本无关(因此 $\phi_{t+1,s+1}=(1-\delta)\phi_{t,s}$,其磨损过程以一个不变的比率进行)。在这种情况下,资本积累方程式(13)可以转换为:

$$K(t)=\phi_{t,0}I(t)+\phi_{t,1}I(t-1)+\cdots+\phi_{t,N}I(t-N). \qquad (13')$$

这种方法的基本特点是将内含性技术变化标记为新资本有效数量的增加,而后再加到经损耗调整后的老资本中去。[12]

另一方面,新资本出现必然会使老资本的价值下降,即使其自身的生产率没有发生变化,因为老资本的边际生产价值在降低,即使边际生产本身没有受到影响,也就是说,在竞争性市场里,新资本较高的生产效率会使产出的价格下降,进而会减少由现存资本获得的边际收入。在此框架下,老资产的价格变化受制于以下三个因素:技术内含性变化率 λ、平均磨损率 δ 和平均价值重估效应 ρ。

如果将经济折旧定义为资产价格相对于已使用年限的偏导数,很显然,折旧就包括了磨损和报废的综合效应。在美国国民收入与生产账户体系中,现行经济折旧测算来自 Hulten-Wykoff 的基础价格估计值,这些测算都必须解释为 δ 和 ρ 的综合效应。Hall(1968)的研究表明,仅使用价格数据无法将这两种效应分离开,但他的另一篇论文(1971)却指出,应用特征价格指数技术可以解决这个识别问题,即为参数 λ、δ、ρ 提供相互独立的估计,然后利用这些相互独立的估计将经济折旧的基础价格估计值分解为经济折旧的各方面。该结果反过来可以通过修正后的积累等式(13′)单独用于测算 CFM 生产者一侧的资本存量数量,同时也可以用于测算资本价值的变化。

211

5.8 “非零租金经济”

前面章节里介绍的核算架构有两个层次:基于支出和物量循环流量的基础结构,以及基于经济理论应用的上层结构。前者更具一般性,后者则引

[12] 把已转化的技术变革引入资本积累模型并非只有这一种方式。另一种方法是,当已转化技术变革期望率增大时,允许老资本加速折旧。这是一个更现实的方法,但是它更为复杂,以目前数据水平通常是无法实现的。

进了关于技术和偏好、存量和流量估价的特定假设。Hall(2001) 将这些假设统称为“零租金经济”。其特征是：竞争的市场，不存在规模经济，所有生产要素长期内可自由调整。因此在该种经济里不存在经济租金，由此可以推导出收入等式(12)，将资本资产总回报 $\sum P_i^K K_i$ 与由资产产生的流向消费者的收入联系起来。在 Jorgenson 和 Griliches(1967) 以及 Christensen 和 Jorgenson(1969,1970) 的核算模型里，零租金是非常重要的假设之一。

当经济体内存在由垄断势力、边际内效率租金(intra-marginal efficiency rent)、持续非均衡、不完全信息和不确定性而形成经济租金时，就需要对以上等式做出不同的解释。在更现实的世界里，一部分被认为归属于集体性资本资产 $\sum P_i^K K_i$ 的收入，实际上却是对企业家或公司所有者的一种回报。试图强加上一个零租金经济规则，会在有关特定资本回报分析中导致有偏估计。不仅如此，它还会潜在地使资本存量价值和财富数额失去关联。然而，这并不意味着这种理论应用本身是错的，而是说明了使用正确理论的重要性，也并不意味着零租金模型毫无意义。鉴于将不完全竞争、熊彼特式企业家和不确定性模型应用到国民收入核算中可能遇到的困难，我们可以说，零租金模型是实现 Koopmans 梦想——有理论的测算——所迈出的合乎逻辑且重要的一步。

5.9　总结和结论

本章以收支和产品循环流量模型(CFM)为基础介绍了收入与生产账户体系的设计原理。虽然其中涉及的流量不仅仅是资本，但事实表明 CFM
对于分析“资本”含义是一个十分有用的框架。特别需要指出的是，正是 212
CFM 在消费者和企业部门之间的明确区分，才反映出资本的双重属性：一方面，它是生产者持有的存货和生产性资产；另一方面，它又是消费者持有的财富存量。而且，通过对资本问题的逐层剖析，我们可以很清晰地看出，最原始形式的资本源于消费者延迟消费的决策，而且这个特性一直传递到所有形式的资本中。

这些属于总的设计原则。在 CFM 背景下对资本进行分析，也可以为具体核算实践提供帮助。首先，总原则可以为我们确定何为资本提供标准：如果一项支出的目的在于增加未来消费，而非当期消费，就应将其视为资本。这个规则明显适用于大部分 R&D 和许多其他无形支出，而在当前实践中，它们中的大多数却不作为资本处理。在实践中这种情形已开始转变,而 CFM 分析要求继续保持这种转变趋势。

其次,CFM 的结构也让我们注意到应该对模型左下分支的资本成本进行完整的核算。这一部分是与 CFM 中企业部门有关的生产账户的必要组成部分,但诸如国民收入与生产账户和国民经济账户体系等传统国民核算在很大程度上都忽略了这一点。我们现在正考虑扩展这些传统账户,以使其包括一个完整的生产部门,本章分析为采用这种方法提供了强有力的支持。

再次,CFM 将两个功能部门分开,有助于解决用净值还是总值来测算产出总量的争议。确切的答案是,两种测算都是衡量经济总量的有意义的统计数据。产出总值(GDP)适用于针对生产者部门的测算,因为该部门的生产功能就是将投入转换成产出,后者就是包含折旧的总值。另一方面,产出净值(NDP)则更适用于衡量消费者当期和未来的福利。过去,许多研究者没有考虑经济体中的循环流量组织,因而在生产率分析中采用了产出净值。

最后,CFM 将生产部门和消费部门分开,有助于解决资产分配问题。这一问题产生于 SNA 修订建议中的争论。根据 CFM,处于长期租赁中的资产,在销售—租赁—回购安排下出租的资产,或所有权遭遇分割的资产,其记录都应参照其他资产做相同处理;作为生产性资本,则应将其分配到使用它们获得产出的生产者行业部门,然后再通过金融中介,将资产所有者定位于根据消费者部门划分的最终所有者财富账户。

213 CFM 强调将生产和消费作为两类单独的经济活动,为解决很多“资本”相关核算问题提供了一个有用的框架,也为融合各种理论进展——这些进展提升了账户体系对不同使用人群的价值——提供了一个灵活的基础结构。如何使当前核算实践向 CFM 结构推进,应成为国民收入和财富核算领域的一个核心目标。

参考文献

Berndt, Ernest R., and Melvyn A. Fuss. 1986. Productivity measurement with adjustments for variations in capacity utilization and other forms of temporary equilibrium. *Journal of Econometrics* 33:7–29.

Christensen, Laurits R., and Dale W. Jorgenson. 1969. The measurement of U.S. real capital input, 1929–1967. *Review of Income and Wealth* 15 (December): 293–320.

———. 1970. U.S. real product and real factor input, 1929–1969. *Review of Income and Wealth* 16 (March): 19–50.

Corrado, Carol, Charles Hulten, and Daniel Sichel. 2005. Measuring capital and technology: An expanded framework. In *Measuring capital in the new economy,* ed. Carol Corrado, John Haltiwanger, and Daniel Sichel, 11–41. Chicago: University of Chicago Press.

Diewert, W. Erwin. 1976. Aggregation problems in the measurement of capital. In *The measurement of capital,* ed. Dan Usher, 433–528. Chicago: University of Chicago Press.

Griliches, Zvi. 1994. Productivity, R&D, and the data constraint. *American Economic Review* 84:1–23.

Hall, Robert E. 1968. Technical change and capital from the point of view of the dual. *Review of Economic Studies* 35:34–46.

———. 1971. The measurement of quality change from vintage price data. In *Price indexes and quality change,* ed. Zvi Griliches, 240–71. Cambridge: Harvard University Press.

———. 2001. The stock market and capital accumulation. *American Economic Review* 91:1185–1202.

Hall, Robert E., and Dale W. Jorgenson. 1967. Tax policy and investment behavior. *American Economic Review* 57:391–414.

Hulten, Charles R. 1979. On the "importance" of productivity change. *American Economic Review* 69:126–36.

———. 1990. The measurement of capital. In *Fifty years of economic measurement: The jubilee of the Conference on Research in Income and Wealth,* ed. Ernst R. Berndt and Jack E. Triplett, 119–152. Chicago: University of Chicago Press.

———. 1992. Accounting for the wealth of nations: The net versus gross output controversy and its ramifications. *Scandinavian Journal of Economics* 94 (suppl.): S9–S24.

———. 2001. Total factor productivity: A short biography. In *New developments in productivity analysis,* ed. Charles R. Hulten, Edwin R. Dean, and Michael J. Harper, 1–47. Chicago: University of Chicago Press.

Hulten, Charles R., and Frank C. Wykoff. 1981. The estimation of economic depreciation using vintage asset prices. *Journal of Econometrics* 15:367–96.

———. 1996. Issues in the measurement of economic depreciation. *Economic Inquiry* 34 (1): 10–23.

Jorgenson, Dale W. 1963. Capital theory and investment behavior. *American Economic Review* 53 (2): 247–259.

———. 1973. The economic theory of replacement and depreciation. In *Econometrics and economic theory,* ed. W. Sellykaerts. New York: MacMillan.

Jorgenson, Dale W., and Barbara M. Fraumeni. 1989. The accumulation of human and nonhuman capital, 1948–84. In *The measurement of saving, investment, and wealth,* ed. Robert E. Lipsey and Helen Stone Tice, 119–152. Chicago: University of Chicago Press.

———. 1992. The output of the education sector. In *Output measurement in the service sectors,* ed. Zvi Griliches, 303–341. Chicago: University of Chicago Press.

Jorgenson, Dale W., and Zvi Griliches. 1967. The explanation of productivity change. *Review of Economic Studies* 34 (July): 349–383.

Koopmans, Tjalling. 1947. Measurement without theory. *Review of Economic Statistics* 29 (3): 161–172.

Patinkin, Don. 1973. In search of the "wheel of wealth": On the origins of Frank Knights circular flow diagram. *American Economic Review* 63 (5): 1037–1046.

Schreyer, Paul. 2004. Measuring multi-factor productivity when rates of return are exogenous. Paper presented at the Social Sciences and Humanities Research Council (SSHRC) International Conference on Index Number Theory and the Measurement of Price and Productivity. 30 June–3 July, Vancouver, Canada.

Triplett, Jack E. 1996. Depreciation in production analysis and economic accounts. *Economic Inquiry* 34 (January): 93–115.

United Nations. Commission of the European Communities, International Monetary Fund, Organisation for Economic Co-operation and Development, and World Bank. 1993. *System of national accounts 1993.* Series F, no. 2, rev. 4. New York: United Nations.

Weitzman, Martin L. 1976. On the welfare significance of national product in a dynamic economy. *Quarterly Journal of Economics* 90:156–162.

第6章 行业账户与国民经济账户的整合

——初步成果及改进方向

A. M. 劳森　B. C. 莫耶　S. 大久保　M. A. 普兰廷 *

6.1 引　言

美国经济分析局(BEA)一直致力于改善经济账户体系,作为此项工作 215
的一部分,他们已经开始了一系列的战略新举措,以期在行业账户内对按行业、按年度投入产出表(I-O)和按基准 I-O 项目计算的国内生产总值(GDP)进行最终整合,并实现行业账户和国民收入与生产账户(NIPAs)体系的一体化。① 全面实现这一目标,需要 BEA 在数年内开展工作,还需要其他统计机构——尤其是普查局和劳工统计局(BLS)——的持续参与和
合作,以进一步提升原始数据质量。在此期间,BEA 已着手对三个行业项 216
目中的两项——分行业 GDP 账户与年度投入产出账户——进行整合。这一工作的初步成果已经作为 BEA 五年综合修订版的一部分于 2004 年 7 月公布。

分行业 GDP 账户和年度 I-O 账户的整合是一系列行业账户改进工作

---

* A. M. 劳森(Ann M. Lawson)是美国经济分析局行业经济部的主管。B. C. 莫耶(Brian C. Moyer)是美国经济分析局国民收入和财富部的副主管。S. 大久保(Sumiye Okubo)是美国经济分析局行业核算分部的助理主任。马克 · A. 普兰廷(Mark A. Planting)是美国经济分析局行业经济学部的行业研究主管。

美国经济分析局行业核算理事会的 Matthew Atkinson、Mahnaz Fahim-Nader、Jiemin Guo、Karen Horowitz、Sherlene K. S. Lum、George Smith 及其他所有职员对本章的成文都具有直接或间接的重大贡献。感谢 Jack Triplett、Eric Bartelsman 以及 2004 年 4 月 NBER/CRIW 会议的其他参与者,他们对本章的研究方向给予了有益的评论。

① 另外,BEA 的长期目标是实现行业账户和 NIPAs 之地区账户的整合,即给出分行业的州生产总值(GSP)和地区 I-O 乘数估计。年度 I-O 账户和分行业 GDP 账户的一致性将会提升 GSP 账户的质量,因为分行业 GDP 估计时效性方面的任何改善,都会影响到 GSP 估计的速度。一套一致的、更优良的增加值测算,也会潜在地增强 GSP 账户和地区 I-O 乘数估计值之间的关系。

的最新成果。这些改进包括：重新出版年度 I-O 账户；促使在参考年结束之后的三年内发布年度 I-O 账户；扩展分行业 GDP 账户，使其包括所有行业的总产出和中间投入；加速生成分行业 GDP 账户集，使之在参考年后四个月即可获得；继续与普查局的密切合作，改善分行业账户所需原始数据的质量和时效性。②

随着行业账户的改善以及行业原始数据质量的普遍提高，作为向全面整合迈进的第一步，BEA 已可以实现年度 I-O 账户和分行业 GDP 账户的整合。③ 在本章中，这种整合被称为“局部整合”，它是可供 BEA 数据用户使用的第一份有形成果。

这种局部整合原本可以通过很多方法实现。例如，许多国家假定各行业中间投入与总产出的比率与最近的基准 I-O 账户保持不变，在此基础上编制年度 I-O 和分行业 GDP 的合并账户。在此假设下，他们即可利用该比率，基于分行业总产出的年度原始数据测算出分行业增加值的时间序列。但在美国，可获得的原始数据特别丰富，因此 BEA 在形成其整合方法时采用了一种与众不同的方法。例如，普查局、BLS、国家税务局（IRS）提供了各种可用于以不同方式估算行业增加值的数据。然而，这些原始数据的质量在数据序列和行业方面却不尽相同，特别是在相对覆盖面和概念一致性方面。因此，BEA 开发了一套方法，先基于覆盖面和一致性对其他因素
217 的可获得原始数据进行排序，之后利用得到的原始数据加权平均，估计出一套平衡的年度 I-O 账户和分行业 GDP 账户。这样，经 BEA 整合的年度 I-O 账户和分行业 GDP 账户，将可以提供一套更为一致、更为准确的估计值。

为了全面整合行业账户，行业增加值的测算和细项层级应该自 2002 年账户开始就以基准 I-O 账户为基础。这些账户只能在五年一度的经济普查年份得到，目前已被用于确定 NIPAs 中分用途最终支出对 GDP 贡献的测算和细化。在非基准年份，行业整合账户的年度更新主要是依据那些可获得的非全面调查和行政管理资料。对全面整合而言，分行业增加值的测算应当独立于 NIPAs 关于国内总收入（GDI）的测算，并能够向 NIPAs 反

---

② 相关账户概述可参见 Lawson（2000）；更新的年度 I-O 账户可参见 Lawson，Okubo 和 Planting（2000）；扩展分行业 GDP 账户可参见 Lum，Moyer 和 Yuskavage（2000）；有关加快分行业 GDP 估计速度的讨论可参见 Yuskavage（2002）。

③ 关于整合行业账户的讨论，参见 Yuskavage（2000）。

馈信息，以便优化GDP最终支出的商品结构的估计。④ 为了实现这一宏伟目标，BEA正和普查局、BLS及其他统计单位密切合作，争取对基础原始数据的质量和统计范围做出必要的改进，特别是行业费用支出方面的信息。

本章共有五节和三个附录。第一节是引言；第二节在总体上详细介绍短期内正在实现的局部整合；第三节介绍BEA着眼长期的全面整合构想，包括实现这一目标所需的主要条件和实现后所带来的主要益处；第四节介绍年度行业账户局部整合所使用的方法；最后一节概述实现全面整合所要采取的步骤。附录部分详细介绍了以下三方面的内容：用以生成每一行业总营业盈余加权平均估计的概率论方法；一种新的自动生成年度投入产出表的平衡程序；一套在分行业GDP账户内测算链式价格指数和数量指数的运算方法。

局部整合方法的亮点在于：

- 帮助BEA将获得的最及时、最高质量的原始数据纳入年度I-O账户和分行业GDP账户。 218
- 使年度行业账户的质量得以提高，这是因为，该账户是在一个平衡的I-O框架内设计的，也就是说，账户的所有组成部分都与一个平衡的行列框架系统保持一致。
- 实现了年度I-O账户与分行业GDP账户同时公布，并提供完全一致的行业总产出、中间投入及增加值。
- 年度I-O账户在参考年后的一年内即可获得，比过去提前了两年。
- 年度I-O账户可以作为一个连续的时间序列形式发布，因此在分析经济趋势时更为有用。

6.2　局部整合：第一步

BEA有两套国民行业账户：一套是I-O账户，包括基准I-O账户和年度I-O账户，另一套是分行业GDP账户。I-O账户和分行业GDP账户均提供了分行业总产出、中间投入和增加值；然而，由于在测算方法、分类框架、原始数据等方面存在差异，其测算值常常不一致。这种不一致会给数据用户带来麻烦，使之无法将这些丰富的信息综合起来满足应用需

---

④ BEA目前使用支出法和收入法两种方法测算GDP。支出法GDP是消费支出、投资支出、政府支出和净出口的总和。收入法GDP是雇员报酬、生产税和进口税（扣除补贴）、总营业盈余三者之和。这些方法最大限度地使用了来自普查局、IRS和BLS的最新高质量经济指标，以便及时、可靠地反映经济的当前表现。

要。局部整合的目标就是要消除这些不一致,并通过吸收各种方法和原始数据的相对优势,提升这些综合账户的准确性。本节以下将回顾传统的 I-O 账户和分行业 GDP 账户,并在两套账户整合方法的背景下考察各自的相对优势。

6.2.1　传统 I-O 账户的核算方法

传统 I-O 账户详细描绘了各行业如何通过向其他行业提供投入、消耗其他行业的产出而形成相互作用,并最终产生了一国 GDP。I-O 账户包括基准 I-O 账户和年度 I-O 账户。基准 I-O 账户每五年编制一次,以五年一度的经济普查为基础,覆盖绝大部分行业。[5] 年度 I-O 账户是对最近一期
219 基准 I-O 账户的更新,与基准 I-O 账户相比更具有时效性,但在一般情况下,年度 I-O 账户主要以较小样本的年度调查数据为基础,因此,不如基准 I-O 账户详细。[6] 目前,I-O 账户仅采用现价美元编制。[7]

基准 I-O 账户和年度 I-O 账户都是在一个平衡的行列框架下编制的,具体包含两张表:"制造"表和"使用"表。制造表反映各行业生产的商品,使用表则显示各行业生产中使用的商品,以及被最终使用者消费掉的商品。在使用表里,列按照各个行业和最终使用排列(图 6.1),每一个行业的列合计数是其总产出(包括销售收入、其他营业收入、商品税和存货变动);行由各种商品和增加值组成,商品是指由各行业生产或进口的、用于行业生产过程和最终使用者使用的产品和服务,其中用于各行业生产过程的商品被称为中间投入(包括能源、原材料和购买的服务)。在 I-O 账户里,行业增加值是通过计算各行业总产出减去中间投入的差额得来的。从概念上讲,这个差额代表了在生产过程中发生的各种成本和获得的各种收入之和,包括雇员报酬、总营业盈余、生产税和进口税减去补贴。[8] GDP 等于所有的行业增加值之和,也等于所有商品的最终使用之和。

---

⑤　更多信息可参见 Lawson 等(2002)。

⑥　关于更多信息,参见 Lawson,Okubo 和 Planting(2000)以及 Planting 和 Kuhbach(2001)。

⑦　BEA 正着手研究编制实际(经通货膨胀调整后)I-O 账户的可行性。

⑧　以前,这些成本和收入被划分为雇员报酬、财产收入或者间接营业税和非税负担额。新分类与综合 NIPAs 修订版介绍的汇总方法是一致的,更多信息参见 Moulton 和 Seskin(2003)。具体来说,除特定付款项以外,所有非税款项都从间接营业税和非税负担额中移出,剩余部分被重命名为"生产税和进口税";这些移出的非税款项(除特定付款项外)被添加到财产收入当中;补贴从财产收入中移出,该项目的剩余部分称为"总营业盈余";补贴作为生产税和进口税的扣除项以求净额。

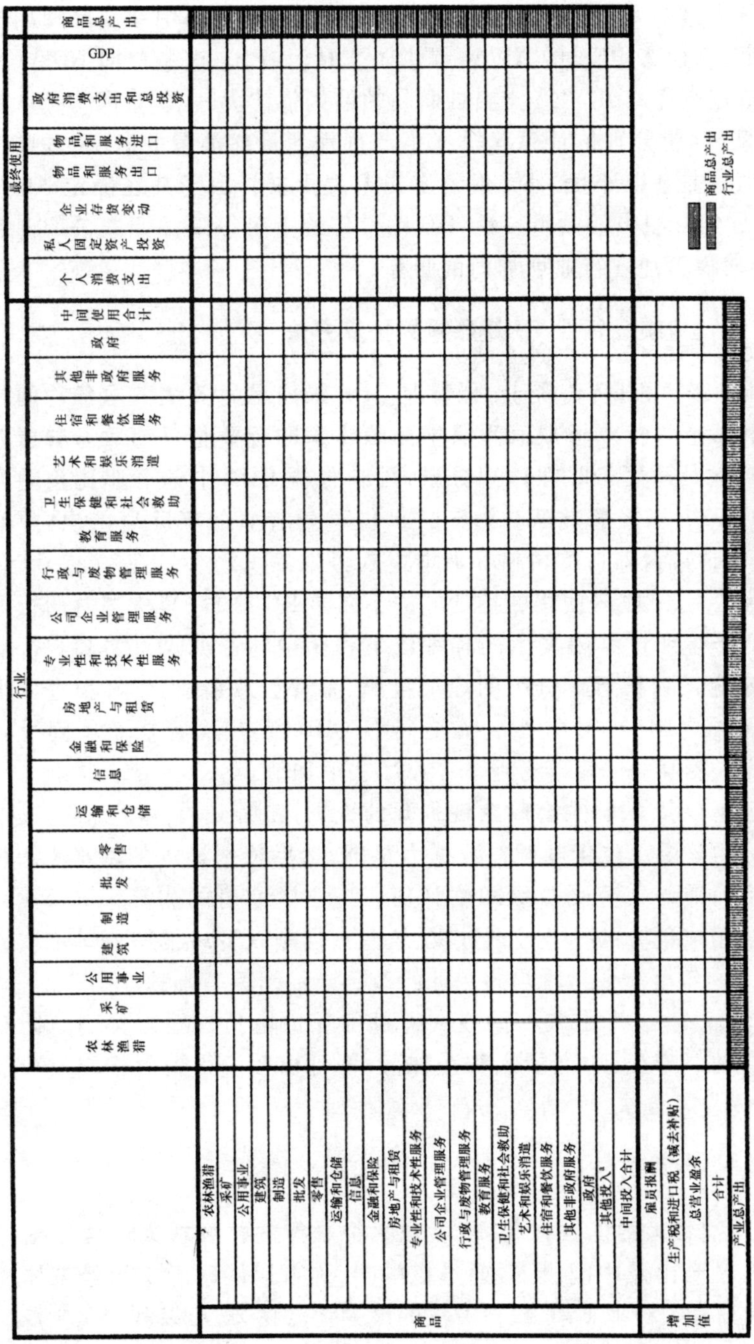

图6.1　使用表：各行业和最终使用者使用的商品

资料来源：BEA.

注：a 包括不可比的进口、废弃物、二手货物、存货估价调整，以及国外调整。

传统上,I-O 账户有两个主要目的,这两个目的都集中在商品使用的信息方面,从而为 BEA 的 NIPAs 提供了支持。首先,该账户向 NIPAs 提供了构成基准年 GDP 最终支出的商品的最优估计。其次,它向 NIPAs 提供了信息,以便分别估计每年进入生产过程和最终消费的商品,这些信息对于估计非基准年份 GDP 最终支出至关重要。由于其在决定 NIPAs
221 中 GDP 详细分组方面的重要性,I-O 账户传统上更多地关注经济的商品结构,而较少关注各行业增加值的测算。

6.2.2 传统分行业 GDP 账户的核算方法

与 I-O 账户相反,传统上,分行业 GDP 账户更为关注美国经济的行业结构和从这些行业增加值测算中反映出来的行业相对绩效。分行业 GDP 账户尤其适用于时间序列分析,用来分析 GDP 中各行业比重的变化以及对 GDP 增长的贡献。该账户提供了分行业的年度总产出、中间投入、增加值以及对应的价格和数量指数。⑨

分行业 GDP 账户使用的估计方法不同于 I-O 账户,其所测量的行业增加值等于生产过程中发生的各种成本和获得的各种收入之和。行业增加值被定义为该行业分配的雇员报酬、总营业盈余、生产税和进口税(减去补贴)之和(见图 6.2)。在分行业 GDP 账户里,行业总中间投入以余值方式测算——等于行业总产出减去增加值。

分行业 GDP 测算主要以三种来源的数据为基础。行业总产出以来自普查局的基层单位年度调查数据为基础,然后依据最近的基准 I-O 账户外推得到最详细分类层级的估计值。行业增加值的测算来自 NIPAs 中 GDI 各组成部分的行业分配数据,这些数据是以 BLS 的基层单位调查数据、IRS 的年度企业纳税申报单和行政记录数据为基础的。

不变价行业总产出和中间投入通过细项价格指数缩减得到。针对每一行业的总产出、中间投入和增加值,都可以派生得到价格指数和数量指数。

6.2.3 两种方法的结合

I-O 方法最大的优点在于:可以在一个平衡的行列框架内详细估计各行业的总产出及中间投入;通过该框架,你可以同时考虑该经济体内的行业和商品。行业 GDP 账户方法的最大优点在于:可以利用高质量的

⑨ 更多信息可参见 Lum,Moyer 和 Yuskavage(2000)。

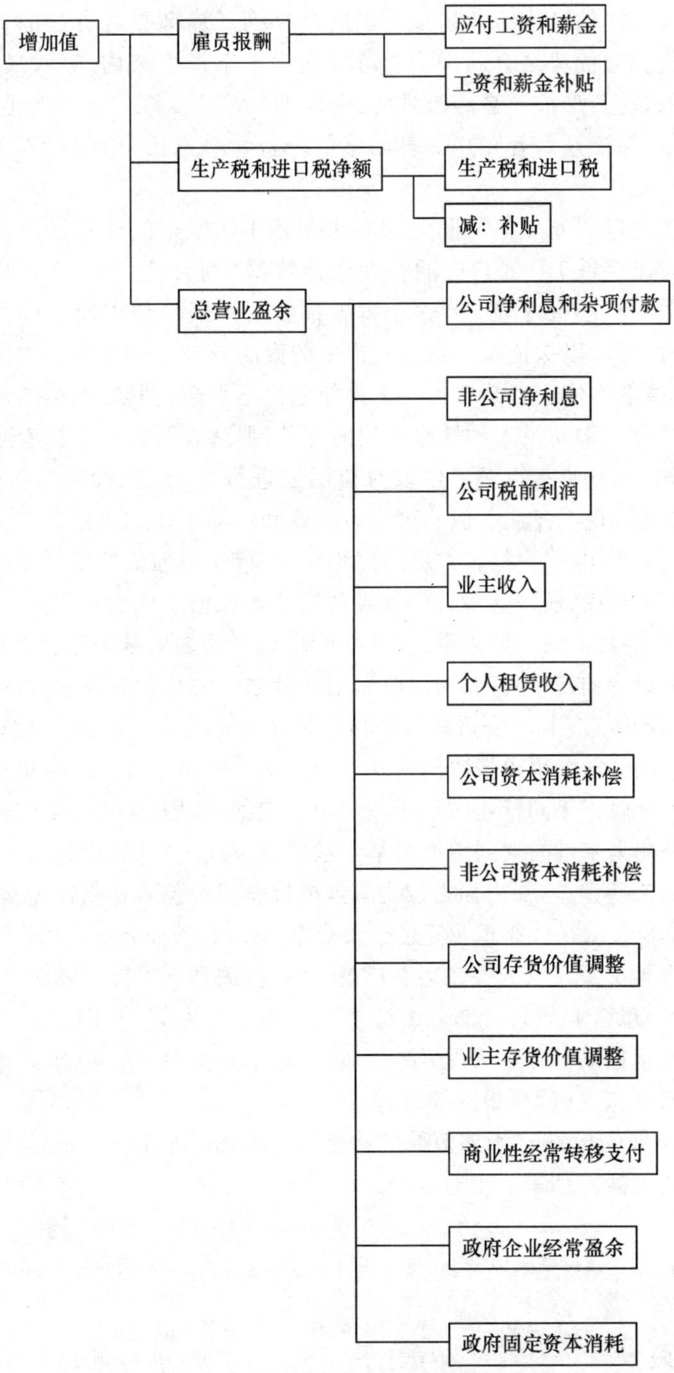

图 6.2　基于 GDI 的行业增加值构成

资料来源：BEA.

223 收入数据直接估计出行业增加值的时间序列。局部整合方法的目标是要把二者的相对优势结合起来。它可以在一个平衡框架内,吸收最及时、最高质量的数据,形成一套经改进的、全新的年度 I-O 账户和分行业 GDP 账户,还可以保证这两套账户测算出来的分行业总产出、中间投入和增加值之间的一致性。

再次通过图 6.1 来说明使用一个平衡 I-O 框架的优势。一个平衡的使用表可以保证 I-O 账户内的行业估计数据(列合计)与 I-O 账户内的商品数据(行合计)相平衡。[10] 这个框架描绘了该经济体中所有的具体投入和产出流量,可以保证每一项生产出来的商品或被各行业作为中间投入消耗掉,或被最终使用者消费掉。如果使用表不平衡,例如,供给的商品多于或少于各行业中间投入和最终使用的商品,那就表明数据存在着某种不一致。因此,一个平衡的框架可以对使用表进行“一致性检验”。在分行业 GDP 账户里,并不存在类似的可用于行业和商品平衡的方法。

分行业 GDP 账户核算方法的优势在于,行业增加值的估计直接源于高质量的原始数据,所以这种方法测算的行业增加值一般会优于 I-O 估计值。但是,对一些特定的行业来说,分行业 GDP 估计值的质量仍然会受到一些因素的影响。例如,作为行业增加值组成部分之一的总营业盈余,所包括的项目有公司的税前利润、公司净利息和公司资本消耗补偿等,这些数据都是以来自 IRS 的公司纳税申报数据为基础的。一个公司的合并纳税申报数据可能考虑了分属于不同行业的若干基层单位的活动,因此 BEA 必须把这些以公司或企业为基础的数据转换为基于基层单位或工厂的数据。这种转换可能会产生一些误差,一方面是因为转换要以基层单位就业数据为基础,而这些基层单位数据是按照企业经过交叉分类形成的;另一方面是因为转换是以经济普查年份所建立的关系为基础的,而这些关系很可能会随时间而改变。此外,作为总营业盈余一部分的业主收入也会引致误差,因为业主收入行业分布所依据的原始数据是不全面的。对于业主收入占增加值比重较大的行业而言,其估计质量一般较差。[11]

224 分行业 GDP 账户增加值的估计质量能否优于基准 I-O 账户,要取决于所使用的数据。如果一个行业的总产出和中间投入的数据质量较高,基准

---

⑩ 该 I-O 框架还包括一个平衡的制造表,它要求不同行业生产的不同商品与该经济体的商品及行业总产出相一致。

⑪ 这里,业主收入被定义为等于 NIPA 中不包含存货估价调整(IVA)和资本消耗调整(CCAdj)的业主收入,加上业主的净利息、业主资本消耗补偿及业主 IVA。针对不含 IVA 与 CCAdj 的非农业主收入,NIPA 要对其误报的收入纳税申报单进行调整,具体见 NIPA 表 7.14“国民收入与生产账户之非农业主收入与国税局公布的相应指标之间的关系”。

I-O 账户的增加值测算会更优，特别是在分行业 GDP 账户测算包含较大幅度的企业—基层单位调整，或者业主收入份额较大的情况下。反之，如果一个行业只含有较小幅度的企业—基层单位调整，或者业主收入份额较小，分行业 GDP 账户的测算结果将更优，在五年一度经济普查对基准 I-O 账户的中间投入覆盖面较小的情况下尤为如此。从 1997 年的基准 I-O 账户来看，经济普查对中间投入的覆盖面不足一半，为此导致许多行业增加值测算的质量较低。相对而言，在非基准年份，分行业 GDP 账户的增加值测算效果较好，因为在年度 I-O 账户里，测算中间投入可依据的数据较少，无法高质量地测算行业增加值。[12]

然而，局部整合的优势不仅仅在于可以从不同方法中获得最优的方法和原始数据。年度 I-O 账户与分行业 GDP 账户同步测算，可以加快数据发布的速度。发布于 2004 年 7 月的 2002 年 I-O 表，是在参考年后 18 个月发布的，而不是以往的 36 个月。此外，2004 年秋，年度 I-O 账户依据 NIPAs 修订后的时间表，当时即发布了 2001 年、2002 年修订表和 2003 年的新表。修订后的 I-O 估计值与每年修订后的 NIPAs 估计值保持一致，由此向用户提供了另一种水平上的一致性。最后，局部整合方法还把时间序列的一致性带入年度 I-O 表，使其更利于时间趋势分析。

局部整合的更大优势在于，能够向 NIPAs 提供一个“反馈回路”，即对国民经济账户内部的关系进行考察检验（见图 6.3）。在整合年度 I-O 账 225
户和分行业 GDP 账户之前，基准 I-O 账户具有以下功能：提供年度 I-O 账户更新的起点（箭头 1），为分行业 GDP 账户的总产出按最佳分类层级提供估计值（箭头 2），为 NIPAs 的 GDP 提供最佳分类层级估计值和商品结构（箭头 3）。NIPAs 可以向分行业 GDP 账户提供 GDI 的行业估计值（箭头 4），可以向年度 I-O 账户提供年度 GDP 构成的有关信息（箭头 5）。局部整合的结果，可以实现年度 I-O 账户和分行业 GDP 账户之间的信息交换（箭头 6），还可向 NIPAs 提供反馈回路（箭头 7）。由于整合后的行业账户是在一个平衡框架内构建的，因此它可以提供 GDP 最终消费商品结构的年度估计，由此可潜在地改善 NIPAs 的 GDP 测算。

---

⑫　普查局最近已对几个年度调查采取了一些新措施，来改善行业中间投入的覆盖面。例如，制造业的年度调查已经扩展了覆盖范围，涵盖了各行业所购买的服务；年度服务业调查也开始着手按行业收集有关开支的数据。

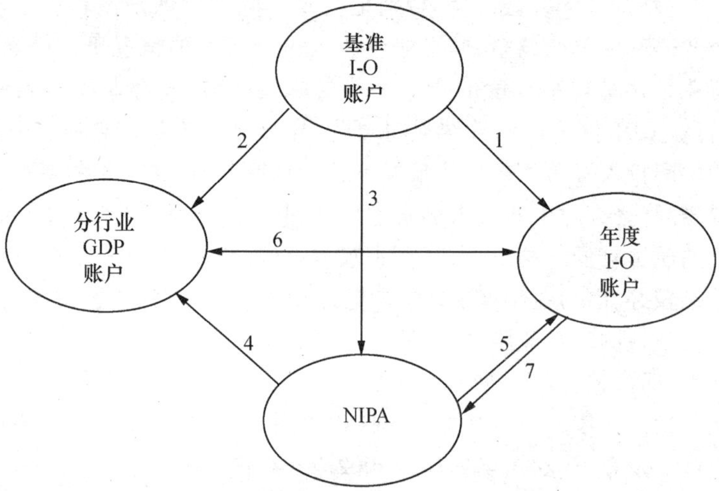

图 6.3 国民经济账户间的联系

资料来源:BEA.

6.3 全面整合:长期目标

BEA 的长期目标是全面整合行业账户的各组成部分(包括基准 I-O 账户),实现行业账户与 NIPAs 的一体化,就此长期目标而言,年度 I-O 账户
226 和分行业 GDP 账户的整合只是第一步,尽管是非常重要的一步。全面整合有赖于联邦统计部门为提升其经济数据的覆盖面和一致性而持续不断的大额投入,但在向用户提供高质量的数据信息方面,其效果也是显著的。欲使行业投入数据更趋一致、全面,基准 I-O 账户必须在基准年份提供行业增加值的最佳测算。如果能够不断更新行业中间投入的年度信息,年度 I-O 账户和分行业 GDP 账户即可提供独立于 NIPAs 之 GDP 测算的行业增加值年度更新数据。有了全面整合,BEA 就可以基于生产法测算 GDP,之后通过前面介绍的反馈回路(见图 6.3)向 NIPAs 提供新的信息。也就是说,其提供的信息将帮助我们理解 BEA 以最终支出为主要方法测算的 GDP 与基于收入的另一测算方法(GDI)之间存在的不平衡。

BEA 认为实行局部整合所用的基础框架同样可以适用于全面整合。然而,对全面整合而言,填充这个框架的许多数据,特别是关于行业中间投入的一致、全面的数据,现在是缺失的。例如,在 1997 年基准 I-O 账户内,仅有不到一半的中间投入估计是以普查局收集的高质量、一致的数据为基础的;为实现平衡,剩下的估计值则是以零碎的信息为基础,来自商业协会、公司年度报告、传闻信息及以前的基准 I-O 账户。为了保证可靠性,在用生产法估计 GDP 时,需要普查局把商业性开支的覆盖面由不足 50% 扩展到 100%。仔细考察全面整合的各种目标就会发现,BEA 用以在短期内完成局部整合的方法并不足以在长期内改善原始数据。为了获取这些必要信息,BEA 与其他统计机构进行了密切合作,特别是普查局,从 2002 年开始,扩展了年度调查和五年期经济普查的信息。

全面整合还强调要在不同统计机构所提供的数据之间保持更高的一致性。例如,不同统计机构所使用的不同样本框架以及在分类、数据收集和制表方法上的差异,都会影响到 BEA 的行业估计数据质量。表 6.1 对 1992 年普查局收集的非农行业应付薪酬数据和由 BLS 收集的相应行业的工薪数据进行了比较分析(不能提供可比信息的行业不包含在表内)。通过比较可以看出,在大约一半的行业里,两个估计值相差 5% 甚至更多。 228
虽然这些差异并不直接影响增加值总量的测算,但还是会潜在地影响到 BEA 针对行业增加值的劳动—资本比率所进行估计的可靠性。BEA 预期能够进一步改善全面整合账户的一致性和质量,因为通过共享数据,必然会发现与其他类似资料来源或其他联邦统计机构所提供数据的不一致。就上面所引的例子而言,如果普查局的分行业薪酬数据和 BLS 的工薪数据在统计源头上相互一致,那么分行业总产出和各行业雇员报酬之间的一致性便可显著提高。

表 6.1 1992 年劳工统计局(BLS)和普查局的非农行业薪酬数据比较(百万美元)

行业	BLS	普查局	二者之差	差率(%)
合计	2 046 864	2 020 570	26 294	1.3
差额绝对值百分比等于或大于 10% 的行业				
会员组织	15 458	10 188	5 270	34.1
烟草制品	2 103	2 534	-431	20.5
杂项修理服务	8 263	9 849	-1 586	19.2
卫生服务	236 388	278 598	-42 210	17.9
管道运输(天然气除外)	975	821	154	15.8
机动产品运输和仓储	35 536	41 070	-5 534	15.6
皮革及皮革制品	2 320	1 973	347	15.0
证券和商品经纪人及交易员	39 908	34 390	5 518	13.8
石油和天然气开采	15 539	13 933	1 606	10.3

（续表）

行业	BLS	普查局	二者之差	差率(%)
保险代理及经纪服务	21 327	19 123	2 204	10.3
非存款信贷机构	15 007	16 509	-1 502	10.0
差额绝对值百分比小于10%、大于5%的行业				
房地产	29 634	26 817	2 817	9.5
纺织品	14 801	13 531	1 270	8.6
运输服务	8 959	8 225	734	8.2
水运	5 949	5 481	468	7.9
工业机器设备制造	69 749	64 588	5 161	7.4
社会服务	27 508	25 565	1 943	7.1
零售贸易	268 207	249 328	18 879	7.0
资产持有及其他投资机构	10 313	9 626	678	6.7
运输设备制造	74 475	69 706	4 769	6.4
纸及相关制品	24 542	23 079	1 463	6.0
娱乐休闲服务	20 816	19 612	1 204	5.8
电影	9 611	10 160	-549	5.7
石材、黏土及玻璃制品	15 283	14 441	842	5.5
批发贸易	199 687	188 780	10 907	5.5
差额绝对值百分比小于5%的行业				
初级金属工业	24 612	23 483	1 129	4.6
木材和木制品	15 345	14 669	676	4.4
石油和煤炭制品	7 568	7 246	322	4.2
市内及当地旅客运输	5 624	5 394	230	4.1
橡胶及杂项塑料制品	24 058	25 028	-970	4.0
食品和婴幼儿用品	44 712	43 032	1 680	3.8
汽车修理服务及停车	17 207	16 597	610	3.5
存款机构	59 464	57 479	1 985	3.3
金属制品	39 745	40 929	-1 184	3.0
建筑	122 135	118 600	3 535	2.9
电、气及环卫服务	40 683	39 623	1 060	2.6
电子及电子设备	52 057	50 812	1 245	2.4
通信	48 908	47 742	1 166	2.4
化学及相关制品	47 911	46 835	1 076	2.2
保险机构	49 457	50 559	-1 102	2.2
器具及相关制品	35 932	36 613	-681	1.9
服装及其他纤维制品	16 792	16 506	286	1.7

（续表）

行业	BLS	普查局	二者之差	差率(%)
法律服务	40 480	39 995	485	1.2
非金属矿开采(燃料除外)	3 291	3 265	26	0.8
印刷和出版	43 655	43 926	-271	0.6
商务服务	115 010	114 446	564	0.5
家具和装饰	10 650	10 678	-28	0.3
其他制造业	9 210	9 189	21	0.2

注：由于覆盖面不同，或者无法披露，一些行业被排除在外。这些行业包括金属开采，煤炭开采，航空运输，旅馆和其他住宿场所，个人服务，教育服务，博物馆、艺术馆和植物园，会员组织，工程，以及会计服务。

全面整合自2007年发布的2002年基准账户开始，最早也要在2008—2010年间才能实现，届时2002年经济普查中扩展的数据将完全融入BEA的经济账户。如果在此过程中能够实现统计机构间的有限数据共享，BEA就可以更好地统一来自其他不同机构的数据的差异，就像前例中提到的普查局和BLS的数据。这种数据共享最大的好处在于可以提高BEA全面整合经济账户的一致性和质量。

6.4　局部整合方法

本节主要讨论将年度I-O账户和分行业GDP账户进行局部整合的方法，包括原始数据和估计过程。⑬ 整合过程共分五步：(a) 确定行业和商品的细项分类层级；(b) 修订既往出版的、将作为账户整合参照点的1997年基准I-O账户；(c) 建立1998—2002年行业增加值年度估计值的时间序列；(d) 更新并平衡1998—2002年的年度I-O账户，将步骤2修订过的1997年基准I-O账户与步骤3的1998—2002年行业增加值估计合并起来；(e) 计算1998—2002年分行业GDP账户的价格指数和数量指数。 229

6.4.1　第一步：行业与商品的细项层级

整合年度I-O账户和分行业GDP账户的第一步，是确定一个能够适用于这两套账户的细项层级。表6.2列示了这个细项以及相应的1997年北美行业分类体系(NAICS)行业代码。表6.2忽略了统计误差项——传统的分行业GDP账户将统计误差项视为一个行业，原因在于我们要使用这

⑬　参见Moyer，Planting和Fahim-Nader等(2004)以及Moyer，Planting和Kern等(2004)。

样一个平衡的框架,在此框架中,需要在以最终支出测算的 GDP 与以增加值或收入测算的 GDP 之间保持一致。此外,表 6.2 不包含存货价值调整——传统上,I-O 账户会将其作为一个行业,而在经整合的账户内,存货价值调整通常作为行业生产的次要产品处理,视同一种独立进入最终使用的商品包含在总产出内。表 6.2 所示的细项层级同时适用于行业和商品,并服务于数据发布。然而,为了保证在发布的层级上得到最优的估计,大多数的估计过程会在更详细一层进行。

表 6.2 整合账户中的行业和商品

1997 年 NAICS 行业	1997 年 NAICS 行业代码
私人行业	
农、林、渔、猎业	11
种植业	111,112
林业、渔业及相关活动	113,114,115
采矿业	21
油气开采业	211
采矿业(油气开采除外)	212
采掘业辅助活动	213
公用事业	22
建筑业	23
制造业	31,32,33
耐用品	33,321,327
木制品	321
非金属矿制品	327
初级金属	331
金属制品	332
机械制品	333
计算机和电子产品	334
电子设备、器具及零件	335
机动车、壳体、拖车及零件	3361,3362,3363
其他运输设备	3364,3365,3366,3369
家具及相关产品	337
其他杂项制品	339
非耐用品	31,32(321 和 327 除外)
食品、饮料和烟草制品	311,312
纺织品及其制品	313,314
服装、皮革及相关产品	315,316

（续表）

1997 年 NAICS 行业	1997 年 NAICS 行业代码
私人行业	
纸制品	322
印刷及相关辅助活动	323
石油和煤炭制品	324
化学制品	325
塑料和橡胶制品	326
批发业	42
零售业	44,45
运输与仓储业	48,49
航空运输	481
铁路运输	482
水路运输	483
货车运输	484
城市公交及地面旅客运输	485
管道运输	486
其他运输及辅助活动	487,488,492
仓储及贮存	493
信息业	51
出版业（包括软件）	511
电影和唱片业	512
广播和电信业	513
信息和数据加工服务	514
金融和保险	52
联邦储备银行、信用中介及相关活动	521,522
证券、合约及投资	523
保险机构及相关活动	524
基金、信托及其他金融工具	525
房地产与租赁	53
房地产业	531
租赁服务及无形资产出租	532,533
专业服务与科技服务	54
法律服务	5411
计算机系统设计及相关服务	5415
杂项专业与科技服务	5412—5414,5416—5419
公司和企业管理	55
行政管理和废物管理服务	56
行政管理及相关服务	561

（续表）

1997 年 NAICS 行业	1997 年 NAICS 行业代码
私人行业	
废物管理及辅助服务	562
教育服务	61
卫生保健和社会救助	62
流动的卫生保健服务	621
公立医院、小型私人医院和家庭医疗器具	622,623
社会救助	624
艺术和娱乐消遣	71
文艺表演、体育比赛、博物馆及相关活动	711,712
娱乐、博彩和休闲业	713
住宿和餐饮业	72
住宿业	721
餐饮业	722
其他服务(政府除外)	81
政　　府	
政府	92
联邦政府	n. a.
一般政府	n. a.
政府企业	n. a.
州政府及地方政府	n. a.
一般政府	n. a.
政府企业	n. a.

6.4.2 第二步:1997 年基准 I-O 账户的修订

局部整合过程的第二步就是修订先前发布的 1997 年基准 I-O 表,因为在整合时,必须通过它来建立 I-O 账户和分行业 GDP 账户之间的关系及细项层级。必要的修订主要从两个方面入手。第一,根据 NIPAs 的 2003 年综合修订版,对 1997 年基准 I-O 账户的有关定义、方法以及统计数据变化进行修正。这样才能保证 1998—2002 年的整合账户与 NIPAs 的 GDP 的层级和结构保持一致。表 6.3 总结了 NIPAs 的主要变化及其对 1997 年基准 I-O 账户的影响。

232 第二,融入 NIPAs 修订版后,再以 I-O 账户和分行业 GDP 账户的信息为基础，对各行业增加值的细项层级和结构做进一步的修正。⑭ 就像上面讨论的那样，I-O 账户内的行业增加值是用总产出减去中间投入来计算的，分行业 GDP 账户内的行业增加值是根据 NIPAs 中 GDI 的行业分布来计算的。一般情况下，这两种方法测量行业增加值的结果并不相同（见表 6.4 的前两列）。⑮

表 6.3　合并到 1997 年基准 I-O 账户的 NIPAs 变化

NIPAs 的变化	对 I-O 结构的影响
确认了财产和意外保险公司提供的隐性服务，对保险损失提供了更为恰当的处理方式。	保险公司及相关活动的行业和商品总产出；所有行业的中间投入和总营业盈余；最终使用。
把商业银行的一部分隐性服务分配给借款人。	联邦储备银行、信用中介及相关活动的行业和商品总产出；所有行业的中间投入和总营业盈余；最终使用。
重新定义私人农场的存货变化，包括农业原料和供给品。	农业的中间投入和总营业盈余；私人存货变化。
把印第安部落的政府活动从私人部门划入州及地方政府部门。	以下行业的总产出、中间投入和增加值：娱乐、博彩和休闲业；住宿业；州和地方政府企业；州和地方政府。
把对外军事援助划入出口。	联邦政府；出口。
确认了政府提供的服务，把政府购买的产品和服务视为中间投入。	州和地方政府以及联邦政府行业的总产出和中间投入。
把企业的非税负担额划入对政府的转移支付和对政府的租金及特别权使用费支付。	所有行业的生产税和进口税净额、总营业盈余；租赁及无形资产出租业的总产出；所选行业的租赁服务及无形资产服务的购买。

注：NIPAs 的详细变化参见 Moulton 和 Seskin（2003）。

表 6.4　1997 年行业增加值的估计

行业	修订后的基准 I-O 账户	分行业 GDP 账户	联合值
种植业	88 142	88 142	88 142
林业、渔业及相关活动	21 110	23 771	22 595

⑭ 基于行业增加值测算的 GDP 是以 NIPAs 的 GDI 估计值为基础的，同样包含了 NIPAs 的 2003 年综合修订版的结果。

⑮ 研究表明，这些差值的大小和符号因行业和时间的不同而不同。例如，使用 1992 年的数据，Yuskavage（2000）发现在分行业 GDP 账户内，制造业的平均财产收入低于基准 I-O 账户。然而，最近的研究表明，若使用 1997 年的数据，其结果则相反；对制造业而言，分行业 GDP 账户的总营业盈余平均值要高于基准 I-O 账户的总营业盈余。BEA 还在继续研究这些差异的根源。

（续表）

行业	修订后的基准 I-O 账户	分行业 GDP 账户	联合值
油气开采业	48 084	59 236	52 902
采矿业（油气开采除外）	25 869	27 854	26 414
采掘业辅助活动	11 941	18 439	13 333
公用事业	162 264	180 852	180 289
建筑业	310 029	346 223	337 558
木制品	26 207	30 666	28 008
非金属矿制品	40 720	37 829	40 708
初级金属	43 799	51 214	48 337
金属制品	114 396	102 625	108 119
机械制品	104 664	88 649	98 164
计算机和电子产品	178 019	144 110	154 403
电子设备、器具及零件	41 230	79 140	45 596
机动车、壳体、拖车及零件	93 396	117 083	103 195
其他运输设备	55 538	52 444	54 418
家具及相关产品	28 181	25 568	27 060
其他杂项制品	47 861	47 793	47 729
食品、饮料和烟草制品	158 928	130 224	135 357
纺织品及其制品	26 012	27 829	26 996
服装、皮革及相关产品	28 918	26 249	27 186
纸制品	51 046	51 354	51 484
印刷及相关辅助活动	42 725	47 362	44 667
石油和煤炭制品	22 595	67 926	27 116
化学制品	149 879	150 776	150 846
塑料和橡胶制品	62 402	49 828	60 704
批发业	487 913	531 865	521 250
零售业	517 499	588 270	574 192
航空运输	45 285	55 017	49 457
铁路运输	23 133	22 590	23 030
水路运输	7 162	6 273	6 510
货车运输	87 016	76 343	80 524
城市公交及地面旅客运输	17 090	12 164	12 978
管道运输	9 227	8 095	8 774
其他运输及辅助活动	50 523	59 586	55 032
仓储及贮存	19 014	20 003	19 549
出版业（包括软件）	114 475	65 572	87 457
电影和唱片业	25 272	22 899	24 298

（续表）

行业	修订后的基准 I-O 账户	分行业 GDP 账户	联合值
广播和电信业	196 395	212 151	208 862
信息和数据加工服务	30 418	18 550	27 189
联邦储备银行信用中介及相关活动	274 475	251 974	259 541
证券、合约及投资	107 598	131 109	119 470
保险机构及相关活动	175 610	217 464	206 566
基金、信托及其他金融工具	9 957	9 882	9 965
房地产业	944 801	886 560	908 544
租赁服务及无形资产出租	118 401	74 444	89 854
法律服务	111 052	119 435	114 460
计算机系统设计及相关服务	69 536	87 477	78 642
杂项专业与科技服务	343 445	308 416	325 057
公司和企业管理	145 665	145 665	145 665
行政管理及相关服务	228 861	197 921	211 363
废物管理及辅助服务	22 618	20 339	21 372
教育服务	63 371	61 295	62 240
流动的卫生保健服务	267 784	261 920	267 232
公立医院、小型私人医院和家庭医疗器具	205 830	199 526	203 543
社会救助	38 834	43 181	40 065
文艺表演、体育比赛、博物馆及相关活动	30 050	34 717	32 911
娱乐、博彩和休闲	45 180	37 667	41 133
住宿业	75 769	71 018	74 689
餐饮业	151 890	133 183	141 062
其他服务机构（政府除外）	206 147	185 476	197 403

表 6.4 通过一个矩阵向我们展示了基准 I-O 账户和分行业 GDP 账户 233
在各行业增加值估计上的质量差异。例如，对卫生保健行业来说，基准 I-O 账户和分行业 GDP 账户都能够很好地估计其增加值，这是由于经济普查几乎覆盖了该行业所有的总产出和中间投入，而且在企业—基层单位调整方面，重新分配的收入所占比重相对较小。但对建筑业而言，由于经济调查覆盖面较小，企业—基层单位调整比重大、质量低，这两套账户都不能很好地给出增加值估计。在很多行业，增加值估计的质量互有高下。例如，采矿业的增加值用基准 I-O 账户估计较好，因为行业覆盖面较广；用分行业 GDP 账户估计效果较差，因为企业—基层单位调整比重相对较大。局部整合能够从这两套账户内提取最有用的信息，形成行业增加值的一个

“联合”估计值,然后,这些合并的测算结果将合并到 1997 年基准 I-O 账户内。⑯

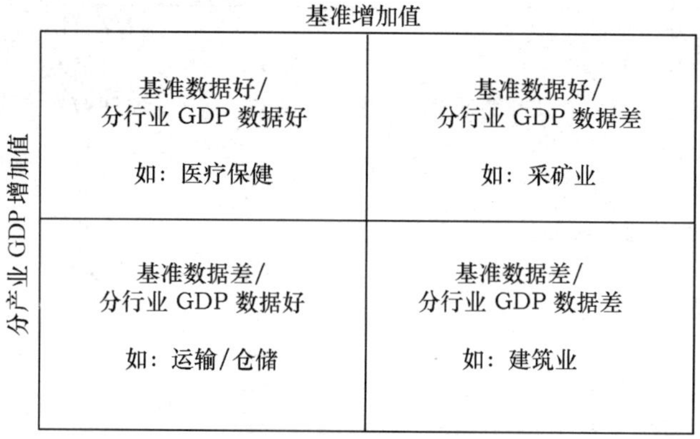

图 6.4 关于增加值的联合信息

资料来源:BEA.

一个行业的增加值联合估计是一个平均值,其权重的确定标准反映了这两套账户在增加值估计方面的相对质量水平。一般而言,该标准是以每个账户使用的原始数据为基础的。关于基准 I-O 账户,其标准如下:

- 五年一次经济普查原始数据所覆盖的行业中间投入的百分比;
- 五年一次经济普查所涉及的行业总产出百分比。

关于分行业 GDP 账户,其标准如下:

- 把基于企业的利润型收入数据转换成基于基层单位的数据,其间所做调整的质量和幅度;
- 行业增加值中可认定为业主收入的百分比。

235 对于基准 I-O 账户和分行业 GDP 账户,我们均可在表 6.2 所示的行业层级上,结合专家分析判断,使用上述这些标准,以确定每一行业增加值的点估计和方差估计。⑰ 这些点估计和方差估计被用于构建这两套账户下每一行业增加值的概率分布。每个概率分布代表一种对可能性的测度,即在给定信息下,“真实”增加值等于某一特定值的可能性。之后,可将概率

---

⑯ 在修订后的 1997 年基准 I-O 账户内,“雇员报酬”以及“生产税和进口税”的估计值与 NIPAs 公布的估计值是一致的。对调查覆盖的行业而言,先前出版的 1997 年基准 I-O 账户内的雇员报酬是以 1997 年的经济普查为基础的。参见 Lawson 等(2002,第 31 页)。

⑰ 估计值在这一行业层级上构建,是因为在这一层级上可以得到 GDI 的行业分布。当修订后的基准 I-O 表被平衡后,可将这些估计值分配到更为详细的行业层级上。以 1997 年 NAICS 为基础,不可能获得关于 GDI 所有组成部分的 1997 年原始数据。对于特定的若干组成项,BEA 已经把数据从 1987 年标准行业分类(SIC)转换到了 1997 年 NAICS 基础上。

分布联合起来测算每一行业的增加值。本质上,联合测算是对两个点估计的加权平均,其权重由相对方差决定,即点估计的方差越小,所赋予的权重就越大。附录 A 介绍了该方法的技术细节。

图 6.5 以教育服务业为例说明了这一过程。在修订后的 1997 年基准 I-O 账户和分行业 GDP 账户里,该行业增加值的点估计分别为 634 亿美元和 613 亿美元。基准 I-O 账户里,行业增加值的估计值仅反映该行业总产出和中间投入的有限信息,因为该行业的大多数基层单位不在五年经济普查的范围之内。因此,用于编制 I-O 估计值的信息有多种来源,包括商业协会数据,而这些数据的质量不如经济普查数据。与此相反,分行业 GDP 账户估计的增加值是以 NIPAs 中 GDI 的行业分布为基础的,其基础数据相对比较全面。而且,根据分行业 GDP 账户的两个质量标准可以看出,该行业业主收入约占总增加值的 3%,将企业基础上的利润型收入转换成基层单位数据所需调整的数额大约占比 1%。这就意味着,该联合估计应更接近于(但不等于)分行业 GDP 的点估计。 236

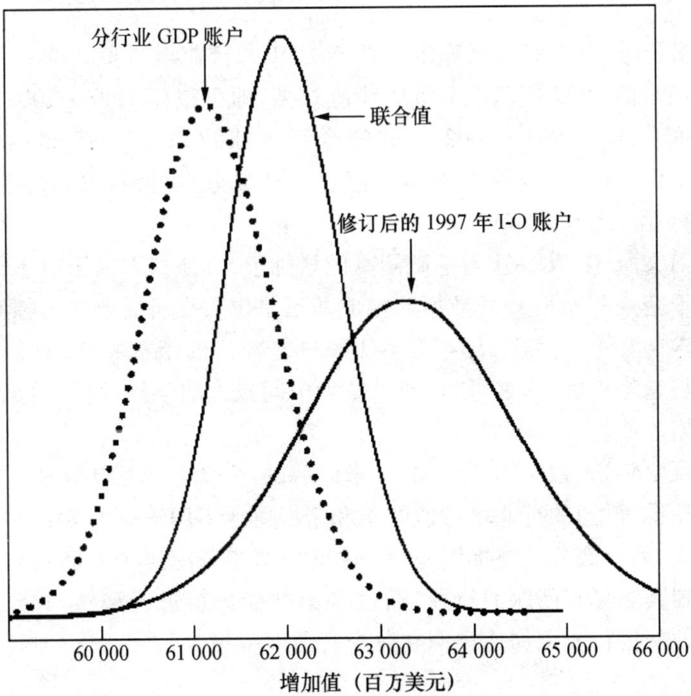

图 6.5　教育服务业增加值的概率分布

资料来源:BEA.

图 6.5 针对教育服务业进行更正规的分析,显示了两个点估计各自的

相关概率分布。从图中可以看出,分行业 GDP(方差小)的分布峰度要比 I-O 账户(方差大)更高。方差较小表示分行业 GDP 的估计较好,基准 I-O 账户的方差较大表示其估计效果较差。正如期望的那样,联合估计值 622 亿美元更靠近分行业 GDP 的估计值,分行业 GDP 估计的权重约为 57%, I-O 估计的权重约为 43%。求解联合估计值使用了更多的信息,因此它的整体质量优于单一的估计值,就像图 6.5 的概率分布表示的那样。表 6.4 的第三列列举了各行业增加值的联合估计值。

237 经过两次修订,1997 年基准 I-O 账户已经平衡。为了保持平衡,每个行业的总产出和新测算出来的增加值是固定不变的,中间总投入可以调整为二者之差。只有平衡才能保证商品的使用数量等于供给数量,各行业增加值与中间投入的总和才等于总产出,最终使用总额才等于公布的 GDP。这样,修订和平衡后的 1997 年基准 I-O 账户才能成为 1998—2002 年整合账户的起点。

6.4.3 第三步:1998—2002 年增加值时间序列

以分行业 GDP 账户测算出的基于 GDI 的行业增加值作为推算因子,根据修正后的 1997 年基准 I-O 估计值外推,即可得到 1998—2002 年的增加值时间序列。1998—2002 年的整合行业账户基于 1997 年 NAICS 呈
238 现。⑱ 表 6.5 给出了构成行业增加值的 GDI 成分,以及各成分的主要原始数据和行业分布相关信息。

如前文所述,以 GDI 为基础测算的增加值,其质量取决于很多因素,包括将基于企业利润型 GDI 数据转换成基层单位数据所需调整的幅度,以及业主收入的水平。然而,与年度 I-O 账户差额法的指标相比,它们仍是更好的增长趋势指标,这是因为,如果缺少中间投入的年度数据,就无法可靠地测算增加值。

在既定年份,以 GDI 为基础对修订后的 1997 年基准 I-O 账户的增加值进行外推,得到的行业增加值的总和未必等于 GDP——差额的一部分是统计误差,另一部分是外推误差。⑲ 这里分两步分配这个差额:第一步,对那些已知其测算有问题的行业,通过专家判断分析进行调整。第二步,将剩余的差额按行业增加值比例在各个行业间分摊。

---

⑱ 2005 年 11 月 9 日,BEA 出版了以 NAICS 为基础的 1947—1986 年分行业 GDP 估计值。

⑲ BEA 也对以行业总产出外推修订后的 1997 年基准 I-O 增加值进行了研究。这一方法(假定行业投入比例不随时间改变)未被采用,因为对历史数据的检测表明,外推出来的增加值总和与用 GDI 外推出来的 GDP 之间差异很大。

表 6.5 用来外推增加值的主要原始数据

国内总收入的构成项	主要的原始数据	行业分布：从原始数据中可获得的分布	行业分布：如果在原始数据中无法获得基于基层单位的分布，所需的数据或假设
	支付的雇员报酬		
应付薪酬[a]	BLS 针对州 UI 计划所覆盖雇员的薪酬调查表，针对联邦政府雇员薪酬的 OPM 数据	基层单位	
薪酬补贴			
雇主为雇员缴纳的养老金和保费	关于养老金计划的 IRS 数据（表 5500）的 DOL 调查表，从医疗支出面板调查中获得的关于医疗保险的 HHS 数据，以及其他类型的同业协会数据	无[b]	BLS 雇主成本指数和 UI 表
雇主缴纳的政府社会保险	联邦预算数据	无	社会保险行政部门和 BLS 表
	生产税和进口税减补贴		
生产税和进口税	联邦预算数据和州及地方政府的普查局数据	无	基于 BEA 资本存量分布的财产税
补贴	联邦预算数据和州及地方政府的普查局数据	无	分配给所支持行业的支出
	总营业盈余		
私人企业			
净利息和杂项付款，国内行业			
公司	从公司纳税申报单（表 1120 系列）获得的 IRS 数据表，FFIEC 关于商业银行的报告数据，关于人寿保险公司的同业协会数据	企业	普查局的企业—基层单位雇佣矩阵
非公司	从独资企业（表 1040 明细清单 C）和合伙企业（表 1065）纳税申报单获得的 IRS 数据表，关于住宅抵押的美联储资金流量账户数据	企业	假定与基层单位分布相同

（续表）

国内总收入的构成项	主要的原始数据	行业分布	
		从原始数据中可获得的分布	如果在原始数据中无法获得基于基层单位的分布，所需的数据或假设
	总营业盈余		
商业性经常转移支付（净额）	从公司纳税申报单（表 1120 系列）获得的 IRS 数据表，关于财产—灾难保险净付款和其他类型的同业协会数据	企业	分配给某些行业的特定付款；其他以 IRS 公司行业分布为基础
有 IVA 无 CCAdj 的业主收入			
农业	USDA 农业收入统计	基层单位	
非农业			
无 IVA 无 CCAdj 的业主收入	从独资企业（表 1040 明细清单 C）和合伙企业（表 1065）纳税申报单获得的 IRS 数据表	企业	假定与基层单位分布相同
IVA	BLS 价格和 IRS 存货数据	基层单位	
无 CCAdj 的个人租金收入	普查局通过美国住房调查获得的住房和租房数据，住房抵押的 HMDA 数据，个人纳税申报单（表 1040）的 IRS 数据表	基层单位	
有 IVA 无 CCAdj 的税前公司利润，国内行业			
无 IVA 无 CCAdj 的税前公司利润	从公司纳税申报单（表 1120 系列）获得的 IRS 数据表，管理机构和公共财务报告数据	企业	普查局的企业—基层单位雇佣矩阵
IVA	BLS 价格和 IRS 存货数据	基层单位	
资本消耗补偿			
公司	从公司纳税申报单（表 1120 系列）获得的 IRS 数据表	企业	普查局的企业—基层单位雇佣矩阵

（续表）

国内总收入的构成项	主要的原始数据	行业分布：从原始数据中可获得的分布	行业分布：如果在原始数据中无法获得基于基层单位的分布，所需的数据或假设
总营业盈余			
非公司	从独资企业（表1040明细清单C）和合伙企业（表1065）纳税申报单获得的IRS数据表	企业	假定与基层单位分布相同
政府企业的经常盈余	联邦预算数据和州及地方政府的普查局数据	基层单位	
固定资本消耗			
家庭和机构[c]	BEA资本存量估计	基层单位	
政府	BEA资本存量估计	机构类型	

注：BEA：经济分析局；BLS：劳工统计局；CCAdj：资本消耗调整；DOL：劳工部；FFIEC：联邦金融机构检查委员会；FRB：联邦储备委员会；HCFA：卫生保健财务管理局；HHS：卫生和人类服务部；HMDA：房屋抵押公开法；IRS：国内税务局；IVA：存货价值调整；OPM：人事管理局；UI：失业保险；USDA：农业部。

a 包括向国外支付的工资和薪金，不包括从国外获得的工资和薪金。

b 关于养老金计划，可以获得以公司为基础的行业分布原始数据。

c 包括业主自用房屋和主要服务于住户的非营利机构。

6.4.4 第四步：更新和平衡 1998—2002 年度 I-O 账户

更新和平衡 1998—2002 年每一年的年度 I-O 账户，需要按顺序完成五项任务。这五项任务是：(a) 估计每个行业和商品的总产出；(b) 估计每个行业中间投入的商品结构；(c) 估计每种商品的国内供给；(d) 合并用于个人消费、私人固定资产投资、政府消费和投资（作为 GDP 最终需求支出的组成部分）有关商品的估计值；(e) 利用可以得到的供给数据平衡商品的使用数据，利用生产的必要投入数据平衡行业的产出数据。

行业和商品的总产出

对于大多数的行业和商品，估计当年总产出所需的年度原始数据都可以获得。表 6.6 给出了所使用的原始数据。制造、贸易和大多数服务业的估计都以普查局的数据为基础。农业、保险和政府企业的估计，与运输、公
247 用事业、金融和房地产的估计一样，主要是以政府其他统计机构以及私人机构提供的数据为基础。对于那些无法从 1997 年基准 I-O 账户获得详细数据的商品和行业，需要汇总更多的原始数据进行推算。

行业中间投入

估计行业中间投入分三步完成。第一步，对国内投入部分，要用上年价格对每个行业的当年总产出进行估价，为此要先计算一个行业价格指数——按照费雪指数公式计算，是该行业所生产商品之价格指数的加权平均。对国外进口部分，中间投入估计需要使用进口价格指数进行价值重估。对那些无法获得价格指数的商品，可以采用一个综合价格指数针对多种商品进行价格调整。表 6.6 给出了编制这些指数所需的原始数据。

第二步，用上年价格估价的当年产出乘以该行业的上年直接需求系数——最初的系数来自修订后的 1997 年基准 I-O 账户，所得乘积即是用上年价格估价的当年中间投入。[20] 此时，该行业每美元产出（上年价格计价）的投入结构与上一年相比并未改变。为了对相对价格变化进行调整，要用商品价格指数对上述结果做反缩减，使其还原为当年价格水平。

最后是估计每项中间投入的商品税、运输成本和贸易毛利。加上商品税，可以使中间投入的估价基础由基本价格提升为生产者价格；再加上运输成本和贸易毛利，就变成了购买者价格。[21] 商品税、运输成本以及贸易毛利是年度商品总产出的一部分，需要利用 1997 年基准 I-O 关系将其分配给各项交易。

---

⑳ 直接需求系数反映一个行业为生产 1 美元该行业产出所需要的商品数量。

㉑ 基本价格是生产者出售商品获得的价格；它不包括生产者从购买者手中征集的税，也不包括运输成本和贸易毛利。

表 6.6 行业和商品的产出和价格基本数据来源

行业和商品	用于外推的原始数据	价格指数的原始数据
农林渔猎业		
种植业	从市场获得的 USDA 现金收入和存货变动	USDA 关于农场主收到的价格;PPI
林业、渔业及相关活动	林业:普查局的发货数;渔业:NOAA 的鱼类上岸价值;相关活动:NIPA 估计数	PPI;NOAA;NIPA 缩减指数
采矿业		
油气开采业	DOE 的生产量和价格	原油和天然气:来自 DOE 的 IPD;液化天然气:PPI
采矿业(油气开采除外)	DOE 的生产量和铀与煤的平均价格;其他用 USGS 的数量和价格数据	来自 DOE 的 IPD 和 USGS
采掘业辅助活动	DOE、USGS 和商业资料中的生产量与价格数据	来自 DOE、USGS 和商业资料的 IPD;外推用 PPI
公用事业		
电力	EIA	PPI
天然气	EIA 的数量与价格数据	PPI
自来水、污水及其他系统	PCE	CPI
建筑业		
国防	DOD 的支出数据	来自 DOD 的军事建筑价格;其他建筑用商业资料和政府机构的成本指数
州及地方高速公路	来自 ASGF 的普查局数据	政府机构的成本指数
私人电气	联邦管理机构和商业资料的支出数据	商业资料和政府机构的成本指数
农业用(住宅除外)	USDA 的支出数据	商业资料的成本指数;在建的新独户住房用普查局的价格缩减指数

（续表）

行业和商品	用于外推的原始数据	价格指数的原始数据
其他非住宅建筑	普查局的建筑形成价值	商业资料和政府机构的成本指数；在建的新独户住房用普查局价格指数；工厂、办公楼、福利住房和学校用 BEA 的经数量调整后的价格指数
其他住宅建筑	普查局的建筑形成价值	在建的新独户住房用普查局的价格指数；多户住户用 BEA 的价格指数
制造业	普查局的关于发货和存货变动的数据	PPI；计算机、照相设备、数字电话转换设备和 LAN 设备用经数量调整后的价格指数；军事装备用基于 DOD 支付价格的 BEA 价格指数
批发业	普查局的 ATS 数据	PPI 中分类计算的销售价格
零售业	普查局的 ARTS 数据	CPI 中分类计算的销售价格
运输与仓储业		
航空运输	BTS 的航空公司财务统计	DOT 中的客运总收益和总里程用 IPD；DOT 中的货运、邮政和快递总收益以及吨英里数用 IPD；从 BLS 中获取雇员的平均工资和薪金
铁路运输	全美铁路运输公司和商业资料	PPI
水路运输	美国陆军工程师；商业资料	货运用 PPI；客运用 CPI
货车运输	普查局的 SAS	PPI
城市公交及地面旅客运输	PCE；BTS	出租车、城内公交车和其他当地运输工具用 PCE 价格指数；学校班车用来自 BLS 的雇员平均工资和薪金
管道运输	商业资料	PPI
其他运输及辅助活动	PCE	观光旅游用 PCE 价格指数；其他运输及辅助活动用 PCE 价格指数和 PPI

（续表）

行业和商品	用于外推的原始数据	价格指数的原始数据
仓储及贮存	普查局的 SAS	PPI
信息业		
出版业（包括软件）	普查局的 SAS	定制软件和预装软件用 BEA 价格指数；其他出版活动用 PPI
电影和唱片业	普查局的 SAS	PCE 价格指数
广播和电信业	普查局的 SAS	有线网、设计和电信用 PPI；无线广播、电视播放、网络接收及其他电信用 PPI 的合成价格指数
信息和数据加工服务	普查局的 SAS	信息服务用 PCE 价格指数；数据加工服务用 PPI
金融和保险		
联邦储备银行、信用中介及相关活动	FDIC；FRB；NIPA 推算的服务费用；NCUA；其他私人机构	PCE 价格指数；其他政府数据
证券、合约及投资	SEC FOCUS 报告	PCE 价格指数
保险机构及相关活动	保险公司的商业资料；BEA 对财产和灾难保险的估计；其他保险见 PCE；保险机构和经纪服务见 IRS 的企业纳税申报表	健康和人寿保险用 PCE 价格指数；财产和灾难保险用 PPI；机构和经纪服务用以商业资料为基础的合成价格指数和 PCE 价格指数
基金、信托及其他金融工具	NIPA 为其他金融机构推算的服务费用；养老金见 EBSA 数据	NIPA 推算服务费用的 IPD；基于 PCE 价格指数的合成价格指数；PPI 数据；BLS 的全职雇员工资和薪金数据
房地业与租赁		
房地产业	居住用房屋以及房地产中介和管理者，见 NIPA 房屋数据；对非居住用房屋，见 IRS 的企业纳税申报表；非营利性机构拥有的建筑，见 NIPA 的租赁价值	非农居住用住宅用 NIPA 价格指数；非居住用住宅用 PPI 和商业资料；非营利性机构和农业用 IPO

（续表）

行业和商品	用于外推的原始数据	价格指数的原始数据
租赁服务及无形资产出租	租赁服务，见普查局的 SAS；特许权使用费，见 IRS 的企业纳税申报表	机动设备租金用 PPI；其他租赁服务用 PCE 价格指数；特许权使用费用 PCE 价格指数、来自 DOE 的 IPD 和 PPI
专业服务与科技服务		
法律服务	普查局的 SAS	PPI
计算机系统设计及相关服务	普查局的 SAS	预装软件和定制软件用 BEA 价格指数
杂项专业与科技服务	普查局的 SAS	PPI；BLS 全职雇员工资和薪金数据
公司和企业管理	BLS 的工资和薪金	BLS 全职雇员工资和薪金数据
行政管理和废物管理服务		
行政管理及相关服务	普查局的 SAS	BLS 全职雇员工资和薪金数据；PCE 价格指数；PPI
废物管理及辅助服务	普查局的 SAS	CPI
教育服务	PCE	基于商业资料的 PCE 价格指数
卫生保健和社会救助		
流动的卫生保健服务	普查局的 SAS	PPI；PCE 价格指数
公立医院、小型私人医院和家庭医疗器具	普查局的 SAS	PCE 价格指数
社会救助	普查局的 SAS	PCE 价格指数
艺术、娱乐和消遣		
文艺表演、体育比赛、博物馆及相关活动	普查局的 SAS	PCE 价格指数
娱乐、博彩和休闲业	普查局的 SAS	PCE 价格指数

（续表）

行业和商品	用于外推的原始数据	价格指数的原始数据
住宿和餐饮业		
住宿业	普查局的 ARTS	酒店和汽车旅馆用 PPI;PCE 价格指数
餐饮业	普查局的 ARTS	CPI
其他服务(政府除外)	宗教、劳动和政治组织,见 PCE;其他服务,见普查局的 SAS;私人经济,见 BEA 的雇员报酬	CPI;BLS 全职雇员工资和薪金数据;PCE 价格指数
政府		
联邦政府		
一般政府	NIPA 估计	NIPA 价格指数
政府企业	USPS 的收入;电力公用企业见 DOE;其他政府数据	USPS 和电力公用企业用 PPI;其他部分用 PCE 价格指数和 NIPA 价格指数
州及地方政府		
一般政府	NIPA 估计	NIPA 价格指数
政府企业	电力公用企业见 DOE;其他企业见不同类型的收入数据	PPI

注:ARTS:普查局年度零售业调查;ASGF:普查局年度政府财政调查;ATS:普查局年度贸易调查;BEA:经济分析局;BLS:劳工统计局;BTS:运输统计局;CPI:BLS 的消费者价格指数;DOC:商务部;DOD:国防部;DOE:能源部;DOT:运输部;EBSA:雇员利益保障局;EIA:能源信息管理局;FDIC:联邦储备保险公司;FOCUS:SEC 的财务经营综合报告;FRB:联邦储备委员会;IPD:隐含价格缩减指数;IRS:国内税务局;NCUA:国家信用社管理局;NIPAs:国民收入与产出账户;NOAA:国家海洋和大气管理局;PCE:BEA 的个人消费支出;PPI:BLS 的生产者价格指数;SAS:年度服务调查;SEC:证券和交易委员会;USDA:美国农业部;USGS:美国地质调查矿产办公室;USPS:美国邮政服务。

国内供给

国内供给也需要估计。每种商品的国内供给量是指可用于消费使用的产品和服务总价值,包括用于行业中间投入的商品,也包括最终使用于个人消费、私人固定投资以及政府消费和总投资的商品。它是这样计算的:国内商品总产出加上政府销售和进口,减去出口和私人存货变动。进
248 出口数据以普查局的外贸统计数据和 BEA 的国际交易账户为基础。私人存货变动可以从 NIPAs 获得,各行业持有存货的商品结构应以修订后的1997 年基准 I-O 账户关系为基础。

最终使用的商品结构(不含进出口和私人存货变动)

最终使用的各主要项目——个人消费、私人固定投资、政府消费和总投资——的年度估计值可以从 NIPAs 中直接获得。这些项目的最初商品结构可以利用修订后的 1997 年基准 I-O 账户关系来估计。

平衡使用表

最后,要利用双比例调整法对各商品和行业加以平衡。要依次调整行和列,使之等于所估计的产出控制总量。调整过程需要不断重复,直到每种商品的使用量等于国内供给量,每个行业增加值和中间投入的总和等于其总产出,最终需求支出等于 NIPAs 记录的总量。与许多 I-O 平衡体系不同,年度 I-O 表体系具有以下长处:充分利用了包含在 1997 年基准 I-O 表里的非常详细的关系,同时在生产者价格和购买者价格基础上实现了平衡。在该体系中,包含约 3 000 行和 1 200 列,同时还保留了运输成本、贸易毛利的信息。附录 B 详细讨论了所使用的平衡技术。

对结果进行检验和核实后,1998—2002 年的年度 I-O 账户才最终确定下来。之后,将各行业的总产出、中间投入和增加值合并到分行业 GDP 账户中去。

6.4.5 第五步:分行业 GDP 账户的价格指数和数量指数

分行业 GDP 账户的价格指数和数量指数分两步实现:第一步,编制每个行业总产出及中间投入的价格指数和数量指数。第二步,将行业总产出信息和行业中间投入信息合并起来,使用双缩减法,获得行业增加值的价格和数量指数。

分行业总产出指数和中间投入指数

分行业总产出价格和数量指数是这样编制的:分别对一个行业所生产
249 的每一种商品进行缩减,然后加总为总产出,各行业生产商品的信息可以从年度 I-O 制造表中获得。中间投入的价格和数量指数通过缩减该行业

所使用的商品来实现，使用商品的信息来自年度 I-O 使用表。表 6.6 列举了用于缩减的商品价格指数。如果一个商品价格指数是基于多个细化价格指数，那么就要用费雪指数公式来计算复合指数。附录 C“分行业 GDP 账户的链式价格指数和数量指数的计算”，对如何运用费雪指数公式计算分行业总产出及中间投入的价格和数量指数做了说明。

分行业增加值的指数

分行业增加值的价格和数量指数是用双缩减法计算的。在双缩减法中，要将分别估计的行业总产出和中间投入合并起来，采用费雪指数公式，以形成行业增加值的价格和数量指数（见附录 C）。之所以采用该方法计算行业增加值的价格和数量指数，是因为在总产出关系方面，它要求的假设最少。

6.5　未来研究方向

为实现 BEA 全面整合账户的长期目标，还必须在多个领域开展研究。其中最重要的几个方面包括：

- 为了全面提升 BEA 行业账户，特别是行业增加值的估计，需要对不同来源原始数据的覆盖面、质量和一致性做进一步评估。相关工作包括：为收集更多信息需要加强与其他统计机构的协作，拓展数据共享机制，掌握不同原始数据之间存在的差异。
- 在为实现分行业 GDP 账户和 I-O 账户的整合而“联合”之前，需要对二者之内在差异的原因进行相关研究。整合前的差异非常明显，这说明二者在原始数据和研究方法方面存在着基础性的不一致，需要对其进一步改进。为此同样需要与提供原始数据的统计机构加强合作。
- 继续研究开发新的方法和原始数据，改善总营业盈余的测算和行业增加值的直接测算，使其与基于基层单位的行业定义保持一致。这与用 250
总产出减去中间购买获得余值来计算增加值的估计方法完全不同，这种方法虽然能够产生一致的估计值，但它也会将一些与增加值无关的统计误差带进去。
- 进一步开发相关方法，使 2002 经济普查和行业中间投入年度调查的新数据能够更快地合并到 BEA 行业账户内，包括“最佳层级”估计（相对于“最佳变化”估计）的评估技术。
- 开发新的流程和方法，以便能及时将生产法 GDP 的有关信息纳入 NIPAs 中。

- 扩展1998年以前年份基于NAICS的行业账户。[22] 需要研究如何开发形成1998年以前年份的现期美元年度I-O表。

附录A 行业增加值的“联合”估计

本附录介绍如何确定纳入1997年基准I-O账户修订版的行业增加值的“联合”估计值。该方法在确定联合估计值过程中考虑了I-O账户和分行业GDP账户的最优信息。它是通过将两种独立方法估计出来的增加值予以加权平均完成的,权重反映了两种测算的相对质量。对于表6.4内61个行业中的每一个行业,其加权平均值为:

$$联合值_i = b_{i,\text{I-O}}(\text{I-O}_i) + b_{i,分行业\text{GDP}}(分行业\ \text{GDP}_i).$$

其中,(I-O_i)表示基准I-O账户内i行业增加值的点估计值,(分行业GDP_i)表示分行业GDP账户内的i行业增加值的点估计值,$b_{i,\text{I-O}}$和$b_{i,分行业\text{GDP}}$分别表示基准I-O账户和分行业GDP账户各自的权重。

251 在这个线性组合里,权重是每个点估计相对精确度的简单函数。可以开发一个模型框架来估计每个行业增加值的估计精确度。概括点估计的精确度可以有两种方法。第一,形成I-O账户和分行业GDP账户的行业质量等级序数;第二,通过评估基础原始数据的不确定性,确定点估计的95%置信区间。质量等级序数和置信区间本身具有正文6.4.2小节(第二步)中所描述的质量评判标准。总结这些标准可以发现,其中包含了大量的专家分析判断。

以下两个实际问题限制了BEA最后所选的权重估计模型框架。第一,整体目标是要从当前可获得的信息里以可行方式获得最准确的加权平均值。第二,即使95%置信区间的设置有错误,模型也一定不会对其过于敏感。

所选定的模型要求以下假设:

(1) 基准I-O和分行业GDP的行业增加值的估计信息,均可以用一个正态分布的均值和标准差给予很好的概括。(该假设意味着,标准差可以准确地概括与每个估计值有关的不确定性。)

(2) 基准I-O账户和分行业GDP账户估计值的相对优劣,可以用点估计与标准差的比值来评估。

---

[22] 2004年11月和2005年11月,BEA以NAICS为基础,出版了1987—1997年和1947—1986年的分行业GDP账户。参见Yuskavage和Pho(2004)以及Yuskavage和Fahim-Nader(2005)。

(3) 所有行业的点估计—标准差比率均可以用一个从 β 分布抽取若干元素组成的有序向量来表示。

估计每一行业标准差包括如下步骤(以下仅就基准 I-O 账户做讨论，但分行业 GDP 账户也可以按同样方法处理):

(1) 对基准 I-O 账户，确定 β 分布两个参数的初始值作为起点。该分布可以作为一个备选，用于刻画基准 I-O 账户内各行业点估计—标准差比率的基础分布。

(2) 从第 1 步给出的分布中抽取 61 个样本值。

(3) 对这 61 个样本值排序，并根据等级序数对应分配给每一个基准行业。

(4) 对每个行业，利用分配的点估计—标准差比率和已知的点估计，确定隐含的标准差，也就是说，要用下式计算出行业 i 的标准差。 252

$$\text{误差矩阵}_i = \frac{\text{标准差}_i}{\text{点估计}_i}.$$

(5) 多次重复上述过程(平均约 5 000 次)，每次重复，都要将各行业估计值的隐含标准差存储下来。

(6) 使用第(5)步的结果，计算每一行业样本标准差的平均值；利用该平均值，生成一个基于正态分布的 95% 置信区间，即：

$$N(\text{点估计}_i, \text{平均标准差}).$$

(7) 针对基准 I-O 表，比较第(6)步最初以 95% 置信区间估计出来的区间的上限和下限。

(8) 用 β 分布所有的候选参数，重复第(1)步至第(7)步。找到 β 分布的参数——使来自基准 I-O 账户的 95% 置信区间与第(6)步计算的置信区间二者平方差之和最小。

(9) 利用第(8)步确定的 β 参数，遵循第(2)步至第(6)步的顺序，估计基准 I-O 账户内 61 个行业各自的标准差。

这个过程类似于分别对基准 I-O 和分行业 GDP 增加值估计求其方差，以所得到的估计值方差来确定联合估计的权数。方差越小，赋予的权重越大；也就是说，可以利用下式确定的权重来估计各行业增加值的联合估计值：

$$b_{i,\text{I-O}} = \frac{\sigma^2_{i,\text{分行业GDP}}}{\sigma^2_{i,\text{分行业GDP}} + \sigma^2_{i,\text{I-O}}};b_{i,\text{分行业GDP}} = \frac{\sigma^2_{i,\text{I-O}}}{\sigma^2_{i,\text{分行业GDP}} + \sigma^2_{i,\text{I-O}}}.$$

附录 B 更新和平衡 BEA 年度 I-O 表的最新流程

自 1999 年开始发布 1996 年 I-O 账户而恢复年度 I-O 项目以来，作为
253 众多目标之一，BEA 希望能与分行业 GDP 账户同步发布每年的 I-O 表。实现这一目标，意味着要有规律地提供最近几年 I-O 表的时间序列，并按照标准的“预先—初步—最终”程序对其进行更新和修正，这是一个相当费时费力的过程。

编制年度 I-O 表的五项任务已在本章正文部分（见 6.4.4 小节）进行了确认和讨论。鉴于自动化程度日益提高，BEA 将主要集中于完成最后一项任务——“平衡使用表”，该过程需要使用大量的手动调整，因此将耗费相当大的精力。本附录总结了 BEA 在这个领域的研究成果，描述了融入现行平衡方法后 1998—2002 年年度账户所发生的变化。㉓

本附录分为三部分：第一部分描述 BEA 提出的新的平衡方法，第二部分描述 BEA 在采用这个方法前所进行的各种检验，第三部分是总结性评论。

扩展平衡方法的自动化程序

BEA 已经开发了一套新的自动化程序来平衡 1998—2002 年间经整合后的年度 I-O 表的时间序列。与研究结果保持一致，新的平衡方法必须：

- 以双比例调整方法为基础；
- 同时实现生产者价格和购买者价格 I-O 表的平衡；
- 合并更多的外生数据；
- 在可获得的最详细层级数据基础上处理各表。

新程序一般要以更新过的 I-O 使用表为起点，随后按照本章正文部分描述的第一至第四步逐次进行。之后，在基本价格和购买者价格（购买者价格等于基本价格加商品税、运输成本和贸易毛利）两个层面上对 I-O 使用表矩阵实施平衡。该方法把运输成本、贸易毛利分配给各个行业和各种最终使用，以显示商品是怎样通过该经济的运输系统（铁路、汽车、水路、航空、输油管道和输气管道）和分配渠道（批发贸易和零售贸易）实现流动的。在使用表里，各个行业对上述成本予以汇总，作为单独的商品购买显示出来。

㉓ 该研究更多的信息参见 Planting 和 Guo（2004）。完整的文章可以从 BEA 的网站（http://www.bea.gov/bea/papers/Timeliness.pdf）获得。

新的平衡过程需要 15 个矩阵，每个矩阵必须保持内部平衡，同时又要保留不同矩阵之间的特定关系。这里的矩阵包括：基本价格估值的商品矩阵和购买者价格估值的商品矩阵；商品税矩阵；分别针对六种运输模式（铁路、汽车、水路、航空、输油管道和输气管道）的矩阵；批发贸易毛利矩阵；零售贸易毛利矩阵；分别针对两类贸易毛利纳税的矩阵（见图 6. B1）。运输和批发贸易矩阵与生产者价格和购买者价格的商品矩阵具有相同的维度。零售贸易矩阵则是一个简单的向量，只有一个表示所有消耗行业和最终使用者加价的总和。以基本价格估值的矩阵通过税、运输和贸易毛利与以购买者价格估值的矩阵联系在一起。购买者价值矩阵里的某个单元应该等于对应的基本价值矩阵单元加上税、运输和贸易毛利；反过来，基本价值矩阵里的某个单元，应该等于对应的购买者价格矩阵单元减去税、运输和贸易毛利。 254

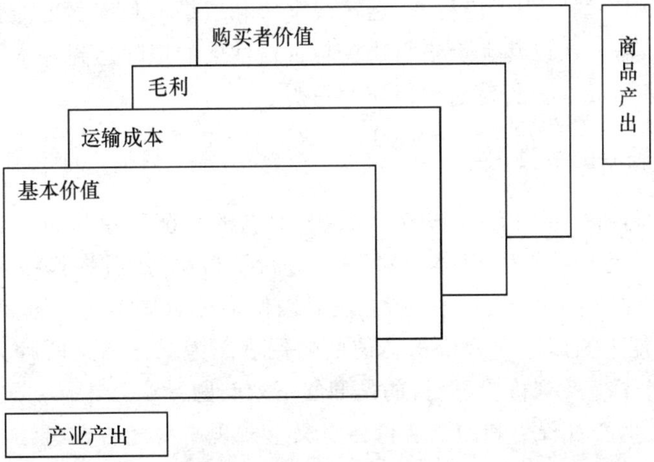

图 6. B1　新平衡模型中基本价值矩阵与购买者价值矩阵的关系

每一个矩阵都要确定控制总量。基本价格、税、运输和贸易矩阵都是二维的，每一行也就是每一种商品都有各自的控制总量。零售贸易毛利矩阵是一维的，对毛利、销售税和其他零售税只有一个控制总量。购买者价格矩阵是二维的，它是生产者价格加上运输成本和毛利的总和；每一个行业和最终使用项目都有一个列向控制总量。

以购买者价格表示的详细 NIPAs 估计被用做各类最终使用项目的控制总量。这些详细的数据使我们可以在个人消费支出的估计上从 1 种扩展到 210 种，在私人固定资本总投资的估计上从 1 种扩展到 33 种，建筑物的估计从 1 种扩展到 26 种，政府支出和投资的估计从 6 种扩展到 136 种。

在所有矩阵中保持固定不变的元素有：出口、进口、企业存货变动和其他负值单元。

实现这15个矩阵的平衡非常复杂，需要多个步骤并需不断迭代。首先以行为起点，计算调整因子，它等于行控制总量减去该行固定单元之和，然后除以新单元之和与固定单元之和相减的差。这些调整因子可以应用到每个矩阵中未固定下来的行单元上。这样，购买者价格矩阵可以通过其他12个矩阵之和计算出来。为了实现各列的平衡，需要再计算调整因子，它等于列控制总量减去该列固定单元的和，然后除以列单元之和与固定单元之和的差。这些因子随后被用于每个矩阵中未固定下来的列单元上。基本价格矩阵里的单元可以用购买者价格减去其他12个矩阵之和计算出来。

经过多次迭代，当基本价值和购买者价值矩阵里的单元各自都接近平衡时，税、运输成本和贸易毛利矩阵也会被强制性地与其对应的各自的行
255 控制总量相平衡。为了使税率、运输成本率和贸易毛利率尽可能长时间保持原水平，需要在以基本价格与购买者价格估值的矩阵达到基本平衡时再实施税、运输成本和贸易毛利矩阵的平衡。

对新程序的检验

BEA利用一套旧有的1997年数据，对新的平衡程序和另一套更为自动化的备选程序（称为“基本模型”）均进行了检验，然后将其结果与1997年的年度I-O使用表相比较。新方法可以使多种矩阵实现平衡，但是基本模型则只能平衡以生产者价格估值的使用表。为了评估这两种方法的结果，特设计了一系列检验，而目的是回答下列问题：

• 在生产者价格和购买者价格意义上实现平衡能否改善结果？大多数I-O表是在生产者价格意义（基础模型）上被平衡的。然而，用生产者价格平衡，会忽视NIPAs对最终使用支出的详细估计（以购买者价格估值），还会忽略运输成本、毛利与产品使用之间的关系。由此假定，用购买者价格估值并使用NIPAs提供的详细数据，可以改善所平衡模型的可靠性。

• 把行业增加值的已知估计包括在其中能否改善结果？增加值是每
256 个行业投入结构的重要组成部分。由此假定，提供各行业增加值的估计值，能够显著减少必要的调整并改善整体效果。（增加值是作为基础模型的一个差值内生出来的。）

• 把行业和商品分得更细一些能否改善结果？表中的内容越是加总，合在一起作为一个独立商品类别的产品就越分散，市场也就越分散。相反，表中提供的内容分解得越细，对应不同市场的商品就越是专门化。

由此假定，利用比较详细的层级分类完成核算，可以改善按使用者提供的商品分配信息，结果也就改善了平衡模型的可靠性。

为了回答这些问题，BEA设计了12项检验，用来比较新方法和基础模型的结果。先分别利用新调整方法和基础调整方法平衡使用表的各种版本。为实现平衡，每种方法都进行了40次迭代，然后将每一个最终使用表压缩到汇总水平，与1997年出版的年度I-O使用表进行比较。

结果比较所使用的指标是直接系数——一个行业为生产1美元产出所需要的商品数量。经平衡的表与1997年年度表相比，其直接系数差异越小，说明平衡模型越好。我们的比较限于使用表中那些数值较大的单元，即中间投入价值（购买者价格）在1亿美元以上单元的直接系数，或者两个直接系数（发布的直接系数减去经平衡的直接系数）的绝对值差异大于0.01的单元。

表6B.1给出了主要检验结果。总的来说，基本模型下，增加值按余值计算，在发布的数据层级上予以平衡，其系数差值较大者所占比例为11.7%；新模型在原始数据的细项层级上平衡，采用独立、固定的增加值估计，则系数差值较大者所占比例为5.8%，由此可见系数差值较大者有大幅下降。检验得出的主要结论如下：

- 新平衡方法的结果好于基本模型的结果。
- 层级更详细的数据能够改善结果。
- 提供已知的增加值估计能够改善结果。
- 新平衡方法中直接系数差值大于0.01者仅占5.8%，平均绝对变化值仅为0.029。

表6B.1　新平衡模型与基本平衡模型的比较：较大的系数差值

模型	平衡水平	增加值	具有较大系数差值的单元占比（%）	系数差值的平均绝对值
基本模型	详细的发布水平	余值	11.7	0.027
		固定值	9.8	0.025
	原始数据水平	余值	8.3	0.030
		固定值	6.5	0.028
新模型	详细的发布水平	余值	7.3	0.032
		固定值	9.6	0.027
	原始数据水平	余值	7.3	0.033
		固定值	5.8	0.029

注：所谓较大直接系数差值，是指那些在已公布1997年投入产出使用表中相同单元差值大于0.01者。

结论

BEA 的目标之一是开发编制当期 I-O 表的能力,而不是穷尽各种资源
257 用于编表。BEA 为达此目的而进行研究,结果是形成了一套平衡使用表的新的自动化程序。从检验结果可以看出,如果能够在购买者价格和基本价格意义上同时实现平衡,就可以获得最好的结果。检验结果还表明,提供固定的增加值估计,在更为详细的原始数据层级上操作,都能改善最终的结果。然而,尽管依据这种新程序编制的使用表与发布的使用表具有相当程度的可比性,但残差项仍然很显著。为此需要做进一步研究来评估这些系数差值及其原因。

附录 C　分行业 GDP 账户链式价格指数和数量指数的计算

如何针对一个行业或者经济总体,计算关于总产出、中间投入和增加值的链式费雪价格指数和数量指数,以下做了总结。一个行业增加值的价格指数代表了其最初生产要素的价格——代表了生产其总产出时所使用的资本和劳动的价格。类似地,一个行业增加值的数量指数代表了生产其总产出时所使用的资本和价格的数量。

链式价格指数

符号 $\mathrm{LP}_{t-1,t}$表示 t 年与 $t-1$ 年对比的拉氏相对价格;$\mathrm{PP}_{t-1,t}$表示 t 年
258 与 $t-1$ 年对比的帕氏相对价格;$\mathrm{FP}_{t-1,t}$表示 t 年与 $t-1$ 年对比的费雪相对价格;$\mathrm{CP}_{t-1,t}$表示 t 年与 $t-1$ 年对比的费雪链式价格指数。上标 GO 表示总产出,II 表示中间投入,VA 表示增加值;p 表示具体的价格,q 表示数量。

总产出、中间投入和增加值的拉氏相对价格为:

$$\mathrm{LP}_{t-1,t}^{\mathrm{GO}} = \frac{\sum p_t^{\mathrm{GO}} q_{t-1}^{\mathrm{GO}}}{\sum p_{t-1}^{\mathrm{GO}} q_{t-1}^{\mathrm{GO}}},$$

$$\mathrm{LP}_{t-1,t}^{\mathrm{II}} = \frac{\sum p_t^{\mathrm{II}} q_{t-1}^{\mathrm{II}}}{\sum p_{t-1}^{\mathrm{II}} q_{t-1}^{\mathrm{II}}},$$

$$\mathrm{LP}_{t-1,t}^{\mathrm{VA}} = \frac{\left(\sum p_t^{\mathrm{GO}} q_{t-1}^{\mathrm{GO}}\right) - \left(\sum p_t^{\mathrm{II}} q_{t-1}^{\mathrm{II}}\right)}{\left(\sum p_{t-1}^{\mathrm{GO}} q_{t-1}^{\mathrm{GO}}\right) - \left(\sum p_{t-1}^{\mathrm{II}} q_{t-1}^{\mathrm{II}}\right)}.$$

总产出、中间投入和增加值的帕氏相对价格为:

$$\mathrm{PP}_{t-1,t}^{\mathrm{GO}} = \frac{\sum p_t^{\mathrm{GO}} q_t^{\mathrm{GO}}}{\sum p_{t-1}^{\mathrm{GO}} q_t^{\mathrm{GO}}},$$

$$\mathrm{PP}_{t-1,t}^{\Pi} = \frac{\sum p_t^{\Pi} q_t^{\Pi}}{\sum p_{t-1}^{\Pi} q_t^{\Pi}},$$

$$\mathrm{PP}_{t-1,t}^{\mathrm{VA}} = \frac{(\sum p_t^{\mathrm{GO}} q_t^{\mathrm{GO}}) - (\sum p_t^{\Pi} q_t^{\Pi})}{(\sum p_{t-1}^{\mathrm{GO}} q_t^{\mathrm{GO}}) - (\sum p_{t-1}^{\Pi} q_t^{\Pi})}.$$

总产出、中间投入和增加值的费雪相对价格为：

$$\mathrm{FP}_{t-1,t}^{\mathrm{GO}} = \sqrt{\mathrm{LP}_{t-1,t}^{\mathrm{GO}} \times \mathrm{PP}_{t-1,t}^{\mathrm{GO}}},$$

$$\mathrm{FP}_{t-1,t}^{\Pi} = \sqrt{\mathrm{LP}_{t-1,t}^{\Pi} \times \mathrm{PP}_{t-1,t}^{\Pi}},$$

$$\mathrm{FP}_{t-1,t}^{\mathrm{VA}} = \sqrt{\mathrm{LP}_{t-1,t}^{\mathrm{VA}} \times \mathrm{PP}_{t-1,t}^{\mathrm{VA}}}.$$

在参考年之后的各年，总产出、中间投入和增加值的费雪链式价格指数为：

$$\mathrm{CP}_t^{\mathrm{GO}} = CP_{t-1}^{\mathrm{GO}} \times \mathrm{FP}_{t-1,t}^{\mathrm{GO}},$$

$$\mathrm{CP}_t^{\Pi} = \mathrm{CP}_{t-1}^{\Pi} \times \mathrm{FP}_{t-1,t}^{\Pi},$$

$$\mathrm{CP}_t^{\mathrm{VA}} = \mathrm{CP}_{t-1}^{\mathrm{VA}} \times \mathrm{FP}_{t-1,t}^{\mathrm{VA}}.$$

在参考年（在此次综合修订中是指2000年）， 259

$$\mathrm{CP}_t^{\mathrm{GO}} = \mathrm{CP}_t^{\Pi} = \mathrm{CP}_t^{\mathrm{VA}} = 100.$$

链式数量指数

符号 $\mathrm{LQ}_{t-1,t}$ 表示 t 年与 $t-1$ 年对比的拉氏相对数量；$\mathrm{PQ}_{t-1,t}$ 表示 t 年与 $t-1$ 年对比的帕氏相对数量；$\mathrm{FQ}_{t-1,t}$ 表示 t 年与 $t-1$ 年对比的费雪相对数量；$\mathrm{CQ}_{t-1,t}$ 表示 t 年与 $t-1$ 年对比的费雪链式数量指数。上标 GO 表示总产出，II 表示中间投入，VA 表示增加值；p 表示具体的价格，q 表示数量。

总产出、中间投入和增加值的拉氏相对数量为：

$$\mathrm{LQ}_{t-1,t}^{\mathrm{GO}} = \frac{\sum p_{t-1}^{\mathrm{GO}} q_t^{\mathrm{GO}}}{\sum p_{t-1}^{\mathrm{GO}} q_{t-1}^{\mathrm{GO}}},$$

$$\mathrm{LQ}_{t-1,t}^{\Pi} = \frac{\sum p_{t-1}^{\Pi} q_t^{\Pi}}{\sum p_{t-1}^{\Pi} q_{t-1}^{\Pi}},$$

$$\mathrm{LQ}_{t-1,t}^{\mathrm{VA}} = \frac{(\sum p_{t-1}^{\mathrm{GO}} q_t^{\mathrm{GO}}) - (\sum p_{t-1}^{\Pi} q_t^{\Pi})}{(\sum p_{t-1}^{\mathrm{GO}} q_{t-1}^{\mathrm{GO}}) - (\sum p_{t-1}^{\Pi} q_{t-1}^{\Pi})}.$$

总产出、中间投入和增加值的帕氏相对数量为：

$$PQ^{GO}_{t-1,t} = \frac{\sum p^{GO}_t q^{GO}_t}{\sum p^{GO}_t q^{GO}_{t-1}},$$

$$PQ^{\Pi}_{t-1,t} = \frac{\sum p^{\Pi}_t q^{\Pi}_t}{\sum p^{\Pi}_t q^{\Pi}_{t-1}},$$

$$PQ^{VA}_{t-1,t} = \frac{(\sum p^{GO}_t q^{GO}_t) - (\sum p^{\Pi}_t q^{\Pi}_t)}{(\sum p^{GO}_t q^{GO}_{t-1}) - (\sum p^{\Pi}_t q^{\Pi}_{t-1})}.$$

总产出、中间投入和增加值的费雪相对数量为：

$$FQ^{GO}_{t-1,t} = \sqrt{LQ^{GO}_{t-1,t} \times PQ^{GO}_{t-1,t}},$$

$$FQ^{\Pi}_{t-1,t} = \sqrt{LQ^{\Pi}_{t-1,t} \times PQ^{\Pi}_{t-1,t}},$$

$$FQ^{VA}_{t-1,t} = \sqrt{LQ^{VA}_{t-1,t} \times PQ^{VA}_{t-1,t}}.$$

在参考年之后的各年，总产出、中间投入和增加值的费雪链式数量指数为：

$$CQ^{GO}_t = CQ^{GO}_{t-1} \times FQ^{GO}_{t-1,t},$$

$$CQ^{\Pi}_t = CQ^{\Pi}_{t-1} \times FQ^{\Pi}_{t-1,t},$$

$$CQ^{VA}_t = CQ^{VA}_{t-1} \times FQ^{VA}_{t-1,t}.$$

在参考年（在此次综合修订中是指 2000 年），

$$CQ^{GO}_t = CQ^{\Pi}_t = CQ^{VA}_t = 100.$$

参 考 文 献

Lawson, Ann M. 2000. Current and future directions for the U.S. industry accounts. Paper presented at the thirteenth International Conference on Input-Output Techniques. 21–25 August, Macerata, Italy. Available at http://www.bea.gov/bea/papers/usindacc.pdf

Lawson, Ann M., Kurt S. Bersani, Mahnaz Fahim-Nader, and Jiemin Guo. 2002. Benchmark input-output accounts of the United States, 1997. *Survey of Current Business* 82 (December): 19–109. Available at http://www.bea.gov/bea/articles/2002/12December/1202I-OAccounts2.pdf

Lawson, Ann M., Sumiye O. Okubo, and Mark A. Planting. 2000. Annual input-output accounts of the United States, 1996. *Survey of Current Business* 80 (January): 37–86. Available at http://www.bea.gov/bea/articles/national/inputout/2000/0100io.pdf

Lum, Sherlene K. S., Brian C. Moyer, and Robert E. Yuskavage. 2000. Improved estimates of gross product by industry for 1947–98. *Survey of Current Business* 80 (June): 24–54. Available at http://www.bea.gov/bea/articles/National/niparel/2000/0600gpi.pdf

Moulton, Brent R., and Eugene P. Seskin. 2003. Preview of the 2003 comprehensive revision of the National Income and Product Accounts: Changes in definitions and classifications. *Survey of Current Business* 83 (June): 17–34. Available at http://www.bea.gov/bea/articles/2003/06June/0603NIPArevs.pdf

Moyer, Brian C., Mark A. Planting, Mahnaz Fahim-Nader, and Sherlene K. S. Lum. 2004. Preview of the comprehensive revision of the annual industry accounts. *Survey of Current Business* 84 (March): 38–51. Available at http://www.bea.gov/bea/articles/2004/03March/0304IndustryAcctsV3.pdf

Moyer, Brian C., Mark A. Planting, Paul V. Kern, and Abigail Kish. 2004. Improved annual industry accounts for 1998–2003. *Survey of Current Business* 84 (June): 21–57. Available at http://www.bea.gov/bea/articles/2004/06June/0604GDP_Industry.pdf

Planting, Mark A., and Jiemin Guo. 2004. Increasing the timeliness of U.S. annual I-O accounts. *Economic Systems Research* 16(2): 157–167. Available at http://www.bea.gov/bea/papers/Timeliness.pdf

Planting, Mark A., and Peter D. Kuhbach. 2001. Annual input-output accounts of the U.S. economy, 1998. *Survey of Current Business* 81 (December): 41–70. Available at http://www.bea.gov/bea/articles/2001/12december/1201io98.pdf

Yuskavage, Robert E. 2000. Priorities for industry accounts at BEA. Paper presented at a meeting of the BEA Advisory Committee. 17 November, Washington, DC. Available at http://www.bea.gov/bea/papers/priority.pdf

Yuskavage, Robert E. 2002. Gross domestic product by industry: A progress report on accelerated estimates. *Survey of Current Business* 82 (June): 19–27. Available at http://www.bea.gov/bea/articles/2002/06June/0602GDPbyIndy.pdf

Yuskavage, Robert E., and Mahnaz Fahim-Nader. 2005. Gross domestic product by industry for 1947–86, new estimates on the North American industry classification system. *Survey of Current Business* 85 (December), forthcoming.

Yuskavage, Robert E., and Yvon H. Pho. 2004. Gross domestic product by industry for 1987–2000, new estimates on the North American industry classification system. *Survey of Current Business* 84 (November): 33–53. Available at http://www.bea.gov/bea/articles/2004/11November/1104GDP_by_Indy.pdf

第7章　整合与推进 BEA 账户过程中的加总问题
——分行业 GDP 计算方法的改进

B. C. 莫耶尔　M. B. 瑞恩斯道夫　R. E. 尤斯卡维奇*

263 BEA 编制的分行业 GDP 账户常被用于研究美国经济的结构变化和增长源泉，针对美国行业表现与其他国家进行比较，评价各行业和部门对总体生产率增长的贡献。该账户提供了 66 个行业的名义和实际总产出、中间投入和增加值的年度估计值，据此，研究者可以了解各个行业的相对重要性以及随时间推移所发生的变化。通过名义（现价）增加值的估计值，我们可以计算相对于 GDP 的行业规模；通过实际增加值估计值，可以计算实际 GDP 增长的行业贡献度。

然而，根据分行业 GDP 账户计算的实际 GDP 增长，与根据国民收入与生产账户（National Income and Product Accounts，NIPAs）计算的结果往往存在差异。这些差异已经引起相关研究人员对行业账户与国民经济账户一致性的关注，为此，BEA 正致力于更全面地整合这些账户，以减少或消除现存误差。BEA 还针对方法的改变是否能够减少行业贡献度之和与 NIPAs 实际 GDP 增长之间的差异这一课题，进行了调查研究，所获得的最重要成
264 果之一是，NIPAs 用于计算实际 GDP 增长最终支出贡献度的"精确贡献"公式，同样也可以应用于计算基于增加值的行业贡献。

在本章中，我们阐述了导致分行业 GDP 账户估计值与 NIPAs 估计值之间出现差异的原因，并明确了若干使 BEA 各实际总量产出指标保持一致的方案。我们分析了实际 GDP 增长不等于行业贡献之和的种种原因，包括统计误差的处理方式、在数据来源以及测算 GDP 之支出法和行业（生

---

* B. C. 莫耶尔（Brian C. Moyer）是 BEA 国民收入与财富司的副司长；M. B. 瑞恩斯道夫（Marshall B. Reinsdorf）是 BEA 的经济研究师；R. E. 尤斯卡维奇（Robert E. Yuskavage）是 BEA 的高级经济研究员、办公室主任。

产)法等方面存在的差别、缩减和汇总方法以及贡献率计算公式本身等,但关于名义统计误差的差异不在本章讨论之列。

本章还对使用新开发的数据库来弥合实际总量产出指标之间差异的各种短期和长期方案的可行性进行了考察。本项研究是 BEA 更好地整合行业账户和国民经济账户这项多年战略规划的目标之一。本章最后一节介绍的可选方案包括:对测算 GDP 的不同方法进行局部整合或完全整合、修订贡献率公式、改变估计值的表述方式。本章还明确了为高度整合国民经济账户和行业账户需要对原始数据做出的改善。

本章得出的一个重要结论是:实际产出增长率的差异大部分是由原始数据和方法论的不同造成的,很少是由统计误差的处理方式、汇总方法或贡献公式的不同造成的。实际上,本章表明,在数据一致的情况下,BEA 采用费雪理想指数汇总程序计算的实际 GDP(汇总各行业增加值)与汇总最终使用商品得出的实际 GDP,其结果是一样的。于是,计算实际 GDP 的两种主要方法——NIPAs 采用的"支出法"和分行业账户采用的"生产法"或"行业法"——在一定条件下得出的结果是相同的。这个结果也说明:应用于 NIPAs 的"精确贡献"公式也可以应用于分行业 GDP 账户。这些研究结果意味着,某些差异的来源是可以消除的,但要实现这一点,却需要在整合估算框架的同时改善行业原始数据的质量。

本章余下的部分共分四节:7.1 节介绍分行业 GDP 账户的背景以及现
有误差存在的范围。7.2 节阐述名义份额和各行业组实际贡献之间存在 265
差异的起因,包括方法论和原始数据、缩减和汇总步骤、统计误差的处理方式以及当前使用的贡献公式。7.3 节介绍实证研究结果,包括上述各因素相对重要性的检验结果。这一节还介绍了研究数据库是如何开发的及其用于评估各种差异来源的方式。7.4 节是总结和结论,阐述了处理差异的可行办法、实施方案,以及分行业账户和国民经济账户整合的未来研究方向。

7.1　分行业账户与国民经济账户之间的差异

分行业 GDP 账户中各行业名义增加值的估计值大部分是从 NIPAs 收入方行业估计导出的。然而,NIPAs 中的 GDI(gross domestic income)合计数并不等同于支出法 GDP 估计值,其差异即所谓的统计误差。因此,为了使行业汇总的 GDP 与 NIPAs 的支出法 GDP 保持平衡,行业估计值中把统计误差作为一个单独"行业"处理以便将其包括在内。

由于存在统计误差,名义 GDP 的行业比重之和极少等于 1。近年来,统计误差的绝对值有时会超过 GDP 的 1% 。而且,由于以下几个方面的原因,分行业 GDP 账户中所有行业的实际产出与从产品方估计的实际 GDP 也存在差异;在某些年份,二者在增长率上的差异会达到零点几个百分点。这是公布的实际 GDP 增长行业贡献度之和不一定等于实际 GDP 增长的一项主要原因。正是因为这些统计误差,使用分行业核算实际增加值的研究者在研究行业表现和生产率增长的行业贡献时就容易出现问题(最近的一个例子,可见 Faruqui 等,2003)。

为了说明这个问题的重要性,表 7.1 列出了 1999—2001 年公布的各行业组和更高分类水平上的名义 GDP 所占份额以及对实际 GDP 增长的贡献。① 列出的行业组是较为详细的、一般能在定期发布的分行业 GDP 账户中找到的标准行业分类体系(SIC)的二位码行业。在更高分类水平上则区
266 分了私营行业、生产产品的私营行业、提供服务的私营行业和政府部门。表 7.1 还列出了未按行业分配部分所占的份额及其对实际 GDP 增长的贡献,其中包括统计误差和未按行业分配的“其他”数额。② 由于每年的统计误差都是负数,因此各行业组的 GDP 贡献之和大于 100% 。

表 7.1 行业组在 GDP 中所占的份额及其对实际 GDP 增长的贡献,1999—2001 年

行业组	份额			贡献		
	1999	2000	2001	1999	2000	2001
国内生产总值(GDP)	100.0	100.0	100.0	4.1	3.8	0.3
私营行业[a]	87.6	87.6	87.3	4.21	3.42	0.34
生产产品的私营行业	23.1	22.9	21.6	1.06	0.83	-0.96
农业、林业和渔业	1.4	1.4	1.4	0.09	0.11	-0.02
采矿业	1.1	1.4	1.1	-0.05	-0.13	0.06
建筑业	4.6	4.7	4.8	0.23	0.13	-0.08
制造业	16.0	15.5	14.1	0.78	0.75	-0.93
耐用品	9.2	9.0	8.1	0.60	0.92	-0.47
非耐用品	6.8	6.5	6.1	0.19	-0.15	-0.46
提供服务的私营行业	64.9	66.0	66.8	3.23	3.54	1.15
运输和公共事业	8.3	8.2	8.1	0.60	0.56	-0.01
运输	3.3	3.2	3.0	0.14	0.17	-0.14
通信	2.8	2.8	2.9	0.28	0.34	0.35

① 修订后的分行业 GDP 估计值与 2003 NIPAs 综合修订版中的 GDP 是一致的,与 2004 年 6 月 17 日发布的基于 1997 北美行业分类体系(NAICS)的 2003 NIPAs 也是一致的。本章未能使用这些修订后的估计值。

② 关于未按行业分配部分的更详细描述,见 McCahill and Moyer(2002),“Nonadditivity of Chained Dollars and‘Not Allocated by Industry’in the GDP-by-Industry Accounts”。

（续表）

行业组	份额			贡献		
	1999	2000	2001	1999	2000	2001
电、气和卫生服务	2.3	2.2	2.2	0.18	0.05	-0.20
批发贸易	7.0	7.1	6.8	0.47	0.41	-0.01
零售贸易	9.0	9.0	9.2	0.52	0.67	0.43
金融、保险和房地产	19.4	20.1	20.6	0.79	1.21	0.56
服务	21.3	21.5	22.1	0.85	0.69	0.20
政府	12.4	12.4	12.7	0.16	0.33	0.21
未按行业分配的部分	-0.4	-1.3	-1.2	-0.35	-1.00	-0.18
统计误差	-0.4	-1.3	-1.2	-0.08	-0.94	0.14
其他	n. a.	n. a.	n. a.	-0.27	-0.05	-0.32

注：n. a. 表示无法得到。
a 包括统计误差。

对于名义 GDP 份额而言，“未按行业分配的”部分只包括统计误差。但对于实际 GDP 增长贡献来说，“未按行业分配的”部分则代表了实际统计误差和其他因素（比如原始数据、方法论、汇总程序和贡献公式本身的差异）的综合效应，这些其他因素部分解释了实际 GDP 增长与行业贡献和之间存在的差异。由于 1999—2000 年间名义统计误差增长很快，因此 2000 年统计误差对实际 GDP 增长的贡献率非常大（-0.94 个百分点）。1999 年，其他因素对实际 GDP 增长的贡献率为 -0.27 个百分点，由此反映出按行业核算的“所有行业”的实际 GDP 增长率大于根据 NIPAs 计算的实际 GDP 增长。 267

7.2　差异的来源

本节介绍造成名义 GDP 之行业份额和实际 GDP 增长之行业贡献现存差异的各种因素。误差的来源包括方法论和原始数据、缩减和汇总程序、统计误差的处理方式以及 BEA 计算行业估计值时所采用的贡献公式。下面分别阐述这些差异的来源。

7.2.1　方法论和原始数据

不同的方法将导致不同的总量产出估计值和增长率，各构成项对总量产出增长的贡献及其所占份额也将不同。当前 BEA 测算 GDP 的方法有两种：支出法和收入法。支出法测算的 GDP 是产品和服务最终使用之和，包括个人消费支出、国内私人投资总额、产品和服务净出口、政府消费支出和投资总额。该方法为计算实际 GDP 提供了一个很好的框架,因为它依赖于详细的现价美元数据,在其基础上,可以通过价格指数缩减来计算数量指数。收入法测算的 GDP 是生产过程中发生的各项成本与获得的各项收入之和,包括雇员报酬、营业盈余总额(比如企业利润)、业主收入、资本消耗补偿、净利息以及其他基于 GDP 的收取项(比如生产税和进口税)。

除了支出法和收入法之外,1993 国民账户体系(联合国等,1993,以下简称 SNA 1993)将生产法(也称为行业法)作为 GDP 测算的第三种方法。生产法是用所有行业(包括政府)的总产出(销售)减去中间投入(购买),然后再求和来计算 GDP。根据该方法,实际 GDP 应采用双缩减法来计算,
268 等于所有行业的实际总产出和实际中间投入之差。虽然 BEA 没有使用这种方法来计算 GDP,但在分行业 GDP 账户中计算实际增加值的估计值时,变相采用了这一方法。[3]

图 7.1 展示了一张高度综合的投入产出“使用表”,阐述了计算 GDP 的三种不同方法。[4] 各主要列标题包括行业、最终使用和商品总产出,各主要行标题则由商品、增加值和行业总产出组成。因为商品总产出等于行业总产出,而且从这两个总产出中扣除的中间使用总额是等值的,所以所有商品的最终使用合计等于所有行业的增加值合计。支出法等价于加总各子类(比如个人消费支出)和各种商品(比如制造业产品)的最终使用,如阴影列所示。收入法等价于加总所有行业的增加值构成项(比如“雇员报酬”)。生产法等价于加总所有行业的增加值,如阴影行所示。

从概念上说,这三种方法得出的 GDP 应该相同,但在实践中,由于这三种方法使用的原始数据并不完全一致,故而得出的 GDP 往往不同。支出法使用的原始数据大部分来自美国普查局的企业调查数据,但某些商品的最终使用和中间使用分配则通常要基于经济普查年份的基准投入产出账户。收入法使用的原始数据主要来自行政记录,如企业纳税申报单。美国普查局提供的企业调查原始数据,也可以用于生产法核算,但相对于支出法下最终需求的估计值而言,基于投入产出账户对中间使用和增加值的分配更为可靠。尽管可以使用生产法计算名义和实际 GDP,但首先要对选定行业的总产出、价格指数、中间投入(尤其是购买的服务)等的原始数据进行重大改进。BEA 没有尝试使用生产法计算独立的 GDP 指标。

---

③ 投入产出账户以生产法计算分行业的名义增加值,但是投入产出账户所有行业的增加值之和是以支出法估计的 GDP 为基准的。

④ 关于 BEA 基准投入产出账户的描述,见 Lawson 等(2002)。

		行业										最终使用（GDP）							商品总产出
		农业	采矿	建筑	制造	运输	贸易	金融	服务	其他	中间使用合计	PCE	PFI	CBI	X	M	GOVT	GDP	
商品	农业																		
	采矿																		
	建筑																		
	制造																		
	运输																		
	贸易																		
	金融																		
	服务																		
	其他																		
	不可比的进口																		
	中间投入合计																		
增加值	雇员报酬																		
	公司间接税																		
	其他增加值																		
	合计																		
行业总产出																			

缩写：PCE —— 个人消费支出，PFI —— 私人固定资本投资，CBI —— 企业库存变化，IBT —— 公司间接税。

图 7.1　投入产出使用表

在 BEA 分行业 GDP 账户中,测算某给定行业的投入、产出会使用各种各样的数据来源。大多数行业的总产出是基于美国普查局收集的年度调
270 查数据计算的,雇员报酬主要基于劳工统计局收集的数据,总营业盈余主要基于美国国税局备案的企业所得税纳税申报单数据。不同统计机构可能会将同一个数据报告单位归属于不同的行业,因此,即使在二位码 SIC 行业水平上,也经常会出现表中数据不一致的情况。此外,所报告数据是以一个合并企业的公司纳税申报单为基础的,而不是基层单位,为此 BEA 需要利用企业就业数据,将基于公司的企业利润、净利息和资本消耗补偿估计值转化为基于基层单位的估计值(Yuskavage(2000)更详细地阐述和讨论了这些问题的影响)。

7.2.2 缩减和汇总方法

理论综述

图 7.1 展示的使用表是投入产出账户综合估计框架的一部分,根据该表,可以得到生产法和支出法估计的实际 GDP。此外,该估计框架还包括制造表以及制造表、使用表中所列商品的价格缩减因子。制造表显示每个行业生产的主要商品或次要商品的价值,而使用表则显示被每个行业用做中间投入的各种商品。使用生产法或支出法计算实际 GDP 时,必须用每种商品的生产者价格指数对制造表和使用表(以生产者价格度量的)中的现价价值进行缩减。⑤

在数据一致的情况下,基于制造表和使用表计算的生产法名义 GDP 与支出法估计值是一致的,因为这两种方法的区别只在于对制造表、使用表中各元素的组合顺序不同。生产法首先对每个行业内的商品汇总,然后再对所有的行业汇总。以 V_{cit} 表示第 t 年制造表中行业 i 所生产的商品 c,则该行业的总产出 g_{it} 就等于:

$$g_{it} = \sum_{c} V_{cit}, \tag{1}$$

以 U_{cit} 表示第 t 年使用表中行业 i 所使用的商品 c,则行业 i 在第 t 年使用的中间投入合计 m_{it} 就等于:

271

$$m_{it} = \sum_{c} U_{cit}, \tag{2}$$

于是,生产法的名义 GDP 估计值为:

$$\mathrm{TVA}_t = \sum_{i} (g_{it} - m_{it}) = \sum_{i} \mathrm{VA}_{it}, \tag{3}$$

⑤ 可以得到购买者价格的使用表,但不能得到购买者价格的制造表。

其中，VA_{it}表示 t 时期行业 i 的增加值，TVA 表示整个经济体的增加值。

支出法是先从商品总产出中扣除各行业的中间使用来获得每种商品的最终使用，然后汇总所有商品的最终使用。商品 c 的最终使用 e_{ct}为：

$$e_{ct} = \sum_{i} (V_{cit} - U_{cit}), \tag{4}$$

于是，支出法的名义 GDP 估计值为：

$$GDP_t = \sum_{c} e_{ct}. \tag{5}$$

假定任何商品无论其如何使用，其价格缩减因子都是相同的，那么，按双缩减法（即实际总产出减去实际中间投入）计算的生产法实际 GDP 与支出法实际 GDP 估计值将是一致的。（如果商品及其缩减因子是在较高分类水平界定的，那么这一假定就更容易成立。）实际 GDP 增长定义为费雪指数的增长率，其中费雪指数通过不变价 GDP 增长的拉氏指数和帕氏指数估计值计算而得。

为使用拉氏指数计算 t 时期的不变价 GDP，我们首先用商品 c 的价格缩减因子 r_{ct}对 $t-1$ 时期到 t 时期的每个 V_{cit}和 U_{cit}进行缩减。为了得到按生产法计算的拉氏指数，需要应用公式(1)至公式(3)的缩减值；为了得到支出法下的拉氏指数，需要应用公式(4)和公式(5)的缩减值。既然生产法和支出法在计算拉氏指数的分子时，所组合的是经缩减后的制造表和使用表中的相同元素，那么二者就是等价的。

与此类似，为使用帕氏指数计算 t 时期的不变价 GDP，我们要用缩减因子 r_{ct}来外推每个 $V_{ci,t-1}$和 $U_{ci,t-1}$，其中，生产法要应用公式(1)至(3)，支出法要应用公式(4)和(5)。制造表和使用表元素的加总顺序又一次构成了支出法和生产法的唯一区别，尤其是这两种方法在计算帕氏指数的分母时，所组合的正是经外推后的制造表和使用表的相同项目。因此，无论使用生产法还是支出法，都不会对费雪指数所依赖的拉氏指数和帕氏指数产生任何影响。 272

在数据一致和价格缩减因子统一的假定条件下，用生产法测算的实际 GDP 增长与支出法测算的相同，因此双重缩减法本身不会导致根据行业账户计算的实际 GDP 与根据 NIPAs 账户计算的实际 GDP 之间产生差异。理论上说，将实际 GDP 分解为各行业贡献（各行业贡献之和等于根据 NIPAs 计算的实际 GDP）的唯一途径，是确定每个行业对按费雪指数汇总起来的所有行业实际 GDP 的贡献。

以最终使用支出作为权重，GDP 的拉氏价格指数可以定义为：

$$L^P = \frac{\sum_c e_{ct-1} r_{ct}}{\sum_c e_{ct-1}}, \tag{6}$$

类似地，帕氏价格指数定义为：

$$P^P = \frac{\sum_c e_{ct}}{\sum_c \dfrac{e_{ct}}{r_{ct}}}. \tag{7}$$

费雪价格指数 F^P 定义为 L^P 和 P^P 的几何平均。最后，费雪数量指数就可以定义为经费雪价格指数缩减后的支出变化。因此，t 时期的实际 GDP 变化就等于名义 GDP 经 F^P 缩减后的变化。

$$F^Q = \frac{\mathrm{GDP}_t}{\mathrm{GDP}_{t-1}} \frac{1}{F^P}. \tag{8}$$

以下论点阐述了如何将 F^Q 表示为最终使用商品之和的变化，以及如何表示为行业增加值之和的变化。该方法以 van IJzeren(1952)的费雪指数可加性分解为基础，既需要经过价格缩减的 t 时期的制造表和使用表，又需要经过价格还原的 $t-1$ 时期的制造表和使用表。每一个经价格缩减或价格还原的制造表和使用表的价格都有效地维持为一个不变的平均值，即 $t-1$ 时期价格水平和 t 时期缩减价格水平的平均值，此时 F^P 被视为一个适当的缩减因子。以此不变价测算的商品最终使用值反映了各商品对实际 GDP 变化的精确可加贡献值，以此固定不变价格测算的增加值则反映了各行业的精确可加贡献值。

273 **论点 1** 将 h_{ct} 定义为 r_{ct} 和 F^P 的调和平均数，F^P 是支出法 GDP 使用的费雪价格指数：

$$h_{ct} \equiv \frac{2}{\dfrac{1}{r_{ct}} + \dfrac{1}{F^P}}, \tag{9}$$

并将 a_{ct} 定义为 r_{ct}/F^P 和 1 的算术平均数，即：

$$a_{ct} \equiv \frac{\dfrac{r_{ct}}{F^P} + 1}{2}, \tag{10}$$

则：(a) 估计实际 GDP 使用的费雪数量指数等于：

$$F^Q = \frac{\sum_c \dfrac{e_{ct}}{h_{ct}}}{\sum_c e_{ct-1} a_{ct}}, \tag{11}$$

(b) 任意商品 γ 对 F^Q 变化的可加贡献 C_γ 为：

$$C_\gamma = \frac{\dfrac{e_{\gamma t}}{h_{\gamma t}} - e_{\gamma t-1}a_{\gamma t}}{\sum_c e_{ct-1}a_{ct}}, \tag{12}$$

(c) 任意行业 j 对 F^Q 变化的可加贡献 $\hat{C}_j$ 为：

$$\hat{C}_j = \frac{\sum_c \dfrac{V_{cjt}}{h_{ct}} - \sum_c \dfrac{U_{cjt}}{h_{ct}} - \left(\sum_c V_{cjt-1}a_{ct} - \sum_c U_{cjt-1}a_{ct}\right)}{\sum_i\left(\sum_c V_{cit-1}a_{ct} - \sum_c U_{cit-1}a_{ct}\right)}. \tag{13}$$

证明：对(a)做证明，由公式(6)：

$$\sum_c e_{ct-1}a_{ct} = \mathrm{GDP}_{t-1}\frac{\dfrac{L^P}{F^P}+1}{2}, \tag{14}$$

由公式(7)：

$$\sum_c \frac{e_{ct}}{h_{ct}} = \mathrm{GDP}_t\frac{\dfrac{1}{P^P}+\dfrac{1}{F^P}}{2}, \tag{15}$$

因此，有：

274

$$\begin{aligned}\frac{\sum_c \dfrac{e_{ct}}{h_{ct}}}{\sum_c e_{ct-1}a_{ct}} &= \frac{\mathrm{GDP}_t}{\mathrm{GDP}_{t-1}}\frac{\dfrac{1}{P^P}+\dfrac{1}{F^P}}{\dfrac{L^P}{F^P}+1} \\ &= \frac{\mathrm{GDP}_t}{\mathrm{GDP}_{t-1}}\frac{P^P+F^P}{P^PF^P\left(\dfrac{L^P}{F^P}+1\right)} \\ &= \frac{\mathrm{GDP}_t}{\mathrm{GDP}_{t-1}}\frac{P^P+F^P}{F^P(P^P+F^P)} = F^Q.\end{aligned} \tag{16}$$

(b)是(a)的一个直接推论，将论点 1(a)中的 e_{ct} 用公式(4)代替，整理后即可得出(c)中的公式。

利用论点 1，我们以 h_{ct} 对 t 时期制造和使用表中商品 c 的所有项目进行缩减，以 a_{ct} 外推 $t-1$ 时期制造和使用表中商品 c 的所有项目。汇总所有的行业，这些调整后的制造和使用表就可得出论点 1 中各商品对实际 GDP 变化的贡献，即：

$$C_\gamma = \frac{\left(\sum_i V_{\gamma it} - \sum_i U_{\gamma it}\right)/h_{\gamma t} - \left(\sum_i V_{\gamma it-1} - \sum_i U_{\gamma it-1}\right)a_{\gamma t}}{\sum_c\left(\sum_i V_{cit-1} - \sum_i U_{cit-1}\right)a_{ct}}. \tag{17}$$

如果以调整后的制造和使用表中的所有商品(替代上面的项目)汇总计算经调整的VA_{it}值,就可以得到行业对(生产法计算的)实际 GDP 变化的贡献 $\hat{C}_i$。

注意,这个对变化贡献的公式中,将分解总量的价格指数 F^P 作为其参数之一。这意味着,如果总量定义发生变化,贡献的相对大小也会随之发生变化。实际 GDP 变化的贡献之所以要依赖于 F^P,是因为要基于这样一个价格向量求得商品数量变化的价值,该价格向量是 t 时期和 $t-1$ 时期价格的加权平均,且 t 时期价格的权重被定义为与 F^P 成反比。

理论和实践之间的差别

在 NIPAs 中,实际 GDP 采用费雪指数计算,即基于拉氏和帕氏不变价格 GDP 估计值计算。购买者价格估值的最终支出各构成项主要以购买者
275 价格指数缩减,比如以消费者价格指数缩减私人消费支出各构成项。不变价格估计值是所有以单阶段方法得到的各最终支出构成项拉氏和帕氏估计值的合计。

在分行业 GDP 账户中,以双缩减法计算一个行业的实际增加值,等于实际总产出与实际中间投入之差。费雪指数不具备汇总一致性,所以费雪增加值必须根据拉氏和帕氏总产出和中间投入分别计算,而不是基于费雪总产出和中间投入计算。⑥ 因此,计算一个行业实际增加值的费雪指数,等于基于拉氏指数双缩减法与帕氏指数双缩减法的增加值指数的几何平均。

“所有行业”的实际增加值——从 BEA 得到的生产法实际 GDP 估计值——是由 62 个私营行业和 4 类政府行业构成的总量费雪数量指数。Yuskavage(1996,第 142 页)介绍了如何计算这个总量费雪指数。需要单独计算所有行业总量的拉氏和帕氏指数,从而得出两套针对整个经济的实际总产出和实际中间投入估计值。然后,以整个经济的总产出减去整个经济的中间投入推导出拉氏指数和帕氏指数的总增加值,二者平均,最后得出总量费雪指数。

支出法和生产法计算的实际 GDP 估计值在理论上是一致的,但实践中二者很难达到一致,因为这两种方法使用的原始数据不一致,构造缩减因子的价格种类也不相同。即使在完全整合的投入产出框架下,不变价和

---

⑥ 使用一个指数公式在较细分类水平上计算出其总量,然后以同样的方法逐级加总起来得到最高分类水平总量,如果该结果与直接使用该公式缩减各构成项计算的总量相同,那么即可认为该指数公式具备汇总一致性(Vartia, 1976,第 124 页)。费雪公式在汇总过程中不能保证一致性,尽管 Diewert(1978)证明了在汇总时它能近似地保持一致。

现价的估计值也必须进行平衡。由于需要协调各种名义值和价格指数中潜在的不一致,因此平衡过程通常会引起各种棘手的实际问题。NIPAs 当前使用支出法计算的实际 GDP 和分行业 GDP 账户使用生产法计算的实际 GDP 也同样难以达成一致,因为两种方法所使用的原始数据并不完全一致。⑦

然而,从可得原始数据在质量和详细程度上的差异看,或许可以得出
结论:NIPAs 按支出法计算的 GDP 比按整合的支出法/生产法计算的 GDP 276
更准确。特别是,NIPAs 中的许多商品可以使用直接测算的最终支出细分类数据,这样从商品总供给中得到最终使用数据时,就无需依赖投入产出关系。⑧ 另外,NIPAs 中的最终支出构成数据和计算实际 GDP 的价格指数一般都非常详细,但从行业账户中,只有制造业可以得到一致且详细的商品产出和价格数据;其他行业的产出数据则通常不够详细或不完全一致。各行业的中间投入数据一般都非常详细,而且行业之间的中间投入数据也能保持一致,但这些数据的时效性却不如总产出各构成项的数据。

部分行业 GDP 账户使用的数据不够详细或不够及时,并不是导致实际估计值出现差异的唯一原因。价格指数也具有差异,因为分行业 GDP 账户使用的是生产者价格,而 NIPAs 使用的是购买者价格(其中包括了批发零售贸易加价以及运输成本)。用于 NIPAs 的缩减价格指数——比如劳工统计局的消费者价格指数、出口和进口价格指数——通常反映了购买者价格的概念,因此可以直接使用。⑨ 缩减过程中的这些差异意味着分行业 GDP 账户中(在论点 1 的贡献公式中起重要作用)的 F^P 可能会稍稍不同于 NIPAs 中的 GDP 价格指数。

现有分行业 GDP 账户中存在的另一种误差,是实际 GDP 变化的行业贡献之和一般不等于生产法实际 GDP 增长(甚至是未公布的)估计值。计算生产法实际 GDP 增长的行业贡献是个很难的问题,因为在汇总过程中的费雪指数是不一致的。这意味着所有行业实际增加值的费雪估计值之和在代数上并不等于实际 GDP 的生产法估计值。因此,一个行业的贡献不能简单用该行业的实际增加值除以生产法实际 GDP 估计值而得出。公布的行业贡献之和与 NIPAs 实际 GDP 变化之差,即为"未按行业分配的"(NAI)部分。数据不一致——包括统计误差——肯定会导致 NAI 误差,但

---

⑦ 在那些试图合并这两种方法的国家,同样也遇到了类似的数据不一致所引起的问题。

⑧ 然而,对一些产品(比如餐饮和航空旅客运输)来说,必须假定自从最新的基准投入产出账户以来总供给和最终使用之间的关系没有发生改变。

⑨ 然而,某些项目也使用了生产者价格指数,比如企业设备投资。

277 使用实际 GDP 变化行业贡献公式时，即使数据一致，误差也会存在。

但是，通过公式(13)，可以在数据一致的情况下计算消除了 NAI 误差的实际 GDP 变化行业贡献。该公式将 NIPAs 使用费雪指数计算实际 GDP 变化行业贡献的方法扩展到了一个新的应用领域，即双缩减法，这是 Dumagan(2002)提出的一个构想。(有关 NIPAs 计算实际 GDP 变化行业贡献公式的其他背景资料，可参见 Reinsdorf，Diewert 和 Ehemann，2002。)然而，为了在实践中应用公式(13)，需要进行一些代数运算，因为当前分行业 GDP 账户中不包括完整的制造和使用表。(预计 2004 年 6 月可以从“局部整合的”分行业 GDP 账户和投入产出账户数据库中得到制造和使用表。)附录给出了如何将 $\hat{C}_i$ 表示为分行业 GDP 账户数据的函数，特别是行业总产出和中间投入的拉氏指数和帕氏指数。

7.2.3 统计误差

统计误差定义为现价 GDP 与 GDI 之差。它在 NIPAs 中记录为“收入”构成项，以使账户的收入方和商品方保持协调。出现统计误差的原因是收入方和商品方在测算中各自使用了独立的、不完善的数据。分行业 GDP 估计值是根据账户收入方的数据推导出来的，统计误差作为一个行业处理，以使各行业名义 GDP 之和等于名义 GDP。统计误差在分行业 GDP 账户中的这种平衡作用直接源于其在 NIPAs 中的平衡作用。实际统计误差是用 GDP 企业部门的隐含价格缩减因子(IPD)对名义(现价)统计误差进行缩减得出的。缩减因子的选择反映了 BEA 的观点，它们认为，统计误差背后原始数据的不一致最可能发生在范围广泛的私营部门各行业中。否则，需要先对哪个行业最容易受统计误差的影响做出假定。

分行业 GDP 名义估计值的最重要用途之一是计算各行业的名义 GDP 份额。这些份额可用于确定一个行业在某个时间点的相对规模，以及相对规模随时间发生了怎样的变化。但非零统计误差的存在使得这些份额的意义变得模糊了，因为有些 GDP 并没有落实为具体的行业增加值。统计误差表明：至少有一个行业的名义增加值相对于支出法 GDP 估计值来说
278 要么太高，要么太低。如果统计误差很大或者不稳定(正如近些年的趋势所示)，这个问题将更加复杂。由于名义增加值的增长估计有误，因此行业对实际 GDP 增长之贡献的估计也会受到影响。此外，因为统计误差是作为一个行业处理的，所以它也会包括在“所有行业”实际增加值的核算中。

7.2.4 贡献公式

曾用于计算实际 GDP 变化行业贡献的公式是一种拉氏近似。该公式将各行业对总量增长的贡献表达为该行业的加权增长率,其权重等于第一个时期该行业的增加值在名义增加值总量中所占的份额。该公式不仅计算形式简单,而且避免了将统计误差作为一个行业处理所引起的复杂性。这种误差从一年到下一年经常变换符号,使得精确的贡献公式应用起来非常困难。尽管当前的贡献公式非常近似于精确的贡献公式,但它不能反映各时期之间行业份额的变化,并且与使用费雪数量指数计算实际增加值的步骤不一致。然而,7.2.2 节表明,如果统计误差不存在,并且原始数据的不一致可以降到最低程度,那么应用于 NIPAs 的贡献公式也可以用于分行业 GDP 账户,得出的总量增长率也比较接近。

7.3 实证结果

这一节将介绍各种实证结果,包括上述各因素相对重要性的检验,也将描述为这项研究而开发的数据库,以及如何利用这些数据库来评估各种差异来源。实证工作的目的在于评价上述若干差异来源的相对重要性。实证结果将分三个小节展开:方法论和汇总步骤、原始数据的一致性(包括统计误差的作用)以及贡献公式。

7.3.1 方法论和汇总步骤

总量增长率及贡献既存差异的原因之一是所采用的估计方法和汇总步骤不同。已公布的分行业 GDP 账户和 NIPAs 都使用了费雪汇总方法,但二者的估计框架是完全不同的。因此,即使可以完全消除在原始数据上的不一致,并使用相同的贡献公式,汇总现有的生产法各分行业 GDP 账户变量也不会得出与 NIPAs 支出法相同的结果。然而,上一节已经表明,在 279
一致的框架中使用一致的原始数据,应该能得到相同的总量指数。

为了检验这些可能差异源的影响,我们根据 1998 年和 1999 年公布的年度投入产出账户生成了一个实验性的“概念上理想的”数据库。在 95 个商品和行业汇总层面上编制了名义制造和使用表,并根据详细的基础分行业 GDP 账户计算了每种商品的费雪综合价格指数。因此,不管一种商品是用于最终使用还是中间使用,都可以使用相同的价格指数对它进行缩减。此外,由于采用的是经平衡的制造和使用表,因此总供给、中间使用和最终使用的现价原始数据是一致的。为了计算行业增加值和商品最终使用的拉氏和帕氏数量指数,1999 年制造和使用表以 1998 年价格表示,1998 年制造和使用表以 1999 年价格表示。

单一同质价格指数适用于一种商品的所有用途,这样的假定对实验是非常方便的,但在价格具有差异情况下会引起不变价总量估计值的一致性问题。换句话说,如果生产者价格或购买者价格在不同的中间使用和最终使用上有所差异,那么最终使用和增加值在总量上还会保持相等吗?生产者价格的变异可由多方面原因造成,包括价格歧视、区域差异或商品本身未观测到的异质性。购买者价格指数的变异则可能是由于运输成本、贸易毛利和对不同用户征收商品税等方面的差异所引起的。实现各种方法之间的一致,并在模型中加入价格差异所需要的程序步骤,比本章开发的程序要复杂得多。我们通常无法得到单独的价格指数(生产者价格或购买者价格)来对应使用表的每一个单元格。在上述实验中,中间使用和最终使用的估计值均以不变生产者价格计算,对生产者价格、运输成本和贸易毛利则使用单独(但无差异)的价格指数。然而,值得推广的是,将现价使用表按各项估价成分分解,并对各层级的构成项使用单独的缩减因子。BEA 最近对行业账户整合的工作,可以为今后对该方法进行检验提供支持。

在这个实验性的数据库中,按支出法和生产法计算的实际 GDP 增长率是相同的(4.0%)。基于生产法的行业增加值贡献之和等于使用精确的费雪公式计算的实际 GDP 增长。表 7.2 列出了根据 1998 年和 1999 年
280 不变价制造和使用表计算的各行业对实际 GDP 变化的精确贡献。需要注意的是,计算中所使用的价格指数都是实验性的,可能与计算各行业实际增加值和行业对实际 GDP 增长之贡献所使用的价格指数有很大差别。表 7.2 中所列结果和已公布估计值之间的差异反映了除使用费雪精确贡献公式之外的其他影响。

表 7.2 按费雪精确贡献公式计算的各商品最终使用和各行业增加值对实际 GDP 变化的贡献,1999 年

	商品最终使用	行业增加值
农业	0.0	0.1
采矿	-0.1	0.0
建筑	0.3	0.0
制造	0.6	0.4
运输、通信和公共事业	0.4	0.3
贸易	1.0	1.2

（续表）

	商品最终使用	行业增加值
金融、保险和房地产	0.9	0.9
服务	1.0	1.1
政府	0.2	0.2
存货价格调整	-0.3	-0.3
不可比的产品进口和使用	-0.1	n. a.
合计	4.0	4.0

注：n. a. 表示无法得到。

从表 7.2 可以看出，行业增加值对实际 GDP 变化的贡献之和等于商品最终使用对实际 GDP 变化的贡献之和。然而，表 7.2 还表明，各商品与各行业贡献之间的差别很大。这种差异主要反映了用做中间投入的商品变化和行业用于其生产的中间投入变化之间存在差异。比如，建筑类商品对实际 GDP 增长的贡献比建筑业大，这是因为 1999 年越来越多的维护和维修性建筑商品进入最终使用，但是建筑业所使用的中间投入几乎没有发生变化。同样，制造业对实际 GDP 增长的贡献低于制造类商品的贡献，因为 1999 年该行业使用了相对较多的中间投入，而用于中间使用的产出则较少。另一方面，采矿类商品对实际 GDP 增长的贡献是负值，而采矿业对实际 GDP 增长的贡献则是一项较小的正值，这是因为 1999 年石油进口有所上升，进口的部分要从最终使用中扣除。

7.3.2　原始数据的一致性

如上所述，根据 NIPAs 和分行业账户之“所有行业”计算的实际 GDP 281
增长率之间存在差异的一个可能原因是分行业账户使用了不同来源的数据，以及统计误差的存在。大多数行业的总产出是基于美国普查局收集的年度调查数据计算的，雇员报酬主要是基于劳工统计局收集的数据计算的，总营业盈余主要是基于美国国税局备案的企业所得税纳税申报单数据计算的。使用这些不同来源的数据，就会得出不一致的行业增加值估计值。

为了这项研究，BEA 实验性地开发了 1992—2001 年 65 个行业的名义和实际总产出、中间投入、增加值时间序列数据库。[10] 这些估计值与根据（不包括统计误差的）1992 年基准投入产出账户的各行业增加值和总产出水平一致。（这一数据库也被用于检验 BEA 行业账户“局部整合”的可行

⑩　这些估计值由 BEA 行业经济司的 Abigail Kish 计算，但没有考虑 2004 年 6 月 17 日发布的年度行业账户综合修订。

性。）首先调整 1992 年基准投入产出账户的核算层次，使其满足 NIPAs 和分行业 GDP 账户的各种定义和惯例，然后利用已公布的雇员报酬、营业盈余总额以及生产税和进口税这些分行业 GDP 构成项，逐年外推计算名义增加值。名义统计误差按未调整的营业盈余总额比例分配给每个私营非农行业。所有这些行业的增加值之和必须与每年 NIPAs 的名义 GDP 相匹配。名义总产出的估计值也以 1992 年投入产出账户为基准，名义中间投入是作为一个差项估计出来的。每个行业的增加值数量指数则是利用经修正的双缩减程序得到的，后者对总产出和中间投入使用了现已公布的链式价格指数。

利用费雪加总方法，可计算各行业组和所有行业“经整合的”实际增加值数量指数。将 1993—2001 年间“所有行业”的年度增长率与 GDP 实际增长率、已公布的分行业 GDP 账户“所有行业”实际增长率进行比较，结果列于表 7.3 中。1993—2001 年“整合”估计值相对于 GDP 的平均误差小于“公布”估计值相对于 GDP 的平均误差（0.03 个百分点与 0.08 个百分点）。二者的平均绝对误差大体相同（0.19 个百分点与 0.18 个百分点）。这些结果表明，在行业账户内，缩小原始数据的不一致性将会小幅降低 NIPAs 之 GDP 和“所有行业”之间在实际增长率上的差异。然而，必须指出
282 的是，为改善本研究数据库的一致性所做的调整，并不如正规的“局部整合”方法那样广泛。因此，这些研究发现可能低估了使用更一致原始数据而得到的收获。

BEA 于 2004 年 6 月底发布了局部整合方法论的最新研究成果（关于新方法论的背景资料，见 Moyer, Planting, Fahim-Nader 等，2004）。尽管本章尚无法使用那些估计值，但部分初步结果表明，为改善一致性而做的更广泛调整对降低总量实际增长率差异确实产生了很大的影响。新的整合估计值——吸纳了 2003 年 12 月发布的 NIPAs 综合修订——是在 NAICS 分类而非 SIC 分类基础上计算的，并且只能得到使用常规方法计算的 1998—2002 年估计值。（为了实现及时发布，2003 年的估计值是基于简化的方法论计算的。）

NIPAs 修订版的 GDP 和整合后行业账户的“所有行业”估计值之间在实际增长率上的差异，平均来说要小于先前公布的 1998—2001 年的估计值（其结果可参见 Moyer, Planting, Kern 等，2004）。基于“未整合”SIC 计算的 1998—2000 年估计值也可以作为整合效应的另一种估计。与“未整合”的估计值相比，1999 年和 2000 年“所有行业”的整合实际增长率均与 NIPAs 的实际 GDP 增长率估计值更为接近。

表 7.3　实际产出总量指标的年度百分比变化

年份	NIPA GDP (1)	所有行业		所有行业减去 NIPA	
		公布的分行业 GDP(2)	整合后的分行业 GDP(3)	公布的 (4)	整合后的 (5)
1993	2.65	2.35	2.36	-0.31	-0.30
1993	2.65	2.35	2.36	-0.31	-0.30
1994	4.04	3.90	3.87	-0.14	-0.17
1995	2.67	2.67	2.53	0.01	-0.14
1996	3.57	3.82	3.84	0.25	0.27
1997	4.43	4.78	4.70	0.35	0.27
1998	4.28	4.28	4.17	-0.00	-0.11
1999	4.11	4.37	4.33	0.25	0.22
2000	3.75	3.75	3.72	-0.01	-0.03
2001	0.25	0.55	0.50	0.30	0.25
平均					
1992—2001	3.30	3.38	3.33	0.078	0.029
1992—2000	3.69	3.74	3.69	0.049	0.001
1995—2000	4.03	4.20	4.15	0.168	0.123
平均误差				0.078	0.029
平均绝对误差				0.179	0.194

图 7.2 给出了三个年度百分比变化：NIPAs 的 GDP、公布的所有行业分行业 GDP、整合后的所有行业分行业 GDP。显然，由于使用了整合估计值而引起的数据改善大多发生在 1996 年以后。 283

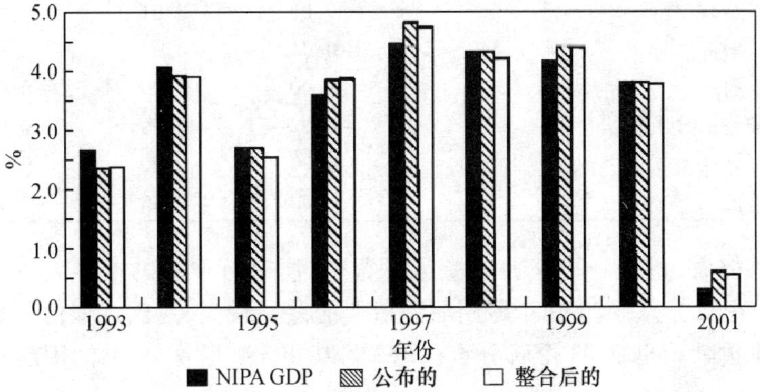

图 7.2　NIPA GDP 与所有行业公布的和整合后的分行业 GDP

7.3.3 贡献公式

表7.4给出了分别使用拉氏近似公式与费雪精确贡献公式计算的1999—2001年各行业对实际GDP增长贡献所造成的差异。[11] 该表的格式与表7.1相同,其中列出了公布的各行业组对实际GDP增长的贡献。未按行业分配部分(NAI)包括统计误差和其他因素,其中就包括了贡献公式的影响。精确贡献利用费雪指数背后的拉氏、帕氏数量指数和价格指数来计算。

表7.4 行业组对实际GDP增长的贡献差异:拉氏近似值减去费雪精确值

行业组	贡献差异(百分点)		
	1999	2000	2001
GDP	0.00	0.00	0.00
私营行业	0.01	0.00	0.00
生产产品的私营行业	0.00	0.00	-0.00
农业、林业和渔业	0.00	0.00	0.00
采矿业	0.00	0.02	0.00
建筑业	-0.01	-0.00	0.00
制造业	0.01	0.01	-0.01
耐用品	0.01	0.03	-0.01
非耐用品	0.00	-0.00	0.00
提供服务的私营行业	0.00	0.00	0.00
运输和公共事业	0.01	0.01	-0.00
运输	0.00	0.00	-0.00
通信	0.00	0.01	0.02
电、气和卫生服务	0.01	0.00	0.01
批发贸易	0.00	0.00	-0.00
零售贸易	0.00	0.01	0.00
金融、保险和房地产	0.00	-0.01	-0.00
服务	-0.01	-0.01	-0.00
政府	-0.00	-0.00	-0.00
未按行业分配的	-0.02	-0.06	0.02
统计误差	-0.00	-0.00	-0.00
其他	-0.02	-0.06	-0.02

总体看,1999—2001年的差异都很小;所有行业组的差异大体上都小于0.1个百分点。2000年耐用品制造业的差异最大,拉氏近似值比费雪精确公式贡献高出0.03个百分点(0.92与0.89)。尽管BEA使用的拉氏近

[11] 行业经济司的Erich Strassner计算了费雪精确贡献。

似公式对计算单个行业组的贡献似乎没有产生重大影响，但在解释行业组的贡献之和与实际 GDP 增长之间的差异时却发挥了作用。比如，2000 年，使用拉氏近似计算的由统计误差以外各种因素而造成的 NAI 并不是 0，其变化从使用精确公式计算的 0.01 个百分点到使用近似方法的 -0.05 个百 284
分点，二者相比相差了 0.06 个百分点。在相对价格变化较大的时期以及行业划分更加详细的水平上，拉氏近似值可有较大程度的改进。

7.4　总结和结论

本章确定了 NIPAs 的实际 GDP 与分行业账户“所有行业”的实际 GDP 之间在增长率估计值上存在差异的主要来源，并说明了其在实证层面的意义。实际产出总量各估计值之间的差异非常重要，因为这是导致公布的行业贡献之和不等于实际 GDP 增长的原因之一，而后者会影响我们对特定行业和部门如何促进经济增长和生产率提高的理解。本章的主要研究发现是：原始数据质量、一致性和详细程度的不同，以及方法论上的差异，是产生误差的主要因素。统计误差的处理方式和贡献公式的选择也都会有 285
一些影响。如果在一致的概念框架中使用一致的原始数据——比如投入产出的制造和使用表——就不会导致总量上的误差，用于 NIPAs 的贡献公式也可以应用于分行业 GDP 账户。

为解决总量的不一致，BEA 应该从短期和长期两个方面考虑解决方案并加以评估。最有前景的短期方案是局部整合方法，如已用于评估 2004 年 6 月计划发布的综合修订版 NIPAs 的方法。行业账户内采用更加一致的原始数据——包括消除统计误差——应该会降低大多数年份实际总量增长率的差异。然后可引入费雪精确贡献公式，作为局部整合的一部分。其他可行的短期方案并不可取，因为它们会扭曲行业实际增长率的相对差异。其中一种方案就是对特定行业的增加值数量指数进行调整，以使“所有行业”的贡献之和与实际 GDP 增长相匹配；这种调整与当前将统计误差作为一个“行业”处理的方法是一致的，目的是约束行业的名义总量增长，使其与名义 GDP 增长相一致。另一种短期方案与现在处理名义数据的方式大体相同，是将实际统计误差处理为实际 GDP 的一个平衡项（Dumagan，2002，第 9 页）。

解决估计值不一致问题最具吸引力的长期方案是，在一致框架（比如经平衡的年度投入产出账户）内使用一致的原始数据和费雪精确贡献公式，以对各行业账户和支出账户进行全面整合。本章已经说明，在这种框架中使用一致的数据得出的实际产出指标是相同的。然而，这种方案要求对总产出、最终使用和中间使用的原始数据进行重大改善。改善原始数据也会改善行业和部门的估计值，并降低产出总量估计值之间的差异。虽然美国普查局为实现这一目标在2002年经济普查中设计了一些新举措，劳工统计局也将继续拓展和提升服务部门的生产者价格指数，但这一方案的实施实际上仍然需要数年时间。

作为长期整合行业账户和支出账户的第一步，BEA已经开始研究利用投入产出框架估算各最终支出类别之年度控制值的各种方法。这些控制值将以投入产出方法和投入产出原始数据为基础，它们可能会不同于NIPAs中相应的最终支出估计值。对这些差异进行分析，将告诉我们如何利用行业账户的年度资料去改善NIPAs的最终支出估计值，以及如何利用最
286 终支出数据去改善分行业增加值的估计值。尽管这种做法不会达到全面整合的效果，但随着原始数据的改善，它将会使估计值更趋于一致，并进一步降低总量误差。

附　　录

根据正文部分的公式(13)可以得出：

$$\hat{C}_j + 1 = \frac{\sum_c (V_{cjt} - U_{cjt})/h_{ct}}{\sum_i \sum_c (V_{cit-1} - U_{cit-1})\, a_{ct}}.$$

VA_{it}仍表示名义增加值，且 $2a_{ct} = r_c/F^P + 1$。设 L^P 表示行业 i 增加值的拉氏价格指数，则不变价行业份额可定义如下：

$$\bar{s}_{it} = \frac{\sum_c (V_{cit-1} - U_{cit-1})\, a_{ct}}{\sum_j \sum_c (V_{cjt-1} - U_{cjt-1})\, a_{ct}} = \frac{VA_{it-1}(1 + L_i^P/F^P)}{\sum_j VA_{jt-1}(1 + L_j^P/F^P)}.$$

因为$2/h_{ct} = 1/r_{ct} + 1/F^P$，设 P_i^P 表示行业 i 增加值的帕氏价格指数，设 L_i^Q 表示拉氏数量指数，P_i^Q 表示帕氏数量指数，则对于行业 i：

$$\hat{C}_i + 1 = \bar{s}_{it} \frac{\sum_c (V_{cjt} - U_{cjt})/h_{ct}}{\sum_c (V_{cit-1} - U_{cit-1})\, a_{ct}},$$

其中，

$$\frac{\sum_c (V_{cjt} - U_{cjt})/h_{ct}}{\sum_c (V_{cit-1} - U_{cit-1})\, a_{ct}} = \frac{VA_{it}(1/P_i^P + 1/F^P)}{VA_{it-1}(1 + L_i^P/F^P)}$$

$$= \frac{L_i^Q + L_i^P P_i^Q / F^P}{1 + L_i^P / F^P}$$

$$= \frac{F^P L_i^Q + L_i^P P_i^Q}{F^P + L_i^P}$$

参 考 文 献

Dumagan, Jesus C. 2002. Exact income-side contributions to percent change in GDP. U.S. Department of Commerce. Mimeograph, August.

Diewert, Erwin W. 1978. Superlative index numbers and consistency in aggregation. *Econometrica* 46 (4): 883–900. Repr. in *Essays in index number theory,* Vol. 1, ed. W. E. Diewert and A. O. Nakamura, 253–273, Amsterdam: North Holland, 1993.

Faruqui, Umar, Wulong Gu, Mustapha Kaci, Mireille Laroch, and Jean-Pierre Maynard. 2003. Differences in productivity growth: Canadian-U.S. business sectors, 1987–2000. *Monthly Labor Review* 126 (4): 16–29.

Lawson, Ann M., Kurt S. Bersani, Mahnaz Fahim-Nader, and Jiemin Guo. 2002. Benchmark input-output accounts of the United States, 1997. *Survey of Current Business* 82 (December): 19–109.

McCahill, Robert J., and Brian C. Moyer. 2002. Gross domestic product by industry for 1999–2001. *Survey of Current Business* 82 (November): 23–41.

Moyer, Brian C., Mark A. Planting, Mahnaz Fahim-Nader, and Sherlene K. S. Lum. 2004. Preview of the comprehensive revision of the annual industry accounts. *Survey of Current Business* 84 (March): 38–51.

Moyer, Brian C., Mark A. Planting, Paul V. Kern, and Abigail Kish. 2004. Improved annual industry accounts for 1998–2003. *Survey of Current Business* 84 (June): 21–57.

Reinsdorf, Marshall B., W. Erwin Diewert, and Christian Ehemann. 2002. Additive decompositions for Fisher, Törnqvist and geometric mean indexes. *Journal of Economic and Social Measurement* 28:51–61.

United Nations, Commission of the European Communities, International Monetary Fund, Organisation for Economic Co-operation and Development, and World Bank. 1993. *System of national accounts 1993.* Series F, no. 2, rev. 4. New York: United Nations.

van IJzeren, J. 1952. Over de plausibiliteit van Fisher's Ideale Indices [On the plausibility of Fisher's Ideal Indices]. *Statistische en Econometrische Onderzoekingen* 7 (2): 104–15.

Vartia, Y. O. 1976. Ideal log-change index numbers. *Scandinavian Journal of Statistics* 3:121–126.

Yuskavage, Robert E. 1996. Gross product by industry, 1959–94. *Survey of Current Business* 82 (August): 133–155.

———. 2000. Priorities for industry accounts at BEA. Paper presented at a meeting of the BEA Advisory Committee, November 17. Available at http://www.bea/gov/bea/papers/

评　　论

W. E. 迪沃特*

287 ## 引言

莫耶尔、瑞恩斯道夫和尤斯卡维奇在本章讨论了许多重要而有趣的问题。他们首先回顾了(名义)GDP 理论上可以用三种等价方法计算:

288 • 对最终需求支出求和。
• 对所有行业的增加值[1]求和。
• 对获得的所有来源的收入求和。

然而,作者所做的已经超越了这一众所周知的层面[2],他们证明,在一定条件下,使用拉氏、帕氏或费雪(1922)理想公式来构建实际数量指标,汇总最终需求各构成项得出的实际 GDP 将等于汇总各个行业的总产出减去中间投入得出的实际 GDP。[3] 这一指数等价结果是本章最重要的成果。[4]

如果 BEA 使用链式费雪理想指数计算 GDP 增长率,那就能对 GDP 增长来源进行分解,也就是,将总体增长率分解为许多可加的子成分,或者说子成分对总体增长率的贡献。由此,$C+I+G+X-M$ 对 GDP 增长的贡献之和就等于总体 GDP 的增长。[5] 然而,许多分析者感兴趣的往往是特定行业对总体 GDP 增长的贡献,而不是最终需求某一特定成分对总体 GDP 增长的贡献。莫耶尔、瑞恩斯道夫和尤斯卡维奇推导的指数等价结果意味着,如果满足了结果成立的条件,并使用费雪公式计算,各行业对实际 GDP

---

* W. E. 迪沃特(W. Erwin Diewert),英国哥伦比亚大学的经济学教授,美国国家经济研究局的特约研究员。

① 增加值定义为参考期生产的总产出值减去该时期使用的中间投入价值。中间投入是指由其他一些国内生产者或国外生产者提供的投入。

② 比如可参见 Hicks(1952)。

③ 当计算一个行业增加值的费雪、拉氏、帕氏价格或数量指数时,所有价格都应该记录为正值,但对应的数量为正值还是负值,则要取决于特定产品生产后是用于产出(记录为正的数量)还是用于投入(记录为负的数量)。

④ 对其结果的概括可参见 Reinsdorf 和 Yuskavage(2004)。

⑤ BEA 使用的特定费雪分解公式最初源于 Van Ijzeren(1987,第 6 页)。Dikhanov(1997)、Moulton 和 Seskin(1999,第 16 页)以及 Ehemann,Katz 和 Moulton(2002)也对这个分解公式进行了推导。Diewert(2002)以及 Reinsdorf,Diewert 和 Ehemann(2002)还推导出了另一种具有可加性的费雪分解指数。Diewert(2002)介绍了这种分解的经济含义。然而,这两种形式彼此非常接近,见 Reinsdorf,Diewert 和 Ehemann(2002)。

增长的贡献之和就正好等于总体 GDP 增长。

那么,作者提出的该等价结果成立的条件是什么呢？其中一些相对重要的条件是:

- 在进行指数比较的两个时期,必须能够得到准确的行业总产出和中间投入价值数据——它们加总起来构成了价值形式的最终需求。
- 对于经济体生产出来的或用做中间投入的每种商品,其所有最终 289
需求者和该商品供应者所面对的价格必须是相同的。
- 数量上足够小的商品税,可以忽略不计。

作者注意到,由于各种原因,上面列出的第一个条件在实践中通常不能满足。我们不打算讨论这一特定的假设,而是要将关注点集中于:如果特定商品的需求者和供应者面对的商品价格并不是固定不变的,如何找到与莫耶尔、瑞恩斯道夫和尤斯卡维奇之等价结果相对应的结果。下一节我们先假定不存在那个令人担忧的商品税,但在接下来的一节中,我们则要考虑在总产出存在商品税——中间投入也可能存在商品税——的情况下,如何找到与作者之等价结果相对应的结果。最后一节总结我们所得结果对统计机构及其数据收集和报告策略等方面具有的意义。

没有商品税的投入产出账户

本节我们讨论(以实际价值和名义价值)构建一个经济体之投入产出表过程中的某些相关问题,下一节再讨论由于存在商品税而引起的各种问题。但是,在这一节,我们将把运输加价这样一项使构建投入产出表变得更加困难的复杂因素包括在内。要构建实际投入产出表,这个问题就会出现。莫耶尔、瑞恩斯道夫和尤斯卡维奇注意到,如果一项商品在其生产或使用时的缩减因子都是相同的,那么构建实际 GDP 的行业法与构建实际 GDP 常用的最终需求法的结果就是相吻合的。事实上,在其实证工作中,他们之所以做出这样的假定,是因为通常不能得到制造使用矩阵中每个单元格的独立缩减因子,而是在整张投入产出表中使用最终需求缩减因子和某些总产出缩减因子作为近似缩减因子。然而,一个行业生产出一种商品,从出厂到购买者所在地的产品运输肯定要花费成本,因此其制造商的销售价格必然要低于最终或中间需求者购买该商品付出的价格。此外,各种营销和销售成本也需要加到制造商的出厂价格上。

本节中,我们将在最简单的行业结构模型基础上讨论运输加价核算问题,即,假设行业 M 只生产一种产品(商品 1),行业 S 只提供一种服务

290 (商品 2),行业 T 只负责向最终需求者⑥或服务行业⑦运输产品,将运输服务视为商品 3,同时假定服务产出提供给服务购买者时不需要运输投入。

表 7C.1 将这一经高度简化经济体中的价值流量制造和使用矩阵组合成了一张投入产出表。行业 M、S 和 T 列分别记录产品与服务的销售收入(+号表示与销售有关)以及这三个行业购买的中间投入(-号表示与购买有关)。最终需求列给出了这三个行业在第 1—4 行记录的行业销售总额减去行业中间投入购买总额后的所余部分。在表 7C.1,行业 M、S 和 T 列的第 5 行记录其所有交易之和,即行业增加值(该行业生产的总产出价值减去所消耗的中间投入价值)。最终需求列第 5 行记录的是名义 GDP,它等于该列第 1—4 行的最终需求之和,也等于该表中行业 M、S 和 T 列最后一行记录的增加值之和。

表 7C.1 的第 1—3 行列出了与制成品(商品 1)有关的交易。我们将逐行解释这些交易和有关的符号。行业 M 列第 1 行列出了销售给服务部门的制成品价值 $p_1^{MS}q_1^{MS}$,其中 q_1^{MS} 是销售给服务部门的数量,p_1^{MS} 是平均销售价格。⑧ 行业 M 列第 1 行还列出了销售给最终需求部门的制成品价值 $p_1^{MF}q_1^{MF}$,其中 q_1^{MF} 是销售给最终需求部门的数量,p_1^{MF} 是相应的平均销售价格。需要注意的是,由于各种原因,p_1^{MS} 往往不等于 p_1^{MF},即销售给两个产品需求部门的制成品平均销售价格通常是不同的。⑨ $p_1^{MS}q_1^{MS}+p_1^{MF}q_1^{MF}$ 是这个时期行业 M 获得的总收入,而不是接收部门支付的包括运输成本在内的总费用。因此,在表 7C.1 的第 1 行中,运输业表现为从行业 M 购买了产品,记录为 $-p_1^{MS}q_1^{MS}-p_1^{MF}q_1^{MF}$。这样,第 1 行的三个行业
291 记录值之和等于 0,所以右边最终需求列第 1 行是空的,对应的值为 0。现在开始看第 2 行,对应行业 T 列的记录表明,运输业向最终需求部门销售商品 1 获得的收入为 $(p_1^{MF}+p_3^{MF})q_1^{MF}$,其中包括出厂交付产品的初始成本 $p_1^{MF}q_1^{MF}$,同时要加上运输部门将产品从制造厂运送到最终需求部门获得的收入 $p_3^{MF}q_1^{MF}$。这样我们就可以根据运送到最终需求部门的产品

⑥ 在这个高度简化的模型中,假设只有一个最终需求部门,我们忽略了进口产品与服务。可以将运输行业视为运输、广告、批发和零售业的总和。

⑦ 服务业在提供产出过程中通常需要一些物质材料。

⑧ 因此,该价格是所有销售给服务部门的产品 1 的平均单位价格。

⑨ 即使行业 M 在任意时点都不存在差别定价,产品 1 的价格通常也会随参照的变化而不同,所以,如果两个部门的日常销售比例不同,那么这两个部门在相应时期的平均销售价格也就不同。

数量来测算运输服务的数量 q_1^{MF}，相应的平均交货价格就是 p_3^{MF}，该价格可以解释为运输加价或加价率。[⑩] 接下来看第 3 行，行业 T 列的记录表明，运输业向服务部门销售商品 1 获得的收入为 $(p_1^{MS}+p_3^{MS})q_1^{MS}$。这项收入包括出厂交付产品的初始成本 $p_1^{MS}q_1^{MS}$，加上运输部门从制造厂到服务部门运送商品 1 获得的收入 $p_3^{MS}q_1^{MS}$。这样我们就可以根据运送到服务部门的产品数量来测算运输服务的数量 q_1^{MS}，相应的平均交货价格为 p_3^{MS}，该价格又可以解释为运输加价或加价率。由于向两个购买部门运送产品的成本可能会大不相同，因此没有理由预期运输加价率 p_3^{MS} 和 p_3^{MF} 相同。

表 7C.1　没有税的现价投入产出明细表

行号	行业 M	行业 S	行业 T	最终需求
1	$p_1^{MS}q_1^{MS}+p_1^{MF}q_1^{MF}$		$-p_1^{MS}q_1^{MS}-p_1^{MF}q_1^{MF}$	
			$(p_1^{MF}+p_3^{MF})q_1^{MF}$	$(p_1^{MF}+p_3^{MF})q_1^{MF}$
3		$-(p_1^{MS}+p_3^{MS})q_1^{MS}$	$(p_1^{MS}+p_3^{MS})q_1^{MS}$	
4	$-p_2^{SM}q_2^{SM}$	$p_2^{SM}q_2^{SM}+p_2^{SF}q_2^{SF}$		$p_2^{SF}q_2^{SF}$
5	$p_1^{MS}q_1^{MS}+p_1^{MF}q_1^{MF}$ $-p_2^{SM}q_2^{SM}$	$p_2^{SM}q_2^{SM}+q_2^{SF}q_2^{SF}$ $-(p_1^{MS}+p_3^{MS})q_1^{MS}$	$p_3^{MF}q_1^{MF}+p_3^{MF}q_1^{MS}$	$(p_1^{MF}+p_3^{MF})q_1^{MF}$ $+q_2^{SF}q_2^{SF}$

注：空白单元表示记录值为 0。

表 7C.1 第 4 行列出了与服务（即商品 2）有关的交易。行业 S 列第 4 行记录的 $p_2^{SM}q_2^{SM}+p_2^{SF}q_2^{SF}$ 可以解释为：向制造业提供的服务业产出价值 $p_2^{SM}q_2^{SM}$，加上向最终需求部门提供的服务业产出价值 $q_2^{SF}q_2^{SF}$，其中向两个部门提供的服务数量分别为 q_2^{SM} 和 q_2^{SF}，相应的平均价格分别为 p_2^{SM} 和 p_2^{SF}。通常，没有理由认为这两个服务价格相同。$-p_2^{SM}q_2^{SM}$ 出现在行业 M 列第 4 292
行，表示 M 部门使用该服务的成本。类似地，$p_2^{SF}q_2^{SF}$ 出现在最终需求列第 4 行，表示提供给最终需求部门的服务价值，这一数值也等于 M、S、T 列第 4 行所有记录值之和。

⑩　实际上，应该更广义地将 p_3^{MF} 解释为运输成本和销售成本之和，就是说，要将零售和批发加价包括在内。

需要注意的是，表 7C.1 在第 1—4 行所列出的每种交易都各有一个单独的购买者和销售者，也就是说，该表采用了复式记账原则。[11]

M、S、T 列第 5 行是各列第 1—4 行记录值的简单求和，等于各对应行业的增加值。于是就有，行业 M 的增加值为 $p_1^{MS}q_1^{MS}+p_1^{MF}q_1^{MF}-p_2^{SM}q_2^{SM}$，即出厂价格的制造业产出价值减去购买的服务。行业 S 的增加值等于 $p_2^{SM}q_2^{SM}+p_2^{SF}q_2^{SF}-(p_1^{MS}+p_3^{MS})q_1^{MS}$，即服务业产出价值减去（以包括运输加价在内的价格）购买的原材料价值。行业 T 的增加值为 $p_3^{MF}q_1^{MF}+p_3^{MF}q_1^{MS}$，即商品的运输加价率乘以运输数量，等于向最终需求部门提供的运输服务 $p_3^{MF}q_1^{MF}$ 与向服务部门提供的运输服务 $p_3^{MS}q_1^{MS}$ 之和。最后一列第 5 行的记录既等于各行业增加值的总和，又等于最终需求商品的总和 $(p_1^{MF}+p_3^{MF})q_1^{MF}+p_2^{SF}q_2^{SF}$。需要注意的是，产品（商品 1）的最终需求价格是 $p_1^{MF}+p_3^{MF}$，它等于行业 M 的出厂价 p_1^{MF} 加上运输加价率 p_3^{MF}，也就是说，产品的最终需求价格中已经包含了运输（和其他销售）成本。

从表 7C.1 我们可以看出，计算该经济体净产出的拉氏数量指数有三种方法：

- 上述 4×3 投入产出矩阵中 M、S、T 列第 1—4 行表示的该经济体的产出和投入价值，这些非 0 单元可以归为 10 个不同的 p_nq_n 交易。
- M、S、T 列第 5 行记录的行业增加值成分，这些单元又可以归为八个不同的交易。
- 最终需求列第 1—4 行中的非 0 单元，可以归为两个不同的 p_nq_n 交易。[12]

293 第一种方法是汇总所有商品，对应的 10 维 $\boldsymbol{p}$ 和 $\boldsymbol{q}$ 向量分别记为 $\boldsymbol{p}^{IO}$ 和 $\boldsymbol{q}^{IO}$，第二种方法是汇总所有行业增加值，对应的 8 维 $\boldsymbol{p}$ 和 $\boldsymbol{q}$ 向量分别记为 $\boldsymbol{p}^{VA}$ 和 $\boldsymbol{q}^{VA}$，第三种方法是汇总所有商品最终需求各构成项，对应的二维 $\boldsymbol{p}$ 和 $\boldsymbol{q}$ 向量分别记为 $\boldsymbol{p}^{FD}$ 和 $\boldsymbol{q}^{FD}$。[13] 加一个上脚标 t 来表示这些向量在 t 时期的属性。然后，明显可以看出，t 时期三对价格和数量向量中的每一对内积

---

[11] 很遗憾，我们的符号比通常解释投入产出表时采用的符号还要复杂，因为我们没有假定需求者和供应者所面对的每种产品交易价格都相同。因此，我们的符号共有三个上脚标或下脚标，而不是两个：需要两个上脚标区分销售部门和购买部门，还有一个下脚标区分每项交易的产品。Diewert（2004b）采用了这样的脚标。

[12] 第一个 p_nq_n 是 $(p_1^{MF}+p_3^{MF})q_1^{MF}$，第二个 p_nq_n 是 $p_2^{SF}q_2^{SF}$。

[13] 所有的价格都是正值，但对数量而言，如果是作为投入，那就要在其前面加一个负号。

都相等，因为它们都等于 t 时期的名义GDP，即有：

$$\boldsymbol{p}^{\mathrm{IO}t}\cdot\boldsymbol{q}^{\mathrm{IO}t}=\boldsymbol{p}^{\mathrm{VA}t}\cdot\boldsymbol{q}^{\mathrm{VA}t}=\boldsymbol{p}^{\mathrm{FD}t}\cdot\boldsymbol{q}^{\mathrm{FD}t};t=0,1. \tag{1}$$

不能直接看出的是，如果价格向量用一个时期的价格，数量向量用另一个时期的数量，那么三对价格和数量向量的内积也会相等，即对应时期0和时期1，我们有以下等式[14]：

$$\boldsymbol{p}^{\mathrm{IO1}}\cdot\boldsymbol{q}^{\mathrm{IO0}}=\boldsymbol{p}^{\mathrm{VA1}}\cdot\boldsymbol{q}^{\mathrm{VA0}}=\boldsymbol{p}^{\mathrm{FD1}}\cdot\boldsymbol{q}^{\mathrm{FD0}}, \tag{2}$$

$$\boldsymbol{p}^{\mathrm{IO0}}\cdot\boldsymbol{q}^{\mathrm{IO1}}=\boldsymbol{p}^{\mathrm{VA0}}\cdot\boldsymbol{q}^{\mathrm{VA1}}=\boldsymbol{p}^{\mathrm{FD0}}\cdot\boldsymbol{q}^{\mathrm{FD1}}. \tag{3}$$

针对时期1和时期0数量进行对比的拉氏和帕氏数量指数可以定义为如下形式：

$$Q_L^{\mathrm{IO}}(\boldsymbol{p}^{\mathrm{IO0}},\boldsymbol{p}^{\mathrm{IO1}},\boldsymbol{q}^{\mathrm{IO0}},\boldsymbol{q}^{\mathrm{IO1}})\equiv\frac{\boldsymbol{p}^{\mathrm{IO0}}\cdot\boldsymbol{q}^{\mathrm{IO1}}}{\boldsymbol{p}^{\mathrm{IO0}}\cdot\boldsymbol{q}^{\mathrm{IO0}}},$$

$$Q_L^{\mathrm{VA}}(\boldsymbol{p}^{\mathrm{VA0}},\boldsymbol{p}^{\mathrm{VA1}},\boldsymbol{q}^{\mathrm{VA0}},\boldsymbol{q}^{\mathrm{VA1}})\equiv\frac{\boldsymbol{p}^{\mathrm{VA0}}\cdot\boldsymbol{q}^{\mathrm{VA1}}}{\boldsymbol{p}^{\mathrm{VA0}}\cdot\boldsymbol{q}^{\mathrm{VA0}}}, \tag{4}$$

$$Q_L^{\mathrm{FD}}(\boldsymbol{p}^{\mathrm{FD1}},\boldsymbol{p}^{\mathrm{FD1}},\boldsymbol{q}^{\mathrm{FD0}},\boldsymbol{q}^{\mathrm{FD1}})\equiv\frac{\boldsymbol{p}^{\mathrm{FD0}}\cdot\boldsymbol{q}^{\mathrm{FD1}}}{\boldsymbol{p}^{\mathrm{FD0}}\cdot\boldsymbol{q}^{\mathrm{FD0}}}.$$

$$Q_P^{\mathrm{IO}}(\boldsymbol{p}^{\mathrm{IO0}},\boldsymbol{p}^{\mathrm{IO1}},\boldsymbol{q}^{\mathrm{IO0}},\boldsymbol{q}^{\mathrm{IO1}})\equiv\frac{\boldsymbol{p}^{\mathrm{IO1}}\cdot\boldsymbol{q}^{\mathrm{IO1}}}{\boldsymbol{p}^{\mathrm{IO1}}\cdot\boldsymbol{q}^{\mathrm{IO0}}},$$

$$Q_P^{\mathrm{VA}}(\boldsymbol{p}^{\mathrm{VA0}},\boldsymbol{p}^{\mathrm{VA1}},\boldsymbol{q}^{\mathrm{VA0}},\boldsymbol{q}^{\mathrm{VA1}})\equiv\frac{\boldsymbol{p}^{\mathrm{VA1}}\cdot\boldsymbol{q}^{\mathrm{VA1}}}{\boldsymbol{p}^{\mathrm{VA1}}\cdot\boldsymbol{q}^{\mathrm{VA0}}}, \tag{5}$$

$$Q_P^{\mathrm{FD}}(\boldsymbol{p}^{\mathrm{FD0}},\boldsymbol{p}^{\mathrm{FD1}},\boldsymbol{q}^{\mathrm{FD0}},\boldsymbol{q}^{\mathrm{FD1}})\equiv\frac{\boldsymbol{p}^{\mathrm{FD1}}\cdot\boldsymbol{q}^{\mathrm{FD1}}}{\boldsymbol{p}^{\mathrm{FD1}}\cdot\boldsymbol{q}^{\mathrm{FD0}}}.$$

从方程（1）、方程（3）以及方程（4）的定义可以看出，三种实际产出的 294
拉氏指数都相等，即有：

$$\begin{aligned}Q_L^{\mathrm{IO}}(\boldsymbol{p}^{\mathrm{IO0}},\boldsymbol{p}^{\mathrm{IO1}},\boldsymbol{q}^{\mathrm{IO0}},\boldsymbol{q}^{\mathrm{IO1}})&=Q_L^{\mathrm{VA}}(\boldsymbol{p}^{\mathrm{VA0}},\boldsymbol{p}^{\mathrm{VA1}},\boldsymbol{q}^{\mathrm{VA0}},\boldsymbol{q}^{\mathrm{VA1}})\\&=Q_L^{\mathrm{FD}}(\boldsymbol{p}^{\mathrm{FD0}},\boldsymbol{p}^{\mathrm{FD1}},\boldsymbol{q}^{\mathrm{FD0}},\boldsymbol{q}^{\mathrm{FD1}}).\end{aligned} \tag{6}$$

从方程（1）、方程（2）以及方程（5）的定义可以看出，三种实际产出的帕氏指数都相等，即有：

$$\begin{aligned}Q_P^{\mathrm{IO}}(\boldsymbol{p}^{\mathrm{IO0}},\boldsymbol{p}^{\mathrm{IO1}},\boldsymbol{q}^{\mathrm{IO0}},\boldsymbol{q}^{\mathrm{IO1}})&=Q_P^{\mathrm{VA}}(\boldsymbol{p}^{\mathrm{VA0}},\boldsymbol{p}^{\mathrm{VA1}},\boldsymbol{q}^{\mathrm{VA0}},\boldsymbol{q}^{\mathrm{VA1}})\\&=Q_P^{\mathrm{FD}}(\boldsymbol{p}^{\mathrm{FD0}},\boldsymbol{p}^{\mathrm{FD1}},\boldsymbol{q}^{\mathrm{FD0}},\boldsymbol{q}^{\mathrm{FD1}}).\end{aligned} \tag{7}$$

由于费雪理想数量指数是拉氏和帕氏数量指数乘积的平方根，从方程（6）和方程（7）可以看出，通过汇总投入产出表各单元，或汇总各行业

---

[14] 由下面一组直接计算来证明。

增加值，或汇总最终需求各项构成，得出的三个费雪数量指数都相等，即有：

$$Q_F^{IO}(\boldsymbol{p}^{IO0},\boldsymbol{p}^{IO1},\boldsymbol{q}^{IO0},\boldsymbol{q}^{IO1}) = Q_F^{VA}(\boldsymbol{p}^{VA0},\boldsymbol{p}^{VA1},\boldsymbol{q}^{VA0},\boldsymbol{q}^{VA1})$$
$$= Q_F^{FD}(\boldsymbol{p}^{FD0},\boldsymbol{p}^{FD1},\boldsymbol{q}^{FD0},\boldsymbol{q}^{FD1}). \qquad (8)$$

假设每对部门之间的所有交易都能在模型中得以解释，那么就可以将上述结果扩展到更加复杂的投入产出框架中。于是，我们就可以将莫耶尔、瑞恩斯道夫和尤斯卡维奇的结果扩展到行业之间价格不一的投入产出模型中。⑮

众所周知，汇总过程中的拉氏和帕氏数量指数是一致的。因此，如果我们在第一个汇总阶段构建各行业实际增加值的拉氏指数，然后将由此得到的行业价格和数量作为投入纳入第二个拉氏汇总阶段，那么，由此得到的两阶段拉氏数量指数应等于相应的单阶段指数 $Q_L^{IO}(\boldsymbol{p}^{IO0},\boldsymbol{p}^{IO1},\boldsymbol{q}^{IO0},\boldsymbol{q}^{IO1})$。类似地，如果我们在第一个汇总阶段构建各行业实际增加值的帕氏指数，然后将由此得出的行业价格和数量作为投入纳入第二个帕氏汇总阶段，这样得出的两阶段帕氏数量指数就等于相应的单阶段指数 $Q_P^{IO}(\boldsymbol{p}^{IO0},\boldsymbol{p}^{IO1},\boldsymbol{q}^{IO0},\boldsymbol{q}^{IO1})$。遗憾的是，上述相应结果对费雪指数来说不能成立。然而，两阶段费雪数量指数通常会特别接近于相应的单阶段指数 $Q_F^{IO}(\boldsymbol{p}^{IO0},\boldsymbol{p}^{IO1},\boldsymbol{q}^{IO0},\boldsymbol{q}^{IO1})$。⑯

295 对表7C.1的研究还没有结束。下面我们将表7C.1中的一些项目加以合并，由此可以得到其他一些有应用价值的投入产出表。

表7C.2整合了表7C.1中所列的资料。首先，我们对表7C.1中每个行业列第1—3行的记录求和。表7C.1的第1—3行都是与行业M产出有关的交易。其次，我们从第1—3行记录之和中分离出与运输价格 p_3 有关的所有交易，并将分离出的这些项列为一个单独的行，结果就是表7C.2中的第3行。用表7C.1的第1—3行记录之和减去表7C.2的第3行，就可得出表7C.2的第1行。表7C.2的第2行等于表7C.1的第4行，即服务商品在各部门之间的分配情况。

---

⑮ 方程(8)的精确指数结果也可以根据Diewert(2004b,第497—507页)提出的没有产品税但有运输加价且价格不等的投入产出模型推导出。

⑯ 见Diewert(1978,第889页)。

表 7C.2　经过整合的包含运输明细的现价表

行号	行业 M	行业 S	行业 T	最终需求
1	$p_1^{MS} q_1^{MS} + p_1^{MF} q_1^{MF}$	$-p_1^{MS} q_1^{MS}$		$p_1^{MF} q_1^{MF}$
2	$-p_2^{SM} q_2^{SM}$	$p_2^{SM} q_2^{SM} + p_2^{SF} q_2^{SF}$		$p_2^{SF} q_2^{SF}$
3		$-p_3^{MS} q_1^{MS}$	$p_3^{MS} q_1^{MS} + p_3^{MF} q_1^{MF}$	$p_3^{MF} q_1^{MF}$

表7C.2就像一个传统的投入产出表，第1—3行分别对应与商品1—3有关的交易，每个行业的总产出包括交付给其他行业的总产出和交付给最终需求部门的总产出。这样表7C.2中行业M列第1行列出的就是交付给服务部门的产品价值 $p_1^{MS} q_1^{MS}$ 与交付给最终需求部门的产品价值 $p_1^{MF} q_1^{MF}$ 之和。需要注意的是，这些都是按行业M实际收到的价格交付的，不包括运输和销售加价。类似地，行业S列第2行列出的是向产品部门提供的服务价值 $p_2^{SM} q_2^{SM}$ 与向最终需求部门提供的服务价值 $p_2^{SF} q_2^{SF}$ 之和。最后，行业T列第3行列出的是向服务部门提供的运输（和销售）服务价值 $p_3^{MS} q_1^{MS}$ 与向最终需求部门提供的运输（和销售）服务价值 $p_3^{MF} q_1^{MF}$ 之和。如果我们对表7C.2各列第1—3行的记录求和，就能得到表7C.1的第5行，该行记录了行业M、S、T列的增加值，最后一列的合计就是GDP。因此，新表7C.2不会改变表7C.1最后一行列出的行业增加值之和。

虽然看起来表7C.2比表7C.1简单，但应用起来表7C.2比表7C.1要复杂得多。表7C.1中的最终需求由两部分 $(p_1^{MS} + p_3^{MF}) q_1^{MF}$ 和 $p_2^{SF} q_2^{SF}$ 构成，以最终需求价格（包括运输加价）分别将产品和服务交付给最终需求部门。在表7C.2中，交付给最终需求部门的产品要分解为两个独立的部分：
$p_1^{MF} q_1^{MF}$（以出厂价将产品交付给最终需求方）和 $p_3^{MF} q_1^{MF}$（从出厂到最终需求 296
方运送产品的运输成本）。因此，表7C.2需要运输加价的资料，即生产者价格和加价的资料，但在表7C.1中，根据最后一列数据就可以计算GDP——只需要最终需求价格信息。[17]

从表7C.2可以看出，每行各项中的商品价格不可能保持固定不变。这是非常遗憾的，因为这意味着，为了针对每个行业构建准确的生产率统计，通常需要分别为投入产出表中的每个非零单元构建单独的价格缩减因子。

表7C.2为我们提供了另一种构建经济体实际GDP的方法。作为构建经济体拉氏、帕氏和费雪产出指数的第四种方法，我们可以将表7C.2中

---

⑰　当然，要对表7C.1或表7C.2所示投入产出表中的所有单元做估值，我们就需要任何情况下的运输加价数据。

M、S、T 列第 1—3 行的 9 个非零 $p_n q_n$ 值和相应 9 个维度的 $\boldsymbol{p}$ 和 $\boldsymbol{q}$ 向量作为投入纳入拉氏、帕氏和费雪数量指数公式。扩展方程(6)、(7) 和(8) 中的符号以涵盖这些新的指数，这是很容易的。这样，我们就有了构建费雪产出指数的第四种方法 —— 与前三种方法给出的结果相同。

与名义价值投入产出表(表 7C.2) 对应的实际投入产出表就是表 7C.3。

表 7C.3　包含运输明细的不变价合并表

行号	行业 M	行业 S	行业 T	最终需求
1	$q_1^{MS}+q_1^{MF}$	$-q_1^{MS}$		q_1^{MF}
2	$-q_2^{SM}$	$q_2^{SM}+q_2^{SF}$		q_2^{SF}
3		$-q_1^{MS}$	$q_1^{MS}+q_1^{MF}$	q_1^{MF}

表 7C.3 第 1 行的记录很简单：行业 M 生产的产品总量为 $q_1^{MS}+q_1^{MF}$，一部分分配给行业 S(q_1^{MS}) 用做中间投入，另一部分提供给最终需求部门(q_1^{MF})。同样，表 7C.3 第 2 行的记录也很简单：行业 S 提供的服务总量为 $q_2^{SM}+q_2^{SF}$，一部分分配给行业 M(q_2^{SM}) 用做中间投入，另一部分提供给最终需求部门(q_2^{SF})。但表 7C.3 的第 3 行会给人一些意外，因为该行与第 1 行基本上是相同的。这是因为，事实上我们以数量单位测算的运输服务数量与交付给各部门的制成品数量是相等的。

我们通过对名义投入产出表(表 7C.2) 做进一步整合来结束这一节。在表 7C.4 中，运输业与产品生行业合并，将表 7C.2 第 3 行的记录加到对应的第 1 行上；也就是说，我们要将运输商品与对应的产品商品合并在一起。

表 7C.4　不包含运输明细的现价合并表

行号	行业 M + T	行业 S	最终需求
1	$(p_1^{MS}+p_3^{MS})q_1^{MS}$ $+(p_1^{MF}+p_3^{MF})q_1^{MF}$	$-(p_1^{MS}+p_3^{MS})q_1^{MS}$	$(p_1^{MF}+p_3^{MF})q_1^{MF}$
2	$-p_2^{SM}q_2^{SM}$	$p_2^{SM}q_2^{SM}+p_2^{SF}q_2^{SF}$	$p_2^{SF}q_2^{SF}$
3	$(p_1^{MS}+p_3^{MS})q_1^{MS}+$ $(p_1^{MF}+p_3^{MF})q_1^{MF}-p_2^{SM}q_2^{SM}$	$p_2^{SM}q_2^{SM}+p_2^{SF}q_2^{SF}$ $-(p_1^{MS}+p_3^{MS})q_1^{MS}$	$(p_1^{MF}+p_3^{MF})q_1^{MF}$ $+p_2^{SF}q_2^{SF}$

表7C.4第1行记录了该产品在服务业和最终需求部门之间的分配情况。于是,行业M+T生产的产品产出价值就是$(p_1^{MS}+p_3^{MS})q_1^{MS}+(p_1^{MF}+p_3^{MF})q_1^{MF}$ 297 ,因此要按购买者价格对这些产出估价。交付给服务部门和最终需求部门(包括运输加价的)价值分别为$(p_1^{MS}+p_3^{MS})q_1^{MS}$和$(p_1^{MF}+p_3^{MF})q_1^{MF}$。表7C.4第2行记录的是在需求者之间分配的服务部门产出,该行与表7C.2第2行的记录相同。表7C.4第3行记录的是各列第1行和第2行记录之和。其中,第1列第3行记录的是产品生产行业和运输业的增加值之和,而行业S列第3行记录的是服务业增加值。表7C.4最终需求列第3行通常记录的是名义GDP值。

从表7C.4可以看出,每行里各项的商品价格不可能保持固定不变。非常遗憾的是,这再一次说明,要针对每个行业构建准确的生产率统计,通常需要为投入产出表中的每个非零单元构建单独的缩减因子。

表7C.4可以支持我们采用另一种方法构建经济体的实际GDP。作为构建一经济体之拉氏、帕氏和费雪产出指数的第五种方法,我们可以将表7C.4第(1)和(2)列第1行和第2行的6个非零p_nq_n值,以及相应6个维度的$\boldsymbol{p}$和$\boldsymbol{q}$向量作为投入纳入拉氏、帕氏和费雪数量指数公式。扩展方程(6)、(7)和(8)中的符号以涵盖这些新指数,这是很容易的。这样,我们就有了构建费雪产出指数的第五种方法,该方法得出的结果与前面四种方法得出的结果相同。

对某些用途来说,表7C.4所呈现的生产统计数据组织方式非常方便, 298
因为产出始终是以最终需求价格估计的。然而,这种数据组织方式的缺点是运输、零售和批发行业消失了,这就意味着,这些行业产生的加价都要归于产品生产行业。同时,运输、零售和批发行业使用的初始投入也必须分配给产品生产行业。行业生产统计的用户当然不希望发生这样的变化。所以我们得出的结论是:在大多数情况下,按照表7C.2的格局编制生产统计仍然是可取的。

下一节我们将商品税引入以上经高度简化的行业经济结构模型中。

包含商品税的投入产出表

相比许多欧洲国家,美国政府并没有针对生产征收太多商品税,但也已经大到不容忽视的地步。

还是采用上一节与表7C.1对应的生产模型,但现在我们假定,要对每个行业的产出征收一定的商品税。为了尽量降低符号的复杂性,我们假定每个生产行业都要缴纳商品税给适当级别的政府。由此可知,对应行业M

销售给行业 S 的产品所征缴的税为 $t_1^{MS}q_1^{MS}$，对应销售给最终需求部门的产品所征缴的税为 $t_1^{MF}q_1^{MF}$，其中，t_1^{MS} 和 t_1^{MF} 分别代表（各级政府）向销售给服务行业和最终需求部门的产品征缴的从量税率。[18]类似地，对应行业 S 提供给行业 M 的服务所征缴的税为 $t_2^{SM}q_2^{SM}$，对应其提供给最终需求部门的服务所征缴的税为 $t_2^{SF}q_2^{SF}$。最后，对应行业 T 提供给行业 S 的运输服务征缴的税为 $t_3^{MS}q_1^{MS}$，对应其提供给最终需求部门的运输服务征缴的税为 $t_3^{MF}q_1^{MF}$。

现在将对每个行业征收的商品税加入表 7C.1 对应行业的收入中。于是表 7C.1 第 1 行行业 M 原来获得的收入 $p_1^{MS}q_1^{MS}+p_1^{MF}q_1^{MF}$ 由表 7C.5 第 1 行表示的新收入 $(p_1^{MS}+t_1^{MS})q_1^{MS}+(p_1^{MF}+t_1^{MF})q_1^{MF}$ 代替。类似地，表 7C.1 第 4 行
299 行业 S 获得的原收入 $p_2^{SM}q_2^{SM}+p_2^{SF}q_2^{SF}$ 由表 7C.5 第 4 行表示的新收入 $(p_2^{SM}+t_2^{SM})q_2^{SM}+(p_2^{SF}+t_2^{SF})q_2^{SF}$ 代替。表 7C.1 第 2 行行业 T 向最终需求部门运送产品获得的原收入 $(p_1^{MF}+p_3^{MF})q_1^{MF}$ 由表 7C.5 第 2 行表示的新收入 $(p_1^{MF}+t_1^{MF})q_1^{MF}+(p_3^{MF}+t_3^{MF})q_1^{MF}$ 代替。其中，$(p_1^{MF}+t_1^{MF})q_1^{MF}$ 等于 $p_1^{MF}q_1^{MF}$（制造商向最终需求部门销售产品所获收入）加上 $t_1^{MF}q_1^{MF}$（制造部门对销售给最终需求部门的产品所征收的商品税额）。$(p_3^{MF}+t_3^{MF})q_1^{MF}$ 反映了为向最终需求部门运输产品需要由产品最终需求者支付的额外费用，这个式子等于 $p_3^{MF}q_1^{MF}$（运输部门为最终需求部门运输产品所获得的收入）加上 $t_3^{MF}q_1^{MF}$（针对运输部门提供给最终需求部门的服务征收的税额）。最后，表 7C.1 第 3 行行业 T 为服务部门运输产品获得的原收入 $(p_1^{MS}+p_3^{MS})q_1^{MS}$ 由表 7C.5 第 3 行表示的新收入 $(p_1^{MS}+t_1^{MS})q_1^{MS}+(p_3^{MS}+t_3^{MS})q_1^{MS}$ 代替。其中 $(p_1^{MS}+t_1^{MS})q_1^{MS}$ 等于 $p_1^{MS}q_1^{MS}$（制造商为服务部门销售产品获得的收入）加上 $t_1^{MS}q_1^{MS}$（针对制造部门销售给最终需求部门的产品所征收的商品税额）。$(p_3^{MS}+t_3^{MS})q_1^{MS}$ 反映了向服务部门运输产品需要由产品需求者（服务部门）支付的额外费用，这个式子等于 $p_3^{MS}q_1^{MS}$（运输部门为服务部门运输产品获得的收入）加上 $t_3^{MS}q_3^{MS}$（针对运输部门为服务部门提供运输服务所征缴的税额）。可以看出，加上商品税后，表 7C.5 的前四行正好对应于表 7C.1 的前四行。

300 表 7C.5 第 5 行相当于是在表 7C.1 基础上新加入了一行，它（以负值）

[18] 从价税率可以很容易地转化为对每单位销售征收的从量税率。通常，针对向行业购买者销售所征收的税率要低于向最终需求者销售的税率，但也并非总是如此，比如通常对出口是不征税的，即税率为零。在任何情况下，t_1^{MS} 一般都不等于 t_1^{MF}，如果对销售给特定部门的产品不征税，那么就将其相应的税率直接设为 0。可以将特定产品补贴视为负产品税。

表 7C.5　包含商品税的现价投入产出表

行号	行业 M	行业 S	行业 T	最终需求
1	$(p_1^{MS}+t_1^{MS})q_1^{MS}+(p_1^{MF}+t_1^{MF})q_1^{MF}$		$-(p_1^{MS}+t_1^{MS})q_1^{MS}-(p_1^{MF}+t_1^{MF})q_1^{MF}$	
2			$(p_1^{MF}+t_1^{MF})q_1^{MF}+(p_3^{MF}+t_3^{MF})q_1^{MF}$	$(p_1^{MF}+t_1^{MF})q_1^{MF}+(p_3^{MF}+t_3^{MF})q_1^{MF}$
3		$-(p_1^{MS}+t_1^{MS})q_1^{MS}-(p_3^{MS}+t_3^{MS})q_1^{MS}$	$(p_1^{MS}+t_1^{MS})q_1^{MS}+(p_3^{MS}+t_3^{MS})q_1^{MS}$	
4	$-(p_2^{SM}+t_2^{SM})q_2^{SM}$	$(p_2^{SM}+t_2^{SM})q_2^{SM}+(q_2^{SF}+t_2^{SF})q_2^{SF}$		$(q_2^{SF}+t_2^{SF})q_2^{SF}$
5	$-t_1^{MS}q_1^{MS}-t_1^{MF}q_1^{MF}$	$-t_2^{SM}q_2^{SM}-t_2^{SF}q_2^{SF}$	$-t_3^{MF}q_1^{MF}-t_3^{MS}q_1^{MS}$	
6	$p_1^{MS}q_1^{MS}+p_1^{MF}q_1^{MF}-p_2^{SM}q_2^{SM}-t_2^{SM}q_2^{SM}$	$p_2^{SM}q_2^{SM}+q_2^{SF}q_2^{SF}-(p_1^{MS}+t_1^{MS})q_1^{MS}-(p_3^{MS}+t_3^{MS})q_1^{MS}$	$p_3^{MF}q_1^{MF}+p_3^{MS}q_1^{MS}$	$(p_1^{MF}+t_1^{MF})q_1^{MF}+(p_3^{MF}+t_3^{MF})q_1^{MF}+(q_2^{SF}+t_2^{SF})q_2^{SF}$

列出了该行业因向最终需求部门和其他行业销售商品而引发的商品税收。这些支付给政府的商品税属于成本费用，因此要以负值列出。

表 7C.5 第 6 行是各列第 1—5 行记录之和，即行业 M、S、T 的增加值。[19] 对最终需求部门而言，第 6 行是以下两部分的简单加和：最终需求购买的产品，其中包括所有的税和运输加价，即 $(p_1^{MF}+t_1^{MF}+p_3^{MF}+t_3^{MF})q_1^{MF}$；最终需求购买的服务，其中包括针对服务的间接税，即 $(q_2^{SF}+t_2^{SF})q_2^{SF}$。

现在我们可以发现，表 7C.1 和表 7C.5 之间的一个重要区别是，行业 M、S 和 T 增加值（表 7C.5 第 6 行的记录）之和不再等于最终需求列第 1—4 行的最终需求之和；为了得到按最终需求价格计算的最终需求之和，需要将三个行业征收的商品税附加到行业增加值合计之上。为解释清楚这个等

[19] 需要注意的是，我们定义的行业增加值是以购买者价格估值的产出价值减去购买者价格的中间投入价值，再减去该行业为政府征收的商品税。通常定义的行业增加值不扣除向政府缴纳的商品税；也就是说，不扣除表 7C.5 的第 5 行，而是将这些商品税作为最初投入处理。后一种处理方法的问题是它没有为测算行业生产率增长表现提供一个合适的框架。因此，我们提出的在核算框架中处理间接商品税，以使其适合于生产率分析，遵循了 Jorgenson 和 Griliches(1972) 提出的思路，他们倡导如下间接税处理方式："在以前的估计中，我们使用的是按市场价格估值的总产出，现在我们采纳按生产者价格估价总产出的观点，它包括针对要素支出征收的间接税，但不包括针对产出征收的间接税。"（第 85 页）换句话说，不能轻易地将支付给政府的商品税作为针对最初投入的服务支出。

式,以下分别给出三个行业增加值的定义,即行业 M 的增加值 v^{M}、行业 S 的增加值 v^{S} 和行业 T 的增加值 v^{T}:

$$v^{M} \equiv p_1^{MS} q_1^{MS} + p_1^{MF} q_1^{MF} - p_2^{SM} q_2^{SM} - t_2^{SM} q_2^{SM}, \tag{9}$$

$$v^{S} \equiv p_2^{SM} q_2^{SM} + p_2^{SF} q_2^{SF} - (p_1^{MS} + t_1^{MS}) q_1^{MS} - (p_3^{MS} + t_3^{MS}) q_1^{MS}, \tag{10}$$

$$v^{T} \equiv p_3^{MF} q_3^{MF} + p_3^{MS} q_3^{MS}. \tag{11}$$

需要注意,对每个行业而言,生产者价格的产出不包括对该行业征收的商品税,但中间投入则是以该行业面对的价格估价的,即中间投入价格
301 中包括了由其供应行业支付的商品税。总之,方程(9)至(11)定义的产出和中间投入价格是各行业实际面对的价格,这套价格最适合于生产率账户。⑳ 最后,将最终需求价值 v^{F} 和商品税价值 v^{τ} 定义如下:

$$v^{F} \equiv (p_1^{MF} + t_1^{MF} + p_3^{MF} + t_3^{MF}) q_1^{MF} + (q_2^{SF} + t_2^{SF}) q_2^{SF}, \tag{12}$$

$$v^{\tau} \equiv t_1^{MS} q_1^{MS} + t_1^{MF} q_1^{MF} + t_2^{SM} q_2^{SM} + t_2^{SF} q_2^{SF} + t_3^{MF} q_1^{MF} + t_3^{MS} q_1^{MS}. \tag{13}$$

根据方程(9)至(13)的定义,很容易证实下式成立:

$$v^{M} + v^{S} + v^{T} = v^{F} - v^{\tau}, \tag{14}$$

即,M、S 和 T 行业增加值之和等于 GDP(或购买者价格的最终需求价值)减去对产出和中间投入征收的商品税价值。

除了在表 7C.1 基础上插入第 5 行(向政府缴纳的商品税)之外,表 7C.5 与表 7C.1 还有一个重要区别:当前形式的表 7C.5 没有遵守复式记账原则,问题出在表 7C.5 第 5 行列出的商品税没有转入该表的另一列做对应表示。然而,通过创建一个接纳商品税的政府“行业”列,即可弥补这一缺陷。一个更完整的表现方法是将最终需求划分为两个部门:政府部门和对应传统 $C+I+X-M$ 的其他最终需求部门。

表 7C.6 与上一节的表 7C.2 对应,体现了对表 7C.5 资料的整合。表 7C.6 中,行业 M 列第 1 行列出的是表 7C.5 第 1—5 行记录之和(经这样整合,就把针对制造业产出征收的商品税过滤掉了);第 2 行的记录等于表 7C.5 中行业 M 列第 4 行的记录(提供给行业 M 用做中间投入的服务保持不变)。表 7C.5 行业 S 列第 3 行要分拆为第 1 行和第 3 行两项(这样就可以将行业 S 的中间投入成本划分为产品部分和运输部分)。表 7C.6 中,行业 S 列第 2 行等于表 7C.5 行业 S 列第 4 行和第 5 行之和(经这样整合,就把针对服务部门产出征收的商品税过滤掉了)。表 7C.6 行业 T 列第 3 行是表 7C.5 行业 T 列第 1—5 行记录之和。将表 7C.5 最终需求列第 2 行划

⑳ 如前所述,这些价格就是 Jorgenson 和 Griliches(1972,第 85 页)为编制生产率账户所建议的价格。

分为产品和运输服务两部分，然后分配给表 7C.6 的第 1 行和第 3 行。将表 7C.5 第 4 行对服务的最终需求转入表 7C.6 最终需求列的第 2 行。

表 7C.6　包含商品税的经过整合的现价投入产出表

行号	行业 M	行业 S	行业 T	最终需求
1	$p_1^{MS}q_1^{MS}+p_1^{MF}q_1^{MF}$	$-(p_1^{MS}+t_1^{MS})q_1^{MS}$		$(p_1^{MF}+t_1^{MF})q_1^{MF}$
2	$-(p_2^{SM}+t_2^{SM})q_2^{SM}$	$p_2^{SM}q_2^{SM}+q_2^{SF}q_2^{SF}$		$(q_2^{SF}+t_2^{SF})q_2^{SF}$
3		$-(p_3^{MS}+t_3^{MS})q_1^{MS}$	$p_3^{MF}q_1^{MF}+p_3^{MS}q_1^{MS}$	$(p_3^{MF}+t_3^{MF})q_1^{MF}$

因此，表 7C.6 第 1 行是要将产品生产分配给经济体各部门，第 2 行分配的是服务流量，第 3 行分配的则是运输服务流量。如果我们对表 7C.6 的每列进行求和，就能得到方程(9)定义的行业 M 增加值 v^M、方程(10)定义的行业 S 增加值 v^S、方程(11)定义的行业 T 增加值 v^T 和方程(12)定义的(名义)GDP v^F。表 7C.6 是名义投入产出表，与此对应的不变价投入产出表仍然是上一节的表 7C.3。

从表 7C.6 中可以看出，商品税这个楔子的存在，意味着每行各项中的商品价格不可能保持固定不变。非常遗憾的是，这再一次说明，为了针对每个行业构建准确的生产率统计，通常需要为投入产出表中的每个非零单元构建单独的价格缩减因子。

接下来要再次考察能否在这个包含商品税楔子的复杂模型中得到与莫耶尔、瑞恩斯道夫和尤斯卡维奇所谓精确指数结果等价的结论，并以此结束这一节。从方程(14)的恒等关系可以看出，如果商品税 v^τ 不等于零，那么名义 GDP 就不等于各行业增加值之和，除非在行业 M、S、T 中增加政府税收这样一个"行业"，否则我们就不能得到一个精确的结果。因此，我们现在将商品税"行业"的增加值定义为 v^τ，并将方程(14)的恒等关系改为如下形式：

$$v^F = v^M + v^S + v^T + v^\tau. \tag{15}$$

然后，只做一个明显的改动，即可重复上一节的分析。从方程(15)和表 7C.6 我们可以看出，计算 GDP 的拉氏数量指数有三种方法：

- 表 7C.6 行业 M、S、T 列第 1—3 行(3×3 投入产出矩阵中的非零单元)列出的是经济体的产出和投入价值，这些非零单元可以归纳为九个不同的 p_nq_n 交易。将这九个 p_nq_n 交易与方程(13)等号右侧定义的六个 t_nq_n 303
税收交易加起来，就能得到全部 15 个不同的价格数量交易。
- 表 7C.5 行业 M、S、T 列第 5 行列出的是行业增加值，这些单元可以归纳为八个不同的 p_nq_n 交易。将这八个 p_nq_n 交易与方程(13)等号右侧定

义的六个 $t_n q_n$ 税收交易加起来,就能得出全部 14 个不同的价格数量交易。

- 表 7C.6 最终需求列第 1—3 行的那些非零单元可以归纳为两个不同的 $p_n q_n$ 交易。[21]

第一种方法是汇总所有商品,对应的 15 维 $\boldsymbol{p}$ 和 $\boldsymbol{q}$ 向量分别记为 p^{IO} 和 q^{IO};第二种方法是汇总所有行业增加值,对应的 14 维 $\boldsymbol{p}$ 和 $\boldsymbol{q}$ 向量分别记为 p^{VA} 和 q^{VA};第三种方法是汇总所有商品最终需求各构成项,对应的二维 $\boldsymbol{p}$ 和 $\boldsymbol{q}$ 向量分别记为 p^{FD} 和 q^{FD}。然后加一个上脚标 t 来表示这些向量在 t 时期的属性。由此即可看出,t 时期三对价格和数量向量中的每一对内积都相等,因为它们都等于 t 时期的名义 GDP,于是有:

$$\boldsymbol{p}^{\mathrm{IO}t} \cdot \boldsymbol{q}^{\mathrm{IO}t} = \boldsymbol{p}^{\mathrm{VA}t} \cdot \boldsymbol{q}^{\mathrm{VA}t} = \boldsymbol{p}^{\mathrm{FD}t} \cdot \boldsymbol{q}^{\mathrm{FD}t}; \quad t = 0,1. \tag{16}$$

后续分析可以按上一节的思路往下进行,具体见方程(2)至(8)。正如第二节所述,汇总投入产出表各单元或汇总各行业增加值或汇总最终需求各项构成所得出的三个费雪数量指数都相等,于是有:

$$\begin{aligned} Q_F^{\mathrm{IO}}(\boldsymbol{p}^{\mathrm{IO0}},\boldsymbol{p}^{\mathrm{IO1}},\boldsymbol{q}^{\mathrm{IO0}},\boldsymbol{q}^{\mathrm{IO1}}) &= Q_F^{\mathrm{VA}}(\boldsymbol{p}^{\mathrm{VA0}},\boldsymbol{p}^{\mathrm{VA1}},\boldsymbol{q}^{\mathrm{VA0}},\boldsymbol{q}^{\mathrm{VA1}}) \\ &= Q_F^{\mathrm{FD}}(\boldsymbol{p}^{\mathrm{FD0}},\boldsymbol{p}^{\mathrm{FD1}},\boldsymbol{q}^{\mathrm{FD0}},\boldsymbol{q}^{\mathrm{FD1}}). \end{aligned} \tag{17}$$

这样,我们就可以将莫耶尔、瑞恩斯道夫和尤斯卡维奇的结果扩展到存在商品税扭曲的投入产出模型中。[22] 为了将总体 GDP 增长分解为行业增长的贡献加上商品税变化的贡献(即由人为设定的商品税行业对 GDP 增长的贡献),可以采用 BEA 通常计算 GDP 增长贡献时所使用的费雪方法。

304 **结论**

上述讨论能产生如下重要结论:

- 经商品税适当调整后,按行业计算增加值增长的费雪指数可用于构建单独的实际 GDP 增长估计值。
- 运输加价、销售加价和商品税的存在意味着,在生产率测算目的下,将一个单一价格缩减因子用于缩减投入产出表长长一行所有价值单元的缩减,这样的假设充其量只能是一个粗糙的近似。原则上,名义投入产

---

[21] 第一个 $p_n q_n$ 是 $(p_1^{\mathrm{MF}} + t_1^{\mathrm{MF}} + p_3^{\mathrm{MF}} + t_3^{\mathrm{MF}})q_1^{\mathrm{MF}}$,第二个 $p_n q_n$ 是 $(p_2^{\mathrm{SF}} + t_2^{\mathrm{SF}})q_2^{\mathrm{SF}}$。

[22] 在更加严格的假定条件下,根据 Diewert(2004a,第 479—484 页)可以推导出与方程(16)类似的结果,即假定不存在商品税扭曲的情况下,每个部门面对的商品价格向量都相同。

出表中的每个非零单元都需要有其自己单独的缩减因子。㉓

- 生产部门中商品税的存在会给统计机构带来一些特殊问题。这些商品税需要根据投入产出表中的单元位置识别，而不是像目前这样仅仅作为行业合计报告。

最后一点需要做进一步解释。从表 7C.6 可以看出，行业 M 列第 2 行的 $-(p_2^{SM}+t_2^{SM})q_2^{SM}$ 是行业 M 作为中间投入消耗的服务价值（负值），其中包括商品税 $t_2^{SM}q_2^{SM}$。类似地，行业 S 列第 1 行的 $-(p_1^{MS}+t_1^{MS})q_1^{MS}$ 是行业 S 作为中间投入消耗的物质原料价值（负值），其中包括商品税 $t_1^{MS}q_1^{MS}$。行业 S 列第 3 行的 $-(p_3^{MS}+t_3^{MS})q_1^{MS}$ 是行业 S 购买的运输服务价值（负值），其中包括对运输服务征收的商品税 $t_3^{MS}q_1^{MS}$。由于私营生产部门购买的中间投入存在商品税造成的扭曲，因此会导致总体生产效率损失。这样，即使行业 M 和行业 S 有效地运营，都处在生产可能性边界的前沿面上，但整合后的整个生产部门未必就能有效地运营。Gerard Debreu（1951，第 285 页）对这种现象进行了解释㉔：由于经济组织不完善，整个系统的产出（或废弃物，这是 Debreu 使用的术语）会出现损失，即生产单位和技术效率不同，同样的投入和产出面对的价格也就不同，这就会导致各生产单位的净产出之和 305
降至（经济系统作为一个整体有效率时）可以实现的数值以下。换句话说，整个系统有效率的条件是，对应由该经济体作为整体生产的每一种单独的投入和产出，每个生产单位都要面对相同的价格。因此，对中间投入征收商品税，会导致生产者们面对同样的商品却要接受不同的价格，如果生产函数具有某种程度的可替代性，那么将引致生产者联合起来形成一个经济总体范围内无效率的净产出向量。生产效率损失的总体规模将取决于替代弹性的大小和商品税扭曲（t_2^{SM}、t_1^{MS} 和 t_3^{MS}）的程度。㉕ 为了得到生产效率损失的实证估计值，有必要估计经济体中每个行业的生产函数、双重成本或利润函数。因此，对表 7C.6 表述的经济体来说，就有必要估计三个

㉓ 前面两节讨论的模型非常简单，所构建的各个投入产出表中的每个单元都没有汇总偏误。然而，在现实的投入产出表中，我们不能将商品划分得非常细。因此，实际投入产出表中每个单元都是各种相关商品交易的组合。每个单元中微观商品的组合不同，由此可以看到，每个单元都需要有自己的缩减因子，而且，在按照各行方向进行缩减得到的实际投入产出表中，各项目一般都不能加总起来对应于最终需求列。因此，强行对不变价投入产出表按行向求和，通常都会导致数据误差。

㉔ Diamond 和 Mirrlees（1971）也对这种现象进行了解释。

㉕ 为精确到二阶近似，税率 t_2^{SM}、t_1^{MS} 和 t_3^{MS} 中的损失规模将以二次方的速度增长，见 Diewert（1983，第 171 页）。

部门的生产函数(或其双重等价函数),这就需要收集投入产出表中每个单元的价格数量时间序列数据。从计量经济估计角度看,统计机构没有必要提供税收的资料,也就是说,统计机构只需要提供包含税收的价格(以及有关的数量)资料即可。[26] 然而,为了计算由税收 t_2^{SM}、t_1^{MS} 和 t_3^{MS} 造成的生产率损失,统计机构必须提供这些税收规模的有关资料。

经济体各生产部门存在商品税所导致的生产效率损失,只是间接税引起的效率损失的一部分;对最终需求各构成项征税,是导致效率损失的另一个原因。看一下表 7C.6 最终需求列的那三行就可以知道,每项最终需求的价格里面都包含一个税收:t_1^{MF} 是商品 1(产品)的最终需求税收,t_1^{SF} 是商品 2(服务)的最终需求税收,t_3^{MF} 是商品 3(运输服务)的最终需求税收。[27] 这三种税收楔子中的每一个都会导致经济体总体效率产生一些额外损失。为了得到这些效率损失或超额负担的实证估计值,除了要估计上
306 面提到的生产函数之外,还有必要对住户的偏好进行估计。为进行计量经济估计,统计机构提供(包括商品税在内的)最终需求价格和需求数量资料就足够了,即计量经济估计只要求提供包括商品税在内的总体价格资料。然而,要计算由这些商品税导致的额外损失,则必须具备这些税收的估值,也就是说,税收研究人员需要 t_1^{MF}、t_2^{SF} 和 t_3^{MF} 的估值。[28] 这些资料不仅要用于估计税收总额外负担,还要用于估计每种税的边际额外负担。所谓税率的边际额外负担是指以下二者的比值:税率的微小提高所导致的效率损失估计值,税率提高所增加的额外税收收入。如果决策者可以得到相当准确的边际额外负担资料,那么这些资料在评估现有税率增加或减少的后果时就会非常有价值。[29] 然而,正如本段和前一段所指出的,除非统计机构能够针对经济体中每种主要间接税提供税收和有关数量的资料,否则就不能计算这些边际额外负担的估计值。

于是,为了针对间接商品税的影响实施建模,我们的结论是,Jorgenson 和 Landefeld(2004)概述的那套经扩展的美国账户新设计,不能完全满足税务经济学家的需求。除了他们提供的表之外,我们还需要一张额外的表,列出税率和有关税收数量(或收入)。从表 7C.6 中可以看出,我们不

[26] 对部门的生产函数或双重等价函数进行计量经济估计的研究案例,可见 Jorgenson(1998)或 Diewert 和 Lawrence(1994,2002)。

[27] 需要注意,这三种税收楔子加上表 7C.6 投入产出表中列出的三种中间投入的税收楔子,就等于我们的经济模型中六种产品的税收楔子。

[28] 测算额外损失的其他材料,可见 Diewert(1981,1983)。

[29] 估计边际额外负担的例子,可见 Jorgenson 和 Yun(2001)或 Diewert 和 Lawrence(1994,1995,2002)。

仅需要针对表中每个非零单元的价格和数量资料，还需要模型中六个税收流量的价格和数量资料，即对应税收流量 $t_1^{MS}q_1^{MS}$、$t_1^{MF}q_1^{MF}$、$t_2^{SM}q_2^{SM}$、$t_2^{SF}q_2^{SF}$、$t_3^{MF}q_1^{MF}$ 和 $t_3^{MS}q_1^{MS}$ 的 t 和 q 资料。这些资料还可以用于协调行业生产率账户与经济体最终需求的 GDP 账户，这是由此带来的另一个好处。

参 考 文 献

Debreu, G. 1951. The coefficient of resource utilization. *Econometrica* 19:273–292.

Diamond, P. A., and J. A. Mirrlees. 1971. Optimal taxation and public production I–II. *American Economic Review* 61:8–27, 261–278.

Diewert, W. E. 1978. Superlative index numbers and consistency in aggregation. *Econometrica* 46:883–900.

———. 1981. The measurement of deadweight loss revisited. *Econometrica* 49: 1225–44.

———. 1983. The measurement of waste within the production sector of an open economy. *Scandinavian Journal of Economics* 85 (2): 159–179.

———. 2002. The quadratic approximation lemma and decompositions of superlative indexes. *Journal of Economic and Social Measurement* 28:63–88.

———. 2004a. Aggregation issues. In *Producer price index manual: Theory and practice,* ed. P. Armknecht, 463–84. Washington, DC: International Monetary Fund.

———. 2004b. Price indices using an artificial data set. In *Producer price index manual: Theory and practice,* ed. P. Armknecht, 495–507. Washington, DC: International Monetary Fund.

Diewert, W. E., and D. A. Lawrence. 1994. *The marginal costs of taxation in New Zealand.* Canberra, New Zealand: Swan Consultants.

———. 1995. New Zealand's excess burden of tax. *Agenda: A Journal of Policy Analysis and Reform* 2 (1): 27–34.

———. 2002. The deadweight costs of capital taxation in Australia. In *Efficiency in the public sector,* ed. Kevin J. Fox, 103–67. Boston: Kluwer Academic Publishers.

Dikhanov, Y. 1997. The sensitivity of PPP-based income estimates to choice of aggregation procedures. Washington, DC: World Bank, International Economics Department. Mimeograph, January.

Ehemann, C., A. J. Katz, and B. R. Moulton. 2002. The chain-additivity issue and the U.S. National Accounts. *Journal of Economic and Social Measurement* 28: 37–49.

Fisher, I. 1922. *The making of index numbers.* Boston: Houghton-Mifflin.

Hicks, J. 1952. *The social framework: An introduction to economics.* Oxford, UK: Clarendon Press.

Jorgenson, D. W. 1998. *Growth.* Vol. 1, *General equilibrium modeling.* Cambridge, MA: MIT Press.

Jorgenson, D. W., and Z. Griliches. 1972. Issues in growth accounting: A reply to Edward F. Denison. *Survey of Current Business* 52 (5, part II): 65–94.

Jorgenson, D. W., and K.-Y. Yun. 2001. *Investment.* Vol. 3, *Lifting the burden: Tax reform, the cost of capital and U.S. economic growth.* Cambridge, MA: MIT Press.

Moulton, B. R., and E. P. Seskin. 1999. A preview of the 1999 comprehensive revision of the National Income and Product Accounts. *Survey of Current Business*

79 (October): 6–17.

Reinsdorf, M. B., W. E. Diewert, and C. Ehemann. 2002. Additive decompositions for the Fisher, Törnqvist and geometric mean indexes. *Journal of Economic and Social Measurement* 28:51–61.

Reinsdorf, M., and R. Yuskavage. 2004. Exact industry contributions to labor productivity change. Paper presented at the Social Sciences and Humanities Research Council SSHRC International Conference on Index Number Theory and the Measurement of Prices and Productivity. 1 July, Vancouver, Canada.

United Nations, Commission of the European Committees, International Monetary Fund, Organisation for Economic Co-operation and Development, and World Bank. 1993. *System of national accounts 1993.* Series F, no. 2, rev. 4. New York: United Nations.

Van IJzeren. 1987. Bias in international index numbers: A mathematical elucidation. PhD diss., Hungarian Academy of Sciences.

第8章　支出与收入数据的整合
——如何处理统计误差

J. J. 博利厄　E. J. 巴特士曼*

拿着一块表的人知道时间，拿着两块表的人从不清楚时间。

——法国谚语

8.1　引　　言

经济分析局（Bureau of Economic Analysis，BEA）公布两个有关国内产 309
出的估计指标。人们较为熟知的指标——国内生产总值（GDP），是私人与政府消费、投资（包括存货投资）和净出口的总和。第二个指标——国内总收入（GDI），是针对投入提供者的要素和非要素支付的总和，这些支付包括劳动报酬、利润与利润性收入、生产税与进口税（以前称为间接营业税）以及固定资本消耗。从理论上讲，GDP 和 GDI 测度的是相同的东西，但因计算时使用了不完善的原始数据而产生了差异，这两个估计值之间的差异被称为统计误差。

历史地看，该统计误差相对于 GDP 或 GDI 来说并不大。如图 8.1A 所示，作为名义 GDP 和名义 GDI 之平均值的组成部分，统计误差绝对值所占比值在 1993 年达到最高值 2.1%，1977—2001 年，该比值平均为 0.8%，标准差为 0.9%。

---

* J. J. 博利厄（J. Joseph Beaulieu）原在美国联邦储备委员会工作，现为布莱文・霍华德公司（Brevan Howard）的经济学家。E. J. 巴特士曼（Eric J. Bartelsman），阿姆斯特丹自由大学（Vrije Universiteit Amsterdam）经济学教授，丁伯根研究所（Tinbergen Institute）研究员。

感谢 Bart van Ark 的商讨以及收入与财富研讨会（Conference on Research in Income and Wealth，CRIW）其他参会者的意见，感谢 Michael Harper 和 Brian Moyer 所提出的详细而富有见地的修订建议。本章仅代表作者本人的观点，并不代表美国联邦储备委员会及其工作人员的看法。

不过,实际 GDP 与实际 GDI 所呈现出的不同运动轨迹却是有经济意
310 义的。图 8.1B 描绘了实际 GDP 与实际 GDI 的年平均增长率。尽管两者的趋势似乎年年一致,但是在 1994—2000 年间,实际 GDI 的增长比实际 GDP 的增长平均快 0.5 个百分点(年率),相对于两个序列 4.1% 的平均增长率而言,这是相当大的。

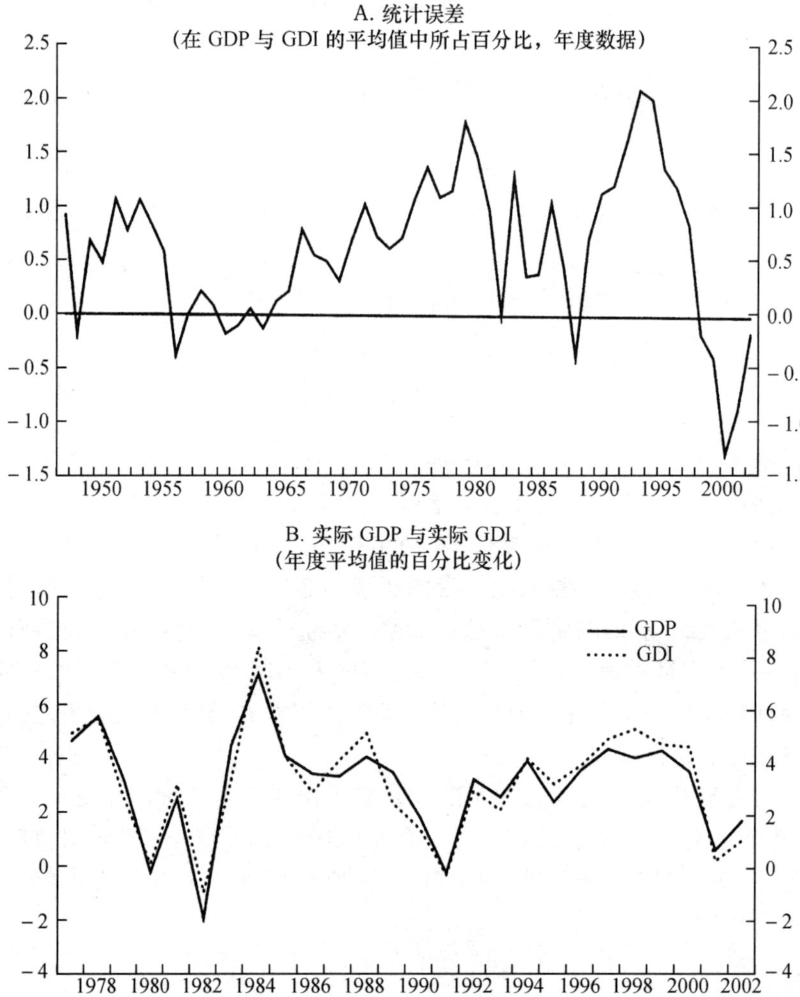

图 8.1 实际 GDP 与实际 GDI

近期在两种国内生产测算所得增长率上出现的差异,已成为决策者需
311 要面对的问题。两种测算代表了生产率与潜在产出的不同路径——这对规划来说非常重要。许多分析者指出,GDI 增长速率较高,与产生于高科

技设备投资的预期生产性收益具有较高的一致性。对分析者而言，在需要合并来自支出与收入账户的数据时——如对国民储蓄的组成部分建模或预测税收收入时，问题尤为严重。国会预算办公室（Congressional Budget Office，CBO）指出，在过去几年，统计误差的大幅摆动确实已成为其预测税收收入能力的重大障碍（CBO，2003）。在分析特定收入类型在GDP中所占比例时，统计误差也会导致不一致。

最后，如果研究者想利用收入方测算数据得到的分行业生产率趋势估计值，去协调基于生产方测算的综合生产率趋势估计值，统计误差的存在也是一个问题。Bartelsman 和 Beaulieu（2004）、Bosworth 和 Triplett（2003）、Nordhaus（2000）都使用BEA发布的分行业GDP数据（2003年或更早）来建立行业层次上的生产率模型。这些数据汇总为GDI，很难将这些研究结果与BLS的非农企业部门生产率估计进行比较，因为后者是GDP减去几个特定部门增加值的结果。①

一些研究者探讨了导致统计误差的数据缺陷。如果估计服务消费有困难（经济顾问委员会，1997；Moulton，2000），或少报了出口（Moulton，2000），GDP就可能被误测。如果扣除不代表当期生产的资本利得收入很困难（Baker，1998；Moulton，2000），或由于股票期权及其他非传统形式的劳动报酬虽在报酬统计中进行了统计，但却没有从利润数据中扣除（Baker，1998；Moulton，2000），或由于业主收入测算必须基于纳税申报数据做漏报调整，而调整基础却是此前已经过时的研究结果（经济顾问委员会，1997），GDI也可能被误测。上述多种解释已经被 Klein 和 Makino（2000）证实，他们发现，统计误差与利润和业主收入具有反向关联，与政府支出和出口具有正向关联。②

BEA更喜欢用GDP作为国内产出的估计指标。Parker 和 Seskin 312
（1997）写道：

> ［BEA］认为构成GDP估计值基础的原始数据更准确。例如，用于估计GDP的大多数年度原始数据，是以全面调查为基础的，如联邦政府预算数据；会随全面调查而定期调整，如五年一次的经济普查和

---

① 不管人们从其名称“分行业国内生产总值”中推断出来的是什么，此数据库中的行业估计值汇总起来就是GDI。此数据库中包括一平衡项，但却未将此误差在行业间加以分配，参见 Yuskavage 和 Strassner（2003）。BEA最近已修改了其方法以生成行业数据，现在，这些数据的最新估计值汇总起来是GDP，参见Lawson等（本书第6章）。

② 根据惯例：GDP相对于GDI越大，越可能导致正的统计误差；GDI越大，越可能导致负的误差。

> 政府普查……对GDI而言,只有雇员纳税申报表和联邦政府预算数据是全面调查,只有农场业主收入、州政府和地方政府预算数据是随全面调查而定期调整的。对大多数其他GDI组成部分而言,年度原始数据仅仅只有所得税申报样本表。

上述观点在NIPAs中得到了体现。BEA在其汇总表中仅提供GDP相关数据,然后在国民收入分解过程中才给出统计误差,似乎所有误差都是在估计收入而不是GDP时产生的。如Dean,Harperh和Otto(1995)所述,几年前,当BLS在生产率和成本发布中将非农企业产出的定义从以GDI为基础转变到以GDP为基础时,就采用了这种观点。

但是,其他人则认为,至少在特定时间上,GDI具有一些更理想的性质。经济顾问委员会(1997)发现,在20世纪90年代中期,正如当时所估计的那样,奥肯定律(Okun's law)所描述的现象、个人纳税额的大幅上升以及实际产品工资的表现,都与GDI这个增长更快的产出估计值更为一致。格林斯潘(Greenspan,2004)观察到,所估计的劳动和资本收入的快速增长与静止的物价变化是相伴发生的,由此可以确定生产率在快速提高。这样确定的生产率提高显然是按国内产出的收入方而不是生产方估计的。基于其时间序列特性,Weale(1992)认为,在将GDI和GDP这两种估计合成为单一产出序列的最优组合中,GDI的权重大体应该是GDP的两倍。

本章介绍了两套做法:一是将统计误差在行业间进行分配,给统计误差一个"公开"检查;通过重点关注并改进行业层面上的估计,或许我们可以降低误差的总水平。二是提出一些标准,用于评估基于不同基础数据来源质量假设下获得的一系列数据。优化这些标准,将可以为进一步研究提供一个最好的、内在逻辑一致的数据库。

本章的结构如下:在8.2节,我们将依次介绍基础原始数据、为使原始
313 数据在分类和定义上保持一致而对数据进行的处理以及用于整合各种原始数据的方法。在8.3节,我们对来自两方面的各行业增加值估计值进行了比较,一个是从一组受GDP控制的数据库中得到的,另一个则来自受GDI控制的数据库,目的是分行业计算出统计误差。关于各行业用于最终需求的两组估计值,也会产生各行业的统计误差。同样,我们要对按主要支出类别划分的最终需求的两组估计值进行比较。在少数问题行业中,最终需求交付和增加值的误测可解释大部分在很大范围内存在的总误差。下一节,为了生成一个综合数据库,我们讨论了用于寻找GDP和GDI数据最优组合的度量标准。这些度量标准是以标准的经济观点为基础的。我

们发现，一种汇总后既非 GDP 也非 GDI 的混合数据，似乎生成了一个能产生最佳结果的数据库。8.5 节给出了结论。

8.2　方法和数据

本章的主要目的，是针对美国经济通过比较而建立一个一致的、整合的数据库。该“数据库”包含与各行业的总产出、增加值、最终需求支出和中间投入使用有关的详细信息。所谓“一致的”数据库，我们将其定义为，其基本组成部分是以相同的定义和行业分类为基础的。至于“整合”，则意指尽管采用了许多数据来源，其估计值仍然要恪守那些连接生产、收入和支出的核算恒等式。

通过整合对数据进行转换的途径并不是唯一的，所以，实施整合的不同假设和不同方法会产生不同的估计值。我们在整合方法中内置了“调整参数”——它概括了我们用于获得特定估计值的具体假设。改变这些“调整参数”，就可以得到各种具有内部一致性的整合数据库。在 8.3 节，我们比较了以完全相反的假设为基础的两组数据：一是假设详细的 GDP 支出是正确的，然后进行数据整合，另一种则假设各行业收入（合计为 GDI）是正确的。在 8.4 节，通过改变处于两种极端情况之间的调整参数，我们估计了许多组数据，以便按预定标准比较它们的表现。

值得注意的是，各种整合操作都是针对名义数据进行的，如果要在实际层面上进行比较，则要以比较各方均适用的相同缩减指数为基础。莫耶尔、瑞恩斯道夫和尤斯卡维奇（本书第 7 章）仔细考虑了如何使价格和数量得以一致地汇总所涉及的问题。

下面几小节阐述了我们分析中使用的数据和方法。第一小节介绍我
们界定数据库组成部分的投入产出系统。第二小节描述这些组成部分的 314
初始估计值的来源，以及为了使它们一致所进行的处理。最后一小节说明整合原始数据以满足投入产出系统约束条件的方法。

8.2.1　我们的投入产出系统

我们用一个投入产出系统来描述本研究中所用的数据，见图 8.2。表中的前 N 行是国内行业，它们生产了总产出（列向量 Y），并将这些产出用于最终需求（矩阵 F）或国内其他行业（矩阵 I，作为这些行业生产过程中的中间投入使用）。对每个行业而言，其交付最终需求的产出与交付其他

行业的产出之和等于该行业总产出，这就是所谓的总产出恒等式。某行业的增加值，等于该行业总产出减去该行业使用的中间投入之和（即增加值恒等式）。各行业交付最终需求之和等于 GDP（即 GDP 恒等式），各行业增加值之和等于 GDI（即 GDI 恒等式）。对该系统进行整合的核对恒等式是 GDP 等于 GDI。

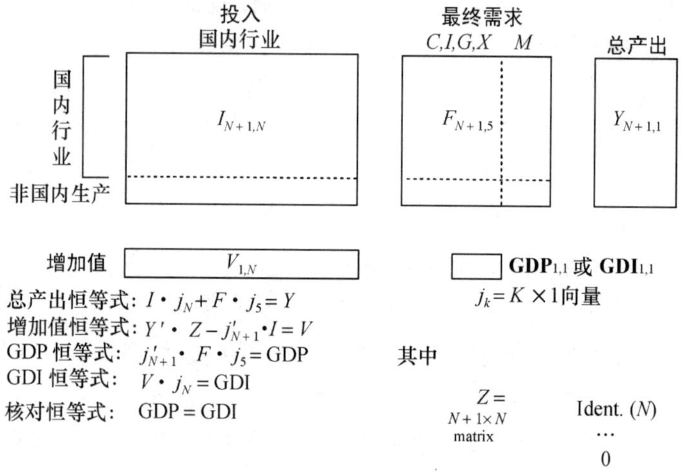

图 8.2 投入产出系统

该系统中，前 N 行代表国内各行业的产品流。为了简化对分析的阐述，我们用一种非标准方式来处理进口产品流：那些用于国内各行业生产过程或交付给国内最终购买者的进口产品，是一个独立行业的产品，该行
315 业被称为非国内生产，它位于图 8.2 上部的最后一行。在这个投入产出系统中，交付给国内各行业或国内购买者的进口是一个正的项目，而在最终需求类别中，进口则作为一个负的抵消项出现，因此进口的总产出为零。需要注意，按照定义，国内各行业未交付任何产出给最终需求中的进口，所以进口列的前 N 行均为零。

此外，该投入产出账户也显示了已使用过的二手产品与废料，它们作为中间投入用于生产过程，既交付给各最终需求类别又来自这些类别的供应。因此，与进口一样，它们不代表新的生产，其总产出等于零。负项代表产品的净供应者，正值代表净使用者。例如，企业每年都要报废一些设备，作为最终支出项的企业固定资产投资，此时它是二手产品与废料的净供应者。这些商品流量也包括在非国内生产这一假定的行业中。

8.2.2 开发一致的初始数据库

为进行分析,我们需要以使用统一定义的初始值来填充投入产出系统中的各个单元。如下所述,这些初始值来自不同的发布来源,在定义、核算惯例、数据收集基础或产品和行业分类方面并不严格匹配。1977—2001年的GDP与GDI数据来自最近发布的基准国民收入与生产账户(NIPAs)。其他数据根据BEA最新出版的数据改编或创建而成。

各行业增加值

农场、私人住户和业主自用住宅的增加值直接来自NIPAs。业主自用住宅的增加值不应包括在房地产业中,而是要归入自己的行业(在进一步汇总前)。对其他行业而言,各行业增加值的估计值来自BEA的2003年分行业GDP数据库。正如Bartelsman和Beaulieu(2004)所做的那样,1987年之前的数据按1987年标准行业分类(SIC)进行了调整。所有的收入组成部分均按比例进行了调整,因此它们加总起来就是最终的总估计值。

房地产业增加值也进行了调整,它不包括非营利机构拥有的资本设备和建筑物的虚拟租赁价值。此类虚拟收入应根据各行业非营利机构所支付雇员报酬的比例分配给各个行业,正如Bartelsman和Beaulieu(2004)所估计的那样。对此收入进行重新分配是有用的,因为针对非营利机构所生产产品的最终支出,常常无法识别出它们是由非营利部门生产还是由营利 316
部门所生产,因此这些支出不能显示为来自房地产部门。

为了将分行业GDP数据归集在一起,BEA不得不对原始数据加以调整,以使数据统一以基层单位为基础。特别是公司利润、非农场业主收入、净利息支付以及资本消耗补贴的原始信息,都是以企业为基础测算的(BEA,2001,M21—M22),而其他数据,如总产出和支付的劳动报酬,则是以基层单位为基础测算的。如果某行业的企业经营范围广泛,涉及不同领域,那么分别按这两个基础收集的同一行业同一收入组成部分的数据就会不一样。在基层单位水平上收集的数据会将一个包括不同基层单位的企业分解到不同的行业,但以企业为基础收集的数据则会将所有企业业务合并到一个行业中去。对于分行业GDP数据库(2003),BEA使用一张交叉分类表调整原始数据,以使所有的数据都以基层单位为基础。但是调整很难进行,而且这种调整很可能会成为在行业间分配国内数据时的一种误差来源。金融业就是区分企业数据和基层单位数据特别重要的一个行业(Bartelsman和Beaulieu,2004)。

各行业对最终需求的交付

目前各行业交付最终需求的数据尚没有公开发布，因此不得不基于详细的 NIPAs 支出和投入产出数据对此进行估计。首先，要把除软件投资、建筑和存货投资以外所有的 NIPAs 明细支出数据，分配到投入产出表的商品分类体系中。这就是所谓的“桥接表”，其结构将在后文详述。第二步是要将最终支出在国内生产产品和进口产品之间分配。第三是要将商品交付估计值转换为分行业的交付。先将每一种商品的国内生产转换为 1987 年和 1992 年制造表中的某一个行业，然后按附表 8A.1 的定义对这些行业做加总。所有进口产品汇集为一个行业，称为非国内生产。

用来估计桥接表的方法因支出类别的不同而不同。对个人消费和设备投资（包括住宅设备），BEA 发布了 1987 年和 1992 年的明细桥接表。桥接表中包括应归于运输和贸易加价的那部分支出，这些加价被视为交付给特定支出类别的一种单独商品。对出口、进口、政府支出，则要利用 1987
317 年和 1992 年使用表估计出来的特定比例，使产品与具体的 NIPAs 类别对应起来，从而得到桥接表。就产品进出口而言，可以使用普查局的产品和服务国际贸易报告资料，将 NIPAs 支出按照更详细的普查类别加以分解；投入产出（I-O）表上的商品也要根据这些更详细的普查类别加以分解。根据使用表中显示的流通总加价占所有产品出口总额的比例，可以将批发贸易和产品运输的出口加价分配给各支出类别。

政府消费的桥接表是这样构建的：考虑先就固定资本消耗和政府雇员报酬进行分配，不考虑政府的自营投资。自营投资活动中支付给雇员的报酬视为其他政府投资。I-O 使用表中为正值的商品应作为政府购买，根据其特性分为半耐用品、非耐用品和服务。I-O 使用表中为负值的商品则作为政府销售。③ 从政府中间购买中减去政府销售，即可得到扣除了其自身增加值的政府消费。NIPAs 的联邦非国防、非耐用品消费数据中，还增加了来自能源信息署的有关战略石油储备的购买与销售数据。与贸易一样，其加价要以固定比例分配到所有支出类别中。

根据修订前的建筑人工报酬支付数据将自营投资分为设备和建筑物两部分，即可得到有关政府投资的桥接表。自营投资归于一般政府，其余建筑物投资分配给建筑业，其余设备投资则要依据 1987 年和 1992 年 I-O

③ NIPAs 提供了更详细的用于联邦国防的中间购买和州与地方政府的销售资料，用于实现上述分配。

使用表中的相关比例在各种商品间进行分配。

进口与其他支出类别不同,因为全部进口均被视为来自同一行业。但是,为了估计用于最终需求的每种商品的国内生产与进口之比,有必要将一部分进口分配给国内最终购买,并将余下的部分分配给国内生产的中间投入。假定某一进口商品交付给最终需求项与用于国内行业之比和在I-O使用表中观察到的比例是一样的,即可依据后者实现上述分解。其余的最终需求则被假定为是由国内生产的。

然后,要将每种商品的生产转换到 1987 年和 1992 年的 I-O 制造表中对应的行业基础上。我们假定,I-O 行业生产的每种产品的比例与制造表 318
中显示的比例相同。使用 1987 年和 1992 年的数据可以生成两个估计值。对 1987 年及之前的年份,我们使用的是基于 1987 年表的估计值;对 1992 年及之后的年份,我们使用的是基于 1992 年表的估计值。对 1988—1991 年各年,我们使用了这两个估计值的加权平均值,权重是以与每个基准年的距离为基础确定的。然后,将这些行业估计值按附表 8A.1 的行业定义加总起来。

将住宅投资与非住宅建筑投资分解到行业,不能依据公布的 I-O 表,而必须按照一种不同的方法来估计。有些支出类别要直接分配给特定行业,如钻井与勘探分配给采矿业,活动房屋分配给相应的制造业,交易佣金分配给房地产业。

从 I-O 表看,似乎其他建筑投资都是由建筑业提供的,然而这是不正确的。生产按基层单位的主要产出归类,这是 I-O 表的一条规则,但建筑业例外。实际上,无论基层单位的主要产出是什么,I-O 表把所有的建筑活动都归入建筑业——这是基于活动的分类。其他大部分投入产出数据,则基本上是在基层单位基础上来处理的。[④] 图 8.3 展示了混合使用基层单位分类和活动分类所出现的问题:扣除了政府自营建筑物投资之后,国内建筑物投资超过了 BEA 估计的建筑业总产出。因此,我们必须估计有多少私人建筑物投资品来自建筑业,有多少来自其他行业。

建筑业交付给最终需求的价值,是按 BEA 总产出估计值的一定比例计算的。该比例等于 1 减去维修收入占总销售收入之比(来自 1977 年、1982 年、1987 年、1992 年和 1997 年建筑业普查)后的内插值。

余下的建筑投资基于以下比例分配给其他行业:2001 年其他行业雇

---

④　农场和房地产服务在投入产出表中属于其他行业,这也是基于活动而不是基于基层单位来定义的。不过,农场在 NIPAs 的处理是一致的。所有的特权收益,无论其来源,均计入房地产业,分行业 GDP 数据也是这样处理的。因此,无须进行调整来改善这些行业估计值的一致性。

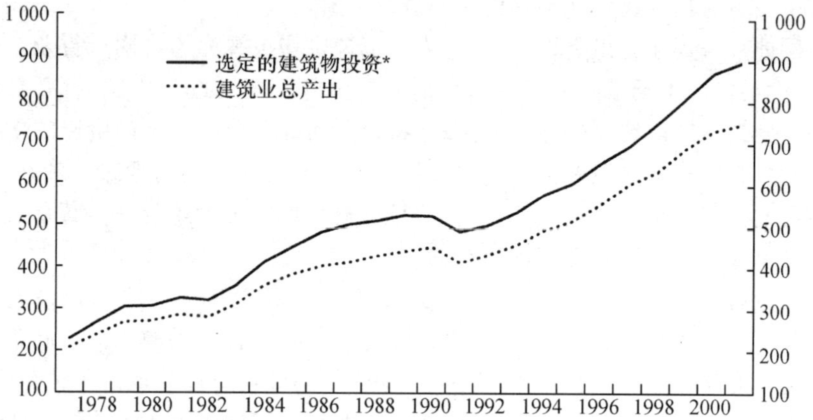

图 8.3　建筑活动的测算值(10 亿美元)

注:选定的建筑物投资不包括采矿和勘探投资、活动房屋投资、佣金以及政府自营投资。

用建筑工人(来自 BLS 的职业调查)与 BEA 分行业建筑物实际财富存量估计值相乘后确定的份额。指标中包含了实际财富存量,这就意味着这些人工建设估计值的分配会随时间而改变。

319 关于软件投资的跨行业分配,要先利用 BEA 新的分行业投资明细数据将投资分为自编软件投资与购买软件投资两部分。然后,使用这些数据,将自编软件投资分配给各个行业,将购买软件投资分配到 1987 年和 1992 年制造表中的对应行业,1992 年,98% 的购买软件生产分配给了“数据处理服务业”(SIC 737)。

存货投资以公开的 NIPAs 数据为基础分配到各行业。农场存货分配给了农场。利用制造商年度调查(ASM)里的账面价值数据,将制造业存货在各个制造业之间进行分配。其间要利用现有索引,将按 NAICS 或 1977 年 SIC 报告的 ASM 数据调整为 1987 年 SIC。批发与零售贸易存货归入贸易业。其余的存货投资根据 1995—1997 年的收入来源(财政部)数据在其他行业之间进行分配,假定其他年份的份额与 1995 年或 1997 年相同。

表 8.1 描述了以上给出的桥接表是如何很好地将 NIPAs 支出明细数据转化为各行业交付最终需求之产出数据的。正如第一行数据所示,1987 年的个人消费支出(PCE)是 3 100.2 亿美元。BEA 将全部 PCE 分为 141 个类别,如体育器材、糖和甜点的外带购买、在戏剧与歌剧表演方面的支出等。这 141 个明细类别平均每类要在 6.1 个行业间进行分配。有 1/4 的
320 PCE 属于全部分配给一个行业的支出类别。另外有 22.5% 的 PCE 属于95%

表 8.1 NIPA 支出类别(1987 年)在 26 个行业间的分配情况

	支出额(当年价,10 亿美元)	支出类别数	每类支出的行业数	各类支出中主导行业所占份额						标准差[a]
				100%	95%—100%	85%—95%	75%—85%	50%—75%	50%以下	
个人消费	3100.2	141	6.1	24.9	22.5	5.2	8.1	28.7	10.6	2.4
设备投资	326.7	27	11.5	8.8	0.0	16.0	51.8	17.9	5.5	6.7
软件投资	29.0	1	23.0	0.0	0.0	0.0	0.0	100.0	0.0	11.1
建筑物投资	402.1	5	5.8	3.3	1.3	6.1	0.0	89.3	0.0	10.0
一般政府	591.2	1	1.0	100.0	0.0	0.0	0.0	0.0	0.0	0.0
其他政府	408.4	39	7.2	18.8	15.8	0.7	5.0	12.1	47.7	5.6
货物出口	257.5	124[b]	8.3	0.0	8.6	33.9	18.8	27.3	11.4	2.4
服务出口	106.4	7	5.6	29.8	18.0	9.6	0.0	42.6	0.0	7.1
货物进口	-414.8	128[b]	5.5	58.1	27.2	2.3	3.0	9.5	0.0	3.0
服务进口	-94.4	7	4.4	48.9	12.2	0.0	0.0	20.1	18.8	9.9
存货投资[c]	27.1	4	6.8	53.8	0.0	0.0	18.2	0.0		57.6
GDP	4739.5	484	6.9	26.4	14.5	7.0	9.9	30.4	11.8	3.3

a 由行业交付给这些主要支出类别的平均标准差假定为桥接表标准差的 10%。随后,通过把桥接表限定为详细支出类别的实际价值,计算各行业的交付。

b 利用货物和服务国际贸易的月报数据,将 NIPA 支出类别分为更多的类别。

c 计算主导行业份额,使用的是绝对值而不是实际值。计算标准差,使用的是正态、可加的误差。

以上部分都分配给一个行业的支出类别（第 5 列数据）。只有 10.6% 的 PCE 属于那些行业分布很广的支出类别，其中最大的行业所占比例还不到该类别的一半（第 9 列数据）。

桥接表包含许多节点，用以限制桥接表的相对误差可能对各行业交付最终需求估计值产生的影响。例如，BEA 公布的政府增加值，仅对应一个行业，所以，以此公布值为条件，此类别不会增加我们所做估计的误差。再如，把 PCE 中的收音机和电视机修理服务设定为由个人服务业、商务服务业和机械制造业这三个行业生产的，其中个人服务业占了最终需求的 95%。因此，对此消费类别而言，即使商务服务业和机械制造业的桥接表存在大量相对误差，但对个人服务业交付估计值的影响会很小。

为了了解桥接表的误差会如何转化为各行业交付最终需求估计值的变异，我们进行了如下实验。先用对数正态分布误差乘以 1987 年桥接表中的单元值，使各单元格值的标准差为 10%，接着，我们重新调节桥接表，使各行业之和等于公布的明细支出值。然后重新计算内含的最终需求交付值。我们将此过程重复进行了 2 500 次。如表 8.1 最后一列所示，桥接表 10% 的随机误差，造成各行业对 PCE 交付的变异，平均来说仅为 2.4%。

其他主要类别的测算结果并非如此之好。对设备投资而言，桥接表 10% 的误差导致各行业对最终需求交付值的平均标准差为 6.7%。这一较差表现可能是由于设备投资桥接表的精度较差。平均而言，每类支出要分到 11.5 个行业中去，而且 3/4 的设备投资散布于主导行业所占比例低于 75% 的支出类别。对全部 GDP 而言，桥接表 10% 的误差导致了各行业最终需求交付 3.3% 的标准差。

各行业总产出

除农场、自用住宅、政府与住户外，各行业总产出的估计值主要来自公开的分行业 GDP 数据，这些数据是现成的，或可以轻易从 NIPAs 数据中估计得到。前几年，法律服务业增加值的估计值高于总产出的估计值。为了使分析得以进行，我们提高了总产出价值，使其超出增加值至少 5%，这一数字与 1987 年 I-O 使用表是一致的。

322 中间投入

建立一致的中间投入模块的起点，是公开出版的 BEA 基准 I-O 使用表。与总产出、交付最终需求的产出、增加值等向量和矩阵不同，中间投入的初始值 $\boldsymbol{I}$，仅对基年 1982 年、1987 年与 1992 年计算。使用由下一小节阐述的平衡路径得到的结果，可迭代得到其他年份的初始值。

基年的初始值计算了两次，然后求平均即可得到一个估计值。第一次估计是把总产出减去交付最终需求部分所得到的向量($\boldsymbol{Y}-\boldsymbol{F}$),按照 1982 年、1987 年或 1992 年使用表中的比例分配到 $\boldsymbol{I}$ 的各列中去。第二次估计是把总产出减去增加值所得到的向量($\boldsymbol{Y}'-\boldsymbol{V}$),同样按照相应年份使用表中的比例分配到 $\boldsymbol{I}$ 的各行中去。这两个估计值,一个可认为与支出方数据一致,另一个可认为与收入方数据一致,通过逐格计算两个估计值的算术平均而合并起来。

针对得到的 $\boldsymbol{I}$ 的基准年初始估计值,要扣除购买软件的中间投入价值——应计入最终需求(Bartelsman 和 Beaulieu,2004),还要将自营建筑分配给适当的行业。另外,使用表中显示运输加价与分销加价的列的数值,对那些购买其用于投入的行业而言,要归入其中间购买,对其他那些诸如水路、铁路运输或零售贸易等“加价行业”而言,则要作为销售处理。

8.2.3　整合数据

要对填充了初始值的一致的 I-O 数据进行调整或整合,以便在各单元格的值“接近”于初始估计值的前提下,使投入产出系统的各种约束条件得到满足。特别地,我们为 I-O 系统中每一项所选定的值,要满足以下条件:在线性约束下,与其初始估计值之差的加权平方和达到最小。权重的倒数等于该单元格的绝对值乘以“调整”参数,这些调整参数是用来控制整合过程的。调整参数越接近于零,最终估计值就越接近初始估计值。如果调整参数等于零,该单元的值就无须调整。这种解决方案是最小二乘法的简单推广,最早由 Stone, Champernowne 和 Meade(1942)提出。

形式上,用字母上加横线表示 I-O 系统的向量和矩阵中各个元素的初始估计值。我们求解下列方程: 323

$$\min_{\{Y_t,F_t,V_t,I_t\}} \sum_{i=1}^{1} \frac{1}{\sigma^{Y}\mid \bar{\boldsymbol{Y}}_{it}\mid}(\boldsymbol{Y}_{it}-\bar{\boldsymbol{Y}}_{it})^2+\sum_{i=1}^{1} \frac{1}{\sigma^{F}\mid \bar{\boldsymbol{F}}_{it}\mid}(\boldsymbol{F}_{it}-\bar{\boldsymbol{F}}_{it})^2$$

$$+\sum_{i=1}^{1} \frac{1}{\sigma^{V}\mid \bar{\boldsymbol{V}}_{it}\mid}(\boldsymbol{V}_{it}-\bar{\boldsymbol{V}}_{it})^2+\sum_{i=1}^{1}\sum_{j=1}^{1} \frac{1}{\sigma^{I}\mid \bar{\boldsymbol{I}}_{it}\mid}(\boldsymbol{I}_{it}-\bar{\boldsymbol{I}}_{it})^2,$$

$$\text{s.t.}\quad \boldsymbol{Y}_{it}=\boldsymbol{F}_{it}+\sum_{j=1}^{1}\boldsymbol{I}_{ijt},$$

$$\boldsymbol{Y}_{jt}=\boldsymbol{V}_{jt}+\sum_{j=1}^{1}\boldsymbol{I}_{ijt},\qquad(1)$$

其中,σ 表示事先设定的调整参数,i 表示行,j 表示列,t 表示时间。如果 σ 等于零,则权重就成为拉格朗日乘数,而单元格值等于其初始值这一事实则会成为最小化问题的另一个约束。

如方程(1)所示,由于权重的倒数与初始值成比例,因此,那些等于零的初始值要受限保持为零。计算时,我们限定 σ 对同一向量或矩阵的所有元素都是相同的。例如,增加值向量的所有 σ 值均等于 σ^V,只有一个例外,将在下一节阐述。也可以假定这些参数在不同行业间是不同的,例如,在有理由认为某些行业的估计比其他行业好的情况下即可如此,但是我们没有这样做。最后,从方程(1)可明显看出,只有 σ 的相对值才有意义,σ 的值都增加一倍并不会改变结果。因此,我们通过设定 $\sigma^I=1$ 对参数进行了标准化。进而,就我们的分析重点来说,我们仅考虑 $\sigma^Y=0$ 的情况;余下来,就是$\{\sigma^F,\sigma^V\}$这一对调整参数的变动了。

对类似问题可以使用其他解决方法。一种特别流行的程序是所谓的 RAS 迭代解。尽管列昂惕夫(Leontief)于 1941 年已经提出用双比例形式来定义 I-O 矩阵不同时点数值之间的关系,但直到 20 世纪 60 年代早期,R. A. 斯通(R. A. Stone)在剑桥增长项目中使用以后,它才变得流行,后来以“RAS 法”命名而为人们所熟悉。在用于整合数据的传统 RAS 法或双比例平衡法中,要基于某一方向的“控制”总量与未调整数据总和之差,对另一方向的数据进行比例调整,如此迭代进行,直到在规定的容忍度下同时满足两个约束条件。

324 该算法的起点是一个具有半正定行和列的给定矩阵 $\boldsymbol{A}$ 和完全正定的向量 $\boldsymbol{u}$ 和 $\boldsymbol{v}$。首先,每行都乘以一个使行和等于行约束的标量。接下来,令其结果矩阵 $\boldsymbol{A}^1$ 的每列都乘以一个使列和等于列约束的标量。这样就得到了矩阵 $\boldsymbol{A}^2$,用它作为下一次迭代的起点。一般来说,该过程可描述如下:

$$\boldsymbol{A}^{2t+1} = \hat{\boldsymbol{r}}^{t+1}\boldsymbol{A}^{2t}$$

$$\boldsymbol{A}^{2t+2} = \boldsymbol{A}^{2t+1}\hat{\boldsymbol{s}}^{t+1} = \hat{\boldsymbol{r}}^{t+1}\boldsymbol{A}^{2t}\hat{\boldsymbol{s}}^{t+1}$$

$$\hat{\boldsymbol{r}}^{t+1} = \frac{\boldsymbol{U}_i}{\sum_{j=1}^{n} a_{ij}^{2t}}$$

$$\hat{\boldsymbol{s}}^{t+1} = \frac{\boldsymbol{v}_j}{\sum_{i=1}^{m} a_{ij}^{2t+1}},$$

其中 $\hat{\boldsymbol{r}}$ 和 $\hat{\boldsymbol{s}}$ 表示具有对角元素 $\boldsymbol{r}_i$ 的矩阵,而 $\boldsymbol{r}_i = \boldsymbol{u}_i / \sum a_{ij}$。

Bacharach(1970)证明了弱条件下 RAS 程序解的存在性以及无条件解的唯一性。这也是第一次引入随机元素(设定误差)。它进一步表明这种

RAS 法等价于求解双比例估计值 r 和 s 的最小化问题。

Bishop, Fienberg 和 Holland(1975)提出了专用于分析多维列联表分类(定性)数据的一种方法。尽管他们讨论的重点是最大似然估计和对数线性模型,但也讨论了 RAS 法各元素的开发以及统计特性。他们讨论了完全表和非完全表(包括对数线性模型的迭代比例拟合),并特别关注边际齐次性和对称性。

与我们的方法不同,RAS 迭代法不具有作为调整参数的天然特性。⑤此外,如果行控制向量之和与列控制向量之和不等,RAS 法就会出现问题;实践中,在应用 RAS 程序之前,必须要调整一个或一对控制向量,使之达 325
到一致。在我们的方法中,在最小化之前无须调整“控制向量”,相反地,我们是在用调整参数确定其他估计量的同时调整控制向量。

如前一小节所述,我们的估计程序是动态的,$\bar{\boldsymbol{I}}_t$ 的初始估计值取决于 $t \neq$ 1982、1987、1992 的其他年份的最终结果。我们首先估计出 1982 年的数据体系,然后以 $\boldsymbol{I}_{t\pm1}$ 的最终估计值作为 $\bar{\boldsymbol{I}}_t$ 的基础,回溯到 1977 年,外推到 1986 年。特别地,$\bar{\boldsymbol{I}}_t$ 是通过对 $\boldsymbol{I}_{t\pm1}$ 做各列需求变化调整而计算出来的,即,用第 j 列时期 t 的实际总产出与时期 $t \pm 1$ 的实际总产出之比,乘以 $\boldsymbol{I}_{t\pm1}$ 的每一单元格。也要对矩阵 $\boldsymbol{I}_{t\pm1}$ 做各行价格变化调整,即,用第 i 行时期 t 的总产出平减指数与时期 $t \pm 1$ 的总产出平减指数之比,乘以每一单元格。以 1987 年为起点,对 1983—1991 年各年重复进行相同的处理;以 1992 年为起点,对 1988—2001 年各年重复进行相同的处理。这样就生成了 1983—1986 年与 1988—1991 年的两套现价估计值;对这些估计值求平均可得到 1977—2001 年的 $\bar{\boldsymbol{I}}_t$ 序列。

8.3　用 GDP 或 GDI 数据来控制结果

先根据两套调整参数估计方程(1)。第一套调整参数,$\{\sigma^F = 0; \sigma^V = 1\}$⑥,意味着我们要控制对支出方数据的估计值,由此可以得到一套加总起来等于 GDP 的行业增加值估计值和最终需求交付估计值。我们用收入

⑤ RAS 迭代解是双比例约束下最小化问题的解,它使用了熵核,而不是最小化二次差。Schneider 和 Zenios(1990)将此结果归功于一名俄国数学家 Bregman,尽管不难说明产生 RAS 迭代解的最小化问题的一阶条件,参见 Günlük-Şenesen 和 Bates(1988)。因此,人们可以加权熵核以把调整参数考虑在内,尽管这样会使求解的迭代方法变得复杂。Bartelsman 和 Beaulieu(2003)探讨了平衡技术选择的某些内涵,也可参见 Schneider 和 Zenios。

⑥ 回想一下,在我们的全部估计值中,$\sigma^Y = 0, \sigma^I = 1$。

方增加值的初始估计值为最终估计值提供信息，但在 $\sigma^V = \sigma^I = 1$ 时，程序将对增加值估计值与 I 的初始估计值做对称处理。第二套调整参数，$\{\sigma^F = 1; \sigma^V = 0\}$，意味着我们要控制收入方数据的估计值，由此可以得到一套加总起来等于 GDI 的行业增加值估计值和最终需求交付估计值。在这两种情况下，都有 $\sigma^Y_{\text{MISC}} = \sigma^V_{\text{MISC}} = 0$，因为这些行业的收入和总产出已在支出和收入账户里进行了整合。之前利用估计程序给出了具有漂移倾向的非国内生产(NDP)行业估计值。该序列的交付值有正有负但加总起来为零，因此该行业的估计值可能非常不稳定。否则，如果其和不等于零，结果将是：$\sigma^V_{\text{NDP}} = \sigma^F_{\text{NDP}} = 0.00001$。因此，对该行业而言，我们只允许其初始估计值存在很小的差值，这就意味着进口统计误差的估计值基本上等于零。

在图 8.4 中，左边的图显示关于各行业最终需求交付的两个估计值之
339 差，右边的图显示关于各行业增加值的两个估计值之差。按照总误差定义惯例，该数字就是加总为 GDP 的第一个估计值减去加总为 GDI 的第二个估计值的差值。每个差值可视为每个行业的统计误差。经济总体的统计误差也一并显示在图中。

相对于总误差而言，大多数行业的行业误差均很小。但是，有三个行业却格外引人注目，它们是：机械仪器业、贸易业、金融保险业，其交付最终需求与增加值的误差图形看起来在紧随总误差移动。实际上，正如图 8.5 所示，这三个“问题”行业合起来，其在增加值上的误差在 20 世纪 90 年代早期逐渐上升，随后急速下降，比总误差下降得更快。最终需求交付部分的误差的一致性则没有如此明显：在 90 年代前半期保持稳定，但是，与增加值一样，在 1996 年以后急速下降。

机械仪器业、贸易业和金融保险业这三个行业成为问题行业并不奇怪。随着高科技行业生产率的大幅提高，机械仪器业在过去 25 年里有了显著的发展。利润波动显著，而且将以企业为基础的行业利润调整成以基层单位为基础的行业利润相当困难。半导体行业尤其具有挑战性，因为有些公司已成为“无厂半导体公司”。这些公司开发产品，但将生产外包给海外的制造厂。摩根士丹利(Morgan Stanley)估计在该行业全球收入中，有 15% 来自外包给不同企业的产品(Edelstone 等，2003)；美国企业与海外工厂之间的外包关系对该数字贡献良多。摩根士丹利预计，该比例到 2010 年将翻倍。

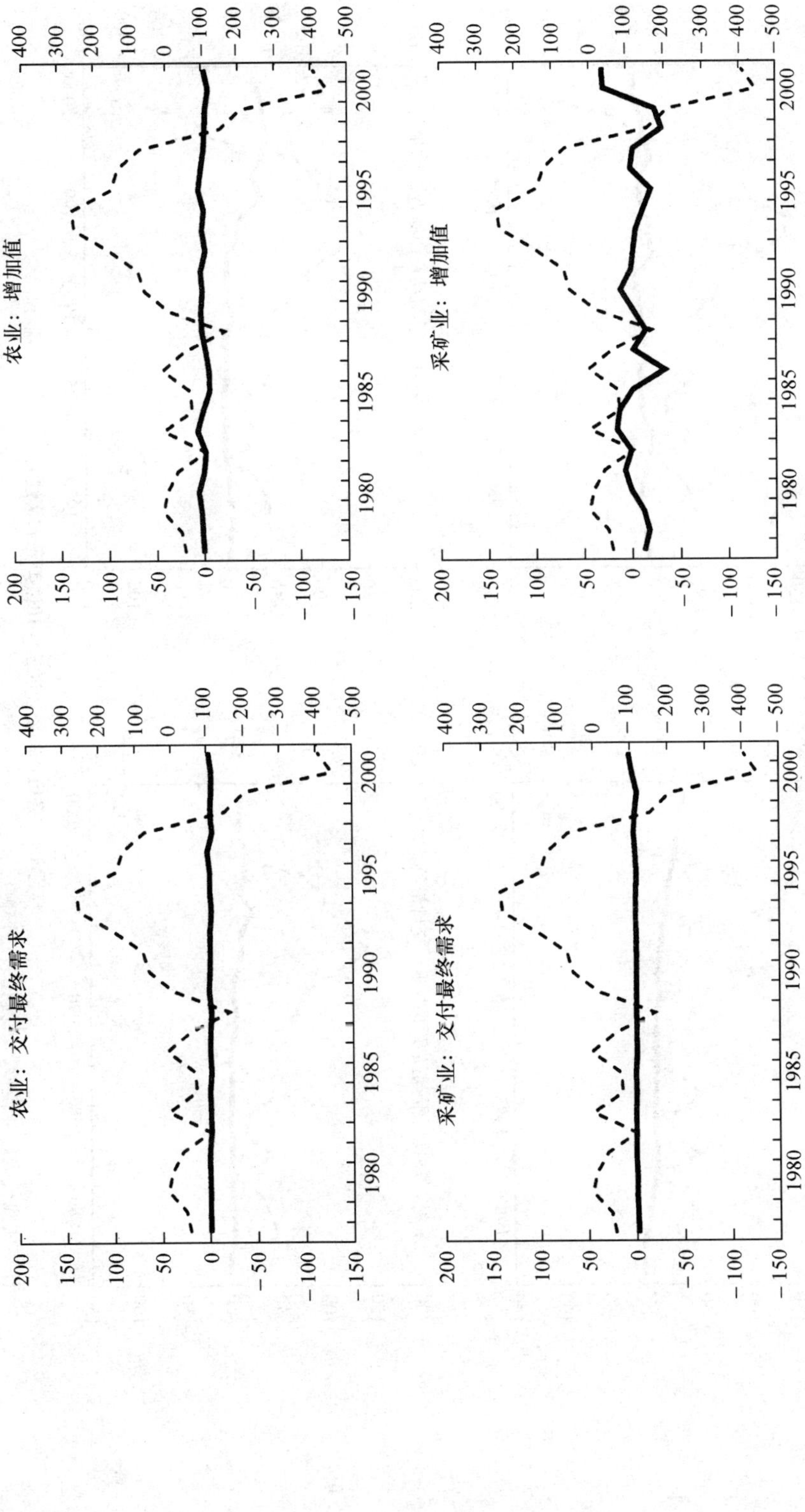

图8.4　各行业的统计误差（10亿美元）

注：实线代表行业误差，虚线代表总误差。

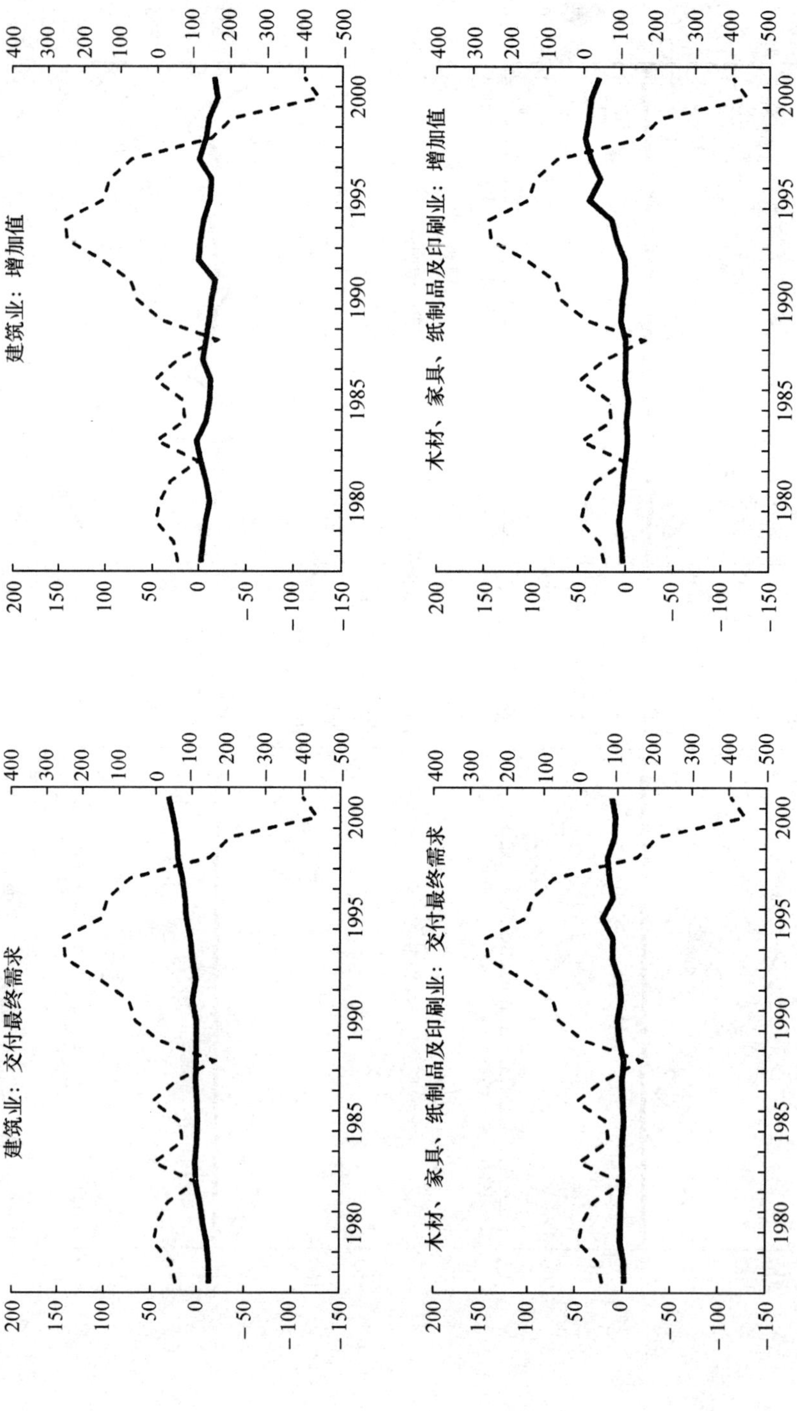

图8.4　各行业的统计误差（10亿美元）（续）

注：实线代表行业误差，虚线代表总误差。

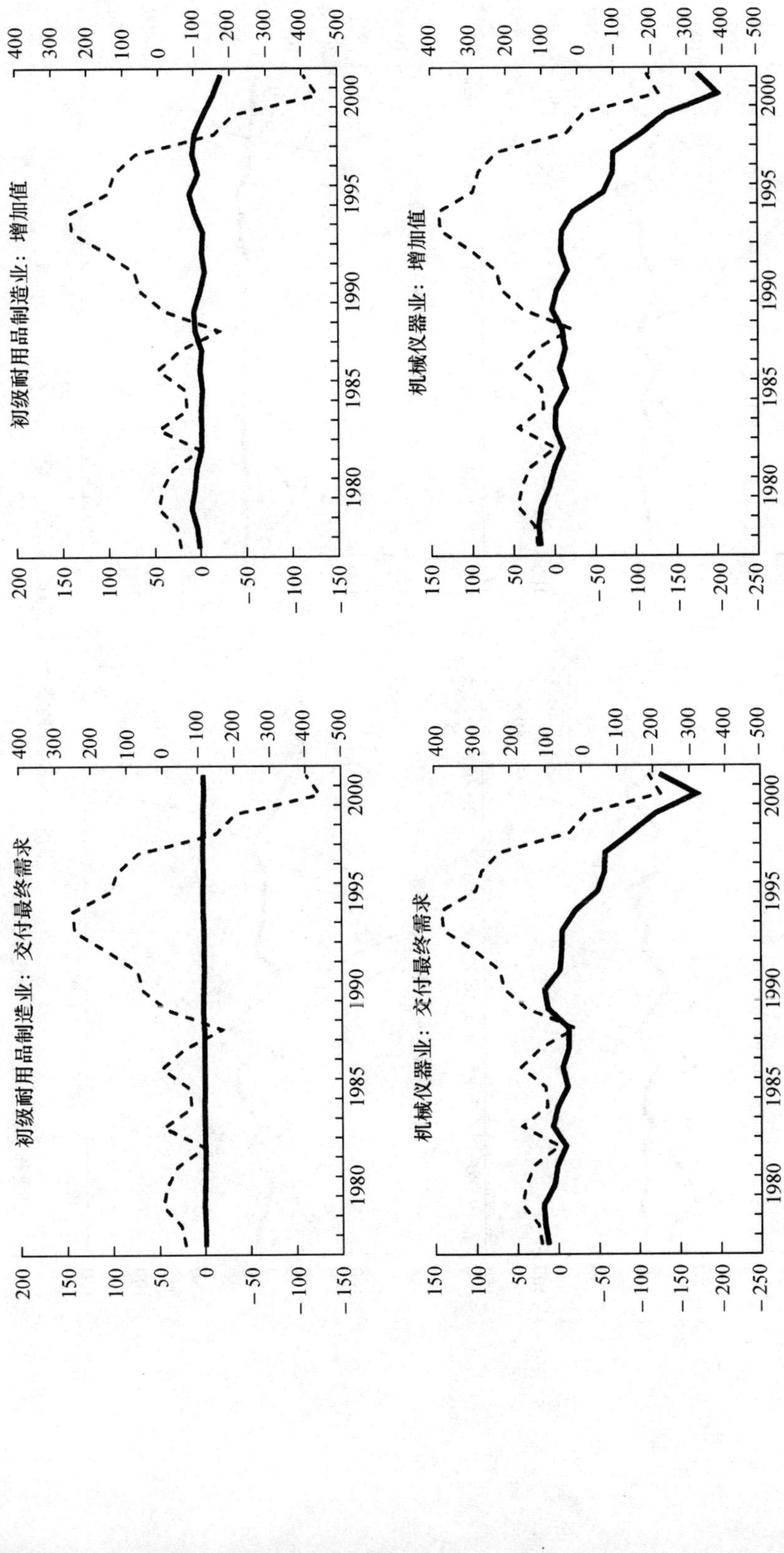

图 8.4　各行业的统计误差（10亿美元）（续）

注：实线代表行业误差，虚线代表总误差。

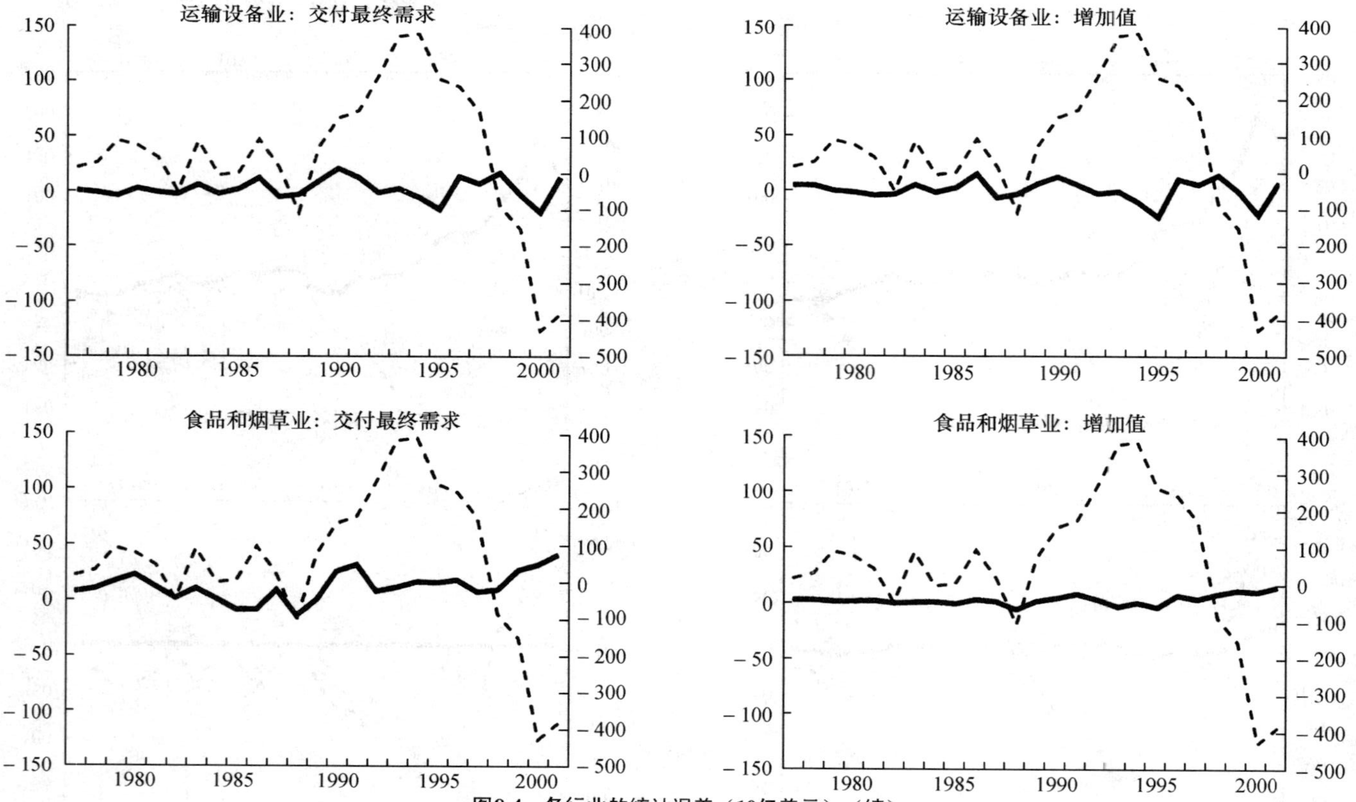

图**8.4**　各行业的统计误差（**10**亿美元）（续）

注：实线代表行业误差，虚线代表总误差。

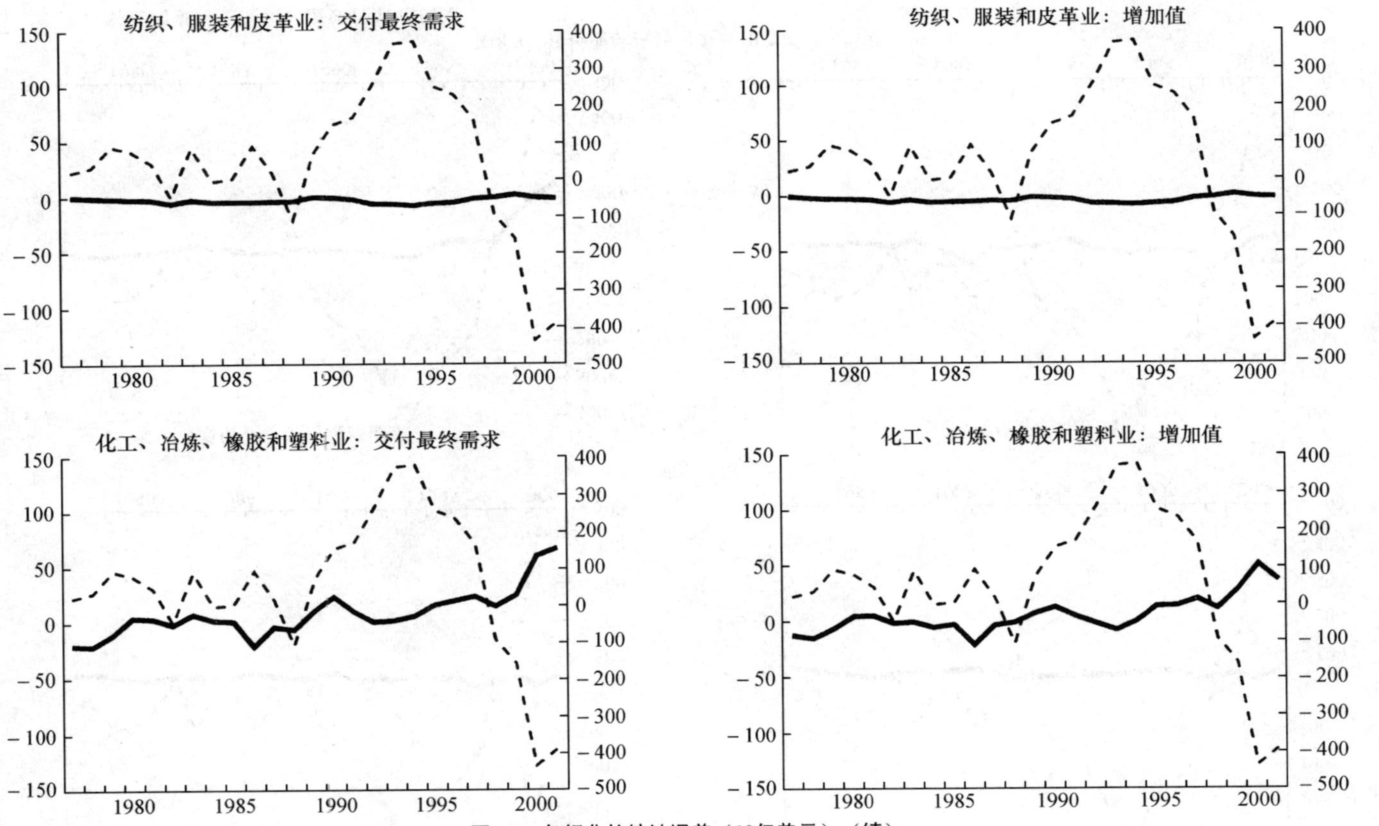

图8.4 各行业的统计误差（**10**亿美元）（续）

注：实线代表行业误差，虚线代表总误差。

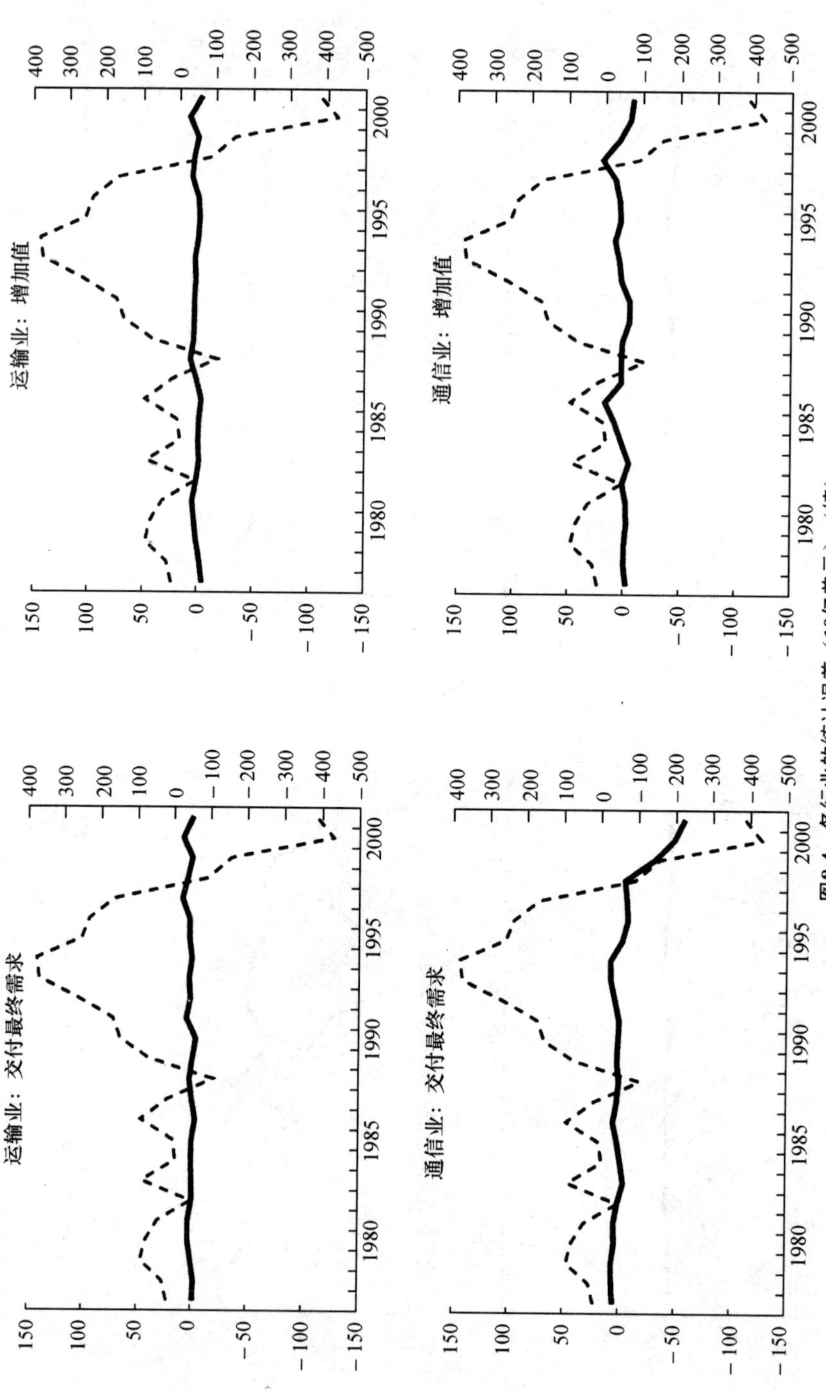

图8.4 各行业的统计误差（10亿美元）（续）

注：实线代表行业误差，虚线代表总误差。

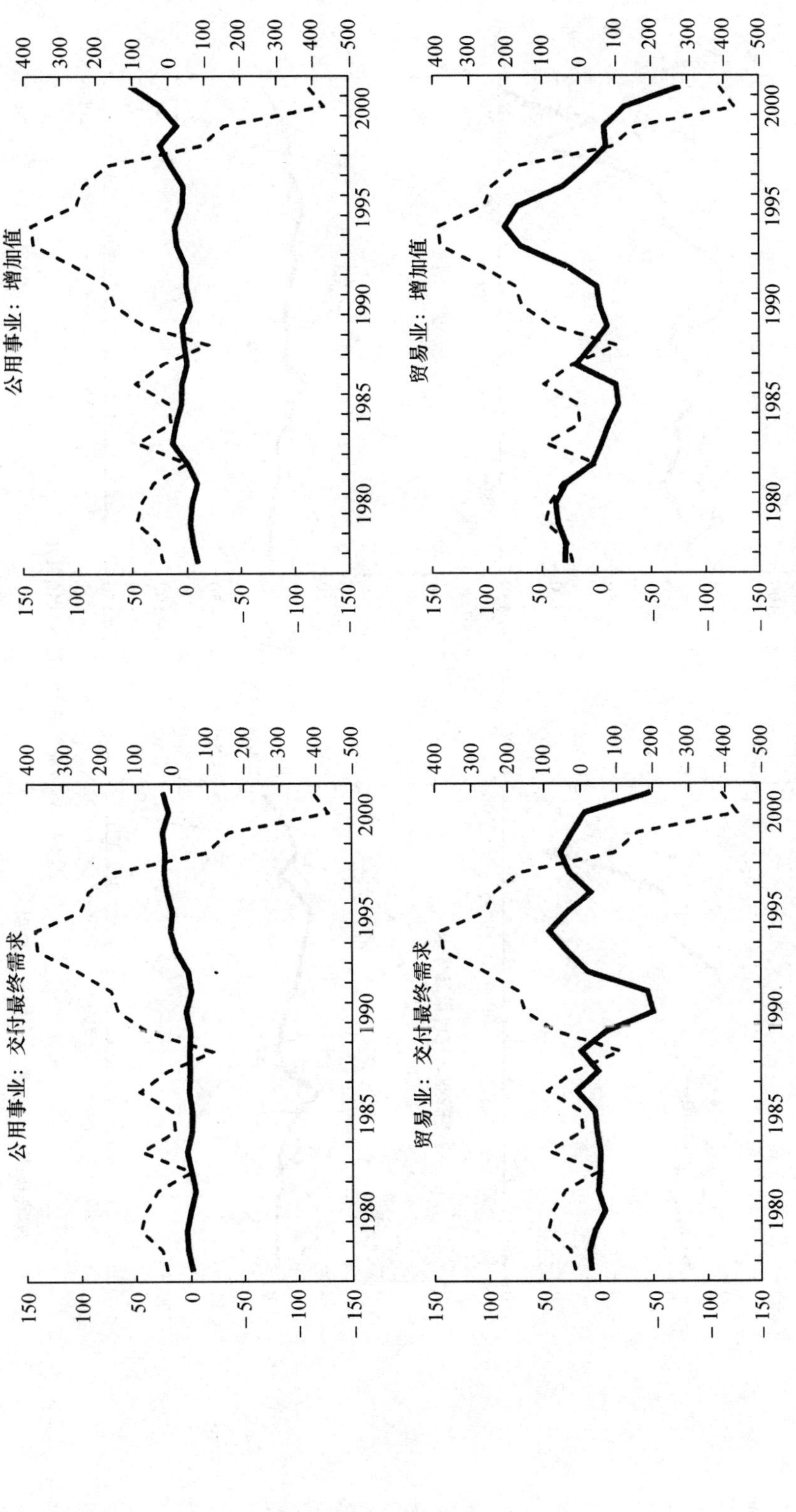

图8.4　各行业的统计误差（10亿美元）（续）

注：实线代表行业误差，虚线代表总误差。

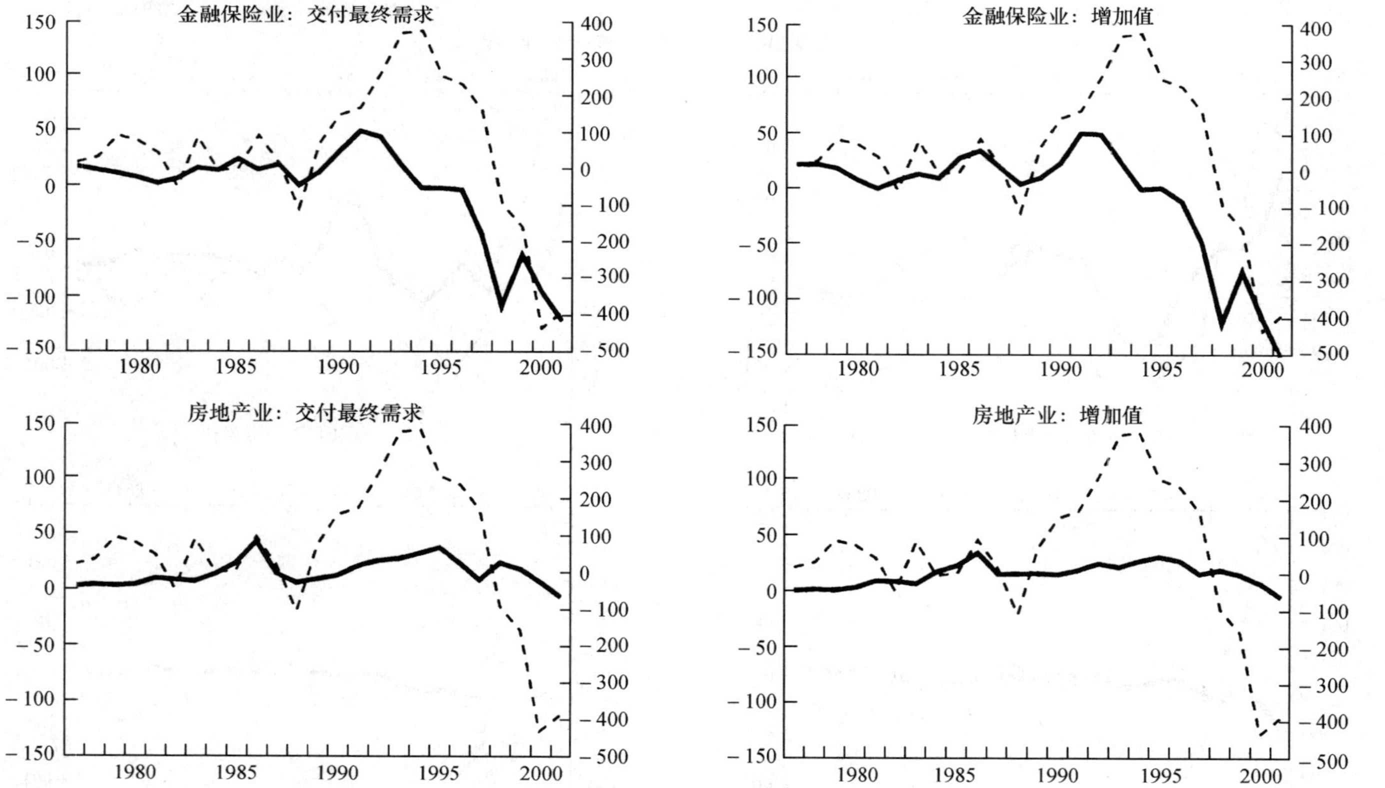

图8.4 各行业的统计误差（**10**亿美元）（续）

注：实线代表行业误差，虚线代表总误差。

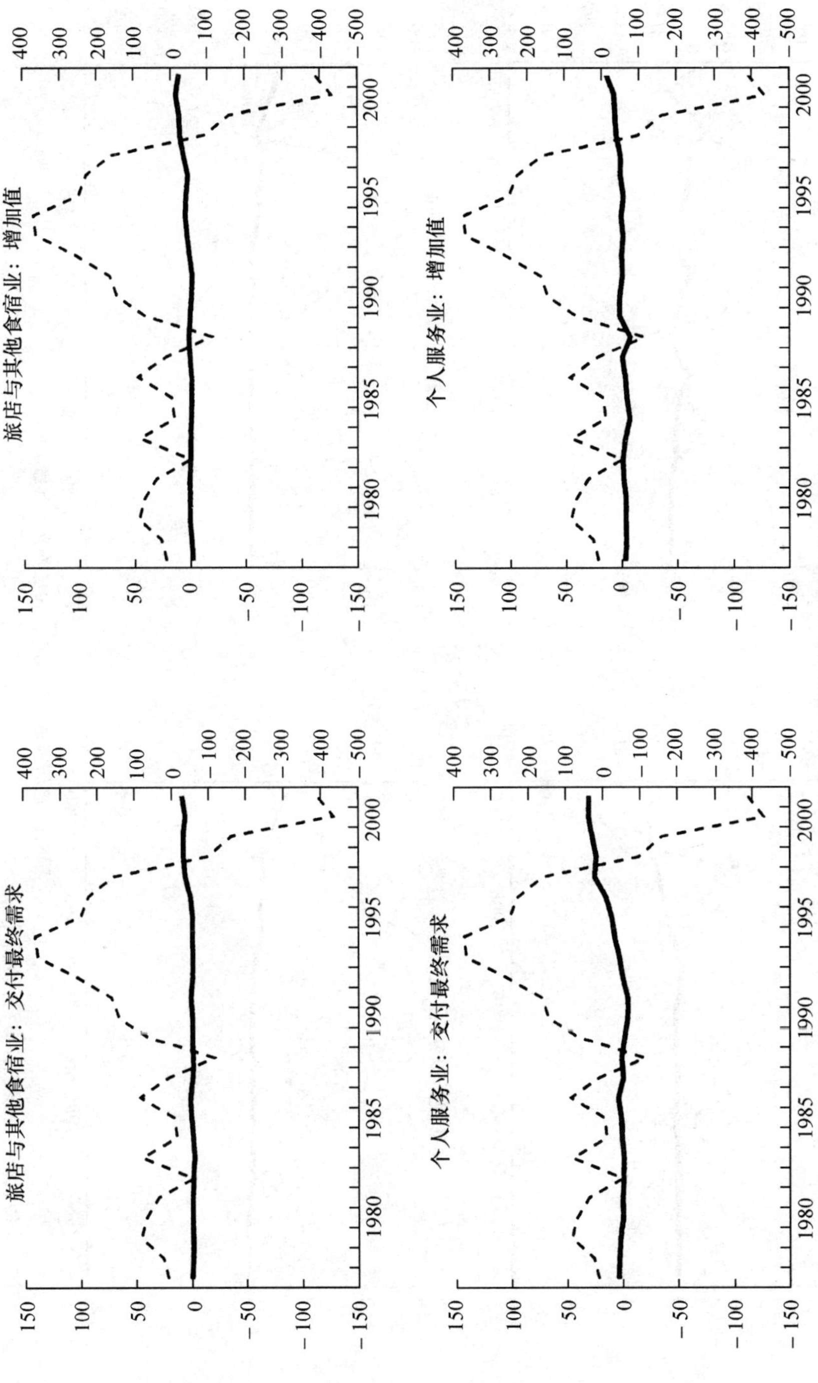

图8.4　各行业的统计误差（**10**亿美元）（续）

注：实线代表行业误差，虚线代表总误差。

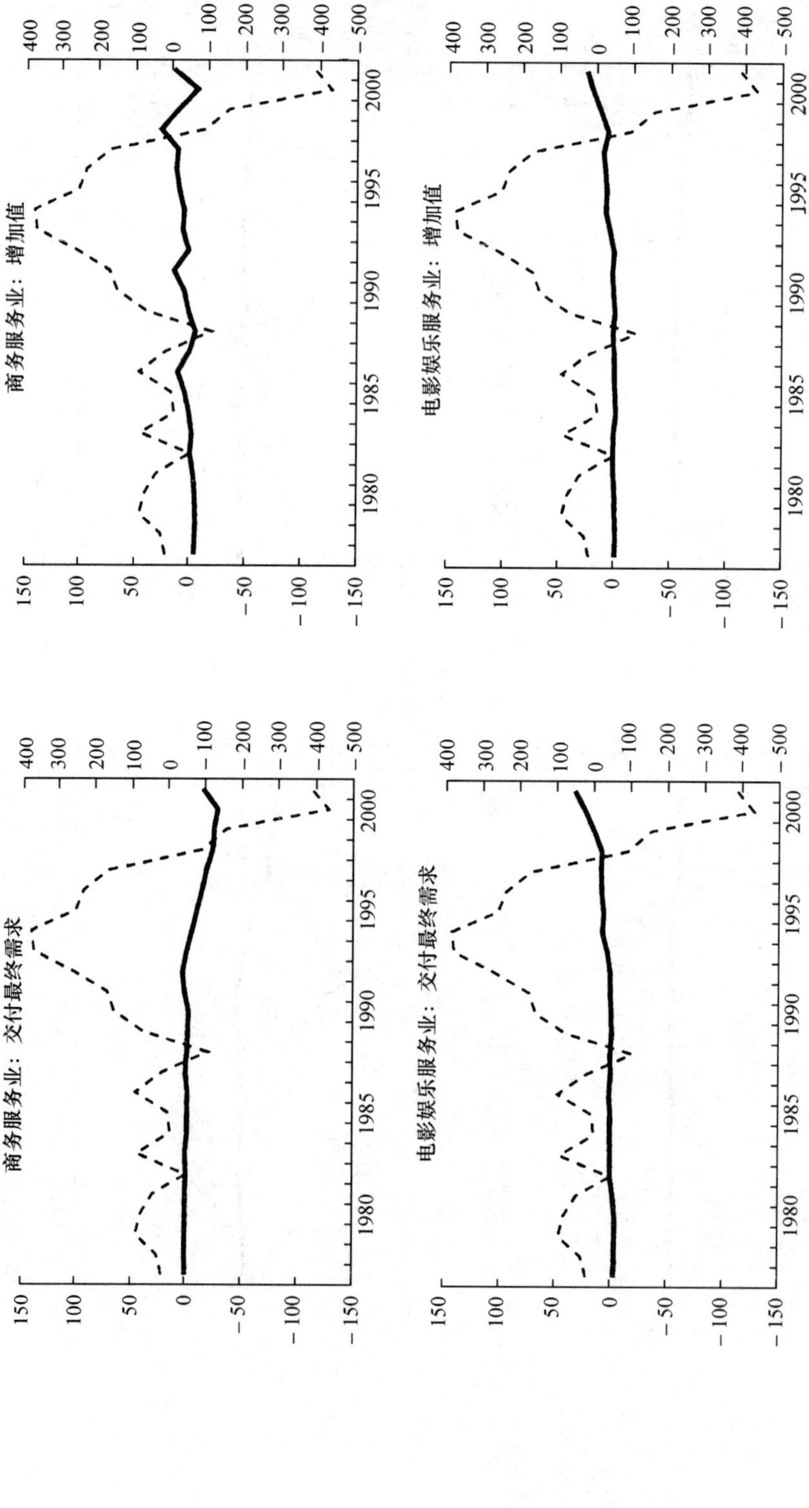

图 8.4 各行业的统计误差（10亿美元）（续）

注：实线代表行业误差，虚线代表总误差。

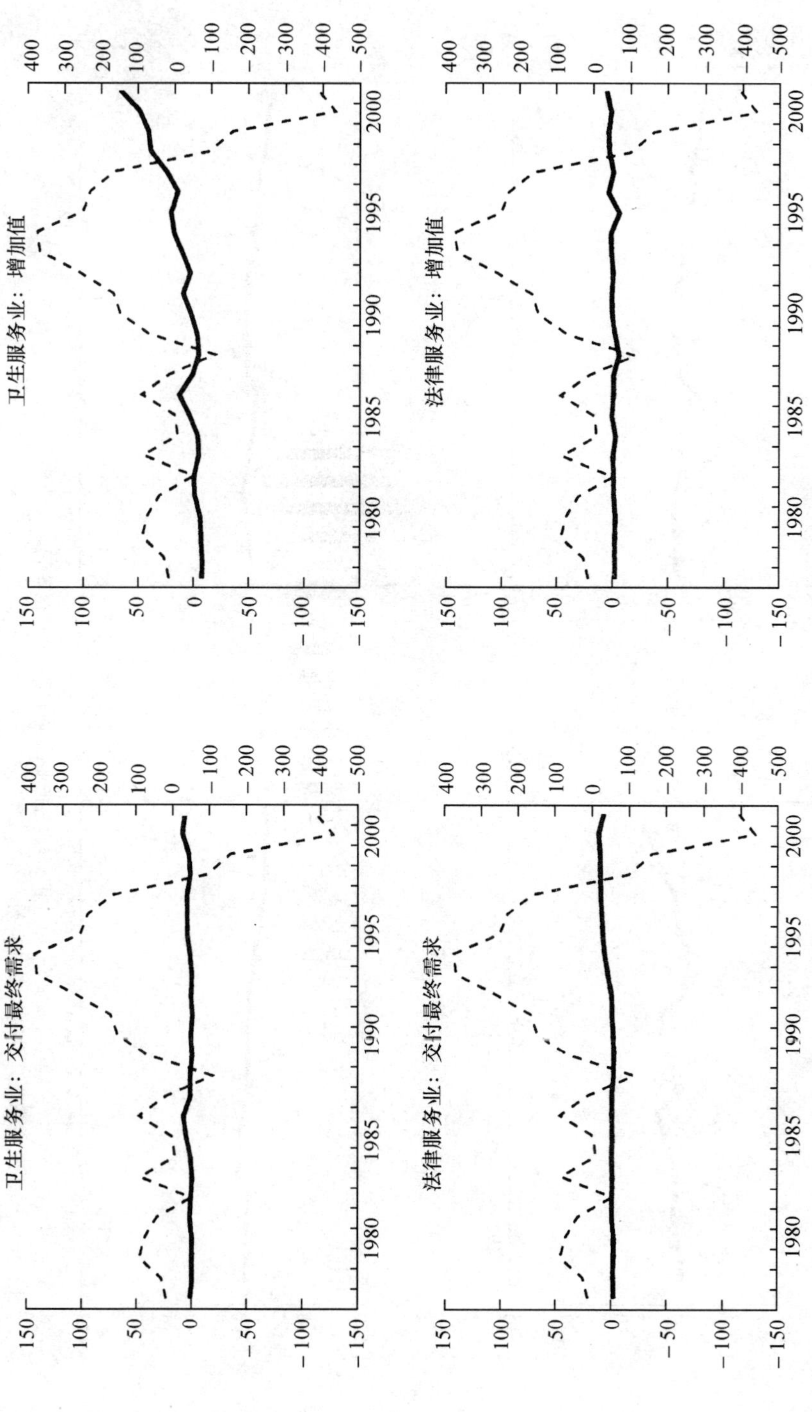

图 8.4　各行业的统计误差（10亿美元）（续）

注：实线代表行业误差，虚线代表总误差。

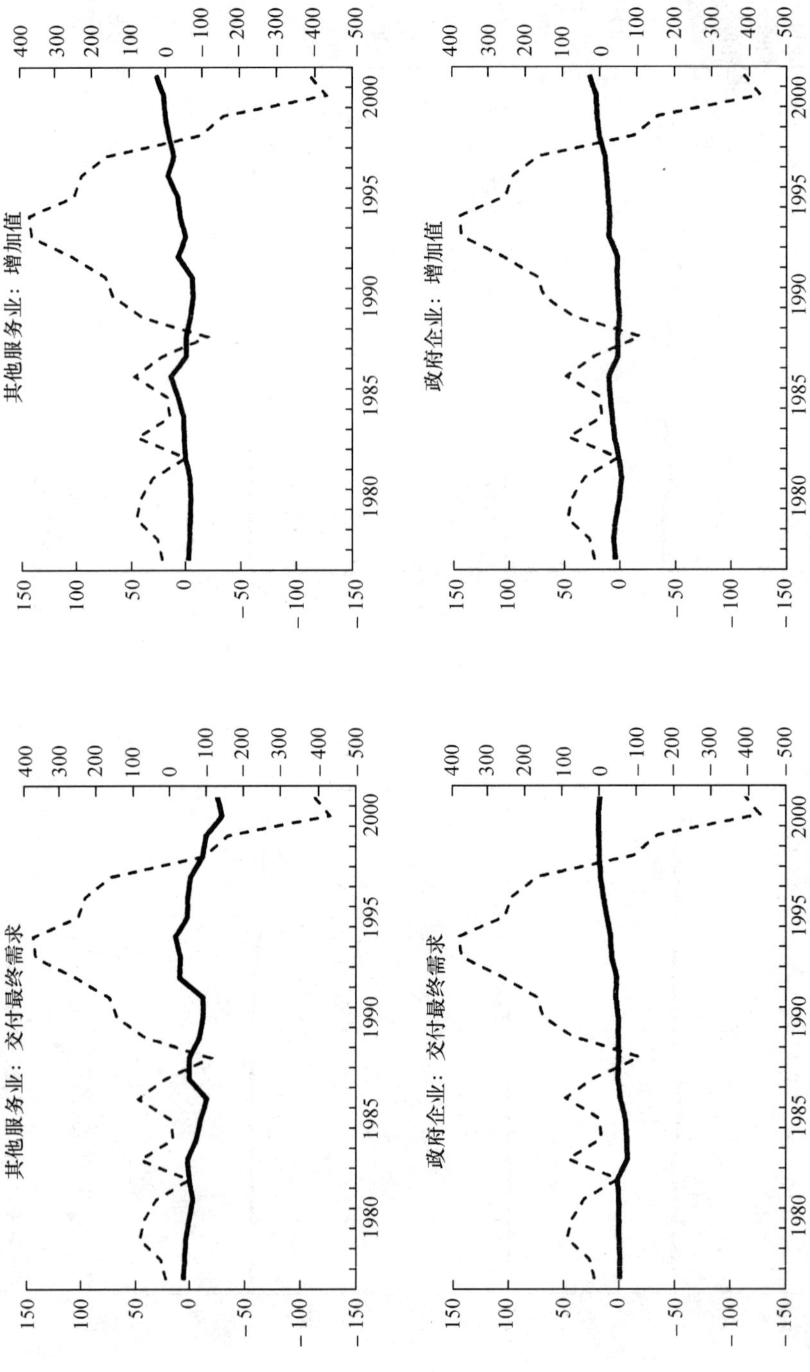

图8.4 各行业的统计误差（**10**亿美元）（续）

注：实线代表行业误差，虚线代表总误差。

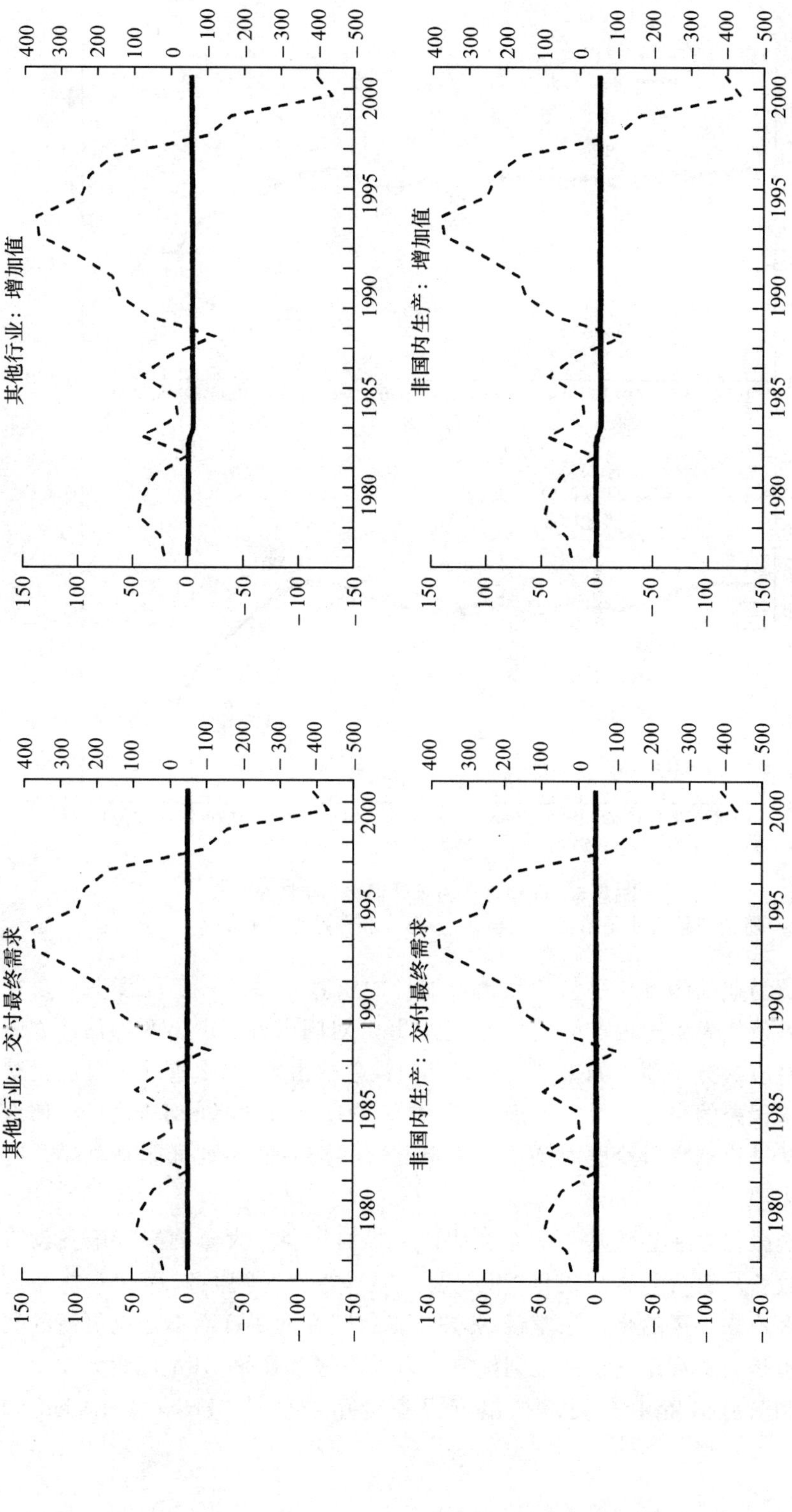

图8.4　各行业的统计误差（10亿美元）（续）

注：实线代表行业误差，虚线代表总误差。

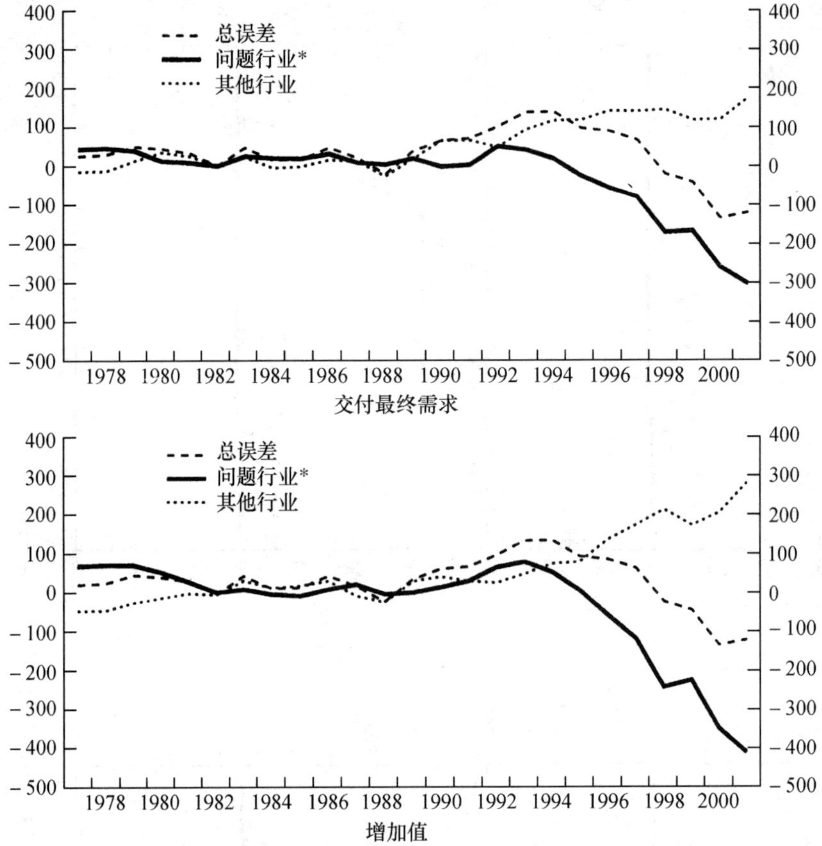

图 8.5 问题行业的统计误差(10 亿美元)

* 所谓问题行业是指机械仪器业、贸易业和金融保险业。

贸易业的困难似乎与产品销售加价的核算有关。一定程度上可以视这些差值代表了国内产品的加价,它就是针对国内行业产出两种估计之间差值对应的抵消项。如果这是贸易部门误差的由来,那么它就不可能是整体经济误差的来源。另一方面,如果差值来自进口产品的不同加价,那么按照从进口到交付给国内购买者来追溯这些产品的困难可能是总误差的一种来源。

金融保险业显然是一个充满估计困难的行业。大量的银行服务没有明确收费。银行向客户提供“开支票不额外收费”等服务,因为它能通过贷出客户账户里的余额来赚钱;客户选择将钱存入银行而不是以更高的利
340 率贷出是为了利用支票的便利优势。为说明这些服务,BEA 已大大改善了 PCE 和政府消费中有关虚拟银行服务费用的估计(Fixler, Reinsdorf 和

Smith,2003),但是,这些服务在最终需求与中间投入上的划分可能仍是不精确的。保险服务的核算同样困难。保险业也有虚拟中间服务这一同样的问题。此外,只有支付了索赔之后,保险服务的真实价值才能实现;而保险业总有连续不断的服务流量。长期来看,收到的保费与支付的索赔之差等于提供的服务。如何估计这些服务在时间上的变化是一个棘手的问题;在最新版本中,BEA 同样已经改进了对财产意外保险最终需求交付的估计(Chen 和 Fixler,2003)。从收入方来讲,对金融保险业资本收益的调整比其他行业必然要困难得多。另一个更大的困难,可能是那些同时拥有经营金融业与制造业基层单位的大公司如何进行利润分摊,如通用电气公司、通用汽车公司和福特公司等。 341

还有一些其他行业显示出某些与总误差无关的重要差异。自 1995 年以来,在化工、冶炼、橡胶和塑料业,相对于控制为收入方总量的交付估计值而言,控制为支出方总量的最终需求交付值呈现出急剧上升态势,而通信业的情况则正好相反。在同一时期,采矿业与卫生服务业的增加值统计误差快速增长,正好抵消了问题行业部分统计误差的急剧下降。

图 8.6 绘制了按主要支出类别划分的最终需求总交付估计值上的差异。如图所示,很明显,20 世纪 90 年代上半期,总误差的增长基本上来自 PCE;随后大部分总误差的下降也在 PCE 中得到了反映。但是,在同一时期,由于机械仪器业的问题,私人固定投资的统计误差也趋于下降。2001 年,私人固定投资误差有一个反常的突升。其中的大部分误差也是来自机械仪器业,但有大约 100 亿美元的上升来自商务服务业——包括软件制造商。就其本身而论,2000 年后高科技行业的减速,在按收入估计值控制的数据中比按支出估计值控制的数据中显得更为强烈。

8.4　数据的最优组合

与前一节的应用相反,现在我们考虑如何选择调整参数,以便容许各行业增加值和最终需求数据同时偏离它们的初始估计值。这种应用是要寻找一组调整参数——提供一组考虑了基于理想经济性质度量的最优结果的参数。我们考虑的相关经济特质有:

- 资本报酬的平均化。
- 全要素生产率冲击的正交性。
- 中间投入模块的稳定性。

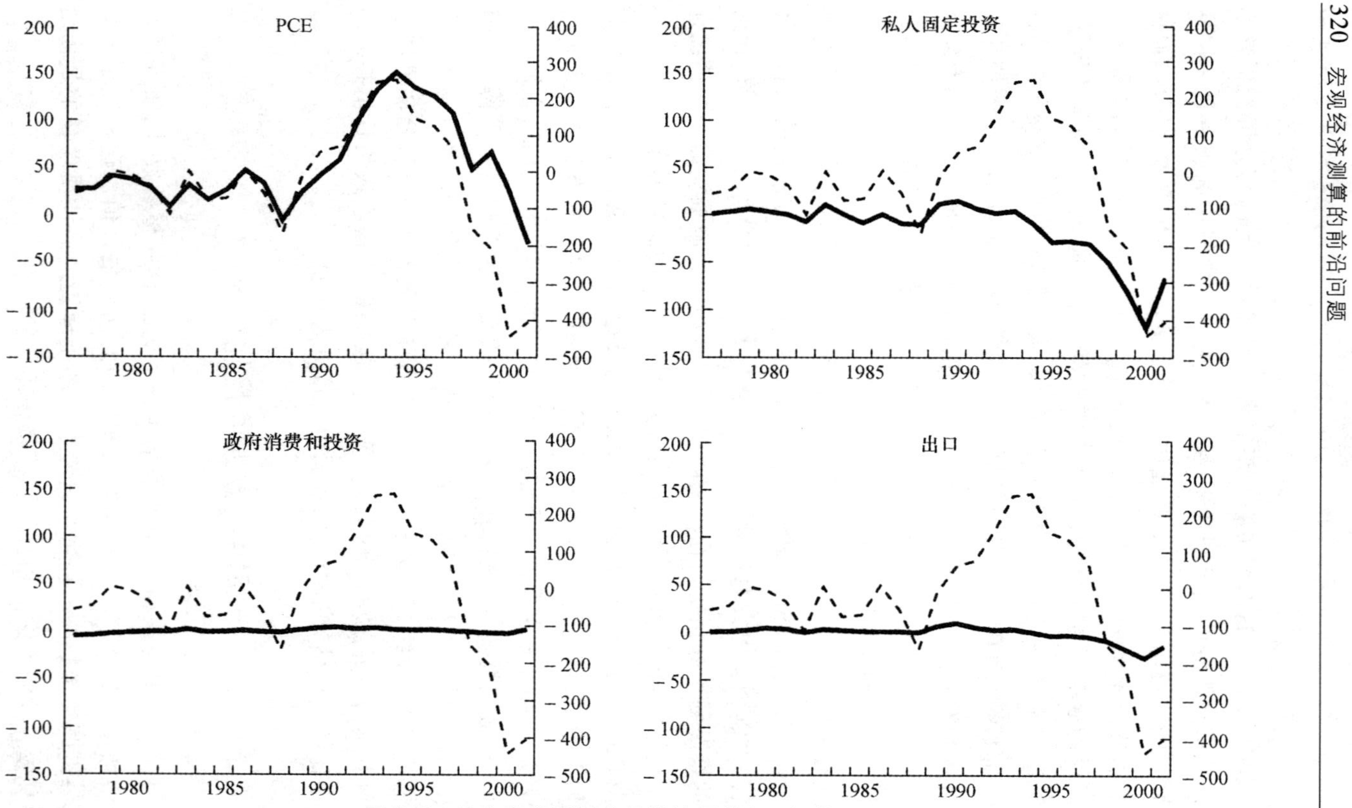

图 8.6　按支出类别划分的统计误差(10 亿美元)

注:实线表示本类别支出误差,虚线表示总误差。存货之差每年都小于 10 亿美元,进口之差限制为零。

我们的策略是，在调整参数$\{\sigma^F, \sigma^V\}$的不同假设下，估计出一系列一致的、整合的数据。针对用一组特定调整参数整合而成的 I-O 系统，我们对每一种特质计算一个统计量来评估这些估计值的表现。具有最接近其理论值的统计量的 I-O 系统被认为是最优的。 343

下面对这些估计过程的描述是从对理想的经济特质提供直观解释开始的，但我们并不能从最初的原理中直接推导出这些理想特质。相反，这些估计过程是为了表示，那些用来从基本统计资料中构造经济数据的方法选择，是可以以经济理论为基础的。此外，这些计算是利用现成数据来实施的。我们还就未来研究中如何通过实证应用对这些计算进行改善提出了一些建议。

8.4.1　资本报酬的平均化

应该使各行业资本报酬均等的想法是易于理解的。简单套利要求低于平均报酬的行业将资本出售给那些高于平均报酬的行业，以从事更有利可图的活动。当然，如果由于调整成本、弹性—粘性（putty-clay）技术或资本的准固定性，资本不能立即流动，则简单套利论据就不成立了。计算过程中我们不会估计平均化的资本报酬，因为，要解释部门间资本报酬的变异，除了误测以外，我们必须提供更多的东西。尽管如此，数据误测可能会拓宽报酬的分布；变异最小的估计值就代表支出方和收入方数据在此标准下的一个最优组合。

为观测每一个经整合的估计值的性能，我们计算了每年的资本报酬。这要把"政府企业"、"其他行业（即通常不便于分类的杂项）"、"非国内生产"排除在外，因为这些部门不符合利润最大化行为假定。我们计算了每年各行业报酬的方差，并将 1977—2001 年的方差进行了平均。

资本报酬被定义为资本收入除以财富存量估计值。资本收入等于增加值减各种类型的劳动报酬支付，再减生产和进口方面的非资本税，再加上政府补贴。这些数据由分行业 GDP 数据改编而成，来自 Bartelsman 和 Beaulieu（2004）。要对报酬进行调整，以包括自雇者的虚拟劳动收入；和 NIPAs 的测度一样，这些收入原来属于业主收入。[7] 非资本生产税大部分由销售税组成。直接用劳动报酬、税、补贴数据做加减调整，其假定是所支付的这些收入组成部分都未被误测。劳动报酬数据，至少雇员报酬数据，可能确实比利润、利息和业主收入的测度更准确；但是，认为收入的所有 344

⑦　BLS 在其生产率和成本估计值中进行了同样的调整。

误测都来自资本收入，这种观点只是一个并未深入研究的前提假设。

财富存量估计值是在 BEA 按行业和按资产类型划分的投资明细估计值基础上计算的。财富存量利用与 Bartelsman 和 Beaulieu(2004)中使用的寿命效率表一致的适当公式(Hulten,1990)计算。如果私人固定投资支付估计值不同于与作为 BEA 明细数据基础的 NIPAs 原始估计值，就要根据总投资的每一个投入产出估计值，对 BEA 投资数据进行调整。

未来工作中将从三个方面对这一计算进行改善。最困难的改进应该是提供一些反映行业间在无形资产投资方面的差别的指标，这是无法从官方数据中得到的。显然，较高的隐含报酬率——例如在电影娱乐服务部门——可以反映无形资产的报酬。以研发(R&D)支出和广告支出为基础，可建立行业间无形资产投资差异的替代指标。另外，所需要的风险溢价在各行业间会有不同，这既反映了报酬在时间序列变动方面的差异，也反映了行业内部各公司在信誉方面的不同。研究各行业上市公司的平均债券收益率和股本收益率，然后估计各行业上市公司产出、其他公司产出和非公司部门产出各自所占的比例，即可以计算出代表各行业行业风险溢价的指标。

最后，第三个方法可能改善我们计算中使用的资本报酬率。现在我们的计算是对每一行业都用资本收入除以财富存量。隐含报酬率等于每种资产的使用者成本乘以该种资产存量之后的加总。它与我们粗糙的估计不同，因为它考虑了各行业和各种资产在折旧率、预期资本收益和税收上的差异。

8.4.2 改进全要素生产率的正交性

GDP 的波动是由各行业共有的生产率冲击造成的，该观点是实际经济周期理论的中心内容。该理论的反对者普遍认为，要引起经济周期波动，冲击总量必须难以置信地大才行；而该类冲击总量的某些来源，如天气，在量上看起来却是微不足道的。将各种特定冲击简单加总，可以得到一个不
345 会正好等于零的生产率冲击总量，但是根据大数法则，这个总量太小了，除非特定部门的冲击足够大。⑧

上述对实际经济周期模型的反驳，实质上是认为各行业之全要素生产率(TFP)增长率之间应该是不相关的。但是，由于测量误差，即使实际中

⑧ Horvath(2000)指出，大数法则必须通过经济的 I-O 结构来增加。如果 I-O 表比较粗略，那大数法则的应用率将会大大低于通常假定的情况。

是正交的，TFP 增长率也可能相关。如果在将固定总量在行业间分配时存在一个分配误差，则测量误差就可能是相关的。如果测量误差对行业的影响是不同的，并且这一影响以某种方式与经济周期相联系——无论取决于产出是产品还是服务——则误测也可能产生相关性。

经济学家们已经检验了行业生产率冲击是否存在公因子（Lebow，1990；Forini 和 Reichlin，1998）。在此我们反其道而行之：我们假定公因子很小，并寻找能得到一套尽可能正交的 TFP 增长率的数据组合。为测度 TFP 增长率的正交性，我们将 TFP 增长率用致力于减少主成分个数的线性方程模型来表示。最大的几个标准化特征值之和是相应主成分所解释变动百分比的指标；该指标越小，TFP 增长率之间越不相关。⑨

行业 TFP 的估计值，是将实际总产出作为资本服务、劳动时间、实际中间投入的函数来建模，利用通常的 Divisia 指数公式来计算的。总产出的缩减指数来自 BEA 分行业 GDP 数据库，也就是 Bartelsman 和 Beaulieu（2004）所使用的。同一总产出平减指数还被用来生成中间投入使用的缩减指数。时间和资本服务的行业数据也来自 Bartelsman 和 Beaulieu，但根据商业性固定投资与交付总量估计值的差别（如 8.4.1 小节所述）对建立在投资流量基础上的资本服务进行了调整。

8.4.3　中间投入的稳定性

文献普遍认为 I-O 表的系数应该是稳定的。毕竟，这些系数代表了一个经济体由于“技术进步、自然资源耗竭或消费者品位变化”而缓慢演进的结构与技术；经济结构的稳定性是与最终需求相比较而言的，而最终需求却不太稳定（Leontief，1953）。随即出现的问题是，I-O 系数的稳定性应 346
该用名义数据还是实际估计值来衡量（参见 Sawyer（1992）以及其中的参考文献），相对于供给行业总产出或需求行业总产出，中间投入模块的数值是否是固定不变的。De Mesnard（2002）利用按供给行业分开的中间投入模块各单元与按需求行业分开的中间投入模块各单元的数值进行比较，显示其相对稳定性，以此作为判断一个行业是“供给导向型”还是“需求导向型”的衡量指标。

对 I-O 系统的每一个估计值而言，我们分别进行了四种不同的计算：两种使用名义数据，两种使用实际数据，实际数据是用 Bartelsman 和 Beau-

---

⑨　我们将具有 24 年数据的 21 个序列放在一起进行比较，所以正交性的测度非常困难。如果数据库的年份数与序列个数之间高度相关，我们就可以选择一种更简单的测度，如交叉相关矩阵的行列式。

lieu(2004)的总产出缩减指数去除 I-O 表的各行得到的。在使用缩减后的估计值时,我们忽略了使用链式总量比率去缩减数据时所涉及的那些复杂问题(Whelan,2000)。假定 $\boldsymbol{D}(\boldsymbol{Y})$ 表示主对角线元素为总产出向量 $\boldsymbol{Y}$、其他元素为零的一个方阵,$\boldsymbol{I}$ 是中间投入,由此可定义分配系数和技术系数如下:

$$\text{分配系数}:\boldsymbol{A}_t = \boldsymbol{D}(\boldsymbol{Y}_t)^{-1}\cdot \boldsymbol{I}_t,$$

$$\text{技术系数}:\boldsymbol{T}_t = \boldsymbol{I}_t\cdot \boldsymbol{D}(\boldsymbol{Y}_t)^{-1}.$$

接着我们计算各个时间 $\boldsymbol{A}_t$ 和 $\boldsymbol{T}_t$ 中每个单元格的标准差,然后将这些标准差进行加权平均,从而把此矩阵变为一个统计量,其中权重等于不同时间 $\boldsymbol{I}$ 矩阵中每个单元格绝对值的平均值。

8.4.4 结果

图 8.7 描绘了这些应用的结果。每张图的横轴是 $\{\sigma^F,\sigma^V\}$ 的取值,上面是 σ^F,下面是 σ^V。还计算了其他两种综合 I-O 系统,表示为 $\{0,\infty\}$ 和 $\{\infty,0\}$。第一个系统,$\{0,\infty\}$,是在不考虑 $\boldsymbol{V}$ 的初始值的情况下,将向量 $\boldsymbol{Y}-\boldsymbol{F}$ 分摊到 $\boldsymbol{I}$ 各列初始估计值中而计算得到的;根据增加值恒等式,$\boldsymbol{V}$ 是作为余值计算出来的。第二个系统,$\{\infty,0\}$,是在忽略 $\boldsymbol{F}$ 的初始值的情况下,将向量 $\boldsymbol{Y}'-\boldsymbol{V}$ 分摊到 $\boldsymbol{I}$ 各行初始估计值中而计算得到的,$\boldsymbol{F}$ 的结果值是根据总产出恒等式计算的。[10]

左上图是资本报酬的截面平均标准差。除 $\{0,\infty\}$ 的估计值外,资本报酬变异在 37.3 至 43.3 之间变化。最小值 37.38 是在 $\{0.7,0.3\}$,但对应 $\{0,0.5\}$ 的 37.44 也相当接近于最小值。在这一点上,以 GDI 数据作为控制($\sigma^V=0$)的数据中没有一个表现得比较好。

348 右上图是最大主成分和最大的三个主成分所能解释的 TFP 增长率变动百分比。最大主成分大约能解释 36% 至 41% 的 TFP 增长率截面变动,在计算出来的综合数据库中,$\{0,\infty\}$ 情况下的解释比例最小。但是,仅用一个主成分来测度正交性可能限制性太强,因此我们也显示了利用最大的三个主成分的结果。此时,$\{0,\infty\}$ 表现最差,而 $\{0.8,0.2\}$ 的 60.25% 是最大三个主成分所能解释变动的最小值。将主成分个数上升为 4 个或 5 个,不会改变上述结果,而且增加更多的主成分得到的统计数据在数据库间的变动很小。

---

⑩ 使用上述符号,j 是符合 $(\bar{\boldsymbol{I}})$:$\boldsymbol{I}\{0,\infty\}=\boldsymbol{D}(\bar{\boldsymbol{Y}}-\bar{\boldsymbol{F}})\cdot\boldsymbol{D}(\bar{\boldsymbol{I}}j)^{-1}\bar{\boldsymbol{I}}$ 和 $\boldsymbol{I}\{\infty,0\}=\bar{\boldsymbol{I}}\cdot\boldsymbol{D}(\bar{\boldsymbol{I}}'j)^{-1}\cdot\boldsymbol{D}(\bar{\boldsymbol{Y}}-\bar{\boldsymbol{Y}}')$ 的一个向量。

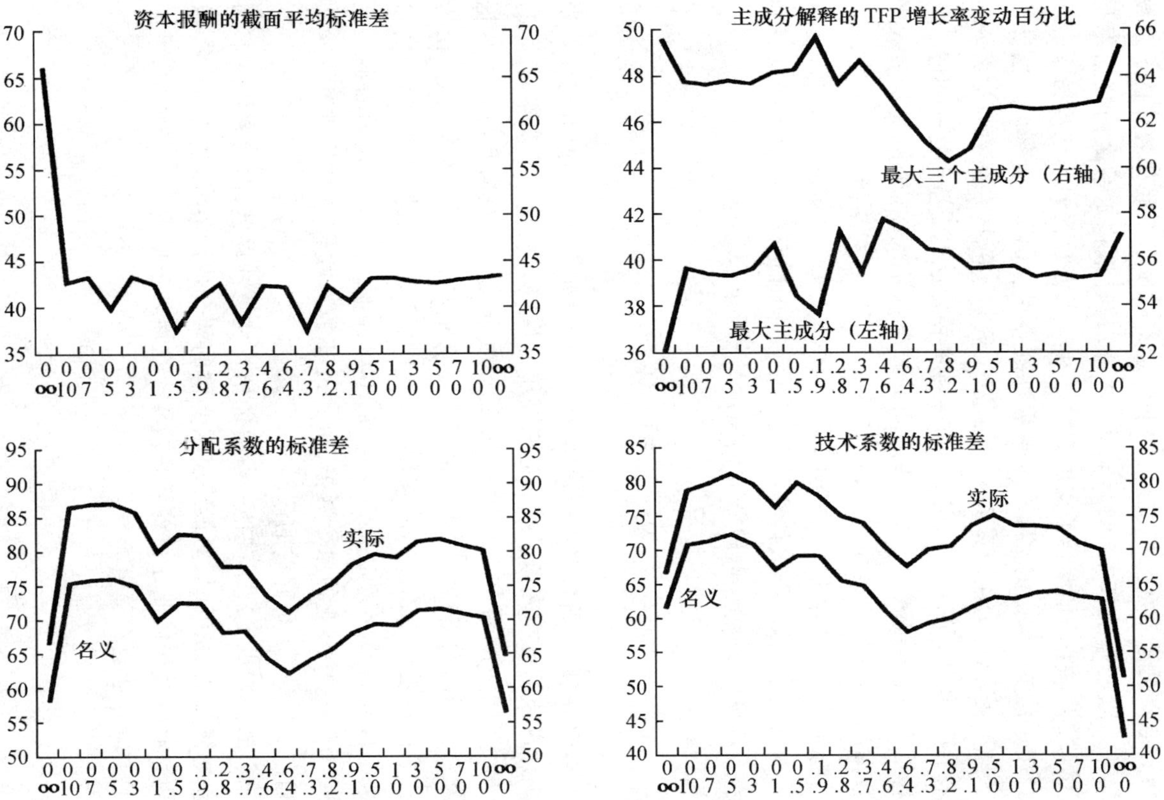

图 8.7　投入—产出系统与经济理论的比较

注：横轴所示为最终需求的调整参数（上一行）和增加值的调整参数（下一行）。

下方的两张图显示了表现 I-O 系数稳定性的结果。左下图是实际分配系数和名义分配系数的标准差，右下图是实际技术系数和名义技术系数的标准差。除两端的{0,∞}和{∞,0}之外，具有最稳定系数的数据库是{0.6,0.4}，大致平均地混合了支出方数据和收入方数据的其他数据库表现也相对较好。在所构造的实际技术系数标准差里，{0,∞}和{∞,0}估计值产生了最小变异，因为在计算 $\boldsymbol{I}$ 的初始值时，假定实际技术系数为常数。名义技术系数、名义分配系数和实际分配系数的稳定性也受益于这一构造。

将结果放在一起来看，数据库之间的差异并不大，如果按调整参数来排列数据库，则有些结果的变化并不平稳。但是，它们均指向同一个方向：在三种标准下，不以等于 GDP 或 GDI 作为总量控制、由支出方和收入方混合信息构造出来的数据库，得到了表现最好的估计值。结果似乎稍微有利于收入方数据，这与 Weale(1992)的结论是相呼应的。

8.5　结　　论

本章中，我们用各行业最终需求交付估计值和各行业增加值估计值来研究统计误差的可能来源。从看起来与统计误差有关的机械仪器业、贸易业、金融保险业的产品和服务生产中，我们发现支出方数据和收入方数据意味着两种不同的路径。对生产率近期走势的估计而言，重要的是，由于
349 对包括了高科技行业的部门的误测，相对于由支出方数据估计来说，由收入方数据得到的私人固定投资变化在 2001 年存在一个异常的差额。至少，继续研究这些行业的原始数据，考察改善数据收集是否有助于使这些误差趋向一致，应该是有益的。

我们的分析也发现了其他一些可能值得注意的误差，即使它们并非与总误差始终相关。在我们对最终需求交付的两个估计值中，化工、冶炼、橡胶和塑料业以及通信业存在着某些差异。在增加值的两个估计值中，采矿业与卫生服务业也有显著差异。

大部分统计误差显示在 PCE 中，但机械仪器业的问题也影响了私人固定投资的统计误差。

作为分析的必要步骤，我们生成了一套包括行业总产出、最终需求交付、中间使用和增加值的一致的综合估计值。我们也给出了一系列估计值，并提供了一些方法来判断应该如何组合它们。应该使用某些支出方数据和收入方数据的组合，其中 GDI 数据的权重可能比 GDP 数据的权重要大一些。

如果 BEA 没有生成它现在大量提供的种种数据，我们不可能写出这一章。除 NIPAs、分行业 GDP 数据、公开发布的 I-O 表提供的信息外，也不应忽

视 BEA 所提供的各种估计值的重要性，如基本支出明细表、按行业和按资产类型划分的投资估计值，研究者可在 BEA 的网站上获得这些数据。当然，如果 BEA 不是针对国内生产公布了两个估计值，则毫无必要写这篇文章；有些国家通过平衡来自支出方与收入方数据的信息，仅给出一个估计值。如果 BEA 仅给出国内生产的一个估计值，则只有 BEA 才能进行本章所做的这种辨析式分析。

尽管“拿着两块表的人从不清楚时间”，但拿着一块表的人，可能无法知道他的表是否慢了甚至停止了。我们看到的此谚语的英语版的开头是“可能拥有太多……”；作为经济学家，我们知道这不正确——特别是对数据来说。当高科技产品的生产和投资推动了更高的潜在 GDP 增长率时，决策者从经济转型的收入方估计中发现了重要线索（Jorgenson 和 Stiroh，2000）。

作为其战略规划的一部分，BEA 现在已公布了增加值 I-O 账户与分行业 GDP 账户的整合结果。这些整合数据加总起来是 GDP（Lawson 等，本书第 6 章），他们以此取代了以前加总起来为 GDI 的分行业 GDP 数据。一个包含各行业总产出、增加值、最终需求交付的公开、一致、综合的数据库当 350
然是有用的，但这是有代价的。由于现在的数据汇总后是 GDP 而不是 GDI，因此新的分行业 GDP 数据与原有数据是不一致的。

人人希望他人能用自己的预算寻找资源提供更多的数据。幸运的是，BEA 已经公布了开发一套汇总后为 GDI 的行业增加值估计值所必需的许多数据。在 NIPAs 的第 6 部分——各行业收入和就业，BEA 提供了各行业支付的各种收入组成部分的相关数据。如前所述，直接使用这些数据的问题在于，有些数据是在企业基础上而不是在基层单位基础上组织起来的。但是，如果 BEA 在其网站上公布了用于将基于企业的数据转换为基于基层单位的数据的各个要素——为了编制综合账户，BEA 将不得不内部开发这些东西——研究团体就可以及时开发出第二套一致的数据库，并用它们来监测和研究未来的数据误差。

附　　录

表　8A.1

行业	SIC 87	描述
农业	01—09	农业、农业服务、林业、渔业、狩猎、诱捕
采矿业	10—14	金属开采、煤炭开采、石油和天然气开采、矿物开采

（续表）

行业	SIC 87	描述
建筑业	15—17	建筑业
木材、家具、造纸和印刷业	24—27	木材、家具、纸制品和印刷业制造
初级耐用品制造业	32—34	石头、石灰和玻璃、初级金属、金属制品制造
机械仪器业	35—36，38—39	机械、电力机械、仪器和杂项制品制造，其中包括计算机、通信设备和半导体
运输设备业	37	汽车及汽车零部件、飞机及飞机零部件、其他运输设备
食品烟草业	20—21	食品、饮料和烟草制造
纺织、服装和皮革业	22—23，31	纺织、服装、皮革制造
化工、冶炼、橡胶和塑料业	28—30	化工、石油炼制、橡胶和塑料制造
运输业	40—42，44—47	货车运输、水路、铁路及航空运输、仓储、管道运输（天然气除外）、运输服务
通信业	48	电话电报、收音机、电视机以及其他通信服务
公用事业	49pt	电力、天然气、水和公用清洁服务，不包括田纳西河流域管理局（TVA）及博纳维尔电厂（Bonneille）等政府企业
贸易业	50—59	批发和零售贸易
金融保险业	60—64，67	储蓄和非储蓄机构、券商、保险代理机构、控股公司
房地产业	65	房地产，不包括自有住宅虚拟收入和非营利资本的租金[a]
旅店与其他食宿业	70	旅店与其他食宿
个人服务业	72，75—76	个人服务、汽车修理服务、停车、杂项修理服务
商务服务业	73	商务服务，包括软件和数据处理
电影娱乐服务业	78—79	电影、休闲娱乐服务
卫生服务业	80	卫生服务
法律服务业	81	法律服务
其他服务业	82—84，86—87，89	社会服务，博物馆、成员组织、工程、核算、研究和管理服务、杂项服务
政府企业	43，49pt，其他	联邦、州、地方政府企业，包括邮政服务、TVA 和博纳维尔电厂
其他行业	88，其他	私人住宅、自有住宅、一般政府
非国内生产	—	进口、二手产品、废料

a 根据各行业非营利活动估计值，将非营利性资本设备和建筑物的租金分配给各个行业。

参考文献

Bacharach, Michael. 1970. *Biproportional matrices and input-output change.* Cambridge, UK: Cambridge University Press.

Baker, Dean. 1998. The new economy does not lurk in the statistical discrepancy. Challenge 41 (4): 5–13.

Bartelsman, Eric J., and J. Joseph Beaulieu. 2003. Techniques to reconcile data with linear constraints. Washington, DC: Board of Governors of the Federal Reserve System. Mimeograph, January.

———. 2004. A consistent accounting of U.S. productivity growth. FEDS Working Paper no. 2004-55. Washington, DC: Board of Governors of the Federal Reserve System, October.

Bishop, Y. M., S. E. Fienberg, and P. W. Holland. 1975. *Discrete multivariate analysis: Theory and practice.* Cambridge, MA: MIT Press.

Bosworth, Barry P., and Jack E. Triplett. 2003. Services productivity in the United States: Griliches' services volume revisited. Washington, DC: The Brookings Institution. Mimeograph, September. Available at http://www.brookings.org/views/papers/bosworth/20030919.htm.

Chen, Baoline, and Dennis J. Fixler. 2003. Measuring the services of property-casualty insurance in the NIPAs: Changes in concepts and methods. *Survey of Current Business* 83 (10): 10–25.

Congressional Budget Office (CBO). 2003. CBO's economic forecasting record: An evaluation of the economic forecasts CBO made from January 1976 through January 2001. Available at http://www.cbo.gov/showdoc.cfm?index=4639&sequence=0.

Council of Economic Advisers. 1997. Economic report of the president. Washington, DC: Government Printing Office.

De Mesnard, Louis. 2002. Forecast output coincidence and biproportion: Two criteria to determine the orientation of an economy; Comparison for France (1980–1997). *Applied Economics* 34:2085–2091.

Dean, Edwin R., Michael J. Harper, and Phyllis F. Otto. 1995. Improvements to the quarterly productivity measures. *Monthly Labor Review* 118 (10): 27–32.

Edelstone, Marc, Louis Gerhardy, Harlan Sur, Steven Pelayo, and Jay Iyer. 2003. Transition to 300-mm wafers should drive secular changes. Equity research. New York: Morgan Stanley, December.

Fixler, Dennis J., Marshall B. Reinsdorf, and George M. Smith. 2003. Measuring the services of commercial banks in the NIPAs: Changes in concepts and methods. *Survey of Current Business* 83 (9): 33–44.

Forini, Mario, and Lucrezia Reichlin. 1998. Let's get real: A factor analytic approach to disaggregated business cycle dynamics. *Review of Economic Studies* 65 (3): 453–473.

Greenspan, Alan. 2004. Risk and uncertainty in monetary policy. Remarks at the meeting of the American Economic Association. 3 January, San Diego, California.

Günlük-Şenesen, G., and J. M. Bates. 1988. Some experiments with methods of adjusting unbalanced data matrices. *Journal of the Royal Statistical Society* Series A (*Statistics in Society*) 151 (3): 473–490.

Horvath, Michael. 2000. Sectoral shocks and aggregate fluctuations. *Journal of Monetary Economics* 45:69–106.

Hulten, Charles R. 1990. The measurement of capital. In *Fifty years of economic measurement studies in income and wealth,* ed. Ernst R. Berndt and Jack E. Triplett, 119-152. Chicago: University of Chicago Press.

Jorgenson, Dale W., and Kevin J. Stiroh. 2000. Raising the speed limit: U.S. economic growth in the information age. *Brookings Papers on Economic Activity,* Issue no. 1:125–211.

Klein, L. R., and J. Makino. 2000. Economic interpretations of the statistical discrepancy. *Journal of Economic and Social Measurement* 26 (1): 11–29.

Lebow, David E. 1990. The covariability of productivity shocks across industries. Board of Governors of the Federal Reserve System, Economic Activity Section, Working Paper no. 104. Washington, DC: Federal Reserve.

Leontief, Wassily. 1953. *Studies in the structure of the American economy: Theoretical and empirical explorations in input-output analysis.* New York: Oxford University Press.

Moulton, Brent R. 2000. Getting the 21st century right: What's underway? *American Economic Review: Papers and Proceedings* 90 (2): 253–258.

Nordhaus, William D. 2000. New data and output concepts for understanding productivity trends. Cowles Foundation Discussion Paper no. 1286. New Haven, CT: Yale University, November. Available at http://cowles.econ.yale.edu/P/ab/a12/a1286.htm

Parker, Robert P., and Eugene P. Seskin. 1997. The statistical discrepancy. *Survey of Current Business* 77 (8): 19.

Sawyer, John A. 1992. Forecasting with input-output matrices: Are the coefficients stationary? *Economic Systems Research* 4 (4): 325–348.

Schneider, M. H., and S. A. Zenios. 1990. A comparative study of algorithms for matrix balancing. *Operations Research* 38:439–455.

Stone, Richard, D. G. Champernowne, and J. E. Meade. 1942. The precision of national income estimates. *Review of Economic Studies* 9 (2): 111–125.

U.S. Bureau of Economic Analysis. 2001. A guide to the NIPAs. Washington, DC: Bureau of Economic Analysis, Department of Commerce. Available at http://www.bea.doc.gov/bea/an/nipaguid.htm

Weale, Martin. 1992. Estimation of data measured with error and subject to linear restrictions. *Journal of Applied Econometrics* 7 (2): 167–174.

Whelan, Karl. 2000. A guide to the use of chain aggregated NIPA data. FEDS Working Paper no. 2000-35. Washington, DC: Board of Governors of the Federal Reserve System, June.

Yuskavage, Robert E., and Erich H. Strassner. 2003. Gross domestic product by industry for 2002. *Survey of Current Business* 83 (5): 7–14.

第9章 经整合的BEA/BLS生产账户

——初始步骤及理论思考

B. M. 弗劳梅尼　M. J. 哈柏　S. G. 鲍沃斯　R. E. 尤斯卡维奇*

9.1 引　　言

本章初步阐明了经济分析局(BEA)和劳工统计局(BLS)编制的各产 355
出估计值之间的相似之处和差异所在。BEA、BLS和普查局作为美国统计体系中的合作伙伴,共同致力于为美国经济活动提供完整的描述。普查局收集可以用来测算诸如销售、产品运输、存货和投资等名义值的数据;BLS收集价格、就业、工资和薪金,以及其他报酬构成项的数据;BEA则要利用BLS、普查局以及其他机构收集的数据,估计名义的和实际的经济产出总值——既有整个经济体的产出总值(即GDP),又有按部门、行业和州划分的产出总值,以及投资、资本存量和收入构成各项的估计值。BLS还利用自己掌握的数据以及由BEA、普查局和其他机构提供的数据对生产率做出估计。

随着时间的推移,BLS的生产率统计、BEA的国民收入与生产账户(NIPAs)以及BEA的行业账户都因各自的特定需求而不断演化。BLS希
望在其各种不同的生产率估计中寻求最大的可靠性,并能够将精力集中于 356
那些估计值相当稳定的行业。BEA力图通过NIPAs完整且一致地描绘整个经济。每一个机构由此发布了各种指标,每一个机构都形成了平衡各自范围内各式客户需求的程序,包括定期发布详细信息、建立长期历史时间

---

* B. M. 弗劳梅尼(B. M. Fraumeni)在本章写作时是美国经济分析局首席经济学家,现在是南缅因大学Muskie公共服务学院的教授和公共政策博士项目主席。M. J. 哈柏(M. J. Harper)是美国劳工统计局生产率研究和项目开发部主管。S. G. 鲍沃斯(S. G. Powers)是美国劳工统计局的经济学家。R. E. 尤斯卡维奇(R. E. Yuskavage)是美国经济分析局的高级经济学家。本文所述为作者本人观点,并不反映BEA、BLS或其他官方机构的政策。

序列、使用最优原始数据,以及使用与经济理论保持一致的各种假设。此外,每个机构的核算程序都有其独特的要求,如各种国民核算估计值在总量上需要保持一致,进行生产率统计时需要使投入和产出数据的范围相匹配。

由于各个机构在核算程序的变化以及各自在核算目标上的差别,BEA和BLS之间以及各自的内部都出现了重复核算的情况,有时甚至形成了对同一行业或者部门的不同估计值。[①] 理论上说,保持一致是可能的,但原始数据却远不能满足达到一致性的要求。这种缺陷,加上不同核算程序中所遵循的不同假定,导致了测算结果的不一致。尽管这些机构努力避免重复工作和估计值的差异,但由于不同使用者具有不同的需求,往往使得消除差异的努力难以取得成效。出于不同的目的,有时还会导致采用不同的定义(如用增加值还是用总产出)、范围(产出是以投入为基础的,由此在某些特定的综合生产率数据中不包括政府)或者方法(在每个程序中使用的指数公式是逐步但分阶段形成的[②])。选择不同且不一致的基础原始数
357 据也会造成差异,特别是在细分的行业水平上。而且,在最近 NIPAs 全面修订之前,BEA 和 BLS 一直根据其各自的特殊需要,对企业部门给予不同的定义。

本章的目标在于,利用 BEA 和 BLS 两套数据各自的最佳特性,努力提升两者的精确性和有用性,并增强两组数据的一致性和整合度。最终的成功需要我们不懈的努力——识别其差异,理解其性质,记录之,并在可能的情况下予以消除。这是 BEA 致力于更好地整合这两组数据这一更广泛目标的一部分。例如,Lawson 等和 Teplin 等所撰写的章节(分别为本书的第6章和第11章)从其他方面为这一目标做出了贡献。

---

① 由于 BEA 和 BLS 数据间存在差异,一些研究人员不得不自行构建测算指标体系,特别是针对20世纪90年代后期的“新经济”研究。例如,Jorgenson(2003)利用混合的 BEA 和 BLS 数据建立了生产率估计值。这些研究结果有时具有明显差异,其中部分地要归结于数据来源及其提供的详细程度,由此导致对生产率增长来源的不同解释,甚至在企业部门的层次上也是如此。自1996年以来,在与 BEA 协商后,BLS 已经使用 NIPAs 的生产方而非收入方来测算企业和非农企业部门的生产率。正如 Nordhaus(2002)所指出的,使用收入方指标会导致行业生产率的不同归属问题。Triplett 和 Bosworth 的研究已经表明,在使用 BEA 数据或者 BLS 数据的不同选择下,广义部门(Triplett 和 Bosworth,2004)和单个行业(Bosworth,2003a,2003b)的生产率估计值会有明显的不同。这些差异会妨碍对生产率增长来源的综合分析,研究人员为此不得不要么从中选择一组估计值,要么开发自己的估计值。

② 1983年,BLS 引入了一个最优的指数方法,即 Tornqvist 指数,用以汇总其多要素生产率账户的各构成项。做此选择是因为生产函数和生产率的分析者通常都需要使用这一指标。1996年,BEA 引入费雪指数公式用以汇总 NIPAs 的各构成项。做此选择是因为通过费雪价格指数和数量指数可以一致地分解 GDP 的名义变化。研究已经一致地显示出,在这两个优化的价格和数量指数公式之间实际上并没有什么差别。本章将不再就此差别做进一步讨论。

本章9.2节考察可用于生产率分析的生产账户的理论基础。接着就主要部门给出生产账户示例,详细说明GDP和主要部门估计值之间的关系,以便阐明BEA和BLS的数据是如何相互联系的。尽管1993年国民账户体系(SNA)在其对经济账户的建议中包括一个生产账户,但其并不能用于进行多要素生产率(MFP)估计,主要是因为缺少资本服务估计值。③ 幸好Jorgenson,Gallop和Fraumeni(1987)(记为JGF)构建了一个适合于MFP分析的生产账户,该账户为本章所用账户提供了框架。

9.3节利用这一生产账户框架,揭示了GDP和各主要部门估计值之间的关系。我们给出了总量生产账户表,以此说明现有的BEA和BLS账户是可以进行更好的协调的,从而在两者之间建立了一条通道,以促进对增长和生产率予以全面、综合分析。这一组综合生产账户示例分别采用名义和实际(1996)美元价格,其编制是以BEA和BLS总量数据以及构成BLS主要部门MFP的详细数据为基础的。私人企业和私人非农企业的估计值来自已公布的BLS序列。

在给出了总量综合生产账户示例之后,9.4节开始开发BEA和BLS数据间的通道,包括:列出各机构编制的各类行业产出估计值,介绍其主要原始数据以及概念上和方法上的差异,分别在粗、细行业分类水平上比较各种产出估计值。所有的分析都是基于NIPAs全面修订之前的、2003年年初能够得到的信息,这些信息都是按照标准行业分类(Standard Industrial Classification,SIC)体系进行分类的。归纳现有差异是最具挑战性的任务。 358
作为第一步,这里的分析并非要全面调和这些差异,而是要解释由BEA和BLS数据创立的各种产出估计值和生产率估计值之间的差异。最后一节进行总结并对未来的努力方向进行展望。

9.2　生产账户的一般表达式

为适合于研究经济增长、生产率以及结构变化,生产账户通常会在总量和行业层次上使产出与生产该产出的投入相匹配,尤常见于大部门的分量指标。这些账户必须包括名义账户和实际账户。针对实际账户单元格进行汇总要利用指数公式,其权重来自名义账户。这里将其一般表达式用矩阵形式给出,它是在JGF提出的生产账户基础上加以详细阐释和提炼而成的。由此即足以在该账户范围内对相关问题进行考察,比如由总量水平

③　参见Hulten(1995)。

向大部门分量转换时应排除哪些投入和产出。BLS 生产率测算所基于的生产账户都没有使用该一般表达式,因为实施这一表达式所需的大型数据库是无法得到的,而建立这样的数据库需要很多的假定和额外的资源。因此,在下面的讨论中,我们将指出当前实践与一般表达式的背离之处。

9.2.1 名义生产账户

中间投入的估价:行业之间的商品流量

假定一个经济体或者经济体的某个大部门制造了 m 种“商品”。每一种“商品”代表以一定价值出售的某类别产品或服务。在该模型中,假定这些类别已经“足够细”,每一个类别可以代表一种同质商品。当然,由于数据的限制,现实世界里的账户设置只能是“尽可能细”。进一步假设存在 n 个行业,每一个行业都使用劳动、资本和购买的商品(国内和国外生产的)用于制造自己的一种或多种商品。假定每一个基层单位按照其“主要”产品(在其销售额中占最大份额的商品)划分到某一行业。某行业里的基层单位所生产的其他商品被视为“次要”产品。令:

$\mathbf{VM}_{i,j}$ = 由第 j 个行业制造的第 i 种商品的价值,

$\mathbf{VU}_{i,k}$ = 由第 k 个行业使用的第 i 种国内生产的商品的价值.

359 在总体经济背景下,矩阵 **VU** 是投入产出之“使用”表的核心。每一行描述某一商品类别的使用去向,而每一列描述某一行业所使用的商品。矩阵 **VM** 对应于一张完整的“制造”表。在美国,基准“制造和使用”表由 BEA 利用经济普查收集的数据每五年生成一次。这些年来,他们广泛收集了大量按各个基层单位制造和使用类型划分的商品价值数据,特别是针对制造业的数据。这些表,辅以其他数据,被 BEA 用于校准 GDP 和其他的重要序列。

在该一般表达式中,名义生产账户的核心矩阵如下,它与“使用”表相似但以单独的行表示每一给定行业生产的每一种商品:

$\mathbf{VN}_{i,j,k}$ = 由第 j 个行业制造并由第 k 个行业使用的第 i 种商品的价值.

VN 的组成格式见图 9.1。对每一个在任何时点都非零的 i,j 组合,都以一行予以表示。例如,第一个行业($j=1$)生产两种商品:商品 1($i=1$)和 2($i=2$);第二个行业($j=2$)生产三种商品:商品 2($i=2$)、4($i=4$)和 5($i=5$)。**VN** 既按照行业来源也按照商品类别记录了由每一个行业使用的各种商品的价值。**VN** 类似于一个“使用”表,但包含了关于次要产品的附加信息,针对这些次要产品,需要对行做重新整理,并要将其投入按生产行业

(而不是商品)分开。④ 在此过程中,**VN** 同样表现了从每一个行业得到的混合商品投入的所有信息,理想地看,为了建立实际生产账户,这些信息应该是可以得到的,以便引入商品价格指数详细说明对行业投入的缩减。⑤

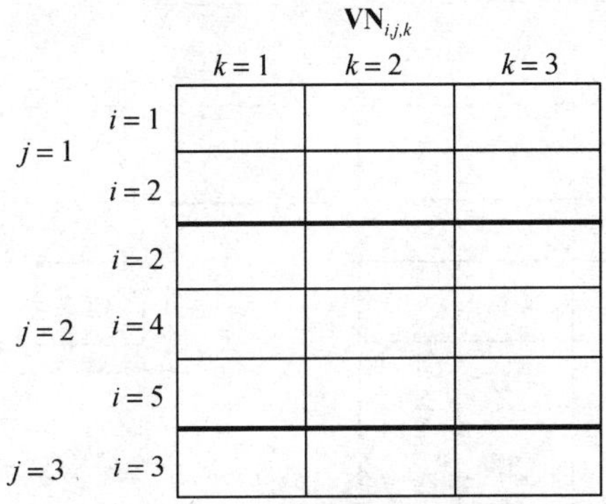

图 9.1　行业间中间投入流量矩阵

注:这是针对某商品(i)部门内销售(由 j 到 k)的矩阵(**VN**)示意图。

和使用表一样,在 **VN** 这个新表里不包括资本品——由某一行业生产并出售给另一行业,作为第二个行业的投入。正如在国民核算中一样,生产账户把资本品当做进入该经济体"资本存量"的最终产出,然后将在随后的时期里提供投入"服务"。

VN 是一个矩阵,由此使核算结构可轻易适应不同总量部门的构造,如"经济总体"或者"私人企业"部门(9.2.3 小节)。**VN** 是一个部门内交 360
易矩阵,也就是说,它仅仅包括在所分析部门中各行业之间往来的各种中间投入交易。例如,政府或者非营利机构从企业的购买,对于经济总体而言是内部交易,但当对私人企业进行分析时,就应该从 **VN** 中移出来。

部门产出价值和要素投入成本

假定所制造的每一种商品,要么销售给同一部门的另一个行业用做中间投入,要么销售到部门之外——包括该部门之外的行业和部门,以及用于诸如私人消费和投资的最终使用。与"使用"表一样,我们可以在 **VN** 的右边添加一列 **VS**(参见图 9.2),表示销售到所分析部门之外的产出价值:

---

④　当前按照这种详细程度描述商品所需的数据类型是得不到的。不过,BEA 已经开发了显示每一个行业所使用商品的替代表,同时还开发了商品之行业来源的替代表。Guo, Lawson 和 Planting(2002)探索了将次要产品从一种表转换为另一种表所涉及的假设。

⑤　测算 **VN** 每一单元格的详尽信息是得不到的,但现有的 BEA 和 BLS 实际行业产出假定实际上已经估计了这一信息。例如,某一商品组中可以得到某单个价格指数,该指数即被应用于那个类别里的所有商品,而不论行业来源如何。

$\mathbf{VS}_{i,j}$ = 第 j 个行业制造的第 i 种商品在部门之外的销售价值.

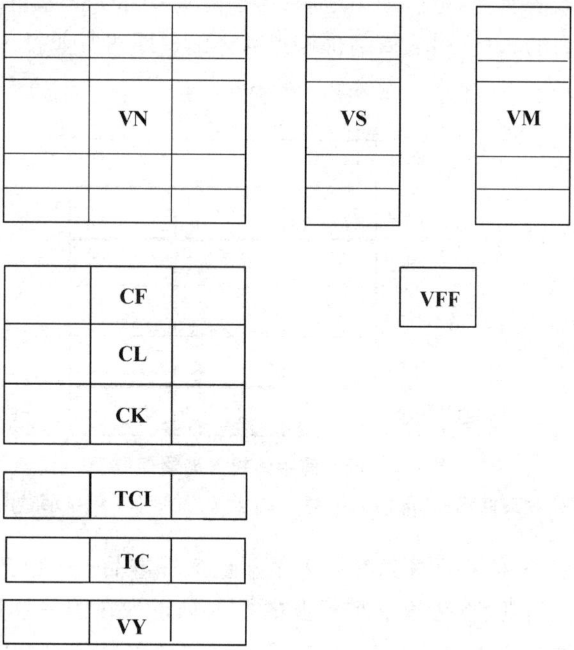

图 9.2　名义生产账户

此外,"部门产出"被定义为销售到所分析部门之外的总产出⑥,并有 $\mathbf{VS}_T = \sum_{i=1}^{m}\sum_{j=1}^{n}\mathbf{VS}_{i,j}$,其中 m 是商品种数,n 是行业个数。(图 9.2 没有给出 $\mathbf{VS}_T$,但它应该是 $\mathbf{VS}_{i,j}$ 所有单元格之和。) 在图 9.2 中,$\mathbf{VN}_{i,j,k}$ 与 $\mathbf{VS}_{i,j}$ 之和被描述为一个 $i \times j$ 向量,是每一行业制造的每一类商品的价值总计:

361

$$\sum_{k=1}^{n}\mathbf{VN}_{i,j,k} + \mathbf{VS}_{i,j} = \mathbf{VM}_{i,j}.$$

矩阵 $\mathbf{VM}_{i,j}$对应于典型制造表的行业总产出列,但信息更加详细,其中对每一行业制造的每一种商品的数量都有单独记录。

该矩阵置于图 9.2 的最右边。接下来,每一个行业 j 的行业产出总价值 $\mathbf{VY}_j$,是其制造的所有商品的总价值:

⑥ 本章 9.4 节将介绍行业"总产出" $\mathbf{VY}^G_{i,j}$ 和"部门产出" $\mathbf{VY}^S_{i,j}$ 指标。BEA 和 BLS 谈到产出时,分别指的是总产出和部门产出,以与增加值相区分,本章也采用了这一惯例。总产出包括部门内销售,部门产出不包括部门内销售。

$$\mathbf{VY}_j = \sum_{i=1}^{m} \mathbf{VM}_{i,j} = \sum_{i=1}^{m} \Big(\sum_{k=1}^{n} \mathbf{VN}_{i,j,k} + \mathbf{VS}_{i,j} \Big).$$

需要注意,**VY** 是按制造者行业 j 而非使用者行业 k 进行分组的。向量 **VY** 太小,因此不置为一列,不过按其维度确实可被置为一行。图 9.2 将其置于最底部,**VN** 的下方,其用处显而易见。

图 9.2 中,在部门内部交易表 **VN** 下方设置了若干行,分别表示行业 k 所使用的主要要素成本⑦:

$\mathbf{CL}_k$ = 行业 k 的劳动成本, 362

$\mathbf{CK}_k$ = 行业 k 的资本成本.

资本成本 **CK** 是指当期所使用资本存量的隐性成本,而非购买资本品的成本,也就是说,它们并非投资。资本存量本身并没有在这一矩阵模型中出现。一个行业会加大其资本存量(投资,最终使用的一部分),同时从现存资本存量中获得服务。提交给部门之外的投资是 **VS** 的一部分,资本投入租金则被视为来自部门之外。⑧

接下来,我们定义所有投入的总成本 $\mathbf{TCI}_k$,包括部门内购买的原材料和服务,以及在资本和劳动这些"主要"要素上的支出,

$$\mathbf{TCI}_k = \sum_{i=1}^{m} \sum_{j=1}^{n} \mathbf{VN}_{i,j,k} + \mathbf{CL}_k + \mathbf{CK}_k.$$

然后,**TCI** 作为一行添加到 **VN**,刚好在 **CL** 和 **CK** 的下方,但在最后一行 **VY** 的上方(见图 9.2)。要素成本包括分配给某一特定要素成本的企业间接税,如企业财产税和企业机动车辆牌照费等。总成本 $\mathbf{TC}_k$ 中包括所有其他间接企业税减补贴 $\mathbf{SUB}_k$,再减去没有分配给任何特定要素的补贴 $\mathbf{OIBT}_k$,即:

$$\mathbf{TC}_k = \mathbf{TCI}_k + (\mathbf{SUB}_k - \mathbf{OIBT}_k).$$

成本核算的一个基本原则是利润等于收入和成本之差。类似地,国民账户也完全以成本和利润的形式来定义收入。名义生产账户将采用同样的处理方法,即在每一行业 k 的产出价值 $\mathbf{VY}_k$ 和总成本 $\mathbf{TC}_k$ 之间建立一个恒等式。在实践中,需要设定一个假定,要么将资本成本等同于"财产收入余项",由此有:

⑦ 在表 9.1 中,这些分别被称为劳动报酬和资本服务成本。

⑧ 一个公司通常拥有自己的资本,这种情况下,资本服务视为从部门之外流入(来自资本存量),与劳动服务相似。如果一个行业里的某公司把一项资产以经营租赁方式租给另一家公司,资本服务被视为出租行业的一种投入(**CK**),然后作为从出租行业到使用行业的中间服务流动记录在 **VN** 或者 **VS** 中。BEA 将此项资产作为资本租赁归入承租人(使用者)拥有的资产,作为经营租赁归入出租人拥有的资产。

$$\mathbf{CK}_k = \mathbf{VY}_k - \mathbf{CL}_k - \sum_{i=1}^{m}\sum_{j=1}^{n}\mathbf{VN}_{i,j,k} - \mathbf{OIBT}_k + \mathbf{SUB}_k.$$

或者用总要素支出和间接税来估计产出价值：

$$\mathbf{VY}_k = \mathbf{CK}_k + \mathbf{CL}_k + \sum_{i=1}^{m}\sum_{j=1}^{n}\mathbf{VN}_{i,j,k} + \mathbf{OIBT}_k - \mathbf{SUB}_k.$$

363 财产收入余项法被国民核算人员应用于那些在市场上销售其产品的行业，这样就可以以收入来估计 **VY**。这一方法是由 Jorgenson 和 Griliches (1967)(记为 JG)引入生产率研究的，他们将此资本成本余项估计值作为隐含的资本租金。在长期竞争均衡中，假定公司获得了正常的投资回报。在此条件下，利润可以与利息、折旧和税收一样被视为资本成本的一部分。

对诸如政府和非营利机构等不在市场上销售的行业和部门，国民核算人员以要素成本确定其产出价值。这就要求对资本成本做出明确估计。根据 SNA 1993(联合国等，1993)给出的核算程序，政府“产品”中只包含劳动成本，而省略了资本成本。BEA 和其他国际组织最近在政府生产核算中已经包括了资本消耗估算(折旧)，将其与劳动成本并列。JG 认为，资本的租赁成本应包括折旧和初始投资的回报。尽管我们不能直接测算政府资本的回报，但政府投资确实与私人投资在资金上具有竞争。Moulton (2004)建议应进一步将政府资本的实际回报经验估算值包括在政府产品中。

名义生产账户中的进口

投入产出“使用”表的每一行都记录了某种既定商品的各种使用。除中间交易表 **VU** 外，还有表明具体“最终使用”的附加列。在最终使用列中，有一列(即 $\mathbf{VF}_i$)以负项目记录了每一种商品的进口。有了这一负的进口项目，总的商品产出——某行的总和——即可等于国内产出，并且所有最终使用之和等于 GDP。将进口作为单列处理，无法区分有多少进口用于中间使用，有多少进口用于最终使用。在计算 GDP 时，没有必要区分这一点，因为 GDP 是对国内生产的测度，不包含所有中间投入。

在一个用于生产率测算的生产账户中，理想的状态是在每一个总量水平上使产出与所有的投入相匹配，无论这些投入来自哪里。生产率测算的理想结构是将投入和产出分开，不把进口的中间性商品作为产出的抵消项处理，即使这一简化可以便于对生产进行测算。进口的最终商品应该从部门产出中排除，因为它们不是在部门内制造的，但理想的做法是，进口的中间投入应该包括在部门产出中。

这里开发的生产账户范式沿用了 Gollop(1981)提出的关于进口中间性商品的处理办法。首先,仅限于部门内交易的中间交易矩阵 **VN** 中,只包括由国内来源获得的中间投入。名义生产账户把进口的中间投入价值视为投入成本(**CF**),而不是产出价值(**VF**)的抵消项。在名义生产账户中,每一种进口商品都有独立的一行,表明该商品之进口部分的分配: 364

$$\mathbf{CF}_{i,k} = \text{第 } k \text{ 个行业使用的第 } i \text{ 种进口商品的成本.}$$

在图 9.2 中,这些行并非 **VN** 的一部分,而是添加在 **VN** 的下方,它们与劳动成本(**CL**)和资本成本(**CK**)类似,也是从部门之外购买的。针对进口的商品行模块 **CF**,与针对部门内每一行业、描述来自给定行业之每种商品使用状况的商品行模块非常相似。[9] 当然,要从 **VS** 中排除进口的最终产品,为此要在图 9.2 中添加一个很小的"进口"框 $\mathbf{VFF}_i$,记录用于国内最终消费的第 i 种进口的最终产品。**VFF** 项应该是正的,但在加总 **VS** 计算部门产出时应该省略。对一个贸易开放的经济体而言,部门产出应该包括出口但要排除进口的最终产品。无论是开放的还是封闭的经济体,GDP 都不包括中间投入,所以 $\text{GDP} = \mathbf{VS}_T - \sum_{i=1}^{m}\sum_{k=1}^{n}\mathbf{CF}_{i,k}$。[10]不过,行业总产出应包括进口的中间投入。

最后,为了把这种处理方法代入完整的模型中,需要对前面提到的行业产出价值等于要素支出成本的公式稍做修改,以反映进口的中间投入成本:

$$\mathbf{TCI}_k = \sum_{i=1}^{m}\sum_{j=1}^{n}\mathbf{VN}_{i,j,k} + \mathbf{CF}_k + \mathbf{CL}_k + \mathbf{CK}_k,$$

以便使下式保持恒等:$\mathbf{TC}_k = \mathbf{VY}_k$。

9.2.2　实际生产账户 365

实际行业投入和产出及其价格

本小节对增长率函数相关向量和数组的介绍与名义生产账户各元素相类似。该账户中的每一个元素($\mathbf{VN}_{i,j,k}$、$\mathbf{VS}_{i,j}$、$\mathbf{CL}_k$、$\mathbf{CF}_k$和 $\mathbf{CK}_k$)都视为是时间的函数而非某单个时期的观测值。这些函数在连续模型下应该是

---

⑨　应该指出的是,当前能够收集的数据尚不足以对这些新的行进行估计。

⑩　BLS 提供的企业、非农企业、私有企业和私有非农企业产出指标都是不包括所有中间商品的净值,进口的中间商品也不例外,所以,严格地讲,这些指标是对生产的测算。Gullickson 和 Harper(1999) 指出,BLS 之 MFP 和 9.2.2 小节所详细说明的基于部门产出概念的指标之间的差异应该很小。如果在产出中包括了进口的中间商品,那它们也应该包括在投入中。它们会以相同的权重加入产出和投入中,因此会近于相互抵消。

连续且可微的，同时，面对离散数据，它们是时间序列。黑斜体用于表示某一变量的增长率，例如，在连续的时间中，$\mathbf{Z} = \mathrm{d}\ln z/\mathrm{d}t = (\mathrm{d}z/\mathrm{d}t)/z$，同时，对于离散 Tornqvist 指数公式而言，$\mathbf{Z}$ 是指 $\ln(Z_t) - \ln(Z_{t-1})$。接下来，对于任何元素 $\mathbf{Z}$ 都有以下假定：无论是 $\mathbf{Z}$ 的价值（即 $\mathbf{VZ}$），还是 Z 的成本（即 $\mathbf{CZ}$），都等于实际数量（没有前缀的 Z）和价格（$\mathbf{PZ}$）的乘积。VZ 或 CZ = $Z \cdot$ PZ。在增长率中，要分解为 $\mathbf{VZ} = \mathbf{Z} + \mathbf{PZ}$ 或者 $\mathbf{CZ} = \mathbf{Z} + \mathbf{PZ}$。

价格和数量的定义都沿用国民核算和生产率测算的一般惯例。在某些单元层次上，价值或成本的时间序列资料通常是能够获得的。通常，我们拥有商品价格指数、工作小时数及资本存量的数量信息。[⑪] 对某些单元而言，价格和数量数据可能同时存在，但为了确保价值—价格—数量之间的关系，只能在价格或数量之间择其一，另一个（价格或数量）则要被隐性地确定，以保证价格乘以数量等于其价值。这也可以按照增长率来表示。我们定义如下术语：

$\mathbf{PN}_{i,j,k}$ = 由第 j 个行业制造并由第 k 个行业使用的第 i 种商品的价格增长率，

$\mathbf{PS}_{i,j}$ = 销售到部门之外的第 i 种商品的销售价格增长率，

$\mathbf{QL}_k$ = 第 k 个行业劳动小时数的增长率，

$\mathbf{PF}_{j,k}$ = 由第 k 个行业支付的第 i 种进口商品的价格增长率，

$\mathbf{QK}_k$ = 第 k 个行业资本投入存量的增长率.

366 其他组成部分的增长率，要么利用商品价格缩减其价值来测定，要么通过确定该投入的单位成本来测定，即：

$$\boldsymbol{N}_{i,j,k} = \mathbf{VN}_{i,j,k} - \mathbf{PN}_{i,j,k} \times (\text{中间产出 / 投入}),$$

$$\boldsymbol{S}_{i,j} = \mathbf{VS}_{i,j} - \mathbf{PS}_{i,j} \times (\text{分配给部门外商品的行业产出}),$$

$$\mathbf{PL}_k = \mathbf{CL}_k - \boldsymbol{L}_k \times (\text{每小时平均报酬}),$$

$$\boldsymbol{F}_{i,k} = \mathbf{CF}_{i,k} - \mathbf{PF}_{i,k} \times (\text{进口的中间投入}),$$

$$\mathbf{PK}_k = \mathbf{CK}_k - \boldsymbol{K}_k \times (\text{资本租赁价格}).$$

行业核算：实际投入和实际产出的汇总及 MFP

标准经济指数问题的解决办法是通过价值额实现对异质数量的加总，比如苹果和橘子。在估计了大量代表异质产出和投入的详尽单元的价值、数量和价格之后，现在来拼接各种实际总量并完成实际生产账户就比较容

⑪ 我们刚刚指出，在 Jorgenson，Gollop 和 Fraumeni（1987）及 BLS（2002）的生产率研究中，每一个行业的劳动和资本投入都是按照详细的“种类”构建的，如不同教育年限的工作者和高科技资产存量、其他设备以及建筑物等。每一个组成部分都进行了价格和数量估计，然后使用了最好的汇总程序。这与将要详加说明（在 9.2.2 小节的第二段）的用于汇总异质中间投入和产出的方法是完全对称的。

易了。

行业 k 的总投入增长率 $\boldsymbol{I}_k$，是利用来自名义账户第 k 列的权重和相应的数量增长率方程一起得到的：

$$\boldsymbol{I}_k = \left(\frac{\mathbf{CL}_k}{\mathbf{TCI}_k}\right)\boldsymbol{L}_k + \sum_{i=1}^{m}\left(\frac{\mathbf{CF}_{i,k}}{\mathbf{TCI}_k}\right)\boldsymbol{F}_{i,k} + \left(\frac{\mathbf{CK}_k}{\mathbf{TCI}_k}\right)\boldsymbol{K}_k + \sum_{i=1}^{m}\sum_{j=1}^{n}\left(\frac{\mathbf{VN}_{i,j,k}}{\mathbf{TCI}_k}\right)\boldsymbol{N}_{i,j,k}.$$

这个公式定义了在某个具体时间上的投入增长率方程。⑫ 类似地，该行业的实际产出可以依照一个联合生产模型来汇总。总量是按照该行业制造的商品以增长率的形式表示的，汇总过程中要以收入份额为权重：

$$\boldsymbol{Y}_j = \sum_{i=1}^{m}\left\{\left[\sum_{k=1}^{n}\left(\frac{\mathbf{VN}_{i,j,k}}{\mathbf{VY}_j}\right)\boldsymbol{N}_{i,j,k}\right] + \left(\frac{\mathbf{VS}_{i,j}}{\mathbf{VY}_j}\right)\boldsymbol{S}_{i,j}\right\}.$$

值得强调的是，要针对离散数据实施上述计算，在连续观察中保持一致的行业分类非常重要。行业 k 的 MFP 增长率（MFP_k）是按照其投入和产出来定义的（与行业 k 自身而不是行业 j 相匹配）：

$$\mathbf{MFP}_k = \boldsymbol{Y}_k - \boldsymbol{I}_k.$$ 367

部门核算：跨行业总量

20 世纪五六十年代的宏观经济学文献比较看重从若干综合生产要素描述 GDP 生成的总量生产模型。这样一个模型能够提供一个正式的框架⑬，我们可以考虑如何在其中最好地定义投入和产出，以便测算某一部门的生产率。某一经济体或者部门的实际部门产出，是指每一个行业交付、销售到经济体或者部门之外的产出总量。当我们把联合生产模型应用到部门时，该部门就似乎被视为一个具有混合产出的公司，然后即可以说明，应该以收入份额为权重进行汇总：

$$\boldsymbol{S}_T = \sum_{k=1}^{m}\left(\frac{\mathbf{VS}_k}{\mathbf{VS}_T}\right)\boldsymbol{S}_k.$$

一个总量生产模型也能用来使每一种投入的跨行业汇总合理化，为此要再次利用总成本的行业份额：

---

⑫ 该方程随时间变化的线性积分是一个 Divisia 指数。离散的 Tornqvist 指数可以用要比较的两时期份额的算术平均作为权数进行计算。尽管这一公式有些难以描述，但利用相同的信息很容易计算费雪理想指数。

⑬ 这些模型的一个核心要素是总量生产函数。该函数描述了一个经济体的生产，仿佛它像一个巨大的公司一样运转。为了按照这一传统测算生产率，一般是把混合生产模型应用于经济体的最终产出和主要投入，同时假定它们的价格是外生决定的。没有明确地对最优中间投入流量建模，而是假定其是在经济体内部被高效率地决定的。（Gullickson 和 Harper（1999）对此做了描述，中间投入被视为就像在公司的“黑箱”中一样。）

$$\boldsymbol{L}_T = \sum_{k=1}^{n}\left(\frac{\mathbf{CL}_k}{\mathbf{CL}_T}\right)\boldsymbol{L}_k, \quad 其中, \mathbf{CL}_T = \sum_{k=1}^{n}\mathbf{CL}_k,$$

$$\boldsymbol{F}_T = \sum_{i=1}^{m}\sum_{k=1}^{n}\left(\frac{\mathbf{CF}_{i,k}}{\mathbf{CF}_T}\right)\boldsymbol{F}_j, \quad 其中, \mathbf{CF}_T = \sum_{i=1}^{m}\sum_{k=1}^{n}\mathbf{CF}_{i,k},$$

$$\boldsymbol{K}_T = \sum_{k=1}^{n}\left(\frac{\mathbf{CK}_k}{\mathbf{CK}_T}\right)\boldsymbol{K}_k, \quad 其中, \mathbf{CK}_T = \sum_{k=1}^{n}\mathbf{CK}_k.$$

然后我们用全部投入种类来汇总这些投入，以得到“部门投入”的估计值，也就是说，来自经济体或者部门之外的投入为：

$$\boldsymbol{I}_T = \left(\frac{\mathbf{CL}_T}{\mathbf{TCI}_T}\right)\boldsymbol{L}_T + \left(\frac{\mathbf{CF}_T}{\mathbf{TCI}_T}\right)\boldsymbol{F}_T + \left(\frac{\mathbf{CK}_T}{\mathbf{TCI}_T}\right)\boldsymbol{K}_T,$$

其中，$\mathbf{TCI}_T = \mathbf{CL}_T + \mathbf{CF}_T + \mathbf{CK}_T$。

基于这些，我们可以得到综合 MFP 的估计值：

368

$$\mathbf{MFP}_T = \boldsymbol{S}_T - \boldsymbol{I}_T.$$

要注意，GDP 与部门产出的不同之处在于，GDP 不包括来自进口的中间投入，$\mathbf{MFP}_T$则把来自进口的中间投入视为一项额外的投入而不是将其排除在产出之外。⑭

行业和综合生产率估计值的关系

Evsey Domar(1961)的关键结论是要说明这一估计值与行业 MFP 趋势的关系：

$$\mathbf{MFP}_T = \sum_{j=1}^{n}\left(\frac{\mathbf{VY}_j}{\mathbf{VS}_T}\right)\mathbf{MFP}_j.$$

在此加和中，各单个项目都代表了单个行业对综合 MFP 的贡献。此时，这些权数之和超过了 1.00：

$$\sum_{j=1}^{n}\left(\frac{\mathbf{VY}_j}{\mathbf{VS}_T}\right) = 1.00 + \sum_{j=1}^{n}\sum_{i=1}^{m}\frac{\mathbf{VN}_{i,j,k}}{\mathbf{VS}_T}.$$

看起来这好像是违反直觉的，但实际上它意味着，通过后续行业生产率增长的互相促进，中间性交易对综合生产率做出了贡献。⑮

不管怎么说，Domar 有效地假定，产出的价值等于要素投入的总成本。

---

⑭ 在 BLS 之企业和非农企业部门的 MFP 测算中，GDP 并没有将 F 包括进来。它所估计的 MFP 只是与资本和劳动的投入相比较。尽管 BLS 没有对进口的中间投入(F)做部门处理，但其 MFP 的估计与这样处理后基本相同。要采用部门处理办法，需要把 F 还原为产出，并要包括以相同权数加权的投入，这样处理的结果只会轻微地降低 MFP 的趋势。

⑮ 例如，假定皮革业存在 1% 的 MFP 增长，制鞋业也有 1% 的 MFP 增长。进一步假定鞋是经济体中唯一的最终商品，而皮革占了制鞋成本的一半。那么，由于两个行业生产率的提升，该经济体的生产率会提高 1.5%。

在 BLS 综合 MFP 计算以及本章 9.3.1 小节中，营业税、财产税和企业机动车辆费被归到资本成本中，但其他的企业间接税并没有归入哪一项具体生产要素中。补贴也未归到投入要素中，而是以负号包括在 TC 中。对那些不影响公司特定要素成本的税收和补贴，生产理论推荐采取这一处理方法。这种处理与 BLS 的 MFP 计算是类似的。此时，

$$\mathbf{MFP}_T = \sum_{j=1}^{n}\left(\frac{\mathbf{VY}_j}{\mathbf{VS}_T}\right)\mathbf{MFP}_j - \sum_{j=1}^{n}\left(\frac{\mathbf{OIBT}_j - \mathbf{SUB}_j}{\mathbf{VS}_T}\right)\boldsymbol{I}_j$$

$$= \sum_{j=1}^{n}\left(\frac{\mathbf{VY}_j}{\mathbf{VS}_T}\right)\boldsymbol{S}_j - \sum_{j=1}^{n}\left(\frac{\mathbf{VY}_j + \mathbf{OIBT}_j - \mathbf{SUB}_j}{\mathbf{VS}_T}\right)\boldsymbol{I}_j.$$

需要注意，如果所有的 $\mathbf{OIBT}_j - \mathbf{SUB}_j = 0$，那么 Domar 方程就是成立 369
的。尽管可能不太恰当，但是，如果将所有的 **OIBT** 和 **SUB** 分配到具体的要素成本，即可以保证这一点。不过，如果 $\mathbf{OIBT}_j - \mathbf{SUB}_j$ 之和为正，并且投入不断增加，那么，综合 MFP 趋势将会略低于行业 MFP 趋势的 Domar 加权平均值。⑯ 还要注意，在此模型中导致所测算要素投入成本不同于所测算产出价值的任何其他情况，如统计误差，都会像 **OIBT - SUB** 一样影响行业和总量之间的关系。⑰

9.2.3　把账户应用于不同的大部门：经济总体和企业

正如 9.1 节指出的，BEA 测算的是“整个”经济的 GDP，而 BLS 则针对经济体中的最大子集——私人企业部门——测算了 MFP。⑱ 私人企业产出不包括 GDP 中的如下活动：一般政府、政府企业、私人住户、非营利机构，以及自有住房的租赁价值。BLS 从生产率测算中排除这些活动是因为，在多数情况下，没有足够的数据用来独立地针对各种投入成本构建其产出指标。⑲ BEA 在 GDP 中包括了这些活动，是因为它的目标是测算美国所有的当期生产。

将整个经济体的名义生产账户转换为某个子部门（如企业）的账户，

⑯ 如果 **OIBT - SUB** 是行业产出价值的 7%，那么投入每增长 1 个百分点，该行业必须多生产 1.07% 的产出来支付它。BLS 的综合 MFP 测算不包括这一额外的 0.07%。按照生产理论，这个 0.07 被视为排除于生产函数变换估计值 MFP 之外的规模效应。

⑰ 需要注意，BLS 在其出版物中没有使用 Domar 方程计算行业生产率。不过，Gullickson 和 Harper（2002）确实按照其原始形式使用了 Domar 方程，对他们探索性给出的非制造业多要素生产率估计值和公布的 BLS 总量估计值进行比较。

⑱ 下一节将讨论 BEA 之 GDP 和 BEA/BLS 之私人企业部门产出之间的关系。在 BLS 的季度劳动生产率测算中，所定义的企业部门包括政府企业在内。

⑲ 一般政府、非营利机构、租赁房屋的产出价值要通过识别其要素成本来估计。政府企业的产出值按照其收入测算，但因为存在大量资本补贴，所以这种收入测算中几乎不考虑劳动成本。对这五类产品，用于缩减的价格都是——至少部分是——按照投入成本来构造的。

其间的变更将在下文介绍。所涉及的变更在此可用于解决从大部门生产账户中将某行业或活动移出来的问题。该方法可以应用于一系列行业或活动的移出,如政府和非营利机构,反过来则可用于理解如何使该部门扩
370 大,如可能要包括某些住户活动。这里,变更的目的是生成一套可用于部门和子部门的完整生产账户,以便使用9.2.1和9.2.2小节开发的与测算投入、产出和生产率相同的通用方程。

在这些变更中,要把从该部门移出的行业 M 视为保留下来的子部门的外生因素。首先,从矩阵 **VN** 中移除与行业 M 有联系的行和列。在从 **VN** 中移除该列(行业 M 的成本)时,M 购买的劳动和资本投入将一起从账户中消失,如图9.3所示。但是,行业 M 所购买的中间投入($\mathbf{VN}_{i,j,M}$)则变成了所余子部门的部门产出。大部门的产出列 **VS** 被子部门的产出列 **VSX** 替换了,其中,$\mathbf{VSX}_{i,j} = \mathbf{VS}_{i,j} + \mathbf{VN}_{i,j,M}$(对于所有的 $j \neq m$)。与行业 M 有联系的产出行 $\mathbf{VN}_{i,M,k}$,从 **VN** 移出并置于下方作为商品成本行,与进口
371 的处理相似。一个外生成本行模块 $C_{i,M,k}$ 生成了,它用以显示行业 M 生产

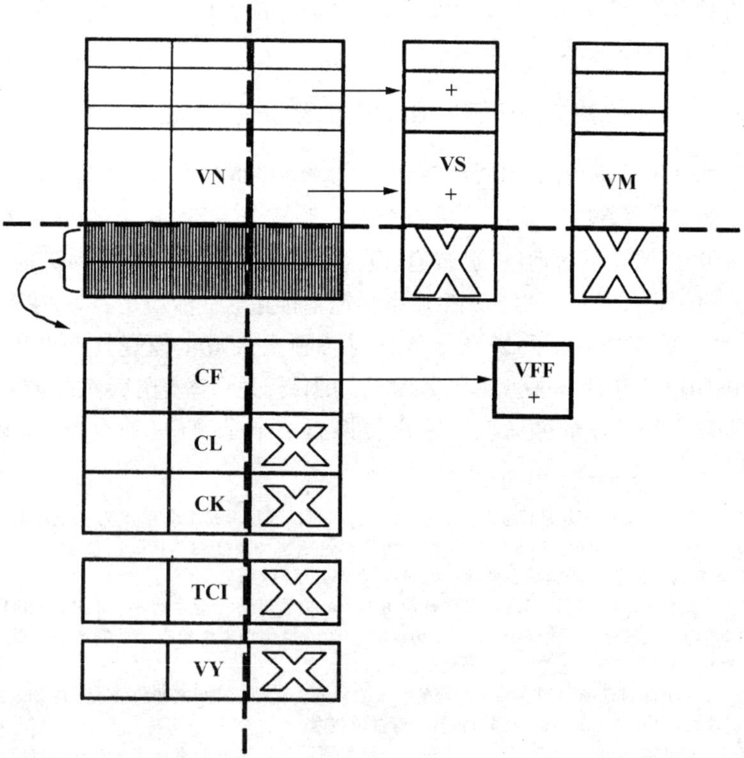

图9.3 调整的名义生产账户:针对一个子部门,比如经济总体中的企业部门

的每一种商品 i,如何被行业 k 所购买。这种生产账户在构造范围上所体现的弹性,将有利于我们确定如何处理在从总体经济到某个主要子部门——如私人非农企业或者制造业——的变换中出现的各种各样的产出和投入。

9.3　总量生产账户示例

美国统计体系比较分散。生产的数据来自三个统计机构——BEA、BLS 和普查局——及其他来源。相应地,创建一个综合的总量生产账户需要机构之间的协作,正如 BEA 和 BLS 已经在做的。绝大多数总量生产数据,要么由 BLS 编制,要么由 BEA 编制,然后由 BLS 用于其 MFP 估算。本节首先讨论由 BEA 和 BLS 生成的与生产率相关的各种指标,以及支撑这些指标的原始数据。然后给出一个总量生产账户示例,并对这一账户的各构成项做简要的分析。

9.3.1　一个总量生产账户

表 9.1 给出了以 1996 年为例的总量生产账户。[20] 该账户反映了 GDP 和 BLS 提供 MFP 指标的两个主要部门(即私人企业部门和私人非农企业部门)之间的关系。估计以 10 亿美元为单位;因为 1996 年是基年,所以其名义美元价值就等于该年的实际价值。

本节以及本章其余部分所列示的历史数据,在 2003 年 4 月 8 日和 2003 年 9 月 17 日之间通用于 BEA 和 BLS。这些数据要早于 2003 年 12 月 BEA 全面修订的 NIPAs,以及 BLS 对生产率和成本序列的相应修订。9.4 节显示的行业数据全部是以 SIC 为基础的,BEA 或者 BLS 还没有将行业产出和生产率序列转换为北美行业分类体系(North American Industrial Classification System,NAICS)。本章完成以后,某些细分行业数据已经可以基于 NAICS 得到。[21]

表中所有条目的时间序列数据都已经包含在数据附录中,只有两处有

---

[20] 在表 9.1 中,MFP 是指 BLS 的私人企业和私人非农企业的 MFP。BLS 的 MFP 数据、BEA 的 NIPAs 数据以及 BEA 的分行业 GDP 数据已不在网络上,因为较新版本的数据已经可以得到,但在附录中我们还是列出了这些数据。

[21] 在 http://www.bea.gov/bea/dn2/gdpbyind_data.htm,可以获得 BEA 自 1987 年以来基于 NAICS 的分行业 GDP 估计值。在 http://www.bls.gov/lpc/iprdata.htm,可以获得 BLS 自 1987 年以来基于 NAICS 的行业产出和劳动生产率估计值。

表 9.1　总量生产账户，1996 年（10 亿美元）

1. 国内生产总值（NIPA 表 1.7，行 1）	7813.2
2. －住户和机构（NIPA 表 1.7，行 7）	348.6
2a. 私人住户（NIPA 表 1.7，行 8）	12.0
2b. ＋服务于个人的非营利机构（NIPA 表 1.7，行 9）	336.5
3. －一般政府（NIPA 表 1.7，行 9）	908.7
4. ＝国内企业生产总值（NIPA 表 1.7，行 2）	6556.0
5. －业主自用房屋（NIPA 表 8.21，行 172）	487.1
6. －服务于个人的非营利机构拥有和使用的非住宅资产的租赁价值（NIPA 表 8.21，行 173）	49.8
7. ＝BEA/BLS 的企业部门产出	6019.0
8. －政府企业	111.8
8a. 联邦政府的（BEA 的按行业划分的 GDP 表，行 80）	54.9
8b. 州和地方的（BEA 的按行业划分的 GDP 表，行 83）	56.9
9. ＝BEA/BLS 的私人企业部门产出	5907.2
9a. 统计和其他误差	32.7
9b. ＋BLS 的要素总成本加税收（MFP 表 PB1a，现价美元产出）	5874.5
9b-ⅰ. BLS 的资本服务成本（MFP 表 PB1a，资本收入）	1839.8
9b-ⅱ. BLS 的劳动报酬（MFP 表 PB1a）	3600.7
9b-ⅲ. 间接企业税，减分配给资本服务的部分，加补贴	434.0
10. －农场（NIPA 表 1.7，行 6）	92.2
11. ＋业主自用房屋的农场空间租金（NIPA 表 8.21，行 114）	5.8
12. 业主自用房屋的农场中间投入（NIPA 表 8.21，行 114）	1.0
13. ＝BEA/BLS 的私人非农企业部门产出	5819.8
13a. 统计和其他误差	32.7
13b. ＋BLS 的要素总成本加税收（MFP 表 NFB1a，现价美元产出）	5887.1
13b-ⅰ. BLS 的资本服务成本（MFP 表 NFB1a，资本收入）	1776.1
13b-ⅱ. BLS 的劳动报酬（MFP 表 NFB1a，劳动报酬）	3570.8
13b-ⅲ. 间接企业税，减分配给资本服务的部分，加补贴	440.2

372 重复的条目例外。[22] 首先，有两个“统计和其他误差”条目（行 9a 和 13a），这些条目与 NIPAs 的表 9.1 行 15 显示的 NIPAs 统计误差最多有 0.1 的差异。由于主要部门的 MFP 估计值是自下而上计算的（即从更为详细的行业数据开始），而本表显示的估计值则是自上而下计算的（即从 GDP 开始），结果就在这两种方法之间因为四舍五入出现了差异，这就是“其他”误差。其次，有两个“间接企业税，减分配给资本服务的部分，加补贴”条目（行 9b-ⅲ和 13b-ⅲ）。

[22] 所有标有“NIPA”的表项都能从 BEA 的网站得到。

在NIPAs于2003年12月全面修订之前,BEA定义的企业产品不同于BLS。本章——包括表9.1——使用了NIPAs于2003年全面修订之前的 373
数据以及MFP估计的定义。2003年NIPAs全面修订数据的编入要到2005年年末才能完成。BLS的企业产品(行7)不包括所有由住户、服务于个人的非营利机构和一般政府生产的产品。[23] 在全面修订之前,BEA的企业产品(行4)中,包括了业主自用房屋(行5),以及服务于个人的非营利机构拥有和使用的非住宅资产的租赁价值(行6)。[24] 采用BLS的企业产品定义,是BEA为了协调BEA和BLS的账户以便于使用而采取的一项战略性决策。

BLS用于估计MFP的部门中,整合程度最高的是私人企业部门,因为前文已提到,对住户、非营利机构和政府部门而言,用投入来估计产出是存在困难的。从企业部门产出扣除来自BEA分行业GDP账户序列中的政府企业产品(行8),就可得到私人企业部门的产出(行9)。行9和行13下的细目是这两个主要部门生产账户的投入方,BLS为这两个部门按年编制了MFP估计值。从企业私人部门产出扣除行10到行12的农场产出,可得到私人非农企业部门产出。行5是农场业主自用房屋,其中不包括中间投入;行10的农场包括业主自用房屋但不包括中间投入;行11用于业主自用房屋的农场空间租金包括中间投入。因此行11—12的调整可以保证没有任何项目被减两次,但从产出中排除了中间投入。

多年来,BLS一直在生产账户中对资本和劳动投入(分别为行9b-i和9b-ii,以及行13b-i和13b-ii)进行估计,一直在讨论是否能将资本服务作为资本投入指标纳入SNA修订中,并且使其成为国际实践的准则。[25] BLS已经估计了资本服务,它应该是世界上首先这样做的统计机构之一。BEA的分行业GDP账户提供了按行业划分的劳动报酬、财产收入及企业间接税和非税负债名义指标。BLS由这些指标确定了业主收入在资本和劳动力收入之间进行分配的方法,以便利用前面9.2.1小节描述的方法得到名义资本服务。此外,BLS还确定了应分配给资本服务的企业间接税(如企业财产税和企业机动车辆牌照费),如表9.1所示。

㉓ BEA和BLS都在企业产品中包括了服务于企业的非营利机构,但数量很少。

㉔ 参见Moulton和Seskin(2003,第29页)。

㉕ 讨论是在堪培拉第二次会议(Canberra Ⅱ)上进行的,这是堪培拉第一次会议的延续。第一次会议意在编制作为SNA 1993姊妹篇的资本手册。参见经济合作与发展组织(OECD,2001)和联合国等(1993)。

374 9.3.2 总量生产账户示例的主要构成项

表9.2给出了总量生产账户示例所包括的各组成部分和主要部门(以楷体表示)占GDP的名义份额和实际增长率。虽然沿用了来自表9.1的诸如“BEA/BLS”等识别标记,BEA和BLS的估计值可能会不同。此外,并不是1948—2001年间所有年份的构成项都能得到,且有时在BEA或BLS网站上无法直接获取某一年的1996年固定美元指标。[26] 从1948—1973年到1973—1990年,主要部门(以楷体表示)占GDP的名义份额下降了。由此反映出在1973—1990年间,那些被私人企业部门排除在外的组成部分在GDP中的名义份额在增加。从1973—1990年到1990—1995年,服务于个人的非营利机构和业主自用房屋所占份额不断增长,但随后基本稳定。在上述三段时期中的每一段,政府的份额一般都在下降。政府企业的份额随时间发生的变动极小。

私人非农企业部门占GDP的份额,在1973—1990年的下降幅度小于其他主要部门,在2000—2001年间的比值大于1948—1973年间。这是因为农场占GDP的份额从1948—1973年的6.1%降低到了2000—2001年的0.8%,由此抵消了其他未含构成项的增长。从1948—1973年到1973—1990年,农场份额的下降非常显著。在1990—1995年、1995—2000年和2000—2001年这几个时段之间,农场的份额继续快速下降,其份额变得很小,已不再对私人非农企业的份额有多大影响了。从1973—1990年到1990—1995年,私人非农企业部门占GDP的份额继续下降,但接着又回到了1973—1990年的水平。

主要部门的实际增长率非常相近,最多相差0.2%。在整个时期以及其中各个时间段之间——1973—1990年、1990—1995年和1995—2000年,主要部门的实际增长率要高于GDP的实际增长率。这在很大程度上是因为两个政府构成项的实际增长率较低。2000—2001年,这些构成项的实际增长率总是低于不包括一般政府的GDP实际增长率。1948—1973年主要部门的实际增长率与GDP的实际增长率非常相近;但在2000—2001年,主要部门的实际增长率为负,而实际GDP则小幅增长。2000—2001年,服务于个人的非营利机构、一般政府和业主自用房屋等部门的增长显著快于主要部门;相对于那些主要部门,这些部门带动了实际GDP的
376 增长。与GDP的实际增长率相比,除了1995—2000年,服务于个人的非营

[26] 在少数情况下,可以用来自BEA或BLS网站上的数字计算隐性缩减指数。

表 9.2　总量生产账户主要组成部分的名义份额和实际增长率

	1948—2001		1948—1973		1973—1990		1990—1995		1995—2000		2000—2001	
	占 GDP 的份额	增长率（%）	占 GDP 的份额	增长率（%）	占 GDP 的份额	增长率（%）	占 GDP 的份额	增长率（%）	占 GDP 的份额	增长率（%）	占 GDP 的份额	增长率（%）
BEA 的国内生产总值	1.000	3.4	1.000	4.0	1.000	2.9	1.000	2.4	1.000	4.0	1.000	0.3
服务于个人的非营利机构	0.028	3.9	0.020	4.6	0.033	3.6	0.041	3.3	0.043	2.7	0.043	3.1
一般政府	0.107	2.1	0.118	3.0	0.129	1.6	0.122	0.3	0.115	1.1	0.112	2.1
BEA 的国内企业生产总值	0.859	3.6	0.856	4.1	0.835Â	3.1	0.835	2.7	0.841	4.5	0.844	-0.1
业主自用房屋	0.048	3.9	0.042	2.8	0.057	6.3	0.063	2.8	0.063	3.1	0.064	1.7
BEA/BLS 的企业部门产出	0.807	3.6	0.811	4.0	0.772	3.1	0.766	2.8	0.772	4.7	0.774	-0.2
政府企业	0.012	2.2	0.012	3.2	0.014	1.3	0.015	-0.05	0.014	3.4	0.014	-0.9
BEA/BLS 的私人企业部门产出	0.795	3.6	0.799	4.0	0.758	3.1	0.752	2.8	0.758	4.7	0.760	-0.2
农场	0.047	2.2	0.061	1.1	0.025	3.3	0.012	0.3	0.009	7.1	0.008	-5.1
BEA/BLS 的私人非农企业部门产出	0.750	3.6	0.741	4.2	0.734	3.1	0.741	2.8	0.749	4.6	0.753	-0.1

注:GDP 的份额是按期间内第一年和最后一年的平均份额计算的。

利机构的实际增长率一直比较强劲。业主自用房屋的实际增长率没有显示出一致的格局。在 1995—2000 年,农场的实际增长率是所有部门中最高的,但在 2000—2001 年则是最低的。

9.3.3 BLS 的主要部门 MFP 账户

表 9.3 显示了 BLS 编制的主要部门 MFP 账户各构成项的名义份额和实际增长率,还给出了 MFP 的变化率。

正如所预期的,名义产出中,资本服务份额总是大约占三分之一,劳动投入份额大约占三分之二,但在不同主要部门之间和不同时间段之间,所占份额也有一定的差异。私人非农企业部门的资本服务份额总是略低于私人企业部门。包括农场的主要部门和不包括农场的主要部门在趋势上是相近的。从 1948—1973 年到 1973—1990 年,资本服务所占份额基本稳定;从 1973—1990 年到 1990—1995 年,该份额有显著提高,然后在 20 世纪 90 年代后期下降,从 1995—2000 年到 2000—2001 年,其下降更为显著。因为名义份额相加总是为 1.0,所以劳动投入的份额只不过是资本服务份额的映像而已。

私人非农企业资本服务和劳动投入的实际增长率,总是等于或者高于私人企业。除 1948—1973 年外,在各个时间段,私人企业和私人非农企业在资本服务实际增长率上的差异,都等于或者大于这些主要部门在劳动投入实际增长率上的差异。1948—1973 年,劳动投入实际增长率差异达到 0.5%,这是非常显著的,因为它表明私人非农企业的增长幅度比私人企业要高 50%。除了这一段时期外,各时期的差异都不超过 0.1 个百分点。最后,对于这两个主要部门而言,在所给出的各时间段里,资本服务实际增长率总是大于劳动投入实际增长率。

MFP 变化率显示了由 BLS 和其他机构此前在他处记录的趋势和关系。[27] 从 1948—1973 年到 1973—1990 年的下降通常被称做“生产率下滑”。在 1995—2000 年出现的复苏与新经济相关,通常被称做“生产率复兴”。2000—2001 年的 MFP 负变化则可能是始于 2001 年 3 月的衰退的反映。在每一个时间段,私人企业部门的 MFP 变化都等于或大于私人非农企业部门的 MFP 变化,由此反映出农场部门生产率的强劲持续增长。

---

[27] MFP 变化率等于产出增长率减去一个经加权的投入增长率。权数由 BLS 的资本服务要素成本和劳动报酬时间序列(例如,表 9.1 中的行 9b-ⅰ和行 9b-ⅱ,以及行 13b-ⅰ和行 13b-ⅱ)计算得到。相应地,统计和其他误差(例如,表 9.1 中的行 9a 和行 13a)、企业间接税减分配给资本服务的部分加补贴(例如,行 9b-ⅲ和行 13b-ⅲ)则没有参与计算。

表9.3　BLS的私人企业和私人非农企业部门(投入和多要素生产率名义份额变化率以及实际增长率)

	1948—2001		1948—1973		1973—1990		1990—1995		1995—2000		2000—2001	
	部门份额	增长率(%)	部门份额	增长率(%)	部门份额	增长率(%)	部门份额	增长率(%)	部门份额	增长率(%)	部门份额	增长率(%)
BEA/BLS的私人企业部门产出	n. a.	3.6	n. a.	4.0	n. a.	3.1	n. a.	2.8	n. a.	4.7	n. a.	-0.2
BLS的私人企业部门投入	n. a.	2.2	n. a.	1.8	n. a.	2.6	n. a.	2.1	n. a.	3.3	n. a.	0.9
BLS的资本服务	0.320	3.9	0.319	3.7	0.318	4.1	0.328	2.8	0.324	5.3	0.315	4.1
BLS的劳动投入	0.680	1.4	0.681	1.0	0.682	1.9	0.672	1.9	0.676	2.4	0.685	-0.5
BLS的多要素生产率变化率	n. a.	1.3		2.1		0.5		0.6		1.3		-1.0
BEA/BLS的私人非农企业部门产出	n. a.	3.6	n. a.	4.2	n. a.	3.1	n. a.	2.8	n. a.	4.6	n. a.	-0.1
BLS的私人非农企业部门产出	n. a.	2.5	n. a.	2.2	n. a.	2.7	n. a.	2.2	n. a.	3.5	n. a.	1.0
BLS的资本服务	0.315	4.1	0.306	4.0	0.305	4.4	0.321	2.9	0.319	5.5	0.311	4.1
BLS的劳动投入	0.685	1.7	0.694	1.5	0.695	2.0	0.679	1.9	0.681	2.5	0.689	-0.5
BLS的多要素生产率变化率	n. a.	1.1	n. a.	1.9	n. a.	0.3	n. a.	0.6	n. a.	1.1	n. a.	-1.0

	1990—1995	1995—2000	1995—2000减1990—1995
BEA的行业账户	2.61	5.27	2.67
BLS的非农企业	2.71	4.63	1.92
行业账户减BLS	-0.11	0.64	0.75
统计误差	0.05	0.46	0.41
定义和范围	0.09	0.04	-0.05
缩减程序	-0.25	0.14	0.39

注:n. a. 表示无法得到。

9.4 BEA和BLS部门及行业产出指标的比较

378 针对经济体的主要部门以及广泛用于经济增长、生产率和结构变化研究的行业,BEA 和 BLS 均提供了产出指标。虽然这些产出指标彼此间已达到相当的一致,并且通常可以得出经济增长趋势的相似结论,但仍存在着一些差异。BEA 和 BLS 为实现一致性已经在紧密地合作。例如,1996 年 BEA 把年度链接指数引入 NIPAs 后,经过两个机构的密切磋商,BLS 开始基于 NIPAs 生产方的估计值来测算其企业部门和非农企业部门的生产率。[28] 也就是在此前后,BEA 和 BLS 紧密合作,针对所有制造业开发了一组通用的产出价格指数。[29] 每年 BLS 都发送给 BEA 一张制造业细分到五位码产品组的价格缩减指数序列表。然而,尽管进展不断,但差异依然存在,尤其是在制造业之外的领域。

产出指标的差异反映了定义、范围和方法的差异,而这些可能源于不同的测算目的。例如,BEA 力图在 NIPAs 中完整而一致地覆盖整个经济,而 BLS 则主要寻求其各种生产率估计值的最大可靠性。不同的目标未必一定会造成彼此的不一致,因为两者都要求可靠的产出指标,但它们却能导致定义、范围和方法的差异。一部分差异,特别是在细分行业水平上,反映了对基本原始数据和汇总方法的不同选择。本节将针对主要部门、主要制造业类别以及某些选定的制造业和非制造业细分行业,介绍其产出指标之间差异的主要来源。

本节的重点是产出指标差异的来源,因为它对于各种比较来说是一个有用的起点。表 9.4 到表 9.11 比较了 BEA 和 BLS 产出估计值的增长率。大部分表格给出了 1990—1995 年和 1995—2000 年的年度平均增长率,以及 2001 年(可以得到绝大多数产出估计值的最近一年)的年度增长率。出于对 1995 年后生产率增长加速以及 2001 年增长急剧放缓的兴趣,绝大部分表还给出了 1990—1995 年和 1995—2000 年的平均年度产出增长加速的数据。

379 9.4.1 主要部门

表 9.4 和表 9.5 给出了整个经济以及诸如非农企业和私人非农企业

[28] NIPAs 的产品方不同于收入方是由统计误差引起的。

[29] 2001 年 BEA 和 BLS 也商议了如何减少非制造业的差异。

等主要部门的实际和名义产出指标。这些指标是从 BEA 的 NIPAs、BLS 的主要部门生产率测算程序和 BEA 的分行业 GDP 账户中提取出来的。在 NIPAs 中,实际国内总收入(GDI)在 1995—2000 年间的加速远快于实际 GDP(分别为 1.96 与 1.65 个百分点),因为 GDI 不包括统计误差——统计误差在 20 世纪 90 年代后期逐渐变为负值。在非农企业部门中,BEA 的 NIPAs 指标加速比 BLS 指标慢很多(分别为 1.79 与 1.92 个百分点),因为 BEA 既包括业主自住房屋也包括承租人使用房屋服务,而 BLS 仅包括承租人使用的房屋。[30] BEA 的非农企业减房屋的指标加速了 1.98 个百分点。

表 9.4　主要部门的实际产出(年度平均增长率,%)

程序/指标	1990—1995 (1)	1995—2000 (2)	2000—2001 (3)	1995—2000 减 1990—1995 (2) - (1)
BEA NIPAs				
GDP	2.38	4.03	0.25	1.65
GDI(不包括 SD)	2.41	4.38	0.11	1.96
非农企业[a]	2.68	4.47	-0.06	1.79
非农企业减房屋	2.74	4.72	-0.09	1.98
BLS				
非农企业[b]	2.71	4.63	-0.07	1.92
私人非农企业[b]	2.79	4.64	-0.08	1.86
BEA 行业账户				
所有行业	2.22	4.20	0.55	1.97
所有行业减 SD	2.26	4.55	0.41	2.29
非农企业[c]	2.56	4.85	0.45	2.28
非农企业减 SD[c]	2.61	5.27	0.27	2.67
私人非农企业[c]	2.62	4.86	0.47	2.24
私人非农企业减 SD[c]	2.67	5.31	0.29	2.64

a 包括所有房屋。
b 只包括承租人使用的房屋。
c 排除了所有房屋。

对 BEA 的行业账户,重要的是要注意“所有行业”的增加值产出在概念上等同于作为最终支出之和的 GDP,由此“所有行业”的名义增加值应等于来自 NIPAs 的名义 GDP。这样一来,对于“所有行业”和 NIPAs 的 GDP

[30] 非农业主使用房屋在 1996 年占 BEA 非农企业产出的 7.5%。

表 9.5 主要部门的名义产出(年度平均增长率,%)

程序/指标	1990—1995 (1)	1995—2000 (2)	2000—2001 (3)	1995—2000 减 1990—1995 (2)-(1)
BEA NIPAs				
GDP	4.98	5.83	2.62	0.85
GDI(不包括 SD)	5.02	6.18	2.47	1.16
非农企业[a]	5.13	6.12	2.05	0.99
非农企业减房屋	5.14	6.22	1.82	1.08
BLS				
非农企业[b]	5.13	6.13	1.86	1.00
私人非农企业[b]	5.13	6.17	1.81	1.04
BEA 行业账户				
所有行业	4.98	5.83	2.62	0.85
所有行业减 SD	5.02	6.18	2.47	1.16
非农企业[c]	5.22	6.19	2.11	0.97
非农企业减 SD[c]	5.26	6.63	1.93	1.37
私人非农企业[c]	5.21	6.22	2.07	1.01
私人非农企业减 SD[c]	5.26	6.67	1.89	1.42

a 包括所有房屋。

b 只包括承租人使用的房屋。名义预算值来自 BEA 的数据。

c 排除了所有房屋。

而言,其名义增长率及其加速(或减速)应该是完全相同的(见表 9.5)。然而,由于两个估计值在原始数据和缩减程序方面的差异,实际增长率可能大不相同。"所有行业"的实际产出增长加速比 GDP 要快得多(分别为 1.97 与 1.65 个百分点)。"所有行业"有这样一个更高的加速,是 1990—1995 年间较慢增长和 1995—2000 年间较快增长二者共同起作用的结果。

BEA 行业账户计算的非农企业产出和 BLS 估计值之间在可比维度上存在着差异。虽然 BEA 没有公布基于行业的非农企业指标,但某些分析人士为了确定非农企业增长的行业贡献,已经根据公布的分行业 GDP 数据计算了出来。然而,由 BEA 行业账户数据计算的估计值并不严格等于 BLS 估计值,因为在 BEA 的数据中无法单独识别承租人使用的房屋服务,因此,绝大多数分析师对所有非农房屋服务都不予考虑。此外,行业账户估计值包括了服务于个人的非营利机构，而 NIPAs 和 BLS 估计值则不包括。[31] 这些机构内嵌于几个行业的原始数据中，不能单独识别。最后一个 381
差异，并且可能是对最近时期最为重要的差异，是为了构建纯粹的收入方估计值，某些分析人士从行业账户数据中排除了统计误差，这进一步扩大了各实际增长率之间的差距。

图 9.4 显示了 1988—2001 年间某些非农企业实际产出序列的年度变化百分比。BLS 序列和含有统计误差的 BEA 行业账户序列的年度变化，在整个期间几乎一致。不含统计误差的 BEA 行业账户序列的变化与另两个序列在某些年份接近一致，但通常是不同的。在 1997 年和 2001 年，增长率的差异最为明显。

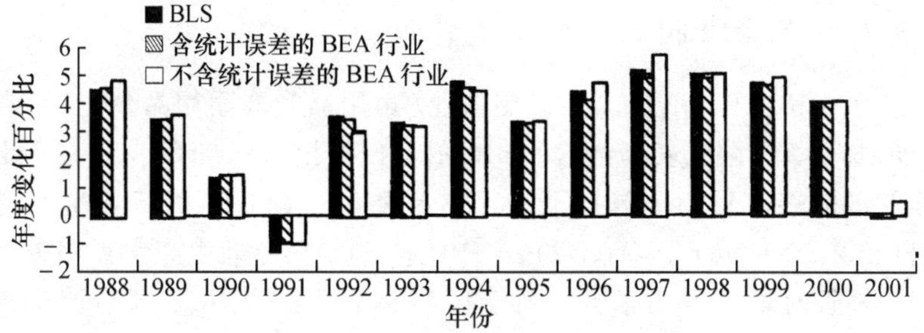

图 9.4　非农企业实际产出

在 BEA 行业账户中，不含统计误差的非农企业指标的加速超出 BLS 非农企业指标 0.75 个百分点（见表 9.4，分别为 2.67 与 1.92 个百分点）。是否包括统计误差以及采用不同的缩减程序对上述差异的影响大致相同（0.4 个百分点）。定义和范围的差别（例如非营利机构和承租人使用的房屋）带来的影响则较小，并且把两者合起来看是降低了总体差异。表 9.3 的底部部分总结了 20 世纪 90 年代的平均实际增长率及其加速的差异来源（全部以百分点的形式）。

实际产出增长加速的大部分差异应归因于 1995—2000 年间 BEA 行业账户估计值的较快增长（0.64 个百分点），而这又可以主要归因于没有包括统计误差（0.46 个百分点）。不同的缩减程序导致行业账户缩减指数的较慢增长，它的影响达 0.14 个百分点。在 1990—1995 年间，BEA 行业 382
账户指标慢于 BLS 指标增长。这一较慢的增长不能仅靠采用了不同缩减

㉛ BLS 的企业部门产出不包括服务于个人的非营利机构的雇员报酬（表 9.2 的行 2b），以及由服务于个人的非营利机构所有和使用的非居住资产的租赁价值（表 9.1 的行 6）。BEA 的企业部门产出只是不包括这些机构的雇员报酬。

程序来解释,因为,由于行业账户缩减指数较快增长所决定的缩减程序的影响只有 -0.25 个百分点。

指标之间因缩减程序而出现的差异,反映了在原始数据、实施缩减的详细程度和汇总方法等各方面的差异。实际 GDP 和 NIPAs/BLS 的非农企业产出,是通过对在细分类别上做缩减的最终支出进行费雪汇总得出的数量指数。而 BEA 行业账户的增加值数量指数,却是利用双缩减法对相关行业类别进行费雪指数汇总计算的。统计误差是利用 BEA 的企业部门价格指数进行缩减的。与 NIPAs 的价格指数相比,行业账户的"所有行业"和非农企业的隐性价格缩减指数,在 1990—1995 年间增长较快,而在 1995—2000 年间则增长较慢。

9.4.2 制造业部门

表 9.6 和表 9.7 比较了所有制造业(耐用品和非耐用品)的实际和名义产出增长率。两张表都包括了 BLS 的部门产出指标与 BEA 的总产出及增加值指标。表 9.6 还包括了联邦储备委员会(FRB)的行业生产指数(Industrial Production Index, IPI),该指数被 BLS 在劳动生产率程序中用于季度和最近时期的产出估计。对于所有制造业来说,BLS 部门产出指标(不包括部门内交易)和 BEA 总产出指标(包括部门内交易和其他调整)的加速都远小于 BLS 的私人非农企业。BLS 指标的加速度略小于 BEA 指标(分别为 1.00 与 1.15)。

表 9.6　制造业实际产出(年度平均增长率,%)

程序/指标	1990—1995 (1)	1995—2000 (2)	2000—2001 (3)	1995—2000 减 1990—1995 (2) - (1)
BLS				
所有制造业部门产出	3.11	4.11	-4.83	1.00
耐用品	3.89	6.37	-6.29	2.48
非耐用品	2.28	1.51	-3.13	-0.78
BEA				
所有制造业总产出	3.09	4.24	-6.71	1.15
耐用品	4.47	6.72	-8.93	2.25
非耐用品	1.57	1.31	-4.07	-0.26
所有制造业增加值	3.11	4.30	-6.00	-0.26
耐用品	4.09	7.87	-5.19	3.79
非耐用品	1.86	-0.44	-7.12	-2.29

（续表）

程序/指标	1990—1995 (1)	1995—2000 (2)	2000—2001 (3)	1995—2000 减 1990—1995 (2) - (1)
FRB IPI				
制造业(SIC)	3.25	5.92	-4.07	2.67
制造业(NAICS)	3.49	6.04	-4.14	2.55
耐用品(NAICS)	4.88	9.55	-4.98	4.67
非耐用品(NAICS)	1.76	1.36	-3.01	-0.40

表 9.7　制造业名义产出(年度平均增长率,%)

程序/指标	1990—1995 (1)	1995—2000 (2)	2000—2001[a] (3)	1995—2000 减 1990—1995 (2) - (1)
BLS				
所有制造业部门产出	4.10	3.99	n. a.	-0.11
耐用品	4.79	4.23	n. a.	-0.56
非耐用品	3.52	3.60	n. a.	0.08
BEA				
所有制造业总产出	4.30	3.75	-7.62	-0.55
耐用品	5.31	4.19	-11.21	-1.12
非耐用品	3.21	3.23	-3.28	0.02
所有制造业增加值	4.38	3.35	-6.40	-1.02
耐用品	4.47	3.96	-8.30	-0.50
非耐用品	4.26	2.54	-3.74	-1.72

注:得不到 FRB IPI 的名义指标。

a 得不到 2001 年的 BLS 指标。

表中还给出了耐用品和非耐用品两个子类的可比结果,这两个指标在耐用品上的加速都超过了 2 个百分点,而在非耐用品上则都有轻微减速。BEA 制造业增加值指标(不包括诸如能源、原材料和购买的服务等中间投入)的加速与其他指标非常接近,但其子类的差异要大得多,与其他产出指标相比,在耐用品上有更高的加速,但在非耐用品上则有更快的减速。IPI 的制造业加速要高得多(基于 SIC,为 2.67 个点),主要是因为在耐用品上有一个非常高的加速。[32] IPI 在非耐用品上的减速与 BLS 和 BEA 指标相近。

㉜ IPI 分别按照 SIC 和 NAICS 提供了全部制造业的指数。但有关耐用品和非耐用品的分类指数只在 NAICS 基础上提供。

图 9.5 显示了 1987—2001 年间若干选定的制造业实际产出序列。
383 BLS 部门产出序列和 BEA 总产出(GO)序列在整个期间内的轨迹都非常接近。直到 1997 年,IPI 序列都紧密跟随 BLS 和 BEA 序列,但 1997 年之后其增长开始快于其他序列。这一背离主要应归因于 FRB 序列中耐用品有更快增长。

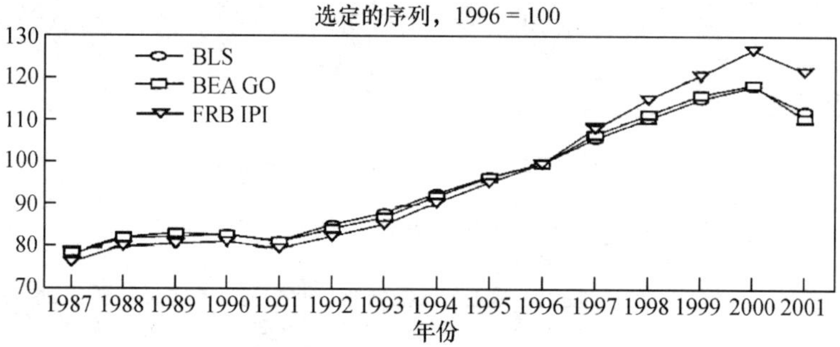

图 9.5 实际制造业产出

表 9.7 在一定程度上揭示了 BEA 和 BLS 产出指标之间因定义和范围
384 差异所产生的影响,因为名义指标不受缩减和汇总程序差异的影响。这里没有显示分类水平的差异,但有必要关注 BLS 制造业部门生产、BEA 总产出和 BEA 增加值的名义价值之间具有明显不同。考虑到在部门产出、总产出、增加值这些不同产出概念上存在的差异,以及它们各自对中间品处理方法的不同,出现上述不同并不奇怪。在最近这些年,BLS 制造业部门生产价值平均相当于 BEA 总产出的 64%,大约是 BEA 增加值的 177%。尽管这些产出定义的重要差异会对指标总水平产生影响,但其名义增长率及其加速度却完全一致,特别是在 BLS 部门产出和 BEA 总产出之间。名义增长率的微小差异有时会导致实际增长率的微小差异。通过使用产品价格的通用数据库以及共享某些名义总产出的详细组成部分,BEA 和 BLS 已经使制造业部门缩减程序的差异极小化了。

9.4.3 细分行业比较

为了进一步理解不同产出指标之间差异的幅度和来源,这里在更细行业层面上对 BEA 和 BLS 的产出序列进行了比较,并在一定程度上探索其差异的来源。如上所述,产出指标之间可能会因为选择不同产出概念或者采用不同测算方法而出现差异。要具体实施一项产出测算,需要进行各种决策,包括在原始数据、外推方法、汇总方法、缩减程序等方面的选择,还有为了与概念相匹配而进行的可能调整，以及针对数据限制的矫正。[33] 产出概念的选择和实际实施中的具体决策则要取决于产出测算的目的和所依 385
据数据的限制。

为了进行细分行业比较，以下就那些能得到一个以上产出指标的SIC两位码行业，针对分别来自BEA行业账户分行业GDP、BLS生产率和技术办公室(BLS Office of Productivity and Technology)行业生产率程序、BLS生产率和技术办公室的主要部门生产率程序(Gullickson-Harper产出指标)的产出指标进行了比较。[34] 在那些具有较大差异的行业中，我们对BEA和BLS的产出指标进行了进一步研究，以评估相差悬殊的结果到底是产生于原始数据、缩减方法、机构特定调整的差异，还是来自产出概念的差异。在某些行业类别，我们可以得到足够的数据将SIC两位码行业的产出指标差异和基于三位码、四位码行业的指标差异联系起来。

比较综述

比较是在选定行业针对各种BEA和BLS产出指标的实际和名义产出增长率进行的。这些指标包括已发布的和未发布的BEA总产出指标$Y^{G}_{BEA\text{-}P}$和$Y^{G}_{BEA\text{-}U}$，已发布的BLS部门产出指标$Y^{S}_{BLS\text{-}M\text{-}P}$，未发布的BLS总产出指标$Y^{G}_{BLS\text{-}M\text{-}U}$，以及已发布的和未发布的BLS部门产出指标$Y^{S}_{BLS\text{-}I\text{-}P}$和
$Y^{S}_{BLS\text{-}I\text{-}U}$。[35] 增加值指标没有包含在比较中，因为BLS没有进行此类测算， 386
BEA只在SIC两位码行业级别上估计了增加值。

对任意两个产出指标，评价实际和名义产出增长率的差异均使用两种

---

[33] 参见附录表9B.1对产出序列间差异的描述。

[34] 在此比较中，BEA的总产出指标取自BEA行业账户分行业GDP，而不是BEA的投入产出表。通过BLS生产率和技术办公室的行业生产率程序，生成了用于行业生产率测算的SIC三位码、四位码行业的部门产出指标。基于SIC行业生产率程序可以得到所有的部门产出指标，但发布还是不发布，则要取决于指标的质量。从2003年开始，所有来自行业生产率程序的基于NAICS四位码及以上的数据都发布了。通过BLS生产率和技术办公室的主要部门生产率程序，可以生成已发布的SIC两位码制造业的部门产出指标，以及没有发布的若干SIC两位码非制造业的总产出指标。这些指标在Gullickson(1995)以及Gullickson和Harper(1999,2002)的文章中都有介绍和讨论。本章利用的BEA和BLS产出估计值，在2003年4月8日和9月17日之间被BEA和BLS认为是通用的。

[35] 本章对由BEA和BLS生成的一系列产出指标进行了比较。为了比较，这些数据组在某些情况下可能会汇总或者分解到机构尚没有发布的层次。为了随时分清是在讨论哪一个数据类别，涉及了哪一种产出概念，以及是谁发布的数据，特开发了下面的标记方法：

$$Y^{产出概念,汇总层次}_{机构,程序,状态}$$

其中，产出概念是指总产出(G)或部门产出(S)；汇总层次是指基于SIC的汇总层次(二位码、三位或四位码)；机构是指BEA或BLS；程序是指BLS的主要部门生产率程序(M)或BLS的行业生产率程序(I)；而状态则是指指标是已发布的(P)还是未发布的(U)。

不同的方法。第一种方法,计算1995—2000年间与1990—1995年间相比的年度平均增长率加速度,然后比较其差异。通过加速度上的差异,可以反映这两个时期之间产出指标增长率变化趋势的差异。第二种方法,检验任意两个相关产出序列之年度平均增长率的接近程度。针对1988—2000年间的产出序列年度增长率计算的相关系数,可以反映整个这一时期内产出指标序列之年度运动的一致性程度。

为了识别各产出序列之间差异的来源,我们做了一系列的比较:比较现价美元的产出序列,以确定基础数据来源不同的影响程度;比较固定价和现价美元产出序列,以确定价格指数和缩减方法不同的影响程度;比较经调整的和未经调整的固定价美元产出序列,以确定各机构特定调整的影响;比较相关的总产出序列和部门产出序列,以确定不同产出概念的影响程度。此外,我们还努力尝试记录原始数据来源、调整、价格指数、缩减方法、汇总方法,以及其他用于编撰每一个序列的程序。只要数据允许,我们还检验基础性三位码和四位码行业产出数据的差异,以此为依据对在更综合的两位码产出序列中发现的差异做进一步研究。只要数据允许,此类案例性研究方法可以到基础性三位码和四位码行业层次上去探寻发生在SIC两位码行业产出指标之间的差异。附录表9B.2概括了按照SIC二位码、三位码、四位码行业划分的BEA和BLS产出序列的可得性。[36]

SIC两位码制造业的指标差异

BEA和BLS编制的详细制造业指标一般都是以普查局有关销售额、存货变化和转售价值的现价美元数据为基础的。按照BEA和BLS之间达
387 成的1997年协议备忘录,固定价美元产出序列由各个机构利用相近的价格指数和缩减程序研发而成。虽然发布的BEA的SIC两位码指标是总产出概念,发布的BLS指标以部门产出概念为基础,但作为通用数据来源和价格指数协议的结果,两个指标却非常相近。

以下针对SIC两位码制造业,就三种产出估计值进行比较。$Y^{G\text{-}2}_{BEA\text{-}P}$是

[36] 例如,可能在两个或更多的BEA和BLS产出序列中进行比较的SIC两位码行业,包括SIC 10、12、13、14、20—39、40、41、42、44、45、46、47、48、49、62、63、64、67、70、72、75、78、79、80和82。可能比较的SIC三位码行业包括制造业组20—39及43、50和51中的所有三位行业,以及在行业组10、14、48、52、53、54、55、56、58、72、75和78中的某些选定行业。关于SIC四位码行业的比较,可能在制造业组20—39以及43和58中的所有四位码行业进行,以及行业组10、57、59和72中一些选定的四位码行业进行。

SIC 两位码行业总产出估计值（包括为与 NIPAs 定义相符合而做的调整）。[37] $Y^{S\text{-}2}_{BLS\text{-}M\text{-}P}$是 SIC 两位码行业部门产出指标——由 BLS 开发，用于测算制造业 MFP，它在概念上不包括某一特定行业内各基层单位之间的中间性产品服务销售（内部交易）。$Y^{S\text{-}2}_{BLS\text{-}I\text{-}U}$是为本章构造的指标，它是 SIC 两位码行业部门产出指标，通过对 BLS 的 SIC 三位码部门产出指标进行 Tornqvist 汇总创立的。[38] 尽管该产出指标是以 SIC 三位码部门产出指标为基础构建的，但并不就 SIC 两位码级别上的其他部门内交易进行调整，也不体现针对 $Y^{G\text{-}2}_{BEA\text{-}P}$产出指标进行的许多调整。[39]

对实际产出增长率的比较，是在所选定 SIC 两位码制造业的上述三种产出指标之间进行的。根据其增长率加速的差异和年度增长率的一致性，以一种比较主观的标准，从 20 个 SIC 两位码制造业中选定 8 个——SIC 20、21、27、29、31、35、38 和 39——做进一步审查。所选定的这些行业，要么具有大于 0.90 的加速差异，要么具有小于 0.85 的相关系数。[40] 以这些标准和表 9.8 描述的比较结果为基础，确定这些行业要用于做进一步的研究。[41]

正如在表 9.8 中所看到的，比较 $Y^{G\text{-}2}_{BEA\text{-}P}$和 $Y^{S\text{-}2}_{BLS\text{-}M\text{-}P}$两个产出指标，在 SIC 389
20、21、31、35 和 39，其加速差异都在 0.94 个百分点到 -1.23 个百分点之间。[42] 在 SIC 20、29、38 和 39，这两个产出指标的年度运动也不同。对于 $Y^{G\text{-}2}_{BEA\text{-}P}$和 $Y^{S\text{-}2}_{BLS\text{-}I\text{-}U}$这两个产出指标来说，SIC 27、31、35 和 39 的加速差异都在 0.96 个百分点到 -1.51 个百分点之间，并且在 SIC 27 和 29，其相关系数较低。对于两个 BLS 估计值 $Y^{S\text{-}2}_{BLS\text{-}I\text{-}U}$和 $Y^{S\text{-}2}_{BLS\text{-}M\text{-}P}$来说，SIC 20 和 27 的加速分别相差 0.96 个百分点和 1.92 个百分点，而在 SIC 20、27、38 和 39，其相关系数较低。

---

[37] BEA 已发布的总产出是这样测算的：销售额加存货变化减转售成本，加误报和范围调整，加为自用生产的软件、自营建筑工程、商品（销售）税。其中存货变化和转售成本的调整仅对产品生产行业进行。

[38] 这个 SIC 两位码行业的部门产出指标是通过对 BLS 之 SIC 三位码行业产出指标按照 Tornqvist 指数方法建立的，不包含额外的调整。BLS 之 SIC 三位码行业的部门产出指标这样测算：出货价值加存货变化，减转售额和行业内出货额。

[39] 不包括所有部门内转移的 NAICS 三位码部门产出指标现在可以从 BLS 行业生产率程序中获得。

[40] 这 8 个行业是 SIC 20，食品及其相关产品；SIC 21，烟草制品；SIC 27，印刷业、出版业及相关行业；SIC 29，石油加工及相关行业；SIC 31，皮革及皮革制品；SIC 35，工业和商业机械及电脑设备；SIC 38，测量、分析和控制仪器，摄影、医疗和光学用品，表和钟；SIC 39，其他制造业。

[41] 需要指出，按照就业或增加值测算，SIC 21（烟草制品）、SIC 31（皮革及皮革制品）是规模特别小的行业。

[42] BLS 没有公布对 SIC 21（烟草制品）和 SIC 31（皮革及皮革制品）的产出和生产率指标，因为这些行业的产出数据被认为是不可靠的。

表 9.8　实际产出指标的比较:部分 SIC 两位码行业

SIC 两位码行业	产出序列	年度平均增长率		加速度	产出指标比较	加速度差异	相关系数
		1990—1995(1)	1995—2000(2)	(2)-(1)			
SIC 20,食品及其相关产品	Y^{G-2}_{BEA-P}	1.95	1.23	-0.72	$Y^{G-2}_{BEA-P}/Y^{S-2}_{BLS-I-U}$	-0.03	0.979
	$Y^{S-2}_{BLS-I-U}$	1.96	1.27	-0.69	$Y^{G-2}_{BEA-P}/Y^{S-2}_{BLS-M-P}$	0.94	0.640
	$Y^{S-2}_{BLS-M-P}$	2.67	1.02	-1.66	$Y^{S-2}_{BLS-I-U}/Y^{S-2}_{BLS-M-P}$	0.96	0.687
SIC 21,烟草制品	Y^{G-2}_{BEA-P}	0.33	-2.62	-2.95	$Y^{G-2}_{BEA-P}/Y^{S-2}_{BLS-I-U}$	0.66	0.996
	$Y^{S-2}_{BLS-I-U}$	0.82	-2.78	-3.61	$Y^{G-2}_{BEA-P}/Y^{S-2}_{BLS-M-U}$	0.95	0.977
	$Y^{S-2}_{BLS-M-U}$	0.70	-3.20	-3.89	$Y^{S-2}_{BLS-I-U}/Y^{S-2}_{BLS-M-U}$	-0.26	0.991
SIC 27,印刷业、出版业及相关行业	Y^{G-2}_{BEA-P}	-0.47	1.22	1.69	$Y^{G-2}_{BEA-P}/Y^{S-2}_{BLS-I-U}$	-1.51	0.769
	$Y^{S-2}_{BLS-I-U}$	-0.42	2.77	3.20	$Y^{G-2}_{BEA-P}/Y^{S-2}_{BLS-M-P}$	0.41	0.904
	$Y^{S-2}_{BLS-M-P}$	-0.10	1.18	1.28	$Y^{S-2}_{BLS-I-U}/Y^{S-2}_{BLS-M-P}$	1.92	0.727
SIC 29,石油加工及相关行业	Y^{G-2}_{BEA-P}	0.81	1.08	0.27	$Y^{G-2}_{BEA-P}/Y^{S-2}_{BLS-I-U}$	-0.11	-0.044
	$Y^{S-2}_{BLS-I-U}$	1.20	1.58	0.39	$Y^{G-2}_{BEA-P}/Y^{S-2}_{BLS-M-P}$	-0.35	-0.127
	$Y^{S-2}_{BLS-M-P}$	0.88	1.51	0.63	$Y^{S-2}_{BLS-I-U}/Y^{S-2}_{BLS-M-P}$	-0.24	0.988
SIC 31,皮革及皮革产品	Y^{G-2}_{BEA-P}	-1.97	-1.59	0.38	$Y^{G-2}_{BEA-P}/Y^{S-2}_{BLS-I-U}$	-1.14	0.949
	$Y^{S-2}_{BLS-I-U}$	-2.67	-1.15	1.52	$Y^{G-2}_{BEA-P}/Y^{S-2}_{BLS-M-U}$	-1.23	0.923
	$Y^{S-2}_{BLS-M-U}$	-3.14	-1.53	1.60	$Y^{S-2}_{BLS-I-U}/Y^{S-2}_{BLS-M-U}$	-0.08	0.969

（续表）

SIC 两位码行业	产出序列	年度平均增长率		加速度	产出指标比较	加速度差异	相关系数
		1990—1995(1)	1995—2000(2)	(2)-(1)			
SIC 35，工业和商业机械及电脑设备	Y^{G-2}_{BEA-P}	8.44	9.38	0.94	$Y^{G-2}_{BEA-P}/Y^{S-2}_{BLS-I-U}$	-1.09	0.991
	$Y^{S-2}_{BLS-I-U}$	8.02	10.05	2.03	$Y^{G-2}_{BEA-P}/Y^{S-2}_{BLS-M-P}$	-1.15	0.976
	$Y^{S-2}_{BLS-M-P}$	7.94	10.03	2.09	$Y^{S-2}_{BLS-I-U}/Y^{S-2}_{BLS-M-P}$	-0.06	0.985
SIC 38，测量、分析和控制仪器，摄影、医疗和光学用品，表和钟	Y^{G-2}_{BEA-P}	1.05	3.20	2.15	$Y^{G-2}_{BEA-P}/Y^{S-2}_{BLS-I-U}$	-0.39	0.916
	$Y^{S-2}_{BLS-I-U}$	0.87	3.41	2.54	$Y^{G-2}_{BEA-P}/Y^{S-2}_{BLS-M-P}$	-0.62	0.597
	$Y^{S-2}_{BLS-M-P}$	1.27	4.04	2.77	$Y^{S-2}_{BLS-I-U}/Y^{S-2}_{BLS-M-P}$	-0.23	0.701
SIC 39，其他制造业	Y^{G-2}_{BEA-P}	1.44	3.22	1.78	$Y^{G-2}_{BEA-P}/Y^{S-2}_{BLS-I-U}$	0.96	0.954
	$Y^{S-2}_{BLS-I-U}$	2.00	2.82	0.81	$Y^{G-2}_{BEA-P}/Y^{S-2}_{BLS-M-P}$	0.94	0.867
	$Y^{S-2}_{BLS-M-P}$	2.02	2.85	0.83	$Y^{S-2}_{BLS-I-U}/Y^{S-2}_{BLS-M-P}$	-0.02	0.842

注：对于 SIC 21（烟草制品）和 SIC 31（皮革及皮革产品）而言，没有发布 BLS 产出指标，因为这些行业的产出数据被认为是不可靠的。

SIC 两位码非制造业的指标差异

非制造业部门大约占不含房屋之非农企业产出的 80%，但其数据质量和行业细分通常要比制造业部门差很多，并且不能对其 BEA 和 BLS 产出指标像制造业一样做相应的比较。非制造业部门是各种不同行业的宽泛集合，包括诸如采矿业和建筑业等产品生产行业和所有的服务生产行业。BEA 大体在 SIC 两位码级别上完全覆盖了非制造业部门，而 BLS 的行业生产率程序则只能提供各种选定行业的产出和劳动生产率指标——这些行业的数据质量较高且能编制可靠的劳动生产率。[43] 由于目标和优先权的差异，BLS 的行业覆盖范围在非制造业部门间差别很大。

表 9.9 对 BLS 用以计算生产率的 1996 年收入数据和 BEA 发布的 1996 年总产出数据进行了比较，由此显示出 BLS 行业生产率程序所覆盖的范围。对于每一个非制造业类别，列(1)显示 BLS 现在提供劳动生产率指标的细分行业的 BEA 收入之和。列(2)显示已发布的 BEA 行业类别总产出指标，而第三列则显示了列(1)为对列(2)的百分比。[44] 为了与非农企
391 业部门保持可比，其中不包括农场、非农房屋服务、私人住户和政府。

表 9.9　非制造业：BLS 涵盖行业的收入与 BEA 总产出的比较，1996 年(10 亿美元)

行业	行业组中 BLS 行业的收入[a] (1)	已发布的 BEA 行业总产出 (2)	收入与 BEA 总产出的比值 (1)/(2)
全部非制造业	3 622.1	7 826.9	46.3
不包括农场的农业	0.0	55.8	0.0
采矿业	178.1	186.6	95.4
金属开采	8.7	12.6	68.7
煤炭开采	25.3	27.1	93.3
石油和天然气开采	127.6	129.8	98.2
非金属矿物	16.5	17.0	97.1
建筑业	0.0	554.5	0.0
运输业	351.5	477.9	73.6

[43] BLS 还提供了 Gullickson 和 Harper(2002)所涉及的 SIC 两位码一般行业之选定年份的产出和生产率指标。这些指标由 BLS 的主要部门生产率程序编撰。对于非制造业部门的 SIC 两位码行业来说，这些指标被视为是未公布的和非官方的。

[44] BEA 总产出包括商品税、自用性生产，以及那些在发布层次上包含但在细分行业收入指标中不包含的误报和范围调整。结果，列(3)的百分比总是低于 100%，甚至当 BLS 覆盖了某一组中的所有详细行业时也是如此。

（续表）

行业	行业组中BLS行业的收入[a] (1)	已发布的BEA行业总产出 (2)	收入与BEA总产出的比值 (1)/(2)
铁路运输	39.2	40.7	96.3
本地客运	0.0	24.2	0.0
货运及仓储	189.6	213.8	88.7
水上运输	0.0	36.4	0.0
航空运输	115.3	117.3	98.3
不含天然气的管道运输	7.4	7.8	94.5
运输服务	0.0	37.7	0.0
通信业	318.0	348.7	91.2
电话和电报	240.5	270.0	89.1
广播和电视	77.5	78.8	98.4
电力、煤气和卫生服务	308.0	336.2	91.6
批发业	672.9	789.8	85.2
零售业	951.8	1 070.9	88.9
FIRE减非农房屋	339.4	1 499.3	22.6
储蓄机构	339.4	342.7	99.1
非储蓄机构	0.0	108.4	0.0
安全和通信经纪人	0.0	169.3	0.0
保险业	0.0	261.5	0.0
保险代理人和经纪人	0.0	74.0	0.0
不含房屋的房地产	0.0	520.4	0.0
控股和投资办事处	0.0	23.1	0.0
服务减住户	502.4	2 507.3	20.0
酒店住宿	95.6	106.5	89.8
个人服务	83.3	84.6	98.5
商务服务	214.8	510.6	42.1
汽车维修和服务	101.6	124.3	81.7
杂项维修服务	0.0	46.4	0.0
电影	7.1	56.8	12.6
娱乐及休闲服务业	0.0	110.7	0.0
卫生服务	0.0	688.0	0.0
法律服务	0.0	134.1	0.0
教育服务	0.0	103.8	0.0
社会服务	0.0	98.7	0.0
会员组织	0.0	96.2	0.0
其他服务	0.0	346.6	0.0

a 针对BLS所涵盖行业，用BEA详细收入估计值加总求和。

对所有的非制造业而言,1996 年 BLS 行业生产率程序所涵盖行业的收入占总产出的近一半。BLS 能够完整和近乎完整地覆盖其范围的行业,包括采矿业、通信业、批发业、零售业,以及电力、煤气和卫生服务。部分覆盖的行业包括运输业和服务业。BLS 没有提供农业和建筑业产出指标,在金融、保险和房地产(FIRE)业中,它只提供了商业银行(部分储蓄机构)的指标。在服务业内,BLS 完整和近乎完整地覆盖了酒店住宿、个人服务以及汽车维修和服务的范围。对诸如卫生服务、教育服务、社会服务、会员组织等非营利活动占有很大份额的行业,没有提供产出指标。

在能够得到两个或以上产出指标的地方,要针对 SIC 两位码非制造业就 BEA 和 BLS 的产出指标进行比较。[45] 这些指标包括:已发布的 BEA 总产出指标 $Y_{BEA\text{-}P}^{G\text{-}2}$、未发布的 BLS 总产出指标 $Y_{BLS\text{-}M\text{-}U}^{G\text{-}2}$ 和未发布的 BLS 部门产出指标 $Y_{BLS\text{-}I\text{-}U}^{S\text{-}2}$。与制造业一样,分行业比较了 1990—1995 年和 1995—2000 年的趋势增长率,并计算了这两个时期之间在加速度上的差异,还在各产出序列之间计算了相关系数。

对 SIC 两位码非制造业,考虑到 BEA 和 BLS 产出指标在数据来源和方法上存在较大差异,因此毫不奇怪,这些指标之间的差异程度比制造业要大得多,差异较大行业所占比重也要高于制造业。在所检验的 22 个 SIC 两位码非制造业中,就三个估计值中的某两个进行组合比较,显示出有 16 个行业的加速差异超过了 0.90 个百分点。正如在表 9.10 中看到的那样,比较 $Y_{BEA\text{-}P}^{G\text{-}2}$ 和 $Y_{BLS\text{-}M\text{-}U}^{G\text{-}2}$ 两个产出指标,SIC 10、13、41、42、44、45、46、48、49、62、
397 63、64、72、78、79 和 82 的加速差异超过了临界值。在这 16 个行业中,7 个行业的加速差异范围从 0.9 个百分点到 2.0 个百分点;3 个行业从 2.0 个百分点到 3.0 个百分点;3 个行业从 3.0 个百分点到 4.0 个百分点;3 个行业从 4.0 个百分点到 7.0 个百分点以上。运输业和除天然气外的管道运输的加速差异最大。

---

[45] 这些行业包括 SIC 10,金属开采;SIC 12,煤炭开采;SIC 13,石油和天然气开采;SIC 14,非金属矿物的开采及回采,除了燃料;SIC 40,铁路运输;SIC 41,本地及郊区运输和市际公路客运;SIC 42,汽车产品运输和仓储配送;SIC 44,水上运输;SIC 45,航空运输;SIC 46,管道运输,除了天然气;SIC 47,运输服务;SIC 48,通信;SIC 49,电力、煤气及卫生服务;SIC 62,担保和商品经纪人、经销商、交换和服务;SIC 63,保险业;SIC 64,保险代理人、经纪人和服务;SIC 70,宾馆、公寓、营地及其他住宿场所;SIC 72,个人服务;SIC 75,汽车修理、服务和停车场;SIC 78,电影;SIC 79,娱乐及休闲服务业;SIC 80,健康服务;SIC 82,教育服务。

表 9.10　实际产出指标的比较：SIC 两位码非制造业

SIC 两位码行业	产出指标	年度平均增长率		加速度	产出指标比较	加速度差异	相关系数
		1990—1995(1)	1995—2000(2)	(2) - (1)			
SIC 10，金属开采	Y^{G-2}_{BEA-P}	2.08	-0.48	-2.57	$Y^{G-2}_{BEA-P}/Y^{S-2}_{BLS-I-U}$	n. a.	n. a.
	$Y^{S-2}_{BLS-I-U}$	n. a.	n. a.	n. a.	$Y^{G-2}_{BEA-P}/Y^{S-2}_{BLS-M-U}$	-1.52	0.93
	$Y^{G-2}_{BLS-M-U}$	1.69	0.65	-1.04	$Y^{S-2}_{BLS-I-U}/Y^{G-2}_{BLS-M-U}$	n. a.	n. a.
SIC 12，煤炭开采	Y^{G-2}_{BEA-P}	0.50	0.58	0.08	$Y^{G-2}_{BEA-P}/Y^{S-2}_{BLS-I-U}$	-0.37	0.98
	$Y^{S-2}_{BLS-I-U}$	-0.91	-0.45	0.46	$Y^{G-2}_{BEA-P}/Y^{G-2}_{BLS-M-U}$	n. a.	n. a.
	$Y^{G-2}_{BLS-M-U}$	n. a.	n. a.	n. a.	$Y^{S-2}_{BLS-I-U}/Y^{G-2}_{BLS-M-U}$	n. a.	n. a.
SIC 13，石油和天然气开采	Y^{G-2}_{BEA-P}	-0.40	0.74	1.14	$Y^{G-2}_{BEA-P}/Y^{S-2}_{BLS-I-U}$	1.51	0.68
	$Y^{S-2}_{BLS-I-U}$	-0.75	-0.75	-0.01	$Y^{G-2}_{BEA-P}/Y^{G-2}_{BLS-M-U}$	-1.09	0.92
	$Y^{G-2}_{BLS-M-U}$	-1.12	1.12	2.24	$Y^{S-2}_{BLS-I-U}/Y^{G-2}_{BLS-M-U}$	-2.24	0.70
SIC 14，非金属矿物的开采及回采，除了燃料	Y^{G-2}_{BEA-P}	1.14	2.10	0.96	$Y^{G-2}_{BEA-P}/Y^{S-2}_{BLS-I-U}$	-0.05	0.97
	$Y^{S-2}_{BLS-I-U}$	0.14	1.15	1.01	$Y^{G-2}_{BEA-P}/Y^{G-2}_{BLS-M-U}$	-0.10	0.83
	$Y^{G-2}_{BLS-M-U}$	1.61	2.67	1.06	$Y^{S-2}_{BLS-I-U}/Y^{S-2}_{BLS-M-U}$	-0.05	0.82
SIC 40，铁路运输	Y^{G-2}_{BEA-P}	3.39	0.67	-2.72	$Y^{G-2}_{BEA-P}/Y^{S-2}_{BLS-I-U}$	n. a.	n. a.
	$Y^{S-2}_{BLS-I-U}$	n. a.	n. a.	n. a.	$Y^{G-2}_{BEA-P}/Y^{G-2}_{BLS-M-U}$	-0.47	0.64
	$Y^{G-2}_{BLS-M-U}$	1.63	-0.62	-2.25	$Y^{S-2}_{BLS-I-U}/Y^{G-2}_{BLS-M-U}$	n. a.	n. a.

（续表）

SIC 两位码行业	产出指标	年度平均增长率		加速度	产出指标比较	加速度差异	相关系数
		1990—1995(1)	1995—2000(2)	(2)-(1)			
SIC 41，本地及郊区运输和市际公路客运	$Y^{G\text{-}2}_{BEA\text{-}P}$	0.54	2.36	1.82	$Y^{G\text{-}2}_{BEA\text{-}P}/Y^{S\text{-}2}_{BLS\text{-}I\text{-}U}$	n. a.	n. a.
	$Y^{S\text{-}2}_{BLS\text{-}I\text{-}U}$	n. a.	n. a.	n. a.	$Y^{G\text{-}2}_{BEA\text{-}P}/Y^{G\text{-}2}_{BLS\text{-}M\text{-}U}$	2.18	0.75
	$Y^{G\text{-}2}_{BLS\text{-}M\text{-}U}$	1.59	1.22	-0.36	$Y^{S\text{-}2}_{BLS\text{-}I\text{-}U}/Y^{G\text{-}2}_{BLS\text{-}M\text{-}U}$	n. a.	n. a.
SIC 42，汽车货物运输和仓储配送	$Y^{G\text{-}2}_{BEA\text{-}P}$	4.89	4.06	-0.82	$Y^{G\text{-}2}_{BEA\text{-}P}/Y^{S\text{-}2}_{BLS\text{-}I\text{-}U}$	n. a.	n. a.
	$Y^{S\text{-}2}_{BLS\text{-}I\text{-}U}$	n. a.	n. a.	n. a.	$Y^{G\text{-}2}_{BEA\text{-}P}/Y^{S\text{-}2}_{BLS\text{-}M\text{-}U}$	-0.97	0.54
	$Y^{G\text{-}2}_{BLS\text{-}M\text{-}U}$	4.48	4.63	0.15	$Y^{S\text{-}2}_{BLS\text{-}I\text{-}U}/Y^{G\text{-}2}_{BLS\text{-}M\text{-}U}$	n. a.	n. a.
SIC 43，美国邮政服务	$Y^{G\text{-}2}_{BEA\text{-}P}$	n. a.	n. a.	n. a.	$Y^{G\text{-}2}_{BEA\text{-}P}/Y^{S\text{-}2}_{BLS\text{-}I\text{-}U}$	n. a.	n. a.
	$Y^{S\text{-}2}_{BLS\text{-}I\text{-}U}$	1.45	2.37	0.93	$Y^{G\text{-}2}_{BEA\text{-}P}/Y^{G\text{-}2}_{BLS\text{-}M\text{-}U}$	n. a.	n. a.
	$Y^{G\text{-}2}_{BLS\text{-}M\text{-}U}$	n. a.	n. a.	n. a.	$Y^{S\text{-}2}_{BLS\text{-}I\text{-}U}/Y^{G\text{-}2}_{BLS\text{-}M\text{-}U}$	n. a.	n. a.
SIC 44，水上运输	$Y^{G\text{-}2}_{BEA\text{-}P}$	2.39	4.72	2.33	$Y^{G\text{-}2}_{BEA\text{-}P}/Y^{S\text{-}2}_{BLS\text{-}I\text{-}U}$	n. a.	n. a.
	$Y^{S\text{-}2}_{BLS\text{-}I\text{-}U}$	n. a.	n. a.	n. a.	$Y^{G\text{-}2}_{BEA\text{-}P}/Y^{S\text{-}2}_{BLS\text{-}M\text{-}U}$	5.25	0.54
	$Y^{G\text{-}2}_{BLS\text{-}M\text{-}U}$	2.40	-0.52	-2.92	$Y^{S\text{-}2}_{BLS\text{-}I\text{-}U}/Y^{G\text{-}2}_{BLS\text{-}M\text{-}U}$	n. a.	n. a.
SIC 45，航空运输	$Y^{G\text{-}2}_{BEA\text{-}P}$	3.14	5.39	2.25	$Y^{G\text{-}2}_{BEA\text{-}P}/Y^{S\text{-}2}_{BLS\text{-}I\text{-}U}$	n. a.	n. a.
	$Y^{S\text{-}2}_{BLS\text{-}I\text{-}U}$	n. a.	n. a.	n. a.	$Y^{G\text{-}2}_{BEA\text{-}P}/Y^{G\text{-}2}_{BLS\text{-}M\text{-}U}$	4.61	0.40
	$Y^{G\text{-}2}_{BLS\text{-}M\text{-}U}$	3.84	1.48	-2.36	$Y^{S\text{-}2}_{BLS\text{-}I\text{-}U}/Y^{G\text{-}2}_{BLS\text{-}M\text{-}U}$	n. a.	n. a.

（续表）

SIC 两位码行业	产出指标	年度平均增长率		加速度	产出指标比较	加速度差异	相关系数
		1990—1995(1)	1995—2000(2)	(2)-(1)			
SIC 46，管道运输，除了天然气	Y^{G-2}_{BEA-P}	-5.39	0.14	5.52	$Y^{G-2}_{BEA-P}/Y^{S-2}_{BLS-I-U}$	n. a.	n. a.
	$Y^{S-2}_{BLS-I-U}$	n. a.	n. a.	n. a.	$Y^{G-2}_{BEA-P}/Y^{G-2}_{BLS-M-U}$	7.17	0.62
	$Y^{G-2}_{BLS-M-U}$	-1.39	-3.04	-1.65	$Y^{S-2}_{BLS-I-U}/Y^{G-2}_{BLS-M-U}$	n. a.	n. a.
SIC 47，运输服务	Y^{G-2}_{BEA-P}	4.78	6.21	1.43	$Y^{G-2}_{BEA-P}/Y^{S-2}_{BLS-I-U}$	n. a.	n. a.
	$Y^{S-2}_{BLS-I-U}$	n. a.	n. a.	n. a.	$Y^{G-2}_{BEA-P}/Y^{S-2}_{BLS-M-U}$	0.16	0.56
	$Y^{G-2}_{BLS-M-U}$	4.48	5.75	1.26	$Y^{S-2}_{BLS-I-U}/Y^{G-2}_{BLS-M-U}$	n. a.	n. a.
SIC 48，通信	Y^{G-2}_{BEA-P}	5.55	11.38	5.83	$Y^{G-2}_{BEA-P}/Y^{S-2}_{BLS-I-U}$	n. a.	n. a.
	$Y^{S-2}_{BLS-I-U}$	n. a.	n. a.	n. a.	$Y^{G-2}_{BEA-P}/Y^{G-2}_{BLS-M-U}$	3.53	0.70
	$Y^{G-2}_{BLS-M-U}$	4.38	6.67	2.30	$Y^{S-2}_{BLS-I-U}/Y^{G-2}_{BLS-M-U}$	n. a.	n. a.
SIC 49，电力、煤气及卫生服务	Y^{G-2}_{BEA-P}	1.96	1.48	-0.48	$Y^{G-2}_{BEA-P}/Y^{S-2}_{BLS-I-U}$	n. a.	n. a.
	$Y^{S-2}_{BLS-I-U}$	n. a.	n. a.	n. a.	$Y^{G-2}_{BEA-P}/Y^{G-2}_{BLS-M-U}$	-1.97	0.11
	$Y^{G-2}_{BLS-M-U}$	0.14	1.63	1.49	$Y^{S-2}_{BLS-I-U}/Y^{G-2}_{BLS-M-U}$	n. a.	n. a.
SIC 50，批发业：耐用品	Y^{G-2}_{BEA-P}	n. a.	n. a.	n. a.	$Y^{G-2}_{BEA-P}/Y^{S-2}_{BLS-I-U}$	n. a.	n. a.
	$Y^{S-2}_{BLS-I-U}$	5.56	8.57	3.01	$Y^{G-2}_{BEA-P}/Y^{G-2}_{BLS-M-U}$	n. a.	n. a.
	$Y^{G-2}_{BLS-M-U}$	n. a.	n. a.	n. a.	$Y^{S-2}_{BLS-I-U}/Y^{G-2}_{BLS-M-U}$	n. a.	n. a.

（续表）

SIC 两位码行业	产出指标	年度平均增长率		加速度	产出指标比较	加速度差异	相关系数
		1990—1995(1)	1995—2000(2)	(2)-(1)			
SIC 51，批发业：非耐用品	Y^{G-2}_{BEA-P}	n. a.	n. a.	n. a.	$Y^{G-2}_{BEA-P}/Y^{S-2}_{BLS-I-U}$	n. a.	n. a.
	$Y^{S-2}_{BLS-I-U}$	1.05	2.29	1.24	$Y^{G-2}_{BEA-P}/Y^{G-2}_{BLS-M-U}$	n. a.	n. a.
	$Y^{G-2}_{BLS-M-U}$	n. a.	n. a.	n. a.	$Y^{S-2}_{BLS-I-U}/Y^{G-2}_{BLS-M-U}$	n. a.	n. a.
SIC 60，储蓄机构	Y^{G-2}_{BEA-P}	1.31	2.93	1.63	$Y^{G-2}_{BEA-P}/Y^{S-2}_{BLS-I-U}$	n. a.	n. a.
	$Y^{S-2}_{BLS-I-U}$	n. a.	n. a.	n. a.	$Y^{G-2}_{BEA-P}/Y^{S-2}_{BLS-M-U}$	n. a.	n. a.
	$Y^{G-2}_{BLS-M-U}$	n. a.	n. a.	n. a.	$Y^{S-2}_{BLS-I-U}/Y^{G-2}_{BLS-M-U}$	n. a.	n. a.
SIC 61，非储蓄信用机构	Y^{G-2}_{BEA-P}	9.49	12.27	2.78	$Y^{G-2}_{BEA-P}/Y^{S-2}_{BLS-I-U}$	n. a.	n. a.
	$Y^{S-2}_{BLS-I-U}$	n. a.	n. a.	n. a.	$Y^{G-2}_{BEA-P}/Y^{G-2}_{BLS-M-U}$	n. a.	n. a.
	$Y^{G-2}_{BLS-M-U}$	n. a.	n. a.	n. a.	$Y^{S-2}_{BLS-I-U}/Y^{G-2}_{BLS-M-U}$	n. a.	n. a.
SIC 62，担保和商品经纪人、经销商、交换和服务	Y^{G-2}_{BEA-P}	16.11	23.35	7.24	$Y^{G-2}_{BEA-P}/Y^{S-2}_{BLS-I-U}$	n. a.	n. a.
	$Y^{S-2}_{BLS-I-U}$	n. a.	n. a.	n. a.	$Y^{G-2}_{BEA-P}/Y^{G-2}_{BLS-M-U}$	-1.24	0.80
	$Y^{G-2}_{BLS-M-U}$	13.54	22.02	8.48	$Y^{S-2}_{BLS-I-U}/Y^{G-2}_{BLS-M-U}$	n. a.	n. a.
SIC 63，保险业	Y^{G-2}_{BEA-P}	-0.15	-1.53	-1.38	$Y^{G-2}_{BEA-P}/Y^{S-2}_{BLS-I-U}$	n. a.	n. a.
	$Y^{S-2}_{BLS-I-U}$	n. a.	n. a.	n. a.	$Y^{G-2}_{BEA-P}/Y^{G-2}_{BLS-M-U}$	-1.15	0.72
	$Y^{G-2}_{BLS-M-U}$	0.87	0.64	-0.23	$Y^{S-2}_{BLS-I-U}/Y^{G-2}_{BLS-M-U}$	n. a.	n. a.

（续表）

SIC 两位码行业	产出指标	年度平均增长率		加速度	产出指标比较	加速度差异	相关系数
		1990—1995(1)	1995—2000(2)	(2)-(1)			
SIC 64，保险代理人、经纪人和服务	Y^{G-2}_{BEA-P}	-2.67	4.07	6.74	$Y^{G-2}_{BEA-P}/Y^{S-2}_{BLS-I-U}$	n. a.	n. a.
	$Y^{S-2}_{BLS-I-U}$	n. a.	n. a.	n. a.	$Y^{G-2}_{BEA-P}/Y^{G-2}_{BLS-M-U}$	2.30	-0.11
	$Y^{G-2}_{BLS-M-U}$	-0.41	4.03	4.44	$Y^{S-2}_{BLS-I-U}/Y^{G-2}_{BLS-M-U}$	n. a.	n. a.
SIC 65，房地产	Y^{G-2}_{BEA-P}	2.28	3.18	0.90	$Y^{G-2}_{BEA-P}/Y^{S-2}_{BLS-I-U}$	n. a.	n. a.
	$Y^{S-2}_{BLS-I-U}$	n. a.	n. a.	n. a.	$Y^{G-2}_{BEA-P}/Y^{S-2}_{BLS-M-U}$	n. a.	n. a.
	$Y^{G-2}_{BLS-M-U}$	n. a.	n. a.	n. a.	$Y^{S-2}_{BLS-I-U}/Y^{G-2}_{BLS-M-U}$	n. a.	n. a.
SIC 67，控投和投资办事处	Y^{G-2}_{BEA-P}	1.35	7.85	6.50	$Y^{G-2}_{BEA-P}/Y^{S-2}_{BLS-I-U}$	n. a.	n. a.
	$Y^{S-2}_{BLS-I-U}$	n. a.	n. a.	n. a.	$Y^{G-2}_{BEA-P}/Y^{G-2}_{BLS-M-U}$	n. a.	n. a.
	$Y^{G-2}_{BLS-M-U}$	n. a.	n. a.	n. a.	$Y^{S-2}_{BLS-I-U}/Y^{G-2}_{BLS-M-U}$	n. a.	n. a.
SIC 70，宾馆、公寓、营地及其他住宿场所	Y^{G-2}_{BEA-P}	2.62	3.19	0.57	$Y^{G-2}_{BEA-P}/Y^{S-2}_{BLS-I-U}$	n. a.	n. a.
	$Y^{S-2}_{BLS-I-U}$	n. a.	n. a.	n. a.	$Y^{G-2}_{BEA-P}/Y^{G-2}_{BLS-M-U}$	0.08	0.93
	$Y^{G-2}_{BLS-M-U}$	2.27	2.76	0.49	$Y^{S-2}_{BLS-I-U}/Y^{G-2}_{BLS-M-U}$	n. a.	n. a.
SIC 72，个人服务	Y^{G-2}_{BEA-P}	2.45	2.71	0.26	$Y^{G-2}_{BEA-P}/Y^{S-2}_{BLS-I-U}$	-1.20	0.95
	$Y^{S-2}_{BLS-I-U}$	1.44	2.89	1.45	$Y^{G-2}_{BEA-P}/Y^{G-2}_{BLS-M-U}$	-1.97	0.90
	$Y^{G-2}_{BLS-M-U}$	1.33	3.56	2.23	$Y^{S-2}_{BLS-I-U}/Y^{G-2}_{BLS-M-U}$	-0.78	0.97

（续表）

SIC 两位码行业	产出指标	年度平均增长率		加速度	产出指标比较	加速度差异	相关系数
		1990—1995(1)	1995—2000(2)	(2)-(1)			
SIC 73,商务服务	Y^{G-2}_{BEA-P}	6.76	11.10	4.34	$Y^{G-2}_{BEA-P}/Y^{S-2}_{BLS-I-U}$	n. a.	n. a.
	$Y^{S-2}_{BLS-I-U}$	n. a.	n. a.	n. a.	$Y^{G-2}_{BEA-P}/Y^{G-2}_{BLS-M-U}$	n. a.	n. a.
	$Y^{G-2}_{BLS-M-U}$	n. a.	n. a.	n. a.	$Y^{S-2}_{BLS-I-U}/Y^{G-2}_{BLS-M-U}$	n. a.	n. a.
SIC 75,汽车修理、服务和停车场	Y^{G-2}_{BEA-P}	2.98	4.09	1.12	$Y^{G-2}_{BEA-P}/Y^{S-2}_{BLS-I-U}$	n. a.	n. a.
	$Y^{S-2}_{BLS-I-U}$	n. a.	n. a.	n. a.	$Y^{G-2}_{BEA-P}/Y^{G-2}_{BLS-M-U}$	0.33	0.84
	$Y^{G-2}_{BLS-M-U}$	4.40	5.18	0.79	$Y^{S-2}_{BLS-I-U}/Y^{G-2}_{BLS-M-U}$	n. a.	n. a.
SIC 76,杂项维修服务	Y^{G-2}_{BEA-P}	2.11	0.96	-1.15	$Y^{G-2}_{BEA-P}/Y^{S-2}_{BLS-I-U}$	n. a.	n. a.
	$Y^{S-2}_{BLS-I-U}$	n. a.	n. a.	n. a.	$Y^{G-2}_{BEA-P}/Y^{G-2}_{BLS-M-U}$	n. a.	n. a.
	$Y^{G-2}_{BLS-M-U}$	n. a.	n. a.	n. a.	$Y^{S-2}_{BLS-I-U}/Y^{G-2}_{BLS-M-U}$	n. a.	n. a.
SIC 78,电影	Y^{G-2}_{BEA-P}	3.89	2.95	-0.94	$Y^{G-2}_{BEA-P}/Y^{S-2}_{BLS-I-U}$	n. a.	n. a.
	$Y^{S-2}_{BLS-I-U}$	n. a.	n. a.	n. a.	$Y^{G-2}_{BEA-P}/Y^{S-2}_{BLS-M-U}$	-2.78	0.46
	$Y^{G-2}_{BLS-M-U}$	4.74	6.58	1.83	$Y^{S-2}_{BLS-I-U}/Y^{G-2}_{BLS-M-U}$	n. a.	n. a.
SIC 79,娱乐及休闲服务业	Y^{G-2}_{BEA-P}	6.74	3.87	-2.86	$Y^{G-2}_{BEA-P}/Y^{S-2}_{BLS-I-U}$	n. a.	n. a.
	$Y^{S-2}_{BLS-I-U}$	n. a.	n. a.	n. a.	$Y^{G-2}_{BEA-P}/Y^{G-2}_{BLS-M-U}$	-3.08	0.34
	$Y^{G-2}_{BLS-M-U}$	5.85	6.79	0.94	$Y^{S-2}_{BLS-I-U}/Y^{G-2}_{BLS-M-U}$	n. a.	n. a.

（续表）

SIC 两位码行业	产出指标	年度平均增长率		加速度	产出指标比较	加速度差异	相关系数
		1990—1995(1)	1995—2000(2)	(2) - (1)			
SIC 80，健康服务	Y^{G-2}_{BEA-P}	2.32	2.57	0.25	$Y^{G-2}_{BEA-P}/Y^{S-2}_{BLS-I-U}$	n. a.	n. a.
	$Y^{S-2}_{BLS-I-U}$	n. a.	n. a.	n. a.	$Y^{G-2}_{BEA-P}/Y^{G-2}_{BLS-M-U}$	-0.27	0.91
	$Y^{G-2}_{BLS-M-U}$	2.66	3.18	0.52	$Y^{S-2}_{BLS-I-U}/Y^{G-2}_{BLS-M-U}$	n. a.	n. a.
SIC 81，法律服务	Y^{G-2}_{BEA-P}	-0.66	2.86	3.52	$Y^{G-2}_{BEA-P}/Y^{S-2}_{BLS-I-U}$	n. a.	n. a.
	$Y^{S-2}_{BLS-I-U}$	n. a.	n. a.	n. a.	$Y^{G-2}_{BEA-P}/Y^{S-2}_{BLS-M-U}$	n. a.	n. a.
	$Y^{G-2}_{BLS-M-U}$	n. a.	n. a.	n. a.	$Y^{S-2}_{BLS-I-U}/Y^{G-2}_{BLS-M-U}$	n. a.	n. a.
SIC 82，教育服务	Y^{G-2}_{BEA-P}	2.86	2.75	-0.11	$Y^{G-2}_{BEA-P}/Y^{S-2}_{BLS-I-U}$	n. a.	n. a.
	$Y^{S-2}_{BLS-I-U}$	n. a.	n. a.	n. a.	$Y^{G-2}_{BEA-P}/Y^{G-2}_{BLS-M-U}$	-3.44	0.58
	$Y^{G-2}_{BLS-M-U}$	0.35	3.68	3.33	$Y^{S-2}_{BLS-I-U}/Y^{G-2}_{BLS-M-U}$	n. a.	n. a.
SIC 83，社会服务	Y^{G-2}_{BEA-P}	4.15	5.01	0.87	$Y^{G-2}_{BEA-P}/Y^{S-2}_{BLS-I-U}$	n. a.	n. a.
	$Y^{S-2}_{BLS-I-U}$	n. a.	n. a.	n. a.	$Y^{G-2}_{BEA-P}/Y^{S-2}_{BLS-M-U}$	n. a.	n. a.
	$Y^{G-2}_{BLS-M-U}$	n. a.	n. a.	n. a.	$Y^{S-2}_{BLS-I-U}/Y^{G-2}_{BLS-M-U}$	n. a.	n. a.
SIC 86，会员组织	Y^{G-2}_{BEA-P}	3.21	1.05	-2.15	$Y^{G-2}_{BEA-P}/Y^{S-2}_{BLS-I-U}$	n. a.	n. a.
	$Y^{S-2}_{BLS-I-U}$	n. a.	n. a.	n. a.	$Y^{G-2}_{BEA-P}/Y^{G-2}_{BLS-M-U}$	n. a.	n. a.
	$Y^{G-2}_{BLS-M-U}$	n. a.	n. a.	n. a.	$Y^{S-2}_{BLS-I-U}/Y^{G-2}_{BLS-M-U}$	n. a.	n. a.

（续表）

SIC 两位码行业	产出指标	年度平均增长率		加速度	产出指标比较	加速度差异	相关系数
		1990—1995(1)	1995—2000(2)	(2)－(1)			
SIC 88，私人住户	Y^{G-2}_{BEA-P}	1.43	－0.42	－1.84	$Y^{G-2}_{BEA-P}/Y^{S-2}_{BLS-I-U}$	n.a.	n.a.
	$Y^{S-2}_{BLS-I-U}$	n.a.	n.a.	n.a.	$Y^{G-2}_{BEA-P}/Y^{G-2}_{BLS-M-U}$	n.a.	n.a.
	$Y^{G-2}_{BLS-M-U}$	n.a.	n.a.	n.a.	$Y^{S-2}_{BLS-I-U}/Y^{G-2}_{BLS-M-U}$	n.a.	n.a.

注：n.a.表示无法得到。以下行业的产出数据不可得：SIC 01，农业生产作物；SIC 02，农业生产、家畜和动物特产；SIC 07，农业服务；SIC 08，林业；SIC 09，渔业、狩猎和捕兽；SIC 15，房屋建筑、总承包商和实际施工人员；SIC 16，除房屋建筑外的重大建筑工程；SIC 17，建筑、特殊贸易承包商；SIC 84，博物馆、艺术馆以及植物园和动物园；SIC 87，工程、会计、调查、管理和相关服务；SIC 91，管理人员、立法和一般政府，除了金融；SIC 92，司法、社会治安和安全；SIC 93，公共财政、税收和货币政策；SIC 94，人力资源管理计划；SIC 95，环境质量和住房管理；SIC 96，经济计划管理；SIC 97，国家安全和国际事务；SIC 99，不能分类的基层单位。

以年度变化一致性为基础计算相关系数，在 SIC 14、40、41、42、44、45、46、47、48、49、62、63、64、75、78、79 和 82 这些行业中，Y^{G-2}_{BEA-P} 和 $Y^{G-2}_{BLS-M-U}$ 这两个非制造业产出指标显示出不同的年度运动。关于 Y^{G-2}_{BEA-P} 和 $Y^{S-2}_{BLS-I-U}$ 的比较只限于 SIC 两位码级别上的 SIC 12、13、14 和 72，其中 SIC 13 和 72 的加速度差异大于 0.9 个百分点，SIC 13 的年度运动差异也比较大。对 SIC 13、14 和 72 的 $Y^{G-2}_{BLS-M-U}$ 和 $Y^{S-2}_{BLS-I-U}$ 进行比较，同样显示出 SIC 13 中加速和年度运动差异比较突出。这些结果显示出，对 SIC 10、13、41、42、44、45、46、48、49、62、63、64、72、78、79 和 82 这些行业而言，需要就 BEA 和 BLS 产出指标做进一步的检验。

差异的来源

在 SIC 两位码行业 12、14、22、23、24、25、26、28、30、32、33、34、36、37、70、75 和 80 中，BEA 和 BLS 实际产出指标在增长率方面具有非常相近的趋势增长率和年度运动。[46] 然而，按此标准，SIC 10、13、20、21、27、29、31、35、38、39、40、41、42、44、45、46、47、48、49、62、63、64、72、78、79 和 82 的 BEA 和 BLS 产出指标则有明显不同。造成这些产出估计值之间差异的原因可能包括：在原始数据、缩减方法方面的差异，对原始数据的调整，以及产出概念的差异。

原始数据　对所得到的现价美元估计值的趋势增长率和相关性进行比较，可以考察原始数据方面的差异。如果产出指标的现价美元趋势增长率不同，并且现价美元年度增长率的相关性较低，原始数据最有可能存在根本性差别。在上面确定的实际产出增长率具有明显差异的 26 个行业中，有 19 个在其现价美元增长率中表现出类似的差异。正如在附录表 9B.3 中所显示的，这 19 个行业是 SIC 10、13、20、21、27、38、41、44、45、46、47、48、49、62、63、64、78、79 和 82。在这些行业中，SIC 20、38、63 和 64 具有小于 0.90 个百分点的加速差异，但两个或更多的产出指标之间的相关系数则小于 0.85。在其余行业中，SIC 27、48 和 49 的加速度差异在 0.9 个百分点到 2.0 个百分点之间变动；SIC 41 和 82 在 2.0 个百分点到 3.0 个百分点之间；SIC 21、45、78 和 79 在 3.0 个百分点到 4.0 个百分点之间；SIC 10、13、44、46、47 和 62 从 4.0 个百分点到大于 12.0 个百分点。对于这些行业中的每一个来说，两个或更多的产出指标之间的相关系数，在大多数情况下，都大大低于 0.85。对于全部可获取的产出指标来说，SIC 29、31、35、39、40、42 和 72 的现价美元产出序列看来都是相 398

[46] 还没有对每一个这些行业组中更为详细的三位码、四位码行业进行比较。

似的。

价格指数和缩减方法　对固定价美元和现价美元产出序列趋势增长率之间的差异进行比较,可以考察价格指数和缩减方法方面的差异。如果按固定价美元和现价美元产出指标计算的趋势增长率之间存在显著差异,就要考虑价格指数或缩减方法的差异。正如表9B.3所显示的,有15个行业(SIC 10、13、21、40、42、44、46、47、48、49、62、63、64、78和82)显示出固定价美元和现价美元产出序列的加速差异大于0.90个百分点,这表明差异应归因于价格指数的不同选择或所用缩减方法的不同。在这些行业中,SIC 40、42、44、46、48、63和82的固定价美元和现价美元加速差异在0.9个百分点到2.0个百分点之间变动;SIC 64在2.0个百分点到3.0个百分点之间;SIC 13、21、49和62在3.0个百分点到4.0个百分点之间;SIC 10、47和78在4.0个百分点到7.0个百分点之间。看起来,SIC 20、27、29、31、35、38、39、41、45、72和79的产出序列使用了相似的价格指数和缩减方法。

数据调整　利用已发布的BEA产出指标和未经调整的BEA产出指标,在这两个产出指标都能得到的那些SIC两位码行业,对趋势增长率及其加速进行比较,可以考察BEA对基础原始数据调整所带来的影响。[47] 正如表9.11所显示的,1990—1995年和1995—2000年,BEA调整对趋势增长率有重要影响的行业包括:SIC 21,烟草制品;SIC 31,皮革及皮革产品;SIC 35,工业和商业机械及电脑设备;SIC 39,其他制造业;SIC 46,管道运输,除了天然气。对SIC 21,BEA的调整导致$Y_{\text{BEA-P}}^{\text{G-2}}$和$Y_{\text{BLS-I-U}}^{\text{S-2}}$之间出现了不大但却在增加的加速差异。对SIC 31、35、39和46,BEA的调整看来扩大了$Y_{\text{BEA-P}}^{\text{G-2}}$、$Y_{\text{BLS-I-U}}^{\text{S-2}}$和$Y_{\text{BLS-M-U}}^{\text{G-2}}$之间的加速度差异。

产出概念　对每一个SIC两位码制造业计算$Y_{\text{BLS-M-P}}^{\text{S-2}}$产出与基础总(生产价值)产出序列的相关性,可以考察使用部门产出概念而非总产出概念
400 所带来的影响。只有SIC 21和23具有低于0.97的相关系数,分别为$R=0.85$和0.64。由此可见,产出概念定义上的这一特殊差异,对解释任意给定行业组不同产出序列之间的差异作用最小。

㊼　SIC 20—39、46和64。

表 9.11　BEA 调整的（Y^{G-2}_{BEA-P}）和未调整的（Y^{G-2}_{BEA-U}）产出指标比较（产出序列的固定价美元年度百分比变化）

SIC 两位码行业	加速度率（1990—1995，1995—2000）		Y^{G-2}_{BEA-P}（调整的）与 $Y^{S-2}_{BLS-I-U}$		Y^{G-2}_{BEA-U}（未调整的）与 $Y^{S-2}_{BLS-I-U}$		Y^{G-2}_{BEA-P}（调整的）与 $Y^{S-2}_{BLS-M-P}$（或对 SIC 46，$Y^{G-2}_{BEA-M-U}$）		Y^{G-2}_{BEA-U}（未调整的）与 $Y^{S-2}_{BLS-M-P}$（或对 SIC 46，$Y^{G-2}_{BEA-M-U}$）	
	Y^{G-2}_{BEA-P}（调整的）	Y^{G-2}_{BEA-U}（未调整的）	加速度率差异	相关系数	加速度率差异	相关系数	加速度率差异	相关系数	加速度率差异	相关系数
SIC 21，烟草制品	-2.95	-3.84	0.66	0.996	-0.23	1.000	0.95	0.977	0.06	0.988
SIC 31，皮革及皮革产品	0.38	1.1	-1.14	0.949	-0.42	0.995	-1.23	0.923	-0.50	0.959
SIC 35，工业和商业机械及电脑设备	0.94	1.91	-1.09	0.991	-0.12	0.993	-1.15	0.976	-0.18	0.985
SIC 39，其他制造业	1.78	0.96	0.96	0.954	0.15	0.957	0.94	0.867	0.13	0.831
SIC 46，管道运输，除了天然气	5.52	2.93	n. a.	n. a.	n. a.	n. a.	7.17	0.617	4.58	0.151

注：SIC 02、07、08、09、10、12、13、14、15、16、17、37、40、41、42、43、44、45、47、48、49、50、51、52、53、54、55、56、57、58、59、61、61、62、63、65、70、72、73、75、76、78、79、80、82、83、84、86、87、88、91、92、93、94、95、96、97 和 99 中比较所需的数据得不到。

案例研究

对某些产出指标具有明显差异的 SIC 两位码行业来说,两位码级别上的差异可以到更为详细的三位码和四位码行业中找寻根源。[48] 能够得到足够详细数据的行业包括:10,金属开采;20,食品及相关产品;21,烟草制品;27,印刷业、出版业及相关行业;29,石油加工及相关行业;31,皮革及皮革产品;35,工业和商业机械及电脑设备;38,测量、分析和控制仪器,摄影、医疗和光学用品,表和钟;39,其他制造业;48,通信;72,个人服务;78,电影。以下从这些行业类别中选择 SIC 10、27、29、31、35、38、48 和 72 进行案例研究。表 9B.3 总结了这些行业类别的数据。对 BEA 和 BLS 所给出的构成这些两位码行业基础的 SIC 三位码和四位码行业数据进行比较,即可确定三位码和四位码级别上的产出指标差异是否对较高级别的差异有所贡献。

金属开采(SIC 10)　在此行业中,作为基础的四位码行业绝对地显示出其产出指标的差异。在两位码级别上,Y^{G-2}_{BEA-P} 和 $Y^{G-2}_{BLS-M-U}$ 固定价美元和现价美元产出序列具有明显不同。正如在表 9B.4 中所看到的那样,在四位码级别上,9 个行业中可以得到 5 个行业的 Y^{G-4}_{BEA-U} 和 $Y^{S-4}_{BLS-I-P,U}$ 产出序列,在这 5 个行业中,有 4 个其 Y^{G-4}_{BEA-U} 和 $Y^{S-4}_{BLS-I-P,U}$ 实际产出序列的加速差异在 -1.28 个百分点到 7.54 个百分点之间。对每一个四位码行业而言,其名义 Y^{G-4}_{BEA-U} 和 $Y^{S-4}_{BLS-I-P,U}$ 产出的年度变化百分比高度相关,虽然行业 1011、1041 和 1044 的现价美元趋势增长率具有不同,特别是在 1990—1995 年间。

印刷业、出版业及相关行业(SIC 27)　Y^{G-2}_{BEA-P} 和 $Y^{S-2}_{BLS-I-U}$ 实际产出序列显示出 -1.51 个百分点的加速差异和 0.769 的相关系数。在 8 个基础性三位码行业中,3 个具有 Y^{G-3}_{BEA-U} 和 $Y^{S-3}_{BLS-I-P}$ 实际产出序列,其加速差异在 -2.09 个百分点到 -5.70 个百分点之间,第四个行业的 Y^{G-3}_{BEA-U} 和 $Y^{S-3}_{BLS-I-P}$ 实际产出
401 序列具有 0.269 的相关系数。对应的 14 个四位码行业中,有 4 个其实际产出指标 Y^{G-4}_{BEA-U} 和 $Y^{S-4}_{BLS-I-P}$ 的年度变化百分比之间具有较低的相关性。特别显著的是 SIC 2771(贺卡),相关性只有 0.269。

石油加工及相关行业(SIC 29)　之所以包括这一行业,主要是因为其 Y^{G-2}_{BEA-P} 和 $Y^{S-2}_{BLS-I-P}$ 产出序列之间及 Y^{G-2}_{BEA-P} 和 $Y^{S-2}_{BLS-M-P}$ 产出序列之间的相关系数极低(前者为 -0.044,后者为 -0.013)。察看本组中 3 个三位码行业的固定

[48] 因为不能从 BLS 主要部门程序中获得 SIC 三位码和四位码产出指标,由此这里的比较只限于能同时从 BEA 和 BLS 行业生产率程序获得产出指标的那些行业。

价美元产出序列，显示出 SIC 291（石油炼制）在 Y^{G-3}_{BEA-U} 和 $Y^{S-3}_{BLS-I-P}$ 产出序列之间也具有非常低的负相关系数（－0.130）。但其中每个行业的 BEA 和 BLS 现价美元数据序列之间都高度相关。[49]

皮革及皮革产品（SIC 31）　看起来，$Y^{S-2}_{BLS-I-U}$ 和 $Y^{S-2}_{BLS-M-P}$ 两个产出序列都与 Y^{G-2}_{BEA-P} 产出序列不同。在 7 个基础性三位码行业中，使用 Y^{G-3}_{BEA-U} 和 $Y^{S-3}_{BLS-I-U,P}$ 产出序列进行比较，其中 4 个行业的加速差异在 1.24 个百分点到 －8.77 个百分点之间，并且其中有 1 个行业（SIC 313），这两个产出序列之间的相关系数仅为 0.611。这 7 个三位码行业中，有 6 个按现价美元计算的上述产出指标数据序列之间有较高的相关性，SIC 313 的相关系数则为 0.625。

工业和商业机械及电脑设备（SIC 35）　对该行业来说，$Y^{S-2}_{BLS-I-U}$ 和 $Y^{S-2}_{BLS-M-P}$ 两个序列的加速都比 Y^{G-2}_{BEA-P} 产出序列高出大约一个百分点。在 9 个三位码行业中，除了一个行业外，Y^{G-3}_{BEA-U} 和 $Y^{S-3}_{BLS-I-P}$ 实际产出序列看起来都非常接近。SIC 357（计算机和办公设备）在 1990—1995 年和 1995—2000 年之间显示出相当大的加速，在 Y^{G-3}_{BEA-U} 和 $Y^{S-3}_{BLS-I-P}$ 实际产出序列序列的加速之间具有 －2.87 个百分点的差异。这可能在某种程度上受 BEA 对基础数据的调整所致。

测量、分析和控制仪器，摄影、医疗和光学用品，表和钟（SIC 38）　该行业在两位码级别上显示出产出序列之间的差异，主要是因为在 Y^{G-2}_{BEA-P} 和 $Y^{S-2}_{BLS-M-P}$ 序列之间，以及 $Y^{S-2}_{BLS-I-U}$ 和 $Y^{S-2}_{BLS-M-P}$ 序列之间呈现出较低的相关性（前者为 0.597，后者为 0.701）。这些序列在 1990—1995 年和 1995—2000 年的趋势增长率大致相同。在有关 SIC 38 的产出指标中，每一个行业的现价美元数据序列之间也都具有非常差的相关性。在本组的 6 个三位码行业中，SIC 381（检索、探测、咨询、航空航天和航海）的 Y^{G-3}_{BEA-U} 和 $Y^{S-3}_{BLS-I-P}$ 固定价美元产出指标加速度之间具有 －1.09 个百分点的差异，而 SIC 387（表、钟和发条控制设备）的 Y^{G-3}_{BEA-U} 和 $Y^{S-3}_{BLS-I-U}$ 固定价美元产出指标加速具有 5.61 个百 402
分点的差异。但是，在三位码级别上，各产出序列的实际和名义年度变化百分比却高度相关。

通信（SIC 48）　从 Y^{G-2}_{BEA-P} 和 $Y^{G-2}_{BLS-M-U}$ 产出序列加速之间的差异和 0.70 的相关系数，可以发现两位码产出序列之间的不同。在三位码级别上，可

[49] 应该注意，用于与 Y^{G-3}_{BEA-U} 比较的 $Y^{S-3}_{BLS-I-P}$ 是一个实物量指标，它是用普查局的出货价值数据开发的。

以得到数据的行业是 SIC 483(无线电和电视广播电台)和 SIC 484(电缆和其他付费电视台)。对于这两个行业来说,就像产出序列之间的加速差异和低相关性所显示的那样,$Y^{G\text{-}3}_{BEA\text{-}U}$和$Y^{S\text{-}3}_{BLS\text{-}I\text{-}P}$固定价美元产出序列之间具有不同。对 SIC 483,$Y^{G\text{-}3}_{BEA\text{-}U}$和$Y^{S\text{-}3}_{BLS\text{-}I\text{-}P}$指标加速之间有 -1.21 个百分点的差异,相关系数为 0.73。对 SIC 484,$Y^{G\text{-}3}_{BEA\text{-}U}$和$Y^{S\text{-}3}_{BLS\text{-}I\text{-}P}$指标加速之间有 -1.70 个百分点的差异,相关系数为 0.47。对应 SIC 483 和 484,$Y^{G\text{-}3}_{BEA\text{-}U}$和$Y^{S\text{-}3}_{BLS\text{-}I\text{-}P}$现价美元产出序列年度百分比变化之间的相关系数分别为 0.392 和 0.494,说明在基础数据中即存在差异。

SIC 四位码行业的指标差异

除了对 SIC 两位码制造业的$Y^{G\text{-}2}_{BEA\text{-}P}$、$Y^{S\text{-}2}_{BLS\text{-}I\text{-}U}$和$Y^{S\text{-}2}_{BLS\text{-}M\text{-}P}$产出指标进行比较外,我们还对所有能够获得 BEA 和 BLS 之 SIC 实际产出指标的四位码行业,就这两个指标进行了比较。有关四位码行业的 BEA 指标$Y^{G\text{-}4}_{BEA\text{-}U}$,要么是未经调整的总产出指标——主要基于普查局的年度调查数据[50]并被衔接到投入产出账户(非制造业),要么是未经调整的基于出货价值的产出指标(制造业)。四位码行业的 BLS 指标$Y^{S\text{-}4}_{BLS\text{-}I\text{-}U,P}$是 BLS 部门产出指标,通常以来自普查局的五年一次普查和年度调查数据为基础。不太常见的情形是,在某些行业中,这些指标是以实物量数据为基础的。在两个产出指标都能获得的行业中,计算了从 1990—1995 年到 1995—2000 年的增长加速及其差异。对 458 个 SIC 四位码行业中的 128 个(大约占 28%)进行了比较,发现在$Y^{G\text{-}4}_{BEA\text{-}U}$和$Y^{S\text{-}4}_{BLS\text{-}I\text{-}U,P}$产出指标的速度之间存在大于 1.0 个百分点的差异。

细分行业指标差异总结

尽管在制造业更细层面上的 BEA 和 BLS 产出指标非常接近,仍然有
403 必要强调在现价美元原始数据和机构特定调整方面的某些差异,以便提高这些指标之间的一致性。对于大多数非制造业来说,BEA 和 BLS 产出指标具有明显不同,主要是因为在基础原始数据、价格指数选择和缩减方法上存在的差异。然而,这些差异是可以解决的。强烈建议要为了解 BEA 和 BLS 在非制造业产出指标之间的差异——在所有层次上——做出努力,这将为数据用户带来巨大的潜在效益。在适当情况下,给定测算的目的,就可以达成指标之间更大的一致性。最后,应该记录并说明保留产出指标之间差异的原因。

---

[50] 尽管这些指标通常以普查局的年度调查数据为基础,它们也可能涉及来自一系列其他来源的数据。

9.5 结　　论

本章朝着为美国经济构建一套完整的综合生产账户的目标迈出了最初的几步。其中包括一个理想框架的说明、一个示例性综合总量级别账户的构造，以及对 BEA 和 BLS 发布的各种产出指标的集中考察。

本章勾勒了一个比以前国民核算文献提出的更加雄心勃勃的“生产账户”框架，力图沿着 JGF 的线路从头汇集用于解释经济增长的各种数据。框架由各行业商品生产和行业间流量数据（两者都以名义形式，类似于在投入产出体系中可以得到的数据）以及商品价格数据开始。通过生产账户描述了进行缩减和按 Divisia 或最佳汇总的方法，由此即得到实际产出、实际投入和生产率各项指标。

本章还针对美国私人企业和私人非农企业给出了一个综合总量生产账户，以此说明如何用来自 BEA 国民账户各行项目实现从总体经济名义 GDP 到企业部门名义产出的转换过程，以及反过来如何构成诸如劳动报酬、财产性收入、间接税、补贴和统计误差等组成部分。对于企业部门，本章还给出了由 BEA 发布的实际产出，以及由 BLS 发布的实际投入和 MFP。

最后，本章介绍了迄今为止最全面的努力——记录、显示并比较能从 BEA 和 BLS 获得的各种行业产出指标。本章描述了哪些指标是可以得到的，它们是如何由不同机构组合在一起的，以及如何对这些指标进行实证比较。我们进行了一些比较，以评估所存在的差异应该归因于名义产出的差异（数据来源的差异）、概念的差异、对数据调整的差异，还是缩减的差 404
异。将来，这两个机构可以利用这些比较结果构建不同序列之间的对照表，并在条件成熟时用于减少差异。比较是以电子数据表形式进行的，这些材料各研究团体都可以得到。

本章是 BEA 和 BLS 间重要合作的第一步。为实现改善账户精确性的目标，未来的努力将集中于进一步解释及记录 BEA 和 BLS 指标之间的差异。捕捉这两个数据体系各自的最佳特点，在适当时对这些指标予以协调和整合，提高对剩余差异的了解，即可达到改善的境地，为经济研究提供便利——特别是针对经济增长和生产率的研究。在某些情况下，BEA 和 BLS 的指标之间出现不同，是因为测算的主要目的所决定的方法差异。比如，BEA 每五年一次建立基准投入产出账户。投入产出表一般要求将贸易部门作为增值加价部门（margin sector）单列，因此 BEA 要遵循这一常规。另一方面，BLS 估计贸易生产率时，却要以销量来定义部门产出。在其他一些情形中，只要机构之间对方法进行协调，即可使 BEA 方法被 BLS 接受（或者相反），此时所谓方法性差异实际上就只是一个决策问题。在此情形下，BEA 和 BLS 应该在相关人员联合审查方法之后对方法进行协调。接下来，向 NAICS 过渡，并基于 NAICS 进行历史时间序列估计，这些课题都是实现跨机构方法协调的重要机会。

附录 A

表 9A.1 BLS 时间序列：私人企业（MFP 表 PB1a，PB1b 和 PB4b）

年份	与表 1 相关的时间序列（10 亿美元）			与表 3 相关的指数时间序列（1996 = 100.0）				
	行 9b	行 9b-ii	行 9b-i					
	当期美元产出	劳动报酬	资本服务成本	实际产出	劳动投入	资本服务	合并投入量	多要素生产率
1948	225.5	142.4	68.8	18.6	51.1	17.2	36.1	51.6
1949	218.3	137.0	66.2	18.6	49.4	17.6	35.6	52.2
1950	243.0	149.9	76.7	20.5	50.3	18.3	36.5	56.0
1951	276.6	171.1	87.7	21.8	52.1	19.3	38.0	57.3
1952	288.6	181.3	87.5	22.2	52.2	19.9	38.5	57.8
1953	303.9	194.4	88.2	23.2	53.2	20.5	39.3	59.1
1954	301.9	193.2	87.7	23.0	51.7	20.9	38.8	59.2
1955	331.4	206.5	102.2	24.9	53.7	21.6	40.2	62.0
1956	352.1	223.6	104.2	25.4	54.6	22.3	41.1	61.7
1957	367.7	234.6	108.3	25.8	53.9	23.0	41.1	62.6
1958	366.3	233.1	107.9	25.3	51.6	23.4	40.1	62.9
1959	400.3	251.7	121.0	27.1	53.7	23.9	41.6	65.1
1960	413.6	262.4	121.0	27.5	54.0	24.6	42.1	65.5
1961	424.6	268.8	125.2	28.1	53.3	25.1	42.0	66.9
1962	455.6	286.9	136.8	29.9	54.8	25.8	43.2	69.3
1963	479.9	299.5	147.1	31.3	55.2	26.7	43.8	71.4
1964	514.4	321.8	156.9	33.3	56.2	27.6	44.9	74.2
1965	559.0	346.3	174.7	35.6	58.0	28.9	46.5	76.6
1966	608.2	381.3	187.5	38.1	59.5	30.5	48.2	78.9
1967	638.4	403.3	193.0	38.8	59.4	32.3	49.1	79.0
1968	697.1	440.9	209.0	40.7	60.3	33.7	50.3	81.1
1969	752.3	483.2	217.4	42.0	62.1	35.5	52.1	80.6
1970	780.9	508.5	216.5	42.0	61.0	37.1	52.2	80.5
1971	842.0	539.1	240.7	43.6	60.5	38.7	52.5	83.0

（续表）

年份	与表 1 相关的时间序列（10 亿美元）			与表 3 相关的指数时间序列（1996 = 100.0）				
	行 9b	行 9b-ii	行 9b-i					
	当期美元产出	劳动报酬	资本服务成本	实际产出	劳动投入	资本服务	合并投入量	多要素生产率
1972	931.2	594.3	272.0	46.5	62.6	40.3	54.5	85.5
1973	1 050.8	673.6	306.7	49.8	64.8	42.6	56.8	87.8
1974	1 132.1	735.5	319.5	49.0	65.2	44.9	57.9	84.6
1975	1 222.0	771.9	368.9	48.5	62.4	46.6	56.8	85.4
1976	1 367.9	868.2	414.0	51.9	64.2	48.1	58.5	88.6
1977	1 540.7	972.4	467.4	54.8	66.8	50.0	60.9	90.0
1978	1 757.3	1 115.3	524.7	58.2	70.2	52.2	63.9	91.2
1979	1 959.2	1 262.4	568.5	60.2	72.4	54.8	66.2	90.8
1980	2 117.8	1 374.0	602.1	59.4	71.9	57.6	67.0	88.8
1981	2 382.8	1 510.8	705.1	61.0	73.0	60.5	68.7	88.9
1982	2 468.6	1 576.6	739.9	59.3	71.7	63.0	68.8	86.2
1983	2 643.6	1 673.4	799.1	62.5	73.4	65.0	70.5	88.6
1984	2 992.3	1 867.1	934.5	68.1	77.7	68.1	74.4	91.5
1985	3 205.2	2 010.8	983.8	71.0	79.6	71.3	76.8	92.4
1986	3 344.3	2 134.1	990.0	73.6	80.4	74.4	78.4	93.9
1987	3 591.9	2 274.7	1 088.3	76.3	83.1	76.9	81.0	94.2
1988	3 906.9	2 461.9	1 212.6	79.6	86.3	79.2	83.9	94.8
1989	4 132.8	2 606.3	1 273.6	82.4	88.8	81.6	86.4	95.3
1990	4 329.9	2 750.1	1 317.4	83.6	89.4	83.8	87.5	95.5
1991	4 432.0	2 800.7	1 328.8	82.6	88.3	85.7	87.4	94.5
1992	4 661.3	2 956.9	1 381.2	85.7	89.3	87.5	88.7	96.7
1993	4 897.5	3 101.3	1 451.3	88.5	91.8	89.7	91.1	97.1
1994	5 239.6	3 265.5	1 602.6	92.8	95.6	92.5	94.6	98.2
1995	5 541.7	3 430.6	1 700.8	95.8	98.0	96.0	97.3	98.4
1996	5 874.5	3 600.7	1 839.8	100.0	100.0	100.0	100.0	100.0
1997	6 299.3	3 830.0	1 973.2	105.2	103.5	104.9	104.0	101.2
1998	6 729.2	4 149.7	2 043.6	110.5	106.1	111.3	107.9	102.5
1999	7 121.6	4 446.1	2 154.8	115.7	109.0	117.9	111.9	103.4
2000	7 624.2	4 819.4	2 222.6	120.4	110.1	124.5	114.7	105.0
2001	7 748.8	4 899.9	2 255.5	120.2	109.5	129.6	115.7	103.9

表 9A.2　BLS 时间序列：私人非农企业(MFP 表 NFB1a,NFB1b 和 NFB4b)

年份	与表 1 相关的时间序列（10 亿美元）			与表 3 相关的指数时间序列（1996 = 100.0）				
	行 9b	行 9b-ii	行 9b-i					
	当期美元产出	劳动报酬	资本服务成本	实际产出	劳动投入	资本服务	合并投入数量	多要素生产率
1948	203.2	128.6	60.2	18.0	44.1	15.2	31.8	56.4
1949	200.6	126.3	59.1	17.9	42.2	15.6	31.2	57.6
1950	224.1	139.0	68.6	19.7	43.7	16.2	32.3	61.1
1951	254.7	159.6	77.2	21.3	45.8	17.1	33.9	62.7
1952	267.6	170.7	77.0	21.8	46.6	17.7	34.7	62.7
1953	285.0	184.9	78.6	22.7	48.1	18.2	35.8	63.5
1954	283.5	183.9	78.5	22.4	46.7	18.7	35.3	63.5
1955	314.0	198.4	92.7	24.4	48.6	19.3	36.7	66.5
1956	334.8	215.6	94.5	24.9	49.9	20.1	37.8	65.9
1957	350.6	226.7	98.2	25.4	49.8	20.7	38.1	66.6
1958	347.2	224.6	96.4	24.9	47.7	21.1	37.2	66.8
1959	382.8	243.9	110.7	26.7	49.9	21.6	38.7	69.1
1960	395.2	254.7	109.5	27.2	50.1	22.3	39.2	69.4
1961	405.9	260.5	113.4	27.7	49.9	22.9	39.3	70.5
1962	436.9	278.2	125.1	29.6	51.5	23.6	40.6	73.0
1963	461.0	291.2	135.0	31.0	52.1	24.4	41.4	75.0
1964	496.6	313.5	145.6	33.1	53.4	25.4	42.6	77.8
1965	538.7	336.9	161.7	35.5	55.4	26.6	44.3	80.0
1966	587.0	371.2	173.5	38.0	57.2	28.3	46.2	82.3
1967	618.0	394.2	178.9	38.7	57.1	30.0	47.0	82.2
1968	676.2	431.6	194.4	40.8	58.2	31.4	48.3	84.4
1969	729.1	473.3	200.8	42.0	60.1	33.1	50.2	83.6
1970	756.8	497.9	199.8	41.9	59.3	34.8	50.5	83.1
1971	816.2	528.4	222.9	43.6	58.9	36.3	50.9	85.6
1972	901.0	582.5	250.1	46.6	60.9	38.1	52.8	88.2
1973	1 003.6	657.2	273.4	50.0	63.3	40.3	55.2	90.7
1974	1 087.4	720.5	289.3	49.2	63.7	42.6	56.3	87.4
1975	1 175.9	756.4	337.6	48.4	60.9	44.3	55.2	87.6

（续表）

年份	与表 1 相关的时间序列（10 亿美元）			与表 3 相关的指数时间序列（1996 = 100.0）				
	行 9b	行 9b-ii	行 9b-i					
	当期美元产出	劳动报酬	资本服务成本	实际产出	劳动投入	资本服务	合并投入数量	多要素生产率
1976	1 324.3	853.0	384.9	51.9	62.8	45.9	57.0	91.1
1977	1 496.5	957.4	436.5	54.9	65.4	47.7	59.3	92.4
1978	1 705.7	1 099.4	486.6	58.4	68.8	49.9	62.3	93.7
1979	1 898.2	1 244.3	524.5	60.3	71.1	52.6	64.8	93.1
1980	2 065.3	1 357.8	564.8	59.6	70.7	55.4	65.5	91.0
1981	2 316.8	1 493.6	654.8	60.8	71.7	58.4	67.2	90.5
1982	2 407.4	1 559.2	693.9	59.0	70.6	61.0	67.4	87.5
1983	2 598.4	1 658.5	761.3	62.8	72.3	63.3	69.3	90.6
1984	2 927.7	1 849.9	880.1	68.1	76.7	66.4	73.3	93.0
1985	3 141.9	1 993.9	931.3	70.8	78.8	69.8	75.8	93.4
1986	3 285.2	2 117.6	937.9	73.5	79.8	73.0	77.6	94.8
1987	3 530.4	2 257.1	1 030.9	76.2	82.5	75.8	80.3	94.9
1988	3 846.7	2 442.2	1 160.5	79.7	85.9	78.3	83.4	95.6
1989	4 060.3	2 584.3	1 213.9	82.4	88.5	80.8	86.0	95.8
1990	4 254.3	2 725.4	1 259.0	83.5	89.2	83.2	87.2	95.8
1991	4 362.8	2 777.3	1 276.2	82.5	87.9	85.1	87.0	94.8
1992	4 584.9	2 932.7	1 321.4	85.5	89.0	87.0	88.4	96.7
1993	4 828.3	3 076.1	1 396.0	88.4	91.8	89.4	91.0	97.2
1994	5 160.3	3 237.3	1 545.1	92.6	95.4	92.2	94.3	98.2
1995	5 473.1	3 404.0	1 652.8	95.8	97.8	95.8	97.2	98.6
1996	5 787.1	3 570.8	1 776.1	100.0	100.0	100.0	100.0	100.0
1997	6 216.1	3 800.4	1 913.2	105.1	103.6	105.1	104.1	101.0
1998	6 654.0	4 120.6	1 986.5	110.5	106.4	111.7	108.1	102.2
1999	7 052.0	4 415.7	2 097.3	115.7	109.5	118.5	112.4	102.9
2000	7 552.3	4 789.7	2 161.0	120.2	110.6	125.4	115.2	104.4
2001	7 674.3	4 866.4	2 197.0	120.1	110.1	130.5	116.3	103.3

表 9A.3　与表 1 相关的 BEA 名义时间序列(10 亿美元)

年份	表 1							
	行 1	行 2	行 2a	行 2b	行 3	行 4	行 6	行 7
	NIPA 表 1.7				NIPA 表 8.21			
	行 1	行 7	行 8	行 9	行 10	行 2	行 172	行 173
	国内生产总值	住户和机构	私人住户	服务于个人的 NPI	一般政府	国内企业生产总值	业主自用房屋	服务于个人的 NPI 拥有和使用的非房屋资产的租赁价值
1948	269.6	5.6	2.4	3.2	27.3	236.6	8.4	0.8
1949	267.7	5.9	2.4	3.6	28.4	233.3	9.4	0.8
1950	294.3	6.5	2.6	3.9	28.7	259.1	10.6	0.9
1951	339.5	6.9	2.7	4.3	35.8	296.8	12.2	1.0
1952	358.6	7.2	2.6	4.6	40.5	310.9	14.0	1.1
1953	379.9	7.8	2.7	5.1	42.2	329.9	15.9	1.1
1954	381.1	8.r	2.6	5.5	43.5	329.4	17.7	1.2
1955	415.2	9.1	3.1	6.1	45.9	360.2	19.3	1.3
1956	438.0	9.9	3.3	6.6	49.2	378.9	21.0	1.4
1957	461.5	10.6	3.3	7.3	52.6	398.3	22.8	1.6
1958	467.9	11.5	3.5	8.0	55.9	400.5	24.8	1.6
1959	507.4	12.4	3.6	8.9	58.4	436.6	26.9	1.6
1960	527.4	13.9	3.8	10.1	62.1	451.3	29.2	1.8
1961	545.7	14.5	3.7	10.7	66.1	465.1	31.2	1.9
1962	586.5	15.6	3.8	11.8	70.9	500.0	33.6	2.0

（续表）

年份	表 1							
	行 1	行 2	行 2a	行 2b	行 3	行 4	行 6	行 7
	NIPA 表 1.7				NIPA 表 8.21			
	行 1	行 7	行 8	行 9	行 10	行 2	行 172	行 173
	国内生产总值	住户和机构	私人住户	服务于个人的 NPI	一般政府	国内企业生产总值	业主自用房屋	服务于个人的 NPI 拥有和使用的非房屋资产的租赁价值
1963	618.7	16.7	3.8	12.8	75.7	526.3	35.6	2.2
1964	664.4	17.9	3.9	14.0	81.3	565.2	37.6	2.4
1965	720.1	19.3	4.0	15.3	86.8	613.9	40.1	2.6
1966	789.3	21.3	4.0	17.2	97.0	671.0	42.8	2.9
1967	834.1	23.4	4.2	19.2	107.3	703.4	45.6	3.2
1968	911.5	26.1	4.4	21.7	119.3	766.1	48.4	3.6
1969	985.3	29.5	4.4	25.0	130.5	825.4	52.3	4.0
1970	1 039.7	32.4	4.5	27.9	144.2	863.1	56.1	4.5
1971	1 128.6	35.6	4.6	31.0	157.3	935.7	61.5	5.0
1972	1 240.4	38.9	4.6	34.3	171.5	1 030.0	66.7	5.5
1973	1 385.5	43.0	4.8	38.2	185.7	1 156.8	72.8	6.3
1974	1 501.0	47.1	4.6	42.6	203.4	1 250.5	79.8	7.3
1975	1 635.2	52.0	4.6	47.3	226.4	1 356.8	86.5	8.4
1976	1 823.9	57.1	5.4	51.6	245.3	1 521.6	94.5	9.1
1977	2 031.4	62.4	5.9	56.4	266.2	1 702.8	103.7	9.9

（续表）

年份	表1							
	行1	行2	行2a	行2b	行3	行4	行6	行7
	NIPA 表1.7				NIPA 表8.21			
	行1	行7	行8	行9	行10	行2	行172	行173
	国内生产总值	住户和机构	私人住户	服务于个人的NPI	一般政府	国内企业生产总值	业主自用房屋	服务于个人的NPI拥有和使用的非房屋资产的租赁价值
1978	2 295.9	69.7	6.5	63.2	288.9	1 937.3	117.5	11.2
1979	2 566.4	77.3	6.4	70.9	314.2	2 174.9	134.6	12.7
1980	2 795.6	87.1	6.1	81.0	349.7	2 358.8	157.4	14.6
1981	3 131.3	97.6	6.2	91.4	386.5	2 647.3	179.6	16.8
1982	3 259.2	108.2	6.3	102.0	421.2	2 729.8	196.5	19.0
1983	3 534.9	119.2	6.3	112.9	447.7	2 968.1	209.2	20.7
1984	3 932.7	131.2	7.3	123.9	487.7	3 313.9	228.1	22.2
1985	4 213.0	141.0	7.3	133.6	525.3	3 546.8	246.0	24.1
1986	4 452.9	153.7	7.7	146.0	558.2	3 740.9	263.3	25.7
1987	4 742.5	173.3	7.7	165.6	593.1	3 976.0	284.7	28.1
1988	5 108.3	195.1	8.3	186.8	632.0	4 281.2	311.3	30.8
1989	5 489.1	214.6	8.9	205.7	673.6	4 600.9	338.1	33.6
1990	5 803.2	237.9	9.4	228.6	723.3	4 842.0	362.2	36.1
1991	5 986.2	257.5	9.1	248.4	766.3	4 962.4	381.0	38.9
1992	6 318.9	279.5	10.1	269.4	797.3	5 242.1	398.2	41.8

（续表）

年份	表 1							
	行 1	行 2	行 2a	行 2b	行 3	行 4	行 6	行 7
	NIPA 表 1.7				NIPA 表 8.21			
	行 1	行 7	行 8	行 9	行 10	行 2	行 172	行 173
	国内生产总值	住户和机构	私人住户	服务于个人的 NPI	一般政府	国内企业生产总值	业主自用房屋	服务于个人的 NPI 拥有和使用的非房屋资产的租赁价值
1993	6 642.3	297.0	10.7	286.3	827.3	5 518.0	413.8	45.4
1994	7 054.3	313.3	11.1	302.2	854.5	5 886.6	439.7	45.7
1995	7 400.5	330.3	11.9	318.4	880.1	6 190.1	464.4	48.1
1996	7 813.2	348.6	12.0	336.5	908.7	6 556.0	487.1	49.8
1997	8 318.4	363.2	12.0	351.2	944.6	7 010.5	509.1	52.2
1998	8 781.5	383.8	14.0	369.8	979.8	7 418.0	541.0	55.2
1999	9 274.3	403.1	12.7	390.4	1 023.5	7 847.7	581.9	55.2
2000	9 824.6	431.1	13.6	417.5	1 082.1	8 311.4	621.5	58.7
2001	10 082.2	459.6	11.9	447.7	1 139.8	8 482.7	648.5	61.2

（续表）

	表 1				
	行 8a	行 8b	行 10	行 11	行 12
	按行业划分的 GDP		NIPA 表 1.7	NIPA 表 8.21	
			行 6	行 114	行 117
	行 80	行 83	农场	业主自用房屋的农场空间租金	业主自用房屋的农场中间投入
1948	1.4	1.4	23.3	1.4	0.4
1949	1.5	1.6	18.7	1.3	0.3
1950	1.3	1.7	19.9	1.4	0.3
1951	1.3	1.9	22.9	1.5	0.4
1952	2.0	2.1	22.1	1.6	0.4
1953	2.1	2.3	20.1	1.6	0.4
1954	2.4	2.4	19.5	1.6	0.4
1955	2.5	2.7	18.6	1.6	0.4
1956	2.4	2.9	18.4	1.6	0.4
1957	2.7	3.0	18.3	1.7	0.4
1958	2.9	3.1	20.5	1.7	0.4
1959	3.2	3.6	18.9	1.8	0.5
1960	3.4	4.0	19.8	1.9	0.5
1961	3.4	4.1	20.1	2.0	0.6
1962	3.6	4.5	20.2	2.0	0.6
1963	4.2	4.9	20.4	2.1	0.6
1964	4.4	5.2	19.3	2.2	0.7
1965	4.7	5.5	21.9	2.3	0.7

（续表）

	表 1				
	行 8a	行 8b	行 10	行 11	行 12
	按行业划分的 GDP		NIPA 表 1.7	NIPA 表 8.21	
	行 80	行 83	行 6	行 114	行 117
			农场	业主自用房屋的农场空间租金	业主自用房屋的农场中间投入
1966	4.9	5.8	22.9	2.4	0.7
1967	5.3	6.0	22.2	2.5	0.8
1968	6.2	6.5	22.7	2.6	0.7
1969	6.7	7.1	25.2	2.8	0.8
1970	7.1	7.7	26.2	3.0	0.8
1971	7.7	8.2	28.1	3.2	0.9
1972	9.0	8.9	32.6	3.4	1.0
1973	9.0	9.9	49.8	3.5	1.0
1974	10.8	10.5	47.4	3.6	1.0
1975	10.8	11.5	48.8	3.7	1.0
1976	13.5	12.0	46.4	3.8	1.0
1977	14.1	12.7	47.2	4.0	1.0
1978	16.2	14.0	54.7	4.3	1.1
1979	17.9	14.7	64.5	4.5	1.1
1980	19.4	15.7	56.1	4.7	1.1
1981	24.0	16.6	69.9	4.9	1.0
1982	25.0	18.3	65.1	4.7	0.8
1983	26.3	21.3	49.2	4.7	0.8

（续表）

	表 1				
	行 8a	行 8b	行 10	行 11	行 12
	按行业划分的 GDP		NIPA 表 1.7	NIPA 表 8.21	
			行 6	行 114	行 117
	行 80	行 83	农场	业主自用房屋的农场空间租金	业主自用房屋的农场中间投入
1984	27.8	25.0	68.5	4.7	0.8
1985	31.1	28.7	67.1	4.6	0.8
1986	32.5	31.3	63.0	4.5	0.7
1987	34.5	33.5	65.1	4.6	1.0
1988	37.4	37.0	63.8	4.5	0.8
1989	39.5	40.5	76.2	4.6	0.9
1990	40.4	42.8	79.6	4.8	0.8
1991	46.5	44.3	73.2	4.9	0.9
1992	51.1	46.0	80.5	5.0	1.0
1993	49.2	48.2	73.6	5.2	0.9
1994	52.2	50.9	83.6	5.5	1.1
1995	55.5	53.9	73.2	5.6	1.0
1996	54.9	56.9	92.2	5.8	1.0
1997	59.2	60.9	88.3	6.1	1.0
1998	61.3	62.2	80.6	6.4	1.0
1999	62.2	65.6	75.2	6.8	1.2
2000	66.1	69.4	77.8	7.2	1.3
2001	63.4	78.1	80.6	7.6	1.4

注：按行业划分的 GDP 数据来自 http://www.bea.gov/bea/dn2/gpo.htm，压缩文件 Gpo72sic.xls 和 Gpo87sic.xls。

附录 B

表 9B.1　产出指标的比较:测算方法的概念

	BEA 已发布的总产出 ($Y^{G}_{BEA\text{-}P}$)	BEA 未发布的非制造业细分行业未调整总产出($Y^{G\text{-}2,3,4}_{BLS\text{-}U}$)	BEA 未发布的制造业细分行业出货总价值和产出序列($Y^{SS\text{-}2,3,4}_{BEA\text{-}U}$)	BEA 发布的增加值产出序列($Y^{VA}_{BEA\text{-}P}$)
产出概念	总产出是指一行业生产的市场价值,含商品税。 总产出 = 出货价值 + 存货变化 - 转售成本 + 误报和范围调整 + 自用软件生产、自营建筑工程和商品(销售)税调整。其中,只在货物生产行业进行存货变化和转售成本的调整。	对非制造业,未调整的总产出通常是指收入或出货价值。 对批发业和零售业,总产出是指销售额减产品销售成本后的加价。	出货总价值是一个比总产出更狭窄的概念,它只是 BEA 所发布的总产出指标计算过程中的一个中间计算项。	增加值产出是总产出扣除生产中被消耗掉的原材料成本及其他投入(中间投入)之后的余值。
行业范围	所有行业,私人行业,货物生产行业,服务生产行业,SIC 大类和选定的 SIC 两位码主要行业。	能得到选定的 SIC 两位码、三位码和四位码非制造业数据。	SIC 两位码主要行业组、三位码行业组和四位码行业。	所有行业,私人行业,货物生产行业,服务生产行业,SIC 大类和选定的 SIC 两位码主要行业。

（续表）

	BEA 已发布的总产出（$Y^{G}_{BEA\text{-}P}$）	BEA 未发布的非制造业细分行业未调整总产出（$Y^{G\text{-}2,3,4}_{BLS\text{-}U}$）	BEA 未发布的制造业细分行业出货总价值和产出序列（$Y^{SS\text{-}2,3,4}_{BEA\text{-}U}$）	BEA 发布的增加值产出序列（$Y^{VA}_{BEA\text{-}P}$）
行业范围	除了 37 以外，所有两位码制造业的数据都能得到。对 37 而言，371 和 372—379 的数据可以在更细级别上获得。很多两位码非制造业数据都能得到，包括 SIC 10、12、13、14、40、41、42、44、45、46、47、48、49、60、61、62、63、64、65、67、70、72、73、75、76、78、79、80、81、82、83、86 和 88。			除了 37 以外，所有两位码制造业的数据都能得到。对 37 而言，371 和 372—379 的数据可以在更细级别上获得。很多两位码非制造业数据都能得到，包括 SIC 10、12、13、14、40、41、42、44、45、46、47、48、49、60、61、62、63、64、65、67、70、72、73、75、76、78、79、80、81、82、83、86 和 88。
行业分类	1977—1986 年数据是以 1972 年 SIC 为基准的。1988—2001 年数据是以 1987 年 SIC 为基准的。对 1987 年，可以同时得到以 1972 年和 1987 年 SIC 为基准的数据。	1977—1986 年数据是以 1972 年 SIC 为基准的。1988—2001 年数据是以 1987 年 SIC 为基准的。对 1987 年，可以同时得到以 1972 年和 1987 年 SIC 为基准的数据。	1977—1986 年数据是以 1972 年 SIC 为基准的。1988—2001 年数据是以 1987 年 SIC 为基准的。对 1987 年，可以同时得到以 1972 年和 1987 年 SIC 为基准的数据。	1947—1986 年数据是以 1972 年 SIC 为基准的。1988—2001 年数据是以 1987 年 SIC 为基准的。对 1987 年，可以同时得到以 1972 年和 1987 年 SIC 为基准的数据。

（续表）

	BEA 已发布的总产出（$Y^{G}_{BEA\text{-}P}$）	BEA 未发布的非制造业细分行业未调整总产出（$Y^{G\text{-}2,3,4}_{BLS\text{-}U}$）	BEA 未发布的制造业细分行业出货总价值和产出序列（$Y^{SS\text{-}2,3,4}_{BEA\text{-}U}$）	BEA 发布的增加值产出序列（$Y^{VA}_{BEA\text{-}P}$）
原始数据	总产出数据序列：在未经调整的“原始”细分行业数据序列（$Y^{G\text{-}2}_{BEA\text{-}U}$ 和 $Y^{SS\text{-}2}_{BEA\text{-}U}$）基础上进行专门调整得到。 专门调整包括：转售成本、误报和范围调整、自用软件生产、自营建筑工程和商品（销售）税。	1977 年、1982 年、1987 年和 1992 年现价美元估计值：BEA 基准投入产出账户。 非基准年现价美元估计值：在两个基准年度水平之间进行年度序列内插，从最近的基准水平进行外推。 年度内插和外推依据各种来源的数据进行，包括 BEA 的 NIPAs、普查局的年度调查、其他政府调查和贸易渠道。	普查局制造业年度调查：行业和行业大类统计（估计的出货价值数据）。	现价美元估计值：主要以 NIPAs 之国内总收入的组成部分为基础。增加值是雇员报酬、财产性收入、企业间接税和非税收负债等组成部分之和。
缩减方法	通常用得自 BLS、NIPAs 和贸易渠道的价格指数进行缩减。缩减在尽可能细的组成成分层次上进行。	通常用得自 BLS、NIPAs 和贸易渠道的价格指数进行缩减。	主要产品、次要产品和其他收入的缩减因子主要从 BLS 生产者价格指数导出，此外还有 BEA 针对计算机、若干半导体产品、电话交换设备、局域网络设备和政府购买的缩减因子。 计算这些数量和价格指数时，先将四位码行业出货价值按主要产品、次要产品和其他收入分解，然后在使用链式指数公式之前，分别对每一个组成部分进行缩减。	多数情况下使用双缩减法。

（续表）

	BEA 已发布的总产出（$Y^{G}_{BEA\text{-}P}$）	BEA 未发布的非制造业细分行业未调整总产出（$Y^{G\text{-}2,3,4}_{BLS\text{-}U}$）	BEA 未发布的制造业细分行业出货总价值和产出序列（$Y^{SS\text{-}2,3,4}_{BEA\text{-}U}$）	BEA 发布的增加值产出序列（$Y^{VA}_{BEA\text{-}P}$）
汇总方法	费雪指数	拉氏指数	费雪指数	费雪双缩减指数
可用数据	可以得到 1977—2001 年现价美元产出数据。可以得到 1977—2001 年链式数量和价格指数（1996 年 = 100）。数据可在 BEA 网站 www.bea.gov 获取。	可以得到 1977—2001 年现价美元收入数据。可以得到 1977—1986 年 1987 固定价美元产出数据和 1988—2001 年 1996 固定价美元产出数据。可以得到 1987 年的 1987 固定价美元估计值和 1996 固定价美元估计值。数据可在 BEA 网站 www.bea.gov 获取。	可以得到 1977—2001 年现价美元销售数据。可以得到 1977—1986 年链式数量和价格指数（1987 年 = 100）和 1988—2001 年链式数量和价格指数（1996 年 = 100）。1987 年 = 100 和 1996 年 = 100 的 1987 年的链式数量和价格指数都可以得到。数据可在 BEA 网站 www.bea.gov 获取。	可以得到 1947—2001 年现价美元产出数据。可以得到 1977—2001 年链式数量和价格指数（1996 年 = 100）。也可以得到链接美元数据。数据同样可以在 BEA 网站 www.bea.gov 获取。
	BLS 发布的制造业部门产出序列（$Y^{S\text{-}1,2}_{BLS\text{-}P}$）	BLS 未发布的非制造业总产出序列（$Y^{G\text{-}2}_{BLS\text{-}U}$）	BLS 未发布的 SIC 两位码制造业部门产出序列（$Y^{S\text{-}2}_{BLS\text{-}U}$）	BLS 发布的细分行业部门产出序列（$Y^{S\text{-}3,4}_{BLS\text{-}P}$）
产出概念	部门产出：出货价值加存货变化减行业内出货价值。 BLS 把该部门产出序列测算为经缩减的出货价值加存货变化价值再加联邦货物税。之所以加联邦货物税，是为了得到其市场价值。	总产出是指一行业生产的市场价值，含商品税。	部门产出：出货价值加存货变化减转售额和行业内出货价值。 对 BLS 之 SIC 三位码部门实际产出指标作 Tornqvist 汇总，该固定价美元产出序列仅为比较目的而构建。注意该指标未对在 SIC 两位码级别上需要移出的部门内转移作调整。	部门产出：出货价值加存货变化减转售额和行业内出货价值。

（续表）

	BLS 发布的制造业部门产出序列（$Y^{S\text{-}1,2}_{BLS\text{-}P}$）	BLS 未发布的非制造业总产出序列（$Y^{G\text{-}2}_{BLS\text{-}U}$）	BLS 未发布的 SIC 两位码制造业部门产出序列（$Y^{S\text{-}2}_{BLS\text{-}U}$）	BLS 发布的细分行业部门产出序列（$Y^{S\text{-}3,4}_{BLS\text{-}P}$）
行业范围	SIC 一位码制造业大类和 SIC 两位码制造业。	选定的 SIC 两位码非制造业，包括 SIC 10、13、14、40、41、42、44、45、46、47、48、49、62、63、64、70、72、75、78、79、80 和 82。	20 个 SIC 两位码制造业。	SIC 三位码和四位码行业，包括全部 190 个三位码行业和全部 355 个四位码行业。涵盖了所有 SIC 三位码和四位码制造业和批发零售业。
行业分类	可以得到以 1987 年 SIC 为基准的 1947—2000 年数据。	可以得到以 1987 年 SIC 为基准的 1947 年、1958 年、1963 年和 1967—2000 年数据。	可以得到以 1987 年 SIC 为基准的 1987—2000 年数据。	可以得到以 1987 年 SIC 为基准的 1987—2000 年数据。
原始数据	得自普查局制造业四位码基层单位类别组的收入、出货价值、存货变化和原材料成本数据。	总产出指标是基于 BLS 总产出和产出价格序列 OEP 数据开发的。生产价值和产出指标是通过投入产出表之间的内插构建的，用于内插的序列来自各种最佳来源。OEP 使用的投入产出基准是其增长模型现有的部分（即 1977 年、1982 年和 1987 年基准表）。Harper 和 Gullickson 依照 1987 年 SIC 构建了 1963 年、1967 年和 1972 年这些较早期的表。基于产出预测的就业序列也被	对 BLS 之 SIC 三位码制造业的实际部门产出序列做 Tornqvist 汇总，得到一个实际产出序列，是仅为比较目的而构建的。	行业产出指数：用来自各种公共和私人机构发布的基本数据，在可获取的最细层面进行测算。普查局的五年期调查数据和其他普查数据被广泛用于开发制造业、贸易和服务业产出统计数据。美国地质调查部门编制了绝大部分的采矿和水泥行业资料。其他重要的政府来源包括美国能源部、农业部、交通部，以及住房和城市发展部、联邦铁路

（续表）

	BLS 发布的制造业部门产出序列（$Y^{S\text{-}1,2}_{BLS\text{-}P}$）	BLS 未发布的非制造业总产出序列（$Y^{G\text{-}2}_{BLS\text{-}U}$）	BLS 未发布的 SIC 两位码制造业部门产出序列（$Y^{S\text{-}2}_{BLS\text{-}U}$）	BLS 发布的细分行业部门产出序列（$Y^{S\text{-}3,4}_{BLS\text{-}P}$）
原始数据		按照 BEA 出版的 1992 年 I/O 表进行了调整。该产出指标最初——在 1947—1997 年间——以五年为周期开发（1947 年、1958 年、1963 年、1967 年、1972 年、1977 年、1982 年、1987 年、1992 年、1997 年）。利用 2002 年 10 月的 OEP I/O 表把产出指标更新为年度周期。产出数据来自 BEA，由 BLS 做调整。		管理局、联邦储备委员会和联邦存款保险公司。此外，各式各样的行业贸易来源也被要求提供详细数据。
缩减程序	缩减由 BEA 主要利用 BLS 生产者价格指数在五位码级别上进行。在某些情况下可以使用 BEA 开发的五位码价格估计值。四位码行业实际产出由 BEA 依据五位码指数进行汇总，然后 BLS 从四位码到两位码级别进行 Tornqvist 汇总。	缩减利用来自 OEP 的价格指标进行。价格数据主要依赖于由 BLS 编制并发布的行业部门价格指数、生产者价格指数和消费者价格指数的详细程度。	无	缩减利用 BLS 的生产者价格指数在五位码级别上进行。对于少数产品组——电子产品，价格缩减指数是由 BEA 开发的。在其他几个产品组中，则专门开发了加权缩减指数。

（续表）

	BLS 发布的制造业部门产出序列（$Y^{S\text{-}1,2}_{BLS\text{-}P}$）	BLS 未发布的非制造业总产出序列（$Y^{G\text{-}2}_{BLS\text{-}U}$）	BLS 未发布的 SIC 两位码制造业部门产出序列（$Y^{S\text{-}2}_{BLS\text{-}U}$）	BLS 发布的细分行业部门产出序列（$Y^{S\text{-}3,4}_{BLS\text{-}P}$）
汇总方法	SIC 两位码级别的固定价美元产出是基于四位码行业数据计算的 Tornqvist 指数。	SIC 两位码级别的固定价美元产出是基于三位码行业数据计算的 Tornqvist 指数。	SIC 两位码级别的固定价美元产出是基于 BLS 三位码制造业部门实际产出计算的 Tornqvist 指数。	SIC 四位码级别的固定价美元产出是基于五位码产品组数据计算的 Tornqvist 指数。
可用数据	可以得到 1947—2000 年现价和固定价美元产出数据。数据可在 BLS 网站 www.bls.gov 获取。	可以得到 1947 年、1958 年、1963 年以及 1967—2000 年的年度现价和固定价美元产出数据。数据可以应要求由作者提供。	可以得到 1987—2000 年的年度现价和固定价美元产出数据。这些数据是仅为比较目的构建的，可以从作者处获取。	可以得到 1987—2000 年所有行业的年度现价和固定价美元产出数据。对选定的行业，数据可回溯到 1947 年。数据可在 BLS 网站 www.bls.gov 获取。

注：BEA = 经济分析局；BLS = 劳工统计局；NIPAs = 国民收入与生产账户；OEP = 就业预测办事处；I/O = 投入产出。

表 9B.2 细分行业的 BEA 和 BLS 产出指标的可获取性,1987—2001 年

SIC 行业	可获得的 SIC 两位码产出指标	可获得的 SIC 两位码产出指标		可能比较的 SIC 三位码产出指标	可能比较的 SIC 四位码产出指标
		只有 BEA 或只有 BLS	BEA 和 BLS 序列		
01,农业生产作物	n. a.			没有	没有
02,农业生产、家畜和动物特产	n. a.			没有	没有
07,农业服务	n. a.			没有	没有
08,林业		$Y^{G\text{-}2}_{BEA\text{-}U}$		没有	没有
09,渔业、狩猎和捕兽	n. a.			没有	没有
10,金属开采			$Y^{G\text{-}2}_{BEA\text{-}P}$ $Y^{G\text{-}2}_{BEA\text{-}M\text{-}U}$	选定的行业	选定的行业
12,煤炭开采			$Y^{G\text{-}2}_{BEA\text{-}P}$ $Y^{S\text{-}2}_{BLS\text{-}I\text{-}U}$	没有	没有
13,石油和天然气开采			$Y^{G\text{-}2}_{BEA\text{-}P}$ $Y^{G\text{-}2}_{BLS\text{-}M\text{-}U}$ $Y^{S\text{-}2}_{BLS\text{-}I\text{-}U}$	没有	没有
14,非金属矿物的开采及回采,除了燃料			$Y^{G\text{-}2}_{BEA\text{-}P}$ $Y^{G\text{-}2}_{BLS\text{-}M\text{-}U}$ $Y^{S\text{-}2}_{BLS\text{-}I\text{-}U}$	选定的行业	没有
15,房屋建筑、总承包商和实际施工人员	n. a.			没有	没有

（续表）

SIC 行业	可获得的 SIC 两位码产出指标	可获得的 SIC 两位码产出指标		可能比较的 SIC 三位码产出指标	可能比较的 SIC 四位码产出指标
		只有 BEA 或只有 BLS	BEA 和 BLS 序列		
16,除房屋建筑外的重大建筑工程	n. a.			没有	没有
17,建筑,特殊贸易承包商	n. a.			没有	没有
20,食品及相关产品			$Y^{G\text{-}2}_{BEA\text{-}P}$	所有行业	所有行业
			$Y^{G\text{-}2}_{BEA\text{-}U}$		
			$Y^{S\text{-}2}_{BLS\text{-}M\text{-}P}$		
			$Y^{S\text{-}2}_{BLS\text{-}I\text{-}U}$		
21,烟草制品			$Y^{G\text{-}2}_{BEA\text{-}P}$	所有行业	所有行业
			$Y^{G\text{-}2}_{BEA\text{-}U}$		
			$Y^{S\text{-}2}_{BLS\text{-}M\text{-}P}$		
			$Y^{S\text{-}2}_{BLS\text{-}I\text{-}U}$		
22,纺织厂产品			$Y^{G\text{-}2}_{BEA\text{-}P}$	所有行业	所有行业
			$Y^{G\text{-}2}_{BEA\text{-}U}$		
			$Y^{S\text{-}2}_{BLS\text{-}M\text{-}P}$		
			$Y^{S\text{-}2}_{BLS\text{-}I\text{-}U}$		
23,由布料和其他类似原料制造的服装及其他制成品			$Y^{G\text{-}2}_{BEA\text{-}P}$, $Y^{G\text{-}2}_{BEA\text{-}U}$, $Y^{S\text{-}2}_{BLS\text{-}M\text{-}P}$, $Y^{S\text{-}2}_{BLS\text{-}I\text{-}U}$	所有行业	所有行业

（续表）

SIC 行业	可获得的 SIC 两位码产出指标	可获得的 SIC 两位码产出指标		可能比较的 SIC 三位码产出指标	可能比较的 SIC 四位码产出指标
		只有 BEA 或只有 BLS	BEA 和 BLS 序列		
24，木材和木制品，除了家具			Y^{G-2}_{BEA-P} Y^{G-2}_{BEA-U} Y^{G-2}_{BEA-U} $Y^{S-2}_{BLS-M-P}$ $Y^{S-2}_{BLS-I-U}$	所有行业	所有行业
25，家具及固定装置			Y^{G-2}_{BEA-P} Y^{G-2}_{BEA-U} $Y^{S-2}_{BLS-M-P}$ $Y^{S-2}_{BLS-I-U}$	所有行业	所有行业
26，纸及相关产品			Y^{G-2}_{BEA-P} Y^{G-2}_{BEA-U} $Y^{S-2}_{BLS-M-P}$ $Y^{S-2}_{BLS-I-U}$	所有行业	所有行业
27，印刷业、出版业和相关行业			Y^{G-2}_{BEA-P} Y^{G-2}_{BEA-U} $Y^{S-2}_{BLS-M-P}$ $Y^{S-2}_{BLS-I-U}$	所有行业	所有行业

（续表）

SIC 行业	可获得的 SIC 两位码产出指标	可获得的 SIC 两位码产出指标		可能比较的 SIC 三位码产出指标	可能比较的 SIC 四位码产出指标
		只有 BEA 或只有 BLS	BEA 和 BLS 序列		
28,化学及相关产品			Y^{G-2}_{BEA-P}	所有行业	所有行业
			Y^{G-2}_{BEA-U}		
			$Y^{S-2}_{BLS-M-P}$		
			$Y^{S-2}_{BLS-I-U}$		
29,石油加工及相关行业			Y^{G-2}_{BEA-P}	所有行业	所有行业
			Y^{G-2}_{BEA-U}		
			$Y^{S-2}_{BLS-M-P}$		
			$Y^{S-2}_{BLS-I-U}$		
30,橡胶及其他塑料制品			Y^{G-2}_{BEA-P}	所有行业	所有行业
			Y^{G-2}_{BEA-U}		
			$Y^{S-2}_{BLS-M-P}$		
			$Y^{S-2}_{BLS-I-U}$		
31,皮革及皮革产品			Y^{G-2}_{BEA-P}	所有行业	所有行业
			Y^{G-2}_{BEA-U}		
			$Y^{S-2}_{BLS-M-P}$		
			$Y^{S-2}_{BLS-I-U}$		

（续表）

SIC 行业	可获得的 SIC 两位码产出指标	可获得的 SIC 两位码产出指标		可能比较的 SIC 三位码产出指标	可能比较的 SIC 四位码产出指标
		只有 BEA 或只有 BLS	BEA 和 BLS 序列		
32，石、黏土、玻璃和混凝土制品			Y^{G-2}_{BEA-P}	所有行业	所有行业
			Y^{G-2}_{BEA-U}		
			$Y^{S-2}_{BLS-M-P}$		
			$Y^{S-2}_{BLS-I-U}$		
33，初级金属行业			Y^{G-2}_{BEA-P}	所有行业	所有行业
			Y^{G-2}_{BEA-U}		
			$Y^{S-2}_{BLS-M-P}$		
			$Y^{S-2}_{BLS-I-U}$		
34，金属制品，除了机械和运输设备			Y^{G-2}_{BEA-P}	所有行业	所有行业
			Y^{G-2}_{BEA-U}		
			$Y^{S-2}_{BLS-M-P}$		
			$Y^{S-2}_{BLS-I-U}$		
35，工业和商业机械及计算机设备			Y^{G-2}_{BEA-P}	所有行业	所有行业
			Y^{G-2}_{BEA-U}		
			$Y^{S-2}_{BLS-M-P}$		
			$Y^{S-2}_{BLS-I-U}$		

（续表）

SIC 行业	可获得的 SIC 两位码产出指标	可获得的 SIC 两位码产出指标		可能比较的 SIC 三位码产出指标	可能比较的 SIC 四位码产出指标
		只有 BEA 或只有 BLS	BEA 和 BLS 序列		
36，电子及其他电子设备和部件，除了计算机设备			Y^{G-2}_{BEA-P} Y^{G-2}_{BEA-U} $Y^{S-2}_{BLS-M-P}$ $Y^{S-2}_{BLS-I-U}$	所有行业	所有行业
37，运输设备			Y^{G-2}_{BEA-P} Y^{G-2}_{BEA-U} $Y^{S-2}_{BLS-M-P}$ $Y^{S-2}_{BLS-I-U}$	所有行业	所有行业
38，测量、分析和控制仪器；摄影、医疗和光学用品：表和钟			Y^{G-2}_{BEA-P} Y^{G-2}_{BEA-U} $Y^{S-2}_{BLS-M-P}$ $Y^{S-2}_{BLS-I-U}$	所有行业	所有行业
39，其他制造业			Y^{G-2}_{BEA-P} Y^{G-2}_{BEA-U} $Y^{S-2}_{BLS-M-P}$ $Y^{S-2}_{BLS-I-U}$	所有行业	所有行业

（续表）

SIC 行业	可获得的 SIC 两位码产出指标	可获得的 SIC 两位码产出指标		可能比较的 SIC 三位码产出指标	可能比较的 SIC 四位码产出指标
		只有 BEA 或只有 BLS	BEA 和 BLS 序列		
40，铁路运输			Y^{G-2}_{BEA-P} $Y^{G-2}_{BLS-M-U}$	没有	没有
41，本地和郊区运输及市际公路客运			Y^{G-2}_{BEA-P} $Y^{G-2}_{BLS-M-U}$	没有	没有
42，汽车货物运输和仓储配送			Y^{G-2}_{BEA-P} $Y^{G-2}_{BLS-M-U}$	没有	没有
43，美国邮政服务		$Y^{S-2}_{BLS-I-U}$		所有行业 （431 与 4311）	所有行业 （431 与 4311）
44，水上运输			Y^{G-2}_{BEA-P} $Y^{G-2}_{BLS-M-U}$	没有	没有
45，航空运输			Y^{G-2}_{BEA-P} $Y^{G-2}_{BLS-M-U}$	没有	没有
46，管道运输，除了天然气			Y^{G-2}_{BEA-P} Y^{G-2}_{BEA-U} $Y^{G-2}_{BLS-M-U}$	没有	没有
47，运输服务			Y^{G-2}_{BEA-P} $Y^{G-2}_{BLS-M-U}$	没有	没有

（续表）

SIC 行业	可获得的 SIC 两位码产出指标	可获得的 SIC 两位码产出指标		可能比较的 SIC 三位码产出指标	可能比较的 SIC 四位码产出指标
		只有 BEA 或只有 BLS	BEA 和 BLS 序列		
48,通信			$Y_{BEA\text{-}P}^{G\text{-}2}$ $Y_{BLS\text{-}M\text{-}U}^{G\text{-}2}$	选定的行业	没有
49,电力、煤气及卫生服务			$Y_{BEA\text{-}P}^{G\text{-}2}$ $Y_{BLS\text{-}M\text{-}U}^{G\text{-}2}$	没有	没有
50,批发业:耐用品		$Y_{BLS\text{-}I\text{-}U}^{S\text{-}2}$		所有行业	没有
51,批发业:非耐用品		$Y_{BLS\text{-}I\text{-}U}^{S\text{-}2}$		所有行业	没有
52,建筑材料、五金、园林供应、移动住宅经销商		$Y_{BLS\text{-}I\text{-}U}^{S\text{-}2}$		选定的行业	没有
53,百货商店		$Y_{BLS\text{-}I\text{-}U}^{S\text{-}2}$		选定的行业	没有
54,食品店		$Y_{BLS\text{-}I\text{-}U}^{S\text{-}2}$		选定的行业	没有
55,汽车经销商和加油站		$Y_{BLS\text{-}I\text{-}U}^{S\text{-}2}$		选定的行业	没有
56,服装及服饰店		$Y_{BLS\text{-}I\text{-}U}^{S\text{-}2}$		选定的行业	没有
57,家用家具、陈设和设备商店		$Y_{BLS\text{-}I\text{-}U}^{S\text{-}2}$		没有	选定的行业
58,饮食店		$Y_{BLS\text{-}I\text{-}U}^{S\text{-}2}$		没有	选定的行业
59,其他零售业		$Y_{BLS\text{-}I\text{-}U}^{S\text{-}2}$		选定的行业	选定的行业
60,储蓄机构		$Y_{BEA\text{-}P}^{G\text{-}2}$		没有	没有

（续表）

SIC 行业	可获得的 SIC 两位码产出指标	可获得的 SIC 两位码产出指标		可能比较的 SIC 三位码产出指标	可能比较的 SIC 四位码产出指标
		只有 BEA 或只有 BLS	BEA 和 BLS 序列		
61，非储蓄信用机构		$Y_{BEA\text{-}P}^{G\text{-}2}$		没有	没有
62，担保和商品经纪人、经销商、交换和服务			$Y_{BEA\text{-}P}^{G\text{-}2}$	没有	没有
			$Y_{BLS\text{-}M\text{-}U}^{G\text{-}2}$		
63，保险业			$Y_{BEA\text{-}P}^{G\text{-}2}$	没有	没有
			$Y_{BLS\text{-}M\text{-}U}^{G\text{-}2}$		
64，保险代理人、经纪人和服务			$Y_{BEA\text{-}P}^{G\text{-}2}$	没有	没有
			$Y_{BEA\text{-}U}^{G\text{-}2}$	没有	没有
			$Y_{BLS\text{-}M\text{-}U}^{G\text{-}2}$		
65，房地产		$Y_{BEA\text{-}P}^{G\text{-}2}$		没有	没有
67，控股和投资办事处		$Y_{BEA\text{-}P}^{G\text{-}2}$		没有	没有
		$Y_{BEA\text{-}U}^{G\text{-}2}$		没有	没有
70，宾馆、公寓、营地及其他住宿场所			$Y_{BEA\text{-}P}^{G\text{-}2}$	没有	没有
			$Y_{BLS\text{-}M\text{-}U}^{G\text{-}2}$	没有	没有
72，个人服务			$Y_{BEA\text{-}P}^{G\text{-}2}$	选定的行业	选定的行业
			$Y_{BLS\text{-}M\text{-}U}^{G\text{-}2}$		
			$Y_{BLS\text{-}I\text{-}U}^{S\text{-}2}$		

（续表）

SIC 行业	可获得的 SIC 两位码产出指标	可获得的 SIC 两位码产出指标：只有 BEA 或只有 BLS	可获得的 SIC 两位码产出指标：BEA 和 BLS 序列	可能比较的 SIC 三位码产出指标	可能比较的 SIC 四位码产出指标
73，商务服务		Y^{G-2}_{BEA-P}		没有	没有
75，汽车修理、服务和停车场			Y^{G-2}_{BEA-P} $Y^{G-2}_{BLS-M-U}$	选定的行业	没有
76，杂项维修服务		Y^{G-2}_{BEA-P}		没有	没有
78，电影			Y^{G-2}_{BEA-P} $Y^{G-2}_{BLS-M-U}$	选定的行业	没有
79，娱乐及休闲服务业			Y^{G-2}_{BEA-P} $Y^{G-2}_{BLS-M-U}$	没有	没有
80，健康服务			Y^{G-2}_{BEA-P} $Y^{G-2}_{BLS-M-U}$	没有	没有
81，法律服务		Y^{G-2}_{BEA-P}		没有	没有
82，教育服务			Y^{G-2}_{BEA-U} Y^{G-2}_{BEA-P} $Y^{G-2}_{BLS-M-U}$	没有	没有
83，社会服务		Y^{G-2}_{BEA-P}		没有	没有
84，博物馆、艺术馆，以及植物园和动物园	n. a.			没有	没有

（续表）

SIC 行业	可获得的 SIC 两位码产出指标	可获得的 SIC 两位码产出指标		可能比较的 SIC 三位码产出指标	可能比较的 SIC 四位码产出指标
		只有 BEA 或只有 BLS	BEA 和 BLS 序列		
86，会员机构		$Y_{BEA\text{-}P}^{G\text{-}2}$		没有	没有
87，工程、会计、调查、管理和相关服务	n. a.			没有	没有
88，私人住户	n. a.			没有	没有
91，管理人员、立法和一般政府，除了金融	n. a.			没有	没有
92，司法、社会治安和安全	n. a.			没有	没有
93，公共财政、税收和货币政策	n. a.			没有	没有
94，人力资源管理计划	n. a.			没有	没有
95，环境质量和住户管理	n. a.			没有	没有
96，经济计划管理	n. a.			没有	没有
97，国家安全和国际事务	n. a.			没有	没有
99，不能分类的基层单位	n. a.			没有	没有

注：楷体指 SIC 两位行业产出指标具有差异的行业，而黑体指完成了案例研究的行业。

表 9B.3　固定价和现价美元趋势,选定的行业

SIC 行业	产出指标	固定价美元		现价美元		固定价美元减现价美元		加速,固定价美元	加速,现价美元	固定价美元和现价美元的加速差异	产出指标比较	相关系数	
		1990—1995	1995—2000	1990—1995	1995—2000	1990—1995	1995—2000					固定价美元产出指标的年度百分比变化	现价美元产出指标的年度百分比变化
10,金属开采	Y^{G-2}_{BEA-P}	2.08	−0.48	2.72	−5.62	−0.64	5.14	−2.56	−8.34	5.78	Y^{G-2}_{BEA-P} 和 $Y^{G-2}_{BLS-M-U}$	0.927	0.83
	$Y^{G-2}_{BLS-M-U}$	1.69	0.65	2.5	0.89	−0.81	−0.24	−1.04	−1.61	0.57			
1011,铁矿石	Y^{G-4}_{BEA-U}	3.21	0.18	3.84	−1.55	−0.62	1.73	−3.30	−5.39	2.35	Y^{G-4}_{BEA-U} 和 $Y^{S-4}_{BLS-I-U}$	0.960	0.915
	$Y^{S-4}_{BLS-I-U}$	1.88	0.13	0.40	−1.70	1.48	1.83	−1.75	−2.10	0.35			
1021,铜矿石	Y^{G-4}_{BEA-U}	2.39	−5.43	4.79	−13.58	−2.41	81.5	−7.81	−18.37	10.56	Y^{G-4}_{BEA-U} 和 $Y^{S-4}_{BLS-I-P}$	0.87	0.987
	$Y^{S-4}_{BLS-I-P}$	2.86	−4.90	5.18	−12.43	−2.32	7.52	−7.77	−17.60	9.84			
1031,铅和锌矿石	Y^{G-4}_{BEA-U}	1.61	5.24	−3.60	5.30	5.21	−0.05	3.64	8.89	−5.26	Y^{G-4}_{BEA-U} 和 $Y^{S-4}_{BLS-I-U}$	0.77	0.985
	$Y^{S-4}_{BLS-I-U}$	8.81	4.91	−3.59	5.53	12.39	−0.62	−3.90	9.11	−13.01			
1041,金矿石	Y^{G-4}_{BEA-U}	2.75	2.17	2.89	−4.25	−0.14	6.43	−0.58	−7.15	6.57	Y^{G-4}_{BEA-U} 和 $Y^{S-4}_{BLS-I-P}$	0.98	0.987
	$Y^{S-4}_{BLS-I-P}$	1.29	2.08	1.64	−4.24	−0.35	6.32	0.79	−5.89	6.68			
1044,银矿石	Y^{G-4}_{BEA-U}	−8.53	3.54	−7.11	2.96	−1.42	0.58	12.07	10.07	2.00	Y^{G-4}_{BEA-U} 和 $Y^{S-4}_{BLS-I-U}$	0.77	0.921
	$Y^{S-4}_{BLS-I-U}$	−4.83	2.08	1.64	−4.24	−0.35	6.32	0.79	−5.89	6.68			

（续表）

SIC 行业	产出指标	固定价美元 1990—1995	固定价美元 1995—2000	现价美元 1990—1995	现价美元 1995—2000	固定价美元减现价美元 1990—1995	固定价美元减现价美元 1995—2000	加速，固定价美元	加速，现价美元	固定价美元和现价美元的加速差异	产出指标比较	相关系数：固定价美元产出指标的年度百分比变化	相关系数：现价美元产出指标的年度百分比变化
1061，铁合金矿石，除了钒	没有 BEA 或 BLS 产出序列可用												
1081，金属开采服务	仅能得到单个序列（Y^{G-4}_{BEA-U}）												
1094，铀镭钒矿	仅能得到单个序列（Y^{G-4}_{BEA-U}）												
1099，其他金属矿产，NEC	仅能得到单个序列（Y^{G-4}_{BEA-U}）												
13，石油和天然气开采	Y^{G-2}_{BEA-P}	−0.4	0.74	−3.81	13.84	3.41	−13.1	1.14	17.65	−16.51	Y^{G-2}_{BEA-P} 和 $Y^{S-2}_{BLS-I-U}$	0.684	0.980
	$Y^{S-2}_{BLS-I-U}$	−0.75	−0.75	−5.28	14.88	4.53	−15.63	0	20.16	−20.16	Y^{G-2}_{BEA-P} 和 $Y^{G-2}_{BLS-M-U}$	0.919	0.770
	$Y^{G-2}_{BLS-M-U}$	−1.12	1.12	−4.65	2.89	3.53	−1.77	2.24	7.54	−5.30	$Y^{S-2}_{BEA-I-U}$ 和 $Y^{G-2}_{BLS-M-U}$	0.697	0.710
20，食品及相关产品	Y^{G-2}_{BEA-P}	1.95	1.23	2.84	2.09	−0.89	−0.86	−0.72	−0.75	0.03	Y^{G-2}_{BEA-P} 和 Y^{S-2}_{BLS-U}	0.979	0.990
	$Y^{S-2}_{BLS-I-U}$	1.96	1.27	2.81	1.98	−0.85	−0.71	−0.69	−0.83	0.14	Y^{G-2}_{BEA-P} 和 $Y^{G-2}_{BLS-M-U}$	0.640	0.740
	$Y^{G-2}_{BLS-M-U}$	2.67	1.02	3.48	1.88	−0.81	−0.86	−1.65	−1.6	−0.05	$Y^{S-2}_{BLS-I-U}$ 和 $Y^{G-2}_{BLS-M-U}$	0.687	0.760

（续表）

SIC行业	产出指标	固定价美元 1990—1995	固定价美元 1995—2000	现价美元 1990—1995	现价美元 1995—2000	固定价美元减现价美元 1990—1995	固定价美元减现价美元 1995—2000	加速，固定价美元	加速，现价美元	固定价美元和现价美元的加速差异	产出指标比较	相关系数：固定价美元产出指标的年度百分比变化	相关系数：现价美元产出指标的年度百分比变化
21，烟草制品	Y^{G-2}_{BEA-P}	0.33	-2.62	2.74	7.87	-2.41	-10.49	-2.95	5.13	-8.06	Y^{G-2}_{BEA-P}和$Y^{S-2}_{BLS-I-U}$	0.996	0.980
	$Y^{S-2}_{BLS-I-U}$	0.82	-2.78	2.09	8.3	-1.27	-11.08	-3.6	6.21	-9.81	Y^{G-2}_{BEA-P}和$Y^{G-2}_{BLS-M-U}$	0.977	0.810
	$Y^{G-2}_{BLS-M-U}$	0.7	-3.2	2.19	4.46	-1.49	-7.66	-3.9	2.27	-6.17	$Y^{S-2}_{BLS-I-U}$和$Y^{G-2}_{BLS-M-U}$	0.991	0.890
27，印刷业、出版业及相关行业	Y^{G-2}_{BEA-P}	-0.47	1.22	3.17	3.89	-3.64	-2.67	1.69	0.72	0.97	Y^{G-2}_{BEA-P}和$Y^{S-2}_{BLS-I-U}$	0.769	0.699
	$Y^{S-2}_{BLS-I-U}$	-0.42	2.77	3.31	3.51	-3.73	-2.74	3.19	2.2	0.99	Y^{G-2}_{BEA-P}和$Y^{G-2}_{BLS-M-U}$	0.904	0.883
	$Y^{G-2}_{BLS-M-U}$	-0.1	1.18	3.54	3.79	-3.64	-2.61	1.28	0.25	1.03	$Y^{S-2}_{BLS-I-U}$和$Y^{G-2}_{BLS-M-U}$	0.727	0.660
271，报纸：出版，或出版和印刷	Y^{G-3}_{BEA-U}	-3.79	0.19	1.38	4.47	-5.17	-4.26	3.97	3.09	0.88	Y^{G-3}_{BEA-U}和$Y^{S-3}_{BLS-I-P}$	0.907	0.818
	$Y^{S-3}_{BLS-I-P}$	-3.86	2.20	1.37	6.50	-5.23	-4.30	6.06	5.13	0.93			
272，期刊：出版，或出版和印刷	Y^{G-3}_{BEA-U}	-0.71	3.71	2.74	6.60	-3.45	-3.43	3.88	3.86	0.02	Y^{G-3}_{BEA-U}和$Y^{S-3}_{BLS-I-P}$	0.692	0.689
	$Y^{S-3}_{BLS-I-P}$	-1.15	7.39	2.73	11.13	-3.88	-3.74	8.55	8.40	0.15			
273，书籍	Y^{G-3}_{BEA-U}	1.64	0.12	5.52	2.78	-3.88	-2.66	-1.52	-2.74	1.22	Y^{G-3}_{BEA-U}和$Y^{S-3}_{BLS-I-P}$	0.891	0.877
	$Y^{S-3}_{BLS-I-P}$	1.80	1.25	5.52	4.07	-3.72	-2.82	-0.55	-1.45	0.90			

（续表）

SIC 行业	产出指标	固定价美元 1990—1995	固定价美元 1995—2000	现价美元 1990—1995	现价美元 1995—2000	固定价美元减现价美元 1990—1995	固定价美元减现价美元 1995—2000	加速，固定价美元	加速，现价美元	固定价美元和现价美元的加速差异	产出指标比较	相关系数：固定价美元产出指标的年度百分比变化	相关系数：现价美元产出指标的年度百分比变化
274，其他出版物	Y^{G-3}_{BEA-U}	1.27	2.46	5.90	6.46	-4.63	-4.00	1.19	0.56	0.63	Y^{G-3}_{BEA-U} 和 $Y^{S-3}_{BLS-I-P}$	0.888	0.877
	$Y^{S-3}_{BLS-I-P}$	1.20	8.09	5.78	12.40	-4.58	-4.31	6.89	6.62	0.27			
275，商业印刷	Y^{G-3}_{BEA-U}	1.50	1.83	3.88	3.23	-2.38	-1.40	0.33	-0.65	0.98	Y^{G-3}_{BEA-U} 和 $Y^{S-3}_{BLS-I-P}$	0.995	0.998
	$Y^{S-3}_{BLS-I-P}$	1.47	1.94	3.91	3.28	-2.44	-1.34	0.47	-0.63	1.10			
276，多种商业表单	Y^{G-3}_{BEA-U}	-5.58	-3.52	-0.12	-1.25	-5.46	-2.27	2.06	-1.13	3.19	Y^{G-3}_{BEA-U} 和 $Y^{S-3}_{BLS-I-P}$	0.994	0.996
	$Y^{S-3}_{BLS-I-P}$	-5.74	-3.60	-0.10	-1.53	-5.64	-2.07	2.14	-1.43	3.57			
277，贺卡	Y^{G-3}_{BEA-U}	-0.54	1.05	4.38	3.77	-4.92	-2.72	1.59	-0.61	2.20	Y^{G-3}_{BEA-U} 和 $Y^{S-3}_{BLS-I-P}$	0.269	0.196
	$Y^{S-3}_{BLS-I-P}$	-1.14	0.88	4.02	3.55	-5.16	-2.67	2.02	-0.47	2.49			
278，空白账薄、活页夹和装订	Y^{G-3}_{BEA-U}	1.73	0.23	5.52	1.65	-3.79	-1.42	-1.50	-3.87	2.37	Y^{G-3}_{BEA-U} 和 $Y^{S-3}_{BLS-I-P}$	0.994	0.994
	$Y^{S-3}_{BLS-I-P}$	1.59	0.11	5.41	1.52	-3.82	-1.41	-1.48	-3.89	2.41			
279，印刷贸易服务业	Y^{G-3}_{BEA-U}	0.03	-2.24	0.86	-1.46	-0.83	-0.78	-2.27	-2.32	0.05	Y^{G-3}_{BEA-U} 和 $Y^{S-3}_{BLS-I-P}$	0.998	0.998
	$Y^{S-3}_{BLS-I-P}$	0.00	-2.12	0.85	-1.48	-0.85	-0.64	-2.12	-2.33	0.21			

（续表）

SIC 行业	产出指标	固定价美元 1990—1995	固定价美元 1995—2000	现价美元 1990—1995	现价美元 1995—2000	固定价美元减现价美元 1990—1995	固定价美元减现价美元 1995—2000	加速，固定价美元	加速，现价美元	固定价美元和现价美元的加速差异	产出指标比较	相关系数 固定价美元产出指标的年度百分比变化	相关系数 现价美元产出指标的年度百分比变化
29，石油加工及相关行业	Y^{G-2}_{BEA-P}	0.81	1.08	-2.53	8.88	3.34	-7.8	0.27	11.41	-11.14	Y^{G-2}_{BEA-P}和$Y^{S-2}_{BLS-I-U}$	-0.044	0.997
	$Y^{S-2}_{BLS-I-U}$	1.2	1.58	-2.68	9.27	4.06	-7.69	0.38	12.13	-11.75	Y^{G-2}_{BEA-P}和$Y^{G-2}_{BLS-M-U}$	-0.013	0.994
	$Y^{G-2}_{BLS-M-U}$	0.88	1.51	-2.76	9.2	3.64	-7.69	0.63	11.96	-11.33	$Y^{S-2}_{BLS-I-U}$和$Y^{G-2}_{BLS-M-U}$	0.988	0.992
291，石油炼制	Y^{G-3}_{BEA-U}	0.63	1.20	-3.19	9.47	3.82	-8.26	0.57	12.66	-12.08	Y^{G-3}_{BEA-U}和$Y^{S-3}_{BLS-I-P}$	-0.130	0.998
	$Y^{S-3}_{BLS-I-P}$	1.15	1.57	-3.38	9.73	4.52	-8.17	0.42	13.11	-12.69			
295，铺路沥青和屋顶材料	Y^{G-3}_{BEA-U}	1.95	2.96	2.74	5.75	-0.79	-2.79	1.01	3.01	-2.00	Y^{G-3}_{BEA-U}和$Y^{S-3}_{BLS-I-P}$	0.997	0.997
	$Y^{S-3}_{BLS-I-P}$	1.96	2.87	2.71	5.93	-0.76	-3.06	0.91	3.21	-2.30			
299，其他石油及煤制品	Y^{G-3}_{BEA-U}	1.11	0.69	3.05	2.70	-1.93	-2.01	-0.43	-0.35	-0.08	Y^{G-3}_{BEA-U}和$Y^{S-3}_{BLS-I-P}$	0.984	0.982
	$Y^{S-3}_{BLS-I-P}$	0.94	0.58	2.91	2.58	-1.96	-2.00	-0.36	-0.33	-0.03			
31，皮革及皮革产品	Y^{G-2}_{BEA-P}	-1.97	-1.59	-0.13	-1.42	-1.84	-0.17	0.38	-1.29	1.67	Y^{G-2}_{BEA-P}和$Y^{S-2}_{BLS-I-U}$	-0.949	0.953
	$Y^{S-2}_{BLS-I-U}$	-2.67	-1.15	-0.85	-0.92	-1.82	-0.23	1.52	-0.07	1.59	Y^{G-2}_{BEA-P}和$Y^{G-2}_{BLS-M-U}$	0.923	0.915
	$Y^{G-2}_{BLS-M-U}$	-3.14	-1.53	-1.28	-1.31	-1.86	-0.22	1.61	-0.03	1.64	$Y^{S-2}_{BLS-I-U}$和$Y^{G-2}_{BLS-M-U}$	0.969	0.951

（续表）

SIC 行业	产出指标	固定价美元 1990—1995	固定价美元 1995—2000	现价美元 1990—1995	现价美元 1995—2000	固定价美元减现价美元 1990—1995	固定价美元减现价美元 1995—2000	加速，固定价美元	加速，现价美元	固定价美元和现价美元的加速差异	产出指标比较	相关系数：固定价美元产出指标的年度百分比变化	相关系数：现价美元产出指标的年度百分比变化
311，皮革鞣制和整理	Y^{G-3}_{BEA-U}	4.22	0.13	6.02	-1.07	-1.80	1.20	-4.09	-7.10	3.01	Y^{G-3}_{BEA-U} 和 $Y^{S-3}_{BLS-I-U}$	0.984	0.984
	$Y^{S-3}_{BLS-I-U}$	3.41	1.65	5.15	0.58	-1.74	1.07	-1.76	-4.57	2.81			
313，靴子和鞋的切割材料及工具用品	Y^{G-3}_{BEA-U}	-8.30	-8.63	-6.71	-7.89	-1.59	-0.74	-0.33	-1.18	0.85	Y^{G-3}_{BEA-U} 和 $Y^{S-3}_{BLS-I-U}$	0.611	0.625
	$Y^{S-3}_{BLS-I-U}$	-8.14	0.30	-6.64	1.10	-1.50	-0.80	8.44	7.75	0.69			
314，鞋类，除了橡胶制鞋	Y^{G-3}_{BEA-U}	-3.28	-5.49	-1.29	-4.70	-1.99	-0.79	-2.21	-3.14	1.2	Y^{G-3}_{BEA-U} 和 $Y^{S-3}_{BLS-I-P}$	0.984	0.985
	$Y^{S-3}_{BLS-I-P}$	-3.62	-7.07	-1.65	-6.44	-1.97	-0.63	-3.45	-4.79	1.34			
315，皮革手套	Y^{G-3}_{BEA-U}	-7.49	5.54	-5.21	7.15	-2.28	-1.61	13.03	12.36	0.67	Y^{G-3}_{BEA-U} 和 $Y^{S-3}_{BLS-I-U}$	0.992	0.992
	$Y^{S-3}_{BLS-I-U}$	-7.95	5.71	-5.84	7.22	-2.11	-1.51	13.66	13.06	0.60			
316，皮箱	Y^{G-3}_{BEA-U}	-4.50	5.53	-3.48	6.48	-1.02	-0.95	10.03	9.96	0.07	Y^{G-3}_{BEA-U} 和 $Y^{S-3}_{BLS-I-U}$	0.971	0.975
	$Y^{S-3}_{BLS-I-U}$	-4.00	4.75	-2.87	5.99	-1.13	-1.24	8.75	8.85	-0.10			
317，手提包及其他皮革制品	Y^{G-3}_{BEA-U}	-7.35	-1.27	-6.61	-0.94	-0.74	-0.33	6.08	5.66	0.42	Y^{G-3}_{BEA-U} 和 $Y^{S-3}_{BLS-I-U}$	0.996	0.996
	$Y^{S-3}_{BLS-I-U}$	-7.40	-0.91	-6.61	-0.54	-0.79	-0.37	6.49	6.07	0.42			

（续表）

SIC 行业	产出指标	固定价美元 1990—1995	固定价美元 1995—2000	现价美元 1990—1995	现价美元 1995—2000	固定价美元减现价美元 1990—1995	固定价美元减现价美元 1995—2000	加速，固定价美元	加速，现价美元	固定价美元和现价美元的加速差异	产出指标比较	相关系数：固定价美元产出指标的年度百分比变化	相关系数：现价美元产出指标的年度百分比变化
319，皮革制品，NEC	$Y^{G\text{-}3}_{BEA\text{-}U}$	-8.75	7.86	-7.39	9.94	-1.36	-2.08	16.61	17.33	-0.72	$Y^{G\text{-}3}_{BEA\text{-}U}$ 和 $Y^{S\text{-}3}_{BLS\text{-}I\text{-}U}$	0.994	0.995
	$Y^{S\text{-}3}_{BLS\text{-}I\text{-}U}$	-8.63	7.13	-7.23	9.14	-1.40	-2.01	15.76	16.38	-0.62			
35，工业和商业机械及计算机设备	$Y^{G\text{-}2}_{BEA\text{-}P}$	8.44	9.38	6.66	3.6	1.78	5.78	0.94	-3.06	4.00	$Y^{G\text{-}2}_{BEA\text{-}P}$ 和 $Y^{S\text{-}2}_{BLS\text{-}I\text{-}U}$	0.991	0.989
	$Y^{S\text{-}2}_{BLS\text{-}I\text{-}U}$	8.02	10.05	6.61	4.12	1.41	5.93	2.03	-2.49	4.52	$Y^{G\text{-}2}_{BEA\text{-}P}$ 和 $Y^{G\text{-}2}_{BLS\text{-}M\text{-}U}$	0.976	0.975
	$Y^{G\text{-}2}_{BLS\text{-}M\text{-}U}$	7.84	10.03	6.21	4.12	1.63	5.91	2.19	-2.09	4.28	$Y^{S\text{-}2}_{BLS\text{-}I\text{-}U}$ 和 $Y^{G\text{-}2}_{BLS\text{-}M\text{-}U}$	0.985	0.986
351，发动机和涡轮机	$Y^{G\text{-}3}_{BEA\text{-}U}$	3.62	4.41	6.00	5.28	-2.38	-0.87	0.79	-0.72	1.51	$Y^{G\text{-}3}_{BEA\text{-}U}$ 和 $Y^{S\text{-}3}_{BLS\text{-}I\text{-}P}$	0.955	0.939
	$Y^{S\text{-}3}_{BLS\text{-}I\text{-}P}$	3.40	2.35	5.48	5.72	-2.08	-3.37	-1.05	0.23	-1.28			
352，农业及园艺机械设备	$Y^{G\text{-}3}_{BEA\text{-}U}$	2.14	-0.85	4.48	0.42	-2.34	-1.27	-2.99	-4.06	1.07	$Y^{G\text{-}3}_{BEA\text{-}U}$ 和 $Y^{S\text{-}3}_{BLS\text{-}I\text{-}P}$	0.993	0.992
	$Y^{S\text{-}3}_{BLS\text{-}I\text{-}P}$	2.13	-0.87	4.43	0.41	-2.30	-1.28	-3.00	-4.02	1.02			
353，建筑、采矿和材料处理	$Y^{G\text{-}3}_{BEA\text{-}U}$	2.49	3.75	4.50	5.43	-2.01	-1.68	1.26	0.92	0.34	$Y^{G\text{-}3}_{BEA\text{-}U}$ 和 $Y^{S\text{-}3}_{BLS\text{-}I\text{-}P}$	0.991	0.990
	$Y^{S\text{-}3}_{BLS\text{-}I\text{-}P}$	2.73	3.83	4.75	5.43	-2.02	-1.60	1.10	0.68	0.42			
354，金属加工机械和设备	$Y^{G\text{-}3}_{BEA\text{-}U}$	3.41	1.46	6.01	2.89	-2.60	-1.43	-1.95	-3.12	1.17	$Y^{G\text{-}3}_{BEA\text{-}U}$ 和 $Y^{S\text{-}3}_{BLS\text{-}I\text{-}P}$	0.991	0.990
	$Y^{S\text{-}3}_{BLS\text{-}I\text{-}P}$	3.75	1.11	6.42	2.59	-2.67	-1.48	-2.64	-3.83	1.19			

（续表）

SIC 行业	产出指标	固定价美元		现价美元		固定价美元减现价美元		加速，固定价美元	加速，现价美元	固定价美元和现价美元的加速差异	产出指标比较	相关系数	
		1990—1995	1995—2000	1990—1995	1995—2000	1990—1995	1995—2000					固定价美元产出指标的年度百分比变化	现价美元产出指标的年度百分比变化
355，特殊工业设备，除了金属加工设备	Y^{G-3}_{BEA-U}	5.83	5.39	8.48	7.07	-2.65	-1.68	-0.44	-1.42	0.98	Y^{G-3}_{BEA-U} 和 $Y^{S-3}_{BLS-I-P}$	0.994	0.993
	$Y^{S-3}_{BLS-I-P}$	6.31	5.11	9.08	6.90	-2.77	-1.79	-1.20	-2.18	0.98			
356，一般工业机械和设备	Y^{G-3}_{BEA-U}	2.36	1.29	5.21	3.16	-2.85	-1.87	-1.07	-2.05	0.98	Y^{G-3}_{BEA-U} 和 $Y^{S-3}_{BLS-I-P}$	0.993	0.992
	$Y^{S-3}_{BLS-I-P}$	2.36	1.11	5.30	3.01	-2.94	-1.90	-1.25	-2.29	1.04			
357，计算机和办公设备	Y^{G-3}_{BEA-U}	21.89	32.38	6.94	4.09	14.95	28.29	10.49	-2.85	13.34	Y^{G-3}_{BEA-U} 和 $Y^{S-3}_{BLS-I-P}$	0.990	0.981
	$Y^{S-3}_{BLS-I-P}$	22.55	35.91	7.43	4.27	15.12	31.64	13.36	-3.16	16.52			
358，制冷和服务行业机械	Y^{G-3}_{BEA-U}	5.10	2.61	6.72	3.54	-1.62	-0.93	-2.49	-3.18	0.69	Y^{G-3}_{BEA-U} 和 $Y^{S-3}_{BLS-I-P}$	0.994	0.993
	$Y^{S-3}_{BLS-I-P}$	5.31	2.72	7.05	3.72	-1.74	-1.00	-2.59	-3.33	0.74			
359，其他工业和商业	Y^{G-3}_{BEA-U}	6.80	2.56	8.09	3.72	-1.29	-1.16	-4.24	-4.38	0.14	Y^{G-3}_{BEA-U} 和 $Y^{S-3}_{BLS-I-P}$	0.995	0.995
	$Y^{S-3}_{BLS-I-P}$	6.73	2.49	8.10	3.69	-1.37	-1.20	-4.24	-4.41	0.17			
38，测量、分析和控制仪器，摄影、医疗和光学用品，表和钟	Y^{G-2}_{BEA-P}	1.05	3.20	2.58	3.43	-1.53	-0.23	2.15	0.85	1.30	Y^{G-2}_{BEA-P} 和 $Y^{S-2}_{BLS-I-U}$	0.916	0.160
	$Y^{S-2}_{BLS-I-U}$	0.87	3.41	2.29	3.58	-1.42	-0.17	2.54	1.29	1.25	Y^{G-2}_{BEA-P} 和 $Y^{G-2}_{BLS-M-U}$	0.597	0.054
	$Y^{G-2}_{BLS-M-U}$	1.27	4.04	2.71	4.08	-1.44	-0.04	2.77	1.37	1.40	$Y^{S-2}_{BLS-I-U}$ 和 $Y^{G-2}_{BLS-M-U}$	0.701	0.657

（续表）

SIC 行业	产出指标	固定价美元		现价美元		固定价美元减现价美元		加速，固定价美元	加速，现价美元	固定价美元和现价美元的加速差异	产出指标比较	相关系数	
		1990—1995	1995—2000	1990—1995	1995—2000	1990—1995	1995—2000					固定价美元产出指标的年度百分比变化	现价美元产出指标的年度百分比变化
381，搜索、探测、导航、制导、航空和航海	$Y^{G\text{-}3}_{BEA\text{-}U}$	-5.25	-0.11	-3.69	0.34	-1.56	-0.45	5.14	4.02	1.12	$Y^{G\text{-}3}_{BEA\text{-}U}$ 和 $Y^{S\text{-}3}_{BLS\text{-}I\text{-}P}$	0.973	0.957
	$Y^{S\text{-}3}_{BLS\text{-}I\text{-}P}$	-5.52	0.71	-4.03	1.16	-1.49	-0.45	6.23	5.19	1.04			
382，实验室仪器和分析、光学	$Y^{G\text{-}3}_{BEA\text{-}U}$	4.29	2.74	6.28	3.54	-1.99	-0.80	-1.55	-2.74	1.19	$Y^{G\text{-}3}_{BEA\text{-}U}$ 和 $Y^{S\text{-}3}_{BLS\text{-}I\text{-}P}$	0.990	0.985
	$Y^{S\text{-}3}_{BLS\text{-}I\text{-}P}$	4.32	2.52	6.26	3.41	-1.94	-0.89	-1.80	-2.86	1.06			
384，医疗手术和牙科仪器	$Y^{G\text{-}3}_{BEA\text{-}U}$	3.97	6.98	5.95	6.97	-1.98	0.01	3.01	1.02	1.99	$Y^{G\text{-}3}_{BEA\text{-}U}$ 和 $Y^{S\text{-}3}_{BLS\text{-}I\text{-}P}$	0.987	0.989
	$Y^{S\text{-}3}_{BLS\text{-}I\text{-}P}$	3.85	6.73	5.89	6.97	-2.04	-0.24	2.88	1.08	1.80			
385，眼科用品	$Y^{G\text{-}3}_{BEA\text{-}U}$	3.90	7.73	5.57	7.00	-1.67	0.73	3.83	1.42	2.41	$Y^{G\text{-}3}_{BEA\text{-}U}$ 和 $Y^{S\text{-}3}_{BLS\text{-}I\text{-}P}$	0.972	0.973
	$Y^{S\text{-}3}_{BLS\text{-}I\text{-}P}$	3.45	7.50	5.13	6.81	-1.68	0.69	4.05	1.68	2.37			
386，摄影器材和用品	$Y^{G\text{-}3}_{BEA\text{-}U}$	0.72	0.75	0.58	-0.18	0.14	0.93	0.03	-0.76	0.79	$Y^{G\text{-}3}_{BEA\text{-}U}$ 和 $Y^{S\text{-}3}_{BLS\text{-}I\text{-}P}$	0.920	0.960
	$Y^{S\text{-}3}_{BLS\text{-}I\text{-}P}$	0.84	1.39	0.39	-0.64	0.45	2.03	0.55	-1.03	1.58			
387，手表、钟表、发条操作装置	$Y^{G\text{-}3}_{BEA\text{-}U}$	-9.33	5.51	-7.74	6.16	-1.59	-0.65	14.84	13.91	0.93	$Y^{G\text{-}3}_{BEA\text{-}U}$ 和 $Y^{S\text{-}3}_{BLS\text{-}I\text{-}P}$	0.880	0.913
	$Y^{S\text{-}3}_{BLS\text{-}I\text{-}P}$	-6.57	2.67	-7.11	3.44	0.54	-0.77	9.24	10.55	-1.31			

（续表）

SIC 行业	产出指标	固定价美元		现价美元		固定价美元减现价美元		加速，固定价美元	加速，现价美元	固定价美元和现价美元的加速差异	产出指标比较	相关系数	
		1990—1995	1995—2000	1990—1995	1995—2000	1990—1995	1995—2000					固定价美元产出指标的年度百分比变化	现价美元产出指标的年度百分比变化
39，其他制造业	Y^{G-2}_{BEA-P}	1.44	3.22	3.52	4.13	-2.08	-0.91	1.78	0.61	1.17	Y^{G-2}_{BEA-P}和$Y^{S-2}_{BLS-I-U}$	0.954	0.947
	$Y^{S-2}_{BLS-I-U}$	2.00	2.82	4.01	3.63	-2.01	-0.81	0.82	-0.38	1.20	Y^{G-2}_{BEA-P}和$Y^{G-2}_{BLS-M-U}$	0.867	0.863
	$Y^{G-2}_{BLS-M-U}$	2.02	2.85	4.02	3.64	-2	-0.79	0.83	-0.38	1.21	$Y^{S-2}_{BLS-I-U}$和$Y^{G-2}_{BLS-M-U}$	0.842	0.838
40，铁路运输	Y^{G-2}_{BEA-P}	3.39	0.67	3.18	1.26	0.21	-0.59	-2.72	-1.92	-0.80	Y^{G-2}_{BEA-P}和$Y^{S-2}_{BLS-M-U}$	0.638	0.870
	$Y^{G-2}_{BLS-M-U}$	1.63	-0.62	2.41	-0.02	-0.78	-0.6	-2.25	-2.43	0.18			
41，本地和郊区运输及市际公路客运	Y^{G-2}_{BEA-P}	0.54	2.36	3.71	4.64	-3.17	-2.28	1.82	0.93	0.89	Y^{G-2}_{BEA-P}和$Y^{S-2}_{BLS-M-U}$	0.747	0.090
	$Y^{G-2}_{BLS-M-U}$	1.59	1.22	5.09	3.73	-3.5	-2.51	-0.37	-1.36	0.99			
42，汽车货物运输和仓储配送	Y^{G-2}_{BEA-P}	4.89	4.06	5.56	7.14	-0.67	-3.08	-0.83	1.58	-2.41	Y^{G-2}_{BEA-P}和$Y^{S-2}_{BLS-M-U}$	0.536	0.980
	$Y^{G-2}_{BLS-M-U}$	4.48	4.63	5.14	6.80	-0.66	-2.17	0.15	1.66	-1.51			
44，水上运输	Y^{G-2}_{BEA-P}	2.39	4.72	3.76	7.07	-1.37	-2.35	2.33	3.31	-0.98	Y^{G-2}_{BEA-P}和$Y^{S-2}_{BLS-M-U}$	0.544	0.280
	$Y^{G-2}_{BLS-M-U}$	2.40	-0.52	4.98	1.71	-2.58	-2.23	-2.92	-3.27	0.35			
45，航空运输	Y^{G-2}_{BEA-P}	3.14	5.39	4.27	6.90	-1.13	-1.51	2.25	2.63	-0.38	Y^{G-2}_{BEA-P}和$Y^{S-2}_{BLS-M-U}$	0.399	0.360
	$Y^{G-2}_{BLS-M-U}$	3.84	1.48	4.41	3.11	-0.57	-1.63	-2.36	-1.3	-1.06			

（续表）

SIC 行业	产出指标	固定价美元 1990—1995	固定价美元 1995—2000	现价美元 1990—1995	现价美元 1995—2000	固定价美元减现价美元 1990—1995	固定价美元减现价美元 1995—2000	加速，固定价美元	加速，现价美元	固定价美元和现价美元的加速差异	产出指标比较	相关系数：固定价美元产出指标的年度百分比变化	相关系数：现价美元产出指标的年度百分比变化
46，管道运输，除了天然气	Y^{G-2}_{BEA-P}	-5.39	0.14	-3.00	-0.85	-2.39	0.99	5.53	2.15	3.38	Y^{G-2}_{BEA-P}和$Y^{G-2}_{BLS-M-U}$	0.617	0.670
	$Y^{G-2}_{BLS-M-U}$	-1.39	-3.04	1.53	-4.99	-2.92	1.95	-1.65	-6.52	4.87			
47，运输服务	Y^{G-2}_{BEA-P}	4.78	6.21	6.77	7.80	-1.99	-1.59	1.43	1.03	0.40	Y^{G-2}_{BEA-P}和$Y^{G-2}_{BLS-M-U}$	0.557	0.560
	$Y^{G-2}_{BLS-M-U}$	4.48	5.75	5.59	2.45	-1.11	3.3	1.27	-3.14	4.41			
48，通信	Y^{G-2}_{BEA-P}	5.55	11.38	6.77	11.09	-1.22	0.29	5.83	4.32	1.51	Y^{G-2}_{BEA-P}和$Y^{G-2}_{BLS-M-U}$	0.701	0.760
	$Y^{G-2}_{BLS-M-U}$	4.38	6.67	6.06	8.61	-1.68	-1.94	2.29	2.25	-0.26			
481，电话通信	仅能得到单个序列（$Y^{S-3}_{BLS-I-P}$）												
482，电报及其他信息通信	没有 BEA 或 BLS 产出序列可用												
483，无线电和电视广播电台	Y^{G-3}_{BEA-U}	0.08	-0.06	2.65	8.13	-2.57	-8.19	-0.14	5.48	-5.62	Y^{G-3}_{BEA-U}和$Y^{S-3}_{BLS-I-P}$	0.733	0.392
	$Y^{S-3}_{BLS-I-P}$	1.13	2.19	4.14	-0.05	-3.01	2.24	1.06	-4.19	5.25			
484，电缆及其他付费电视台	Y^{G-3}_{BEA-U}	5.38	8.93	10.42	13.48	-5.04	-4.55	3.55	3.07	0.48	Y^{G-3}_{BEA-U}和$Y^{S-3}_{BLS-I-P}$	0.470	0.494
	$Y^{S-3}_{BLS-I-P}$	2.96	8.21	7.92	13.55	-4.96	-5.34	5.25	5.62	-0.37			

（续表）

SIC 行业	产出指标	固定价美元 1990—1995	固定价美元 1995—2000	现价美元 1990—1995	现价美元 1995—2000	固定价美元减现价美元 1990—1995	固定价美元减现价美元 1995—2000	加速，固定价美元	加速，现价美元	固定价美元和现价美元的加速差异	产出指标比较	相关系数：固定价美元产出指标的年度百分比变化	相关系数：现价美元产出指标的年度百分比变化
489，通信服务，NEC	没有 BEA 或 BLS 产出序列可用												
49，电力、煤气及卫生服务	Y^{G-2}_{BEA-P}	1.96	1.48	3.49	4.40	-1.53	-2.92	-0.48	0.91	-1.39	Y^{G-2}_{BEA-P} 和 $Y^{G-2}_{BLS-M-U}$	0.108	0.650
	$Y^{G-2}_{BLS-M-U}$	0.14	1.63	2.36	2.20	-2.22	-0.57	1.49	-0.16	1.65			
62，担保和商品经纪人、经销商、交换和服务	Y^{G-2}_{BEA-P}	16.11	23.35	17.11	19.02	-1.00	4.33	7.24	1.91	5.33	Y^{G-2}_{BEA-P} 和 $Y^{G-2}_{BLS-M-U}$	0.800	0.760
	$Y^{G-2}_{BLS-M-U}$	13.54	22.02	10.55	17.21	2.29	4.81	8.48	6.66	1.82			
63，保险业	Y^{G-2}_{BEA-P}	-0.15	-1.53	7.10	3.11	-7.25	-4.64	-1.38	-3.90	2.61	Y^{G-2}_{BEA-P} 和 $Y^{G-2}_{BLS-M-U}$	0.718	0.790
	$Y^{G-2}_{BLS-M-U}$	0.87	0.64	8.74	4.56	-7.87	-3.92	-0.23	-4.18	3.95			
64，保险代理人、经纪人和服务	Y^{G-2}_{BEA-P}	-2.67	4.07	3.91	7.91	-6.58	-3.84	6.74	4	2.74	Y^{G-2}_{BEA-P} 和 $Y^{G-2}_{BLS-M-U}$	-0.114	0.040
	$Y^{G-2}_{BLS-M-U}$	-0.41	4.03	1.17	4.93	-1.58	-0.9	4.44	3.76	0.68			
72，个人服务	Y^{G-2}_{BEA-P}	2.45	2.71	5.56	5.44	-3.11	-2.73	0.26	-0.12	0.38	Y^{G-2}_{BEA-P} 和 $Y^{S-2}_{BLS-I-U}$	0.946	0.930
	$Y^{S-2}_{BLS-I-U}$	1.44	2.89	5.00	6.02	-3.56	-3.13	1.45	1.02	0.43	Y^{G-2}_{BEA-P} 和 $Y^{G-2}_{BLS-M-U}$	0.900	0.880
	$Y^{G-2}_{BLS-M-U}$	1.33	3.56	4.48	6.32	-3.15	-2.76	2.23	1.84	0.39	$Y^{S-2}_{BLS-I-U}$ 和 $Y^{G-2}_{BLS-M-U}$	0.965	0.960

（续表）

SIC 行业	产出指标	固定价美元 1990—1995	固定价美元 1995—2000	现价美元 1990—1995	现价美元 1995—2000	固定价美元减现价美元 1990—1995	固定价美元减现价美元 1995—2000	加速，固定价美元	加速，现价美元	固定价美元和现价美元的加速差异	产出指标比较	相关系数：固定价美元产出指标的年度百分比变化	相关系数：现价美元产出指标的年度百分比变化
721，洗衣、清洁和服装服务	Y^{G-3}_{BEA-U}	1.16	2.78	3.84	4.88	-2.68	-2.10	1.62	1.04	0.58	Y^{G-3}_{BEA-U} 和 $Y^{S-3}_{BLS-I-P}$	0.975	0.986
	$Y^{S-3}_{BLS-I-P}$	0.82	2.85	3.61	5.00	-2.79	-2.15	2.03	1.39	0.64			
722，摄影工作室、画像	Y^{G-3}_{BEA-U}	5.32	0.85	8.48	2.62	-3.16	-1.77	-4.47	-5.87	1.40	Y^{G-3}_{BEA-U} 和 $Y^{S-3}_{BLS-I-P}$	0.975	0.972
	$Y^{S-3}_{BLS-I-P}$	5.54	1.49	8.71	3.17	-3.17	-1.68	-4.05	-5.54	1.49			
723，美容院	Y^{G-3}_{BEA-U}	2.69	3.06	5.05	6.29	-2.36	-3.23	0.37	1.24	-0.87	Y^{G-3}_{BEA-U} 和 $Y^{S-3}_{BLS-I-P}$	0.989	0.987
	$Y^{S-3}_{BLS-I-P}$	2.63	3.16	4.99	6.39	-2.36	-3.23	0.53	1.40	-0.87			
724，理发店	Y^{G-3}_{BEA-U}	-0.06	1.28	2.93	4.53	-2.99	-3.25	1.34	1.59	-0.25	Y^{G-3}_{BEA-U} 和 $Y^{S-3}_{BLS-I-P}$	0.934	0.934
	$Y^{S-3}_{BLS-I-P}$	-0.71	1.61	2.26	4.88	-2.97	-3.27	2.32	2.63	-0.31			
725，修鞋店和擦鞋店	仅能得到单个序列（Y^{G-3}_{BEA-U}）												
726，殡仪服务和火葬场	Y^{G-3}_{BEA-U}	1.76	-0.13	7.09	3.87	-5.23	-4.00	-1.89	-3.21	1.32	Y^{G-3}_{BEA-U} 和 $Y^{S-3}_{BLS-I-P}$	0.941	0.959
	$Y^{S-3}_{BLS-I-P}$	1.39	-0.58	6.70	3.40	-5.31	-3.98	-1.97	-3.30	1.33			
729，其他个人服务	仅能得到单个序列（$Y^{G-3}_{BEA-I-U}$）												

（续表）

SIC 行业	产出指标	固定价美元		现价美元		固定价美元减现价美元		加速，固定价美元	加速，现价美元	固定价美元和现价美元的加速差异	产出指标比较	相关系数	
		1990—1995	1995—2000	1990—1995	1995—2000	1990—1995	1995—2000					固定价美元产出指标的年度百分比变化	现价美元产出指标的年度百分比变化
78，电影	Y^{G-2}_{BEA-P}	3.89	2.95	6.54	6.72	-2.65	-3.77	-0.94	0.18	-1.12	Y^{G-2}_{BEA-P} 和 $Y^{G-2}_{BLS-M-U}$	0.458	0.700
	$Y^{G-2}_{BLS-M-U}$	4.74	6.58	7.40	4.24	-2.66	2.34	1.84	-3.16	5.00			
79，娱乐及休闲服务业	Y^{G-2}_{BEA-P}	6.74	3.87	10.03	7.62	-3.29	-3.75	-2.87	-2.41	-0.46	Y^{G-2}_{BEA-P} 和 $Y^{G-2}_{BLS-M-U}$	0.337	0.340
	$Y^{G-2}_{BLS-M-U}$	5.85	6.79	8.89	10.20	-3.04	-3.41	0.94	1.31	-0.37			
82，教育服务	Y^{G-2}_{BEA-P}	2.86	2.75	6.19	6.48	-3.33	-3.73	-0.11	0.29	-0.40	Y^{G-2}_{BEA-P} 和 $Y^{G-2}_{BLS-M-U}$	0.584	0.570
	$Y^{G-2}_{BLS-M-U}$	0.35	3.68	4.90	7.38	-4.55	-3.7	3.33	2.48	0.85			

注：NEC = 未分类。SIC 两位码行业现期美元数据：BEA，发布的（经调整的）现期美元总产出序列 GOC 来自 BEA 文件 GPO87SIC；BLS 行业程序，制造业三位码行业生产的名义价值加总为两位组，以及两位码非制造业生产的名义价值数据；BLS 主要部门程序，生产价值序列。三位码和四位码行业：BEA，制造业出货价值数据和未经调整的总产出数据来自非制造业的 GO8701；BLS 行业程序，基准生产价值数据。

表9B.4　实际产出序列的比较：选定的SIC三位和四位码行业

SIC两位码行业	产出序列	年度平均增长率		加速	产出序列比较	加速差异	相关系数
		1990—1995(1)	1995—2000(2)	(2)-(1)			
在SIC 10(金属开采)中的四位码行业							
1011,铁矿石	Y^{G-4}_{BEA-U}	3.21	0.18	-3.03	Y^{G-4}_{BEA-U}和$Y^{S-4}_{BLS-I-U}$	-1.28	0.960
	$Y^{S-4}_{BLS-I-U}$	1.88	0.13	-1.75			
1021,铜矿石	Y^{G-4}_{BEA-U}	2.39	-5.43	-7.81	Y^{G-4}_{BEA-U}和$Y^{S-4}_{BLS-I-P}$	-0.04	0.872
	$Y^{S-4}_{BLS-I-P}$	2.86	-4.90	-7.77			
1031,铅和锌矿石	Y^{G-4}_{BEA-U}	1.61	5.24	3.64	Y^{G-4}_{BEA-U}和$Y^{S-4}_{BLS-I-U}$	7.54	0.768
	$Y^{S-4}_{BLS-I-U}$	8.81	4.91	-3.90			
1041,金矿石	Y^{G-4}_{BEA-U}	2.75	2.17	-0.58	Y^{G-4}_{BEA-U}和$Y^{S-4}_{BLS-I-P}$	-1.36	0.982
	$Y^{S-4}_{BLS-I-U}$	1.29	2.08	0.79			
1044,银矿石	Y^{G-4}_{BEA-U}	-8.53	3.54	12.07	Y^{G-4}_{BEA-U}和$Y^{S-4}_{BLS-I-U}$	4.71	0.767
	$Y^{S-4}_{BLS-I-U}$	-4.83	2.53	7.36			
1061,铁合金矿石,除了钒	没有BEA或BLS产出序列可用						
1081,金属矿山服务	仅能得到单个序列(Y^{G-4}_{BEA-U})						
1094,铀镭钒矿	仅能得到单个序列(Y^{G-4}_{BEA-U})						
1099,其他金属矿产,NEC	仅能得到单个序列(Y^{G-4}_{BEA-U})						

（续表）

SIC 两位码行业	产出序列	年度平均增长率		加速	产出序列比较	加速差异	相关系数
		1990—1995(1)	1995—2000(2)	(2)-(1)			
在 SIC 27(印刷业、出版业及相关行业)中的四位码行业							
2711,报纸:出版,或出版和印刷	Y_{BEA-U}^{G-4}	-3.79	0.19	3.97	Y_{BEA-U}^{G-4} 和 $Y_{BLS-I-P}^{S-4}$	-2.09	0.907
	$Y_{BLS-I-P}^{S-4}$	-3.86	2.20	6.60			
2721,期刊:出版,或出版和印刷	Y_{BEA-U}^{G-4}	-0.71	3.17	3.88	Y_{BEA-U}^{G-4} 和 $Y_{BLS-I-P}^{S-4}$	-4.66	0.692
	$Y_{BLS-I-P}^{S-4}$	-1.15	7.39	8.55			
2731,书籍:出版,或出版和印刷	Y_{BEA-U}^{G-4}	1.56	-0.31	-1.87	Y_{BEA-U}^{G-4} 和 $Y_{BLS-I-P}^{S-4}$	-1.14	0.895
	$Y_{BLS-I-P}^{S-4}$	1.84	1.11	-0.73			
2732,图书印刷	Y_{BEA-U}^{G-4}	1.98	1.85	-0.13	Y_{BEA-U}^{G-4} 和 $Y_{BLS-I-P}^{S-4}$	-0.32	0.973
	$Y_{BLS-I-P}^{S-4}$	1.62	1.81	0.19			
2741,其他出版物	Y_{BEA-U}^{G-4}	1.27	2.46	1.19	Y_{BEA-U}^{G-4} 和 $Y_{BLS-I-P}^{S-4}$	-5.70	0.888
	$Y_{BLS-I-P}^{S-4}$	1.20	8.09	6.89			
2752,商业印刷,平版印刷	Y_{BEA-U}^{G-4}	1.75	2.41	0.66	Y_{BEA-U}^{G-4} 和 $Y_{BLS-I-P}^{S-4}$	-0.07	0.997
	$Y_{BLS-I-P}^{S-4}$	1.72	2.45	0.73			
2754,商业印刷,凹版印刷	Y_{BEA-U}^{G-4}	1.93	0.40	-2.33	Y_{BEA-U}^{G-4} 和 $Y_{BLS-I-P}^{S-4}$	0.75	0.975
	$Y_{BLS-I-P}^{S-4}$	2.71	-0.37	-3.08			
2759,商业印刷,NEC	Y_{BEA-U}^{G-4}	0.51	0.10	-0.41	Y_{BEA-U}^{G-4} 和 $Y_{BLS-I-P}^{S-4}$	-0.63	0.997
	$Y_{BLS-I-P}^{S-4}$	0.24	0.46	0.22			

（续表）

SIC 两位码行业	产出序列	年度平均增长率		加速	产出序列比较	加速差异	相关系数
		1990—1995(1)	1995—2000(2)	(2)-(1)			
2761，多种商业表单	Y^{G-4}_{BEA-U}	-5.58	-3.52	2.05	Y^{G-4}_{BEA-U} 和 $Y^{S-4}_{BLS-I-P}$	-0.08	0.994
	$Y^{S-4}_{BLS-I-P}$	-5.74	-3.60	2.13			
2771，贺卡	Y^{G-4}_{BEA-U}	-0.54	1.05	1.58	Y^{G-4}_{BEA-U} 和 $Y^{S-4}_{BLS-I-P}$	-0.43	0.269
	$Y^{S-4}_{BLS-I-P}$	-1.14	0.88	2.02			
2782，空白账薄、活页夹和设备	Y^{G-4}_{BEA-U}	2.42	-1.52	-3.94	Y^{G-4}_{BEA-U} 和 $Y^{S-4}_{BLS-I-P}$	-0.08	0.993
	$Y^{S-4}_{BLS-I-P}$	2.22	-1.64	-3.86			
2789，装订及相关工作	Y^{G-4}_{BEA-U}	-0.03	4.89	4.92	Y^{G-4}_{BEA-U} 和 $Y^{S-4}_{BLS-I-P}$	0.44	0.994
	$Y^{S-4}_{BLS-I-P}$	0.06	4.54	4.48			
2791，排版	Y^{G-4}_{BEA-U}	-4.85	4.48	9.32	Y^{G-4}_{BEA-U} 和 $Y^{S-4}_{BLS-I-P}$	-0.10	0.999
	$Y^{S-4}_{BLS-I-P}$	-4.95	4.39	9.34			
2796，制版及相关服务	Y^{G-4}_{BEA-U}	3.03	-6.39	-9.42	Y^{G-4}_{BEA-U} 和 $Y^{S-4}_{BLS-I-P}$	-0.25	0.999
	$Y^{S-4}_{BLS-I-P}$	3.03	-6.15	-9.18			
在 SIC 29（石油加工及相关行业）中的三位码行业							
291，石油炼制	Y^{G-3}_{BEA-U}	0.63	1.20	0.57	Y^{G-3}_{BEA-U} 和 $Y^{S-3}_{BLS-I-P}$	0.15	-0.130
	$Y^{S-3}_{BLS-I-P}$	1.15	1.57	0.42			
295，铺路沥青和屋顶材料	Y^{G-3}_{BEA-U}	1.95	2.96	1.01	Y^{G-3}_{BEA-U} 和 $Y^{S-3}_{BLS-I-P}$	0.10	0.997
	$Y^{S-3}_{BLS-I-P}$	1.96	2.87	0.91			

（续表）

SIC 两位码行业	产出序列	年度平均增长率		加速	产出序列比较	加速差异	相关系数
		1990—1995(1)	1995—2000(2)	(2)-(1)			
299,其他石油及煤制品	Y^{G-3}_{BEA-U}	1.11	0.69	-0.43	Y^{G-3}_{BEA-U} 和 $Y^{S-3}_{BLS-I-P}$	-0.06	0.984
	$Y^{S-3}_{BLS-I-P}$	0.94	0.58	-0.36			
在 SIC 31(皮革和皮革产品)中的三位码行业							
311,皮革鞣制和整理	Y^{G-3}_{BEA-U}	4.22	0.13	-4.09	Y^{G-3}_{BEA-U} 和 $Y^{S-3}_{BLS-I-U}$	-2.33	0.984
	$Y^{S-3}_{BLS-I-U}$	3.41	1.65	-1.76			
313,靴子和鞋的切割材料及工具用品	Y^{G-3}_{BEA-U}	-8.03	-8.63	-0.33	Y^{G-3}_{BEA-U} 和 $Y^{S-3}_{BLS-I-U}$	-8.77	0.611
	$Y^{S-3}_{BLS-I-U}$	-8.14	0.30	8.44			
314,鞋类,除了橡胶制鞋	Y^{G-3}_{BEA-U}	-3.28	-5.49	-2.21	Y^{G-3}_{BEA-U} 和 $Y^{S-3}_{BLS-I-P}$	1.24	0.984
	$Y^{S-3}_{BLS-I-P}$	-3.62	-7.07	-3.45			
315,皮革手套	Y^{G-3}_{BEA-U}	-7.49	5.54	13.03	Y^{G-3}_{BEA-U} 和 $Y^{S-3}_{BLS-I-U}$	-0.63	0.992
	$Y^{S-3}_{BLS-I-U}$	-7.95	5.71	13.66			
316,皮箱	Y^{G-3}_{BEA-U}	-4.50	5.53	10.03	Y^{G-3}_{BEA-U} 和 $Y^{S-3}_{BLS-I-U}$	1.28	0.971
	$Y^{S-3}_{BLS-I-U}$	-4.00	4.75	8.75			
317,手提包及其他皮革制品	Y^{G-3}_{BEA-U}	-7.35	-1.27	6.08	Y^{G-3}_{BEA-U} 和 $Y^{S-3}_{BLS-I-U}$	-0.41	0.996
	$Y^{S-3}_{BLS-I-U}$	-7.40	-0.91	6.49			
319,皮革制品,NEC	Y^{G-3}_{BEA-U}	-8.75	7.86	16.62	Y^{G-3}_{BEA-U} 和 $Y^{S-3}_{BLS-I-U}$	0.86	0.994
	$Y^{S-3}_{BLS-I-U}$	-8.63	7.13	15.75			

（续表）

SIC 两位码行业	产出序列	年度平均增长率		加速	产出序列比较	加速差异	相关系数
		1990—1995(1)	1995—2000(2)	(2)-(1)			
在 SIC 35(工业和商业机械及计算机设备)中的三位码行业							
351，发动机和涡轮机	Y^{G-3}_{BEA-U}	3.62	4.41	0.78	Y^{G-3}_{BEA-U} 和 $Y^{S-3}_{BLS-I-P}$	-0.94	0.995
	$Y^{S-3}_{BLS-I-P}$	3.13	4.86	1.73			
352，农业及园艺机械设备	Y^{G-3}_{BEA-U}	2.14	-0.85	-2.99	Y^{G-3}_{BEA-U} 和 $Y^{S-3}_{BLS-I-P}$	0.00	0.993
	$Y^{S-3}_{BLS-I-P}$	2.13	-0.87	-3.00			
353，建筑、采矿和材料处理	Y^{G-3}_{BEA-U}	2.49	3.75	1.26	Y^{G-3}_{BEA-U} 和 $Y^{S-3}_{BLS-I-P}$	0.16	0.991
	$Y^{S-3}_{BLS-I-P}$	2.73	3.83	1.10			
354，金属加工机械和设备	Y^{G-3}_{BEA-U}	3.41	1.46	-1.95	Y^{G-3}_{BEA-U} 和 $Y^{S-3}_{BLS-I-P}$	0.69	0.991
	$Y^{S-3}_{BLS-I-P}$	3.75	1.11	-2.64			
355，特殊工业设备，除了金属加工设备	Y^{G-3}_{BEA-U}	5.83	5.39	-0.43	Y^{G-3}_{BEA-U} 和 $Y^{S-3}_{BLS-I-P}$	0.76	0.994
	$Y^{S-3}_{BLS-I-P}$	6.31	5.11	-1.20			
356，一般工业机械和设备	Y^{G-3}_{BEA-U}	2.36	1.29	-1.07	Y^{G-3}_{BEA-U} 和 $Y^{S-3}_{BLS-I-P}$	0.18	0.993
	$Y^{S-3}_{BLS-I-P}$	2.36	1.11	-1.25			
357，计算机和办公设备	Y^{G-3}_{BEA-U}	21.89	32.28	10.48	Y^{G-3}_{BEA-U} 和 $Y^{S-3}_{BLS-I-P}$	-2.87	0.990
	$Y^{S-3}_{BLS-I-P}$	22.55	35.91	13.35			
358，制冷和服务行业机械	Y^{G-3}_{BEA-U}	5.10	2.61	-2.49	Y^{G-3}_{BEA-U} 和 $Y^{S-3}_{BLS-I-P}$	0.09	0.994
	$Y^{S-3}_{BLS-I-P}$	5.31	2.72	-2.59			

（续表）

SIC 两位码行业	产出序列	年度平均增长率		加速	产出序列比较	加速差异	相关系数
		1990—1995(1)	1995—2000(2)	(2)-(1)			
359,其他工业和商业	Y^{G-3}_{BEA-U}	6.80	2.56	-4.24	Y^{G-3}_{BEA-U}和$Y^{S-3}_{BLS-I-P}$	0.00	0.995
	$Y^{S-3}_{BLS-I-P}$	6.73	2.49	-4.24			
	在 SIC 38(测量、分析和控制仪器;摄影、医疗和光学用品;表和钟)中的三位码行业						
381,搜索、探测、导航、制导、航空和航海	Y^{G-3}_{BEA-U}	-5.52	-0.11	5.14	Y^{G-3}_{BEA-U}和$Y^{S-3}_{BLS-I-P}$	-1.09	0.973
	$Y^{S-3}_{BLS-I-P}$	-5.52	0.71	6.23			
382,实验室仪器和分析、光学	Y^{G-3}_{BEA-U}	4.29	2.74	-1.55	Y^{G-3}_{BEA-U}和$Y^{S-3}_{BLS-I-P}$	0.26	0.990
	$Y^{S-3}_{BLS-I-P}$	4.32	2.52	-1.81			
384,医疗手术和牙科仪器	Y^{G-3}_{BEA-U}	3.97	6.98	3.00	Y^{G-3}_{BEA-U}和$Y^{S-3}_{BLS-I-P}$	0.12	0.987
	$Y^{S-3}_{BLS-I-P}$	3.85	6.73	2.88			
385,眼科用品	Y^{G-3}_{BEA-U}	3.90	7.73	3.84	Y^{G-3}_{BEA-U}和$Y^{S-3}_{BLS-I-P}$	-0.21	0.972
	$Y^{S-3}_{BLS-I-P}$	3.45	7.50	4.05			
386,摄影器材和用品	Y^{G-3}_{BEA-U}	0.72	0.75	0.03	Y^{G-3}_{BEA-U}和$Y^{S-3}_{BLS-I-P}$	-0.52	0.920
	$Y^{S-3}_{BLS-I-P}$	0.84	1.39	0.55			
387,手表、钟表、发条操作装置	Y^{G-3}_{BEA-U}	-9.33	5.51	14.85	Y^{G-3}_{BEA-U}和$Y^{S-3}_{BLS-I-U}$	5.61	0.880
	$Y^{S-3}_{BLS-I-U}$	-6.57	2.67	9.24			
	主组 48,通信中的 SIC 三位码行业						
481,电话通信	仅能得到单个序列(YS-3BLS-I-P)						

（续表）

SIC 两位码行业	产出序列	年度平均增长率		加速	产出序列比较	加速差异	相关系数
		1990—1995(1)	1995—2000(2)	(2)-(1)			
482,电报及其他信息通信	没有 BEA 或 BLS 产出序列可用						
483,无线电和电视广播电台	Y^{G-3}_{BEA-U}	0.08	-0.06	-0.14	Y^{G-3}_{BEA-U} 和 $Y^{S-3}_{BLS-I-P}$	-1.21	0.773
	$Y^{S-3}_{BLS-I-P}$	1.13	2.19	1.06			
484,电缆及其他付费电视台	Y^{G-3}_{BEA-U}	5.38	8.93	3.55	Y^{G-3}_{BEA-U} 和 $Y^{S-3}_{BLS-I-P}$	-1.70	0.470
	$Y^{S-3}_{BLS-I-P}$	2.96	8.21	5.25			
489,通信服务,NEC	没有 BEA 或 BLS 产出序列可用						

参考文献

Bosworth, Barry P. 2003a. Output and productivity growth in the communications industry, chapter IIb. Draft. Productivity in Services Industries: Trends and Measurement Issues, Summary of What We Have Learned from the Brookings Economic Measurement Workshops Economic Measurement Workshop. Washington, DC: Brookings Institution, November 21.

———. 2003b. Output and productivity in the transportation sector, chapter IIa. Draft. Productivity in Services Industries: Trends and Measurement Issues, Summary of What We Have Learned from the Brookings Economic Measurement Workshops Economic Measurement Workshop. Washington, DC: Brookings Institution, November 21.

Bureau of Labor Statistics (BLS). 2002. Multifactor productivity trends in manufacturing, 2000. News release. Washington, DC: BLS, August 29.

Domar, Evsey D. 1961. On the measurement of technological change. *Economic Journal* 71 (284): 709–29.

Gollop, Frank M. 1981. Growth accounting in an open economy. Paper presented at conference on Current Issues in Productivity. April, Newark, New Jersey.

Gullickson, William. 1995. Measurement of productivity growth in U.S. manufacturing. *Monthly Labor Review* 118 (7): 13–27.

Gullickson, William, and Michael J. Harper. 1999. Possible measurement bias in aggregate productivity growth. *Monthly Labor Review* 122 (2): 47–67.

———. 2002. Bias in aggregate productivity trends revisited. *Monthly Labor Review* 125 (3): 32–40.

Guo, Jiemin, Ann M. Lawson, and Mark A. Planting. 2002. From make-use to symmetric I-O tables: An assessment of alternative technology assumptions. Paper presented at the fourteenth international conference on Input-Output Techniques. 10–15 October, Montreal, Canada.

Hulten, Charles R. 1995. Capital and wealth in the revised SNA. In *The new system of national accounts,* ed. J. W. Kendrick, 149–81. Boston: Kluwer Academic.

Jorgenson, Dale W. 2003. Economic growth in the information age. National Bureau of Economic Research, Conference on Research in Income and Wealth. Hard-to-Measure Goods and Services: Essays in Memory of Zvi Griliches Conference. 19 September, Bethesda, MD.

Jorgenson, Dale W., Frank M. Gollop, and Barbara M. Fraumeni. 1987. *Productivity and U.S. economic growth.* Cambridge, MA: Harvard University Press.

Jorgenson, Dale W., and Zvi Griliches. 1967. The expansion of productivity change. *Review of Economic Studies* 34 (99): 249–83.

Moulton, Brent R. 2004. The System of National Accounts for the new economy: What should change? *Review of Income and Wealth* 50 (2): 261–78.

Moulton, Brent R., and Eugene P. Seskin. 2003. Preview of the 2003 comprehensive revision of the National Income and Product Accounts: Changes in definitions and classifications. *Survey of Current Business* 83 (June): 17–34.

Nordhaus, William D. 2002. Productivity growth and the new economy. *Brookings Papers on Economic Activity,* Issue no. 2:211–65.

Organisation for Economic Co-operation and Development (OECD). 2001. *Measuring capital: OECD manual; Measurement of capital stocks, consumption of fixed capital and capital services.* Paris: OECD.

Triplett, Jack E., and Barry P. Bosworth. 2004. *Productivity in the U.S. services sector: New sources of economic growth.* Washington, DC: Brookings Institution Press.

United Nations, Commission of the European Communities, International Monetary Fund, Organisation for Economic Co-operation and Development, and World Bank. 1993. *System of National Accounts 1993.* Series F, no. 2, rev. 4. New York: United Nations.

评　　论

C. 科拉多*

对经济增长源泉做实证分析需要一致的产出和投入指标。这一要求之所以重要，是因为生产率的变化通常是通过产出和投入测算结果以残差法估计的。本章集中研究了用于估计生产率的产出指标的定义和构造问题。鉴于BEA和BLS各自发布了明显相近但统计上具有差异的主要部门和行业层次的产出指标，因此，本章的一个主要目标就是要采取某些措施来显示并理解这些差异。

本章首先从理论上回顾了一个理想的生产账户，即一个包括资本服务从而可用于构造多要素生产率指标的生产账户。文中显示了如何把这个理论账户应用于某个主要部门，揭示了GDP和主要部门产出之间的关系。文中还阐明了进口的作用，并介绍如何处理经济账户中的各个调节项目，以便像生产率测算所要求的那样计算资本收入。本章随后利用当前由BEA和BLS发布的基本数据，以非农企业部门为例提供了一个实证生产账户，展示了由该账户得到的BLS多要素生产率(MFP)估计值。

各机构普遍认为，美国国民账户体系已经包含了形成一个新框架结构——针对现价和不变价GDP(或大体类似的指标)的生产账户——的基石。然而在新的框架结构中还包含一个基于GDI的现价和不变价生产账户，且这两个账户都延展到了行业层次。本章展示的理论框架说明了如何从行业层次数据构建总产出和生产率，这是一个在概念上与根据基准投入产出账户测算的GDP相一致的方法。本书其他章节给出了BEA的总体计划——实现行业数据和投入产出账户的整合，本章理论部分则阐明了如何把生产率测算融入这一长期计划的基本思路。

* C. 科拉多(Carol Corrado)是联邦储备委员会研究和统计司行业产出处处长。

436 本章的实证结果涉及近期生产率文献的两个主题。第一,许多生产率分析者都注意到,在20世纪90年代中期至后期,GDP和GDI之间的差异是显著的,并影响到了综合生产率趋势的估计。本章显示并解释了形成GDP与GDI之间差异的统计来源。第二,生产率研究人员早就指出,联邦政府各种计划所公布的行业层次数据存在着矛盾。与此相对应,本章显示并分析了在20世纪90年代能够获得的产出指标之间的差异来源。

就统计整合而论,本章所涉及的两个实证演练,其贡献和现实意义有所不同:总量层面的结果虽然重要,但并非本章的创新[1];行业层面的结果则体现了在创建可通用于两个机构并具有一致性的行业生产账户方面所取得的初步重要成果。此外,作者认为并不是要消除GDP与GDI之间的全部差异(就像某些观察家所建议的那样),他们很清楚,在行业层次上进行分析的最终目标是“减少”在BEA和BLS行业产出指标之间存在的种种“差异”,并“从两个数据体系中找到最好的”。我很赞成以此为重点。

总量指标

官方总量生产率统计是从基于支出的GDP导出的,但研究人员和分析家还会关注由GDI导出的生产率。本章考虑了不同指标增长率之间的差异来源,为我们展示了以相同或相似概念的不同指标为基础进行估计会有怎样的差异。[2] 根据作者给出的结果,非农企业实际产出增长率在20世纪90年代后期可以高出多达2.7个百分点——或低出0.75个百分点!这些统计上的不确定性一直伴随着作为残差测算的生产率数据,与MFP的一般变化率相比,其幅度显得特别大。

尽管GDP与GDI之间的差异显示出统计上确实存在不精确的问题,但宏观经济学家和政策制定者已经完全接受了由官方MFP估计值提供的相关服务。而且,这个使用者群体认为,总量生产率数据与GDP(而非GDI)之间是存在一致性的。然而,这些使用者也认识到,GDP所体现的投
437 入产出关系长期看是稳定的,而GDI所使用的收入和税收数据——尽管它们本身不无问题——却可以提供一个常常被证明是很重要的新视角。一个重要的例子是有关90年代中期的生产率改进:早在官方基于GDP进行生产率估计之前,基于GDI初步数据估计的结果就已经显示出生产率在加

[1] 参见本章脚注1所引用的参考文献以及第7章。

[2] 随着NIPAs在2003年的全面修订,BEA开始应用BLS的企业部门产出定义,由此向实现两个机构所报告产出数据的整合迈出了重要的一步。本章实证分析使用了更早时期的数据,其中还包含范围和定义差异所引起的不一致。

速。因此,所有一切都说明,不同产出指标之间偶尔出现的大幅差异会对总量分析提供重要信息。

行业指标

探寻各行业对经济增长贡献的研究人员,会使用来自BEA、BLS或两者混合的行业层次数据。这些数据常常有明显不同,而对数据的不同选择必然会影响到各行业对生产率的贡献。鉴于此,本章的表9B.1具有重要意义。该表针对BEA或BLS编制和/或发布行业产出指标的八套(是的,八套!)独立程序,对其中所使用的定义和估算方法进行了总结;遗憾的是没有将第九个程序——涉及BLS——包括在比较之中。表9B.2是另一个亮点,它分别报告了各细分行业指标的可得性,以及9.4节有关不同细分指标比较结果的讨论。本章这一节将大部分篇幅用于各种可能具有差别的行业概念和总量指标的比较。然而,只有通过细分行业的结果才能凸显出实际的统计差异和问题。

经济核算人员和生产率估计者可以利用相同的基础数据以不同概念编制出不同总量指标,以满足用户的不同需求。表9B.1说明,细分行业的现价和固定价美元总产出(或总收入,或总毛利,视行业而定)数据,是所有产出和生产率指标的基本构成要素。那些使用按BEA和BLS行业程序所编制的数据的用户,以及IPI——由联邦储备委员会(FRB)发布——的用户,都需要知道每一程序在使用这些基本构成要素时所产生的差异及其影响。例如,通过在半导体和通信设备上的价格缩减指数差异,差不多可以解释FRB指标和表9.6显示的其他指标之间的所有差异,但是关于BEA和BLS指标之间的差异,只有一部分可以由输油管线公司收入的不同处理方式予以解释,等等。如果包含更多此类具体信息,本章内容将会显得更有分量。值得关注的是,如果将有关BEA和BLS的比较限定在细分行业产出数据,可以发现,在可比较的SIC四位码行业中,仅有28%的行业(458中的128个)在20世纪90年代后期的实际产出变化率存在差异。所有的制造业行业和将近一半的非制造业行业(按照总收入)都是能够进行比较的(表9.9)。

因此,统计机构应该尽可能地合作,以使其各自的估计程序能够从细分行业的共同原始数据开始。上面引用的结果说明,为实际产出开发一个通用的行业数据库是可达成的,各个机构应该为此目标而努力。在此过程中,所使用的定义和概念应该尽可能接近原始资料收集所使用的定义和概念。例如,总产出(或总毛利或收入)的概念应该符合普查局使用的定义, 438

因为它们是细分行业产出价值各项数据的主要来源;BEA 对普查局总产出的概念调整(在普查局总产出基础上增加了自营建筑和自用软件生产),应该在向用户提供的数据和文件中予以说明。

普查局发布的行业产出数据,以及其他来源的价格和投入原始数据,因为分类体系的变化、覆盖范围的缺口,以及诸如此类的问题,需要定期地进行调整。各种机构在此类工作中常常各行其是,但在 20 世纪 90 年代中期,曾经在 BEA、普查局和联邦储备委员会等机构人员之间有一次协作努力,针对定期普查之间的制造业年度调查,完成了其间所出现的“偏差”的调整;在此之前,普查局制造业数据在时间序列上的不一致性,经常在各种制造业活动数据用户中造成混乱。本章的结果说明,通用原始数据的开发,对非制造业产出的调整,以及价格缩减指数选择问题的解决,应该成为整合由 BEA 和 BLS 发布的行业数据系统的下一个重要步骤。

第10章 在SNA框架内整合加拿大生产率账户
——现状及挑战

J. R. 鲍德温 T. M. 哈尔绍伊*

10.1 引 言

当公开辩论能够超越对某个统计数据之具体数值的不休争论，上升到讨论该统计数据所蕴涵的政策目标时，统计部门就达到了目的。假如政策辩论本身主要关注生产率增长到底仅为0.5%还是高达4.0%，那就不大可能关注生产率增长速度会带来什么样的政策挑战。 439

生产率指标常常作为核心经济指标来评估跨行业、跨国家以及跨时期的相对经济表现。遗憾的是，关于生产率的争论，常常围绕生产率增长到底是什么而纠缠不清。这一问题之所以出现，部分是因为某些统计体系给出了相互矛盾的生产率增长估计值。经整合的国民账户体系(SNA)可以减少这些问题。本章就是要展示如何通过将加拿大生产率账户(Canadian Productivity Accounts, CPA)整合到加拿大国民账户体系(Canadian System of National Accounts, CSNA)之中，来提供一套连贯且一致的生产率估计值。

公布生产率指标是CPA的一项重要活动。这些年来，由于可获得数据发生的变化、经济学文献的新进展、数据用户的需要，以及加拿大公共政 440
策领域对生产率表现出来的不断增长的兴趣，加拿大统计局的生产率项目

---

* J. R. 鲍德温(John R. Baldwin)是加拿大统计局微观经济分析司(该司负责加拿大统计局的生产率估计)司长，并且是收入与财富研讨会(CRIW)的特邀研究员。T. M. 哈尔绍伊(Tarek M. Harchaoui)是加拿大统计局微观经济分析司的助理研究主任，也是CRIW的特邀研究员。

我们非常感谢Barry Bosworth、Paul-Emmanuel Piel、Dale Jorgenson、Ann Lawson、Karen Wilson和Simon Zheng对上一稿的宝贵建议。也非常感谢NBER—收入与财富研讨会举办的美国国民账户新设计会议的参与者们的宝贵建议。特此声明。

在不断演进。

随着第二次世界大战以后 CSNA 的发展,加拿大统计局引入了综合企业部门及其主要子部门的劳动生产率指标。① 最近几年,为了满足用户群的需要,CPA 针对工商企业部门及其子部门和行业,增加了多要素生产率增长指标——是指在一个投入组合(劳动、资本及购买的产品和服务②)下的生产率。

CPA 的概念架构与经济合作与发展组织(OECD)之生产率手册(OECD 2001)所阐述的标准十分接近。CPA 中使用的概念和定义大体上遵从 SNA 1993(联合国等,1993)和 OECD(2001)所陈述的标准——尽管有某些微小差异,以适应加拿大独特的数据供给条件或用户需求。

本章讨论能够在多大程度上把 CPA 整合到 CSNA 之中,重点说明与整合相关的益处和挑战。作为背景,第一节回顾了整合的状况,以及 CPA 采用的方法,即如何按照 OECD(2001)的框架,使国际上推荐的测度生产率的标准做法具体化。文中重点讨论 CPA 如何利用来自 CSNA 的行业生产与支出账户,导出一组适用于生产率测度的一致的产出和投入。接下来,本章讨论了整合的诸多益处,以及现有项目的可能拓展。

10.2 加拿大国民账户的整合

10.2.1 概述

生产率指标是通过比较产出和投入得到的。SNA 为组织此类比较所
441 需的信息提供了一个有用的框架。经整合的经济账户体系提供了各种概念下的连贯、一致的交互估计值,可用于测度生产率。

统计体系提供了各种并列的生产率指标,其目的是减少而不是增加公众争议。有时,生产率的数值差异是使用不同备选公式的结果。以各种备择方法估计生产率是非常合理的。经济学家们很久以来就已经认识到用单一估计方法表现生产成果所固有的局限性。要比较一个经济体的各种

① 根据定义,用于生产率测算的企业部门中不包括所有非商业活动以及业主自用房屋的租金。投入也做了同样处理。1992 年,由生产率项目定义的企业 GDP 占全部 GDP 的 77%。企业部门被分为以下两个主要子部门:产品生产和服务。产品生产的子部门包括农业、渔业、林业、矿业、制造业、建筑业及公共事业。服务业包括交通运输与仓储业、通信业、批发和零售业、金融业、保险业和房地产业,以及社区、商业和个人服务团体。

② 购买的产品和服务,在 CSNA 中被称为中间投入。

可供选择的状态，单凭某一种估计很难概括出所有相关的信息。

但是，造成生产率指标不一致的最常见原因，却是所用数据的不一致。可以用来自 SNA 的不同数据导出生产率估计值，而这些数据可能是不一致的。

一方面，可以用一系列最终支出账户测算综合企业部门的生产率——有时候把这种方法称为自上而下法。根据这种方法，“产出”以最终需求 GDP 来衡量，资本投入以同属最终需求一部分的投资序列为基础，从而使得构建一致的综合企业部门多要素生产率序列成为可能。

另一方面，可以从一组行业账户中导出多要素生产率，即所谓的自下而上法。根据这种方法，利用不同备选产出指标及其相应的投入，可以构建行业层次上的各种生产率序列。用这种方法，可以通过加权计算出一个各行业生产率增长率的平均值，作为自下而上的综合企业部门多要素生产率，其权重就是各行业现价美元“产出”与自下而上之现价美元 GDP 的比率。

自上而下法与自下而上法依赖于不同的数据来源——前者依赖于支出账户，而后者依赖于生产账户。除非由不同账户组得到的产出指标能够统一，否则这两组生产率估计值就不会一致。加拿大将支出和生产账户整合到一个由投入产出表（IOT）确定的统一框架内。通过这些 IOT，可以提取最终需求 GDP 和综合企业部门的主要投入成本，同时也被用来导出按行业和主要部门划分的现价和不变价产出与投入指标。接下来，我们将介绍加拿大是如何把这些不同成分汇集到一个便于进行生产率估计的统一整体中的。

10.2.2　加拿大国民账户体系中的生产账户

加拿大的 IOT 提供了两组相关账户：商品账户和行业账户。前者详细 442
列出了各单项商品（产品和非要素服务）的供应和分配情况。后者则详细列出了各行业产出的商品组成及其全部生产成本（包括最初投入，即劳动和资本的收益）。

加拿大的 IOT 包括 5 个矩阵，这些矩阵一方面显示了分配或生产情况，另一方面则列出了产品、服务和最初投入的使用情况（见 Lal，1986 和加拿大统计局，1990）。图 10.1 展示了“制造”矩阵的基本格式——描述各行业所生产的商品，图 10.2 则提供了“使用”矩阵——描述各行业所使用的商品和最初投入。遵循 1980 年标准行业分类（SIC），表中包含 243 个行业、671 种商品、162 项最终需求及 8 种最初投入。“制造”矩阵和“使用”矩阵可被用于导出行业层次上的多要素生产率，最终需求矩阵则用来生成整个企业部门的多因素生产率增长。

<table>
<tr><td rowspan="3"></td><td colspan="7">商品</td><td rowspan="3">其他，包括虚构行业</td><td rowspan="3">合计</td></tr>
<tr><td colspan="5">企业部门</td><td colspan="2">非企业部门</td></tr>
<tr><td>初级品</td><td>制造品</td><td>……</td><td>……</td><td></td><td>非营利部门</td><td>政府</td></tr>
<tr><td>企业
初级
制造业
……
非企业
非营利部门
政府
虚构行业</td><td colspan="7">$\boldsymbol{V}$</td><td></td><td>$\boldsymbol{g}$</td></tr>
<tr><td>合计</td><td colspan="7">$\boldsymbol{q}'$</td><td></td><td></td></tr>
</table>

图 10.1 制造(产出)矩阵

注：产出价值矩阵。$\boldsymbol{g}$ = 行业总产出价值向量。$\boldsymbol{q}'$ = 商品总产出价值向量。

商品账户

商品是指产品或服务，其中既包括各种以一个设定的可以补偿成本的价格在市场上正常待售的部分，也包括由诸如医院和学校等机构所提供的非市场服务。图 10.1 的矩阵 $\boldsymbol{V}$，包括了企业性(市场性)行业和非企业性
443 (非市场性)行业生产的商品。企业部门各行业生产的商品以市场价格进行估价，而非企业部门的商品价值则以其全部生产成本来度量。如果一个非企业性行业作为次要产出生产了市场性商品，非企业商品的价值要通过该行业总投入和其市场产出相减之差获得。

按行业和最终需求项划分的商品分配，如图 10.2 中的矩阵 $\boldsymbol{U}$ 和 $\boldsymbol{F}$ 所示。矩阵 $\boldsymbol{U}$ 显示了被各行业为生产其他产品而用做中间投入的商品。③矩阵 $\boldsymbol{F}$ 包含了最终需求项对每一种商品的需求，包括个人支出、固定资本形成总额、存货增加(实物变化的价值)、政府在产品与服务上的支出，以及出口。(矩阵 $\boldsymbol{F}$ 的)另一列是进口。

③ 中间投入的数据来源，是以行业调查和诸如由联邦金融机构监督办公室收集的行政管理数据为基础的。最近几年，加拿大统计局大大增加了许多服务行业的覆盖范围(Smith，2000)。

	行业	最终需求							合计
		PE	GFCF	VPCI	GCE	X_d	X_r	M	
商品									
初级品									
制造品									
……	***U***	***F***							***q***
政府									
其他包括虚构的行业									
合计									
最初投入									
产品税									
其他生产税		**YF**							
减补贴									
劳动收入									
混合收入	**YI**								***n***
其他营业盈余按基础价格计算的 GDP									
合计(按市场价格计算的 GDP)									
总使用	***g′***	***e′***							

图 10.2 行业与最终使用矩阵

注:PE = 个人支出;GFCF = 固定资本形成总额;VPCI = 存货实物变动价值;GCE = 政府经常性支出;X_d = 国内产品与服务出口;X_r = 产品与服务再出口;M = 产品与服务进口;$\boldsymbol{U}$ = 中间投入价值矩阵;$\boldsymbol{F}$ = 对最终需求项的商品投入价值矩阵;**YI** = 各行业最初投入成本价值矩阵;**YF** = 最终需求项的产品税或其他生产税价值矩阵;$\boldsymbol{g}$ = 行业总产出价值向量;$\boldsymbol{q}'$ = 商品总产出价值向量;$\boldsymbol{e}$ = 最终需求项的总投入价值向量(商品加上最初投入);$\boldsymbol{n}$ = 全部最初投入价值向量(行业加最终需求)。

行业账户

行业是从事相同或相似类型经济活动的经营单位(基层单位)群,不管它们生产的是市场性产出、供自己使用的产出,还是非市场性产出。

行业账户由(图 10.1 和图 10.2 中的)矩阵 $\boldsymbol{V}$、$\boldsymbol{U}$ 和 **YI** 展示。矩阵 $\boldsymbol{V}$ 444
各行详细列出了每一行业产出的商品构成。企业部门生产的产出,要么为了在市场上销售或处理(如百货公司、服装厂和餐馆)而生产,要么为了供自己使用(如业主自用房屋和自给农业)而生产。提供给市场的产品以具有经济意义的价格出售——意味着这些价格对生产者愿意供应或买家愿意购买的数量有显著影响。供自己使用的产品按市场上销售的同类产品的价格估算。非企业性行业的生产由生产成本的总和来度量,也就是中间消耗、雇员报酬、固定资本消耗与生产税净额之和。

对于企业部门来说,最初投入的补偿包括:(a) 劳动收入;(b) 非法人企业的混合收入;(c) 其他营业盈余;(d) 产品税;(e) 其他生产税;(f) 产品补贴;(g) 其他生产补贴。

矩阵 **YI** 中,非企业性行业的最初投入同样包括生产税净额(税收减补贴)、劳动收入和其他营业盈余。劳动收入包括支付给服务于住户的非营利机构及政府部门雇员的工资和薪金以及劳动补助收入。非企业性行业的盈余,反映了政府部门和服务于住户部门的非营利机构所拥有资产的折旧,诸如计入固定资本形成的建筑物、公路和设备等资产都要进行折旧。

矩阵 **YF**(图 10.2)也记录了最初投入。这些投入包括:对最终需求项所购买产品征收的税,以及与这些类别相关的其他生产税。后者包括机动车辆牌照、移动电话许可证、捕鱼和狩猎许可证,以及土地和契约转让税。产品税弥补了购买者所付价格与生产者所收价格之间的差价。

构建生产账户是为了满足以下几个基本恒等式:

(1) 行业账户基本恒等式。任何行业的总产出(图 10.1 中的 $\boldsymbol{g}$)都等于其总中间投入加上其总最初投入(图 10.2 中的 $\boldsymbol{g}'$)。

(2) 商品账户基本恒等式。任何商品的总产出(图 10.1 中的 $\boldsymbol{q}'$)都等于其作为中间投入和用于最终需求的总使用(图 10.2 中的 $\boldsymbol{q}$)。

(3) 最初投入和最终需求恒等式。根据图 10.1,所有商品的产出($\boldsymbol{iq}'$)等于所有行业的总产出($\boldsymbol{gi}'$)。中间投入($\boldsymbol{U}$)是两种产出(行业产出
445 和产品产出)所共有的,所有行业最初投入(**YI**)之和等于所有最终需求项的商品投入($\boldsymbol{F}$)。因此,**YI** 的所有元素之和等于 $\boldsymbol{F}$ 的所有元素之和。并且,按市场价格计算的基于收入的 GDP——**YI** + **YF**,等于按市场价格计算的基于支出的 GDP——$\boldsymbol{F}$ + **YF**。

产出的测算与估价

所有这些恒等式对于现价和不变价数据表均适用。可以分别以市场价格、基本价格或要素成本记录投入产出各流量。

按市场价格测算的 GDP 被定义为以消费者购买价格(包括税负)计量的所有产品和服务总支出(消费、投资、政府及净出口)。按基本价格测算的 GDP 是以市场价格计算的 GDP 减所付产品税加所有消费补贴。按要素成本测算的 GDP 是以基本价格计算的 GDP 减去要素投入上的间接税净额。

在行业层次上,IOT 按所谓经修正的基本价格——生产者收到的不包

括所有产品税也不包括所有补贴的产品价格，对产出进行估价。④ 但是，各经济总体层次，加拿大仍然按照市场价格、基本价格和要素成本进行测算。

IOT包容了采用不同估价基础、在不同总量层次上的各种产出指标——所有测算值之间具有一致性。在总量层次上，市场价格GDP即矩阵**YI**和**YF**中所有最初投入单元之和，等于最终需求支出GDP即矩阵***F***和**YF**（见图10.2）中所有单元之和。无论对于现价还是不变价，这些都是成立的。

企业部门GDP的行业分布，按照某个行业基准（标准行业分类（SIC）或北美行业分类体系（NAICS））用矩阵**YI**表示。在矩阵**YI**中，非企业性行业的最初投入补偿没有按行业分类，但是，可以把它们重新分配到与企业部门相同的分类中，以便能够得到某一行业的GDP，或者分别得到某一行业中企业部分和非企业部分的GDP。

行业增加值作为余额计算出来——行业总产出减去中间投入和生产税净额（即生产税减生产补贴）之和的差值。对于公司而言，中间投入以购买者价格计价。收入各组成部分中包括个人所得税和公司所得税。所 446
有行业加总得到的增加值估计值等于由市场价格最终支出减去产品税和生产补贴计算而来的GDP。

由物价部门收集的工业品价格指数，是制造业商品缩减指数的主要来源。针对没有价格指数但可以得到数量和价值信息的商品，开发了单位价值指数。单位价值指数广泛用于各种初级商品，如农产品、矿产品和渔获品。

服务业可以获得的数据少于制造业。现在，可以获得那些由住户部门购买的服务的数据，以及由物价部门最近开发的几种价格指数数据。

为得到不变价生产账户，要使用双缩减法，针对企业部门行业按经修正的基本价格构造实际GDP。与现价IOT——它与收入支出账户（IEA）是完全整合的——不同，这两组账户的不变价格表之间存在着微小的区别。IEA中的价值以购买者价格计价，而IOT则以经修正的基本价格表示。按基本价格对IOT中的商品进行缩减，得不到与按购买者价格做缩减的相同结果。然而，在IOT的最终需求矩阵中，利用消费者价格指数缩减个人支出价值，有望使这两个估计值更为一致（加拿大统计局，1990）。为保证IOT中行业账户和支出账户之间不变价增长率估计值的一致性，已开发了

④ 加拿大统计局认为，这样的价格与发票价格才是一致的，因此在生产调查中更容易收集。

一个协调程序。

出于以下几个理由,IOT 所描绘的这套行业账户是很有价值的。首先,它是账户其余部分的基准,包括用于估计总生产率的 GDP 最终需求。因此,行业层次上的 CPA 估计值,与更为综合层次上的 CPA 估计值是一致的。其次,它花费了相当多的时间和精力,核对产出与投入之行业层次估计值的一致性,并持续地对产出与投入进行评估。自 IOT 处于该统计体系的核心地位以来,它提供了一种审查工具,可以为统计系统检查在构建支出、要素收入以及产品生产和使用等数据过程中不同部分所使用的各种来源提供支持。

10.2.3 加拿大的生产率账户

数据的整合

对于多要素生产率测算而言,一个经整合的 CSNA 生产和支出账户集是必需的,但这还不够。进行多要素生产率测算还需要各种资本和劳动服务指标(Hulten,1995)。

447 CPA 是这样编制的:以可从 CSNA 获取并以可利用的生产和支出账户为起点,然后以一致的劳动服务和资本服务指标对其进行补充。这就使得 CPA 可以生产出一系列彼此一致且可以满足不同分析需要的生产率指标。[5]

产出 由 IOT 得到的现存生产和支出账户,可以获得直到基准或参考年份——已经生成一组 IOT 的上一年——的现价和不变价产出和投入数据。这相当于当期之前的两年。为此,要利用两个亚年度账户组——季度 IEA 和行业月度实际增加值账户,实现对最近几年的更新。

用于综合企业部门生产率估计值的总产出数据,要以可从最终支出账户中得到的最终需求 GDP 为基础。企业部门的产出概念,与 BLS 用于综合企业部门生产率估计中的概念是相似的。[6] 与 BLS 一样,CPA 将政府部门和业主自用房屋排除在外。耐用品消费按照个人支出测算,而不是用来自消费者耐用品和自用房屋的服务流来测算。[7]

在行业层次上,通过生产账户可以得到各种现价和不变价“产出”指

---

⑤ 更多关于方法的信息,见 http://www.statcan.ca/english/concepts/15-204/appendix.pdf。

⑥ 经过 NIPAs 最近修订后,BEA 和 BLS 使用的企业部门概念是相同的。

⑦ 使用了这种方法的近期作品包括:Jorgenson 和 Stiroh(2000)以及 Jorgenson(2001)关于美国经济的研究;Jorgenson(2003)关于国际比较的研究;Harchaoui 和 Tarkhani(2005)以及 Harchaoui, Tarkhani 和 Khanam(2004)关于加拿大和美国经济增长与生产率表现比较的研究。Jorgenson 及其同事们通常把一般政府和业主自用房屋包括在内,并为生产率测算耐用消费品的服务流量。

标:增加值和总产出。此外,利用从 IOT 得到的部门内部交易和贸易资料,CPA 构建了第三个指标——行业层次的部门产出。[8] 与其他两个传统的产出指标不同,部门产出的概念是出于与美国进行国际比较的目的而由 CPA 构造的。

劳动　CPA 负责利用各种数据来源构建与 SNA 1993 建议相符合,并且与由生产账户生成的数据相一致的劳动指标。在加拿大统计局内,可以 448
得到不完全符合 SNA 要求的、有关就业的其他数据来源。而且,就产出变化或所得收益而言,这些其他来源与在行业层次上发生的情况是不一致的。CPA 生成了一组劳动指标来完成这两个目标。

职位和工作时间的估计值,是在细分行业水平上按照工作人员类别生成的(Baldwin 等,2004)。最近已经把这些指标延伸至所有省份和地区。由于工作时间比就业更好地测度了劳动投入,故它是用于生产率估计的基准尺度。以工作时间为尺度,可以刻画出加班时间、标准周工时数、休假方面的变化,以及兼职雇员比例的变化。

按省份和地区以及按行业划分的工作时间和就业人数数据,是从很多不同的来源获取的——既有住户调查也有企业调查。主要标准是一个基于住户的调查——劳动力调查(Labor Force Survey,LFS)。LFS 就业序列是以就业人员概念为基础的,然后加上持有多份工作的兼职者,并扣除在研究期内缺勤但有工资的那些人,结果即可调整为 SNA 关于工作岗位的概念。可以说 LFS 为经济总体和某些行业提供了最准确的基准,但其他数据来源(基于雇主的调查)被认为能够按照更详细的行业分类提供就业分组数据,因为与住户相比,针对公司能够更准确地进行行业细分。[9] 因此,许多其他来源的数据会被用于把总体水平上的劳动投入指标分解为细分行业估计值。

接下来,CPA 按照与 SNA 1993 相一致的方法构建了工作时间统计。

用于加拿大统计局生产率项目计算的工作时间统计包括:

- 在正常工作期间内的实际工作时间;
- 在正常工作期间之外且一般会支付高于正常水平之工资率的工作时间(加班时间);

---

⑧　部门产出,是指经过存货变化调整、提交给行业外的购买者而不仅仅是最终使用者的产品的价值。

⑨　基于公司进行调查的另一个缺陷,是难以生成关于雇佣人员数量的数据——他们仅仅生成关于岗位的估计值。住户调查则可以直接测算出被雇人员数,而且,通过询问一个人是否拥有多个岗位,还可以提供关于岗位的估计值。

• 在工作地点花费于诸如准备工作场所、修理和维护、工具准备与清理、单据的准备、出勤卡和报告等工作的时间；

• 由于缺乏材料、机器故障或事故等原因而在工作地点等待或站立的时间，或者是在工作地点没有工作可做，但根据某个有保证的雇佣协议必须支付报酬的时间；

449 • 在工作地点的短休时间，包括所谓茶歇时间。

实际工作时间统计不包括：

• 付工资但实际上不工作的时间，比如年度带薪休假、薪酬照付的公众假期和病假；

• 吃饭时间以及上下班时间。

要想使生产率测算能够准确地描绘出努力工作的结果，就必须采用实际工作时数而不是付酬工作时数。雇主调查和住户调查在获取工作时间数据方面都具有潜在问题。公司雇主调查，通常收集的是付酬工作时数（或者标准付酬工作时数）数据，而非工作时间。付酬工作时数记录是雇主保存在其管理信息系统中的一般项目，因此可以从雇主调查中收集，其中包括由于休假、疾病、假日等原因而没有工作的时间，但不包括未付酬工作时数（如无偿加班时间）。尽管可以对付酬工作时数进行一定的修正——就像在雇主调查中所测算的那样，以便利用辅助雇主调查导出工作时数（就像美国所做的那样），但这却会增加在过去 20 年中已经变得日益重要的其他错误的可能性。

对照之下，通过一个设计优良的住户调查，可以直接向调查对象询问付酬工时。用一组精心设计的问题，住户调查至少可以直接关注生产率目标所需的概念，但雇主调查做不到这一点。而且，即使在雇主调查中尝试这么做，雇主也不大可能上报雇员的无偿加班时间——这一时间需要包含在生产率测度的工作时间估计中。对比来自加拿大和英国通过雇员调查（包含时间利用调查）所得到的工作时间估计值，显示出两国每一职位的工作时间实际上是一样的（Baldwin 等，2004）。由于上述所有原因，CPA 使用住户劳动力调查来开发每一职位的平均工作时间数据。然后，以每一职位的工作时间乘以职位数来生成总工作时间数。

只就所有人员的工作时间做简单加总，就无法表现劳动力技术水平上的变化。为了获得一个剔除了技术水平变化影响的生产率指标，CPA 针对劳动力的“质量”变化或构成，调整了工作时间数。

通过构成变化来推导出调整后的时间数，其主要数据来源是五年一次的人口普查、CPA 及年度 LFS 调查。CPA 提供了按工人类别和行业类别划分的工作总时间，而把人口普查和 LFS 结合起来，即可估计关于劳动力“质量”方面的增长。

在 Gu 等（2003）中能找到构建劳动力数据的详情。简单地说，人口
普查提供了普查年份各人口组在就业、工时以及劳动报酬方面的详细数 450
据。年度 LFS 和消费者财务状况调查（Survey of Consumer Finance，SCF）数据则可用来插补普查间隔期内各年的类似数据，CPA 数据作为总量控制。

人口分组中包括 112 个工种，根据工人类别（雇员、个体经营者，或无偿工作者）、年龄（15—17、18—24、25—34、35—44、45—54、55—64、65 及以上）和受教育程度（0—8 年小学、1—3 年中学、4 年中学、1—3 年大学、4 年大学、5 年及以上大学）进行交叉分组。对数据的调整，包括兼职工作者的分摊，以及为使人口组在不同时间上保持一致定义而实施的估计程序。资料很详细，包括了从 1961 年到现在的数据，可以支持我们估计出直到 IOT 三位代码水平的私营企业部门以及单个行业的劳动投入质量。

CPA 在生成劳动投入数量方面有双重任务。一方面，要负责生成符合上述概念挑战所要求的数据，同时还要负责把这些数据整合到供给和使用体系中——要生成按行业 IOT 之单元划分的工作时间，以便与 SNA 所生成的其他数据相一致。这需要大量的一致性检验，涉及针对各种已知事件——罢工或断电引起的停工、新工厂和公司开张等，进行劳动力趋势比较。还会牵涉到与其他变量的不断比较——也许，其中最重要的变量是在 SNA 中同时生成的劳动报酬。要想使该系统完全具有内在一致性且与外界信息保持一致，以工作时间去除劳动收入得到的小时报酬估计数，就应该与关于工资率的其他外界信息相一致。

资本服务　与劳动投入类似，CPA 也生成了一组只有内部一致性的资本服务指标。在加拿大统计局内部也可以得到用于资本估计的其他数据来源，但这些数据来源并不完全满足 CPA 的一致性要求——其中部分原因在于它们仅仅提供了资本的估计值（而不是资本服务），另一部分原因是没有把它们完全整合到生产框架中——也就是说，它们与行业层次上的数据不一致。为了实现以上两个目标，CPA 生成了一组资本服务估计值。

为了估计综合企业部门的生产率，CPA 使用了总生产函数方法，并要求有一个资本服务总量指标 $K_t = \phi(K_{1t}, K_{2t}, \cdots, K_{Mt})$，其中，$M$ 包含了所有类型的有形固定资产。为进行行业层次上的估计，针对每个行业 i 都开发了一个相似的资本服务概念，即 $K_{it} = \phi(K_{i1t}, K_{i2t}, \cdots, K_{iMt})$。CPA 使用个体
数量指数，以生成资本服务总量、资本存量以及投资序列。资本服务总量 451

的增长率被定义为各组成成分增长率的加权平均，权重是资本收益的价值份额。

CPA 以投资数据为起点，使用永续盘存法估计资本存量，并利用租赁价格作为权重汇总资本存量。这种方法——由 Jorgenson 和 Griliches(1967)发起，是以体现不同类型资本之边际产出而确认的租赁价格为基础的。这些价格指标中包含了在资产价格、服务期限和折旧率，以及资本收益税处理方面的差异。这里使用了一个广义的资本定义，包括诸如设备和建筑物，以及土地和存货等有形资产。然后，基于实际资本存量估计其服务流量。[10]

整个过程以来自 IOT 最终需求矩阵的投资数据为起点，这些数据由覆盖整个经济体和各种资产类别的全面基层单位资本支出调查得到。IOT 的最终需求矩阵包含了 476 种商品在 1961—2000 年间的现价和链式数量指数。

有了存货和土地数据，可以使资产估计更加完整。存货数据区分为农场和非农场存货，主要来自 IEA，但也需要各种行业调查数据支持。存货被假定具有零折旧率，且不用面对投资税收抵免或资产消耗补偿，所以其租赁价格公式是一个用于可再生资产的简单形式。关于土地，可由加拿大资产负债账户获得现价数据，并从环境账户获得物量数据。与存货一样，折旧、投资税收抵免和资产消耗、土地补偿都被设定为零。

和产出情况一样，仅能获得到“参考年”为止年份的 IOT 的投资序列，即距当期两年。CPA 做了若干调整，以便把投资序列延伸到本年，并使分行业的投资序列与国民账户的投资序列保持一致。基于季度 IEA，投资序列被延伸到了当前年份。主要类别的投资总值——建筑物、设备、软件、住宅——被设定为等于从收支总量中得到的相应总值。

CPA 对资本服务的处理，生成了一个完整的投资时间序列，投资被重新划分为 28 类私人资产(18 类设备和软件、6 类非住宅建筑物以及 4 类住宅建筑物，见表 10.1)。随后，使用永续盘存法，以及以 Gellatly，Tanguay 和
452 Yan(2002)开发的年份—价格概算为基础的几何折旧率，估计了资本存量。建筑物类的资产折旧率是一个例外。由于缺乏活跃的建筑物交易市场，因此这里的建筑物折旧率，是从现存的使用寿命信息推导出来的，该信息来自由投资与资本存量司实施的调查，该调查可以生成按资产类型划分的预期使用寿命。

---

⑩ 具体方法见 Harchaoui 和 Tarkhani(2003a)。

表 10.1 按资产类型划分的全部资本类别

计算机与办公设备
通信设备
软件——自用
软件——预包装
软件——定制设计
办公家具,家具
家庭与服务机械及设备
电子工业的机械及设备
非电子工业的机械及设备
工业容器
输送机与工业用卡车
汽车和公共汽车
卡车(不包括工业用卡车)与挂车
机车、船舶、船只及主要替代部件
飞机、飞机发动机及其他主要替代部件
其他设备
非住宅建筑物
公路、高速公路和机场跑道建设
天然气和石油设施建设
电力、水坝和水利建设
铁路和电信建设
其他工程建设
别墅
活动住房
多户房屋
独立房屋
存货
土地

利用这 28 类资产的资本存量和租赁价格信息,可以得到综合企业部门的资本服务。总资本服务的生成分两步进行:第一步,将 28 类资产划分为三大类资产——信息技术、其他机械和设备,以及建筑物。第二步,把三大类资产整合成有形资产服务指数。

行业层次的资本服务分三步来估计。首先,为不同行业中的各种资产研制了详细的资本存量阵。从 IOT 最终需求矩阵获得的投资流量,只在相 453
对较高层次行业汇总水平上存在。因此,CPA 要先从投资与资本存量司得到投资流量，然后利用这些投资流量，推导出更为详细的最细分行业层次的行业流量——与劳动数据处理的程序大体相同，在处理劳动数据的过程中，是将住户数据作为基准总量，然后利用其他来源的信息，将其扩展到最细分的行业层次上，在这里，则是用来自投资与资本存量司的投资数据作为基准总量，将 IOT 行业总投资扩展到按资产类型划分的投资。

为满足一致性而编撰投资流量，就需要分别针对每一行业汇总各种资产类型下的资本存量，以测算该行业的资本投入；对各个行业资本投入做加总，即可测算出部门层次的资产投入。最终结果就是与综合企业部门资本服务指标一致的、行业层次上的资本服务指标。

生产率指标的变体

CPA 生成了好几个综合企业部门生产率指标。加拿大企业部门的年度劳动生产率，是加拿大统计局在 20 世纪 60 年代初期提出来的第一个生产率指标。最近提出了企业部门的季度劳动生产率指标，以便更加及时地提供生产率数据。[11] 对于这一指标，产出被测定为实际 GDP——由企业性部门行业交付给国内住户部门、投资、政府部门、非营利机构以及净出口的不变价链式美元最终产品与服务，并与用工作时间测算的劳动投入相比较。

此外，考虑到资本增长在产出增长中扮演的重要角色，还针对企业部门开发了一个多要素生产率指标。正如对综合企业部门计算劳动生产率指标的情况一样，产出用最终需求 GDP 测度，投入指标采用经劳动力和资本服务流量构成变化调整后的总工作时间。

对于这两个综合企业部门指标来说，总产出 F_t 包括投资品 I_t、消费品 C_t 和净出口 N_t。这些产出是由总投入 X_t——包括资本服务 K_t 和劳动服务 L_t——生产出来的。生产率即可表示为总投入的一个“希克斯中性”(Hicks-neutral)放大系数 A_t：

$$F(C_t, I_t, N_t) = A_t \cdot X(K_t, L_t). \tag{1}$$

投资、消费品以及净出口的产出，资本和劳动服务的投入，其本身都是汇总数，每一指标都包含许多子成分。在竞争性产品和要素市场以及规模
454 报酬不变的假定下，增长核算把经份额加权的产出增长定义为经份额加权的投入增长与多要素生产率增长之和：

$$\begin{aligned} & \bar{w}_{C,t} \cdot \Delta \ln C_t + \bar{w}_{I,t} \cdot \Delta \ln I_t + \bar{w}_{N,t} \cdot \ln N_t \\ & = \bar{v}_{K,t} \cdot \Delta \ln K_t + \bar{v}_{L,t} \cdot \Delta \ln L_t + \Delta \ln A_t, \end{aligned} \tag{2}$$

其中，$\bar{w}_{C,t}$是消费在名义产出中的平均份额，$\bar{w}_{I,t}$是投资在名义产出中的平

[11] 刚刚引入了两位数水平行业的季度估计值。

均份额，$\bar{w}_{N,t}$是净出口所占份额，$\bar{v}_{K,t}$是资本在名义收益中的平均份额，$\bar{v}_{L,t}$是劳动在名义收益中的平均份额，Δ 指一阶差分，且 $\bar{w}_{C,t}+\bar{w}_{I,t}+\bar{w}_{N,t}=\bar{v}_{K,t}+\bar{v}_{L,t}=1$。注意，CPA 在第一个方程中通过放大因子显示多要素生产率。[12]由第二个方程，我们可以确定产出和投入各自对于经济增长的贡献。

除了综合企业部门生产率指标外，CPA 还生成了一整套基于 IOT 的行业生产率指标，从而使用户能够针对某一单个行业寻找总生产率增长的根源。[13] 可以生成由 IOT 为企业行业或商业行业提供的各个细分层次——*L* 层次（167 个行业）、*M* 层次（58 个行业）、*S* 层次（21 个行业）——的劳动生产率估计值[14]，可以生成 *P* 层次（123 个行业）、*M* 层次（58 个行业）和 *S* 层次（21 个行业）的多要素生产率估计值[15]，而且可以提供直到 IOT 基准年份或参考年份的全部详细资料。在基准年份后的年份里，CPA 也可以在相同细分层次上进行工作，但由于基准年份之后的产出是基于预测的，因此很少发布各行业层次的详细信息供公众使用。

劳动生产率指标是针对单位工时实际增加值提出的。使用不同的产出指标（总产出、增加值、部门产出），生成了三个独立的多要素生产率指标。这些指标是：(a) 单位资本和劳动投入的实际增加值；(b) 单位复合投入（包括资本、劳动和中间投入）的总产出；(c) 单位复合投入（包括资本、劳动和部门中间投入）的部门产出。[16]

Domar（1961）方法被用于将行业层次的生产率增长与多要素综合生产率增长联系起来。建立这一联系，是通过把要素综合生产率的增长率表示为
行业生产率增长率的加权平均来实现的，其中，权数等于行业产出与 GDP 的 455
比率。由于行业估计值与 GDP 的内在一致性，这些权重也是内在一致的。有了这种内在一致的框架，就有可能追寻到综合生产率增长的源泉。

在整个 1997—2003 年间，农业、贸易业、制造业和专业服务业已经成为企业部门中劳动生产率增长最快的行业。劳动生产率的增长得益于以下几个因素：资本深化的增强，熟练工人的增加（在劳动构成变化上表现为接受更多教育和拥有更多经验的工人人数占了较大的比重），由多要素生产率刻画的许多其他要素，所用资源的整体效益。

总的说来，劳动构成变化对劳动生产率增长做出了积极的贡献——尽

---

[12] 用多要素生产率一词而不是全要素生产率。

[13] 因为发布详细的 IOT 存在时间滞后，故生成这些估计值也有一个两年的滞后期。

[14] 行业个数基于 SIC 确定，与 NAICS 略有差异。

[15] 由于不能获得 *L* 层次的投资数据，故多要素生产率的行业细分层次略低于劳动生产率。

[16] 这是 BLS 使用的测度方法。

管这一贡献不大(见表 10.2)。1997—2003 年间也不例外,在这段时间里,
企业部门劳动生产率的年增长率为 2.1%,而劳动构成的贡献为 0.2 个百
分点。资本深化的贡献仅为 0.4 个百分点,由此反映出机械设备投资的暴
456 跌以及工作时间的相对快速增加。多要素生产率增加了 1.5 个百分点,占了
劳动生产率增加的大部分。多要素生产率不仅在经济快速增长的 1997—
2000 年间,而且在 2000—2003 年的经济减速中也是劳动生产率的主要源泉。

表 10.2　1997—2003 年的劳动生产率及其增长来源(贡献百分比)

	劳动生产率	资本深化	劳动质量	多要素生产率
企业部门	2.1	0.4	0.2	1.5
农业、林业、渔业和狩猎业	4.8	1.8	0.2	2.9
采矿业、石油和天然气萃取业	1.1	3.3	0.6	-2.8
公用事业	-0.9	0.6	0.1	-1.6
建筑业	1.5	0.1	0.2	1.2
制造业	2.9	0.5	0.5	1.8
批发贸易业	4.2	1.0	0.3	2.9
零售贸易业	3.1	0.5	-0.3	2.9
运输与仓储业	1.8	1.1	0.6	0.2
信息与文化行业	3.0	0.9	0.7	1.4
专业性、科学性与技术性服务	3.8	4.2	0.0	-0.4
行政管理及辅助性服务,废弃物管理及整治	-0.8	-0.5	0.4	-0.6
金融、保险、房地产、出租及租赁	1.4	0.4	0.1	0.9
教育服务	1.3	1.8	-0.9	0.4
卫生保健与社会援助	0.0	0.6	-0.5	-0.1
艺术、娱乐及休闲	-1.8	-0.6	-1.9	0.7
住宿及餐饮业	0.6	-0.4	-0.5	1.6
其他服务(除公共行政管理外)	3.1	1.3	0.5	1.3

总之,公布的劳动生产率提高最多的行业,也是那些多要素生产率增长最快的行业,表明整体效率的改进主要发生在最近几年。

10.2.4　与其他国家比较

本节把加拿大在整合其生产率账户和 SNA 方面的经验与美国、澳大利亚、英国及法国的经验进行比较。表 10.3 列出了这些国家生成的各种生产率指标、使用的产出类型,以及把生产率项目整合到其他经济账户之程度的说明。比如,如果没有基于总产出多要素生产率指标,就意味着缺乏行业间交易信息——这些信息只能从一组全面的现价和不变价行业生产账户中才能获得。

表10.3　生产率项目与SNA之间整合的跨国比较

国家	生产率指标	产出指标的种类	整合到SNA	评论
加拿大	MFP与LP	企业部门:最终需求GDP	已整合。能够从SNA中获得整合的生产账户和支出账户。对这些账户进行扩展,以便按生产率分组在总量层次和行业层次上提供与SNA一致的资本服务及劳动服务指标。可提供一致性反馈。	到目前为止,加拿大与美国(Jorgenson及其合作者以及BLS)是仅有的为生产率测算而开发最终需求GDP的国家。因此,这两个国家也是仅有的在生产率测算中使用了自上而下方法的国家。也可实施自下而上法得到行业生产率指标。
		行业:总产出、增加值及部门产出		
美国	MFP与LP	企业部门:最终需求GDP	产出序列来自NIPAs,劳动与资本投入则由BLS独自构建。	
		行业:部门产出	在行业层次上,BLS估计值与BEA估计值之间没有实现整合。	
澳大利亚	MFP与LP	企业部门:总增加值 行业:增加值	具有一致性的现价与不变价投入产出表正在编制中。	使用自下而上法进行生产率测算。
英国	LP	经济总体:总增加值 行业:增加值	没有整合。	
法国	LP;法国统计体系没有将MLP视为官方统计体系权限范围内的概念	LP	没有把生产率账户整合到SNA中。	

注:MFP=多要素生产率;LP=劳动生产率;GDP=国内生产总值;NIPAs=国民收入与生产账户;部门产出=不含行业内部交易的总产出。所谓整合是指这样的生产率项目:以已建成的生产账户(投入产出账户和收支账户)为基础,生成各种备选生产率指标。

所有这些国家都有一个生产率项目——依托于由一组有限的行业账户(这些账户未必与最终需求 GDP 一致)推导得到的某个产出指标而建立。除美国以外,大部分国家都依赖于由行业账户导出的增加值概念。例如,英国国家统计局(ONS)发布了基于经济整体、生产部门、全部制造业和 11 个制造业子部门增加值的季度劳动生产率指标。一致性的缺乏,部分地是因为生产账户中的缺陷——无法得到加总起来本应为经济总体 GDP 的、准确增加值的测算值——造成的。

最近,基于新的调查工具(年度商务调查,ABI),ONS 在更细分的行业层次上添加了年度劳动生产率指标。这一数据来源的优点在于,它能将核算数据和就业数据整合到一起,从而提高了产出与劳动指标之间的一致性,使编制详细的劳动生产率指标变得切实可行。然而,应该意识到,由于不可能获得计算实际增加值所必需的全套变量,故由 ABI 编制的总增加值指标只是近似的,且这些估计值与投入产出的最终数值也有所不同(Daffin 和 Lau,2002)。

ONS 没有多要素生产率项目。不过,由于以下两个原因,ONS 最近已
458 经将开发试验性多要素生产率指标作为优先项目(Lau 和 Vaze,2002):

- 大多数国家经历了多要素生产率的复兴,但根据英格兰银行、英国经济和社会研究所各自开发的估计结果,与 20 世纪 90 年代初期相比,1995 年以后,相对于美国来说,英国多要素生产率的表现却恶化了。公众压力迫使 ONS 去查明这一结果到底是真实现象还是数据问题(尤其是缩减指数是否合适)。
- ONS 已经意识到了多要素生产率指标——作为一个用于检验产出数据与投入数据一致性的、有价值的质量保证工具——的有用性。

澳大利亚也有一个正规的生产率项目——以从行业账户得到的实际增加值为基础,生成年度劳动生产率和多要素生产率指标。

从 20 世纪 60 年代早期到最近几年,市场部门多要素和劳动总量序列一直得到维护。这些多要素生产率序列以工作时间和资本服务为基础。最近,澳大利亚统计局将包含结构变化的劳动投入指标引入了自 1982 年起的多要素生产率序列。子部门生产率序列只能得到从 1992 年直到最近几年的劳动生产率指标。

与英国、美国和澳大利亚相反,法国没有维系一个持续的多要素生产率项目。尽管大多数国家的统计局都将生产率测算视为一个不断发展的统计项目,但法国国家经济研究与统计局(the Institut National de la Statistique et des Études Économiques,INSEE)则更倾向于将它们视为为得到一

份与国民账户体系几乎无关的分析报告而花费的投入。INSEE 没有提出“官方的”多要素生产率序列,但其各部门偶尔会发布基于实际增加值序列的多要素生产率研究报告。

在这些国家之间,计算生产率所使用的数据来源存在着某些显著差异。首先,尽管这些国家都开发了 IEA,但只有加拿大和美国将其用于综合生产率测算。澳大利亚、英国或法国的官方统计机构都没有使用自上而下的方法。在这些国家中,增加值是用于测度产出的主要工具,并且这些国家主要关注的仅仅是综合部门的生产率。

10.3　整合生产率账户的益处

把生产率账户整合到 SNA,有以下几方面的好处。 459

10.3.1　一致性

IOT 在 CSNA 整合中发挥了核心作用,CPA 也对该交互系统有所贡献。正如 Wilson(见本书第 2 章)所指出的,IOT 为识别数据缺口、指明不一致提供了一个框架。

IOT 提供了一个框架,用于校验由各种统计来源(行业调查、住户支出、投资调查、外贸统计等)获得的产品与服务流量数据的一致性。IOT 作为生产率统计的协调框架,从概念上保证了所使用定义和分类的一致性,同时又作为一个核算框架,确保了来自不同数据来源的数值的一致性。

生产率账户很得益于具有这样一个连贯一致的生产框架,同时它们反过来也为如何识别不一致并改善该框架的一致性提供了重要反馈。基本生产框架主要关注的是商品供应与处置能否平衡,以及销售和要素收入之间的关系。生产率账户则提供了另一个检验点:要考察实际产出的增长相对于劳动和资本投入是否合理。

CPA 还提供了一组经汇总的数据序列,用于对 SNA 的时间序列有效性做常规检查。作为其指标体系的一部分,CPA 创建了一个包含连贯一致的价格和物量数据及资本和劳动投入数据的数据库——KLEMS。通过该数据库,可以支持对 IOT 生成的数据中所显露出的关系做进一步仔细考察——尤其是在各种研究项目中。[17]

生成了具有长期一致性的时间序列,这些项目就可以支持生产率项目改进其数据的精确性与适用性。就其性质而言,为国民账户提供数据的调查系统常常不具有"时间序列"意义上的一致性。除了其他导致不一致的情况外,还有行业分类体系从基于SIC分类向基于NAICS分类的转变。调查(如制造业年度调查)已经改变了它们的覆盖范围。每一个变化都会在
460 某一既定时点上改变其调查的估计值——但却会随时间推移使分析缺乏一致性。调查项目常常会提供一些粗略的修正,以弥补覆盖范围或者分类变化所带来的影响,但这些调查项目很少就所有变化做数据调整,以满足保证时间序列一致性的需求。在生产率项目筹划用于该项目的时间序列,以及将信息反馈给生产部门时,它的一个主要着眼点是改善时间序列数据的一致性。

时间序列的一致性是很重要的,因为,CPA经常要利用各种各样的单个行业数据,对加拿大经济增长的来源进行量化分析。行业层次的数据使我们能够从其行业源头来找寻加拿大经济增长的源泉,也可以把特定的行业分离出来进行分析,还可以在单个行业层次和企业部门层次上评价生产率增长和要素积累的相对重要性。有了这样一套被整合到SNA的生产率账户,即可实施"自下而上"的方法,以补充镶嵌于生产可能性边界框架中的"自上而下"的分析方法。

确定KLEMS数据一致性的方法之一,是要对行业层次上得到的其他生产率指标与总体生产率增长下的各部门表现进行考察,看二者能否得出类似的结论。例如,要分两个不同行业群——生产信息技术的行业群与使用信息技术的行业群,考察其对总体生产率增长的直接贡献。

加拿大统计局最近进行的一项研究,同时使用自上而下与自下而上法对这一问题进行了探讨。[18] 不管使用何种方法,数据都显示出,在20世纪90年代,两个行业群对总体生产率都做出了积极的贡献,尽管大部分贡献来自使用信息技术的行业。依据总产出概念,90年代后期,在加拿大企业部门多要素生产率的1.10%增长中,使用信息技术的行业贡献了0.89个百分点。正如大家所预期的,尽管在结果的数量级方面存在显著差异,该结果相比于其他备选产出指标(增加值和部门产出)而言仍然是比较稳健的。

---

⑰ 加拿大统计局有关生产率出版物的网址为:http://www.statcan.ca/english/studies/eaupdate/prod.htm。

⑱ 见Harchaoui和Tarkhani(2005),以及Harchaoui,Tarkhani和Khanam(2004)。

10.3.2　质量评价

由于生产率指标"整合"了从各种不同来源收集到的现价和不变价产出及投入数据,因此它们便成了判断从 CSNA 所获取数据之质量的一种便捷方法。这不仅能够改善现有数据的一致性,还能够显示出主要数据的缺陷。

例如,通过仔细考察行业层次的生产率结果,就可以显示出需要对其 461
缺陷进行处理的部门。对于一个正在确认 GDP 估计值的分析师来说,找到一个具有正产出增长且没有显示出任何下降迹象的行业,可能已经足够了。但是当各生产率估计值被整合到该生产系统后,同一个分析师,不仅可以基于一致性数据对产出趋势与投入趋势进行比较,还可以考察生产率的长期趋势是否合理。例如,Gullickson 和 Harper(1999)指出,一个并没有没落的行业,如果其生产率长期呈现出负增长——即便很缓慢,也能说明其产出和/或投入估计值在质量上存在问题。

在 1981—2000 年间,加拿大有大量多要素生产率绩效表现不佳的部门(年平均增长率不到 1%)。这里面包括许多服务部门行业——住宿及餐饮、商业服务、私人及家政服务,以及休闲娱乐服务。因此,加拿大统计局组织安排了一项新方案,以改善这些领域中的价格测算。

而在金融、房地产及保险业等其他行业,增长率也是相当低的。这里的问题可能更多地与资本租赁市场的发展有关。加拿大体系将投资归入资本所有部门而非资本使用部门。可以想象,这里的低生产率增长,可能就是此类租赁现象导致非常高的资本投入的结果。

10.3.3　灵活性

生产率账户和 SNA 之间的整合赋予 CPA 以灵活性,依据它,可以生成各种服务于特定目的的生产率指标,并可以与由核心项目生成的指标保持一致。

各种备选生产率指标

不管是经济学界还是国际统计机构,都无法为所有目的选定单一的生产率指标。正因为生成了各类生产率指标,加拿大统计局才能对应于种种特定目的,满足各种不同汇总统计量的需求——尤其是在跨国比较情况下。

像澳大利亚和英国的生产率项目一样,许多国家的生产率项目仅仅在不同总量水平上生成了针对增加值的生产率指标。与此不同的是,BLS 却在不同总量水平上使用了不同的产出概念。对于 BLS 企业和非农企业的生产率指标来说,实际产出指标的来源是国民收入与生产账户(国民账户)——由美国商务部的经济分析局编制。

462 1996 年以前,BLS 也在制造业生产率测算中使用了增加值(或者总产出)概念,但随后则使用"部门产出"概念来测度制造业产出。

总产出概念已经由 Jorgenson 和他的同事们广泛用于各种各样的生产率研究项目中(比如,Jorgenson 和 Stiroh,2000)。

将 CPA 整合到 SNA 中,加拿大统计局即可生成基于增加值、部门产出和总产出的各种生产率指标。在这样做的时候,已经建立了一个能够在加拿大和美国之间进行比较的程序。最近几年,若干力图拓展 CPA 国际领域的研究项目已经开启。[19]

生成各种备选生产率指标,满足了许多不能单靠单一生产率指标的分析性需求。最近已经收到了多种希望考虑中间投入及各级中介变化对生产率表现的影响的申请。进口的增加和商务服务的使用,如设备租赁、计算机服务和临时工等——所有这些都会对生产和就业产生重要的影响——都可能影响到生产率。如果使用增加值这个"净产出"测度指标,中间投入的作用就看不到。另一方面,使用直接考虑了原材料作用的总产出测算指标,分析师就可以基于此研究中间产品和服务发生了什么变化。有了 CSNA 整合特性带来的灵活性,就可以开发各种备选生产率指标来满足不同的分析需求。

检测假设

尽管对 CSNA 投入了专业人员和力量,但仍然存在可以进行改进的领域。而且偶尔地,会引发这样的质询:这些改进是否会改变生产率数字所述故事的性质。

有了这样一个经整合的体系,CPA 就可以根据该基础体系里的轻微变化来生成生产率估计值,以便检验生产率估计值的稳健性。例如,CPA 最近考察了有关信息技术产品的不同价格缩减指数对加拿大/美国生产率估计结果的影响。

信息技术价格测度的差异,近来引起了专业人士的关注。构建信息技
463 术不变价序列的一致时间序列,需要得到"同质价格指数"。这些价格要

---

⑲ 见 Harchaoui,Jean 和 Tarkhani(2005)对加拿大与澳大利亚在生活和生产率标准方面的比较;Harchaoui,Tarkhani 和 Khanam(2004)对加拿大与美国基于 Jorgenson 使用的总产出概念的比较;Harchaoui 和 Tarkhani(2005)基于由加拿大统计部门和 BLS 得到的官方生产率指标而对加拿大与美国的比较。

反映历代信息技术产品的质量改进,并要将这些质量改进作为信息技术价格下降来处理。

不同国家使用不同方法来测度质量变化,这些已经被认为是国际估计值之间缺乏可比性的原因之一。例如,Wyckoff(1995)考察了几个国家的计算机价格统计方法,发现有以下两类方法被采用:匹配模型(matched-model)和特征指数技术(hedonic techniques)。根据他的论证,由于选择不同方法,定价存在很显著的差异。基于美国数据的研究结果,他还进一步指出,匹配模型指数下的价格下降速度要慢于特征指数的测算结果。

在过去 20 年里,美国统计体系在编制信息技术产品质量调整价格指数开发方面一直处于最前沿。同一时期,加拿大不断努力跟踪调查这些进展,并在其统计体系中实施。所谓质量变化是指在加拿大的 IEA 和 IOT 中出现的、作为信息技术最终需求项的那些商品和资产的变异程度。

虽然美国和加拿大这两个经济体在结构和数据来源方面存在某些重大差异——这些有可能导致价格指数差异,但是,为了查明加拿大价格是否显著不同于其美国对应物的价格,仍然很有必要分别在整体层次与行业层次上使加拿大和美国的信息技术价格对应的性能相匹配。

加拿大和美国之间在最终需求的某些类别上有重要的相似之处。1981—2000 年间,加拿大信息技术进口的隐性价格指数与美国信息技术出口价格指数十分接近。在投资方面,计算机的价格表现也存在重要的相似之处。在个人产品和服务支出的隐性价格方面,加拿大和美国之间也存在着相似性。但在投资方面,加拿大电信设备的价格却不同于美国(Harchaoui 和 Tarkhani,2005)。

信息技术价格对应的性能差异也存在于行业层次上,并且它们对这些行业生产率表现的影响可能非常显著。最近有两篇论文比较了信息技术对加拿大和美国经济增长的影响,同时还探寻了不同的缩减指数是如何影响其结果的。这些论文以来自美国 KLEMS 数据库的隐性价格(经汇率调整过的)为基础,对产出和中间投入使用了一种“国际调和”缩减指数。这种调和缩减指数比加拿大生产率账户中的价格下降得更快。

即便使用了这种调和价格指数,美国信息技术生产行业的多要素生产 464
率增长仍然遥遥领先。而且,用美国的价格替换加拿大的价格,也不会影响有关 20 世纪 90 年代末期加拿大生产率复苏源头以及相对于美国之总体差异的总结论。使用调和价格指数没有改变加拿大生产率复苏这一结论,在很大程度上应归因于信息技术应用行业(Harchaoui 和 Tarkhani,2005;Harchaoui,Tarkhani 和 Khanam,2004)。

扩展覆盖范围

CPA 生成的生产率指标所涵盖的企业部门,被定义为经济总体扣除一般政府(包括由政府提供的医疗与教育)及自用房屋。但是,对于某些分析目的来说,可能需要不同的部门覆盖范围。如果希望有一组生产率账户可资利用,就需要借助于一些专门项目的帮助,构造相对差异不大的备选产出指标。

举例而言,加拿大行业部和哈佛大学的 Dale Jorgenson 最近共同完成了一个项目,该项目需要这样一个生产率指标——把自用房屋和耐用消费品视为投资,而不像在传统估计中那样将其视为消费。

这就是说,要把自用房屋支出视为在此后许多时期提供一连串服务的资产投资。购买新房被视为一种投资,而已使用存量的服务流量则作为消费,并且,住房的资本服务要被视为资本投入的一部分。

为保证一致性,还要对消费者的耐用消费品与房屋资本一样做对称处理,因为两者本质上都是在其使用期限内产生一连串服务的长期资产。所谓耐用消费品的资本化,是要把花费在耐用消费品上的支出从个人消费支出中划出来重新分配给国内私人总投资,并且,要按照它们提供的服务总额追加到 GDP 中。

为实现这些变换,CPA 采用了一种与资本服务计算类似的方法。租金价格被用于对来自耐用消费品的一连串服务进行估值并划归到消费中,同时要把投资于耐用消费品的资本估计值加入到资本投入中。住房服务流量的回报率就是利用从收支账户和资本存量中获得的租金价格估算的。[20] 然后,利用与其他资产所使用的相同方法来估计资本服务。

10.4 面临的挑战

465 加拿大统计局已经做出了不懈的努力,以改善其生产率测算。这些努力可以概括为,增强指标的可靠性,提高其产品质量,改进提供给公众的信息覆盖范围。尽管这些计划已经取得了一些进展,但仍有改进空间。

目前正在努力扩展 CPA 的覆盖范围,以将诸如环境和公共资本等无法估价的产品和资产纳入其中。这些努力将再次依赖于能够被经济和生产率账户合并和整合的现存数据来源。

---

⑳ 见 Harchaoui 和 Tarkhani(2004a)对方法的描述。

10.4.1　无法估价的产品和资产

环境会受到经济活动的影响,但是这两方面的测度却是分开进行的;环境指标往往由环保机构收集,而经济活动指标则往往由国民核算人员来收集。

作为 CSNA 的一部分,环境统计账户(ESA)的使命是收集环境数据,并将其整合到为加拿大账户奠定了基础的、更大的供给与使用框架中。有了 ESA,CPA 就可以探索如何扩展生产率测算,从而将各行业利用环境的程度考虑进来。

理想的状态是,测算生产率增长时要考虑所有与生产过程相关的投入和产出,包括对环境的改变。但在实践中,通常只能使用那些仅仅考虑有定价的投入和产出的方法来估计生产率增长。其中有两个原因:首先,难以收集到能与经济活动数据相融合的环境数据;其次,大多数环境影响并没有在市场上交易,很少具有可观测的价格,难以被传统的经济账户体系所测度,所以,它们在估计生产率增长时往往被忽略了。

环境对公司生产率表现的影响是社会所面临的一个重要问题。但是,由于为使用环境所支付的价格,有时是零,有时低于其机会成本,因此很难获得详细的估价资料。环境消费所涉及的真实机会成本可能并不少于劳动、资本或原材料投入消耗,所以可以认为,标准的多要素生产率指标是一个不完整的经济效率改善指标。

在这样一个宏大主题下扩展生产率项目,其目的是要开发出将无法定价的环境影响包含在内的生产率指标,同时尝试将它们应用到加拿大面临的两大环境问题上——温室气体排放和水的利用。 466

在加拿大企业部门中所采取的方法,是使用一个基于成本函数的生产过程模型来描绘生产者的投入和产出决策,针对无定价要素的投入和产出估计其生产率(Harchaoui 和 Lasserre,2002)。这个领域内的早期研究包括 Gollop 和 Swinand(2001)的论文。废气排放是工业过程中的联合产出,可以被包含在由其边际成本来确定权重的产出指数中,后者可以在此类行业成本函数——利用 CPA 的 KLEMS 数据库生成——的帮助下估计出来。

该试验性框架考虑了被传统方法所遗漏的生产率增长的一个潜在来源:总产值的更快增长既可归因于转向高价值畅销产品,也可以归因于避开负价值废弃产品。这是一个和任何其他方法一样有效的提高效率的方法。在加拿大的某些行业中,这曾经是提高生产率绩效的一个重要来源。

这些试验性估计表明,如果修改标准的生产率框架,将不符合需要的副产品纳入其中，传统生产率增长估计结果在价值上提高了——约为15%。这种情况的发生，是因为经济体生产 GDP 总量要远快于产生 CO_2 排放总量。

10.4.2 自然资源与资本存量

大部分生产率指标仅仅考虑了生产性机器及设备、建筑物，或工程构筑物。虽然这对于大多数部门是合适的，但是对于采矿部门却并非如此，因为自然资本（矿产储藏存量）在这里非常重要，且通常不能被传统的生产率框架正确地整合进来。

因此，CPA 一直致力于修改用于估计采掘业多要素生产率的框架。这些努力再一次要取决于环境账户和生产率账户的整合。CSNA 已经针对其中的一些环境要素生成了关于自然资源存量的估计值——各种矿物、石油、天然气和木材。这些存量的数量和价值都要得到维护。利用这些数据，就可以把生产中所用实际资源的一个较为直接的价值及其耗减直接纳入生产率分析之中。

这些努力已经导致 CPA 在自然资源部门中尝试新的生产率指标——把采矿部门的活动分离为开采与勘探，并通过把自然资本引入开采部门，具体说明相应的生产率框架。其结果是，在1981—2000年间，采矿部门开
467 采活动的多要素生产率增长了两倍。此外，这项研究意识到应该把勘探部门探测出的“新储量”作为一种产品，并将其包含在产出内。当这一切完成之时，自然资源部门就成了继计算机制造业之后表现最佳的部门。[21]

10.4.3 公共资本与生产率

公共基础设施资产，包括大坝、公路、高速公路、铁路、港口、桥梁、机场、街道，以及供水和下水道系统，长期以来都是资产负债账户和 GDP 的一部分。

它们没有纳入官方生产率估计之中。这主要是因为，与私人资本相比，这些资产的服务流量更难估计。尤其是，国民账户传统沿用的方法——将公共资本的净营业盈余视为只包含折旧——可能并不恰当。目前的处理方法是，由一般政府和服务于住户的非营利机构在非市场生产中所使用的固定资产的净收益被假定为零（联合国等，1993，6.91）。

使用折旧作为政府固定资产服务价值的估计值，是一种有偏的方法。

---

[21] 见 Harchaoui 和 Tarkhani（2004b）。

理论上说,私人部门资产的服务价值,应该等于因为资产在当期使用而减少的资产价值(折旧),加上一个收益——等于将该资产投资在其他地方能够获得的当期价值(净收益)。

遗憾的是,针对私人部门提出这种关系的理论,不能为公共部门的回报率应该是什么提供指导。有几种针对一般政府固定资本形成回报率进行估计的备选方法,其中之一就是经济计量模型的使用。许多方法是用产出对劳动、私人资本、一般政府资本以及一个技术水平常量做回归,以此估计出的政府资本系数,用于导出一个政府资本的边际产出估计值。

CPA 一直在开发新的生产率指标,希望将公共资本在私人部门中扮演的角色以及附带生成的公共资本回报率包括在内。加拿大统计局在最近一项研究(Harchaoui 和 Tarkhani,2003b)中使用了一个双重成本函数,并估计出了由于公共资本服务而节约的私人成本。

10.5　结　束　语

加拿大统计局使用五种标准来测量其产品质量——时效性、准确性、一致性、相关性和可解释性。这一套经整合的生产率账户对每一个目标都做出了贡献。正如上文所指出的,从生产率账户到生产账户的反馈,直接 468
有助于精度方面的改善。通过将劳动和资本服务整合到生产账户中,CPA 改进了全部产品的一致性。通过开发 KLEMS 数据库,有助于改善时间序列的一致性和总体连贯性。通过把生成的产品种类扩展到环境领域,对相关性的改进做出了贡献。通过开发一组能够在跨国比较中使用的兼容产品,有助于可解释性的目标——提供可以合理用于跨国比较的数据。由于建立在经整合的账户系统之上,它可以同时提供及时的季度数据,以及完全兼容的更为详细的行业数据。

所有这些都是并且只能是在一套经整合的国民账户框架内完成的。生产率账户是这个框架中不可或缺的部分,但以前并不是这样。15 年前,有一个小组曾经用仅仅部分整合到主要生产账户中的数据来计算生产率。通过重组,可以降低两者之间的差距。实施进一步的整合,部分是为了对各种国民账户项目之间一致性程度做总体改进。成本压力也是一个原因,它促使统计生产过程要寻求改进一般编制程序的方法,并从以前未曾参考的来源中寻找投入。此外,生产率项目认识到,使用那些外界可以从发布的产出系列中予以复制的产出和投入指标正在变得日益重要。最后,在加拿大统计局,生产率与投入产出、收入支出、行业指标和国际收支平衡一样，都已经成为国民账户体系不可或缺的部分。

SNA 1993 强调需要一套提供了一致性的综合国民账户。随着越来越多的国家向 SNA 标准靠拢，生产率账户可以利用那些曾经促进了加拿大生产率项目开发的同类一致性数据而开发出来。实际上，生产率账户的开发程度大体可以被视为该国账户体系取得进步的标志。不过，如果要就跨国生产率表现进行比较，就需要为生产率测度确定国际标准。尽管最近 OECD 提供了一本基本手册，在此方面取得了进展，但仍需要国际共识。由于生产率账户和国民账户之间的紧密联系，将生产率测度标准纳入到 SNA 国际准则之中正当其时。

参考文献

Baldwin, J. R., J.-P. Maynard, M. Tanguay, F. Wong, and B. Yan. 2004. A comparison of Canadian and U.S. productivity levels: An exploration of measurement issues. Economic Analysis Series no. 28. Analytical Studies Branch. Ottawa: Statistics Canada.

Daffin, C., and E. Lau. 2002. Labour productivity measures from the annual business inquiry. *Economic Trends* 589 (December): 54–63.

Domar, E. 1961. On the measurement of technological change. *Economic Journal* 71:709–729.

Gellatly, G., M. Tanguay, and B. Yan. 2003. An alternative methodology for estimating economic depreciation: New results using a survival model. In *Productivity growth in Canada,* ed. J. R. Baldwin and T. M. Harchaoui, 25–56. Ottawa: Statistics Canada.

Gollop, F., and G. Swinand. 2001. Total resource productivity: Accounting for changing environmental quality. In *New directions in productivity analysis,* ed. E. Dean, M. Harper, and C. Hulten, 587–685. Chicago: University of Chicago Press.

Gu, W., M. Kaci, J. P. Maynard, and M. Sillamaa. 2003. The changing composition of the Canadian workforce and its impact on productivity growth. In *Productivity growth in Canada—2002,* ed. J. R. Baldwin and T. Harchaoui, 67–100. Ottawa: Statistics Canada.

Gullickson, W., and M. Harper. 1999. Possible measurement bias in aggregate productivity growth. *Monthly Labor Review* 122 (2): 47–67.

Harchaoui, T., J. Jean, and F. Tarkhani. 2005. Comparisons of economic performance: Canada versus Australia, 1983–2000. *Monthly Labor Review* 128 (4): 36–347.

Harchaoui, T., and P. Lasserre. 2002. Assessing the impact of greenhouse gas emissions on Canada's productivity growth 1981–1996: An experimental approach. Economic Analysis Series no. 9. Ottawa: Statistics Canada.

Harchaoui, T., and F. Tarkhani. 2003a. A comprehensive revision of the capital input methodology for Statistics Canada multifactor productivity. In *Productivity growth in Canada—2002,* ed. J. R. Baldwin and T. Harchaoui, 101–158. Ottawa:

Statistics Canada.

———. 2003b. Public capital and its contribution to the productivity performance of the Canadian business sector. Economic Analysis Series no. 17. Analytical Studies Branch. Ottawa: Statistics Canada.

———. 2004a. Accounting for housing and services flow of consumers' durables in the Canadian productivity accounts. Paper presented at the SSHRC Conference on Index Number Theory and the Measurement of Prices and Productivity. 30 June–3 July 20, Vancouver, Canada.

———. 2004b. Integrating natural capital in the Canadian productivity accounts. Paper presented at the SSHRC Conference on Index Number Theory and the Measurement of Prices and Productivity. 30 June–3 July 20, Vancouver, Canada.

———. 2005. Whatever happened to Canada-U.S. Economic growth and productivity performance in the information age? *OECD Economic Studies* no. 40, 2005/1.

Harchaoui, T. M., F. Tarkhani, and B. Khanam. 2004. Information technology and economic growth in the Canadian and U.S. private economies. In *Economic growth in Canada and the United States in the information age,* ed. D. Jorgenson, 7–56. Ottawa: Industry Canada.

Hulten, C. R. 1995. Capital and wealth in the revised SNA. In *The new System of National Accounts,* ed. J. W. Kendrick, 149–81. Boston: Kluwer Academic.

Jorgenson, D. W. 2001. Information technology and the U.S. economy. *American Economic Review* 91:1–32.

Jorgenson, D. W., and Z. Griliches. 1967. The explanation of productivity change. *Review of Economic Studies* 34 (99): 249–283.

Jorgenson, D. W. 2003. Information technology and the G7 Economies. *World Economics* 4:139–169.

Jorgenson, D. W., and K. J. Stiroh. 2000. Raising the speed limit: U.S. economic growth in the information age. *Brookings Papers on Economic Activity,* Issue no. 1:125–211.

Lal, K. 1986. Canadian input-output tables and their integration with other subsystems of the National Accounts. In *Problems of compilation of input-output tables,* ed. A. Franz and N. Rainer, 147–163. Proceedings of an international meeting organized by the Austrian Statistical Society, Vienna, Austria. Vienna: Wirtschaftsverlag Dr. Anton Orac.

Lau, E., and P. Vaze. 2002. Accounting growth: Capital, skills and output. Office for National Statistics, Productivity Workshop.

Organisation for Economic Co-operation and Development (OECD). 2001. *OECD productivity manual: A guide to the measurement of industry-level and aggregate productivity growth.* Paris: OECD.

Smith, P. 2000. Statistics Canada's broad strategy for business statistics. Paper presented at the second International Conference on Establishment Surveys. 17–21 June, Buffalo, New York.

Statistics Canada. 1990. *A guide to the System of National Accounts.* Catalogue 13–589. Ottawa: Statistics Canada.

United Nations, Commission of the European Communities, International Monetary Fund, Organisation for Economic Co-operation and Development and World Bank. 1993. *System of National Accounts 1993.* Series F, no. 2, rev. 4. New York: United Nations.

Wyckoff, A. A. 1995. The impact of computer prices on international comparisons of labor productivity. *Economics of innovation and new technology* 3:277–293.

第 11 章　美国综合宏观经济账户

——SNA-USA 草案

A. M. 特普林　R. 安东尼维兹　S. H. 麦金托什
M. G. 帕伦博　G. 所罗门　C. I. 米德　K. 摩西　B. 摩尔顿 *

11.1　引　　言

471 本章报告联邦储备委员会(FRB)和经济分析局(BEA)(以下简称有关当局)在整合国家宏观经济账户方面正在进行的工作。BEA 发布国民收入与生产账户(NIPAs)和国际交易账户(ITA)。NIPAs 反映了美国生产与收入流量——经常账户,也提供了积累和可再生有形资产价值数据。通过部门与交易的交叉对应,NIPAs 详细展示了最重要的国民经济总量。ITA 记录了美国与外国之间的交易和收支余额状况,还详细提供了美国对外头寸及该头寸变化情况——多数情况下是按照地区和国别提供数据。

FRB 发布资金流量账户(FFA),记录的重点是部门活动。对每一个部
472 门,FFA 都包括一个资本账户(显示其储蓄和资本支出)和一个金融账户(显示其金融资产净获得和负债净发生)。FFA 详细记录了各种金融工具流量以及各种金融资产和负债存量。对某些私人部门,FFA 提供了将其有形资产和金融资产与负债存量信息合并在一起的资产负债表。FFA 针对各种具体金融工具——比如按揭贷款、企业债券和存款等——提供了十分

---

* 文中的分析和结论仅为作者一家之言,不代表各作者所在机构(联邦储备委员会、经济分析局、商务部或投资公司协会)其他研究成员的一致意见。本文数据基于不完全资料估计而得,并非美国政府或联邦储备系统的官方数据。

A. M. 特普林(Albert M. Teplin)是 1989 至 2001 年任联邦储备委员会资金流量司司长,现为私人咨询师。R. 安东尼维兹(Rochelle Antoniewicz)现为投资公司协会高级经济师。S. H. 麦金托什(Susan Hume McIntosh)和 M. G. 帕伦博(Michael G. Palumbo)分别为联邦储备委员会资金流量司现任高级经济师和司长。G. 所罗门(Genevieve Solomon)是达拉斯联邦储备银行经济研究助理。C. I. 米德(Charles Ian Mead)和 K. 摩西(Karin Moses)是美国经济分析局经济师。B. 摩尔顿(Brent Moulton)现为美国经济分析局国民经济账户处副处长。

详尽的资料。

这三个已发布的账户——NIPAs、ITA 和 FFA,是 SNA 1993——由国际机构团体开发并作为标准使用——所勾勒的一整套综合国民经济账户的主要组成部分。美国国民账户以一致的方法提供了宏观经济活动的一份长期记录,并具有其他国家难以望其项背的详细程度和质量水平。相关出版物定期发布并可以按季获取。

近十年来,美国国民账户进行了许多变革,以便接近 SNA 1993 标准。例如,2003 年 12 月发布的 NIPAs 全面修订版,对表格和交易的定义都进行了修改,以使其与 SNA 1993 更为一致(Moulton 和 Seskin,2003;Mayerhauser,Smith 和 Sullivan,2003)。尽管如此,有关当局和用户都已意识到,还可以对该账户进行更为全面的整合。[1] 通过各机构间更为紧密的协作,将可以确保在某些关键要素(如部门边界、替代性数据来源以及交易的处理等)的处理方法上,能够最大限度地减少对各个重要分析概念的曲解。整合将会使美国统计数据与其他国家的统计数据更为一致,帮助政策制定者和研究者更全面、更准确地分析金融和非金融活动之间的相互关系。通过该账户的整合,还可以将各单个账户所描述活动之间的关系作为重点,提供一套共同术语和统一的表述方式。

美国致力于一套更好或更全面整合的经济账户已有一段历史,其中尤为值得一提的是 Richard Ruggles 和 Nancy Ruggles(1982)在二十多年前所做的工作。[2] 他们保留了大部分已有账户架构,同时展示了一个面向所有经济统计的框架,其中就包括了用于后来出现的 NIPAs、ITA 和 FFA 的流量和存量。围绕他们的工作所进行的讨论,使得各种重要的概念性问题和有关此类账户形式上的分歧浮出水面。经过这些年之后,尽管还存在一些问题和分 473
歧,但其中很多已为所达成的各种国际共识(发布于 SNA 1993)所消除。

在这些共识下,我们关注的是账户的实际生成。对于 Ruggles 等 1982 年的论文,James Tobin 指出,“他们的试验……显示了那些众所周知的难题。调和不同来源的数据十分困难,并且存在着非常大的、无法解释的误差。为实现概念上的整合,需要做出共同努力,以判断并解决这些不一致”(Adler 等,1982,第 74 页)。

判断和解决这些不一致是我们一直以来的目标。实际上,为本章所做的准备,包括其中的各种表格,可能就是自 Tobin 的评论以来,各方在账户

---

① 例如,参见 BEA(2002,第 8—32 页)一般和具体条款所包含的 NIPAs 及 FFA 的整合。

② 其他专家的论述可参见 Adler 等(1982)的文章。

整合方面做出的最为重要的共同努力。各机构一直都在密切关注着部门边界、因使用不同来源数据所产生的误差的性质、判断上的调整以及估算技术。我们已经发现了大量的问题，其中许多已得到解决，但仍有一些需要留待今后。

我们也考虑了用于呈现综合账户中所含大量数据的各种方式。就目前的情况来看，按季发布的 FFA 超过了 100 页，NIPAs 和 ITA 的表格也可轻易达到这个篇幅。即便是以精简合理的方式完成，面对这样一套综合账户，用户也需要进行大量的浏览查询才行。

其他国家和经济区各自处于整合一套宏观经济账户的不同阶段。比如，加拿大发布综合账户已有一段时间，其整合的思路是与投入产出账户相衔接。而且，由于加拿大统计局内部是协调的，因此，各个账户可以使用通用的估算方法；一旦出现问题，即可考虑对全部账户而非某个单一部分的影响。③

欧盟统计局在欧洲扮演了协调者角色。他们以 SNA 1993 为模式，发布了欧洲国民账户体系标准（ESA 1995）。欧盟（EU）各成员国需依法按照设定的时间表达到国民收入与生产账户和金融账户的标准。各国需定期向欧盟统计局报送年度金融和非金融账户。欧洲中央银行则正在协调欧元区内季度金融账户的开发；到现在为止，各国都已提供了季度数据，这些数据与欧元区其他金融统计数据一起，用于编制非金融部门、保险公司和养老基金的货币联盟季度金融子账户。当前，它们正致力于将综合账户
474 扩展至以下七个部门：住户、非金融公司、政府、货币金融机构、保险公司和养老基金、其他金融中介，以及国外。

各国际机构也都在致力于推动账户整合。国际货币基金组织（IMF）一直通过编制各种国民统计指南和手册，来确保其核算以及其他元素能够与 SNA 1993 标准保持一致。④ 此外，各国际机构还资助了各种意在解决与 SNA 1993 标准之协调有关问题的委员会和大型会议。当前，相关部门正在尝试更新 SNA 1993。经济合作与发展组织（OECD）正在协调此类综合账户在成员国范围内的传播。⑤

本章下一节将概述这样一套综合账户所包含的内容，并说明这些账户是如何与美国当前发布的数据联系在一起的。11.3 节讨论根据 NIPAs、

③　K. Wilson（本书第 2 章）比较全面地介绍了三个国家的综合账户。

④　例子包括 Bloem，Dipplesman 和 Mæhle（2001）以及国际货币基金组织（1995，2000）。

⑤　BEA 基于 SNA 为 OECD 编制了相关指标；Mead，Moses 和 Moulton（2004）对这些指标及其与 NIPAs 的关系进行了描述。

ITA 和 FFA 近期数据生成的 SNA-USA 部门草表。11.4 节集中于影响账户质量的若干问题,主要涉及资本与金融账户间统计误差相关问题的处理。11.5 节做结论性评述。

11.2　何为综合账户？我们该如何处理当前公布的数据？

SNA 1993 在其基本框架中为经济体各个部门设计了一套单独的表格。每套表格中都包括针对该部门的生产、收入、储蓄、投资和金融流量账户。这些部门流量账户与其他的资产负债价值变化信息——由生产及储蓄之外的各种因素所造成的资产和负债变化——结合在一起。综合账户把这些内容整合起来,为追踪该部门资产净值变化的来源提供了一条途径;SNA 1993 框架从一张资产负债表的期初头寸开始,全面解释了该头寸是如何演进的。沿此思路,它提供了有关交易、按生产要素进行的收入分配、储蓄、资本形成、金融中介以及全国和部门经济活动其他方面的详细情况。

表 11.1 列出了各类账户,并对每一账户如何与当前发布的数据联系起来做了说明。首先是经常账户,由生产与收入子账户构成,提供了诸如国内生产总值(GDP)、国民收入及其构成项等为人熟知的各种指标。

NIPAs 有近 300 张表为这些主要总量指标提供了大量基础性流量信 476
息,但相对于一套完整综合账户的需求而言,却仍然存在某些差距。除 NIPAs 的当前信息外,该综合账户还设想能够就各主要部门和子部门提供此类信息。SNA 1993 建议要在生产账户中展示各部门的总产出、中间消耗和增加值。BEA 在其投入产出表和分行业 GDP 账户中提供了各行业的此类信息,并在表 1.3.5 和表 1.14 中提供了分部门的增加值信息。但是,NIPAs 表并未针对非政府部门的总产出或中间消耗提供信息。NIPAs 核算表 1.1.5 提供了为人熟悉的 GDP,但却是按最终支出之和显示的(SNA 1993 只在投入产出表或供给—使用表中才这样计算 GDP)。SNA 1993 的收入分配与使用账户与 NIPAs 的私人企业收入账户、个人收入与支出账户、政府收入与支出账户、对外交易账户相类似,但在金融机构、非金融公司以及非公司企业方面提供了更详细的信息。已发布的综合账户保留了表格或类似表格所显示的信息,同时还可以明确地推算出各部门以及整个经济体的储蓄。

表 11.1 综合宏观经济账户架构

账户	子账户	内容	当前发布的内容	突出问题
经常账户	生产账户	分部门的总增加值和固定资本消耗;对于整个经济体而言,其合计数就是国内生产总(净)值。	NIPAs 的国民总量指标及某些部门资料。	无法得到非政府部门的总产出和中间消耗;没有子部门的生产账户。
	收入分配与使用账户,包括储蓄	部门内的收入形成,对生产要素提供部门的支付;税收和转移;通过收入使用派生出储蓄——可支配收入与消费之差。	NIPAs 的国民总量指标及某些部门资料。	一些金融次级部门账户无法提供。
积累账户	资本账户	在构筑物、设备和软件上的资本支出;资金的净贷出或净借入。	NIPAs 的国民总量指标及某些部门资料;BEA 为 FFA 提供的其他详细资料;对所有部门按删节账户显示。	所有部门的详细资料都无法提供。
	金融账户	通过增加金融资产和发生负债解释净贷出或净借入。	FFA 和 ITA 的分部门、分工具详细资料。	FFA 的部门边界可能和 NIPAs 不匹配;FFA 和 ITA 对国外部门的定义存在某些差异。
	其他物量变化账户	重估价和净储蓄之外的因素引起的资产净值变化,如坏账、记账变化和数据不连续等。	FFA 和 ITA 的分部门、分工具详细资料。	不能对所有部门都提供;比重估价账户更为有限。
	重估价账户	持有损益引起的资产净值名义变化。损益可按实际价格变化和相对价格变化区分。	FFA 和 ITA 的分部门、分工具详细资料。	不能对所有部门都提供;在 FFA 中,限于股权和房地产。

（续表）

账户	子账户	内容	当前发布的内容	突出问题
资产负债表	期初头寸	资产、负债和资产净值的期初价值。	FFA发布了某些部门的数据。	不能对所有部门都提供。
	存量头寸变化	由于(a)资本形成、(b)净贷出(借入)、(c)资产负债重估价和(d)其他物量变化所导致的资产净值变化。	FFA发布了某些部门的数据，但不同于SNA的设计方式。	采用国际性术语改变数据格式可能会有帮助。
	期末头寸	资产、负债和资产净值的期末价值。	FFA发布了某些部门的数据。	不能对所有部门都提供。

与 SNA 1993 设计的综合账户相比,NIPAs 最主要的缺点在于生产账户和收入分配与使用账户在部门定义上的不一致。尽管 SNA 1993 要求自始至终都使用定义一致的部门,但 NIPAs 生产账户中所强调的部门却不同于收入分配与使用账户中所出现的部门。NIPAs 生产账户(表 1.3.5)显示了三个主要的国内部门——企业(包括私人公司和政府非公司企业)、一般政府、住户和非营利机构。相比之下,收入分配与使用账户则以一个个人部门(包括来自私人非公司企业的收入)、一个政府账户(包括政府企业,即整个公共部门)、一个(隐含地)按企业法人组织形式定义的公司企业部门为重点。⑥ NIPAs 提供了公司企业的部分生产信息,但这些估算值都是以收入法为基础的,因而有别于其他生产账户部门按支出法提供的估
477 算值。这两种估算值之间的统计误差,使我们无法以公司企业增加值与整个企业部门增加值之差作为非公司企业部门增加值的估算值。按照一致的部门定义开发一组估算值,正是本章的一个主要目标。⑦

第二组账户是积累账户。当前 NIPAs 可以提供资本账户——积累账户中的第一个——的大部分信息。资本支出和储蓄数据是按主要部门编制的。虽然目前没有这样标记,但 FFA 的部门表通常是从资本账户开始的——比如住户部门的表 F.100 以及主要非金融企业部门的表 F.101 至 F.104。然而,NIPAs 和 FFA 彼此之间以及与 SNA 1993 之间,针对各个部门所使用的术语都不尽相同。

金融账户是 FFA 的核心部分,通过该账户,可以获得相当详尽的信息。FFA 各表提供了三十多个部门的信息,其中多为金融中介;发布了约五十种金融工具的数据,并有单独的一套表描述每一种工具的发行人和购买人。但问题再一次出现:各表中的术语不同于国际标准,且各部门对这些表格的组织方式也稍有差异。

SNA 1993 设置了两个附加的积累账户,分别展示存量的价值重估和因持有损益和净购买以外因素所导致的存量物量变化。在美国,重估价账户和其他物量变化账户的信息开发程度远不及其他流量。FFA 在调节表(表 R.100 至 R.103)中列出了导致资产净值变化的各种因素,其中对股权、房地产以及其他改变资产负债水平的工具和因素的持有损益进行了估算。ITA 也在一些表格中提供了由于货币和资产负债价格变化引起的价值重估数据。

SNA 为每一部门都设计了资产负债头寸表。FFA 发布了三个部门的

---

⑥ 在 NIPAs 中,表 2.1 是个人部门的收入分配与使用账户,表 3.1 是政府部门(包括政府企业)的收入分配与使用账户,表 1.14 是公司企业部门的收入分配与使用账户。

⑦ 也可参见 Lal(2003)。

资产负债表:住户和非营利机构部门(FFA 中的表 B.100)、非金融非公司企业部门(表 B.103)以及非金融公司企业部门(表 B.102)。对其他部门,FFA 提供的资产负债数据则仅限于金融资产与负债。私人子部门之有形资产的必要信息未得到完全开发;当然,除了可再生资产外,关于政府有形资产的估价也还存在诸多问题。

由表 11.1 可见,综合账户的绝大多数元素已存在于当前发布的数据中,但在许多方面还存在一些重要的缺失,而且,有些元素的数据尚不完整或质量较差。NIPAs、ITA 以及 FFA 的高级用户可能会意识到这些,但因为 478
相关信息是通过不同发布方式传播的,所以,一个新用户或偶然使用者可能无法察觉这些账户之间的关系。使用一套组合账户总是一种累赘。比如,对于国际交易分析者而言,FFA 之国外部门和 BEA 国际交易表之间的差异看起来非常大,但实际上并非如此,因为两家机构使用的是同样的信息,只是采取了不同的表现形式而已。各账户在所发布数据中存在不一致,组合利用不同账户得出相应分析结论可能存在风险,这些并不为众人所共知。

11.3 SNA-USA 草案表

本节将展示 SNA-USA 草案的一套表,它是对上述各机构所编制账户的一次整合。从 NIPAs、ITA 以及 FFA 的已有数据,我们差不多就能够构建出所需要的全部序列。遇到信息不完整时,我们进行了估算。我们有理由相信,表中数据已接近于通过持续努力所能得到的结果,只是这些数据仍然是各机构以外的非官方估算。

每个部门的表都很长,而且账户相当之多,难以一口气读下来,尽管我们已将其限制于主要部门。在这一阶段,我们基本上没有为了便于表述而削减信息,因为理解和展示这些账户的结构正是我们的一个目标。我们遵循传统的时间序列格式,给出了 1985—2002 年年度数据表。[⑧] 各种估算值基于截止到 2004 年 6 月 10 日可获得的官方数据得出。[⑨]

SNA-USA 草案将经济体划分为五个部门——住户和为住户服务的非

⑧ SNA-USA 草案表 11.3 至表 11.11 显示了 1995—2002 年的数据。包括 1985—2002 年数据的整套表格(XLS 格式)可在网站 http://www.bea.gov 中找到。

⑨ 2004 年 6 月 10 日是 2004 年第一季度资金流量账户及前期修正数据的发布日。2004 年第一季度的 NIPAs 初步估算数据发布于 2004 年 5 月 27 日。2004 年 3 月 12 日可获得 2003 年的国际交易账户;官方估算的修正数据则晚于 2004 年 6 月 10 日,因此未在美国 SNA 草案中反映。

营利机构、非金融企业、金融企业、政府、国外(表11.2)。SNA-USA草案表中还显示了非金融公司企业、非金融非公司企业、联邦政府、州和地方政府等子部门。

表11.2 SNA-USA草案中的部门

部门	子部门	备注
1. 住户和为住户服务的非营利机构	无	当前正试图协调NIPAs和FFA在部门边界和数据来源上的信息一致性。
2. 非金融企业	非金融公司企业;非金融非公司企业(合伙企业和独资企业)	SNA 1993中,此类非公司企业部门被分开处理:不能与拥有它的住户分开的单位(如大多数的独资企业)属于住户部门;可以分开并有各自账户的单位(比如合伙企业)属于非金融公司企业部门。但目前美国无法获得相应数据支持这样的处理,也不能确定SNA 1993的处理对分析是否最有意义,但是,如果开发了相应数据来源,各机构可能会考虑这一处理方式。
3. 金融企业	无	美国的金融企业包括进行资金融通的种种机构。FFA提供了其他子部门及其各种交易的细节。价值重估、其他物量变化(如贷款注销)和有形资产价值的数据还需开发。
4. 一般政府	联邦政府,包括联邦政府企业;州和地方政府,包括地方政府企业	开发有形资产市场价值的数据信息仍然困难重重,特别是土地或土地及其附着的建筑物。遗址、公园及其他公共设施面临着估价难题。
5. 国外	无	SNA将外国人购买国内证券记录为国外资产的增加。在国际收支平衡表中,这些流量属于资本流入。SNA-USA草案将对外活动与其他部门进行了整合。

SNA-USA草案中的部门与SNA 1993和当前出版物的部门之间存在着若干差异:

- 住户部门和为住户服务的非营利机构(NPISH)。在过去的十年中,联邦储备委员会和经济分析局各自开发并发布了一套NPISH估计
479 值,但两者对该部门边界的定义却大相径庭,无法将这两套单独估算的金融和非金融流量组合起来。而且,在SNA-USA草案中,银行个人信托资产是住户部门资产的一部分;但在FFA中,作为住户持有的一项单独

的金融工具，此类信托是一个单独的金融部门，提供了该部门资产的总价值和变化。

- SNA-USA 草案将非金融企业部门划分为公司和非公司部门，这与 480
当前的出版物是近乎一致的。[10] 非公司部门包括合伙制和个体经营者，而在 SNA 1993 中，后者包括在住户部门内，前者则被合并到企业部门中。[11]

- SNA-USA 草案对房屋的处理，尤其是业主自用房屋和租住房屋，与 SNA 1993 指南在某些方面存在差异，但与 NIPAs 和 FFA 是一致的。业主自用房屋的生产和投融资纳入住户部门，而与此类活动相关的交易则作为部门内部的商业型交易处理。租住房屋交易也是一种商业行为，但在 SNA-USA 草案中作为非金融非公司企业部门的一部分。正如上面所建议的，SNA 1993 则将提供出租房屋的个人活动都包括在住户部门中。

- SNA-USA 草案、SNA 1993 和 NIPAs 对政府类企业（如邮政管理局和田纳西流域管理局）的部门归属有不同的处理。在 SNA-USA 草案和 FFA 中，此类企业的活动被纳入政府部门。在 NIPAs 中，对政府企业的处理方式则是混合的；其活动作为生产账户中企业部门的一部分显示；但为了计算净储蓄，在政府收入与支出账户中又将其与政府部门合并到了一起。

此外，正如表 11.2 备注栏所指出的，在某些部门，部分其他物量变化账户、价值重估账户以及资产负债账户仍然无法获得，或者开发程度还比较低。尤其是政府部门和金融企业部门的资产负债账户，只反映了有形资产中的可再生部分，也就是说，只包括了建筑物，但未能包含房地产的全部市场价值。

以下将介绍 SNA-USA 草案中的主要构成元素，并集中讨论它们与当前发布序列之间的差异。首先对经济总体经常账户进行简短说明，然后转
向各部门；先对住户部门做详尽说明，由此即可阐明所有表格的通用术语 481
和框架结构。

---

⑩ SNA 1993 和国际性统计术语对公司的界定通常比美国宽泛。在国际性统计术语中，公司部门是鉴于其履行的职能而集合在一起的机构性企业部门；而在美国，公司部门则根据企业的法律形式定义。除术语意义应明确或认为统计结果不显著的情形外，SNA-USA 草案保留了 NIPAs 和 FFA 的术语，企业（business）用于表示部门类型，而公司（corporation）则是指企业的具体法律形式。

⑪ SNA 1993 将准公司（quasi-corporation）定义为非公司企业，仿佛它们是独立经营的公司，与其所有者的实际关系可以类比于公司与其股东的关系。SNA 1993 明确指出非公司企业是准公司的一种形式，包括住户拥有的非公司合伙制企业，仿佛它就是按私人企业一样经营。但是，准公司并不限于这些住户拥有的企业，也可以包括政府的经营性企业和合伙制企业。

11.3.1 经济总体——经常账户(表 11.3)

SNA-USA 草案表 11.3 展示了经济总体的经常账户,表中显示出,该账户是按照收入法组织的。我们使用了 SNA 1993 的术语——第 1 行的 GDP/总增加值,以及第 3 行的国内生产净值,而在 NIPAs 中,我们将这些数字称为国内总(净)收入。也就是说,NIPAs 有两种计算 GDP 的方法。主要指标称为 GDP,基于最终支出(个人消费、私人投资、净出口、政府消费和投资)之和计算。另一个指标称为国内总收入,基于生产中产生的收入之和计算。这两个指标概念上是等同的,但因为基于各自独立的原始数据估算而得,所以其结果会有不同,由此形成了统计误差。本章主要关注收入方指标,即国内总收入,以避开此类误差的影响;第 44 行则显示了更为人熟知的支出方指标。⑫

第 4 行至第 8 行列示了各项具体收入要素。营业盈余(第 8 行)是近年才在美国账户中出现的概念。在 SNA 1993 中,它被定义为“在扣除各种应付的隐性或显性利息费用、租金,以及对应于金融资产、土地或其他进行该生产所需的有形不可再生资产上的其他财产收入之前,由生产过程累积的盈余”(第 7.82 段)。换言之,它是一个包含利息、租金和利润的广义收入概念。

对比表 11.3 第 9 行和第 10 行,可以显示国内生产和国民收入的差异。具体来说,在这两行之间,要加上从国外获得的生产性总收入,扣除支付给国外的收入。

经常账户的中间部分描述了国民净收入(第 11 行)的各构成要素,其中包括雇员报酬和营业盈余。经济总体的净储蓄(第 41 行)通过可支配收入(第 39 行)减去最终消费支出(第 40 行)得到。⑬ 表 11.4 显示出若干关
487 键宏观经济总量指标(如 GDP、净储蓄和固定资本形成总额)是如何在 SNA-USA 草案给定的各部门间分配的。

---

⑫ NIPA 表 1.3.5(分部门的总增加值)的全部总增加值与 SNA-USA 草案的总增加值相似,但并不相同。NIPAs 表包含了上述统计误差,并将政府企业的增加值计入企业部门;而 SNA-USA 草案没有对该误差进行分配,并将政府企业归到了政府部门。

⑬ SNA-USA 草案表 11.4“经济总体和各部门总量指标”,为从一套完整账户中提炼补充信息提供了一个示例。该表总结了各部门对若干重要总量指标的贡献。设置表 11.4 主要是为了检验我们编制的部门数据与已发布的总量数据之间的一致性。不过,该表的意义似乎只限于其自身,虽然在全部的 SNA-USA 草案表中都出现了,却未做什么说明。

表11.3　经济总体：经常账户(10亿美元)

行号	1995	1996	1997	1998	1999	2000	2001	2002
1. 国内生产总值(GDP)/总增加值(收入法)	7 296.4	7 723.1	8 233.6	8 761.7	9 304.2	9 944.1	10 213.0	10 558.0
2. 减：固定资本消耗	878.4	918.0	974.4	1 030.1	1 101.2	1 187.8	1 266.9	1 288.6
3. 等于：国内生产净值/净增加值	6 418.1	6 805.0	7 259.2	7 731.6	8 202.9	8 756.3	8 946.2	9 269.3
4. 雇员报酬(已付)	4 197.3	4 394.7	4 666.0	5 023.9	5 362.3	5 787.3	5 945.4	6 024.4
5. 　工资和薪金	3 439.7	3 627.3	3 879.1	4 187.3	4 476.6	4 833.8	4 947.9	4 979.8
6. 　雇主社会保险缴款	757.6	767.4	787.1	836.7	885.7	953.5	997.7	1 044.6
7. 生产税和进口税减补贴	524.2	546.8	579.1	604.5	629.9	664.5	674.6	721.8
8. 净营业盈余	1 696.4	1 863.5	2 014.1	2 103.1	2 210.7	2 304.5	2 326.2	2 523.2
9. 加：从国外获得的收入	234.0	248.7	286.7	287.1	320.8	382.7	319.0	299.1
10. 减：对国外支付的收入	198.2	213.7	253.7	265.8	287.1	343.7	283.8	277.7
11. 等于：国民净收入/初始收入净额	6 454.0	6 840.0	7 292.2	7 752.9	8 236.5	8 795.1	8 981.1	9 290.8
12. 净营业盈余	1 696.4	1 863.5	2 014.1	2 103.1	2 210.7	2 304.5	2 326.2	2 523.2
13. 雇员报酬(获得)	4 193.3	4 390.5	4 661.7	5 019.4	5 357.1	5 782.7	5 940.4	6 019.1
14. 　工资和薪金	3 435.7	3 623.2	3 874.7	4 182.7	4 471.4	4 829.2	4 942.9	4 974.6
15. 　雇主社会保障缴款	747.7	767.3	787.0	836.7	885.7	953.4	997.6	1 044.5
16. 应收生产税和进口税	558.3	581.1	612.0	639.9	674.1	708.9	729.8	760.1
17. 应付补贴	−34.0	−34.3	−32.8	−35.4	−44.2	−44.3	−55.3	−38.2
18. 财产收入(获得)	2 892.8	3 107.0	3 379.3	3 620.3	3 787.3	4 302.6	4 274.8	4 146.6
19. 　利息	1 935.0	2 030.8	2 208.0	2 390.2	2 491.8	2 877.1	2 833.0	2 643.0
20. 　已分配企业收入	882.0	997.4	1 086.5	1 158.1	1 202.8	1 297.9	1 331.1	1 370.5
21. 　　红利	335.5	396.8	451.7	472.2	465.8	509.9	498.5	509.1
22. 　　准公司的收入提取	546.5	600.6	634.8	685.9	737.0	788.0	832.6	861.4

（续表）

行号	1995	1996	1997	1998	1999	2000	2001	2002
23. 对外直接投资的再投资收益	68.8	70.3	75.5	63.6	84.1	116.2	97.3	121.0
24. 地租	7.0	8.6	9.3	8.4	8.6	11.4	13.5	12.1
25. 减:财产使用(支付)	2 852.9	3 067.8	3 342.0	3 594.4	3 748.4	4 259.2	4 234.7	4 119.9
26. 利息	1 987.8	2 093.5	2 281.7	2 467.3	2 574.3	2 979.3	2 954.2	2 769.6
27. 已分配企业收入	849.4	957.0	1 035.9	1 115.7	1 161.1	1 268.5	1 295.9	1 331.3
28. 红利	302.9	356.4	401.1	429.8	424.1	480.4	463.3	469.8
29. 准公司的收入提取	546.5	600.6	634.8	685.9	737.0	788.1	832.6	861.5
30. 对外直接投资的再投资收益	8.7	8.7	15.2	3.0	4.4	0	-28.9	6.9
31. 地租	7.0	8.6	9.2	8.4	8.6	11.4	13.5	12.1
32. 国民净收入/初始收入净额	6 454.0	6 840.0	7 292.2	7 752.9	8 236.5	8 795.1	8 981.1	9 290.8
33. 加:所得税等经常税(获得)	959.0	1 060.9	1 168.5	1 271.9	1 362.2	1 498.0	1 442.8	1 246.1
34. 减:所得税等经常税(支付)	962.7	1 063.8	1 172.4	1 275.3	1 366.1	1 500.8	1 444.8	1 248.1
35. 加:社会福利(获得)	1 391.2	1 457.4	1 519.0	1 576.8	1 649.4	1 744.3	1 871.2	1 999.7
36. 减:社会保险缴款(支付)	1 393.1	1 459.5	1 521.1	1 579.2	1 651.8	1 746.9	1 873.8	2 002.6
37. 加:其他经常转移(获得)	262.2	280.1	285.9	314.3	347.6	383.5	428.1	452.6
38. 减:其他经常转移(支付)	292.1	314.1	321.6	357.4	388.4	434.1	470.5	507.2
39. 等于:可支配收入净额	6 418.5	6 800.9	7 250.6	7 703.9	8 189.2	8 739.1	8 934.1	9 231.5
40. 减:最终消费支出	6 112.4	6 427.9	6 764.0	7 135.5	7 616.5	8 156.5	8 543.2	8 980.7
41. 等于:净储蓄	306.1	373.0	486.6	568.5	572.7	582.7	390.9	250.8
备注:								
42. GDP(第1行)	7 296.4	7 723.1	8 233.6	8 761.7	9 304.2	9 944.1	10 213.0	10 558.0
43. 加:统计误差(NIPA)	101.2	93.7	70.6	-14.7	-35.7	-127.2	-112.3	-77.0
44. 等于 GDP(NIPA,支出法)	7 397.6	7 816.8	8 304.3	8 747.0	9 268.5	9 817.0	10 100.8	10 480.9

表 11.4　经济总体和各部门总量指标(10 亿美元)

行号	1995	1996	1997	1998	1999	2000	2001	2002
1. 国内生产总值(GDP)/总增加值	7 296.4	7 723.1	8 233.6	8 761.7	9 304.2	9 944.1	10 213.0	10 558.0
2. 住户和为住户服务的非营利机构	817.7	854.5	898.1	952.1	1 014.8	1 083.3	1 155.8	1 229.3
3. 非金融非公司企业	1 052.8	1 120.5	1 184.8	1 284.8	1 372.4	1 475.7	1 569.5	1 629.3
4. 非金融公司企业	3 879.5	4 109.5	4 401.8	4 655.0	4 950.8	5 272.2	5 299.3	5 410.6
5. 金融企业	541.0	601.9	679.2	764.3	813.8	899.8	917.7	949.0
6. 联邦政府	338.7	343.7	349.3	352.9	361.9	378.7	386.9	408.9
7. 州和地方政府	666.7	693.0	720.4	752.6	790.5	834.4	883.8	930.9
8. 净储蓄	306.1	373.0	486.6	568.5	572.7	582.7	390.9	250.8
9. 住户和为住户服务的非营利机构	267.2	231.9	215.5	275.9	163.6	168.3	127.1	183.1
10. 非金融公司企业	186.5	226.8	248.7	191.3	210.7	155.2	118.9	197.7
11. 金融企业	37.4	30.3	39.1	10.5	44.4	19.7	77.1	113.2
12. 联邦政府	-197.0	-141.8	-55.8	38.8	103.6	189.5	50.5	-240.0
13. 州和地方政府	12.0	25.8	39.1	52.0	50.4	50.0	17.3	-3.2
资本转移净额								
14. 住户和为住户服务的非营利机构	-20.7	-23.7	-27.8	-33.1	-37.4	-36.5	-36.7	-34.2
15. 联邦政府	-12.8	-10.7	-8.5	-3.6	-7.4	-8.1	-12.9	-18.7
16. 州和地方政府	32.4	33.9	35.3	36.0	39.9	43.7	48.5	51.7
17. 固定资本形成总额	1 345.6	1 454.4	1 570.0	1 700.7	1 845.6	1 983.5	1 960.3	1 921.0
18. 住户和为住户服务的非营利机构	292.1	320.3	345.0	388.2	418.5	440.4	467.8	495.0
19. 非金融非公司企业	135.0	141.5	122.8	151.6	199.5	225.1	205.7	195.4
20. 非金融公司企业	597.5	635.4	684.6	709.7	800.5	882.1	847.0	771.2
21. 金融企业	88.2	112.2	165.5	188.9	140.2	131.4	122.9	122.2

（续表）

行号	1995	1996	1997	1998	1999	2000	2001	2002
22. 联邦政府	78.7	81.1	73.2	75.8	80.8	79.5	81.2	88.7
23. 州和地方政府	154.0	163.8	178.9	186.5	206.1	225.1	235.8	248.4
24. 固定资本消耗	878.4	918.0	974.4	1 030.1	1 101.3	1 187.9	1 266.9	1 288.6
25. 住户和为住户服务的非营利机构	113.2	118.2	125.1	132.9	144.5	154.8	167.4	175.2
26. 非金融非公司企业	111.2	114.8	119.1	126.5	134.6	142.1	148.0	150.9
27. 非金融公司企业	415.0	436.5	467.1	493.3	523.9	567.9	610.5	618.2
28. 金融企业	74.0	79.3	89.0	98.4	111.4	126.1	135.1	133.5
29. 联邦政府	81.9	82.0	82.5	82.8	84.8	87.2	88.2	89.1
30. 州和地方政府	83.1	87.2	91.6	96.2	102.1	109.8	117.7	121.7
31. 存货变化	31.1	30.8	72.0	70.8	66.9	56.5	-36.1	5.4
32. 非金融非公司企业	-9.0	9.7	6.7	4.8	0.8	1.6	-1.7	-2.9
33. 非金融公司企业	40.1	21.0	65.3	65.9	66.1	54.9	-34.4	8.3
34. 净贷出/净借入	-193.0	-194.8	-181.9	-173.5	-243.1	-270.2	-267.5	-388.4
35. 住户和为住户服务的非营利机构	67.7	6.2	-32.3	-12.3	-147.7	-153.6	-209.9	-171.0
36. 非金融非公司企业	-14.8	-36.5	-10.3	-29.9	-65.7	-84.6	-56.0	41.5
37. 非金融公司企业	-36.7	8.8	-36.0	-89.4	-124.3	-205.5	-75.3	45.2
38. 金融企业	23.2	-2.6	-37.4	-80.0	15.6	14.4	89.3	124.5
39. 联邦政府	-199.3	-147.8	-47.3	47.9	101.3	189.3	45.4	-258.7
40. 州和地方政府	-33.0	-22.9	-18.8	-9.9	-22.3	-30.3	-61.0	-86.9
备注：								
41. 统计误差（NIPA）	101.2	93.7	70.6	-14.7	-35.7	-127.2	-112.3	-77.0
42. 国外	92.1	101.0	111.2	188.1	278.8	397.4	379.6	465.4

（续表）

行号	1995	1996	1997	1998	1999	2000	2001	2002
其他物量总变化								
43. 住户和为住户服务的非营利机构	113.4	307.1	186.9	301.9	248.1	52.0	381.6	36.0
44. 非金融非公司企业	19.7	-21.1	-64.9	-76.6	-72.5	-26.9	21.5	-36.0
45. 非金融公司企业	177.3	125.5	128.0	438.5	491.4	651.4	26.4	7.3
46. 金融企业	49.8	-7.3	21.7	-4.3	-48.7	-156.5	-104.3	-205.3
47. 联邦政府	29.8	48.2	-11.6	-28.7	46.0	36.2	-4.5	-29.2
48. 州和地方政府	29.6	15.5	-44.0	45.1	22.6	22.0	33.1	25.2
49. 国外	-60.0	86.9	-56.8	-202.2	-264.0	238.9	50.9	-39.9
持有损益								
50. 住户和为住户服务的非营利机构	2 501.9	2 040.3	3 405.7	2 961.3	4 577.7	-458.7	-1 245.5	-1 839.7
51. 非金融非公司企业	173.3	196.6	314.2	325.0	280.1	395.7	113.7	226.2
52. 非金融公司企业	-1 547.9	-1 164.0	-1 846.6	-1 674.3	-3 513.9	2 823.8	1 614.3	2 879.4
53. 金融企业	-267.3	-239.9	-584.6	-21.4	395.1	-509.6	322.0	464.1
54. 联邦政府	46.0	32.7	39.1	28.3	43.2	40.3	32.4	29.4
55. 州和地方政府	101.5	86.5	116.5	100.1	141.6	176.8	79.1	76.9
56. 国外	74.7	-111.5	80.7	105.3	-295.1	-54.9	119.4	47.9
资产净值变化								
57. 住户和为住户服务的非营利机构	2 861.9	2 555.8	3 780.2	3 506.2	4 952.0	-274.7	-773.4	-1 654.8
58. 非金融非公司企业	193.0	175.5	249.4	248.4	207.6	368.7	92.2	190.2
59. 非金融公司企业	-1 184.1	-811.7	-1 469.9	-1 044.5	-2 811.7	3 630.4	1 759.6	3 084.4
60. 金融企业	-180.2	-216.9	-523.8	-15.2	390.9	-646.4	294.7	372.0
61. 联邦政府	-133.9	-168.0	-36.6	34.9	185.5	257.8	65.6	-258.6
62. 州和地方政府	175.5	161.7	146.9	233.2	254.6	292.5	178.0	150.5

11.3.2 住户和为住户服务的非营利机构(表11.5)

住户部门的生产(表11.5,第1行)和国内生产净值(第3行)很大程度上是由支付的报酬(第4行)和SNA-USA草案中的净营业盈余(第8行)来测度的。在住户部门,营业盈余是指GDP中与业主自用房屋相关的部分。它也包括NPISH所使用固定资产而产生的净利息。不管是哪种情形,营业盈余都不包括生产税和进口税净额(扣除补贴后)(第7行)。

虽然该部门的产出相对较小,但是它却通过雇员报酬(第11行)和财产收入(第14行)获得了大部分的国民净收入(第9行),其中财产收入包括准公司的收入提取(第18行)——NIPAs中的业主收入与出租房屋租金收入之和。

在SNA-USA草案中,住户部门可支配收入(第26行)与NIPAs中的"个人可支配收入"略有不同。在SNA-USA草案中,获得的利息(第15行)和支付的利息(第19行)都是该部门国民净收入的计算项目。此外,支付的经常转移(第25行)需要从国民净收入中扣减。而在NIPAs中,可支配个人收入则包括了支付的利息和支付的其他经常转移。

SNA-USA草案中的净储蓄(第28行)也不同于NIPAs,两者的差额相当于获得的工资减去支付的工资——在SNA-USA草案中被包括在住户部门获得的报酬中。此外,在SNA-USA草案中,净储蓄等于可支配收入(第26行)减去部门消费支出(第27行),替代了NIPAs中那个更综合的个人支出概念。如果要计算住户部门储蓄率,由于分母较小以及净储蓄水平的差异,SNA-USA草案的结果要略微偏高一些(图11.1A)。

住户部门的资本账户简单明了。净储蓄由于资本转移(净额)(第31行)而减少。对于该部门而言,此类转移的净额为负——反映向政府支付的地产税、礼品税以及移民对国外支付的净转移。

需要强调,资本形成净额(第32行)不包括耐用消费品的购买,后者是消费支出(第27行)的一部分。耐用消费品支出在经常账户和资本账户核算中的处理方式与SNA 1993(以及NIPAs)是一致的。[14] 但是,因为SNA-
495 USA草案将耐用消费品存量价值显示为住户部门的资产(即FFA的处理方式),由此,这样的处理方式将会对价值重估账户和资产负债账户产生影响(下文详论)。

---

[14] 也可参见Fraumeni和Okubo(2001)。

表 11.5　住户和为住户服务的非营利机构(10 亿美元)

行号	1995	1996	1997	1998	1999	2000	2001	2002
			经常账户					
1. 国内生产总值(GDP)/总增加值	817.7	854.5	898.1	952.1	1 014.8	1 083.3	1 155.8	1 229.3
2. 减:固定资本消耗	113.2	118.2	125.1	132.9	144.5	154.8	167.4	175.2
3. 等于:国内生产净值/净增加值	704.5	736.3	773.0	819.2	870.3	928.5	988.4	1 054.1
4. 住户和 NPISH 支付的雇员报酬	320.3	333.7	349.8	374.3	394.2	421.4	443.4	474.6
5. 　工资和薪金	276.3	289.9	306.1	327.2	344.0	367.4	387.0	412.9
6. 　雇主社会保障缴款	44.0	43.8	43.8	47.2	50.2	54.0	56.5	61.7
7. 生产税和进口税减补贴	83.7	87.8	92.4	95.8	100.6	105.6	112.0	121.2
8. 净营业盈余	300.5	314.8	330.8	349.0	375.5	401.6	433.0	458.3
9. 国民净收入/初始收入净额	5 692.6	6 003.3	6 388.7	6 894.7	7 267.2	7 844.1	8 037.2	8 173.8
10. 净营业盈余	300.5	314.8	330.8	349.0	375.5	401.6	433.0	458.3
11. 雇员报酬(获得)	4 193.3	4 390.5	4 661.7	5 019.4	5 357.1	5 782.7	5 940.4	6 019.1
12. 　工资和薪金	3 435.7	3 623.2	3 874.7	4 182.7	4 471.4	4 829.2	4 942.9	4 974.6
13. 　雇主社会保障缴款	757.7	767.3	787.0	836.7	885.7	953.4	997.6	1 044.5
14. 财产收入(获得)	1 563.9	1 690.8	1 817.6	1 970.1	2 002.3	2 176.2	2 208.7	2 241.3
15. 　利息	764.2	794.0	849.8	934.3	929.7	1 012.1	1 004.9	983.7
16. 　已分配企业收入	799.7	896.8	967.8	1035.8	1 072.6	1 164.1	1 203.8	1 257.6
17. 　　红利	253.2	296.2	333.0	349.9	335.6	376.1	371.2	396.2
18. 　　准公司的收入提取	546.5	600.6	634.8	685.9	737.0	788.0	832.6	861.4
19. 减:财入收入使用(支付的利息)	365.1	392.8	421.4	443.8	467.7	516.4	544.9	544.9
20. 国民净收入/初始收入净额	5 692.6	6 003.3	6 388.7	6 894.7	7 267.2	7 844.1	8 037.2	8 173.8
21. 减:所得税等经常税(支付)	744.1	832.1	926.3	1 027.0	1 107.5	1 235.7	1 243.7	1 053.1

（续表）

行号	1995	1996	1997	1998	1999	2000	2001	2002
22. 加:社会福利(获得)	858.4	902.1	931.8	952.6	988.0	1 041.6	1 142.6	1 249.5
23. 减:社会保障缴款(支付)	532.8	555.2	587.2	624.2	661.4	702.7	728.5	750.3
24. 加:其他经常转移(获得)	19.0	22.9	19.4	26.0	34.1	42.4	49.9	42.6
25. 减:其他经常转移(支付)	50.1	52.3	63.5	66.7	74.3	82.0	85.0	94.1
26. 等于:可支配收入净额	5 243.0	5 488.7	5 762.9	6 155.4	6 446.1	6 907.7	7 172.5	7 568.4
27. 减:最终消费支出	4 975.8	5 256.8	5 547.4	5 879.5	6 282.5	6 739.4	7 045.4	7 385.3
28. 等于:净储蓄	267.2	231.9	215.5	275.9	163.6	168.3	127.1	183.1
		资本账户						
29. 净储蓄和资本转移	246.6	208.3	187.6	243.0	126.3	132.0	90.5	148.9
30. 净储蓄	267.2	231.9	215.5	275.9	163.6	168.3	127.1	183.1
31. 收到的资本转移(净额)	-20.7	-23.7	-27.8	-33.1	-37.4	-36.5	-36.7	-34.2
32. 资本形成净额	178.9	202.1	219.9	255.3	274.0	285.6	300.4	319.8
33. 固定资本形成总额,不含耐用消费品	292.1	320.3	345.0	388.2	418.5	440.4	467.8	495.0
34. 住宅	254.8	280.8	293.2	329.9	359.8	377.3	401.6	429.8
35. 非住宅(非营利机构)	37.3	39.5	51.8	58.3	58.7	63.1	66.2	65.3
36. 减:固定资本消耗	113.2	118.2	125.1	132.9	144.5	154.8	167.4	175.2
37. 净贷出或净借入,资本账户(29-32行)	67.7	6.2	-32.3	-12.3	-147.7	-153.6	-209.9	-171.0
		金融账户						
38. 净贷出或净借入,资本账户(37行)	67.7	6.2	-32.3	-12.3	-147.7	-153.6	-209.9	-171.0
39. 金融资产净获得	455.9	507.6	383.9	601.2	415.5	305.7	589.4	419.3
40. 通货和存款	90.4	91.2	105.7	144.6	38.9	188.3	342.9	281.1
41. 通货和可转让存款	-40.8	-72.9	-33.7	-16.2	-75.4	-120.5	93.7	-18.2

（续表）

行号	1995	1996	1997	1998	1999	2000	2001	2002
42. 其他存款	131.2	164.1	139.4	160.9	114.3	308.7	249.2	299.3
43. 外汇存款	4.6	12.4	6.5	0.1	5.2	20.0	-5.0	10.7
44. 定期和储蓄存款	126.6	151.7	132.9	160.7	109.1	288.8	254.2	288.7
45. 除股票外的其他证券	30.3	127.4	-43.3	95.6	138.5	-98.7	-138.3	-71.3
46. 公开市场票据	2.0	4.1	1.3	3.0	4.7	2.4	-33.9	5.6
47. 美国储蓄债券	5.1	2.0	-0.5	0.1	-0.2	-1.7	5.6	4.5
48. 国债	-30.0	-14.2	-150.2	-40.9	29.5	-170.5	-88.9	-71.2
49. 机构和政府支持证券	27.3	100.8	52.7	39.8	114.0	79.1	-57.6	-143.9
50. 市政债券	-58.9	-35.3	23.5	5.0	34.4	9.2	47.7	108.0
51. 公司债和外国债券	84.8	70.0	30.0	88.5	-44.0	-17.4	-11.2	25.7
52. 贷款	11.1	27.9	44.4	58.3	54.8	99.8	50.2	-31.1
53. 短期(抵押贷款)	18.6	35.3	52.6	61.2	47.2	88.6	41.9	-41.6
54. 长期(按揭贷款)	-7.5	-7.4	-8.2	-3.0	7.6	11.3	8.3	10.5
55. 股票和其他权益	103.7	53.9	4.8	17.3	-4.6	-116.1	47.8	-54.8
56. 公司股票	-101.2	-187.1	-240.2	-321.8	-110.7	-476.7	-264.4	-112.4
57. 共同基金股份	87.4	195.2	228.5	278.5	65.8	217.5	186.5	154.8
58. 货币市场共同基金股份	101.4	58.3	75.9	139.5	119.6	152.7	150.6	-41.6
59. 非公司企业权益	16.0	-12.5	-59.4	-78.8	-79.3	-9.6	-24.9	-55.6
60. 保险专门准备金	221.2	203.3	273.6	276.9	190.5	231.2	279.0	298.1
61. 寿险及养老基金净权益	204.5	192.8	261.0	264.9	178.0	224.7	260.5	269.4
62. 寿险准备金净权益	45.8	44.5	59.3	48.0	50.8	50.2	77.2	60.1
63. 养老基金准备金净权益	158.7	148.3	201.7	216.9	127.3	174.5	183.4	209.3

（续表）

行号	1995	1996	1997	1998	1999	2000	2001	2002
64. 预付索赔保费和准备金	16.7	10.6	12.7	12.1	12.4	6.5	18.5	28.7
65. 其他保险公司准备金的净权益	8.7	2.7	2.0	1.8	1.1	-0.3	11.9	18.5
66. 在其他保险公司准备金的净权益	8.0	7.8	10.7	10.3	11.4	6.9	6.5	10.2
67. 其他应收账款(其他资产)	-0.9	3.9	-1.4	8.4	-2.5	1.2	7.7	-2.6
68. 负债净发生	337.4	357.1	350.5	465.2	571.3	574.9	599.1	700.0
69. 除股票外的其他证券(市政)	0.7	6.6	10.0	12.0	10.4	5.8	13.8	12.9
70. 贷款	328.1	341.7	331.3	445.9	554.7	565.2	581.7	679.2
71. 短期	180.0	125.8	108.6	125.8	175.0	181.2	83.0	30.2
72. 消费信贷	147.0	103.6	62.1	96.8	112.1	165.2	137.7	81.4
73. 银行贷款,不另分类的	17.4	0.5	8.0	7.7	-6.9	6.8	-16.5	-3.1
74. 其他贷款和预付款	12.0	5.8	1.7	-0.3	-5.4	2.0	0.6	0.1
75. 抵押贷款	3.5	15.8	36.8	21.6	75.2	7.2	-38.8	-48.2
76. 长期(按揭贷款)	148.1	215.8	222.7	320.1	379.7	383.9	498.7	649.0
77. 保险专门准备金(未缴保费)	0.7	0.8	0.3	-1.4	2.1	0.1	-0.4	0.9
78. 其他应付账款(贸易债务)	7.9	8.0	8.9	8.7	4.1	3.8	4.0	7.0
备注:								
79. 净贷出/净借入,金融账户(39-68行)	118.5	150.5	33.4	136.0	-155.8	-269.2	-9.7	-280.6
其他物量变化账户								
80. 其他物量总变化	113.4	307.1	186.9	301.9	248.1	52.0	381.6	36.0
81. 耐用消费品净投资	96.0	111.2	129.3	161.0	197.0	205.9	193.5	200.3
82. 其他物量变化	-33.4	51.5	-8.1	-7.3	59.1	-38.3	-12.1	-54.6
83. 减:统计误差(37-[39-68]行)[a]	-50.9	-144.4	-65.6	-148.2	8.1	115.6	-200.2	109.7

（续表）

行号	1995	1996	1997	1998	1999	2000	2001	2002
重估价账户								
84. 非金融资产	329.7	159.2	313.1	586.7	600.5	814.6	734.4	903.0
85. 房地产	325.8	174.4	350.1	627.6	645.6	841.2	799.2	978.6
86. 耐用消费品	4.3	-14.5	-35.5	-39.2	44.5	-26.1	-64.1	-74.6
87. 设备和软件	-0.4	-0.8	-1.5	-1.7	-0.6	-0.5	-0.8	-0.9
88. 金融资产	2 172.2	1 881.2	3 092.6	2 374.6	3 977.2	-1 273.4	-1 979.9	-2 742.7
89. 股票和其他权益	1 695.0	1 507.1	2 547.8	1 876.5	3 319.6	-1 045.4	-1 503.6	-2 081.8
90. 公司股票	1 356.4	1 080.2	1 960.6	1 327.9	2 438.3	-1 148.1	-1 255.8	-1 843.8
91. 共同基金股份	136.9	176.5	236.6	217.8	569.2	-295.3	-380.8	483.9
92. 非公司企业权益	201.7	250.5	348.9	330.8	312.0	398.0	132.9	246.0
93. 保险专门准备金	477.2	374.0	544.8	498.1	657.6	-228.0	-476.3	-660.9
94. 名义持有损益引致的资产净值变化	2 501.9	2 040.3	3 405.7	2 961.3	4 577.7	-458.7	-1 245.5	-1 839.7
资产负债账户变化								
95. 资产净值变化(32+37+80+94行)	2 861.9	2 555.8	3 780.2	3 506.2	4 952.0	-274.7	-773.4	-1 654.8
资产负债账户(期末)								
96. 总资产	32 618.1	35 531.0	39 661.9	43 633.3	49 157.1	49 468.3	49 293.9	48 339.1
97. 非金融资产	11 048.3	11 512.8	12 171.1	13 173.6	14 243.8	15 559.3	16 789.0	18 201.6
98. 房地产	8 687.8	9 053.5	9 613.5	10 488.6	11 399.9	12 529.0	13 624.4	14 907.8
99. 耐用消费品	2 296.0	2 392.8	2 486.6	2 608.3	2 760.9	2 940.7	3 070.1	3 195.7
100. 设备和软件	64.6	66.6	71.0	76.7	83.0	89.5	94.5	98.0
101. 金融资产	21 569.8	24 018.1	27 490.9	30 459.7	34 913.3	33 909.0	32 505.0	30 137.5
102. 通货和存款	2 859.0	2 949.9	3 050.8	3 196.5	3 235.3	3 423.6	3 766.5	4 047.6
103. 通货和可转让存款	544.3	471.4	437.7	421.5	346.0	225.5	319.2	301.0

（续表）

行号	1995	1996	1997	1998	1999	2000	2001	2002
104. 其他存款	2 314.7	2 478.5	2 613.1	2 775.0	2 889.3	3 198.1	3 447.3	3 746.6
105.　外汇存款	23.4	35.5	37.2	38.3	43.5	63.5	58.5	69.2
106.　定期和储蓄存款	2 291.3	2 443.1	2 575.9	2 736.7	2 845.8	3 134.6	3 388.8	3 677.4
107. 除股票外的其他证券	2 051.4	2 238.7	2 196.5	2 384.1	2 483.5	2 348.2	2 196.3	2 080.9
108. 公开市场票据	71.7	75.8	77.1	80.2	84.9	87.3	53.4	59.0
109. 美国储蓄债券	185.0	187.0	186.5	186.6	186.4	184.8	190.3	194.9
110. 国债	626.0	673.7	570.0	528.5	629.6	426.1	327.6	221.2
111. 机构和政府支持证券	116.7	215.3	260.4	292.8	397.5	468.9	407.5	254.6
112. 市政债券	539.7	504.5	511.1	516.1	550.5	559.8	607.5	715.5
113. 公司债和外国债券	512.3	582.3	591.4	679.9	634.6	621.3	610.0	635.7
114. 贷款	247.2	275.1	319.5	377.8	432.6	532.4	582.6	551.5
115. 短期（抵押贷款）	127.6	162.9	215.5	276.7	323.9	412.4	454.3	412.7
116. 长期（按揭贷款）	119.6	112.3	104.1	101.1	108.7	120.0	128.3	138.8
117. 股票和其他权益	10 120.7	11 681.7	14 234.3	16 128.1	19 443.1	18 281.7	16 825.8	14 689.2
118. 公司股票	4 640.3	5 533.3	7 253.8	8 259.8	10 587.5	8 962.7	7 442.6	5 486.2
119. 共同基金股份	1 406.6	1 778.3	2 243.4	2 739.7	3 374.7	3 296.9	3 102.7	2 773.6
120. 货币市场共同基金股份	483.8	542.1	619.6	759.1	878.7	1 031.4	1 181.9	1 140.3
121. 非公司企业权益	3 590.0	3 828.0	4 117.5	4 369.4	4 602.2	4 990.6	5 098.7	5 289.0
122. 保险专门准备金	6 279.4	6 856.7	7 675.2	8 450.2	9 298.3	9 301.5	9 104.2	8 741.5
123. 寿险及养老基金净权益	5 963.1	6 529.9	7 335.7	8 098.7	8 933.9	8 930.6	8 714.9	8 323.5
124.　寿险准备金净权益	566.2	610.6	665.0	718.3	783.9	819.1	880.0	920.9
125.　养老基金准备金净权益	5 396.9	5 919.3	6 670.7	7 380.4	8 150.1	8 111.5	7 834.9	7 402.5

（续表）

行号	1995	1996	1997	1998	1999	2000	2001	2002
126. 预付索赔保费和准备金	316.3	326.8	339.5	351.5	364.3	370.9	389.4	418.1
127. 　在其他保险公司准备金的净权益	194.7	197.5	199.5	201.3	202.3	202.0	214.0	232.4
128. 　在其他寿险公司准备金的净权益	121.5	129.3	140.0	150.3	162.0	168.9	175.4	185.6
129. 其他应收账款(其他资产)	12.1	16.0	14.6	23.0	20.5	21.7	29.4	26.8
130. 总负债与资产净值	32 618.1	35 531.0	39 661.9	43 633.3	49 157.1	49 468.3	49 293.9	48 339.1
131. 负债	5 072.8	5 429.9	5 780.6	6 245.8	6 817.5	7 403.5	8 002.6	8 702.6
132. 除股票外的其他证券(市政)	98.3	104.9	114.9	126.9	137.3	143.0	156.9	169.8
133. 贷款	4 855.9	5 197.6	5 529.1	5 975.0	6 529.9	7 106.2	7 687.9	8 367.1
134. 短期	1 419.7	1 545.5	1 654.6	1 780.4	1 955.7	2 148.1	2 231.1	2 261.3
135. 　消费信贷	1 168.0	1 271.7	1 333.8	1 430.6	1 542.7	1 719.0	1 856.7	1 938.1
136. 　银行贷款，不另分类的	57.4	58.0	66.5	74.2	67.3	74.1	57.6	54.6
137. 　其他贷款和预付款	115.7	121.5	123.2	122.9	117.8	199.8	120.4	120.5
138. 　抵押贷款	78.6	94.4	131.2	152.8	227.9	235.1	196.4	148.2
139. 长期(按揭贷款)	3 436.2	3 652.0	3 874.5	4 194.5	4 574.2	4 958.1	5 456.8	6 105.8
140. 保险专门准备金(未缴保费)	17.5	18.3	18.6	17.2	19.4	19.6	19.1	20.0
141. 其他应付账款(贸易债务)	101.1	109.1	118.0	126.8	130.9	134.7	138.7	145.7
142. 资产净值	27 545.3	30 101.1	33 881.3	37 387.5	42 339.5	42 064.8	41 291.3	39 636.5

a 该项误差是由资本账户得出的净贷出/净借入与由金融账户得出的净贷出/净借入之差。它反映了资本和金融账户之间在数据来源、流量记录时间方面的差异和其他统计误差。

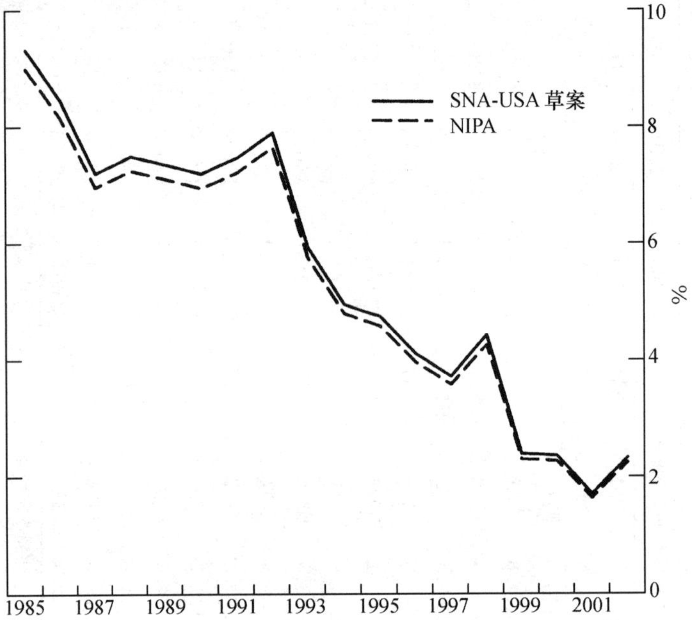

A. 净储蓄

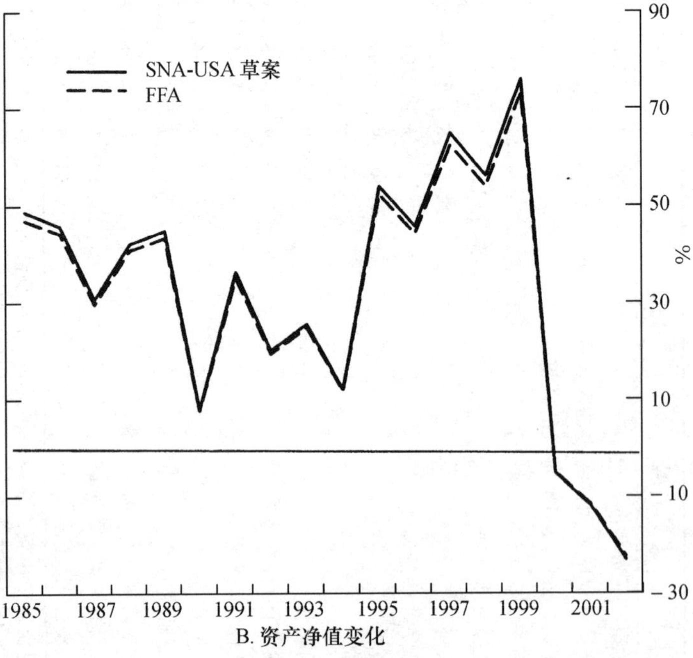

B. 资产净值变化

图 11.1　住户部门储蓄与资产净值变化占可支配收入的比重

储蓄和资本形成之差即为净贷出/净借入(第 37 行)——住户部门向金融市场中其他部门提供的金额,或为满足其自身需求而由金融市场提供的金额。表 11.5 中的数值表明,自 1997 年以来,住户部门一直以净借入者身份出现。

住户部门如何满足其借贷需求,详细信息见金融账户——与 FFA 表 F.100 相似。在金融账户中,核算恒等式要求净贷出/净借入等于金融资产净获得(第 39 行)减去金融负债净发生(第 68 行)。金融账户的"净额"是指资产购买减去出售,负债发生减去清偿。

尽管是同一个概念,但从金融账户得出的住户部门净贷出/净借入数值(第 79 行)与由资本账户得到的数值相比存在很大差异。实际上,从第 79 行数据看,并不能说明住户部门在过去六年里一直在借款。

SNA-USA 草案将资本账户的净贷出/净借入与金融账户的净贷出/净借入之差定义为住户部门的统计误差(第 83 行)。统计误差的处理存在较大难度,且会对住户部门资产净值估计产生影响。

有些国家并没有列出上述两个净贷出/净借入测算值之间的误差。相反,它们通过某种方式强制性地使两者相等,比如在金融账户与经常和资本账户之间分摊这一差异(SNA 1993 不认可此类差异)。我们的做法是将这一差异报告为"其他物量变化"账户的一个构成项,该差异能否缩小,一定程度上就是我们未来为加强各账户一致性所做努力是否成功的一个标志(虽然只是一个粗略的标志)。⑮ 下一节我们将考察每一个部门的这两个净贷出/净借入数值。

积累账户的余下部分提供了该部门资产净值在核算期内如何受到影响的其他信息。"其他物量变化"账户,涉及核算期内未定义为金融交易或持有损益的各因素的记录,比如前述的统计误差。价值重估账户(类似 496
于 FFA 表 R.100)则列举了持有损益引起的资产价值变化。

我们用其他物量账户来显示耐用消费品的净投资(第 81 行)。我们的观点(不同于 SNA 1993)是,此类产品的价值是住户部门的重要资产,属于资产负债账户中的其他有形资产。与经常账户支出相一致,BEA 估算了这些资产的存量价值,还有折旧和价值重估。FRB 利用这些数据完善了 FFA 部门资产负债表(FFA 表 B.100)中的有形资产估算值。SNA-USA 草案保留了资产负债表的这一处理方式。

价值重估账户(第 84—94 行)记录了金融资产和非金融资产的名义持

⑮ 在住户部门中,金融账户的净贷出/净借入和净资本形成之和,是 FFA 中测度储蓄的另一种方法(两者在概念上是等价的)。

有损益。我们沿用了估计房地产(兼有土地和建筑物)收益的做法,因为各机构还没有找到任何一种可接受的基于宏观部门的方法,将土地的价值变化与地上建筑物的价值变化分离开来。[16]

住户部门的资产净值变化显示在第95行,即资产负债账户的开头。它是净资本形成、净贷出/净借入、其他物量变化及名义持有损益的总和。资产净值变化与FFA的发布是一样的,但两者的构成项有所不同。计算资产净值所使用的净贷出/净借入数据来自资本账户而不是金融账户,金融账户与资本账户之间的统计误差记入"其他物量变化"账户。资产净值变化占可支配收入之比与当前发布的数据略有不同,因为SNA-USA草案的分母(可支配收入)是不同的(图11.1B)。

住户资产负债表中的期末存量与FFA发布的类似,只是其资产和负债项目采用国际术语表述,以便于进行国际比较。金融工具按SNA 1993的建议进行了归类。在SNA-USA草案中,对金融账户也做了同样的处理。

11.3.3 非金融非公司企业部门(表11.6)

如前所述,非金融非公司企业部门包括合伙企业和个人独资企业(含租住房屋)。SNA-USA草案为该部门建立了一套完整的账户。

502 该部门形成的收入作为准公司收入提取支付给了住户部门(表11.6,第14行)[17],因此,该部门没有净储蓄。但是,非公司企业部门中仍存在资本形成和金融交易。SNA-USA草案的金融账户——表11.6第29—60行——类似于FFA的表F.103。资产净值增加(第71行)主要来自房地产的资本所得(价值重估账户,第63行)。[18]

11.3.4 非金融公司企业部门(表11.7)

我们已经能够提供非金融公司企业部门的一套完整账户。该部门的增加值(表11.7,第1行)占整个经济体产出总值的一半以上。与其他部门一样,该部门的固定资本消耗(第2行)是建立在经济学基础上的,反映了对账面(税收)折旧进行调整后的资本消耗。类似地,在资本账户中,存货投资(第32行)也已经过NIPAs的估值调整,以便按现期价格核算存货,并保持核算基础的一致性。

---

[16] 我们没有像SNA 1993所要求的那样,将名义持有收益区分成中性收益(一般价格水平变化导致的)和实际收益(相对资产价格变化导致的)。

[17] 住户提取了来自金融和非金融准公司的收入。

[18] 我们考虑了很多方法来处理住户在非金融非公司企业的权益,尽管所选用的方法在USA-SNA草案中实现了一致,但却未必与SNA 1993一致。

表 11.6　非金融非公司企业部门(10 亿美元)

行号	1995	1996	1997	1998	1999	2000	2001	2002
经常账户								
1. 国内生产总值(GDP)/总增加值	1 052.8	1 120.5	1 184.8	1 284.8	1 372.4	1 475.7	1 569.5	1 629.3
2. 减:固定资本消耗	111.2	114.8	119.1	126.5	134.6	142.1	148.0	150.9
3. 等于:国内生产净值/净增加值	941.6	1 005.7	1 065.7	1 158.3	1 237.8	1 333.6	1 421.5	1 478.4
4. 雇员报酬(支付)	255.3	269.7	286.2	311.4	341.2	367.6	390.7	405.9
5. 　工资和薪金	222.3	235.9	351.6	273.7	299.8	322.6	343.8	355.8
6. 　雇主社会保障缴款	33.0	33.8	34.6	37.7	41.4	45.0	46.9	50.1
7. 生产税和进口税减补贴	52.6	56.7	65.0	72.5	72.5	74.1	80.6	91.5
8. 净营业盈余	633.6	679.2	714.5	774.4	824.1	891.8	950.2	980.9
9. 国民净收入/初始收入净额	6.2	7.8	8.5	7.4	8.8	9.0	7.8	12.4
10. 净营业盈余	633.6	679.2	714.5	774.4	824.1	891.8	950.2	980.9
11. 财产收入(获得的利息)	9.1	10.4	11.8	12.6	13.3	13.3	15.8	17.4
12. 减:财产收入使用(支付)	636.6	681.8	717.8	779.6	828.5	896.1	958.2	986.0
13. 　利息	126.1	128.8	136.1	148.7	159.7	182.7	192.7	194.4
14. 　准公司的收入提取	510.4	553.0	581.6	630.9	668.8	713.4	765.6	791.6
15. 　对外直接投资的再投资收益	0.1	0	0.1	0	0	0	-0.1	0
16. 　地租	0	0	0	0	0	0	0	0
17. 国民净收入/初始收入净额	6.2	7.8	8.5	7.4	8.8	9.0	7.8	12.4
18. 减:其他经常转移(支付)	6.2	7.8	8.5	7.4	8.8	9.0	7.8	12.4
19. 等于:可支配收入净额	0	0	0	0	0	0	0	0
20. 等于:净储蓄	0	0	0	0	0	0	0	0
资本账户								
21. 净储蓄	0	0	0	0	0	0	0	0

（续表）

行号	1995	1996	1997	1998	1999	2000	2001	2002
22. 资本形成净额	14.8	36.5	10.3	29.9	65.7	84.6	56.0	41.5
23. 固定资本形成总额	135.0	141.5	122.8	151.6	199.5	225.1	205.7	195.4
24. 非住宅	92.4	95.2	81.0	109.9	139.4	159.0	142.3	127.4
25. 住宅	42.6	46.3	41.8	41.7	60.1	66.1	63.4	68.0
26. 减:固定资本消耗	111.2	114.8	119.1	126.5	134.6	142.1	148.0	150.9
27. 存货变化	-0.0	9.7	6.7	4.8	0.8	1.6	-1.7	-2.9
28. 净贷出或净借入/资本账户(21-22 行)	-14.8	-36.5	-10.3	-29.9	-65.7	-84.6	-56.0	41.5
		金融账户						
29. 净贷出或净借入(第 28 行)	-14.8	-36.5	-10.3	-29.9	-65.7	-84.6	-56.0	-41.5
30. 金融资产净获得	75.6	92.8	127.7	211.4	176.8	237.4	148.2	143.5
31. 通货和存款	18.0	22.8	33.2	47.2	58.4	76.7	8.3	15.4
32. 通货和可转让存款	13.7	19.3	22.5	34.4	39.3	56.6	1.1	13.2
33. 定期和储蓄存款	4.3	3.5	10.7	12.7	19.1	20.1	7.1	2.2
34. 除股票外的其他证券	5.9	5.3	4.2	5.4	-0.9	2.7	3.7	2.5
35. 国债	5.3	4.9	3.7	5.7	-0.8	3.0	2.7	2.3
36. 市政债券	0.6	0.4	0.5	-0.4	-0.1	-0.3	1.1	0.2
37. 贷款	-2.1	-1.4	-1.6	7.9	-2.0	-1.4	3.3	1.2
38. 短期(消费信贷)	0	0	0	0	0	0	0	0
39. 长期(按揭贷款)	-2.1	-1.4	-1.6	7.9	-2.0	-1.4	3.3	1.2
40. 股票和其他权益	1.9	2.2	3.7	9.7	8.1	8.7	9.6	2.4
41. 货币市场共同基金股份	1.9	2.2	3.7	9.7	8.1	8.7	9.6	2.3
42. 政府发起企业的权益	-0.1	0.0	0	0.1	-0.0	-0.0	0.0	0.1

（续表）

行号	1995	1996	1997	1998	1999	2000	2001	2002
43. 保险专门准备金（其他保险公司准备金的净权益）	3.9	1.2	0.9	0.8	0.5	-0.2	3.9	8.2
44. 其他应收账款	50.0	64.8	91.0	150.1	120.8	159.6	129.0	116.2
45. 贸易应收款	15.3	29.5	35.1	28.2	39.4	69.6	1.8	22.8
46. 其他（杂项资产）	34.7	35.2	55.9	121.9	81.4	90.0	127.3	93.4
47. 负债净发生	90.4	129.3	138.0	241.4	242.5	321.9	204.2	185.1
48. 贷款	48.9	72.2	100.9	190.0	194.8	203.7	166.7	156.9
49. 短期	19.7	31.3	50.1	39.3	54.0	59.7	38.0	16.0
50. 　银行贷款，不另分类的	11.8	29.5	47.3	26.0	45.6	47.0	37.8	12.5
51. 　其他贷款和预付款	7.9	1.8	2.8	13.3	8.4	12.8	0.3	3.5
52. 长期（按揭贷款）	29.2	40.9	50.8	150.7	140.8	144.0	128.7	140.9
53. 股票和其他权益	14.0	-6.5	-55.6	-76.4	-70.1	-26.9	-14.2	-22.2
54. 非公司企业权益	14.1	-6.8	-56.1	-76.6	-70.3	-27.0	-14.3	-22.4
55. 在美国的外国直接投资	-0.1	0.3	0.5	0.2	0.2	0.1	0.1	0.2
56. 其他应付账款	27.6	63.6	92.7	127.8	117.7	145.1	51.7	50.4
57. 贸易应付款	13.4	31.8	32.4	31.5	35.1	47.5	-7.5	21.9
58. 应付税金	0.6	2.3	4.3	4.1	8.9	11.7	4.0	8.1
59. 其他（杂项负债）	13.6	29.4	56.0	92.1	73.7	85.9	55.2	20.3
备注：								
60. 净贷出或净借入，金融账户（30-47行）	-14.8	-36.5	-10.3	-29.9	-65.7	-84.6	-56.0	41.5
			其他物量变化账户					
61. 其他物量总变化	19.7	-21.1	-64.9	-76.6	-72.5	-26.9	-21.5	-36.0

（续表）

行号	1995	1996	1997	1998	1999	2000	2001	2002
重估价账户								
62. 非金融资产	173.3	196.6	314.2	325.0	280.1	395.7	113.7	226.2
63. 房地产	142.0	165.7	285.1	281.6	241.1	344.8	68.9	202.6
64. 住宅	119.7	144.6	190.6	178.7	218.6	268.2	119.9	171.0
65. 非住宅	22.2	21.2	94.5	102.9	22.6	76.6	-51.1	31.6
66. 设备和软件	30.1	30.9	30.5	45.0	37.8	49.5	46.7	22.3
67. 住宅	0.2	0.9	0.2	0.5	0.3	1.1	0.8	0.3
68. 非住宅	30.0	30.0	30.3	44.4	37.5	48.4	45.8	22.0
69. 存货	1.2	-0.0	-1.4	-1.6	1.1	1.4	-1.8	1.3
70. 名义持有损益引致的资产净值变化	173.3	196.6	314.2	325.0	280.1	395.7	113.7	226.2
资产负债账户变化								
71. 资产净值变化(22 +28 +61 +70 行)	193.0	175.5	249.4	248.4	207.6	368.7	92.2	190.2
资产负债账户(期末)								
72. 总资产	4 207.2	4 514.8	4 950.1	5 504.9	6 019.9	6 725.9	7 028.5	7 416.7
73. 非金融资产	3 659.1	3 871.7	4 176.2	4 512.2	4 843.1	5 303.1	5 450.1	5 696.9
74. 房地产	3 215.0	3 397.9	3 674.5	3 949.9	4 230.5	4 639.1	4 751.5	4 983.8
75. 住宅	2 361.5	2 522.5	2 723.5	2 912.6	3 157.2	3 456.3	3 604.1	3 811.0
76. 非住宅	853.6	875.5	951.0	1037.3	1 073.3	1 182.8	1 147.4	1 172.9
77. 设备和软件	387.8	416.3	442.3	501.0	546.7	593.8	632.0	644.8
78. 住宅	37.1	39.0	39.9	41.3	42.8	45.2	47.0	48.1
79. 非住宅	350.7	377.3	402.3	459.7	503.9	548.7	585.0	596.7
80. 存货	56.3	57.4	59.5	61.3	65.9	70.2	66.6	68.3

（续表）

行号	1995	1996	1997	1998	1999	2000	2001	2002
81. 金融资产	548.1	643.2	773.8	992.7	1 176.8	1 422.7	1 578.4	1 719.8
82. 通货和存款	176.2	199.0	232.0	277.4	335.1	411.6	419.3	434.2
83. 通货和可转让存款	104.7	124.0	146.2	178.9	217.6	274.1	274.5	287.3
84. 定期和储蓄存款	71.5	75.0	85.7	98.5	117.5	137.6	144.7	146.9
85. 除股票外的其他证券	25.8	31.2	35.4	40.8	39.9	42.6	46.3	48.9
86. 国债	23.6	28.6	32.2	38.0	37.2	40.2	42.8	45.2
87. 市政债券	2.2	2.6	3.2	2.8	2.7	2.4	3.5	3.7
88. 贷款	21.7	20.4	18.7	26.7	24.7	23.3	26.6	27.8
89. 短期(消费信贷)	0	0	0	0	0	0	0	0
90. 长期(按揭贷款)	21.7	20.4	18.7	26.7	24.7	23.3	26.6	27.8
91. 股票和其他权益	18.0	20.9	24.6	34.2	42.3	51.0	60.5	62.9
92. 货币市场共同基金股份	17.0	19.2	22.9	32.6	40.7	49.4	59.0	61.3
93. 政府发起企业的权益	1.0	1.7	1.7	1.6	1.6	1.6	1.5	1.5
94. 保险专门准备金(其他保险公司准备金的净权益)	44.2	44.8	45.2	45.6	45.9	45.8	48.3	52.5
95. 其他应收账款	262.2	326.9	417.9	568.0	688.8	848.4	977.4	1 093.6
96. 贸易应收款	140.3	169.8	204.9	233.1	272.6	342.1	343.9	366.7
97. 其他(杂项资产)	121.9	157.1	213.0	334.9	416.3	506.2	633.5	726.9
98. 总负债与资产净值	4 207.2	4 514.8	4 950.1	5 504.9	6 019.9	6 725.9	7 028.5	7 416.7
99. 负债	1 396.4	1 528.6	1 714.5	2 020.9	2 328.3	2 665.5	2 876.0	3 073.9
100. 贷款	1 062.0	1 130.7	1 225.4	1 405.3	1 595.5	1 788.4	1 944.7	2 093.0
101. 短期	257.0	287.4	334.5	370.2	425.3	480.7	515.9	531.7
102. 银行贷款,不另分类的	164.7	193.6	237.3	262.1	308.6	352.9	390.7	404.1

（续表）

行号	1995	1996	1997	1998	1999	2000	2001	2002
103. 其他贷款和预付款	92.3	93.9	97.2	108.1	116.7	127.8	125.3	127.6
104. 长期(按揭贷款)	805.0	843.2	890.9	1 035.1	1 170.1	1 307.6	1 428.8	1 561.3
105. 股票和其他权益(在美国的外国直接投资)	2.8	4.0	3.9	3.4	3.3	3.4	3.2	3.4
106. 其他应付账款	331.6	393.9	485.2	612.2	729.5	873.8	928.0	977.5
107. 贸易应付款	86.2	116.8	147.8	178.6	213.3	259.9	255.0	276.0
108. 应付税金	33.4	35.7	39.9	44.1	53.0	64.6	68.7	76.8
109. 其他(杂项负债)	212.0	241.5	389.6	463.2	549.2	604.3	624.7	
110. 资产净值	2 810.8	2 986.2	3 235.6	3 484.0	3 691.6	4 060.3	4 152.5	4 342.8

表 11.7 非金融公司企业(10亿美元)

行号	1995	1996	1997	1998	1999	2000	2001	2002
经常账户								
1. 国内生产总值(GDP)/总增加值	3 879.5	4 109.5	4 401.8	4 655.0	4 950.8	5 272.2	5 299.3	5 410.6
2. 减:固定资本消耗	415.0	436.5	467.1	493.3	523.8	567.8	610.5	618.2
3. 等于:国内生产净值/净增加值	3 464.5	3 673.0	3 934.7	4 161.7	4 427.0	4 704.3	4 688.9	4 792.4
4. 雇员报酬(支付)	2 509.8	2 630.8	2 812.9	3 045.6	3 267.7	3 544.4	3 597.0	3 570.1
5. 工资和薪金	2 076.7	2 197.0	2 367.9	2 567.2	2 758.0	2 989.8	3 016.7	2 971.8
6. 雇主社会保障缴款	433.1	433.8	445.1	478.4	509.7	554.5	580.4	598.3
7. 生产税和进口税减补贴	356.9	369.1	385.5	398.7	416.6	443.4	440.3	464.5
8. 净营业盈余	597.8	673.1	736.3	717.4	742.7	716.5	651.5	757.7
9. 国民净收入/初始收入净额	357.7	417.9	449.6	385.1	426.9	373.8	303.2	388.7
10. 净营业盈余	597.8	673.1	736.3	717.4	742.7	716.5	651.5	757.7
11. 财产收入(获得)	295.8	331.0	367.8	349.3	384.0	453.6	413.5	398.0
12. 利息	189.9	216.7	239.5	235.9	251.3	291.3	273.0	242.9
13. 已分配企业收入(红利)	45.4	52.8	62.4	58.2	59.7	62.0	57.1	54.8
14. 外国直接投资再投资收益	60.5	61.5	65.9	55.2	73.0	100.3	83.4	100.3
15. 减:财产收入使用(支付)	535.9	586.2	654.5	681.6	699.8	796.3	761.8	767.0
16. 利息	298.0	319.9	354.2	371.3	402.9	471.5	465.3	437.7
17. 已分配企业收入(红利)	223.4	250.2	278.3	299.2	284.4	313.4	305.3	312.0
18. 外国直接投资再投资收益	7.5	7.5	12.8	2.7	3.9	0	−22.3	5.2
19. 地租	7.0	8.6	9.2	8.4	8.6	11.4	13.5	12.1
20. 国民净收入/原始收入净结余	357.7	417.9	449.6	385.1	426.9	373.8	303.2	388.7
21. 减:所得税等经常税(支付)	141.0	153.1	161.9	158.6	171.2	170.2	134.3	131.9

（续表）

行号	1995	1996	1997	1998	1999	2000	2001	2002
22. 减:其他经常转移(支付)	30.2	38.0	39.0	35.2	45.0	48.4	50.0	59.1
23. 等于:可支配收入净额	186.5	226.8	248.7	191.3	210.7	155.2	118.9	197.7
24. 等于:净储蓄	186.5	226.8	248.7	191.3	210.7	155.2	118.9	197.7
		资本账户						
25. 净储蓄和资本转移	186.5	226.6	248.7	191.1	210.8	155.2	118.8	197.7
26. 净储蓄	186.5	226.8	248.7	191.3	210.7	155.2	118.9	197.7
27. 获得的资本转移(净)	0	0	0	0	0	0	0	0
28. 资本形成净额	223.2	217.8	284.7	280.5	335.1	360.7	194.1	152.5
29. 固定资本形成总额(非金融生产资产获得)	597.5	635.4	684.6	709.7	800.5	882.1	847.0	771.2
30. 减:固定资本消耗	415.0	436.5	467.1	493.3	523.9	567.9	610.5	618.2
31. 非金融非生产资产获得	0.6	-2.2	1.8	-1.9	0.7	-8.5	-8.0	-8.8
32. 包括存货估价调整的存货变化	40.1	21.0	65.3	65.9	66.1	54.9	-34.4	8.3
33. 净贷出或净借入,资本账户(25-28 行)	-36.7	8.8	-36.0	-89.4	-124.3	-205.5	-75.3	45.2
		金融账户						
34. 净贷出/净借入,资本账户(33 行)	-36.7	8.8	-36.0	-89.4	-124.3	-205.5	-75.3	45.2
35. 金融资产净获得	426.4	454.0	272.4	569.9	969.9	1 209.2	177.6	121.3
36. 通货和存款	9.5	50.1	22.2	23.6	81.2	43.5	-64.2	10.4
37. 通货和可转让存款	4.5	39.3	7.6	23.0	56.0	50.5	-49.5	9.5
38. 定期和储蓄存款	3.3	-0.0	19.7	-6.8	24.3	0.5	-6.2	-3.6
39. 外汇存款	1.7	10.8	-5.1	7.4	0.9	-7.4	-8.5	4.4
40. 除股票外的其他证券	-8.8	0.7	-39.8	1.1	5.0	18.8	-0.1	21.4
41. 公开市场票据	1.3	11.4	4.6	3.3	8.2	10.2	2.4	4.5

（续表）

行号	1995	1996	1997	1998	1999	2000	2001	2002
42. 国债	6.3	-10.0	-20.2	-3.2	-4.2	-1.3	-1.6	14.8
43. 机构和政府支持证券	3.5	5.1	-20.5	2.6	1.8	3.0	1.7	-1.2
44. 市政债券	-19.9	-5.8	-3.6	-1.6	-0.7	6.9	-2.6	3.3
45. 贷款	0.3	-0.4	27.7	-16.1	-22.0	4.7	2.5	4.1
46. 短期(抵押品回购和消费信贷)	-1.3	-5.9	1.8	-3.1	4.1	2.4	-0.6	2.1
47. 长期(按揭贷款)	1.6	-3.6	25.9	-13.0	-26.0	2.3	3.1	2.0
48. 股票和其他权益	122.5	95.0	94.3	168.1	257.0	184.3	207.9	148.9
49. 共同基金股份	4.6	8.7	-6.4	6.7	7.4	12.0	2.0	10.5
50. 货币市场共同基金股份	22.9	7.7	20.2	38.6	28.4	36.5	110.5	26.9
51. 美国在国外的直接投资	90.3	76.8	84.3	129.2	194.4	128.4	97.0	117.0
52. 政府发起企业的权益	0	0	0	0	0	0	0	0
53. 金融企业附属机构的投资	4.6	1.8	-3.7	-6.4	26.8	7.4	-1.7	-5.5
54. 保险专门准备金(其他保险公司准备金的净权益)	8.2	2.6	1.9	1.7	1.0	-0.3	10.3	17.4
55. 其他应收账款	294.7	315.2	166.0	391.5	647.6	958.2	21.3	-80.8
56. 贸易应收款	78.0	88.1	93.5	85.0	203.4	283.0	-129.4	-34.4
57. 其他(杂项资产)	216.7	227.1	72.5	306.5	444.1	675.2	150.7	46.4
58. 负债净发生	390.8	398.5	283.5	616.0	987.6	1 237.4	95.2	107.0
59. 除股票外的其他证券	112.3	118.4	168.4	265.3	264.1	212.0	263.7	71.2
60. 公开市场票据	18.1	-0.9	13.7	24.4	37.4	48.1	-88.3	-64.2
61. 市政债券	3.1	3.1	4.2	5.8	5.1	1.4	3.5	3.1
62. 公司债	91.1	116.3	150.5	235.2	221.7	162.6	348.5	132.3
63. 贷款	114.8	64.4	123.4	127.1	108.4	145.2	-36.4	-30.2

（续表）

行号	1995	1996	1997	1998	1999	2000	2001	2002
64. 短期	106.8	54.6	90.9	130.5	67.6	114.0	-95.5	-80.5
65. 银行贷款，不另分类的	74.5	40.4	51.1	76.2	44.1	48.0	-103.3	-96.5
66. 其他贷款和预付款	32.3	14.2	39.8	54.3	23.4	65.9	7.8	16.0
67. 长期(按揭贷款)	8.0	9.8	32.5	-3.3	40.8	31.2	59.0	50.2
68. 股票和其他权益	-4.8	24.3	22.8	-71.1	136.7	62.9	24.0	-18.9
69. 公司股票	-58.3	-47.3	-77.4	-215.5	-110.4	-118.2	-47.4	-41.6
70. 在美国的直接投资	53.6	71.7	100.2	144.4	247.0	181.1	71.4	22.7
71. 保险专门准备金(应付保障缴款)	4.1	4.1	7.1	21.4	-7.6	1.2	1.3	1.3
72. 其他应付账款	164.4	187.3	-38.3	273.3	486.1	816.0	-157.3	83.7
73. 贸易应付款	81.0	49.5	65.1	57.6	178.5	313.3	-103.7	-15.8
74. 其他	83.5	137.8	-103.3	215.7	307.6	502.8	-53.6	99.5
75. 应付税金	-0.0	9.6	9.3	4.8	7.0	7.0	3.1	11.9
76. 杂项负债	83.5	128.3	-112.7	210.8	300.6	495.8	-56.6	87.6
备注：								
77. 净贷出或净借入，金融账户(35 - 58 行)	35.5	55.5	-11.1	-46.1	-17.7	-28.2	82.4	14.4
其他物量变化账户								
78. 其他物量总变化	177.3	125.5	128.0	438.5	491.4	651.4	26.4	7.3
79. 其他物量变化	86.8	81.8	117.2	415.4	385.8	460.0	-122.2	35.9
80. 减：统计误差[33 - (35 - 58)行][a]	-72.3	-46.7	-24.9	43.3	-106.6	-177.3	-157.8	30.0
81. 减：存货估价调整	-18.3	3.1	14.1	20.2	0.9	-14.1	9.1	-2.2
重估价账户								
82. 非金融资产	110.2	74.4	308.6	355.9	106.4	315.9	-227.1	136.6

（续表）

行号	1995	1996	1997	1998	1999	2000	2001	2002
83. 房地产	82.4	77.9	348.9	393.2	93.3	306.2	-186.7	134.4
84. 设备和软件	23.4	-6.5	-28.0	-27.2	-8.7	-2.8	-14.9	-19.8
85. 存货	4.4	2.9	-12.3	-10.2	21.8	12.5	-25.5	22.0
86. 金融资产	12.7	19.6	0.7	-5.0	13.9	-50.8	-62.7	-15.0
87. 共同基金股份	10.0	8.6	18.4	16.3	21.6	-15.0	-15.0	-24.5
88. 对外直接投资	2.8	11.0	-17.6	-21.3	-7.8	-35.7	-47.8	9.5
89. 负债	1 670.9	1 258.0	2 155.9	2 025.2	3 634.1	-2 558.7	-1 904.1	-2 757.9
90. 公司股票	1 675.6	1 272.4	2 203.9	2 027.7	3 688.2	-2 358.6	-1 835.2	-2 847.7
91. 在美国的直接投资	-4.7	-14.5	48.0	-2.4	-54.1	-200.1	-68.9	89.8
92. 名义持有损益引致的资产净值变化	-1 547.9	-1 164.0	-1 846.6	-1 674.3	-3 513.9	2 823.8	1 614.3	2 879.4
资产负债账户变化								
93. 资产净值变化(28 +33 +78 +92 行)	-1 184.1	-811.7	-1 469.9	-1 044.5	-2 811.7	3 630.4	1 759.6	3 084.4
资产负债账户(期末)								
94. 总资产	11 580.7	12 363.1	13 269.9	14 866.4	16 582.1	18 939.8	19 014.9	19 345.5
95. 非金融资产	6 622.2	6 905.4	7 461.2	8 050.2	8 488.3	9 167.3	9 116.0	9 412.4
96. 房地产	3 125.1	3 265.2	3 665.8	4 108.9	4 283.8	4 671.2	4 573.0	4 770.5
97. 设备和软件	2 376.0	2 496.0	2 614.1	2 722.7	2 891.2	3 092.8	3 200.7	3 258.3
98. 存货	1 069.8	1 090.7	1 129.6	1 165.2	1 252.1	1 333.6	1 264.5	1 297.0
99. 非金融非生产资产	51.3	53.5	51.6	53.5	61.2	69.7	77.7	86.5
100. 金融资产	4 958.5	5 457.7	5 808.7	6 816.1	8 093.8	9 772.5	9 898.9	9 933.1
101. 通货和存款	322.2	372.2	394.4	418.1	499.3	542.8	478.6	488.9
102. 通货和可转让存款	205.1	244.3	251.9	275.0	331.0	381.4	331.9	341.4

（续表）

行号	1995	1996	1997	1998	1999	2000	2001	2002
103. 定期和储蓄存款	99.7	99.7	119.4	112.6	136.9	137.3	131.1	127.5
104. 外汇存款	17.4	28.2	23.1	30.5	31.5	24.0	15.5	20.0
105. 除股票外的其他证券	137.4	138.1	98.3	99.4	104.4	123.2	123.2	144.5
106. 公开市场票据	20.1	31.5	36.1	39.4	47.6	57.8	60.2	64.7
107. 国债	57.1	47.1	26.8	23.6	19.4	18.1	16.5	31.3
108. 机构和政府支持证券	23.4	28.5	8.0	10.6	12.4	15.4	17.2	15.9
109. 市政债券	36.8	31.0	27.4	25.7	25.0	31.9	29.3	32.6
110. 贷款	145.4	136.0	163.7	147.7	125.7	130.4	132.9	137.0
111. 短期	87.5	81.7	83.5	80.4	84.5	86.9	86.3	88.4
112. 抵押品回购	2.4	3.9	4.6	4.2	5.8	4.2	4.0	6.2
113. 消费信贷	85.1	77.7	78.9	76.2	78.7	82.7	82.3	82.2
114. 长期(按揭贷款)	57.9	54.4	80.2	67.3	41.2	43.5	46.6	48.7
115. 股票和其他权益	909.8	1 024.4	1 119.5	1 282.6	1 553.5	1 687.0	1 832.1	1 966.0
116. 共同基金股份	45.7	63.0	75.0	98.0	127.0	124.0	111.0	97.0
117. 货币市场共同基金股份	60.0	67.6	87.8	126.4	154.9	191.4	301.9	328.8
118. 美国在国外的直接投资	778.7	866.5	933.1	1 041.0	1 227.7	1 320.4	1 369.6	1 496.1
119. 政府发起企业的权益	0	0	0	0	0	0	0	0
120. 金融企业附属机构的投资	25.5	27.3	23.5	17.1	43.9	51.3	49.6	44.1
121. 保险专门准备金(其他保险公司准备金的净权益)	183.6	186.2	188.1	189.8	190.8	190.4	200.8	218.2
122. 其他应收账款	3 260.0	3 600.8	3 844.6	4 678.6	5 620.1	7 098.6	7 131.4	6 978.4
123. 贸易应收款	1 184.9	1 273.1	1 366.6	1 451.6	1 655.0	1 938.1	1 808.7	1 774.3
124. 其他(杂项资产)	2 075.1	2 327.7	2 478.0	3 227.0	3 965.1	5 160.5	5 322.7	5 204.1

（续表）

行号	1995	1996	1997	1998	1999	2000	2001	2002
125. 总负债与资产净值	11 580.7	12 363.1	13 269.9	14 866.4	16 582.1	18 939.8	19 014.9	19 345.5
126. 负债	12 423.6	14 017.7	16 394.4	19 035.5	23 562.9	22 290.2	20 605.6	17 851.8
127. 除股票外的其他证券	1 636.2	1 754.6	1 921.5	2 186.8	2 450.9	2 662.9	2 926.6	2 997.8
128. 公开市场票据	157.4	156.4	168.6	193.0	230.3	278.4	190.1	126.0
129. 市政债券	134.8	137.9	142.0	147.8	152.8	154.2	157.7	160.8
130. 公司债	1 344.1	1 460.4	1 610.9	1 846.0	2 067.7	2 230.3	2 578.8	2 711.0
131. 贷款	1 273.4	1 337.7	1 460.9	1 588.0	1 730.7	1 875.9	1 840.1	1 809.8
132. 短期	1 055.4	1 110.0	1 200.4	1 330.8	1 398.4	1 512.3	1 417.5	1 337.0
133. 　银行贷款,不另分类的	601.8	642.1	692.7	768.8	813.0	861.0	758.3	661.9
134. 　其他贷款和预付款	453.7	467.9	507.7	562.0	585.4	651.3	659.1	675.1
135. 长期(按揭贷款)	217.9	227.7	260.5	257.2	332.3	363.5	422.6	472.8
136. 股票和其他权益	7 055.2	8 337.5	10 516.3	12 470.4	16 241.2	13 745.4	11 865.2	9 088.4
137. 公司股票	6 414.1	7 639.2	9 765.7	11 577.8	15 155.6	12 678.8	10 796.2	7 906.9
138. 在美国的直接投资	641.1	698.2	750.6	892.6	1 085.5	1 066.6	1 069.1	1 181.5
139. 保险专门准备金(应付缴款)	84.4	86.4	93.5	114.9	107.3	108.5	109.8	111.1
140. 其他应付账款	2 376.4	2 501.4	2 402.3	2 675.3	3 032.8	3 897.4	3 864.0	3 844.7
141. 贸易应付款	877.5	927.0	992.1	1 049.7	1 228.2	1 541.4	1 437.7	1 421.9
142. 应付税金	40.3	49.9	59.2	64.1	71.0	78.0	81.0	93.0
143. 杂项负债	1 458.6	1 524.5	1 351.0	1 561.6	1 733.6	2 278.0	2 345.2	2 329.9
144. 资产净值	-842.9	-1 654.6	-3 124.5	-4 169.0	-6 980.8	-3 350.3	-1 590.8	1 493.6

a 该项误差是由资本账户得出的净贷出/净借入与由金融账户得出的净贷出/净借入之差。它反映了资本和金融账户之间在数据来源、流量记录时间方面的差异以及其他统计误差。

SNA-USA 草案的经常账户针对经由该部门的各种流量,提供了一个更全面、更直观的视角,尽管其术语可能不为 NIPAs 各表使用者所熟悉。有关利润和现金流的各指标在 NIPAs 和 FFA 中相当突出,但 SNA 1993 不直接记录这些,因而也不会出现在我们的 SNA-USA 草案中。提供这些数据,对于某些美国经济分析人员而言可能将是有益的补充。

该部门没有最终消费支出,SNA 将其可支配收入(第 23 行)直接作为净储蓄(第 24 行);该部门和金融企业部门的净储蓄等同于 NIPAs 的企业未分配利润。表中此处再次缺少了用于推导 FFA 融资缺口(FFA 表 F.102)的内部资金总额指标——一个不时引用的企业借款动机指标。净贷出/净借入(第 33 行)概念上与此大体相同,但它包括国外子公司的未分配利润,而 FFA 计算的是美国内部资金,不包括这一部分。

509 对资本账户和金融账户之净贷出/净借入差异所带来的统计误差,处理方式与住户部门相同。资本账户的净储蓄用于推导资产净值变化(第 93 行),统计误差体现在其他物量变化账户(第 80 行)中。

非金融公司企业部门资产净值(第 144 行)的计算和含义与当前发布的内容具有重大差别。在 FFA 的表 B.102 中,资产净值等于资产的市场(或重置)价值减去负债,不包括权益资本。这样测算的资产净值不时被用来与非金融公司企业股票的市场价值或以历史成本有形资产推导的资产净值进行比较。SNA-USA 草案则遵循 SNA 1993 的模式,把资产净值计算为资产的市场(或重置)价值减去负债,但包括了股票和其他权益的市场价值(第 136 行)。

当前发布的资产净值测算值一直是比较大的正数,从 1985 年的 4 万亿美元增加到 2002 年的 9.5 万亿美元(图 11.2A)。而与此不同,根据 SNA-USA 草案,非金融公司企业部门的资产净值既有正值,也有负值(图 11.2B)。事实上,由于 20 世纪 90 年代末期股票估值的提高,SNA-USA 草案的资产净值测算值在 20 世纪 90 年代急剧下跌至 -7 万亿美元,然后在 2000 年开始转向并于 2002 年变为正值。

SNA-USA 草案的资产净值指标可以阐释为是托宾 q 值的一种变体。按照托宾的定义,q 是企业的市场价值(权益加债务)与其有形资产重置成本的比率。对于非金融公司企业部门而言,债务和权益是 SNA 模式中负债的主要部分,即 q 的分子部分。有形资产(q 的分母)约为该部门资产负债表之总资产的一半。[19] 因此,SNA-USA 草案的负的资产净值相当于一个

---

⑲ 大众媒体通常使用的 q 的变体,等于某一部门的股票市场价值与发布的该部门净值的比率。大众版 q 值与真实 q 值之间的差异,在于前者的分母包括了金融资产和非债务性负债。

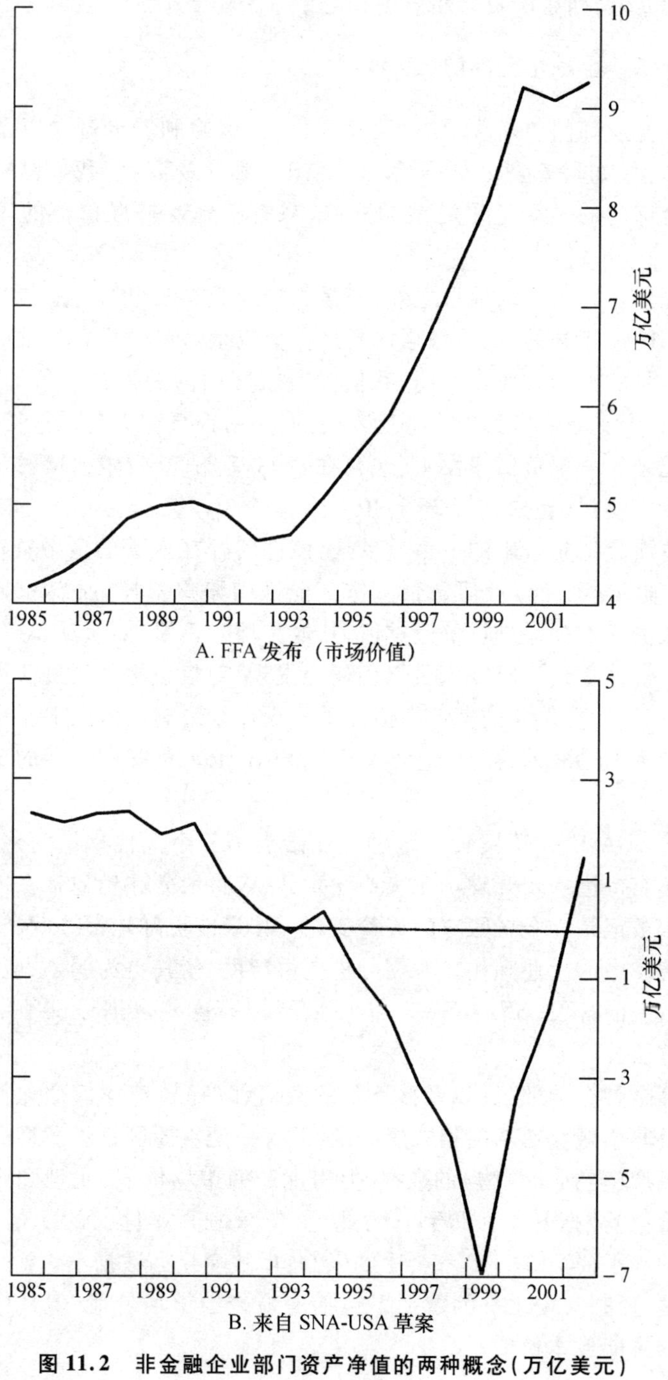

图 11.2　非金融企业部门资产净值的两种概念（万亿美元）

大于 1 的 q 值,而正的资产净值则相当于一个小于 1 的 q 值。

11.3.5 金融企业部门(表 11.8)

金融企业部门包括货币当局、存款机构、保险和养老基金以及所有其他金融中介(如财务公司、共同基金、经纪人和交易商)。我们已经能编制这一综合部门的一套近乎完整的账户,只有房地产持股价值的完整核算例外。

除准公司收入提取项目之外,经常账户和资本账户的构建与非金融公司企业部门是相同的,而金融账户则是资金流量账户中所有金融中介贷出和借入流量的汇总。对该部门,我们没有就部门内的资产和负债取净值。比如,由一个受政府资助的企业所发行的,并由银行购买的抵押贷款证券,
517 一方面记录为一项负债净发生(包含在表 11.8 第 50 行中),同时记录为一项金融资产获得(包含在第 33 行中)。

按总流量记录带来的一个后果是,该部门存在显著的金融资产(第 74 行)和负债(第 78 行)价值重估。像其他部门账户一样,股票和其他权益工具要根据资本损益进行价值重估,其他类型的负债,如债券和按揭贷款,则不进行价值重估。FRB 人员以前研究发现,对权益之外的负债进行价值重估,部门资产负债表的资产净值几乎不受什么影响。但此项研究完成于最近的利率下调之前,而且,它不适用于 SNA-USA 草案中定义的金融企业部门。

尽管 SNA-USA 草案针对金融企业给出了一个其他物量变化账户,但其数据还有待进一步开发。尤其要注意,它未将债务注销包括在内,相反,这些数据被记录为金融账户的流量变化。如果能更好地衔接此类信息,可以为经济体中的企业和住户融资分析提供帮助,使其更为明了,应该说,随着这些数据的开发,SNA-USA 草案为最终记录这些数据提供了一种更为集约的方法。

计算金融企业部门(以及接下来的政府部门)资产净值变化使用了和住户以及非金融企业部门相同的要素,但有一处重要区别。我们只能得到可再生资产(包括建筑物)的数据,但房地产的市场价值(土地和建筑物合起来的价值)数据却无法得到。为此,资产净值的变化(第 85 行)以及资产净值的水平(第 134 行)都会受到限制:反映变化的数据不包括房地产的价值重估,反映规模水平的数据不包括房地产的市场价值,但其中涵盖了建筑物的当期成本价值。

表 11.8　金融企业(包括其他金融机构、存款机构、保险公司和养老基金以及货币当局,10 亿美元)

行号	1995	1996	1997	1998	1999	2000	2001	2002
经常账户								
1. 国内生产总值(GDP)/总增加值	541.0	601.9	679.2	764.3	813.8	899.8	917.7	949.0
2. 减:固定资本消耗	74.0	79.3	89.0	98.4	111.4	126.1	135.1	133.5
3. 等于:国内生产净值/净增加值	467.0	522.6	590.2	665.9	702.4	773.7	782.6	815.5
4. 雇员报酬(已付)	282.9	305.7	334.1	376.4	403.9	443.1	450.7	447.6
5. 工资和薪金	238.9	260.1	285.4	322.0	345.5	379.3	384.7	379.4
6. 雇主社会保障缴款	44.0	45.6	48.7	54.4	58.4	63.8	66.0	68.2
7. 生产税和进口税减补贴	31.0	33.2	36.2	37.5	40.2	41.4	41.7	44.6
8. 净营业盈余	153.1	183.7	219.9	252.0	258.3	289.2	290.2	323.5
9. 国民净收入/初始收入净额	124.3	116.7	1 221.4	120.9	144.1	143.7	181.3	194.5
10. 净营业盈余	153.1	183.7	219.9	252.0	258.3	289.2	290.2	323.5
11. 财产收入(获得)	931.9	974.6	1 078.4	1 185.9	1 280.9	1 542.1	1 516.8	1 373.8
12. 利息	887.7	919.4	1 014.0	1 115.1	1 201.1	1 456.3	1 434.7	1 297.1
13. 已分配企业收入(红利)	35.9	46.4	54.8	62.4	68.7	69.9	68.2	56.0
14. 对外直接投资再投资收益	8.3	8.8	9.6	8.4	11.1	15.9	13.9	20.7
15. 减:财产收入使用(支付)	960.7	1 041.6	1 176.9	1 317.0	1 395.1	1 687.6	1 625.7	1 502.8
16. 利息	844.0	886.6	998.6	1 131.1	1 186.7	1 445.9	1 407.2	1 273.4
17. 已分配企业收入	115.6	153.8	176.0	185.6	207.9	241.7	225.0	227.7
18. 红利	79.5	106.2	122.8	130.6	139.7	167.0	158.0	157.8
19. 准公司的收入提取	36.1	47.6	53.2	55.0	68.2	74.7	67.0	69.9
20. 对外直接投资再投资收益	1.1	1.2	2.3	0.3	0.5	0	-6.5	1.7
21. 地租	0	0	0	0	0	0	0	0

（续表）

行号	1995	1996	1997	1998	1999	2000	2001	2002
22. 国民净收入/初始收入净额	124.3	116.7	121.4	120.9	144.1	143.7	181.3	194.5
23. 减:所得税等经常税(支付)	77.6	78.6	84.2	89.7	87.4	94.9	66.8	63.1
24. 减:其他经常转移(支付)	9.3	7.8	-1.9	20.7	12.3	29.1	37.4	18.2
25. 等于:可支配收入净额	37.4	30.3	39.1	10.5	44.4	19.7	77.1	113.2
26. 等于:净储蓄	37.4	30.3	39.1	10.5	44.4	19.7	77.1	113.2
资本账户								
27. 净储蓄	37.4	30.3	39.1	10.5	44.4	19.7	77.1	113.2
28. 资本形成净额	14.2	32.9	76.5	90.5	28.8	5.3	-12.2	-11.3
29. 固定资本形成总额(非住宅)	88.2	112.2	165.5	188.9	140.2	131.4	122.9	122.2
30. 减:固定资本消耗	74.0	79.3	89.0	98.4	111.4	126.1	135.1	133.5
31. 净贷出或净借入,资本账户(27-28 行)	23.2	-2.6	-37.4	-80.0	15.6	14.4	89.3	124.5
金融账户								
32. 净贷出或净借入(31 行)	23.2	-2.6	-37.4	-80.0	15.6	14.4	89.3	124.5
33. 金融资产净获得	1 511.3	1 512.4	1 984.0	2 568.5	2 467.9	2 359.4	2 771.5	1 987.6
34. 货币黄金和特别提款权	2.1	-0.5	-0.5	-0.0	-3.0	-4.0	-0.0	-0.0
35. 通货和存款	55.8	43.7	57.1	89.4	43.8	25.0	204.7	24.4
36. 除股票外的其他证券	543.2	399.7	717.5	876.7	927.3	632.1	1 003.4	933.4
37. 贷款	583.8	554.6	639.6	950.8	1 093.6	947.6	768.9	837.6
38. 短期	375.1	264.5	333.9	453.8	511.0	398.1	99.5	10.7
39. 长期(按揭贷款)	208.8	290.1	305.7	497.0	582.5	549.6	669.4	826.8
40. 股票和其他权益	222.1	392.3	362.7	441.4	334.8	535.0	502.5	214.1
41. 公司股票	74.0	176.3	110.0	157.1	-3.6	289.6	219.1	99.6

（续表）

行号	1995	1996	1997	1998	1999	2000	2001	2002
42. 共同基金股份	49.4	27.6	50.4	6.7	113.8	9.0	7.6	15.1
43. 货币市场共同基金股份	15.0	77.2	56.1	99.5	93.0	35.4	157.9	-4.4
44. 政府发起企业的权益	2.0	1.4	1.8	4.0	6.1	2.2	2.8	1.9
45. 美国在国外的直接投资	8.4	15.1	20.5	13.5	30.5	30.8	22.9	20.8
46. 联邦储备银行股本	0.3	0.6	0.8	0.5	0.5	0.6	0.4	1.0
47. 附属机构投资	72.9	94.1	123.0	160.1	94.6	167.4	91.9	80.0
48. 保险专门准备金	22.5	19.3	6.4	5.1	-15.4	-10.4	3.3	15.2
49. 其他应收账款	81.8	103.2	201.3	205.1	86.8	234.1	288.6	-37.1
50. 负债净发生	1 442.6	1 494.0	2 002.0	2 632.3	2 415.7	2 496.2	2 790.5	1 997.7
51. 通货和存款	162.7	174.1	239.2	268.5	334.4	248.7	520.9	384.2
52. 除股票外的其他证券	435.4	484.2	527.8	919.6	954.9	754.5	846.4	823.6
53. 贷款	144.9	126.4	260.9	314.4	297.1	300.4	113.4	89.8
54. 短期	139.5	118.6	246.0	289.6	292.0	294.1	112.1	83.9
55. 长期(按揭贷款)	5.3	7.9	14.9	24.8	5.1	6.2	1.3	5.9
56. 股票和其他权益	381.4	484.5	535.1	770.2	618.2	846.1	851.6	326.8
57. 公司股票发行	-5.6	-20.8	-26.6	0.9	-2.4	16.8	37.3	71.0
58. 共同基金股份	147.4	237.6	265.1	279.5	191.2	239.4	201.2	182.4
59. 货币市场共同基金股份	141.2	145.4	155.9	287.2	249.1	233.3	428.6	-16.8
60. 政府发起企业的权益	2.0	1.5	1.8	4.1	6.1	2.2	2.8	2.0
61. 在美国的外国直接投资	4.3	14.5	4.9	34.4	42.2	140.1	80.0	16.7
62. 非公司企业股本	14.4	9.9	13.9	9.9	10.2	39.0	11.2	-4.1
63. 母公司投资	77.5	95.9	119.3	153.7	121.4	174.8	90.2	74.5

（续表）

行号	1995	1996	1997	1998	1999	2000	2001	2002
64. 联邦储备银行股本	0.3	0.6	0.8	0.5	0.5	0.6	0.4	1.0
65. 保险专门准备金	250.0	220.9	273.6	263.3	180.6	217.6	294.2	335.2
66. 其他应付账款	68.3	3.8	165.3	96.2	30.5	128.9	164.0	38.1
备注：								
67. 净贷出或净借入，金融账户（33－50 行）	68.7	18.3	－18.0	－63.7	52.2	－136.7	－19.1	－10.1
其他物量变化账户								
68. 其他物量总变化	49.8	－7.3	21.7	－4.3	－48.7	－156.5	－104.3	－205.3
69. 其他物量变化	4.2	－28.2	2.3	－20.5	－85.2	－5.4	4.1	－70.7
70. 减：统计误差［31－（33－50）行］[a]	－45.5	－20.9	－19.4	－16.2	－36.5	151.1	108.4	134.6
重估价账户								
71. 非金融资产	90.0	84.4	81.3	91.0	182.5	187.8	137.8	203.2
72. 建筑物	79.5	80.3	83.8	94.7	177.2	177.4	131.2	213.2
73. 设备和软件	10.5	4.1	－2.5	－3.7	5.3	10.4	6.6	－10.0
74. 金融资产	738.5	657.1	989.7	887.4	1 421.7	－615.0	－1 043.9	－1 423.1
75. 公司股票	660.0	588.7	873.4	770.7	1 277.3	－574.8	－934.8	－1 258.5
76. 共同基金股份	81.1	67.0	126.9	110.1	143.3	－32.2	－105.3	－171.1
77. 美国在国外的直接投资	－2.6	1.4	－8.9	6.6	1.2	－8.1	－3.8	6.5
78. 负债	1 095.9	981.3	1 655.5	999.8	1 209.2	82.3	－1 228.1	－1 684.0
79. 公司股票发行	395.6	371.2	711.6	174.3	－128.6	715.1	－230.8	－354.0
80. 共同基金股份	228.0	252.0	381.9	344.2	734.1	－342.5	－501.0	－679.6
81. 在美国的外国直接投资	10.9	－7.4	21.6	0.6	－19.7	－21.1	－15.3	8.4
82. 非公司企业股本	－15.9	－8.5	－9.3	－12.1	－19.0	－56.1	－21.0	－17.2

（续表）

行号	1995	1996	1997	1998	1999	2000	2001	2002
83. 养老基金准备金	477.2	374.0	549.8	492.8	642.4	-213.1	-460.0	-641.7
84. 名义持有损益引致的资产净值变化	-267.3	-239.9	-584.6	-21.4	395.1	-509.6	322.0	464.1
资产负债账户变化								
85. 资产净值变化（28 + 31 + 68 + 84 行）[b]	-180.2	-216.9	-523.8	-15.2	390.9	-646.4	294.7	372.0
资产负债账户（期末）								
86. 总资产	23 097.8	25 366.6	28 490.4	32 128.5	36 225.4	38 162.8	40 012.1	40 706.1
87. 非金融资产	1 883.5	1 983.3	2 111.0	2 262.6	2 450.4	2 624.0	2 730.9	2 836.5
88. 建筑物	1 402.9	1 467.7	1 562.9	1 663.5	1 781.1	1 899.2	1 985.4	2 081.0
89. 设备和软件	480.5	515.5	548.2	599.1	669.4	724.8	745.6	755.6
90. 金融资产	21 214.3	23 383.4	26 379.4	29 865.9	33 775.0	35 538.9	37 281.1	37 869.6
91. 货币黄金和特别提款权	21.2	20.8	20.2	20.2	17.2	13.2	13.2	13.2
92. 通货和存款	498.9	544.5	600.8	692.2	734.0	757.6	960.8	985.7
93. 除股票外的其他证券	7 279.8	7 653.2	8 354.2	9 230.9	10 160.6	10 792.8	11 794.4	12 727.9
94. 公开市场票据	525.7	578.1	714.4	835.6	1 058.7	1 225.6	1 129.5	1 014.4
95. 国债	1 606.8	1 514.5	1 557.7	1 492.7	1 432.8	1 424.8	1 447.9	1 593.0
96. 机构和政府支持证券	1 967.3	2 099.7	2 254.5	2 610.3	3 012.1	3 243.2	3 800.6	4 391.4
97. 市政债券	684.5	719.0	773.1	855.7	878.0	885.1	961.5	1 010.8
98. 公司债和外国债券	1 989.2	2 180.6	2 452.9	2 793.7	3 094.9	3 309.2	3 689.2	3 928.0
99. 非市场化政府证券	506.3	561.4	601.7	642.9	684.0	704.9	765.8	790.3
100. 贷款	7 301.7	7 856.3	8 495.9	9 446.7	10 542.0	11 500.7	12 269.3	13 106.9
101. 短期	3 104.9	3 369.4	3 703.3	4 157.1	4 668.4	5 077.6	5 176.8	5 187.5
102. 长期（按揭贷款）	4 196.8	4 486.9	4 792.6	5 289.6	5 873.6	6 423.1	7 092.5	7 919.4

（续表）

行号	1995	1996	1997	1998	1999	2000	2001	2002
103. 股票和其他权益	4 505.2	5 554.6	6 906.9	8 235.7	9 992.3	9 912.2	9 370.8	8 161.8
104. 公司股票	3 258.8	4 023.8	5 007.2	5 935.0	7 208.8	6 923.6	6 207.9	5 049.1
105. 共同基金股份	365.5	460.0	637.4	754.2	1 011.2	988.0	890.3	734.3
106. 货币市场共同基金股份	180.5	257.7	312.2	411.6	504.6	540.0	697.9	693.5
107. 政府发起企业的权益	15.1	16.5	18.3	22.3	30.5	33.3	35.2	
108. 美国在国外的直接投资	106.8	123.3	134.9	155.0	186.6	209.4	228.5	255.8
109. 联邦储备银行股本	4.0	4.6	5.4	6.0	6.4	7.0	7.4	8.4
110. 投资和附属机构	574.4	668.5	791.5	951.7	1 046.3	1 213.7	1 305.6	1 385.6
111. 保险专门准备金	432.1	465.8	494.1	516.7	523.1	509.4	501.1	497.6
112. 其他应收账款	1 175.4	1 288.2	1 507.2	1 723.4	1 805.8	2 052.9	2 371.4	2 376.5
113. 总负债与资产净值	23 097.8	25 366.6	28 490.4	32 128.5	36 225.4	38 162.8	40 012.1	40 706.1
114. 负债	21 864.6	24 350.3	27 997.9	31 651.1	35 357.2	37 941.0	39 495.5	39 817.6
115. 通货和存款	4 295.6	4 471.5	4 709.0	4 979.4	5 311.7	5 564.2	6 069.0	6 450.3
116. 除股票外的其他证券	4 122.2	4 606.4	5 125.1	6 044.7	6 999.6	7 758.1	8 601.9	9 425.5
117. 机构和政府支持证券	2 376.8	2 608.2	2 821.1	3 292.0	3 884.0	4 317.4	4 944.1	5 498.1
118. 公司债	1 258.5	1 419.1	1 558.3	1 846.0	2 032.7	2 226.0	2 488.4	2 821.5
119. 商业票据	486.9	579.1	745.7	906.7	1 082.9	1 214.7	1 169.4	1 105.9
120. 贷款	1 097.7	1 224.1	1 485.0	1 799.4	2 096.5	2 396.8	2 522.9	2 612.7
121. 短期	1 073.6	1 192.2	1 438.2	1 727.8	2 019.8	2 313.9	2 438.7	2 522.6
122. 长期(按揭贷款)	24.1	31.9	46.8	71.6	76.7	82.9	84.2	90.1
123. 股票和其他权益	4 537.7	5 629.5	7 270.3	8 547.6	9 732.5	1 0874.0	10 957.6	10 242.0
124. 公司股票发行	1 284.0	1 634.3	2 319.3	2 494.5	2 363.4	3 095.3	2 901.8	2 618.8

（续表）

行号	1995	1996	1997	1998	1999	2000	2001	2002
125. 共同基金股份	1 852.8	2 342.4	2 989.4	3 613.1	4 538.5	4 435.3	4 135.5	3 638.4
126. 货币市场共同基金股份	741.3	886.7	1 042.5	1 329.7	1 578.8	1 812.1	2 240.7	2 223.9
127. 政府发起企业的权益	18.3	19.7	21.5	25.5	31.6	33.8	36.5	38.5
128. 在美国的外国直接投资	36.1	43.2	69.7	104.7	127.2	246.2	310.9	336.1
129. 非公司企业权益	1.4	2.8	7.4	5.2	-3.6	-20.7	-30.5	-51.7
130. 母公司投资	599.9	695.8	815.1	968.8	1 090.2	1 265.0	1 355.2	1 429.8
131. 联邦储备银行股本	4.0	4.6	5.4	6.0	6.4	7.0	7.4	8.4
132. 保险专门准备金	6 851.7	7 461.1	8 301.5	9 080.4	9 940.2	9 926.6	9 733.0	9 388.6
133. 其他应付账款	959.7	957.7	1 107.0	1 199.7	1 276.6	1 421.2	1 611.2	1 698.4
134. 资产净值	1 233.2	1 016.3	492.5	477.4	868.2	221.8	516.6	888.5

a 该项误差是由资本账户得出的净贷出/净借入与由金融账户得出的净贷出/净借入之差。它反映了资本和金融账户之间在数据来源、流量记录时间方面的差异和其他统计误差。

b 部分——未包括有形资产重估价。

11.3.6 政府部门(表 11.9 和表 11.10)

政府部门的当期盈余(赤字)由净储蓄(表 11.9 和表 11.10 的第 24 行)表示。资本账户包括了固定资产投资,因此,通过净贷出或净借入(第 32 行)可以提供一个更宽泛的盈余/赤字指标;这是与美国行政管理和预算局(Office of Management and Budget,OMB)公布的财政盈余/赤字最类似的测度指标。

资本账户还展现了非金融非生产资产的净获得(两表的第 31 行)。联邦政府已经成为此类资产的一个销售者,包括无线频谱使用权的出售和海上钻探权的租赁。对于州和地方政府而言,非生产资产的获得则反映了其对土地和道路使用权的净购买。政府这些出售、租赁和购买交易的对应方是非金融公司企业部门。

因为缺乏房地产价值信息,政府部门的价值重估和资产负债账户受到
528 了限制,这和金融企业部门遇到的情况是相同的。房地产(实际上是建筑物和土地)的估算值可由 OMB 每年编制的联邦政府预算文件的补充信息获得(OMB,2004)。但是,OMB 给出的该项数据比较粗糙,提供这些数据,目的只是说明如何构建一个国家的资产负债表;各机构将其用于国民账户时,并未进行全面的检查。而且,也没有对应州和地方政府的估算值。因此,SNA-USA 草案中资产负债表的存量,是针对可再生有形资产、金融资产以及负债而言的。

以前 BEA 和 FRB 曾联合起来按照一个合并政府部门编制数据。NIPAs 和 FFA 均有一个合并部门,因此对于各机构而言,未来按照 SNA 模式完成这一任务,应当是一项相对比较简单的工作。

11.3.7 国外部门(表 11.11)

国外部门对应 BEA 所发布的国际贸易账户。在经常账户中,净储蓄或经常性对外差额(表 11.11 第 8 行)等于国外从美国常住单位获得的收入与国外对美国常住单位的支出相减之差。资本账户加资本净转移、减去非金融非生产资产净获得后,即为国外对美国常住单位的净贷出和借入。这一数字应该能与国内各部门的净贷出/净借入之和相抵消。[20]

---

[20] 考虑了 NIPAs 的统计误差、工资获得减偿付和舍入误差等因素后,从国外的净借入实际上应等于国内部门的净借入。统计误差也是一个因素,因为我们使用了来自 NIPAs 生产方的资本形成数据和收入方的净储蓄数据。所有部门的数据可见于 USA-SNA 草案表 11.4。

表 11.9 联邦政府(10 亿美元)

行号	1995	1996	1997	1998	1999	2000	2001	2002
经常账户								
1. 国内生产总值(GDP)/总增加值	338.7	343.7	349.3	352.9	361.9	378.7	386.9	408.9
2. 减:固定资本消耗	81.9	82.0	82.5	82.8	84.8	87.2	88.2	89.1
3. 等于:国内生产净值/净增加值	256.9	261.6	266.8	270.1	277.0	291.6	298.7	319.8
4. 雇员报酬(已付)	257.5	262.9	266.5	270.0	277.4	293.9	302.8	323.0
5. 工资和薪金	174.7	175.7	177.3	179.7	184.3	195.8	200.5	213.3
6. 雇主社会保障缴款	82.8	87.2	89.2	90.3	93.1	98.1	102.3	109.7
7. 净营业盈余	-0.6	-1.2	0.3	0.1	-0.3	-2.3	-4.1	-3.1
8. 国民净收入/初始收入净额	-225.1	-232.3	-228.0	-231.1	-221.4	-216.3	-199.0	-161.5
9. 净营业盈余	-0.6	-1.2	0.3	0.1	-0.3	-2.3	-4.1	-3.1
10. 应收生产税和进口税	75.9	73.2	78.2	81.1	83.9	87.8	86.0	87.6
11. 补贴(支付)	-33.7	-34.0	-32.4	-35.0	-43.8	43.8	-47.6	-37.2
12. 财产收入(获得)	23.7	26.9	25.9	21.5	21.5	25.2	24.4	20.6
13. 利息	21.2	23.0	21.4	17.7	18.0	20.1	17.9	15.9
14. 地租	2.5	4.0	4.5	3.8	3.5	5.1	6.5	4.7
15. 减:财产性收入使用(已付利息)	290.4	297.3	300.0	298.8	282.7	283.3	257.5	229.3
16. 国民净收入/初始收入净额	-225.1	-232.3	-228.0	-231.1	-221.4	-216.3	-199.0	-161.5
17. 加:所得税等经常税(获得)	769.2	859.2	952.4	1 035.8	1 111.9	1 225.8	1 168.9	993.1
18. 加:社会福利(获得)	519.2	542.8	576.4	613.8	651.6	691.7	715.4	736.7
19. 减:社会保障缴款(支付)	642.7	680.0	706.3	719.2	738.0	772.5	840.2	920.0
20. 加:其他经常转移(获得)	19.1	23.1	19.9	21.5	22.7	25.7	27.4	25.8
21. 减:其他经常转移(支付)	196.3	208.2	212.5	227.4	248.0	265.6	290.3	323.4

（续表）

行号	1995	1996	1997	1998	1999	2000	2001	2002
22. 等于:可支配收入净额	243.5	304.5	401.9	493.4	578.7	688.8	582.2	350.8
23. 减:最终消费支出	440.5	446.3	457.7	454.6	475.1	499.3	531.7	590.8
24. 等于:净储蓄	-197.0	-141.8	-55.8	38.8	103.6	189.5	50.5	-240.0
资本账户								
25. 净储蓄和资本转移	-209.8	-152.5	-64.2	35.3	96.3	181.4	37.7	-258.8
26. 净储蓄	-197.0	-141.8	-55.8	38.8	103.6	189.5	50.5	-240.0
27. 已收资本转移(净)	-12.8	-10.7	-8.5	-3.6	-7.4	-8.1	-12.9	-18.7
28. 资本形成净额	-10.5	-4.7	-17.0	-12.6	-5.0	-8.0	-7.8	-0.2
29. 固定资本形成总额(非金融生产资产获得)	78.7	81.1	73.2	75.8	80.8	79.5	81.2	88.7
30. 减:固定资本消耗	81.9	82.0	82.5	82.8	84.8	87.2	88.2	89.1
31. 非金融非生产资产获得	-7.4	-3.8	-7.6	-5.7	-1.0	-0.3	-0.7	0.2
32. 净贷出或净借入,资本账户(25-28 行)	-199.3	-147.8	-47.3	47.9	101.3	189.3	45.4	-258.7
金融账户								
33. 净贷出或净借入(第 32 行)	-199.3	-147.8	47.3	47.9	101.3	189.3	45.4	-258.7
34. 金融资产净获得	-11.5	2.5	-12.6	-8.6	71.4	-70.7	51.2	16.6
35. 货币黄金和特别提款权	0.8	-0.4	0.4	0.1	-0.0	0.7	0.6	0.8
36. 通货和存款	6.1	9.8	2.5	-9.6	60.4	-65.5	49.2	6.4
37. 官方外汇	3.2	-3.8	-1.5	0.8	-1.6	0.9	0.3	1.9
38. IMF 净头寸	2.5	1.3	3.6	5.1	-5.5	-2.3	3.6	6.1
39. 通货和可转让存款	-0.0	11.0	-0.5	-16.7	66.2	-65.1	41.1	-18.7
40. 定期和储蓄存款	0.3	1.4	1.0	1.3	0.7	1.0	4.2	17.1
41. 非官方外币	0.3	-0.1	-0.0	-0.1	0.6	0.0	-0.1	0.1

（续表）

行号	1995	1996	1997	1998	1999	2000	2001	2002
42. 贷款	-7.0	-1.3	3.1	11.6	6.4	11.6	6.0	9.8
43. 短期	6.6	5.9	7.6	12.5	6.4	12.5	7.1	9.2
44. 　消费信贷	3.2	7.7	10.8	9.0	13.6	16.1	13.1	12.7
45. 　其他贷款和预付款	3.4	-1.8	-3.1	3.4	-7.1	-3.6	-5.9	-3.4
46. 长期(按揭贷款)	-13.5	-7.2	-4.5	-0.8	-0.1	-0.9	-1.1	0.5
47. 股票和其他权益	1.5	1.8	1.6	1.6	1.5	1.5	1.7	1.7
48. 国际组织权益	1.5	1.8	1.6	1.6	1.5	1.5	1.7	1.7
49. 政府发起企业的权益	0	0	0	0	0	0	0	0
50. 其他应收账款	-13.0	-7.4	-20.1	-12.4	3.2	-19.1	-6.3	-2.0
51. 贸易应收款	-1.6	0.9	-3.2	1.5	4.6	5.3	7.3	-3.3
52. 应收税金	-7.5	0.0	-10.0	-8.9	1.6	-21.5	-13.4	2.8
53. 其他(杂项资产)	-3.8	-8.4	-7.0	-5.0	-3.0	-2.9	-0.3	-1.5
54. 负债净发生	169.0	198.1	56.5	-24.6	-34.0	-268.7	53.5	285.9
55. 货币黄金和特别提款权(特别提款权凭证)	2.2	-0.5	-0.5	0	-3.0	-4.0	0	0
56. 通货和存款(库存现金)	0.7	0.5	0.5	0.6	1.0	2.4	1.3	1.0
57. 除股票外的其他证券	144.4	144.9	23.1	-52.6	-71.2	-295.9	-5.6	257.5
58. 国债,包括储蓄债券	142.9	146.6	23.2	-54.6	-71.0	-294.9	-5.0	257.0
59. 联邦机构债券	1.5	-1.6	-0.1	2.0	-0.2	-1.0	-0.5	0.5
60. 保险专门准备金	21.8	55.7	42.0	42.5	42.5	22.3	62.2	26.1
61. 保险准备金	1.0	0.6	1.7	1.3	1.4	1.4	1.4	1.6
62. 养老金计划持有的不可交易证券	20.8	55.1	40.3	41.2	41.1	20.9	60.8	24.5
63. 其他应付账款	-0.1	-2.6	-8.6	-15.1	-3.4	6.4	-4.5	1.3

（续表）

行号	1995	1996	1997	1998	1999	2000	2001	2002
64. 贸易应付款	-4.6	0.7	-8.8	-8.0	-0.4	4.4	3.4	1.8
65. 其他(杂项负债)	4.5	-3.3	0.3	-7.1	-2.9	2.0	-7.8	-0.4
备注：								
66. 净贷出或净借入，金融账户(34-54行)	-180.4	-195.6	-69.1	16.0	105.4	198.0	-2.3	-269.3
其他物量变化账户								
67. 其他物量总变化	29.8	-48.2	-11.6	-28.7	46.0	36.2	-4.5	-29.2
68. 其他物量变化	11.0	-0.4	10.3	3.2	41.9	27.5	43.2	-18.5
69. 减统计误差[32-(34-54)行][a]	-18.8	47.9	21.8	31.9	-4.1	-8.7	47.7	10.6
重估价账户								
70. 非金融资产	45.7	33.6	40.7	27.0	44.1	41.6	33.4	30.8
71. 建筑物	38.0	33.7	40.9	30.3	38.4	43.0	32.6	30.0
72. 设备和软件	7.6	-0.2	-0.2	-3.3	5.7	-1.4	0.8	0.8
73. 金融资产	0.3	-0.8	-1.6	1.3	-0.9	-1.3	-1.0	-1.4
74. 通货和支票存款	-5.6	5.2	3.8	-1.7	-1.4	1.4	1.5	-0.6
75. 货币黄金、特别提款权和官方外汇	6.0	-6.0	-5.4	3.1	0.5	-2.7	-2.5	-0.8
76. 名义持有损益引致的资产净值变化	46.0	32.7	39.1	28.3	43.2	40.3	32.4	29.4
资产负债账户变化								
77. 资产净值变化(28+32+67+76行)[b]	-133.9	-168.0	-36.6	34.9	185.5	257.8	65.6	-258.6
资产负债账户(期末)								
78. 总资产	1 756.3	1 790.3	1 809.3	1 826.8	1 981.0	1 967.9	2 094.6	2 122.2
79. 非金融资产	1 314.4	1 343.2	1 367.0	1 381.4	1 420.5	1 454.1	1 479.8	1 510.4
80. 建筑物	787.7	819.0	848.5	869.4	901.9	936.5	959.2	987.0

（续表）

行号	1995	1996	1997	1998	1999	2000	2001	2002
81. 设备和软件	526.7	524.3	518.4	511.9	518.6	517.6	520.6	523.4
82. 金融资产	441.9	447.1	442.3	445.4	560.5	513.8	614.9	611.8
83. 货币黄金和特别提款权	11.0	10.3	10.0	10.6	10.3	10.5	10.8	12.2
84. 通货和存款	68.1	77.4	79.0	70.3	130.0	63.7	112.3	116.8
85. 官方外汇	28.0	19.0	13.8	16.2	16.0	15.6	14.4	16.9
86. IMF 净头寸	14.7	15.5	18.2	24.2	18.0	14.9	17.9	22.1
87. 通货和可转让存款	22.2	38.3	41.6	23.2	87.9	24.3	66.9	47.5
88. 定期和储蓄存款	0.9	2.4	3.4	4.7	5.4	6.3	10.5	27.6
89. 非官方外币	2.3	2.2	2.1	2.0	2.6	2.6	2.6	2.7
90. 贷款	207.8	206.5	209.8	221.6	261.1	272.7	278.7	288.5
91. 短期	150.3	156.3	164.1	176.7	183.3	195.8	203.0	212.2
92. 　消费信贷	9.9	17.6	28.3	37.4	50.9	67.0	80.1	92.8
93. 　其他贷款和预付款	140.5	138.7	135.7	139.3	132.4	128.8	122.9	119.4
94. 长期(按揭贷款)	57.5	50.3	45.7	44.9	77.7	76.9	75.8	76.3
95. 股票和其他权益	27.4	29.2	30.8	32.4	33.9	35.4	37.1	38.7
96. 国际组织权益	27.4	29.2	30.8	32.4	33.9	35.4	37.1	38.7
97. 政府发起企业的权益	0	0	0	0	0	0	0	0
98. 其他应收账款	127.5	123.6	112.6	110.5	125.3	131.5	176.0	155.7
99. 贸易应收款	23.1	24.0	20.8	22.3	22.9	28.1	35.5	32.2
100. 应收税金	17.3	20.7	20.0	21.4	38.5	42.4	79.8	64.3
101. 其他(杂项资产)	87.2	78.8	71.9	66.9	63.9	61.0	60.7	59.2
102. 总负债与资产净值	1 756.3	1 790.3	1 809.3	1 826.8	1 981.0	1 967.9	2 094.6	2 122.2

（续表）

行号	1995	1996	1997	1998	1999	2000	2001	2002
103. 负债	4 289.2	4 491.2	4 546.8	4 529.4	4 498.1	4 227.2	4 288.3	4 574.5
104. 货币黄金和特别提款权(特别提款权凭证)	10.2	9.7	9.2	9.2	6.2	2.2	2.2	2.2
105. 通货和存款(国库货币)	18.3	18.9	19.3	19.9	20.9	23.2	24.5	25.5
106. 除股票外的其他证券	3 636.7	3 781.7	3 804.8	3 752.2	3 681.0	3 385.1	3 379.5	3 637.0
107. 国债,包括储蓄债券	3 608.5	3 755.1	3 778.3	3 723.7	3 652.7	3 357.8	3 352.7	3 609.8
108. 联邦机构债券	28.2	26.6	26.5	28.5	28.3	27.3	26.8	27.3
109. 保险专门准备金	536.2	591.9	634.0	676.5	719.0	741.3	803.6	829.7
110. 保险准备金	29.9	30.5	32.3	33.6	35.0	36.4	37.8	39.4
111. 养老金计划持有的非有价证券	506.3	561.4	601.7	642.9	684.0	704.9	765.8	790.3
112. 其他应付账款	87.7	89.0	79.6	71.7	71.1	75.4	78.6	80.1
113. 贸易应付款	81.1	81.8	72.9	65.0	64.5	69.0	72.3	74.1
114. 其他(杂项负债)	6.7	7.3	6.6	6.7	6.6	6.4	6.2	6.0
115. 资产净值	-2 532.9	-2 700.9	-2 737.6	-2 702.6	-2 517.2	-2 259.3	-2 193.7	-2 452.3

a 该项误差是由资本账户得出的净贷出/净借入与由金融账户得出的净贷出/净借入之差。它反映了资本和金融账户之间在数据来源、流量记录时间方面的差异以及其他统计误差。

b 部分——未包括有形资产重估价。

表11.10 州和地方政府(不包括雇员退休基金,10亿美元)

行号	1995	1996	1997	1998	1999	2000	2001	2002
		经常账户						
1. 国内生产总值(GDP)/总增加值	666.7	693.0	720.4	752.6	790.5	834.4	883.8	930.9
2. 减:固定资本消耗	83.1	87.2	91.6	96.2	102.1	109.8	117.7	121.7
3. 等于:国内生产净值/净增加值	583.6	605.8	628.8	656.4	688.4	724.6	766.1	809.1
4. 雇员报酬(已付)	571.5	591.9	616.5	646.2	677.9	716.9	760.8	803.2
5. 工资和薪金	450.8	468.7	490.8	517.5	545.0	578.9	615.2	646.6
6. 雇主社会保障缴款	120.7	123.2	125.7	128.7	132.9	138.1	145.6	156.6
7. 净营业盈余	12.0	13.9	12.3	10.2	10.4	7.7	5.4	5.9
8. 国民净收入/初始收入净额	498.3	526.6	552.0	575.9	610.9	640.8	650.6	682.9
9. 净营业盈余	12.0	13.9	12.3	10.2	10.4	7.7	5.4	5.9
10. 应收生产税和进口税	482.4	507.9	533.8	558.8	590.2	621.1	643.8	672.5
11. 补贴(支付)	-0.3	-0.3	-0.4	-0.4	-0.4	-0.5	-7.7	-1.0
12. 财产性收入(已收)	73.3	77.8	80.9	85.3	92.2	95.6	95.5	
13. 利息	62.9	67.3	71.5	74.6	78.4	84.0	86.7	86.0
14. 已分配公司收入(红利)	1.0	1.4	1.5	1.7	1.8	1.9	2.0	2.1
15. 地租	4.5	4.6	4.8	4.6	5.1	6.3	7.0	7.4
16. 减:财产收入使用(支付利息)	64.2	68.1	71.4	73.6	74.6	79.5	86.6	89.9
17. 国民净收入/初始收入净额	498.3	526.6	552.0	575.9	610.9	640.8	650.6	682.9
18. 加:所得税等经常税(获得)	189.8	201.7	216.1	236.1	250.3	272.2	273.9	253.0
19. 加:社会福利(获得)	13.6	12.5	10.8	10.4	9.8	11.0	13.2	13.5
20. 减:社会保障缴款(支付)	217.6	224.3	227.6	235.8	252.4	271.7	305.1	332.3
21. 加:其他经常转移(获得)	224.1	234.1	246.6	266.8	290.8	315.4	350.8	384.2

（续表）

行号	1995	1996	1997	1998	1999	2000	2001	2002
22. 等于:可支配收入净额	708.1	750.6	798.0	853.3	909.3	967.7	983.4	1 001.4
23. 减:最终消费支出	696.1	724.8	758.9	801.4	858.9	917.8	966.1	1 004.6
24. 等于:净储蓄	12.0	25.8	39.1	52.0	50.4	50.0	17.3	-3.2
资本账户								
25. 净储蓄和资本转移	44.4	59.7	74.4	88.0	90.3	93.8	65.8	48.4
26. 净储蓄	12.0	25.8	39.1	52.0	50.4	50.0	17.3	-3.2
27. 已收资本转移(净)	32.4	33.9	35.3	36.0	39.9	43.7	48.5	51.7
28. 资本形成净额	77.4	82.6	93.2	97.9	112.6	124.0	126.8	135.3
29. 固定资本形成总额(非金融生产资产获得)	154.0	163.8	178.9	186.5	206.1	225.1	235.8	248.4
30. 减:固定资本消耗	83.1	87.2	91.6	96.2	102.1	109.8	117.7	121.7
31. 非金融非生产资产获得	6.6	6.1	5.9	7.6	8.6	8.8	8.6	8.6
32. 净贷出或净借入,资本账户(25-28行)	-33.0	-22.9	-18.8	-9.9	-22.3	-30.3	-61.0	-86.9
金融账户								
33. 净贷出或净借入(32行)	-33.0	-22.9	-18.8	-9.9	-22.3	-30.3	-61.0	-86.9
34. 金融资产净获得	-31.7	13.8	25.4	146.9	77.5	35.8	91.5	86.6
35. 通货和存款	10.0	5.1	10.2	8.9	14.9	10.4	12.7	25.6
36. 通货和可转让存款	3.4	-5.5	4.4	-3.9	3.9	1.0	5.1	8.5
37. 定期和储蓄存款	6.6	10.6	5.8	12.8	11.0	9.4	7.7	17.1
38. 除股票外的其他证券	-94.7	-37.5	-3.6	130.3	24.1	-22.3	55.9	20.8
39. 公开市场票据	17.1	20.3	14.3	28.0	6.9	22.6	-26.5	-3.8
40. 国债	-80.2	-32.8	-17.7	30.0	-2.5	-29.1	50.2	22.1
41. 机构和政府支持证券	-35.1	-35.3	-0.8	63.6	11.0	-18.0	19.9	2.1

（续表）

行号	1995	1996	1997	1998	1999	2000	2001	2002
42. 市政债券	-3.5	-0.5	-0.7	-1.4	-1.5	0.6	0.3	-1.4
43. 公司债和外国债券	7.1	10.7	1.3	10.2	10.1	1.7	11.9	1.8
44. 贷款	0.3	35.9	7.2	11.3	9.3	24.2	-8.7	2.8
45. 短期（抵押品回购）	-3.0	32.1	3.6	7.2	5.0	19.7	-13.4	-2.1
46. 长期（按揭贷款）	3.3	3.8	3.7	4.1	4.3	4.5	4.7	5.0
47. 股票和其他权益	18.0	20.5	9.4	-2.9	7.8	-0.3	27.9	8.6
48. 公司股票	12.1	14.5	16.8	9.4	3.5	-1.2	22.8	6.7
49. 共同基金股份	5.9	6.0	-7.4	-12.3	4.3	0.8	5.1	2.0
50. 其他应收账款	34.6	-10.1	2.1	-0.6	21.5	23.7	3.6	28.7
51. 应收税金	-9.1	-4.6	0.3	2.8	10.5	14.8	3.6	10.4
52. 其他（杂项资产）	43.7	-5.5	1.9	-3.5	11.0	8.9	-0.0	18.4
53. 负债净发生	-31.7	15.0	72.9	98.2	67.6	42.8	131.0	168.4
54. 除股票外的其他证券（市政）	-61.4	-16.2	42.8	66.5	38.9	16.5	105.5	143.4
55. 短期	1.2	6.3	8.3	-6.3	2.6	1.4	23.8	25.2
56. 其他	-62.6	-22.5	34.4	72.7	36.3	15.1	81.7	118.2
57. 贷款（短期）	0.5	0.4	-1.2	1.2	-0.4	-1.0	0.2	0.5
58. 其他应付账款（贸易应付款）	29.2	30.9	31.4	30.5	29.1	27.4	25.2	24.5
备注：								
59. 净贷出或净借入，金融账户（34-53行）	0.0	-1.2	-47.5	48.8	9.9	-7.1	-39.5	-81.7
其他物量变化账户								
60. 其他物量总变化	29.6	15.5	-44.0	45.1	22.6	22.0	33.1	25.2
61. 其他物量变化	-3.5	-6.2	-15.3	-13.7	-9.5	-1.2	11.6	20.1

（续表）

行号	1995	1996	1997	1998	1999	2000	2001	2002
62. 减:统计误差[32 -(34 -53)行][a]	-33.1	-21.7	28.7	-58.7	-32.1	-23.2	-21.5	-5.2
重估价账户								
63. 非金融资产	98.1	80.3	101.2	86.5	132.1	175.6	90.7	97.0
64. 建筑物	96.2	81.3	104.1	88.6	132.5	175.5	83.8	90.0
65. 设备和软件	1.9	-0.9	-2.9	-2.1	-0.4	0.0	6.9	7.0
66. 股票和其他权益	3.5	6.2	15.3	13.7	9.5	1.2	-11.6	-20.1
67. 名义持有损益引致的资产净值变化	101.5	86.5	116.5	100.1	141.6	176.8	79.1	76.9
资产负债账户变化								
68. 资产净值变化(28 +32 +60 +67 行)[b]	175.5	161.7	146.9	233.2	254.6	292.5	178.0	150.5
资产负债账户(期末)								
69. 总资产	4 212.7	4 389.5	4 609.3	4 940.6	5 262.8	5 598.1	5 907.1	6 226.0
70. 非金融资产	3 218.6	3 381.5	3 575.9	3 760.3	4 005.0	4 304.6	4 522.1	4 754.4
71. 建筑物	3 059.7	3 213.9	3 400.8	3 574.6	3 805.6	4 091.2	4 288.7	4 501.0
72. 设备和软件	158.9	167.7	175.1	185.7	199.4	213.4	233.4	253.4
73. 金融资产	994.1	1 007.9	1 033.3	1 180.3	1 257.8	1 293.5	1 385.0	1 471.6
74. 通货和存款	95.3	100.3	110.5	119.4	134.3	144.7	157.4	183.0
75. 通货和可转让存款	33.3	27.8	32.2	28.3	32.2	33.2	38.2	46.7
76. 定期和储蓄存款	62.0	72.6	78.4	91.1	102.1	111.5	119.2	136.3
77. 除股票外的其他证券	524.8	487.2	483.7	614.0	638.1	615.8	671.6	692.4
78. 公开市场票据	39.4	59.7	74.0	102.0	108.9	131.5	105.0	101.2
79. 国债	289.8	257.0	239.3	269.3	266.8	237.7	287.9	310.0
80. 机构和政府支持证券	151.5	116.2	115.4	179.0	190.0	172.0	191.9	194.0

（续表）

行号	1995	1996	1997	1998	1999	2000	2001	2002
81. 市政债券	5.1	4.6	3.9	2.5	1.0	1.6	1.9	0.5
82. 公司债和外国债券	39.0	47.7	51.0	61.2	71.3	73.0	84.9	86.7
83. 贷款	229.5	265.4	272.7	284.0	293.3	317.5	308.8	311.7
84. 短期(抵押品回购)	115.7	147.8	151.4	158.5	163.5	183.3	169.9	167.7
85. 长期(按揭贷款)	113.8	117.6	121.3	125.4	129.8	134.3	139.0	143.9
86. 股票和其他权益	61.2	87.9	112.6	123.3	140.6	141.5	157.8	146.4
87. 公司股票	26.2	46.8	79.0	102.0	115.0	115.1	126.3	112.9
88. 共同基金股份	35.0	41.0	33.6	21.3	25.6	26.4	31.5	33.5
89. 其他应收账款	83.4	67.1	53.9	39.6	51.6	74.1	89.3	138.2
90. 应收税金	27.9	26.1	26.9	28.1	33.5	45.6	50.1	59.5
91. 其他(杂项资产)	55.4	41.0	27.0	11.5	18.1	28.5	39.2	78.6
92. 总负债与资产净值	4 212.7	4 389.5	4 609.3	4 940.6	5 262.8	5 598.1	5 907.1	6 226.0
93. 负债	1 531.7	1 546.7	1 619.7	1 717.8	1 785.4	1 828.3	1 959.2	2 127.6
94. 除股票外的其他证券(市政)	1 035.3	1 019.0	1 061.8	1 128.2	1 167.1	1 183.6	1 289.2	1 432.6
95. 短期	32.9	39.1	47.5	41.2	43.7	45.1	69.0	94.2
96. 其他	1 002.4	979.9	1 014.3	1 087.1	1 123.4	1 138.5	1 220.2	1 338.4
97. 贷款(短期)	9.8	10.1	8.9	10.1	9.7	8.7	8.9	9.4
98. 其他应付账款(贸易应付款)	486.7	517.6	549.0	579.5	608.6	635.9	661.1	685.6
99. 资产净值	2 681.0	2 842.7	2 989.6	3 222.8	3 477.3	3 769.8	3 947.8	4 098.4

a 该项误差是由资本账户得出的净贷出/净借入与由金融账户得出的净贷出/净借入之差。它反映了资本和金融账户之间在数据来源、流量记录时间方面的差异和其他统计误差。

b 部分——未包括有形资产重估价。

表 11.11 国外(10 亿美元)

行号	1995	1996	1997	1998	1999	2000	2001	2002
		经常账户						
1. 外国从美国获得的收入	1 137.2	1 217.7	1 352.2	1 430.4	1 586.0	1 875.6	1 732.5	1 770.1
2. 美国的货物与服务进口	903.6	964.8	1 056.9	1 115.9	1 251.8	1 475.8	1 401.7	1 433.1
3. 美国向国外支付的收入	198.2	213.7	253.7	265.8	287.1	343.7	283.8	277.7
4. 向国外支付的经常税和转移	35.4	39.1	41.6	48.8	47.2	56.1	47.1	59.3
5. 外国对美国的支出	1 046.2	1 117.3	1 242.1	1 243.1	1 312.1	1 479.0	1 354.1	1 306.0
6. 美国的货物与服务出口	812.2	868.6	955.4	955.9	991.3	1 096.3	1 035.1	1 006.8
7. 美国从国外收到的收入	234.0	248.7	286.7	287.1	320.8	382.7	319.0	299.1
8. 等于:净储蓄(对外经常贸易差额)	91.0	100.4	110.2	187.4	273.9	396.6	378.5	464.1
		资本账户						
9. 净储蓄	91.0	100.4	110.2	187.4	273.9	396.6	378.5	464.1
10. 净资本转移	1.1	0.6	1.0	0.7	4.9	0.3	1.1	1.3
12. 净贷出或净借入,资本账户(9 + 10 - 11 行)[a]	92.1	101.0	111.2	188.1	278.8	397.4	379.6	465.4
		金融账户						
13. 净贷出或净借入(12 行)	92.1	101.0	111.2	188.1	278.8	397.4	379.6	465.4
14. 美国金融资产净获得	419.2	521.8	597.3	393.4	708.5	942.2	640.3	680.0
15. 货币黄金和特别提款权	-0.8	0.4	-0.4	-0.1	0.0	-0.7	-0.6	-0.8
16. 通货和存款	17.9	-21.1	38.6	0.7	49.2	18.5	-41.6	39.4
17. 通货	12.3	17.4	24.8	16.6	26.6	5.3	23.8	21.5
18. 可转让存款	1.1	2.6	5.1	-1.8	13.3	-9.5	0.4	1.7
19. 定期存款	-6.6	10.9	13.1	13.0	15.0	1.9	-20.1	12.0
20. 美国银行欠付的银行间科目净额	11.1	-52.0	-4.3	-27.1	-5.7	20.8	-45.6	4.2

（续表）

行号	1995	1996	1997	1998	1999	2000	2001	2002
21. 除股票外的其他证券	246.8	375.7	242.3	173.4	162.5	228.1	321.4	428.9
22. 公开市场票据	18.6	14.4	19.9	37.6	-13.0	9.5	6.2	17.3
23. 国债	160.5	262.7	123.7	18.7	-32.3	-87.2	3.3	139.4
24. 机构和政府支持证券	17.6	26.8	30.3	11.1	63.4	137.3	106.1	106.7
25. 公司债	50.1	71.8	68.4	106.2	144.4	168.4	205.8	165.6
26. 贷款(短期)	21.0	7.1	37.2	-19.8	-14.8	9.2	57.8	49.5
27. 抵押品回购	21.0	3.2	20.0	-18.8	8.0	11.4	59.4	39.4
28. 对美国公司企业的贷款	0.0	3.9	17.3	-1.0	-22.7	-2.2	-1.6	10.1
29. 股票和其他权益	74.3	97.6	172.6	221.0	401.7	514.9	273.0	92.8
30. 公司股票	16.5	11.1	67.0	42.0	112.3	193.6	121.4	53.2
31. 在美国的外国直接投资	57.8	86.5	105.6	179.0	289.4	321.3	151.6	39.6
32. 其他应收账款	60.0	62.2	106.9	18.2	109.9	172.3	30.3	70.2
33. 贸易应收款	0.7	5.5	0.9	-6.5	-5.1	-0.4	-3.1	3.1
34. 其他(杂项资产)	59.2	56.7	106.0	24.7	115.0	172.6	33.4	67.1
35. 负债净发生	332.6	383.9	377.8	318.4	476.8	486.7	225.8	153.3
36. 通货和存款	44.4	79.5	108.3	12.9	53.0	133.8	34.9	33.9
37. 官方外汇	6.3	-7.6	-2.9	1.5	-3.3	1.9	0.7	3.8
38. IMF 净头寸	2.5	1.3	3.6	5.1	-5.5	-2.3	3.6	6.1
39. 美国私人存款	35.3	85.9	107.7	6.5	61.1	134.2	30.7	23.9
40. 美国政府存款	0.3	-0.1	-0.0	-0.1	0.6	0.0	-0.1	0.1
41. 除股票外的其他证券	70.6	78.3	65.1	30.6	18.2	46.9	-38.7	2.6
42. 商业票据	13.5	11.3	3.7	7.8	16.3	31.7	-14.2	36.1

（续表）

行号	1995	1996	1997	1998	1999	2000	2001	2002
43. 债券	57.1	67.0	61.4	22.8	1.9	15.2	-24.5	-33.5
44. 贷款(短期)	7.9	10.1	6.7	0.6	-5.3	10.1	-11.0	3.2
45. 承担银行债务	0.3	1.8	-0.2	-5.0	-0.9	-0.7	-2.6	-0.4
46. 美国政府贷款	-0.8	-0.7	-1.6	-1.0	-4.8	-0.6	-1.1	-1.8
47. 银行贷款,不另分类的	8.5	9.1	8.5	6.6	0.5	11.4	-7.3	5.3
48. 股票和其他权益	165.7	176.6	164.0	245.6	340.7	267.4	230.8	157.2
49. 公司股票	65.4	82.8	57.6	101.4	114.3	106.7	109.1	17.7
50. 美国政府在德国等国家的权益	1.5	1.8	1.6	1.6	1.5	1.5	1.7	1.7
51. 美国对外直接投资	98.8	91.9	104.8	142.6	224.9	159.2	120.0	137.8
52. 其他应付账款	44.1	39.4	33.7	28.7	70.1	28.5	9.8	-43.6
53. 贸易应付款	5.8	-1.7	5.2	-3.9	4.2	0.8	-2.2	-10.1
54. 其他(杂项负债)	38.3	41.1	28.5	32.6	65.9	27.6	12.0	-33.5
备注:								
55. 净贷出,金融账户(14-35行)	86.6	137.9	219.6	75.0	231.7	455.5	414.5	526.7
其他物量变化账户								
56. 其他物量总变化	-60.0	86.9	-56.8	-202.2	-264.0	238.9	50.9	-39.9
57. 其他物量变化	-54.5	50.0	-165.2	-89.1	-217.0	180.8	15.9	-101.3
58. 减:统计误差[12-(14-35)行][a]	5.6	-36.9	-108.4	113.1	47.1	-58.1	-35.0	-61.3
重估价账户								
59. 金融资产	170.2	57.4	185.0	261.0	111.5	-360.0	-285.0	-222.2
60. 除股票外的其他证券	30.6	-33.5	-1.4	8.0	-63.3	40.6	12.7	44.1
61. 国债	27.1	-35.6	-5.3	0.6	-72.2	32.9	10.3	35.2

（续表）

行号	1995	1996	1997	1998	1999	2000	2001	2002
62. 机构和政府支持证券	3.5	2.1	3.9	7.4	8.9	7.7	2.5	8.9
63. 股票和其他权益	139.6	90.9	186.4	253.0	174.8	-400.6	-297.7	-266.3
64. 公司股票	135.3	111.8	213.5	255.5	248.9	-179.5	-213.1	-364.4
65. 在美国的外国直接投资	4.3	-20.9	-27.1	-2.5	-74.1	-221.1	-84.6	98.2
66. 负债	95.4	168.9	104.3	155.7	406.6	-305.1	-404.4	-270.1
67. 通货和存款	11.3	13.2	-16.4	4.6	-1.2	-3.6	-3.5	-0.9
68. 官方外汇	1.5	-3.2	-4.6	3.7	-0.6	-2.8	-2.9	1.0
69. IMF 净头寸	0.2	-0.5	-0.9	0.9	-0.7	-0.8	-0.6	-1.9
70. 股票和其他权益	84.1	155.7	120.7	151.2	407.8	-301.4	400.9	-269.2
71. 公司股票	83.9	143.3	147.3	165.8	414.4	-257.6	-349.3	-285.2
72. 美国对外直接投资	0.2	12.4	-26.6	-14.7	-6.6	-43.8	-51.6	15.9
73. 名义持有损益引致的资产净值变化	74.7	-111.5	80.7	105.3	-295.1	-54.9	119.4	47.9
资产负债账户变化								
74. 资产净值变化(12+56+73行)	106.8	76.4	135.1	91.2	-280.4	581.4	549.9	473.3
资产负债账户(期末)								
75. 金融总资产	3 434.5	4 042.1	4 627.3	5 199.3	5 819.9	6 590.6	6 979.2	7 375.3
76. 通货和存款	472.7	451.6	490.2	490.9	540.1	558.7	517.1	556.5
77. 通货	169.2	186.6	211.4	228.0	254.6	259.9	283.7	305.2
78. 可转让存款	24.5	27.1	32.2	30.4	43.7	34.2	34.6	36.3
79. 定期存款	49.6	60.6	73.6	86.6	101.6	103.5	83.3	95.3
80. 美国银行欠付的银行间科目净值	229.3	177.3	173.0	145.9	140.3	161.1	115.5	119.7
81. 除股票外的其他证券	1 371.3	1 713.5	1 954.4	2 135.9	2 235.1	2 503.8	2 837.9	3 310.9

（续表）

行号	1995	1996	1997	1998	1999	2000	2001	2002
82. 公开市场票据	43.4	57.9	77.8	115.3	102.3	111.9	118.1	135.4
83. 国债	820.2	1 047.3	1 165.7	1 185.0	1 080.4	1 026.1	1 039.7	1 214.2
84. 机构和政府支持证券	146.2	175.1	209.4	227.8	300.2	445.2	553.8	669.4
85. 公司债	361.5	433.2	501.6	607.8	752.1	920.6	1 126.3	1 291.9
86. 贷款(短期)	189.7	196.9	234.1	214.3	199.5	208.7	266.4	316.0
87. 抵押品回购	67.6	70.9	90.8	72.0	79.9	91.3	150.7	190.1
88. 对美国公司企业的贷款	122.1	126.0	143.3	142.3	119.5	117.3	115.7	125.8
89. 股票和其他权益	1 229.6	1 418.0	1 777.0	2 251.0	2 827.5	2 941.8	2 917.1	2 743.7
90. 公司股票	549.5	672.4	952.9	1 250.3	1 611.5	1 625.6	1 533.9	1 222.7
91. 在美国的外国直接投资	680.1	745.6	824.1	1 000.7	1 216.0	1 316.2	1 383.2	1 521.0
92. 其他应收账款	171.2	262.2	171.6	107.7	17.6	377.6	440.5	448.2
93. 贸易应收款	52.6	58.1	59.0	52.5	47.4	47.0	43.9	47.0
94. 其他(杂项资产)	118.6	204.1	112.6	55.2	−29.7	330.6	396.7	401.2
95. 总负债与资产净值	3 434.5	4 042.1	4 627.3	5 199.8	5 819.9	6 590.6	6 979.2	7 375.3
96. 总负债	2 788.5	3 319.7	3 769.8	4 251.1	5 151.6	5 340.9	5 179.5	5 102.3
97. 通货和存款	484.8	577.6	669.5	687.0	738.8	869.0	900.4	933.4
98. 官方外汇	49.1	38.3	30.8	36.0	32.2	31.2	29.0	33.8
99. IMF 净头寸	14.6	15.4	18.1	24.1	18.0	14.8	17.9	22.0
100. 美国私人存款	418.8	521.7	618.5	624.9	686.1	820.1	851.0	874.9
101. 美国政府存款	2.3	2.2	2.1	2.0	2.6	2.6	2.6	2.7
102. 除股票外的其他证券	355.5	433.8	492.8	523.5	541.7	588.6	549.9	552.6
103. 商业票据	56.2	67.5	65.1	72.9	89.2	120.9	106.7	142.8

（续表）

行号	1995	1996	1997	1998	1999	2000	2001	2002
104. 债券	299.4	366.3	427.7	450.6	452.5	467.7	443.2	409.8
105. 贷款（短期）	98.1	108.3	115.1	115.8	110.8	120.9	109.8	113.0
106. 承担银行债务	8.2	9.9	9.7	4.7	3.9	3.1	0.5	0.2
107. 美国政府贷款	55.4	54.7	53.2	52.4	47.8	47.2	46.0	44.3
108. 银行贷款，不另分类的	34.6	43.7	52.1	58.7	59.2	70.5	63.2	68.6
109. 股票和其他权益	1 689.7	2 022.0	2 306.7	2 703.4	3 451.9	3 417.9	3 247.8	3 135.8
110. 美国政府在德国等国家的权益	27.4	29.2	30.8	32.4	33.9	35.4	37.1	38.7
111. 美国对外直接投资	885.5	989.8	1 068.1	1 196.0	1 414.4	1 529.7	1 598.1	1 751.9
112. 公司股票	776.8	1 002.9	1 207.8	1 475.0	2 003.7	1 852.9	1 612.7	1 345.2
113. 其他应付账款	160.3	178.0	185.7	221.4	308.4	344.5	371.6	367.6
114. 贸易应付款	45.3	43.6	48.8	44.9	49.1	49.9	47.8	37.6
115. 其他（杂项资产）	115.0	134.4	136.9	176.5	259.3	294.6	323.8	330.0
116. 资产净值（对外账户）	646.0	722.4	857.5	948.7	668.3	1 249.7	1 799.6	2 273.0

a 该项误差是由资本账户得出的净贷出/净借入与由金融账户得出的净贷出/净借入之差。它反映了资本和金融账户在数据来源、流量记录时间方面的差异以及其他统计误差。

SNA-USA 草案的金融、其他物量变化和价值重估账户数据均来自BEA 的国际交易账户及其基础原始数据。记录的方式和国内各部门相同,但不同于 ITA,因为 SNA-USA 草案(以及 FFA)对很多金融交易进行了取净额处理,而 ITA 则是按总额显示的。

国外部门的统计误差——经常和资本账户中计算的净贷出和金融账户中的净贷出之间的差异,反映了国际收支平衡表记录中的统计误差,以及 NIPAs、ITA 和 FFA 在常住性定义方面的其他差异。目前各机构正在开展一个项目来协调与各账户之间的差异。

11.4　账户整合的有关问题

前文已提到,各机构正努力降低因使用不同原始数据和方法而导致的
534 部门误差。图 11.3 对由净贷出/净借入指标所概括的这些误差进行了比较。该图表明,无论由资本账户还是金融账户,每一个部门的净贷出/净借入图形都是相似的。尽管如此,某些部门和某些年份还是存在着显著的差异。

对住户部门(图 11.3A),SNA-USA 草案资本账户和金融账户之间的净贷出/净借入的差异比较明显,但早期显现的特征相对稳定。直到 1998 年,得自金融账户之净贷出占可支配收入的比重平均高于资本账户之净贷出占比约 2 个百分点。近年来,该差异平均而言已经变小。换言之,金融账户上住户累积的资产要多于资本账户流量所反映的资产积累;如果没有"其他物量变化"账户中所包含的统计误差,住户部门的资产净值将高出现在 6 个百分点(这 6 个百分点相当于历史累积的统计误差值)。

住户部门统计误差是 FFA 多年来开展的好几项研究的主题。[21] 经常账户中某些类别是采用余值计算的,金融账户和资产负债账户中大部分资产类别和某些负债类别也是采用余值计算的,这些都为我们探寻该差异的根源留下了较大空间。本章所讨论的国民账户整合,其好处之一就是按照部门的存量和流量予以界定,使得该问题的本质更加清楚。

各机构关心的另一个问题是非金融公司企业部门的净贷出/净借入差异(图 11.3B)。SNA-USA 草案指出了若干可能的误差来源。其中尤为棘手的一个误差来源是各机构对金融和非金融企业的区分——要进行去中介化和流量评估(比如支付利息和已收利息)分析,这是一个很重要的边界。该边界对测度各部门的存量和资产净值也有影响。

㉑　参见 Wilson 等(1989)的研究。

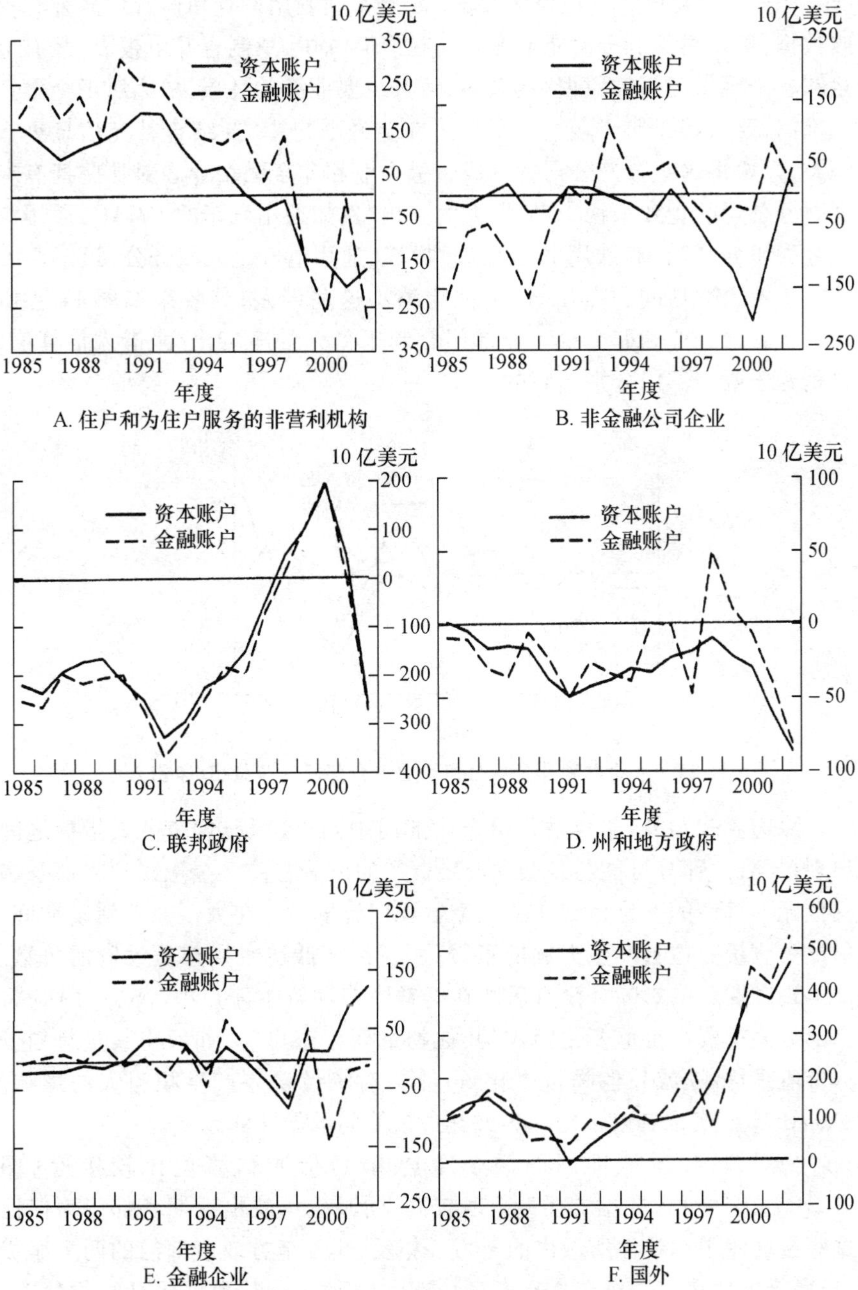

图 11.3　SNA-USA 草案的净贷出/净借入

企业分类边界问题反映了 NIPAs 和 FFA 在原始数据方面的某些差

异。NIPAs 主要依靠纳税申报数据,而 FFA 则利用调查和监管信息补充税收数据,然后再编制金融企业账户。在 NIPAs 中,填制合并申报表(兼有金融和非金融子公司的数据)的公司,按其主要业务的性质,要么属于金融企业部门,要么属于非金融企业部门。在金融账户中,要结合补充信息进行
535 调整,以便将这些合并公司拆解成金融企业和非金融企业。对那些拥有专属财务公司的企业来说,该问题尤为突出,例如通用汽车的 GMAC(通用汽车金融服务公司)和通用电气的 GE 投资(通用电气金融服务公司)。

为解决边界问题做出努力,就会缩小这些误差,其效果如图 11.4 所示。将金融企业和非金融企业部门合起来得到的净贷出/净借入估算值,要稍好于两个部门分别估算的结果。

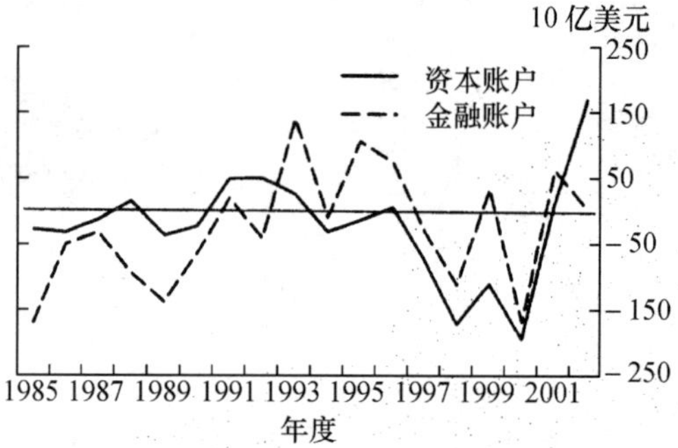

图 11.4 金融和非金融公司企业综合部门的净贷出/净借入

除边界问题外,非金融公司企业部门中两个净贷出/净借入指标之间
536 出现差异,一部分可能与各杂项金融资产的记录有关。金融账户将商誉和其他无形资产的变化包含在杂项金融资产流量中。在大型兼并活动期间,但此类流量数值会产生大额的正数;而在经济低迷时期却是大额的负数。此类资产变化的影响并没有反映在经常账户和资本账户中。SNA 1993 将一部分此类资产价值变化归入“其他物量变化账户”。如何将其重新划分为价值重估和/或其他物量变化,可能会对统计误差产生相当大的影响。SNA-USA 草案未针对部门边界或其他核算问题做任何改变。

最后,联邦政府部门的两个净贷出/净借入估算值比较接近(图 11.3C),表明可得数据的质量普遍较高,同时也反映出近期各部门为保证这些数据使用一致性所做出的努力。相反,州和地方政府部门的两个净贷出/净借入估算值则存在大幅背离(图 11.3D)——其数据质量往往较差。看起来,应该将开发缺失数据估算方法作为整合州和地方政府部门账户的重要内容。

11.5 未来目标

除根据国际标准重新构建账户结构外,我们一直打算利用账户的整合来提升已出版估算数据的质量和实用性。那些需要各部门共同努力的各种具体事项已经得到确认,其中包括确保部门间边界在各账户间一致性的后续工作,为信息不足部门开发其他原始资料,以及共享缺失数据估算的数据来源和估算方法。

我们已经证明能够生成 1985—2002 年间的 SNA-USA 表。但对于 537
1985 年之前的时期,各机构要将已出版数据再加工为 SNA-USA 草案架构,则还需要大量工作。而且,本次尝试表明,要生成连续的综合账户,需要大量的投资,如果要实现上述改进,甚至需要更多的投资。

BEA 的战略规划提出了很多与综合账户开发相关的研发活动。他们已经着手考量部门定义,特别关注改进政府企业之原始数据的进展情况。另一项正在实施的研究则旨在改善 NIPAs 和 FFA 间原始数据的一致性,比如,改进 NIPAs 利息流量估算值与 FFA 生息资产和负债估算值的一致性。除了促进与其他 BEA 账户(比如投入产出账户)以及劳工局有关生产率统计数据(在本书其他很多章节都有介绍)的整合外,还要改进固定资产的估算值,并提供关于此类资产估价和所有权的更为可靠的信息。

在有望改进美国宏观经济账户整合的其他项目中,FRB 人员正在启动一项关于非金融企业杂项资产和负债核算的研究。这些类目包括了各种各样的金融活动,而且也确实是美国非金融公司资产负债表中最大的项目。首先是对有关此类金融活动的详细信息进行分析,然后,FRB 人员将重新考虑应当如何将杂项资产和负债变化分摊到流量、价值重估和其他物量变化中。尽管涉及的工作量不容小觑,但它却提供了这种可能性——改进美国 FFA 和 NIPAs 的整合,并使它们与 SNA 1993 准则接近一致。

此外,联邦储备委员会也在直接针对改善资本账户的整合开展工作,尤其是修改 SNA-USA 草案,以便显示出与美国 FFA 同样详细的金融部门估算值。需要同时考虑的是开发“其他物量变化”账户的详细信息,尤其是债务注销的估算。

BEA 和 FRB 正联合推进账户整合其他方面的改善。这些尝试包括研究专属财务公司包含于非金融公司合并纳税申报数据中的普遍程度,以便更多地了解部门边界之间的差异在研究企业部门融资中担当的重要作用。
BEA 和 FRB 人员也在共同工作,考察在可以获得政府普查的完整数据前, 538

可能用来改进 NIPAs 州和地方政府估算值的替代性数据来源。

综合宏观经济账户的一项重要且实用的成果应当是能够定期生成国民资产负债表。在完成该表之前,还有若干缺陷(有些前文已述及)需要解决。其中最重要的三项是:

- "其他物量变化"账户和价值重估账户的进一步开发。尽管 SNA-USA 草案中的"其他物量变化"账户已经领先于其他国家出版的账户,但仍然比较有限。为拓展该账户,需要仔细审查数据来源中所使用的核算技术,以及这些技术是否与宏观经济账户所需要的相一致,以便能把流量、价值重估和其他物量变化中的差异分别开来。
- 某些部门——特别是政府部门——房地产价值数据的改进,以及土地和建筑物市场价值分离的技术。
- 经常账户和积累账户与国际交易账户之间其他差异的消除或协调。

参考文献

Adler, Hans J., Preston S. Sunga, Carol S. Carson, George Jaszi, Edward F. Denison, John A. Gorman, Martin L. Marimont, et al. 1982. Comments on "Integrated economics accounts for the United States, 1947–80. *Survey of Current Business* 62 (May): 54–75.

Bloem, Adriann M., Robert J. Dipplesman, and Nils Ø. Mæhle. 2001. *Quarterly national accounts manual: Concepts, data sources, and compilation.* Washington, DC: International Monetary Fund.

Bureau of Economic Analysis (BEA). 2002. BEA's strategic plan for FY 2001–2005. *Survey of Current Business* 82 (May): 8–32.

Fraumeni, Barbara M., and Sumiye Okubo. 2001. Alternative treatments of consumer durables in the national accounts. Paper prepared for the Bureau of Economic Analysis Advisory Committee Meeting. 11 May, Washington, DC.

International Monetary Fund. 1995. *Balance of payments compilation guide.* Washington, DC: International Monetary Fund.

———. 2000. *Monetary and financial statistics manual.* Washington, DC: International Monetary Fund.

Lal, Kishori. 2003. Measurement of Output, Value Added, GDP in Canada and the United States: Similarities and Differences. Research Paper 13F0031MIE no. 010. Ottawa: Statistics Canada, June.

Mayerhauser, Nicole, Shelly Smith, and David F. Sullivan. 2003. Preview of the 2003 comprehensive revision of the National Income and Product Accounts: New and redesigned tables. *Survey of Current Business* 83 (August): 7–31.

Mead, Charles Ian, Karin Moses, and Brent R. Moulton. 2004. The NIPAs and the System of National Accounts. *Survey of Current Business* 84 (December): 17–32.

Moulton, Brent R., and Eugene P. Seskin. 2003. Preview of the 2003 comprehensive revision of the National Income and Product Accounts: Changes in definitions and classifications. *Survey of Current Business* 83 (June): 17–34.

Ruggles, Richard, and Nancy D. Ruggles. 1982. Integrated economic accounts for the United States, 1947–80. *Survey of Current Business* 62 (May): 1–53.

Wilson, John F., James L. Freund, Frederick O. Yohn, Jr., and Walter Lederer. 1989. Measuring household saving: Recent experience from the flow-of-funds perspective. In *The measurement of saving, investment, and wealth,* ed. Robert E. Lipsey and Helen Stone Tice, 101–52. Chicago: University of Chicago Press.

United Nations, Commission of the European Communities, International Monetary Fund, Organisation for Economic Co-operation and Development, and World Bank. 1993. *System of national accounts 1993.* Series F, no. 2, rev. 4. New York: United Nations.

U.S. Office of Management and Budget (OMB). 2004. *Analytical perspective: Budget of the United States government, fiscal year 2005.* Part II: *The federal government's assets and liabilities.* Washington, DC: OMB.

第12章 宏观数据与微观数据的整合
——以资本为例

R. A. 贝克尔 J. 豪蒂宛格 R. S. 佳敏
S. D. 克利麦克 D. J. 威尔逊*

12.1 引 言

541 对于量化企业行为的那些关键经济变量,统计机构当然应该力求在其
宏观和微观经济指标之间保持内在一致性。也就是说,理想状态下,一个
给定的指标应该在微观层面(即公司层面,或者最好是基层单位层面)上
对全部公司普查或者通过代表性调查来收集数据,而该指标的宏观总量应
该相应地表现为基础微观数据的加权总计(比如合计数或者平均数)。但
遗憾的是,能达到这种理想状态的关键经济变量却寥寥无几;最接近理想
542 状况的指标是就业和工资总额。产出和投入的指标通常离这一理想状态
甚远,即使是名义指标也是如此。

本章集中研究资本存量和流量的测算,可以说这是最不符合上述理想

---

* R. A. 贝克尔(Randy Becker)是美国普查局经济研究中心(CES)的高级经济学家。J. 豪蒂宛格(John Haltiwanger)是马里兰(Maryland)大学的经济学教授,也是美国普查局经济研究中心和国家经济研究局(NBER)的助理研究员。R. 佳敏(Ron Jarmin)是美国普查局经济研究中心研究组组长助理。S. 克利麦克(Shawn Klimek)是美国普查局经济研究中心的经济学家。D. J. 威尔逊(Daniel Wilson)是旧金山联邦储备银行从事应用微观经济学研究的经济学家。

本章有一部分是由普查局的工作人员撰写的,所受到的审查没有普查局官方出版物那般严格。本章所表达的任何观点、研究成果或意见都只属于作者本人的观点,并不必然反映普查局或联邦储备体系的观点。所有的结果都进行了审查,以确保保密性。在此,我们感谢 Douglas Meade、Michael Glenn、Adriano Rampini、Andrea Eisfeldt、John Seabold、Robert Parker 和其他参与本次国家经济研究局收入与财富研讨会(CRIW)的与会者。感谢政府咨询委员会专业协会的成员以及参与经济研究中心研讨会的人员,他们对本文所使用的各种数据来源做了许多有益的探讨。感谢2003年8月NBER/CRIW预备会议的与会人员,他们对本研究的方向提出了许多有用的意见。

状态的测算指标。具体地说,我们将在总体(即行业和资产)层面和微观(即公司和经济活动单位)层面比较并对比投资和资本的测算方法。这样,我们就可以考察微观/宏观测算之间的不一致程度、两种测算各自的局限性,以及在微观和宏观层面对资本动态的解释。

本章的一个关键主题是,由于微观层面和宏观层面采用了完全不同的方法,造成了资本测算结果的不一致。在美国,总资本测算是以自上而下的供给方方法为基础的。资本品生产行业的生产数据,与按产品(资产)分类的出口和进口数据一起,形成了每类资本品国内供给的测算值。然后,以国内供给为基数,减去由政府和消费者购买/使用的资本品,即可获得按资产分类的总投资合计数。也就是说,总投资合计数是利用商品流量法构建的:将商品总量在私人和政府消费与企业固定资产投资之间加以分配。同时采用永续盘存法来构建每类资产的资本存量估计,按照这种方法,需要分资产类型提供总投资历史序列、折旧率和投资价格缩减指数。

测算经济学(相对于会计学而言)意义上的折旧,编制投资价格缩减指数,这些都是难题,但是我们的关注点更多集中于资本测算的其他方面。我们对总资本测算的分析主要关注以下两个密切相关的问题:(a) 按资产分类的总投资合计数是如何分配到各行业的;(b) 按照自上而下方法得到的按资产和行业分类的总投资测算值,与根据自下而上方法构建的按资产和行业分类的总投资测算值有何不同。也就是说,在企业调查中,也具备可以汇总成行业—资产合计数的资本支出数据。

通常来说,以自上而下方法生成行业总数的前提是构建资本流量表(CFT),以便将资产总数自上而下地分配给各行业。作为美国投入产出表的一部分,定期的资本流量表(由 BEA 编制)每五年开发一次。历史地看,只有有限的数据可用于生成这样的资本流量表,为此 BEA 只能采用间接方法和很强的假设(代替直接信息)来编制资本流量表。近年来,随着年度资本支出调查(Annual Capital Expenditures Survey, ACES)的开展,信息有限性 543
已经有所改善,BEA 已经开始将由此得到的信息整合进其资本流量表中。然而,对于最新发布的资本流量表(即 2003 年发布的 1997 年资本流量表),BEA 仅使用 ACES 数据帮助编制建筑物部分的资本流量表,设备部分的资本流量表则仍采用间接方法编制。后文将说明,之所以这样做,至少部分是因为难以对自上而下和自下而上方法生成的行业资产统计数据予以协调。

与本章密切相关的另一个焦点,是微观层面进行资本测算的本质和困难。即使是那些对宏观问题感兴趣的分析家们,也越来越致力于利用公司层面的数据来理解像生产率、就业增长和投资等关键变量的动态变化。因此,应该将如何在微观层面正确地测算资本视为进行美国资本测算之基础数据架构的关键组成部分。在本章中,我们对企业层面的资本数据来源做了归纳,并对可以利用的测算方法做了讨论。

即使数据不能在微观和宏观层面完全协调起来,仅在理论上实现测算方法的一致性也是具有积极意义的。然而,数据的局限性会使得这种协调一致不可能实现。所谓总量方法,是采用永续盘存法来构建分资产类别(或行业—资产类型)的资本存量。但在微观层面,却存在各种限制无法实现这一点。首先,即使经过 ACES 的开发已经有所进步,但在公司层面,我们只能定期(一般为每五年)得到按详细资产分类的投资数据。重要的年度企业层面调查(ACES 和制造业年度调查)所收集的资本支出年度数据只能粗略地划分为设备和建筑物。其次,企业层面的调查存在大量样本轮换,特别是对于较小型的企业和(正如我们下面会强调的)无法被充分代表的年轻企业。这些局限性使得即使在粗略资产分类水平上使用永续盘存法也存在困难,而在细分的资产层面上使用永续盘存法则完全不可能。取而代之的是,我们只能在可能的范围内使用经修正的永续盘存法——根据账面价值数据(当其可得时)给出资本存量的初始值,然后对那些具有连续若干年投资数据的企业使用永续盘存法。为此,我们着眼于这些局限性研究了微观数据的性质。

本章的另一个重要主题是,上述内在不一致会导致很难对那些关键经济变量出现变化的本质和来源进行研究判断。也就是说,由于存在内在不一致,不太容易把发布的总量数据拆分为微观数据,研究到底是哪些(测算上的或经济上的)因素引起了所观测到的总量波动。

即使仅出于测算的理由,如果能够把合计数细分到微观层面也是有益
544 的。然而,最新的理论研究和从企业微观行为得到的实证研究表明,微观/宏观数据的整合对于认识推动总量波动的经济因素也许是不可或缺的。例如,最近已经有证据表明,要理解宏观总量,很重要的工作是度量并理解企业进入和退出动态机制(比较流行的做法是观察年轻企业和小型企业的动态)的贡献。根本原因是美国经济(像大多数发达的市场经济体一样)一直处于不断重构之中,这种重构就会伴随巨大而持续的企业构成变化。正在进入的企业与正在退出的企业在很多方面大不相同。同样,年轻企业和成熟企业、小企业和大企业也是大不相同的。

所有这些重构对于度量和理解经济变化都是相当重要的,遗憾的是,统计机构发布的经济总量不仅忽略了上述重构在某些重要方面的贡献,而且通常不能量化这种调整的贡献。部分问题是由于统计机构在数据收集

和数据处理过程中很自然地对大企业和成熟企业给予更多的关注而引起的。尽管大企业和成熟企业占了经济活动总量的很大比重,而进入和退出动态以及年轻企业和小企业的相关动态在经济活动变化中却占据了与其不相称的份额。以这种观点看来,要度量和认识总量变化,需要一种可以对不同类型企业(并非简单地按照行业分类,而是按进入企业和退出企业、年轻企业和成熟企业、大型企业和小型企业分类)的贡献进行分解的测算方法。然而,这样的分解要求微观/宏观的一致性——也就是说,在当前的情况下,为了就正在进入和退出的企业对资本投资的贡献进行分解,我们需要用一种内在一致的方法,对现存企业、正在进入和正在退出企业的资本投资进行量化。然而,由于资本投资数据在微观层面与宏观层面的内在不一致性,通常还不可能使用这种方法。①

本章安排如下:12.2 节详细讨论自上而下(宏观)和自下而上(微观)进行资本测算的方法,对微观方法和宏观方法的原始数据及测算方法都进行了讨论。 545 12.3 节分析自上而下方法的某些局限性,其重点是行业层面的资本测算,以及自上而下方法得到的行业数据和自下而上方法得到的行业数据之间关系的分析。行业层面差异的分析很有意义,因为自上而下方法和自下而上方法都可以得到行业层面的测算值。而且,准确的行业层面测算对于理解美国经济动态显然是至关重要的。例如,先进技术(如计算机)的采用在各个行业间已经大不一样,因此,理解技术变革的影响,关键取决于高质量的行业测算值。12.4 节是对微观数据的分析,重点关注测算的局限性以及微观层面资本和投资分布的主要特征。这一节还提出并讨论了其他微观测算方法和数据来源。最后一节给出了总结性的评论。

12.2　美国资本测算综述

12.2.1　总资本的存量和流量:自上而下的方法

从供给方以自上而下方法进行资本测算,要利用来自资本品生产行业的生产数据、资本品出口与进口数据,以及资本品的个人消费和政府使用

① 一个相关的论点是近期有证据表明:微观投资是基本因素的高度非线性函数。其初步证据是微观层面的投资高度向右偏斜,在零附近有大量的投资,并且有一个丰厚的右尾。对于影响企业的冲击,其分布不太可能有同样的形状(事实上,微观层面冲击分布的测算值表明该分布是近似正态的)。微观投资行为的非线性性质,意味着总投资动态对总冲击的反应是复杂的,而且取决于各企业所面临环境的截面分布(例如,参见 Caballero, Engel 和 Haltiwanger, 1995)。从这个观点来看,微观/宏观的一致性对于理解总体经济对总冲击的反应是极其重要的。

数据。生产数据的首要来源是美国普查局的制造业年度调查(ASM),它针对制造业基层单位按照一个在全国具有代表性的样本收集数据。ASM 收集了出货和库存的名义价值总额信息,其中各基层单位是按照详细的行业(标准行业分类(SIC)和北美行业分类体系(NAICS))水平进行分类的。美国普查局也通过美国商品贸易统计收集美国的出口和进口数据,商品贸易统计基于产品详细交易和来源国与目的国,使用了各种来源(例如美国海关、托运人的出口报关单等)收集数据。对于资本品行业而言,将出货、出口和进口数据结合起来,即可以得到按产品(资产)分类的名义国内使用总额。从这些商品总额中减去私人和政府消费,就可得到企业部门使用的名义总额。

这些产品的价格缩减指数主要来自劳工统计局的生产者价格指数(PPI;此外还包括进口/出口价格缩减指数)。BEA 把按资产分类的实际
546 总投资定义为名义投资除以相应的价格指数。a 类资产的资本存量使用由式(1)给出的永续盘存法来测算。

$$K_{at} = \sum_{j=0}^{\infty} \theta_{ajt} I_{at-j}, \tag{1}$$

其中,θ_{ajt} 为资产 a_j 年前实际总投资在第 t 期的权重,I_{at-j} 为 j 年前的实际总投资。如何对不同役龄资产赋权,取决于资本测算的着眼点是财富还是生产性使用。BEA 对其权重使用了年限—价格(折旧)模式,以便通过永续盘存法构建其财富估计值。对 BEA 来说,这些权重基于以下假定形成:大多数资产的折旧模式随时间按几何级数衰减。相反,劳工统计局(BLS)和联邦储备委员会(FRB)则使用年龄—效率时间表,目的是得到 j 年资产的剩余生产性价值。

尽管资本存量和流量的测算已经很困难——在很大程度上这是因为资本品的价格缩减指数本来就难以测算,但我们的重点(大多数情况下)在于行业层面测算资本存量和流量的局限性。② 为了计算按资产分类的

② 有大量关于如何对折旧和过时设备进行测算的文献。这些重要的测算是基础性的,其本质上是很难测算的。在大多数情况下,我们的重点是微观/宏观的不一致性,这些并非是我们关注的焦点。可是,在企业进入与退出的影响程度和折旧的测算二者之间是存在部分重叠的。折旧和报废时间表是以资产的使用寿命分布为基础的。后者反映了某种资产的物理使用寿命,并且在一定程度上,这些报废时间表反映了通过二级市场估计的资本报废值(例如,参见 Hulten 和 Wykoff, 1981)。然而,当企业退出时,不可收回的程度并不清楚,并且对于被清算的企业,其二级市场的本质如何表现也并不清楚。公平地说,BEA 对其折旧率确实进行了调整以减少"选择性偏差",因而显著地提高了折旧率。然而,可供选择的调整因子是根据有限的信息得到的,不能为所有资产、所有行业以及随任何时间变化退出的影响程度提供指导。我们认为,这是折旧和报废测算中所忽略的一个领域,下面 12.4 节中的研究结果表明这可能是很重要的。

行业总投资合计数，BEA 编制了每一类资产在每一个行业总投资中所占份额的数据。

历史上，可以用来生成这些份额的数据一直是有限的，为此 BEA 使用其他间接来原始数据并赋予很强的假定来代替直接测算。特别是，1997 年之前的资本流量历史数据表是以来自就业的职业分布信息（大部分取自于十年一次的人口普查数据）和关于职业分布与资产分布之间关系的强假定（基本上是固定技术系数假定）为基础的。从 1997 年资本流量表（CFT；2003 年年底发布）起，BEA 开始整合来自企业购买资产直接调查（即 ACES）的分资产行业信息。然而，对于 1997 年的 CFT（它将成为过去五年和随后五 547
年行业资本数据的来源），BEA 仅使用了来自 ACES 的建筑物详细数据，而有关设备行业所占份额，则仍然使用了基于就业职业分布的标准方法。

BEA 将按资产分类的行业份额与按资产分类的总投资合计数结合起来，生成了按行业和资产类别分类的年度总投资。为了提出更多有关这种分配的准则，BEA 按照来自其他来源（如 ASM 和 ACES）的粗略资产类别（即设备或建筑物），利用行业支出作为控制总量，生成了在 CFT 和固定可再生有形财富（FRTW）中披露的、按行业和资产类别划分的资本存量和资本支出的最终统计数据。③

为了（在 FRTW 中）生成资本存量，BEA 使用了永续盘存法，其中涉及行业—资产总投资合计数、价格缩减指数和如上所述的折旧模式。FRTW 是为了反映财富和财富的所有权，所以使用的折旧模式也反映了这一概念性的目标，对于租赁与资本所有权也进行了一些调整（下面的 12.3 节将对此进行更多讨论）。

在这种自上而下的方法中，宏观/微观的显著不一致在极大程度上是因为 CFT 没有显示分行业资产支出的实际数据。因此，从结构上说，在资本支出的企业层面调查数据与基于自上而下方法得到的测算值之间存在潜在的不一致。在下面的 12.3 节中，我们将分析自上而下方法与自下而上方法之间差异的本质和差异的程度。

在我们继续对资本测算的微观方法进行讨论之前，有必要强调，美国统计机构在资本测算革新方面已经处于领先地位。其中两个例子是，早在 20 世纪 80 年代，已经对计算机采用特征价格指数法估算其价值，并采用用户成本法进行资本测算。我们希望美国统计机构能重新带头改善资本

---

③　即使是按粗略资产分类加总的所有行业支出总量，与由自上而下方法得到的粗略资产类别的总投资合计数也不能完全匹配，这一事实表明此类控制总量的使用是复杂的。在 12.3 节中将逐渐明晰，这是在协调自上而下和自下而上方法时所存在困难的几个来源之一。

使用的测算值，并再次带头改进微观和宏观资本测算之间的不一致。

12.2.2 基于企业层面的资本测算：自下而上的方法

美国普查局组织了一些调查，可以提供能够用于微观层面资本测算的数据。在过去20年里，这些调查的性质已经发生了重大变化，所以有必要回顾一下调查工具的变化。

548 统计机构在历史上曾经有过最完整和最详细的企业（微观）层面制造业部门资本测算数据。针对1987年，ASM收集了年初年末的账面价值、新支出、使用支出和退役（包括销售）数据。此外，所有这些项目都是针对设备和建筑物分别收集的。1987年以后，仅在经济普查年份（以2结尾或以7结尾的年份）才在ASM中询问账面价值问题，而1997年以后，则只询问有关总资产（不分设备和建筑物）的账面价值问题。此外，退役和销售问题已经从ASM中删除了。④ ASM是基于基层单位的调查，所以据此可以在基层单位层面构建资本测算值，然后借助美国普查局的企业登记信息，即可在需要时将资本测算值汇总到公司层面。

对于非制造业部门，账面价值和支出的历史数据非常匮乏。在经济普查年份，资产和支出调查（AES）针对非制造业企业样本询问了有关其资本账面价值总额和资本支出总额的问题。但AES中使用的抽样单位不是基层单位（像ASM那样）或者企业（像ACES那样），它的抽样单位可以被视为纳税实体（即一个专门的雇主识别号码）或公司内部的一系列企业（例如两位数的SIC码）。由于在不同调查单位间匹配数据很困难，因此我们在本项研究中不使用AES的调查数据。⑤

1993年以来，美国普查局一直使用ACES作为调查工具，在整体经济基础上收集资本存量和资本支出数据。⑥ ACES是一个公司层面的调查，尽管它要求公司至少以行业为基础（例如以2位码或3位码SIC为基础）来做出某些回答。ACES每年都按粗略资产类别（即设备和建筑物）收集资本支出（新资产和旧资产）的数据，并按详细的资产类别定期（例如1998年和2003年）收集相关数据。ACES也收集资本账面价值总额和资产退役/销售数据。

---

④ ASM在资本测算方面的退步令人遗憾，因为支出和退役/销售数据已经在微观层面成功地用于分析各企业的资本调整过程（例如，参见Caballero，Engel和Haltiwanger，1995；Cooper和Haltiwanger，2000）。在这些研究中，该类分析已不再可行。

⑤ 有关AES投资数据和抽样单位的更详细描述，参见Doms，Jarmin和Klimek（2004）。

⑥ 1993年以前，这一领域使用的是ACES的试验版。

这些调查的一个明显用途是生成行业层面的资本支出总额(按粗略资产类别或详细资产类别)。这些按行业和粗略资产类别划分的资本支出总额,在 12.2.1 小节所讨论的自上而下方法中被用做控制总量。此外,行业层面数据本身已被用于构建制造业部门按详细行业分类的资本存量数据。例如,NBER/CES/FRB 生产率数据库就依靠这些数据生成了 1958—1996 549
年间的四位 SIC 码制造业资本存量估算值。

各研究团体也广泛使用这些企业层面的数据去研究微观层面的投资动态(到目前为止,ASM 数据已经比 ACES 数据用得更广泛)。把这些数据用于这一目的时,随即就出现了各种测算问题。

首先是微观历史数据的可得性以及这些调查的样本轮换问题,会导致我们除了一小部分最大的调查单位外,不可能对所有调查单位都真正使用等式(1)所表述的永续盘存法。考虑到能够获得 ASM 数据的时期远比 ACES 长——可以得到从 1972 年到现在的 ASM 数据。对 1972 年即已存在的企业来说,数据是左删失的(left-censored,或低于一定值),在 ASM 中,有大量制造业基层单位是左删失的。此外,ASM 的样本每五年轮换一次,只有大型基层单位才能在整个面板中肯定被抽到。严格说来,小型基层单位的数据在一个五年 ASM 面板中的第一年通常是左删失的,而在最后一年是右删失的(right-censored,或高于一定值)。为了克服这些局限性,研究者通常应用以下永续盘存测算方法的变形公式:

$$K_{et} = (1 - \delta_{it}) K_{et-1} + I_{et}, \tag{2}$$

其中,K_{et}是基层单位 e 在时间 t 的某一粗略资产类别的资本存量,I_{et}是实际支出总额(理想的情况是新资产加上旧资产减去退役/销售的资产,但由于缺乏资产退役/销售的数据,往往只是新资产加上二手资产),δ_{it} 是折旧率。⑦ 后者由 i 和 t 标识,意指工厂层面的折旧表是不可获得的,所以通常的做法是使用行业 i 在时间 t 的折旧率表。当某个行业的资产组合随时间变化时,行业层面的折旧率也会随时间变化。

应用等式(2)随即就会出现若干测量问题。左删失意味着要在观察 550

⑦ 折旧率显然与来自式(1)的年限—价格或年限—效率时间表密切相关。一种生成行业折旧率的标准方法,是使用式(2),加上行业层面的资本和投资实际测算值,倒推出行业 i 在时间 t 的隐含折旧率。那些使用来自 NBER-CES 生产率数据库的隐含折旧表的研究者,是在使用反映生产性资本存量的折旧表,因为 NBER-CES 生产率数据库依赖于来自 FRB 的年限—效率时间表。进一步注意到,Caballero,Engel 和 Haltiwanger(1995)以及 Cooper 和 Haltiwanger(2000)在其资本支出总额测算值中使用了退役/销售数据。后者的使用,使得这些研究者可以去探讨在数据中确实观察到的负投资总额的倾向性。然而,这些研究发现,总投资率的分布是高度向右倾斜的,具有相对较少的负投资总额,由此表明大量不可回收性的存在。

的第一年（而不是运营的第一年）对资本存量进行初始化。标准做法是用账面价值来设定资本存量的初始值。一般而言，因为账面价值没有反映价格和效率因素，所以需要对这一初始资本存量进行一个粗略的调整。统计机构（例如 BLS 和 BEA）根据历史成本和资产的实际值（使用上述方法测算的实际资本存量）可以生成行业层面的资本存量。微观数据研究人员经常利用这一信息进行如下的初始资本存量调整：

$$K_{e0} = \frac{\mathrm{BV}_{e0}}{\dfrac{\mathrm{BV}_{i0}}{K_{i0}}}, \tag{3}$$

其中，BV_{e0}是基层单位在起始年份第 0 年的账面价值，BV_{i0}是基层单位 e 所在行业 i 第 0 年的行业层面历史成本价值（来自 BEA 或 BLS），而 K_{i0}是第 0 年的行业层面真实资本存量（来自 BEA 或 BLS）。通过对账面价值的这种调整，修正了行业层面资产组合中的价格和效率差异，但却明显导致对同一行业内具有不同年份和不同资产组合的基层单位资产的错误测算。

除了初始化资本存量问题外，投资价格缩减指数在基层单位层面通常也是无法得到的。作为替代，研究者只能使用行业层面的投资价格缩减指数，结果，同一行业内各基层单位在资产组合上的差异又成了测量误差的来源。

尽管对 ASM 的基层单位使用上述方法会导致各种测量问题，但如果用 ACES 来测算公司层面的实际资本存量和流量，所引起的问题将更为严重。⑧ 一方面，考虑到 ACES 仅开始于 1993 年，即使可以被 ACES 定期抽到的企业，也会出现很大的左删失问题。另一方面，ACES 的样本轮换是按年度进行的，所以对于小企业而言，只能以经调整的账面价值（如等式(3)所示）作为资本存量测算值。此外，ACES 是公司层面的调查，只根据公司在 2 至 3 位码级别上的性质归并行业数据。下文将逐渐显示出，因为公司
551 无法将其资本支出对应于原本应该填报的行业，由此出现了许多与 ACES 有关的行业层面数据质量问题。最后，ACES 在增添新企业方面有相当大的滞后，这是我们在 12.4 节要回过头来讨论的另一个主题。新企业数据匮乏会引起各种各样的问题。此外，新企业在各类资产之间的投资率和投

⑧ 在文献中被广泛使用的另一个公司层面资本存量数据来源是 COMPUSTAT 数据。COMPUSTAT 所采用的测算资本存量和流量的方法，与这一节所描述的方法通常极为相似（具有类似的局限性）。要进一步检查 ACES 数据质量，需要做的进一步工作就是比较和对照 ACES 数据与 COMPUSTAT 数据。本章我们并不关注 COMPUSTAT 数据，因为它仅仅反映了上市公司的情况，其样本选择就微观/宏观比较而言不能提供丰富的信息。

资组合可以说是完全不同的。由于 ACES 对年轻企业采样较少,这种异质性就会被掩藏起来。

以上简要综述展示了微观和宏观资本测算值之间的内在非一致性。即使对于名义资本支出,微观和宏观数据也并非是内在一致的,更不用说实际资本支出和实际资本存量了。下面我们将从不同方面对微观与宏观方法的性质进行量化探索。

12.3　自上而下与自下而上:特定资产投资的行业分配

本章的首要目标之一是量化自上而下方法与自下而上方法对资本测算的差异程度。本节我们将重点关注通过这两种方法如何得到特定资产投资在各行业上的不同配置。最重要的按资产和行业分类的投资流量数据库是 CFT,由 BEA 每隔五年编制一次。我们把编制 CFT 的方法描述为"自上而下"的方法,因为 BEA 首先获得的是详细资产分类的经济整体投资总额和粗略资产类别(设备或建筑物)的行业投资总额数据,然后,不是根据微观的支出数据,而是根据职业的就业数据,将详细的资产分类投资分配到使用这些资产的各个行业。BEA 按资产分类和按行业分类的年度投资数据——FRTW,由于来自 CFT,所以也被定性为自上而下的方法。另一种方法,即自下而上的方法,应该是将按详细资产类别划分的微观层面支出数据汇总到行业层面。直到最近这才得以实现,因为这样的微观数据开始并不存在。然而,1998 年的 ACES 收集了详细的资产类别投资数据,据此我们可以生成一个自下而上按资产类型和行业划分的投资矩阵。

12.3.2 小节将描述我们针对 BEA 自上而下的投资分配和由 1998 年 ACES 得到的自下而上分配之间的异同所做的一些量化工作。12.3.3 小节对 ACES 本身进行了更详细的探讨,包括它的一些重要局限性以及可能的补救方法。但在此之前,我们首先要就两个 BEA 投资矩阵的构造及其概念上的差异给出一些必要的背景交代。

12.3.1　背景 552

概念上的差异

CFT 与 FRTW 之间有两个重要的概念差异。首先,CFT 是以使用为基础的,而 FRTW 是以所有权为基础的。其间区别主要归结到两个数据库对经营租赁的不同处理方式上。CFT 将租赁资本分配给承租人(使用者)所在行业,而 FRTW 却将其分配给出租人(所有者)所在行业。处理方法的不同选择对某些类别资本品（如汽车、卡车和飞机）的分布具有巨大影响。

第二个概念差异是 CFT 只测算新资本流量，而 FRTW 还会记录二手资本流量。例如，对于汽车，CFT 仅提供每个行业使用本年度所生产汽车的估计值，购买或租赁二手汽车不计算在内。相反，FRTW 试图首先获得每个行业对新汽车和二手汽车的支出，然后扣减该行业出售给消费者或其他行业的二手汽车销售额以取净值（虽然他们实际上只能扣减出售给消费者的销售额，因为没有行业间转手数据）。

资本流量表的构造

Meade，Rzeznik 和 Robinson-Smith（2003）曾全面记录了 BEA 通常用于构建 CFT 的方法，尤其是 1997 年的 CFT。在此简述如下。第一，BEA 获得了资产类型（列）控制总量（即按资产类型划分的经济整体投资），这些控制总量直接取自 BEA 基准投入产出（I-O）表中按资产类型划分的私人固定投资数据[9]，这些总量还会发布在国民收入与生产账户（NIPAs）的私人固定投资表中。对于建筑物，按建筑物类型划分的私人（非住宅型的）固定投资数据来源于美国普查局的“已完成建筑物价值”，这是根据建筑施工者调查得到的。对于设备，I-O 表中按资产划分的私人固定投资取自国内供给（出货量减去净出口）原始数据，然后从中减去私人和政府消费测算值。[10] 因此，我们把得到资产类控制总量的 CFT 方法称为“供给方”方法。

553 第二，BEA 通过对公司或基层单位层面资本支出（对所有资产类型）数据进行汇总，就可得到行业（行）控制总量。这些数据的主要来源是经济普查（Economic Census，EC）和 ACES（1992 年以后），或者是厂房及设备（P&E）调查（1992 年以前）。但是请注意，这里所指的 ACES 原始数据是那些投资总额数据（从 1992 年起，每年的数据都可以得到），而不是分资产类型的投资额（仅仅在特定年份可以得到）。对某些行业，要就来自原始数据的行业控制总量进行调整，以保证经营租赁支出分配给承租人（使用者）所在的行业，而不是出租人（所有者）所在的行业。

第三，通过“直接法”和“分配法”两种方法，将各资产类别的控制总量分配给各使用行业。所谓直接划拨方法，是将那些由少数行业使用的资本品，按其在产出中所占的比例直接（全部）划拨给这些行业。例如，把采矿

⑨　要了解更多关于 BEA 固定资产投资总额的供给方方法，参见 Lawson 等（2002）。

⑩　对于某些资产类型，要对私人固定投资数值进行专门的调整。例如汽车，要根据消费者出于商业目的使用其汽车的平均里程比例普查数据，将一部分消费者购买的汽车添加到企业固定投资总额中。

和油田设备分配给如下行业：石油和天然气开采、煤炭开采、金属矿开采、非金属矿物开采及采石业、采矿支持活动以及天然气配送。对那些由多个行业使用的资本品，则要根据 BLS 按职业就业的行业分类数据，将其投资总额分配给各使用行业。正如 Meade，Rzeznik 和 Robinson-Smith（2003）所描述的："假定某些职业或职业组是确定那些使用某种特定类型资本品的行业的最佳标志，例如，根据雇用的机床操作员将机床分配到各行业。"在 1997 年 CFT 中，85% 的新设备投资就是采用后一种方法分配到各行业的。在最近发布的 1997 年 CFT 中，使用 1998 年 ACES 公布的按行业和按资产划分的投资数据，对一部分建筑物投资（占到建筑物投资总额的 37%）进行了分配。而在 1997 年 CFT 之前，则采用职业就业数据对这些类别的建筑物进行行业分配。

构建固定可再生有形财富投资矩阵

现在考虑 BEA 构建年度 FRTW 投资矩阵的方法。[11] 第一，与 CFT 一样，先从 NIPAs 的私人固定投资表获得"供给方"资产类型控制总量。但接下来与 CFT 不同的是，要针对某些资产类型，用企业部门二手资本净流入（来自消费者、政府或者外国）对这个控制总量做调整——企业部门二手资本净流入是利用各种数据来源估计得到的。例如汽车，是使用汽车登记资料来估计由企业出售给消费者的二手汽车销售额，并从企业汽车固定投资总额中减去这个销售额。

第二，BEA 从公司层面或基层单位层面资本支出调查的汇总数据中获得行业控制总量。从 1993 年（ACES 的第一年）开始，调查数据主要包括针对制造业的 ASM 和针对非制造业的 ACES（有时也包括 P&E 调查）。在 1993 年以前的年份，在有经济普查数据可供使用的年份，BEA 主要使用经济普查数据，在其他年份，则使用 ASM 和 P&E 调查数据。需要注意，在经济普查年份，FRTW 和 CFT 对行业控制总量使用基本相同的原始数据，但二者的行业控制总量有一个主要区别，即 FRTW 对行业总额要根据二手资产转移加以调整，例如，要从行业资本支出中减去该行业二手资产出口，得到该行业的投资总额。 554

第三，将各类资产投资总额分配给购买行业。初步分配以与此相关的 CFT 为基础，而 CFT，如上所述，则是以 BLS 职业就业数据为基础的。FRTW 是基于所有权的，而 CFT 是基于使用的，所以需要"用来自未公布的投入产出研究、行业协会和二次文献的数据"（BEA，1999）对初步分配结果

[11] 关于 FRTW 方法的完整描述，参见 BEA（1999）。

进行调整,使之以所有权为基准。对于两次 CFT 之间的年份,用内插法确定资本流量分布。对于最近 CFT(在本章写作之时,是 1992 年)之后的年份,则采用外推法。[12]

BEA 投资矩阵的应用

BEA 所提供的按行业和按资本类型划分的资本分布数据,其重要性远远超过通常所理解的程度。在有关行业信息技术(IT)应用的经济效应的学术研究中经常利用这些分布数据(例如,参见 Autor,Levy 和 Murname,2003;Wolff,2002;Stiroh,2004;Wilson,2003)。事实上,有些研究甚至利用这些数据去分析职业组合和资本组合之间的关系——然而,由于这些分布首先是基于职业组合而形成的,这样的用法并不妥当。其他政府和非政府的数据工作也使用这些分布,例如,这些分布提供了用于从特定资产价格指数生成综合投资缩减指数的权重(例如 FRB、BLS 以及 Jorgenson,Ho 和 Stiroh,2005)。反过来,这些综合缩减指数又被广泛应用于宏观经济学的实证分析。同样,BLS 和其他机构还使用这些分布来生成按行业划分的资本服务总量的测算值。BLS 在其多要素生产率(MFP)的估计中也使用这
555 些测算值。最后,BEA 的投资分布数据还被企业、学术界和政府等用于预测、市场研究和影响分析(impact studies)。[13]

12.3.2 自上而下和自下而上投资矩阵的比较

鉴于投资分布数据具有如此重要而广泛的用途,评价其准确性是至关重要的。然而,直到最近,进行这样的评价仍然很困难(如果不是不可能的话),因为没有其他数据可供比较——至少对于美国是这样的。直到有了 1998 年 ACES,情况才发生改变。1998 年 ACES 收集了按详细行业和资产划分的公司层面(“自下而上”)的投资数据。这些数据可以被汇总起来,用于评估 BEA 采用“自上而下”方法构建的投资矩阵的准确性。本节以下就是我们所进行的评估。

在评估之前,首先我们必须决定用哪一个 BEA 投资矩阵与根据 1998 年 ACES 得到的投资矩阵进行比较。由于 ACES 数据在概念上与 FRTW 最可比——它们都基于所有权原则生成并且都针对同一年,显然,从 FRTW 开始进行比较是一个很好的起点。

为了评估 ACES 与 FRTW 投资矩阵的相似性,我们考察了检验相似性的

---

[12] 遗憾的是,利用 1997 年 CFT 得到的 FRTW 版本,没有按照我们研究中所使用的时间公布。

[13] 有关 CFT 使用的更为深入的说明,参见 Meade,Rzeznick 和 Robinson-Smith(2003)。

三个统计标准：相关性、距离和余弦。在此，我们只公布相关性统计数据，但距离和余弦标准有几乎相同的结果（如需要，可联系作者得到这些结果）。

可以从行业维度或者资产类型维度对这两个投资矩阵进行比较。也就是，设 V_{ij} 表示行业 i 在资产类型 j 上的投资。设 v_{ij} 表示一个行业占某资产类型的投资份额：

$$v_{ij}^{\text{Source}} = \frac{V_{ij}}{\sum_i V_{ij}}; \quad 其中\ \text{Source} = \text{FRTW}\ 或\ \text{ACES}. \tag{4}$$

可以对每一资产类型计算向量 $\{v_{ij}^{\text{FRTW}}\}_j$ 与 $\{v_{ij}^{\text{ACES}}\}_j$ 之间的相关性（或其他类似的指标）。或者，可以定义某一资产类型的投资份额为：

$$s_{ij}^{\text{Source}} = \frac{V_{ij}}{\sum_j V_{ij}}, \tag{5}$$

然后可以对每个行业计算向量 $\{s_{ij}^{\text{FRTW}}\}_i$ 与 $\{s_{ij}^{\text{ACES}}\}_i$ 之间的相关系数。

表 12.1 给出了 FRTW 与 ACES 之间（所有行业）行业内各类资产间相

表 12.1　行业内各类资产间的相关系数

投资份额之间的相关系数	均值	中位数
1998 年 FRTW 与 1998 年 ACES（原始矩阵）		
设备		
未加权的相关系数	0.653	0.774
加权的相关系数	0.833	0.967
建筑物		
未加权的相关系数	0.816	0.960
加权的相关系数	0.882	0.999
1998 年 FRTW 与 1998 年 ACES-FRTW 混合矩阵		
设备		
未加权的相关系数	0.703	0.821
加权的相关系数	0.864	0.971
建筑物		
未加权的相关系数	0.809	0.960
加权的相关系数	0.885	0.999
1997 年 CFT 与 1998 年 ACES-FRTW 混合矩阵		
设备		
加权的相关系数	0.835	0.947
建筑物		
加权的相关系数	0.928	1.000

注：均值和中位数是对所有 59 个行业计算的。

关系数(参见式(5))的均值和中位数(与下面要讨论的其他作为比较的均值和中位数放在一起)。设备和建筑物的统计数据被分开报告。我们发现,对于设备,所有行业的平均相关系数为0.65,中位数为0.77。对于建筑物,均值为0.82,中位数为0.96。在计算某一行业的相关系数时,如果我们用其投资份额(即FRTW与ACES份额之间的平均值)对资产类型加权,设备相关系数的均值随即升至0.83,中位数升至0.97。对于建筑物,均值升至0.88,中位数升至(几乎为)1。显然,加权是有帮助的,因为对于占较大投资份额的资产类型,FRTW与ACES更加趋于一致。此外,中位数较高说明有相当数量的行业有接近于1的加权相关系数。

然而,也有相当数量的行业相关系数较低。这可以从图12.1中看出,该图显示了所有行业加权相关系数的两张直方图——一张是行业内设备投资份额间的相关系数(图A),一张是行业内建筑物投资份额间的相关系数(图B)。对于各设备类型间的相关系数,59个行业中有40个的相关系数在0.9到1之间。尽管如此,有些行业的相关系数还是很低:金属采矿(相关系数=0.03),石油加工(0.28),杂项制造(0.55),管道运输(0.06),
557 燃气传输、配送及储存(0.05),非存款信贷机构(0.27),证券及商品经纪公司(0.58),保险代理人、经纪人和服务(0.43),个人服务(0.53),以及维修服务(0.56)。至于建筑物,相关系数非常低的行业较少,相关系数确实较低的行业是:公共交通(-0.07)、水上运输(-0.11)、运输服务(0.55)、房地产局(0.47)以及医疗卫生服务(0.33)。因此,看起来,在FRTW和ACES之间还是存在一些重大差异的。

考察一下各资产跨行业的相关系数(参见式(4)),我们发现均值为0.68,中位数为0.76。在计算某类资产的相关系数时,如果我们用其投资份额对行业加权,均值会升至0.79,中位数升至0.95。因此,对于具有较
558 大投资的行业(在每一类资产内),FRTW与ACES看起来差异小一些。可是,与行业内相关系数一样,仍然有一些资产类型内部的相关系数较低。以下各类型资产的相关系数就特别低:可移动建筑(相关系数=0.01)、教育建筑(0.08)、教堂建筑(-0.02)、其他采矿勘探(0.03)、其他非农场建筑物(0.15)、他处未归类的电气设备(0.10)、其他非住宅设备(0.64)和通用机械(0.65)。通用设备类资产具有较弱相关性并不奇怪,因为想必难以确定哪些职业在广泛使用此类设备。显然,有些类型的建筑物是难以在各行业间分配的,但这里的异常值似乎并不适用于任何一般模式。此外,考虑到计算机投资数据应用的广泛性,值得指出的是,对于来自FRTW和ACES的计算机投资份额,其各行业间未加权相关系数是0.76——加权相

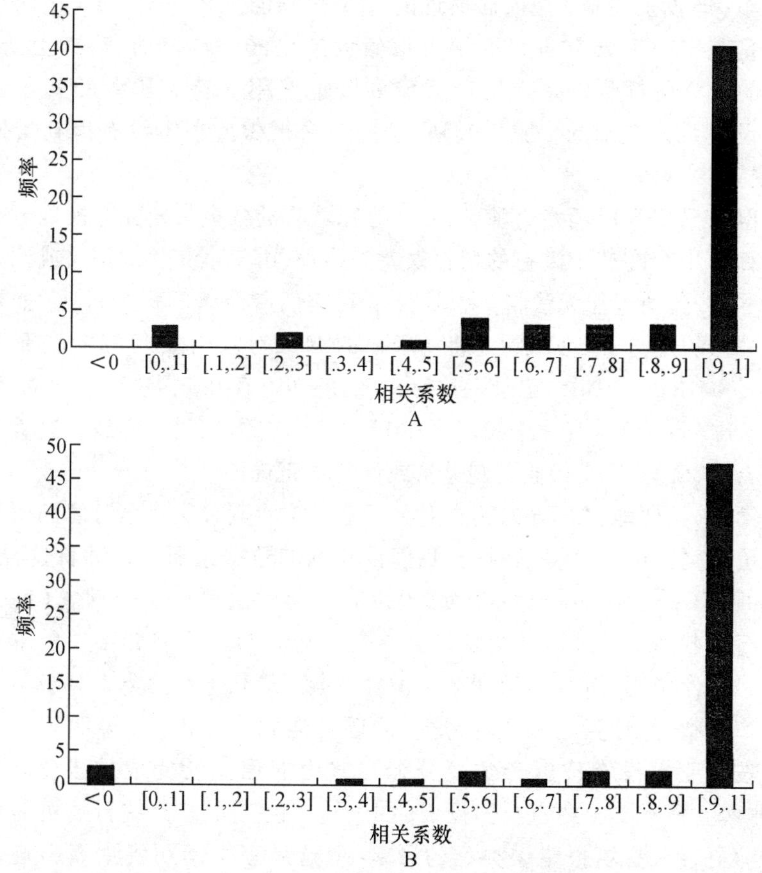

图 12.1　FRTW 与 ACES，行业内各类资产之间的相关系数：A. 设备，B. 建筑物

关系数是 0.81。虽然这是一个相当高的相关系数，但它仍然与某些人所认为的相差甚远，这些人认为，那些使用按 FRTW 行业划分的计算机投资数据所做的研究，会受制于潜在的比较显著的测量误差 10——这些误差，按其数据建立的方式与各行业的职业分布形成了相关性。

哪一个是正确的？

根据上面所讨论的结果，我们可以得出结论：BEA 的“自上而下”FRTW 投资矩阵与由 ACES 得到的“自下而上”矩阵，在最重要的资产类型的资本分布上基本一致，但是对于特定的行业和特定的资产类型，二者仍然存在严重分歧。面对这些差异，明显的问题是：哪一个是正确的？

二者各有优缺点。显然，ACES 投资矩阵的主要优点在于它是以调查为基础的——自下而上的。相反，FRTW 对购买行业所做资产类型投资分布(即投资份额)是依据最近的CFT得到的。相应地,CFT中的投资份额是基于一个具有争议的不可信假设给出的。具体而言,如上所述,CFT的投资份额是以特定资产类型的资本使用与特定职业的就业之间的假设关系为基础的。我们知道,这些关系很少或根本没有得到实证依据支持。⑭

但是,ACES以调查为基础,并不意味着它的数据一定完全准确。事实上,ACES中存在若干潜在的填报误差。第一,由于不完整的记录或调查对象不尽力,公司可能无法将其投资分解到它们所经营的每个行业(如要求
559 它们去做的那样)。实际上,将ACES的调查对象与其相应的企业登记(Business Register,BR)记录一比对,我们就知道存在此类"行业截断"(industry truncation)——一个我们将在12.3.3节深入探讨的问题。这就意味着取自ACE的BEA行业控制总量或许是不正确的。

第二,类似地,ACES的调查对象可能无法将其投资完全分解到所有适当的资产类型中去。遗憾的是,我们没有别的数据来源可以评价这种"类型截断"(type truncation)的程度,也没有任何方法可以去处理它(就像我们在行业截断情况下所做的那样)。第三,公司可能会将其某些资本支出看做经常性费用,而BEA则将其(正确地)归属于资本投资。对于某些特定资产类型,如计算机和软件,这一问题可能尤为突出。⑮ 第四,ACES既没有按行业也没有按资产类型分配那些由非雇主所完成的投资。1998年,非雇主资本支出约占全国投资的10%。注意,尽管某些行业可能比其他行业更容易受填报错误类型的影响,但这后三个问题将主要影响基于ACES的投资矩阵中的资产类型控制总量,而不是行业分配数。

另一方面,当谈到资产类型控制总量时,FRTW也许更准确。FRTW使用供给方方法,得到了按资产类型划分的经济整体投资,如上所述,该方法是以国内供给量(出货量减净出口)的微观数据和政府与个人所消费每类资产的测算值为基础的。原则上,通过这种方法可以得到某种资产类型的支出,无论购买资产的公司如何处理这些支出。

注意,供给方方法并非是无可指责的:投资是作为余项计算出来的(即,$I = Y - \mathrm{NX} - C - G$)。尽管能够较好地测算$Y$(出货量),但任何其余部

---

⑭ 原则上,可以将ACES的微观数据与职业就业调查匹配起来,以测试这种分配方法中所隐含的固定关系有多强。

⑮ 2003年,美国普查局在其补充信息和通信技术(ICT)调查中解决了这个问题,通过该调查,从公司获得了关于其ICT设备开支方面的信息。遗憾的是,在本章写作之时还不能获得这些数据。

分中的测量误差都将在 I 中显现出来。这当然会对某些资产类别产生比其他资产类别更大的影响——例如那些其个人消费(C)或政府消费(G)可能特别难以测算的资产,如计算机。同样,净出口(NX)也会遇到大量的潜在测算问题。尽管如此,鉴于上文所述的 ACES 的缺点,在本章中,我们假定,BEA 的供给方资产投资总量比 ACES 的投资总量更准确。不过,对供给方方法准确性做进一步研究将是有益的。

显然,FRTW 与 ACES 在资产类型控制总量上差别很大。表 12.2 列出了来自 FRTW 按资产类型分类的经济整体投资与 ACES 相应投资的比率。在多数情况下,ACES 的各类资产投资都低于 FRTW。

表 12.2　按资产类型划分的经济整体投资比率

资产类型	FRTW 与 ACES 分类投资比率	FRTW 占经济整体投资的份额	ACES 占经济整体投资的份额
建筑物			
其他非农场房屋	0.168	0.007	0.041
可移动建筑	9.034	0.003	0.000
旅馆、汽车旅馆和旅店	1.847	0.068	0.036
工业建筑	0.891	0.130	0.143
办公楼	1.156	0.180	0.152
其他商业建筑,NEC	0.821	0.137	0.163
商业仓库	1.304	0.048	0.036
医院和公共机构建筑	0.656	0.057	0.085
娱乐及康乐大厦	1.727	0.029	0.016
空中、陆地和水上运输设施	0.673	0.021	0.031
电信设施	0.435	0.030	0.068
电力、核能和其他动力设施	1.454	0.102	0.069
教育建筑	1.063	0.040	0.037
宗教建筑	0.696	0.024	0.033
其他采矿勘探	0.314	0.005	0.015
石油和天然气井	1.500	0.106	0.069
其他非农场建筑	2.107	0.012	0.005
设备			
仪器	1.799	0.053	0.035
计算机及周边设备	1.043	0.125	0.142
除计算机及周边设备外的办公设备	2.096	0.031	0.017

（续表）

资产类型	FRTW 与 ACES 分类投资比率	FRTW 占经济整体投资的份额	ACES 占经济整体投资的份额
通信、音频和视频设备	1.366	0.121	0.105
单独购买的资本化软件	4.256	0.072	0.020
金属制成品	1.355	0.014	0.012
金属加工用机械	0.930	0.051	0.065
工业专用生产机械	0.479	0.054	0.134
通风、取暖、空调、制冷和其他通用机械	1.425	0.049	0.041
汽车	0.130	0.019	0.174
卡车、公共汽车和卡车拖车	6.271	0.140	0.02
飞机	0.926	0.030	0.039
其他运输设备	0.458	0.014	0.036
采矿和油田机械	0.350	0.006	0.021
发动机、涡轮机和动力传输设备	0.980	0.007	0.008
电力传输和配送设备	3.622	0.034	0.011
电力设备，NEC	3.805	0.021	0.006
家具及相关产品	1.269	0.053	0.050
农业设备	3.815	0.009	0.003
建筑机械	1.767	0.034	0.023
服务业设备	2.070	0.022	0.013
其他非住宅设备	2.727	0.037	0.016

注：NEC = 未归于他处者。

561 至于 FRTW（或 CFT）的行业控制总量，对于大多数非制造行业来说，该总量实际上是基于 ACES 的微观数据的，所以 FRTW 矩阵的行业总量与我们基于 ACES 的矩阵没有多大差别。

创建一个兼有 FRTW 与 ACES 优点的混合矩阵

很明显，ACES 与 FRTW 的投资矩阵各有优缺点。能否将各自的优点结合起来，创建一个理论上优于其中任何一个矩阵的混合投资矩阵？我们相信这是可以做到的。首先，我们可以重新调整 ACES 投资矩阵的结构，以使其具有与 FRTW 相同的资产类型控制总量。由此即可设法解决我们上面所提到的 ACES 投资矩阵的后三个缺点——类型截断、投资支出费用化和非雇主投资。至于行业截断，我们已经开发了一种方法来协助处理这个问题，下面的 12.3.3 小节将对此进行描述。通过这两个修正，即可产生一个 1998 年 ACES/FRTW 混合矩阵，这个矩阵可能比 ACES 和 FRTW 都更胜一筹。

与前面一样，我们计算了来自混合矩阵的投资份额与来自 FRTW 的投资份额在行业内资产类型间的相关系数，并就设备和建筑物分别进行了计算。各行业相关系数的均值和中位数早已列于表 12.1 中，而直方图（分别就设备和建筑物）则在图 12.2 中显示。毫不意外，这里的相关系数一般要高于 FRTW 与原始 ACES 矩阵之间的那些相关系数。类似地，用 FRTW 与混合矩阵相比，各种资产跨行业相关系数的均值和中位数也要高于用 FRTW 与原始 ACES 相比的结果。

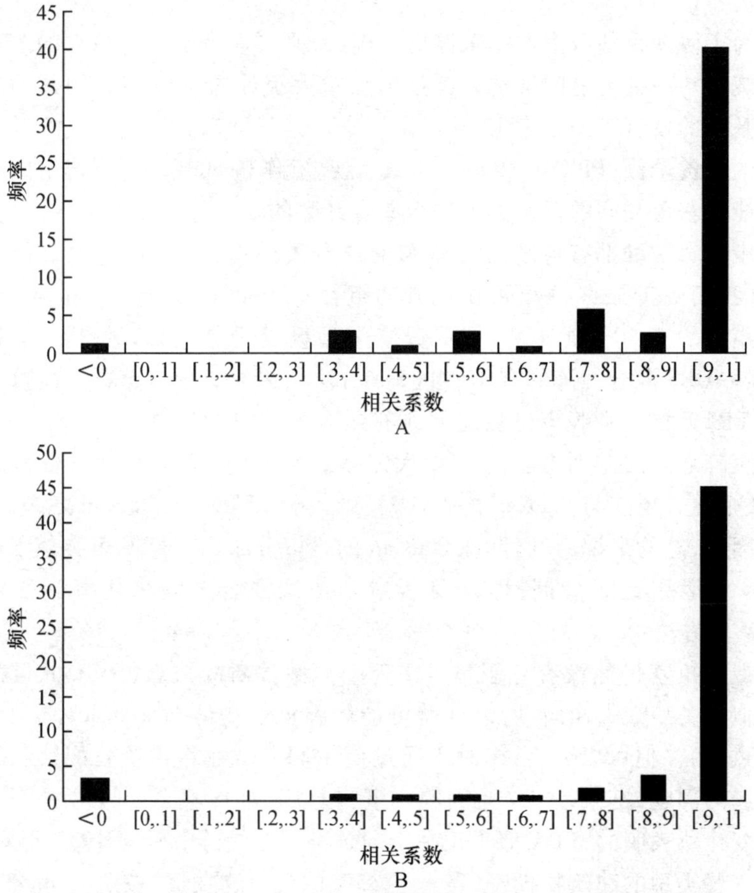

图 12.2　FRTW 与 ACES-FRTW 混合矩阵，行业内各类资产之间的相关系数：A. 设备；B. 建筑物

FRTW 与混合矩阵之间每一资产类型和每一行业的单个相关系数，一般也要高于 FRTW 与原始 ACES 之间的单个相关系数。然而，仍然在一些资产类型和行业中存在实质性的差异。就设备而言，相关系数最低的行业是石油加工(相关系数 =0.36);石材、黏土、玻璃和混凝土(0.58);管道运输(0.47);燃气输送、销售和储存(-0.01);非存款信贷机构(0.36);保险代理人、经纪人和服务(0.39)。对应建筑物,相关系数最低的那些行业是非金属矿开采和挖掘(0.35);烟草(0.43);公共交通(-0.07);水上运输(-0.10);空中运输(-0.08);医疗卫生服务(0.56)。行业间相关系数最低的资产类型是:可移动建筑(0.04);教育建筑(0.08);宗教建筑(-0.02);其他采矿勘探(0.03);其他非农场建筑(0.17)和他处未归类的电气设备(0.11)。

562 为了协助评估哪个数据来源更准确,有必要立足于一个独立的第三来源做观察。一种可能的备选来源是由加拿大统计局(StatCan)构建的以调查为基础的投资矩阵。表 12.3 显示了来自这三种来源的选定资产—行业组合的投资份额:FRTW、FRTW-ACES 混合矩阵和 StatCan。所选定的组合涉及能够获得共同的资产类型和行业合计数的每一种可能组合(因为三种来源中的每一种都有自己的行业和资产分类体系)。就行业投资份额而言,在我们所获得的 82 个可供比较的组合中,StatCan 接近于 FRTW-ACES 混合矩阵的有 50 组(60%)。就资产类型投资份额而言,StatCan 接近于 FRTW-ACES 混合矩阵的有 47 组(57%)。结果是,StatCan 的行业投资份
567 额与 FRTW 的行业投资份额之间所有组合的绝对差异之和,比 StatCan 与混合矩阵之间的绝对差异之和要大得多。然而,就资产类型投资份额而言,整个混合矩阵与 StatCan 之差,却稍微大于 FRTW 与 StatCan 之差。

因此,总的来说,我们发现 StatCan 的投资分布比 FRTW 更类似于混合矩阵。这就引起了疑问:BEA 是否应当使用混合矩阵来代替当前构建 FRTW 的方法?

混合矩阵仍然没有克服 ACES 资产类型截断的缺点(StatCan 可能也有类似的类型缺失倾向,所以这就可能解释混合矩阵与 StatCan 之间出现的一致性)。但可以认为,相对于通过使用职业就业将投资分配给各行业所引起的问题,这只是一个小问题。事实上,正如 1997 年 CFT 中所引入方法的变化所表明的,BEA 似乎正在走向这种混合矩阵。针对 1997 年 CFT,相当一些类型的建筑物投资(覆盖了 35% 的建筑物投资)按照 1998 年 ACES 分布分配给了各行业。理想状态是,我们能够用 1998 年 ACES-FRTW 混合矩阵与合并了 1997 年 CFT 的 1998 年 FRTW 进行对比(不仅因为它对一些建筑物类型使用了 ACES 的分布,而且还因为它基于更多的最新信息)。遗憾的是,在本章写作之时,还不能获得这些修订的 FRTW 数据。

所以,作为替代,我们可以将 1998 年的混合矩阵直接与 1997 年 CFT

表 12.3　就选定的投资份额对三个数据来源进行比较：BEA（FRTW）、FRTW-ACES 混合矩阵与 StatCan

行业	资产类型	行业投资份额（在设备或建筑物中）			在该类资产中的经济整体投资份额		
		StatCan	FRTW 份额减 StatCan 份额	混合矩阵份额减 StatCan 份额	StatCan	FRTW 份额减 StatCan 份额	混合矩阵份额减 StatCan 份额
商业服务业	计算机，不包括生产过程	80.6	-38.0	-26.9	17.2	-6.5	-5.6
通信及其他公用事业设施		16.9	-7.1	-8.7	15.3	-9.1	-9.8
建筑业		5.0	2.8	-0.4	1.1	-0.1	-0.3
教育服务业		32.6	7.3	18.3	3.2	-3.1	-1.1
金融保险业		11.5	28.3	16.6	23.2	5.7	0.3
医疗卫生和社会服务业		20.8	-1.3	4.8	2.3	-0.6	3.0
住宿和餐饮业		9.2	1.8	6.5	0.6	-0.3	-0.1
制造业		4.8	11.5	6.8	8.9	6.5	9.3
采矿和油井		0.6	6.5	4.3	0.2	0.5	0.5
零售业		22.4	3.2	2.0	4.9	1.0	3.2
批发业		28.7	18.2	5.2	8.2	8.6	1.7
商业服务业	通信设备	1.7	6.7	4.2	0.	3.4	1.6
通信及其他公用事业设施		53.5	-5.2	16.4	80.1	-22.8	1.2
教育服务业		0.8	24.2	4.7	0.1	0.1	0.3
金融保险业		0.5	6.9	1.5	1.8	8.3	1.1
医疗卫生和社会服务业		0.7	-0.2	0.5	0.1	0.0	0.4
住宿和餐饮业		0.1	3.0	1.1	0.0	0.1	0.1
制造业		0.3	3.2	2.4	0.8	5.4	6.4
零售业		1.5	2.0	0.1	0.6	0.9	0.3
批发业		1.7	7.1	-0.3	0.8	5.1	-0.1

（续表）

行业	资产类型	行业投资份额（在设备或建筑物中）			在该类资产中的经济整体投资份额		
		StatCan	FRTW 份额减 StatCan 份额	混合矩阵份额减 StatCan 份额	StatCan	FRTW 份额减 StatCan 份额	混合矩阵份额减 StatCan 份额
商业服务业	器械	6.9	-3.7	-4.8	8.6	-5.1	-6.2
通信及其他公用事业设施		0.1	2.0	0.3	0.6	5.3	0.8
教育服务业		34.7	-32.7	-23.9	19.8	-19.8	-17.5
金融保险业		0.5	1.8	-0.5	5.9	1.3	-5.7
医疗卫生和社会服务业		51.4	0.1	11.2	33.4	-14.1	34.7
采矿和油井		1.1	10.7	-0.9	2.2	3.1	-2.0
批发业		0.8	-0.1	0.2	1.4	-0.3	0.1
通信及其他公用事业设施	金属制品和金属加工机械	0.7	1.5	-0.5	2.0	2.8	-1.6
建筑业		0.0	4.1	1.6	0.0	1.9	0.6
制造业		12.0	11.1	13.5	72.1	4.2	21.7
采矿和油井		0.3	2.5	-0.1	0.3	0.7	-0.2
批发业		2.7	0.6	0.2	2.5	1.6	-0.5
金融保险业	工业、能源、电力及相关设备	0.2	2.9	0.2	3.1	4.1	-1.9
医疗卫生和社会服务业		4.1	17.1	-2.8	3.4	2.5	-2.4
制造业		1.9	10.8	3.9	26.7	12.3	8.3
采矿和油井		2.6	19.1	-0.6	6.8	0.4	-5.7
零售业		3.5	1.3	10.8	5.7	-2.1	12.5
批发业		2.6	2.9	15.9	5.4	1.0	15.3
通信及其他公用设施	汽车	0.6	0.0	1.4	0.3	4.1	1.1

（续表）

行业	资产类型	行业投资份额（在设备或建筑物中）			在该类资产中的经济整体投资份额		
		StatCan	FRTW 份额减 StatCan 份额	混合矩阵份额减 StatCan 份额	StatCan	FRTW 份额减 StatCan 份额	混合矩阵份额减 StatCan 份额
金融保险业		66.6	−61.3	−5.3	79.0	−33.3	−25.1
制造业		0.1	0.0	2.3	0.1	1.5	3.9
采矿和油井		1.5	−1.6	0.0	0.3	−0.4	−0.1
零售业		8.6	−6.9	−4.0	1.1	3.6	0.5
批发业		3.1	−5.1	5.1	0.5	−8.9	2.0
建筑业	卡车、公共汽车和卡车拖车	25.0	15.1	−18.1	10.9	−2.3	−3.0
教育服务业		5.0	−4.2	−4.7	1.0	−1.0	−0.9
制造业		0.4	1.9	0.4	1.6	1.9	7.0
采矿和油井		6.6	−2.3	−4.7	4.6	−3.9	−2.8
通信及其他公用事业设施	飞机	0.2	−0.2		1.4	−1.2	
制造业		0.2	0.0	1.4	3.9	−2.8	7.6
通信及其他公用事业设施	发动机、发电机、变压器、涡轮和泵	1.5	8.0	11.2	9.5	23.7	78.5
制造业		1.3	5.6	−0.9	17.4	18.7	−10.6
采矿和油井		0.9	6.5	−0.3	2.1	2.1	−1.2
零售业		4.3	−3.7	−4.2	6.6	−5.8	−6.3
批发业		1.4	1.0	−1.2	2.7	2.0	−2.1
商业服务业	家具及相关产品	6.5	−1.4	−1.0	2.3	3.2	2.1
通信及其他公用事业设施		2.0	1.2	−0.3	2.9	5.7	1.2

（续表）

行业	资产类型	行业投资份额(在设备或建筑物中)			在该类资产中的经济整体投资份额		
		StatCan	FRTW 份额减 StatCan 份额	混合矩阵份额减 StatCan 份额	StatCan	FRTW 份额减 StatCan 份额	混合矩阵份额减 StatCan 份额
建筑业		10.0	-5.8	-8.9	3.6	-1.2	-2.9
教育服务业		23.6	-15.3	-12.9	3.8	-3.7	-2.2
金融保险业		5.4	1.2	-1.2	17.8	2.7	-4.9
医疗卫生和社会服务业		21.3	-17.6	-15.7	3.9	-2.5	0.4
住宿和餐饮业		83.8	-52.0	-22.1	8.7	-5.3	-1.3
制造业		1.5	2.2	-0.4	4.6	10.3	1.6
零售业		54.8	-37.7	-22.8	19.4	-2.4	19.3
批发业		28.7	-24.4	-20.9	13.4	-6.8	-5.1
建筑业	农业和建筑设备	60.0	-32.2	-15.4	23.4	-3.8	30.1
金融保险业		1.3	0.9		4.7	3.7	
制造业		0.5	0.0	0.1	1.5	1.1	4.8
采矿和油井		17.3	-3.1	-8.4	10.8	-3.0	-1.8
商业服务业	工业建筑	34.9	-33.4	-30.1	2.5	-2.3	-2.1
通信及其他公用设施		0.0	3.1	0.0	0.0	4.1	0.0
建筑业		0.0	11.6	21.9	0.0	0.5	0.6
医疗卫生和社会服务业		1.0	-0.9	-0.8	0.3	-0.3	-0.2
制造业		86.8	-7.5	2.7	93.7	-27.8	-7.7
采矿和油井		0.1	4.0	4.8	0.5	3.2	2.6
零售业		0.0	2.3	1.1	0.0	1.4	0.8

（续表）

行业	资产类型	行业投资份额（在设备或建筑物中）			在该类资产中的经济整体投资份额		
		StatCan	FRTW 份额减 StatCan 份额	混合矩阵份额减 StatCan 份额	StatCan	FRTW 份额减 StatCan 份额	混合矩阵份额减 StatCan 份额
商业服务业	办公楼	26.8	29.0	37.2	2.1	4.6	3.5
通信及其他公用设施		3.5	13.1	-0.5	7.3	8.8	-4.8
建筑业		35.0	-4.6	5.1	3.5	-2.6	-2.5
金融保险业		94.0	-45.8	-32.8	28.5	-1.6	17.0
制造业		3.1	4.1	2.4	3.6	0.7	1.3
采矿和油井		0.4	0.2	0.1	2.2	-1.8	-1.9
零售业	其他商业大厦，NEC	87.3	-3.8	8.8	33.0	4.7	16.6
采矿和油井	电力、核能和其他动力设施	3.9	-2.5	-3.3	14.3	-12.6	-13.5
差异的绝对值合计			794.1	570.6		420.0	489.9

进行比较。这种方法的缺点是 1997 年 CFT 是基于使用权的(而 ACES 是基于所有权的),而且涵盖的不是同一个年份。尽管如此,在表 12.1 中,我们还是列出了相关系数的均值和中位数,而图 12.3 给出了直方图。毫不意外的是,建筑物的相关系数极高。事实上,建筑物相关系数的中位数几乎正好是 1(均值是 0.93)。对于设备,其相关系数的中位数是 0.95,均值是 0.84。因此,随着 BEA 近年来在方法上的改变,明细资产投资的行业分配实际上已经由自上而下方法部分地转换为自下而上方法,从而提高了资本流量的微观和宏观数据之间的一致性。然而,对于相当数量的重要设备类别,ACES 微观数据与 CFT(和 FRTW)宏观数据之间仍然存在较大差异。BEA 使用 ACES 作为设备投资分配来源的进一步考虑看来是合理的。

在接下来的部分,我们将介绍 ACES 的一些主要特点,并进一步考察和讨论行业截断问题,这个问题(正如我们已经指出的)给使用 ACES 作为有关资产—行业份额的信息来源以及构造总量数据带来了很大局限性。以下将探讨我们处理行业截断问题的方法,并说明这种方法对在各行业和各部门间重新分配资本支出的影响。

12.3.3 针对年度资本支出调查开展工作

568 十多年来,ACES 一直是一个具有全国代表性的公司层面调查,其目的是生成新的和二手建筑物与设备资本投资的行业层面估算值。[16] 在使用 ACES微观数据(我们是最先使用这些数据的研究者之一)的过程中,我们发现,公司在 ACES 中可能无法提供足够的行业详情——也就是说,它们“截断”了所记录投资的行业所属清单。我们特别注意到,许多公司承认在其 ACES 表格中填报的行业比我们在普查局企业登记(BR)中观察就业
569 和工资数据时所看到的行业要少得多。[17] 如果真是这样,那就意味着 ACES 可能在各行业间错误地分配了资本支出总额,尤其是,有些行业比其他行业更经常地被系统性地排除在外,并且其所造成的影响未被完全抵消。

---

⑯ 例如,可参见美国普查局(2000)。

⑰ 这种观测至少依赖于以下重要的假定:如果公司在某个行业的投资为零,它会记录该行业,并填报为零,同时,普查局实际上至少要“输入”这个行业(如果不是也为零的话)。然而,从其他的普查局调查我们知道,零常常是不输入数据库的(因为它们并不影响合计数)。由此引申开来,为了节约时间和资源,如果某行数据对资本支出总额没有贡献,普查局可能就不会输入来自 ACES 表格的该行数据。行业项目有时确实在 ACES 数据库中以零投资出现,这表明,普查局有时确实输入了这样的数据。但是,数据库中缺失数据的普遍存在也表明——也许像在其他调查中一样——ACES 中很多时候对零是忽略的。就我们的目的而言,假定数据库显示了与某公司有关的某行业的任何踪迹,那么这个公司事实上就“承认”了那个行业,我们就要把零适当地回填进遗漏值中去。

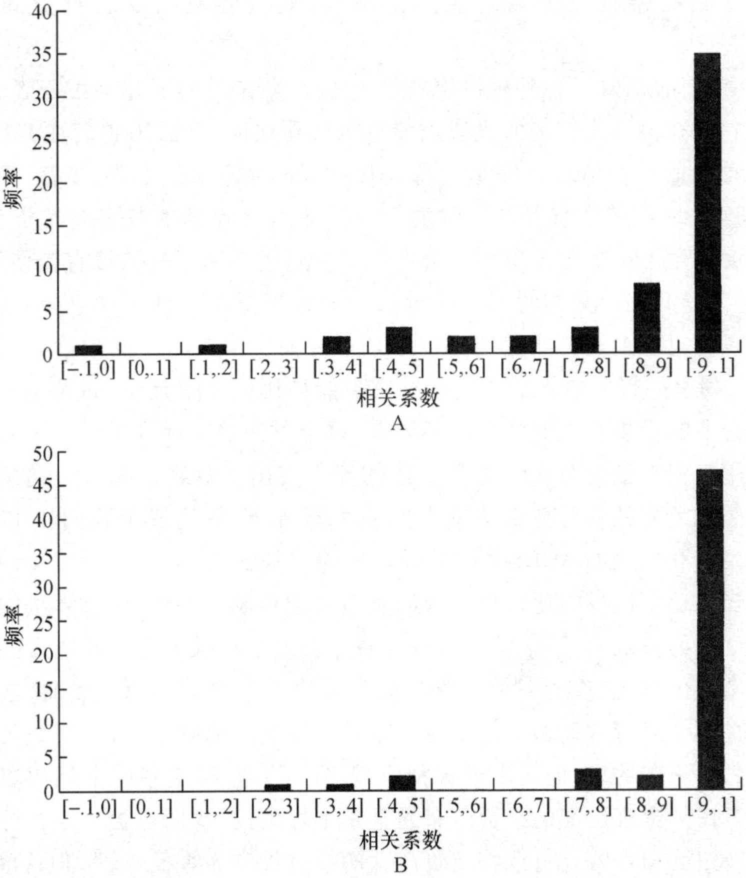

图 12.3　CFT 与 ACES-FRTW 混合矩阵,行业内各类资产之间的相关系数：A. 设备,B. 建筑物

修正行业截断

关于行业截断(一般来说,这是关于 ACES 调查中的行业细节)的说明见附录,本部分我们尝试着去修正这个问题。我们首先假定 BR 中的信息反映了一个公司的真实行业构成。然后我们将样本分为两部分:"完整报告者"是指那些 ACES 中的行业清单与其 BR 中的行业清单完全一致的公司。我们利用这些公司的 ACES 和 BR 数据分别就每一资产类型和行业组合计算投资与工资总额的比率——直接表示为该行业资产组合的加权资本支出总额除以该行业的加权工资总额。把其他的所有公司视为"不完整报告者",利用其(a) 来自 BR 的行业层面工资总额和(b) 由完整报告者计算得到的投资与工资总额的比率,将其资本支出在各行业间重新分配。[18]

具体地说,对于在某种特定资产上有非零支出的不完整报告者,我们先将它们在该项资产上的投资额加总至公司层面,然后用它们在 BR 中有工资总额的行业清单来完全代替其在 ACES 中记录的行业,接着,我们将这些行业的工资总额乘以针对资产—行业组合计算的投资与工资比率。结果就产生了一个公司层面的资本支出。这个结果不应该被直接使用,然而,它就是我们感兴趣的那个隐含的行业投资分布。利用这个分布,我们就可以将对应上述资产类别的实际公司层面资本支出分配到该公司的完
570 整 BR 列表的行业中。如果这种方法不能使用——就是说,如果一个公司所有行业的投资与工资的比率都为零,这个方法确实就会失败——我们可以改用工资总额分布去分配各行业的资本支出。最终结果是得到按详细资产类型划分的各行业资本支出的一个新分布,它构成了我们在 12.3.2 小节讨论和采用的 ACES-FRTW 混合矩阵的基础。

当然还可以设想比这更完善的重新分配机制。例如,现有算法的一个不太理想的特征是,某个特定行业在特定资产上填报为零的投资可能会被另一个正值覆盖,或者一个正值会被改写为一个更大的值。然而,这两种改变都不会对行业截断问题本身产生任何影响。原则上,可以对此类重新分配做出一些约束,但是出于各种原因,凭经验实现这些约束是相当困难的。考虑到微观层面的投资分布通常是不均匀的,我们还尝试是否可以把一个特定公司在特定行业特定资产上的投资设定为零投资。[19] 但这也是很难凭经验实现的,而且,如果操作不恰当,还可能导致无意识的偏差。所以,尽管我们承认更完善的方法肯定是存在的,但必须更多地了解它们的负面影响。因此,目前我们所选择的是一种简单且(可证明的)较好的处理方法。

从多种角度看,我们所提出的重新分配资本支出的方法是相当保守的。我们只是对 ACES 与 BEA 的 FRTW 和 CFT 之间的匹配感兴趣,所以,

---

⑱ 实际操作中,我们允许公司针对每一种资产跨越不同行业。例如,假定一个公司在五个行业的金属加工机械项下填报零投资,同时认为该公司实际上删减了其行业详情——它实际上不仅在这五个行业经营而且还涉足其他三个行业。我们假定公司层面的合计数是正确的,因此,在那三个被删除行业的金属加工机械项下,资本支出也必须为零。这样,至少对于这个资产类别而言,该公司以及其所属的八个行业,都将被列入完整报告者之中。

⑲ 本质上看,这种算法应该使用完整报告者组计算出非零投资的概率,并以投资是正值为条件来计算投资与工资总额的比率。然后将这个概率和条件比率应用于非完整报告者。在公司已经报告正(零)资本支出的情形中,可以进一步改进,把投资概率设为 1(0)。为了从最终估计值中除去偶然性的成分,可以多次重复这个过程,并取其结果的平均值。

我们首先把 ACES 数据打开,按照最详细的共有行业类别将行业数目从 98 个减至 63 个。由此产生的效果之一是 ACES 与 BR 之间的匹配减少。[20] 类似地,我们把资产类型按最详细的共有类别汇总,使 55 个ACES资产类型减至 40 个。[21] 这两步工作合起来,形成了更大的资产—行业交叉样本, 571
由此使投资与工资总额比率的估计值更为稳健。[22]

出于各种原因,我们还决定不对汽车和轻型卡车上的资本支出进行重新分配。像 CFT 一样,ACES 仅仅测算了新资本的流量,忽略了二手资本的销售。对如汽车这样有着广阔转售市场的资产类型来说,这是一个非常重要的区别。以下数据可以说明这种区别的重要性:ACES 数据与 1998 年企业对汽车投资的 980 亿美元(不包括非雇主支出的合计数)相吻合,而 BEA 的 FRTW(没有对转售进行调整)却只记录了 128 亿美元。当然,某些行业在这里会有更大的影响。例如,汽车租赁机构(SIC 751)不仅大量投资于汽车,也会廉价出售大量汽车——通常在使用数年以后。(由汽车制造商租用的汽车面临同样的命运。)FRTW 所报告的全部 SIC 75(汽车修理、养护及停车)所投资的汽车只有 48 亿美元,而公司在 ACES 中填报的该行业汽车投资(加权的)却达到 279 亿美元——其间有 230 多亿美元的差异。[23] 我们发现,重新分配汽车投资会毫无必要地影响我们的分析质量(特别是在某些行业),因此,我们将这些投资留在它们原来的行业中。

ACES 资本支出的重新分配

尽管我们处理行业截断问题的方法相当保守,但仍然可以看到,资本支出在各行业和各部门间有一些显著的重新分配效果。表 12.4 显示了资本支出在各粗略部门之间的重新分配结果(单位为 1998 年百万美元)。有

⑳ 例如,假定某个公司在 ACES 中将其活动按照化学制品(SIC 289)行业而不是药品(SIC 283)行业报告。BEA 认为这在 SIC 28 内部是没有差异的,于是这些数据被合并了。因此,公司被视为在 SIC 28 内报告了数据——这与在(合并的)BR 中发现的数据相同,并被列入完整报告者中,但它通常不可能是完整报告者。

㉑ 例如,办公楼、银行大楼、专业建筑与医疗机构合并到一起。注意,也有 BEA 比 ACES 给出更多资产类别的例子——例如有八种不同类型的计算机及相关设备,还有两种 ACES 完全不承认的资产:定制软件和自制软件。这些在 2003 年 ACES 中已经发生变化。

㉒ 虽然这并非我们的兴趣所在,但如果资产进一步合并成两类——设备和建筑物,就可以采用随行业和规模变化的投资与工资总额的比率。在早期使用 1995 年 ACES 的工作中(这里不做叙述),我们完全就是那样做的。

㉓ 有趣的是,在 ACES 中按主要活动包括在 SIC 75 中的公司,填报了超过 200 亿美元的资本资产的"退役和转让",其中很可能包括了二手汽车的销售。然而,由于是以公司层面合计数为基础的,这个值也可能包括了非汽车资产的退役,以及可能已经不属于 SIC 75 公司的资产的退役。而且这一数字中不包括属于这个行业但主要不是从事此类活动的公司中退役的汽车。尽管如此,我们看到,这个规模与 FRTW、ACES 该行业汽车投资估计值之间 230 亿美元的缺口很相似。

趣的是,从重新分配中获得最多的部门是批发业,而耐用品制造业失去最多。按照我们在附录中对制造业公司行业截断的讨论,这些发现不足为奇。除了批发业以外,其他获得大量资本支出的部门是运输业、金融业和非耐用品制造业,其他失去大量投资的部门是服务业、保险和房地产业以及 ACES"服务多种行业"这一类别。我们这一算法的优点之一就是要将后者的资本支出分配给各行业。

表 12.4 按部门重新分配资本支出

部门	1998 年百万美元
农业服务、林业和渔业	+61
采矿业	-1 008
建筑业	+98
制造业(非耐用品)	+1 615
制造业(耐用品)	-5 074
交通运输业	+7 395
通信业	-1 127
公用事业	-609
批发业	+8 641
零售业	-252
金融业	+2 000
保险和房地产业	-4 074
服务业	-5 013
卫生服务业	+111
服务多种行业	-2 766

表 12.4 的基础是一个按详细行业和详细资产类型划分的更大的表
572 (这里没有展现)。该表显示出,重新分配给批发业的 86 亿美元资本支出的来源是非常广泛的,因为该行业几乎每种资产类型都出现了支出净获得。这样强劲的再分配在其他出现大量净变化的行业中并不多见。

例如,就运输部门的投资增长来看,汽车产品运输和仓储(SIC 42)大约占了 74 亿美元的一半,其大部分增长来自非汽车运输设备。在金融部门,特别是控股公司、慈善信托基金和其他投资机构(SIC 67),出现了资本支出的大幅增长,其中大部分是商业用房的增长。与此同时,在非耐用品制造部门,资本支出最大增幅出现于化学品和相关制品行业(SIC 28),主要是工业建筑的增长。重要的是要注意,一个部门的所有行业并非都必然朝着同一个方向变化。例如,食品和同类产品(SIC 20)的资本支出出现了下降,下降的数额与化学品增长的数额相近,主要是减少了在杂项设备上的投资。

在因这种重新分配所导致的资本支出出现大量损失的部门中，耐用品制造业位居榜首。在此，我们发现，通信设备和电子元器件及设备（SIC 36）是最大的损失者，主要是各种工业设备减少了。但是，部门内再次出现了异质性，例如，基础金属（SIC 33）出现了大量增长。服务部门投资的减少主要集中在商业服务（SIC 73）和汽车修理、养护及停车（SIC 75），而且 573
非汽车运输设备的减少占了绝大份额。而且我们发现，在保险和房地产业、房地产公司（SIC 65）中，在商业建筑上减少了大量资本支出。

最后，在图 12.4 中，我们展示了这些重新分配是如何影响 BEA 的 FRTW 部门总数的。我们针对 ACES 和 FRTW 都共同具有的资产和行业展示了这一影响。[24] 我们看到，重新分配使得 ACES 的制造业（耐用品）、交通运输业、批发业和服务业的资本支出合计数明显与 FRTW 合计数更接近了，但仍然存在巨大的差距，特别是在保险和房地产业、批发业、卫生服务业、公用事业和制造业（耐用品）。其中部分原因可能是二者之间仍然存在概念上的差异。第一，回想一下，由非雇主进行的资本投资（1998 年共计 950 亿美元）没有包括在 ACES 的资本支出总额中，这当然至少可以

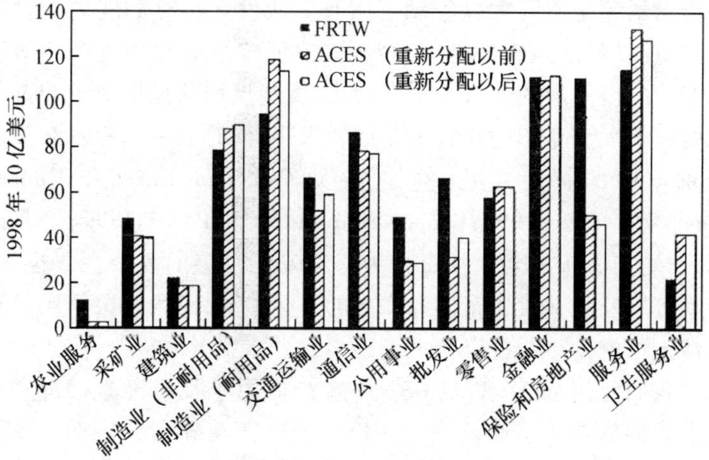

图 12.4　资本支出总额

[24] 特别要指出，ACES 没有识别在两类软件上的投资，也没有计算农业生产（SIC 01—02）的资本支出。另一方面，FRTW 没有包含混合动力、天然气和其他公用事业服务（SIC 493）、供水（SIC 494）、蒸汽和空调供应（SIC 496）、灌溉系统（SIC 497）以及社会服务业（SIC 83）的资本支出，也没有识别美国邮政服务（SIC 43）、家政服务（SIC 88）和公共管理（SIC 92）。在这些限制之下，1998 年，FRTW 的资本支出为 9 399 亿美元，而 ACES 为 8 601 亿美元。不能轻易对这些合计进行比较，因为仍然存在概念上的差异。

574 解释像在保险和房地产业等行业中的部分差距。第二，ACES 没有尝试调整二手资产的销售，从上面的例子中我们知道，仅在一个特定的服务行业中，二手资产的销售就高达 230 亿美元。第三，ACES 中也会存在公司将资本支出费用化的问题。而且，还有租赁的有关问题。因此，虽然我们对 ACES 中行业截断的修正可能很重要，但并没有解决全部问题。

12.4 企业层面的资本与投资：自下而上的方法

要自下而上构建总量指标，其关键是要针对资本存量和流量进行高质量的企业调查，但同时，微观数据对理解微观层面和宏观层面的投资行为也是至关重要的。美国开发的纵向企业数据库已经越来越多地被分析者用来研究生产率、投资和就业的行为，以及价格与工资动态。分析人员使用此类微观数据的动机显而易见，因为决策单位是公司或基层单位。因此，检验企业行为的各种经济模型最好用微观数据来实现。只有在一个给定行业内不同公司的行为具有相当的同质性时，才能使用（在行业层面或经济整体层面）汇总数据。然而，近来使用微观数据的文献表明，微观和宏观数据给出了完全不同的投资动态图景。从投资具有高度周期性这个角度来说，宏观投资动态应该是不稳定的，但汇总数据却在一个相对狭窄的投资率范围内以平滑的方式变动。相反，微观层面的投资的分布却是显著不均匀的——大量企业的投资为零或者很小，同时显示出一个被表示为投资高峰的丰厚的企业右尾（例如，参见 Caballero，Engel 和 Haltiwanger，1995；Doms 和 Dunne，1998；Cooper，Haltiwanger 和 Power，1999）。最近的文献强调，非均匀分布的微观投资行为意味着汇总上的复杂性。也就是说，总量变动可以反映其投资密度和广度的边际情况，而微观数据则描述了企业从不活跃投资到活跃投资整个范围内的分布状况。

本节我们使用 ASM 和 ACES——普查局用于收集资本存量和流量数据的两个关键的企业层面调查——探讨投资微观分布的特性。我们的首要目标是说明微观分布的重要特征，这些特征突出反映了微观分布的独特性质，我们尤其关注那些引起汇总和汇总波动问题的特征。正如在 12.2.2 小节中所提到的，遗憾的是，这些调查中存在的数据局限性，使得难以完全应用根据总量数据构建投资率时所采用的同样测算方法（例如永续盘存法），而只能要么采用调整后的账面价值，要么采用修正的永续盘存
575 法，来构建资本存量（而且要反过来作为计算投资率时的分母）。同样，我们还将探索微观层面分布对这些计量问题的敏感性。

12.4.1　制造业的年度调查

在本小节中,我们使用 ASM 来探讨企业层面资本和投资的测算及其特性。我们的目标大体包括三方面。首先,我们探讨了 12.2 节中所概述的其他测算方法的局限性。尤其是,我们用公式(2)给出的修正永续盘存法规范,与公式(3)中给出的调整账面价值规范相比,考察了投资和资本测算的特性。使用这些备选测算规范,我们比较并对照了微观和宏观之资本和投资的特性。此外,我们还探讨了使用此类备选资本存量指标进行分析的灵敏度——在这里,我们的衡量标准是各种备选测算方法对全要素生产率测算的影响。其次,我们总结和考察了投资微观分布的主要特点。在这样做的时候,我们突出了微观分布的特征,这些特征表明,一个内部一致和完全整合的微观/宏观资本测算对于理解总量波动将是十分重要的。最后,我们通过对照和比较基层单位层面与公司层面投资分布的特征,探讨了基本汇总问题。ASM 具有可以在基层单位层面进行分析的优点,了解在将基层单位层面数据汇总成公司层面数据时企业层面投资的特性将会如何变化,是我们的兴趣所在。

永续盘存法与调整后账面价值的比较

ASM 是在基层单位层面测算资本存量和流量的唯一数据库。但 ASM 中关于资本数据的收集已经有了很大的变化。如前所述,直到 1987 年的制造业普查(CM)为止,ASM 每年收集按设备和建筑物分组的年初和年末账面价值。1987 年以后,则只在经济普查年份才询问账面价值问题。在 1997 年的制造业普查中,只收集了总账面价值。由于这些原因,我们只能针对 1972—1987 年、1992 年和 1997 年构建经调整的资本存量账面价值。幸运的是,ASM 持续收集了整个 1972—2000 年间按设备和建筑物分组的投资数据。利用详细的投资数据以及账面价值数据对序列进行初始化,可以针对 ASM 中的绝大多数工厂,按 12.2.2 小节中描述的修正永续盘存法来构建基层单位层面的资本存量。

在下文中,我们常常要利用所有工厂来比较我们的测算值,然后再利用 576
先前已经至少存续了五年的工厂分数据库来比较我们的测算值。此时关注后面这个分数据库的原因在于,在工厂首次出现在 ASM 中的那一年,按照构建的方式所计算的两个资本存量——基于调整后的账面价值(式(3))计算的资本存量与按修正后的永续盘存法(式(2))计算的资本存量——之间的差异将为零,而且,随着时间的推移,该差异只会基于这些工厂高于其所在两位码行业的平均水平的不同资本结构而增长(更完整的讨论参见 12.2.2 小节)。在下面的分析中,我们把这个工厂分数据库表示为“存续五年者”。

利用此种存续五年者,图 12.5 比较了按调整后账面价值计算的资本存量和按修正永续盘存法计算的资本存量的分布。我们注意到,永续盘存法的资本分布比调整后账面价值的分布稍微偏左一点,而且更聚集在分布中心。因此可以认为,其间的一个差异就是,相对于首选的永续盘存法测算值,调整后账面价值产生了一个更大的平均资本存量和截面方差。当然,这两个分布是显著相似的,其微观层面的相关系数在 0.9 以上(整体看以及分别每年)。

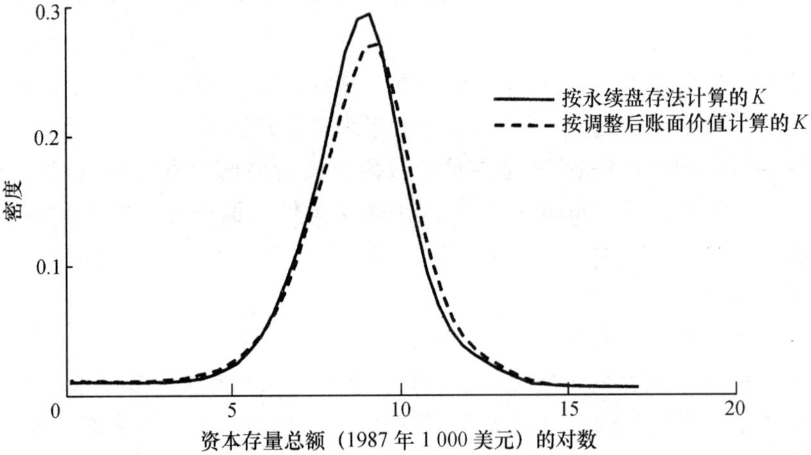

图 12.5 “存续五年者”的两个可选资本测算值

我们现在转而考虑投资率的特性——投资率被定义为实际投资除以年初资本存量。如图 12.6 所示,利用两种资本存量测算值所计算的投资率也是高度相关的。我们发现,如果将所有的基层单位都包括在内,其相关系数普遍较高并且总是高于 0.6。考虑到所有样本都包括了按永续盘
577 存法初始化资本存量的那一年(即资本存量的两个测算值相等的那一年),这是切合实际的。如果只考虑存续五年者,我们发现两种测算值的相关性不是那么强,但在 1987 年之前的时期,即 ASM 仍然收集资本存量数据,相关系数仍相对较高(在 0.6 到 0.8 之间)。在 1992 年和 1997 年,两者的相关性减弱了,而且其中也应该包括一组长期存在的基层单位,其两种资本存量测算结果具有明显不同。

虽然这些相关系数相当高,但它们离 1 还是很远,而且它们也是随时间变化的。对使用微观数据研究投资率变化而且只能利用经调整账面价值构建资本存量的微观数据的分析人员来说,这些发现可以当做一种警

告。换句话说,尽管资本存量分布非常相似,但投资率的分布显然没有那么相似。在下文,我们将进一步探讨这些分布的某些主要特征。对于其余的分析,我们的注意力将集中于存续五年者,因为对于这一目的而言,对它们进行比较更有意义。

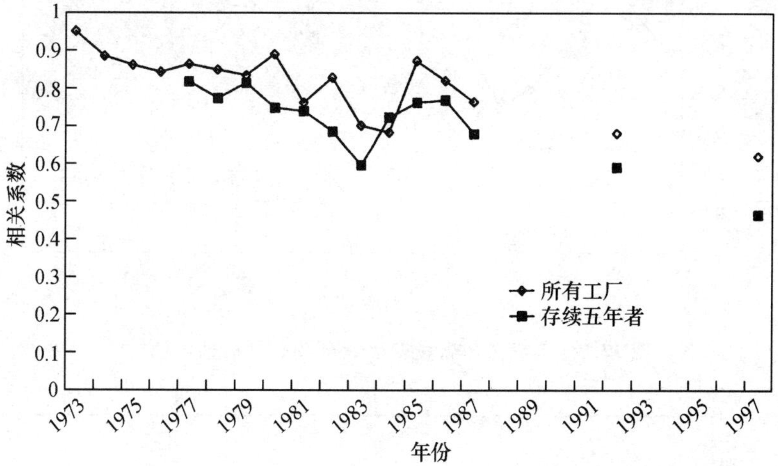

图12.6 按调整后的账面价值和按永续盘存法计算的投资率之间的相关系数

在图12.7中,我们利用这两个备选资本指标展示了投资率中位数的年度时间序列波动状况。首先,我们注意到,永续盘存法产生了较高的中位数。在前一时期,该投资率中位数在5.5%至刚刚超过9%的范围内波动。两种指标具有同样的时间序列变化特征,都显示出投资率中位数在经济繁荣时期的增长,以及在衰退时期的下降。或许存在长期趋势,但投资率中位数并没有显示出来。

除了考察微观分布的中位数波动外,我们还研究了分布形状是如何随时间变化的。在图12.8中,我们给出了投资率分布的四分位差(interquartile range)。有趣的是,我们发现,四分位差在繁荣时期扩大了,在紧缩时期则缩小了。如果我们重点关注20世纪70年代末的繁荣,就会发现,在75百分位数投资占其资本存量的比要比在25百分位数占比大约多出16%。出现这种差异主要是由于此时的投资率中位数大约为9%。 578

我们还研究分布的上尾如何随时间波动。图12.9展示了基层单位投资率中位数与投资率90百分位数之间的差异。基于永续盘存法得到的投资率与用调整后账面价值得到的投资率相比,其右尾更分散。我们还发现,周期性好转时,分布的上尾是分散的,而且对于两种资本指标,这一分布模式都是适用的。例如,在1978年(繁荣的一年),在90百分位数上的

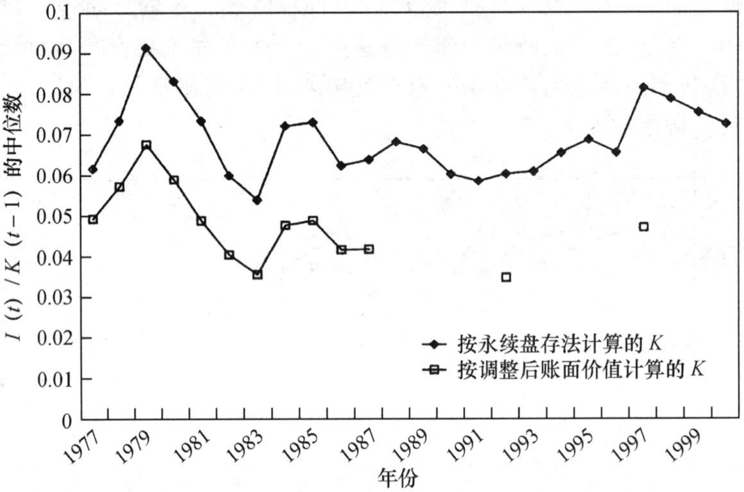

图 12.7 存续五年者投资率 $I(t)/K(t-1)$ 的中位数

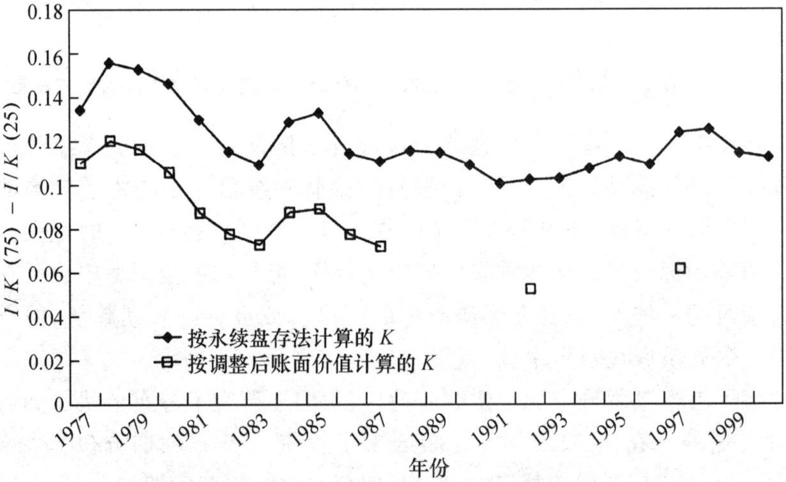

图 12.8 $I(t)/K(t-1)$ 的上下四分位差

基层单位投资分布比其中位数要多将近 28%，而在 20 世纪 80 年代初的经济衰退时期，这两者之间的差异有很大的下降，约为 18%。观察图 12.7，在此期间，投资率中位数从峰顶到峰谷的变化大约是 3.5%，而 90 百分位数与中位数之间差异的变化却有其约 3 倍那么大。中位数的变化是相对温和的，因此可以肯定的事实就是，投资率在经济周期中的大幅度变化是由位于投资率分布上尾的公司引起的。

考察备选资本存量指标各自优点的另一个维度，是考虑行业层面和整

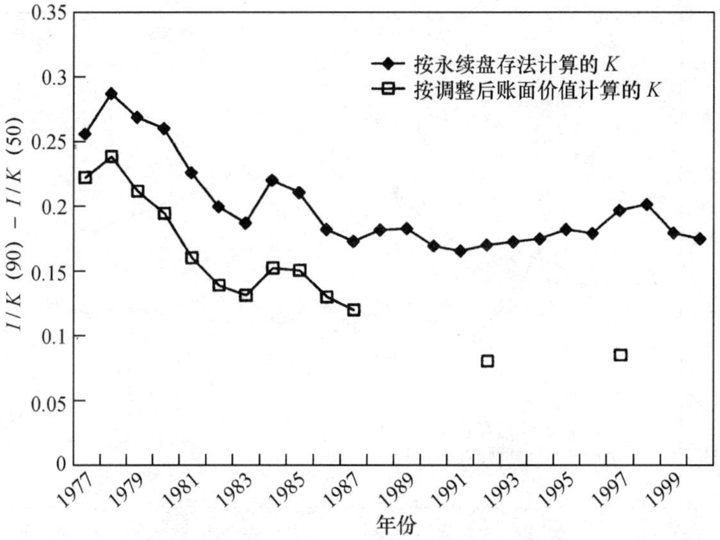

图 12.9 $I(t)/K(t-1)$ 的 90 - 50 百分位差

个制造业层面指标的总体表现。为此,我们考虑存续五年者样本,并使用 579
ASM 样本权数生成资本存量和流量(投资)合计数。图 12.10 显示了利用这一合计数之隐含总投资率与来自 NBER/CES/FRB 生产率数据库之总投
资率的比较。尽管后者是基于 ASM 数据的,但其资本存量序列是利用真 580
实总投资率的长期时间序列和永续盘存法生成的。㉕ 永续盘存法微观数据产生了比 NEBR 或微观调整后的投资率更高的平均总投资率。两种来自微观数据的全部制造业的合计数都与 NEBR 序列高度相关(与永续盘存法结果的相关系数是 0.76,与调整后账面价值的相关系数是 0.75)。图 12.11 展现了使用微观四位码行业合计投资率与 NBER 投资率间成对相关系数的年度平均值。就基于永续盘存法的结果而言,其相关系数平均为 0.53,而对于调整后账面价值方法,其相关系数平均为 0.42。

从生产函数估计和全要素生产率测算方面进行比较,是对这些备选资本存量指标的微观模式敏感性的另一种检验。表 12.5 给出使用不同备选指标得到的生产函数普通最小二乘法(OLS)估计值。㉖ 很明显,就要素弹
性而言,两种资本存量指标得到了非常相似的结果。虽然 OLS 估计有局 581

㉕ 尽管在 NBER/CES/FRB 数据库中使用了有长期序列的永续盘存法,但投资序列来自 ASM,因此,这还不是基于自上而下的供给方方法。

㉖ 回归所采用的微观样本,与生成本节所述存续五年者投资率统计数据所使用的样本相同,它来自 1977—1987 年间、1992 年和 1997 年的存续五年者。

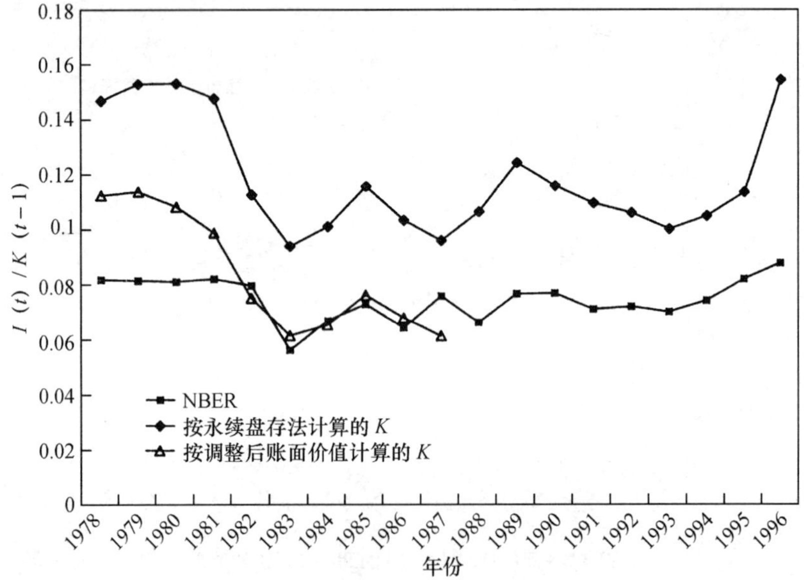

图 12.10 制造业的 $I(t)/K(t-1)$

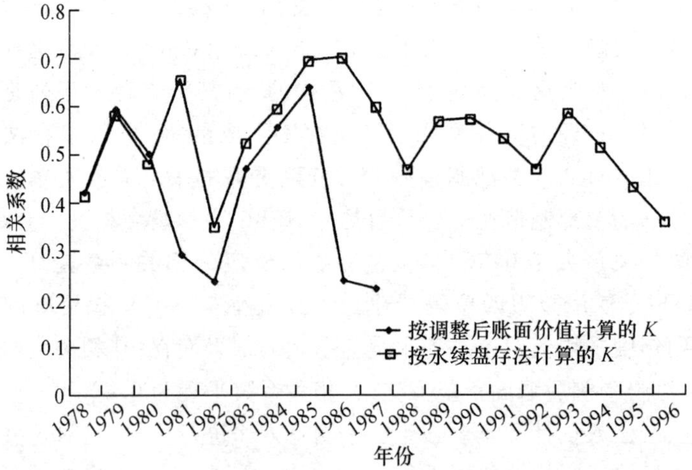

图 12.11 各行业总投资率 I/K 之间的相关系数

限性(如内生性偏差(endogeneity bias)),应适当谨慎地对待其弹性系数,但是各种备选指标得到了非常类似的估计值,这还是很有启发性的。此外,隐含的全要素生产率(TFP;残差)的相关系数非常高。为进行一个相关交叉检验,我们使用成本份额再次与备选资本存量系列一起来计算 TFP。同样,使用不同备选资本存量指标计算的 TFP 的相关系数也是非常高的。

表 12.5　生产函数估计对备选资本测算的敏感性

生产函数估计	永续盘存法	调整后账面价值
设备	0.037(0.0070)	0.023(0.0006)
建筑物	0.062(0.0009)	0.076(0.0008)
劳动	0.287(0.0008)	0.284(0.0008)
原材料	0.593(0.0007)	0.597(0.0007)
能源	0.016(0.0007)	0.012(0.0008)
TFP 的相关系数	0.994	
TFP 的相关系数(成本份额)	0.995	

注:样本包括 ASM/CM 中在 1977—1987 年间的存续五年者,同时也包括在 1992 年和 1997 年存在的企业。注意,仅在 1987 年以后的普查年份才收集关于 K 的账面价值数据。TFP = 全要素生产率。

概而言之,调整后账面价值法和永续盘存法两种资本存量价值在微观层面是高度相关的。如果使用资本存量是为了估计生产函数和 TFP,那么这两种测算得到的结果大致相同。此外,它们的总体特征是类似的,并且匹配得相当好,在行业层面和整个制造业层面产生的总波动,类似于来自 582
公布的制造业部门合计数的波动。它们之间有明显差异,首先是在资本存量的均值和离散程度上具有显著差异,进而转化为投资率之均值和离散程度的差异。幸运的是,后一方面的差异虽然显著,但在时间上却是相当稳定的。对于那些仅限于使用微观数据库——其中唯一可用的资本指标是账面价值——的分析者来说,这些模式是令人欣慰的。

微观分布的关键特征

上一部分主要探讨微观层面的资本和投资率分布对于不同备选资本存量指标的敏感性。在这一部分,我们将重点关注微观分布的关键特征,这些特征在汇总数据中并不存在,但反过来对于投资的微观研究以及理解资本存量和流量的总体动态却可能很重要。在本部分中,我们尤其关注投资的非均匀分布性质,以及工厂层面投资率的巨大离散程度。从上一部分,人们可能会认为所有的基层单位每年都在投资,只是在某些年份具有较高的投资率水平,而在其他年份其投资率水平较低。这一节将显示,事实并非如此。

在图 12.12 中,我们按总投资以及分解后的设备和建筑物,展现了每年都报告其投资为零的基层单位比例,对象分别是所有基层单位和存续五年者。两个序列的轨迹很像,但在几乎所有情况下,存续五年者中零投资工厂所占份额都较小。基层单位更有可能在建筑物上出现零投资。在建筑物上投资为零的基层单位所占比例在 1974 年高达 62% ,1997 年最低,但也有 38%。总投资为零的基层单位所占比例的变动相当大,从 1973 年占比将近 28% 到 2000 年仅占 9%。值得注意的还有数据的时间序列模式。可以看到,随着时间的推移,零投资基层单位所占份额长期看是下降的,而且是反周期的(比如存续五年者中,其投资率中位数与零投资工厂所占份额之间的相关系数为 -0.25)。存续五年者的长期趋势相对稍微弱一些。零投资基层单位占比为什么下降,我们无法提供一个现成的解释,但从表面价值看,可以认为,是资本调整的惯性在随时间减小。可能是资本调整成本有所减少(可能部分地反映了资本市场作用的改善),也可能是在资产组合中出现了向寿命较短设备(例如计算机)的长期转变。

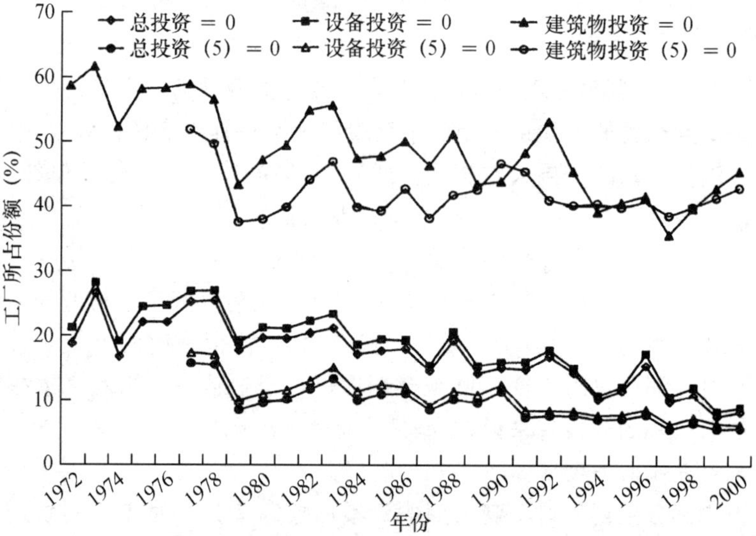

图 12.12　零投资工厂的比例

583　我们感兴趣的另一个分布特征是投资高峰值,如果投资与资本存量的比例达到或超过 20%,即可认为出现了投资高峰。图 12.13 表明,该峰值具有高度的顺周期性(例如对存续五年者,投资率中位数与具有设备投资峰值的工厂所占份额之间的相关系数为 0.48)。峰值在设备投资中比在建筑物投资中出现得更普遍。在此期间,建筑物投资峰值出现的频率在下降,但设备投资峰值在 2000 年出现的频率与 20 世纪 70 年代初一样频繁。正如我们在前面所看到的,存续五年者不太可能有零投资。它们却更可能存在投资峰值。即使在衰退期,我们仍然看到,全部基层单位中大约有 15% 的基层单位的投资超过了它们自身整个资本存量价值的 20%。

很大一部分基层单位是零投资,还有很大一部分基层单位具有投资峰

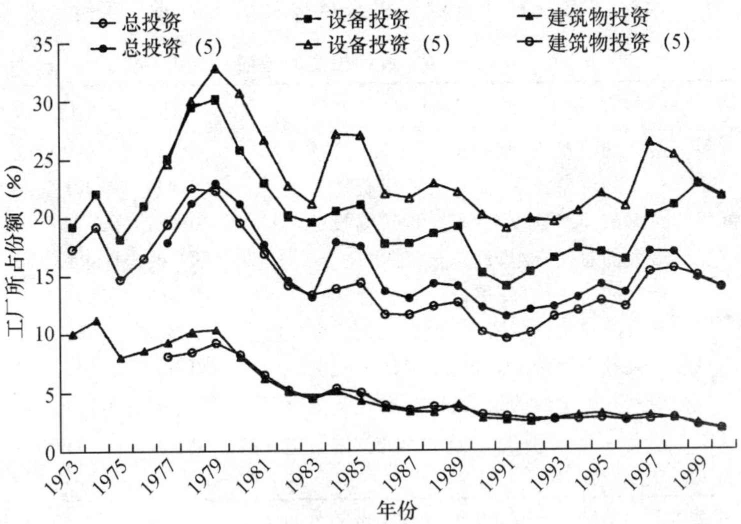

图 12.13 投资峰值：$I(t)/K(t-1)>0.2$

值，因此决定了基层单位层面的投资具有相当不均匀分布的特征。为了更详细量化这一特征，我们使用存续五年者和 ASM 中从 1972—2000 年持续存在的一小组长寿基层单位这两个基层单位样本，计算了最大的一年投资额占累计投资额的份额。计算结果列于表 12.6 中。我们发现，对于每一年的存续五年者组，就总投资和设备投资两方面而言，在任何一个给定的五年期间（按 1977—2000 年所有年份平均而言），投资最大的那一年都超过了投资总计的 40%。[27] 总的来说，这两个数字随着时间的推移一直在单 584
调递减，从 20 世纪 70 年代中期的 47% 到 2000 年下降到大约 39%。类似的模式也出现在了建筑物的数据中，但平均而言，存续五年者在建筑物上的投资的最大年份在累计投资中占有更大的份额，平均超过了 60%，而且其平均降幅比总投资和设备投资也要小得多。

再看寿命较长的基层单位样本，我们看到，在过去 30 年里，其总投资的大约 17% 是发生在一年内，而三个年份的合计数所占比值则达到 32%。就设备投资而言，至少有 5% 的投资来自投资最大的那个年份，而且有时所有投资都是在一年内完成的。建筑物投资与设备投资类似，但其结果更加引人注目。平均而言，32% 的建筑物投资来自投资最大的那一年，并且最大三个年份的投资平均值接近建筑物累计投资的 60%。在这些基层单

[27] 与此密切相关的更详细和更复杂的投资峰值分析，参见 Doms 和 Dunne(1998) 以及 Cooper, Haltiwanger 和 Power(1999)。

位中,至少16%的设备累计投资仅仅来自投资最大的那个年份。

表12.6 累计投资的份额

时期	变量	均值	最小值	最大值
最后五年	最大的总投资/累计总投资[a]	0.414	0.389	0.475
最后五年	最大的设备投资/累计设备投资[a]	0.414	0.391	0.467
最后五年	最大的建筑物投资/累计建筑物投资[a]	0.627	0.608	0.675
29年	最大的总投资/累计总投资[b]	0.169	0.056	1
29年	最大的设备投资/累计设备投资[b]	0.167	0.053	1
29年	最大的建筑物投资/累计建筑物投资[b]	0.325	0.064	1
29年	最大三个年份的总投资/累计总投资[b]	0.362	0.162	1
29年	最大三个年份的设备投资/累计设备投资[b]	0.362	0.157	1
29年	最大三个年份的建筑物投资/累计建筑物投资[b]	0.594	0.171	1

a 存续五年者在1977—2000年所有年份的分布。

b 所有基层单位在29年平衡面板(balance panel)数据库中的分布,其中包括约6 600个观测值。

不均匀的投资分布结果表明,在微观层面把握投资动态,需要同时从
585 密度边际(投多少)和广度边际(投还是不投)两方面做深入解读。广度边际和相应的峰值部分是顺周期的,这一结果表明,微观层面考察投资对周期的先行性,需要了解是什么力量导致工厂从不投资变为投资。正如最近的理论和实证文献所强调的,能够解释这些动态的,是那些资本和其他调整成本具有某种非凸性(nonconvexity)的模型。这些模型本身包含一个不投资的范围,同时还有一个有趣的特征,即总量的动态变化要取决于整个微观行为分布,因为,知道有多少工厂接近其广度边际阈值(extensive marginal thresholds),对于理解总体行为如何对总冲击做出回应是至关重要的。

我们现在转而考虑投资微观分布的另一个关键特征。由前述投资分布特征可见,各企业的投资率相当分散。有很大一部分企业投资为零,也有很大一部分企业出现了投资峰值。将折旧考虑在内,可知哪些零投资企业的资本存量在下降。但即使考虑到折旧,那些出现投资峰值的企业的资本存量也会大幅增加。由此即可以从投资率的分布推断出,在时间上,资
586 本在各基层单位之间的分布具有相当大的变化。此外还有上述结果没有明显揭示的问题:基层单位的进入和退出是资本重新分布的另一个潜在重要来源。基层单位在美国制造业的进入和退出率并不比在其他部门的进入和退出率更高,但考虑进入和退出对资本在各企业重新分布中所起的作用仍然值得我们关注。我们在下一节将深入探讨的一个相关问题就是,用

于构建资本存量总额的折旧测算可能没有正确地考虑基层单位(或公司)的退出。也就是说,标准的折旧测算应基于资产的服务寿命。但上述测算并没有明确考虑一个公司或基层单位的退出是否会改变其资产的有效服务寿命。相反,效率或折旧明细表中隐含的假定是来自退出企业的资本仍在得到使用——换句话说,它隐含地假定,来自一个退出企业的资本被转移到了另一家企业(很可能是通过资本的二级市场)。

为了探讨这些问题,我们将 Davis,Haltiwanger 和 Schuh(1996)创建,Haltiwanger 和 Krizan(1999)以及 Foster,Haltiwanger 和 Kim(2005)拓展的纵向识别指标之间的关联,以及来自 BR 创建的纵向企业数据库(LBD)的纵向识别指标(Jarmin 和 Miranda,2002),附加于 1972—1998 年 ASM 的(基于永续盘存法的)资本存量测算值之上。这些识别指标可以支持我们选取任何一对连续的两年,将工厂区分为进入、退出或连续存在三个类别。

使用这一分类,我们按照式(6)计算了每个工厂资本存量的增长速度。

$$gk_{et}=\frac{K_{et}-K_{et-1}}{X_{et}}\quad 其中\ X_{et}=0.5\cdot(K_{et}+K_{et-1}),\tag{6}$$

其中,K_{et}是基层单位 e 在时间 t 的实际资本存量。为此我们使用了根据修正的永续盘存法所计算的实际资本存量,而且,因为我们感兴趣的是工厂的进入和退出,所以在计算中我们使用了所有的工厂样本。[28] 这一增长率测算与有关就业创造和消失的文献(Davis,Haltiwanger 和 Schuh,1996)中所使用的增长率测算极为相似。它具有所需要的如下特点,即它像对数一阶差分一样(事实上,可以证明,这是一个对数一阶差分的二阶近似)是对称的,但是与对数一阶差分不同的是,它包含了基层单位的进入和退出。利用该增长率测算方法,对资本创造和消失的总量估计分别定义为:

587

$$POSK_{et}=\sum_{gk_{et}\geqslant 0}\frac{X_{et}}{X_t}gk_{et},\tag{7}$$

$$NEGK_{et}=\sum_{gk_{et}<0}\frac{X_{et}}{X_t}|gk_{et}|,\tag{8}$$

㉘ 需要注意,我们忽略了资产的退役/销售,由此意味着有可能漏掉了存续基层单位资本消失总额的一个重要组成部分。Caballero,Engel 和 Haltiwanger(1995)发现,对于实际总投资为负的企业,其平均总投资率(不是净投资率)大约为 3%。此项分析中我们缺失了这个 3%,虽然在我们所使用的折旧率中也许部分地包含了这个 3%。进一步的讨论参见 Caballero,Engel 和 Haltiwanger(1995)。

使用这些测算值时注意,根据定义,净资本存量的总增长率等于 $POSK_{et} - NEGK_{et}$。

图 12.14 描述了从 20 世纪 70 年代中期到 90 年代末设备投资的资本创造和消失率。[29] 平均来说,资本的净增长率比用这种方式计算的总资本创造和消失率要小很多。这毫不奇怪,因为总资本创造是顺周期的,而总资本消失则是反周期的。然而,各周期的循环模式却变化很大。在 70 年代末,这些正在退出和/或总投资非常低的企业(所以其净资本存量不断下降)减少了其资本消失,结果导致了净资本存量的上升。相比之下,80 年代和 90 年代的繁荣则更多地是由企业进入和/或企业投资总额大大超过其资产折旧从而使净资本存量大幅增长所带来的。解读这些结果,可以认为,制造业层面总资本存量的周期性频率会跟随微观分布中正在改变的部分而变化。还值得关注的是,与制造业创造的净就业机会一样,制造业的净资本增长也较多是由资本消失波动而非资本创造波动所造成的。资本
588 消失的标准差是资本创造标准差的 1.5 倍(尽管这似乎主要是由 70 年代和 80 年代初的周期性变化所引起的)。

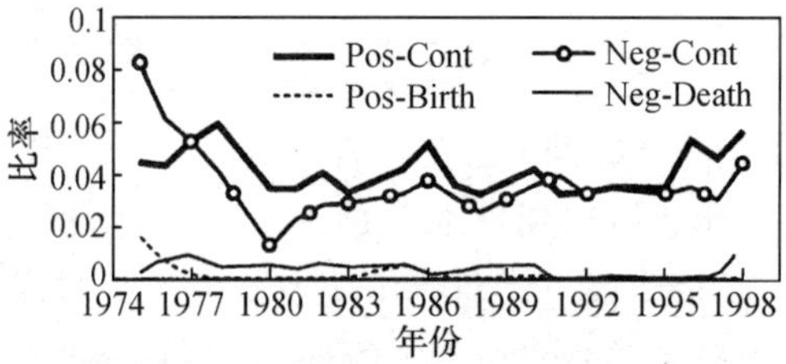

图 12.14 资本创造和消失:存续的企业、新生的企业、死亡的企业

这里令人感兴趣的问题是企业进入和退出的作用。图 12.14 显示了由存续者(在第 $t-1$ 年和第 t 年都存在的企业)和进入者(在第 $t-1$ 年不存在,但在第 t 年存在的企业)所说明的总资本创造构成,以及由存续者和退出者(在第 $t-1$ 年存在,但在第 t 年不存在的企业)所说明的总资本消失构成。由图中可见,尽管在特定年份上,由企业进入引起的资本创造所占的份额和由企业退出引起的资本消失所占的份额都超过了 20%,但在这种情况下,企业进入和退出的贡献还是相当有限的。部分原因在于,相

[29] 我们将每个 ASM 数据组的第一年(1974 年、1979 年、1984 年、1989 年和 1994 年)排除在外,因为 ASM 没有这些年份企业进入和退出的代表性样本。这有点遗憾,因为这些年份中有许多(1974 年除外)是繁荣年份,这样我们就遗漏了有关经济繁荣时期的一些情况,由此也使得平均净增长率将大大低于如果将这些年份包括在内所得到的结果。需要注意,我们使用了所有在 ASM 中被确认为进入、退出或者存续者的工厂,并给出样本权重。

对于任何给定年份的资本存量而言，进入和退出的工厂都只占一个非常小的份额（每一个都小于 1%）。这是因为进入和退出的工厂更倾向于是年轻的小型工厂。然而，这种情况表明，这些年度计算值可能会对企业进入和退出的贡献产生某种误导。正如我们在下一部分将要探讨的，年轻企业（比如成立不到十年的企业）的投资率是非常高的，所以考虑到伴随进入后紧接着的增长，企业进入的累计贡献会大大高于其他企业。然而令人吃惊的是，图 12.14 显示出，制造业中总资本创造率和消失率的绝大部分波动来自存续者。例如，在 20 世纪 70 年代末的繁荣时期，资本消失的大幅度下降完全是由存续者的资本消失下降所引起的。正如我们在下一部分将看到的，由于非制造业中的企业进入率和退出率要高得多，因此在非制造业中企业进入和退出的作用也许会大得多。总结一下在工厂层面关于资本微观分布特性的证据，我们强调以下两个关键点：第一，投资的微观分布是非常不均匀的；第二，投资的微观分布具有很强的异质性，有一些企业通过大规模投资迅速扩展了它们的资本存量，另一些企业则通过折旧或退出而缩小了它们的资本存量。

公司与基层单位的微观特征对比

ASM 是仅有的在基层单位层面收集投资和资本测算值的数据库，由此也是唯一可以支持探讨基层单位数据和汇总至公司层面数据之间差异的数据库。在这一部分，我们将总结来自基层单位和公司效应之间比较调查的结果，但为简洁起见，没有提供基础表和基础数据（可根据要求提供）。为了便于分析，我们把注意力限定于那些被列为存续五年者的工厂。
公司分布的中位数展示出与基层单位层面数据相同的总体时间序列模式，589
但公司投资率的中位数略高于基层单位投资率。两种资本测算值（永续盘存法和调整后账面价值）之间的相关系数在 0.6 到 0.8 之间变动，在此期间内表现出轻微的上升趋势，由此说明这两种测算值在公司层面是高度相关的。公司层面的相关系数比基层单位层面的相关系数略低，而且这些序列随时间的变化也较小。四分位差以及 90 百分位数与 50 百分位数之差显示出完全相同的时间序列模式，而且其水平大致相同。从公司序列的微观特征看，零投资公司所占比例，在设备投资和总投资两种口径下稍微有点低，但在建筑物投资上，零投资公司的占比则明显低于零投资基层单位的占比。在公司层面和基层单位层面，建筑物的投资峰值表现出相同的模式和水平，但针对设备和总投资，公司层面的峰值发生率比基层单位要低很多。最后这两点表明，公司投资比工厂投资具有较小的不平滑性，各公司间在建筑物投资上是平滑的，但在公司内部，投资却集中于一些特定的工厂。在设备投资和总投资方面呈现出更平滑的投资分布模式,也就是说,零投资的公司较少,具有投资峰值的公司也较少。对 ASM 而言,基层单位层面与公司层面对比的结果大致相当,但也确实存在一些差别。在下一小节,我们将给出另一个公司层面数据库(ACES)的微观特征。[30]

12.4.2　经济整体在微观层面的投资动态

本小节关注经济体所有部门(不只是上一小节讨论的制造业)中各公司的投资模式。为此,我们要使用 ACES 关于公司层面的总投资数据和账面价值信息。[31] ACES 现在是美国统计体系中企业投资数据的主要来源。
590 然而,到目前为止,探讨投资动态的研究人员一直较少使用 ACES。部分原因在于 ACES 推出时间较晚,研究人员对该调查尚不熟悉。我们希望阐明 ACES 对理解投资动态的有用性,同时建议能够改变调查方式,以改善它在这个领域中的功用。在展开分析之前,有必要先对 ACES 与 ASM 的一些关键指标进行简要比较。

ACES 与 ASM 的比较

由于抽样单位和调查设计不同,很难对 ACES 与 ASM 进行比较。那些较大的单位(分别称为公司和制造业基层单位)肯定在这两项调查中都会被抽到。但是,如何处理各种非确定性情况,二者则具有明显不同。尤其是,ASM 在过去的五年组里,选择了一个针对较小型基层单位的样本,由此可以支持我们使用上面所讨论的永续盘存法。另一方面,ACES 每年都要选择一个新的概率样本,因此,永续盘存法只能用来对那些最大的 ACES 公司构建公司层面的资本存量。

尽管两项调查间存在差别,但还是可以对各自计算得到的各种统计数据进行比较。在此我们仅关注投资率和出现投资峰值的公司所占份额。图 12.15 比较了 ACES 公司与 ASM 基层单位各自的投资率(I/K,由资本支出总额除以固定资产总额计算得到)中位数和投资率超过 0.2 的企业

---

[30] 就这里所给出的分析而言,我们一直用工厂间分布与(不按某类活动测算值加权的)公司间分布进行对比(在这种情况下最适当的权重很可能是资本)。事实证明,多数公司是单一的单位(即只有一个工厂),所以公司和工厂的微观分布十分相似。但多单位工厂公司却占了活动的很大一部分。因此,探索活动加权分布应该很有意义。换句话说,重点关注有许多基层单位的大型、复杂的多单位公司将是有意义的。后者可能会使公司层面的行为看上去与工厂层面数据揭示的行为非常不同。

[31] 我们还没有用 ACES 数据构建实际的投资流量和资本存量。在 ACES 中,许多大型公司跨很多行业经营,这在一定程度上使得为构建投资流量和资本存量的实际价值而选择合适的缩减指数变得复杂了。在本章中,大部分使用 ACES 的计算都是在一年以内的。此外,我们没有使用 ACES 构建永续盘存资本存量。因此,对 ACES 投资和资本存量进行缩减并非本章的重点。

(即那些出现峰值的企业)所占的份额。尽管在重点关注的单位和行业上存在差别,但我们发现其结果大体一致。ACES 中的公司的投资率略高于 ASM 中的制造业基层单位的投资率,而且出现投资峰值的 ACES 公司所占比重也要大一些。虽然测量误差可能在其中有很大作用(例如,我们认为从 ASM 可以得到的资本存量测算值比 ACES 收集到但没有公布的账面价值信息更可靠),但在图 12.15 中看到,ACES 与 ASM 之间的差异可能主要来自 20 世纪 90 年代非制造业部门的高投资率。在 90 年代,所有序列都跟随经济周期呈向上倾斜态势。

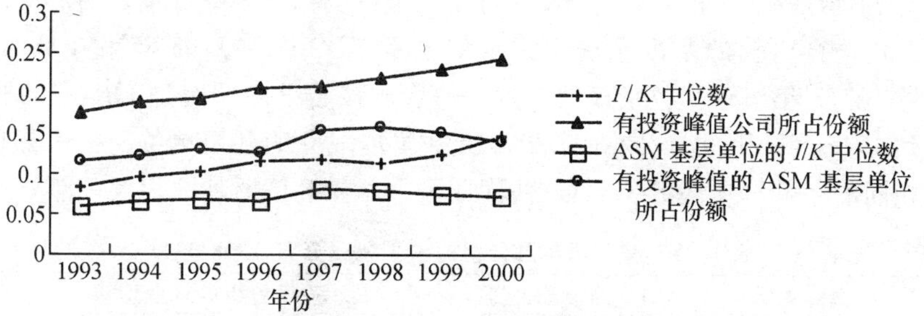

图 12.15　投资率中位数和有投资峰值公司的比例:ACES 与 ASM

现在我们将注意力转向企业进入和退出的贡献,以及在前一小节中提出来的与之密切相关的构想——年轻企业对于投资的贡献。此处关注这些问题是因为,在非制造业部门,进入和退出对于解释产出和投入的重新分布和增长更加重要(例如,可参见 Foster, Haltiwanger 和 Krizan, 2001, 2002)。正如引言中所提到的,资本存量和流量汇总数据的缺陷之一是很难区分年轻企业与成熟企业的贡献或者进入与退出的贡献。一旦涉及企业进入和年轻企业的作用,各种企业调查(包括 ACES)都会存在某些局限性,因为这些调查的重点往往是大型的、成熟的企业。与此相对应,本小节分析将服务于两个方面的目的,一是要说明考虑企业年龄分布(以及企业的进入和退出)的重要性,同时鉴于传统数据收集的重点是更大、更成熟的企业,要集中讨论在评估各种要素贡献时所存在的一些局限性。对年轻公司投资行为特别感兴趣的另一个原因,是我们相信它们属于首批采用新技术和新商业活动的公司。在 ACES 所涵盖的时期——20 世纪 90 年代,可能尤其如此。 591

将存续年龄信息纳入 ACES

ACES 的目的不是提供按公司存续年龄划分的投资统计数据,但可以很容易地将其与 LBD 链接起来,LBD 中包含了 1975 年以来含有公司所有权信息的基层单位层面纵向链接数据。LBD 包含了两个有关企业年龄信息的来源。首先,可以找到被 LBD 记录其公司代码(FIRMID)的第一年的年份。然而,LBD 中的公司数字标识符不是为纵向分析准备的,例如,像合并和收购等重要事件可能导致持续经营企业的公司数字标识符发生改变。为此,可以使用公司年龄的另一个替代指标,即该公司所拥有的最早基层单位的年龄。这种指标也并不十分理想,但与仅使用公司数字标识符所得到的结果相比,它可以提供一个更合理的公司年龄分布。[32]

592 *按公司年龄划分的投资与公司动态基本事实*

表 12.7 提供了 1998 年公司年龄分布与就业分布的交叉信息。LBD 包含了有付酬雇员的公司总体,从而提供了可与 ACES 中所包含的那些雇主公司进行比较的基准。表中第一列显示了 LBD 的 1998 年就业分布。注意,在 23 年组这个数量极大的点——造成该结果的原因是 LBD 仅可追溯到 1975 年。因此,所有拥有 1975 年或之前成立的基层单位的公司都具有相同的年龄。这些老公司很多,因此占了总体经济活动的很大一部分。

表 12.7　按公司年龄分组的付酬就业分布,1998 年

公司年龄	就业人数	ACES 的覆盖范围		各年龄组的就业份额		
	LBD	未加权(%)	加权(%)	LBD(%)	ACES(未加权;%)	ACES(加权;%)
0	1 452 603	D	D	1.31	D	D
1	3 146 743	1.50	15.02	2.85	0.10	0.55
2	3 193 107	2.99	47.21	2.89	0.20	1.76
3	2 711 276	2.80	45.47	2.45	0.16	1.44
4	2 551 283	3.76	45.14	2.31	0.20	1.34
5	2 377 135	5.13	51.89	2.15	0.25	1.44
6	2 553 304	7.44	54.91	2.31	0.39	1.63
7	2 315 490	5.71	53.51	2.09	0.27	1.44
8	2 006 223	5.11	54.66	1.81	0.21	1.28
9	2 174 030	9.95	63.45	1.97	0.44	1.61
10	2 263 811	12.95	65.44	2.05	0.60	1.73
11	2 584 330	14.43	59.58	2.34	0.76	1.80
12	2 671 816	8.31	48.36	2.42	0.45	1.51
13	2 296 896	13.55	6.72	2.08	0.64	1.79
14	2 078 559	12.69	63.81	1.88	0.54	1.55
15	1 648 923	14.60	60.48	1.49	0.49	1.16

[32] 目前 CES 正在做这样的工作,以建立 LBD 中公司层面的纵向联系。该项工作一旦完成,研究人员就可以据此构建更复杂的公司年龄指标。

（续表）

公司年龄	就业人数	ACES 的覆盖范围		各年龄组的就业份额		
	LBD	未加权（%）	加权（%）	LBD（%）	ACES（未加权;%）	ACES（加权;%）
16	2 376 955	21.71	78.26	2.15	1.06	2.17
17	1 558 257	18.20	66.93	1.41	0.58	1.22
18	1 386 752	16.09	70.97	1.25	0.46	1.15
19	1 410 778	22.09	77.46	1.28	0.64	1.27
20	1 376 125	18.92	69.44	1.24	0.53	1.11
21	2 453 113	39.00	84.61	2.22	1.96	2.42
22	2 019 449	65.59	154.43	1.83	2.71	3.64
23	59 953 493	70.43	92.98	54.23	86.38	65.00
合计	110 560 451	44.21	77.57			

注：LBD = 纵向企业数据库（Longitudinal Business Database）。D 表示为了避免披露个别公司的数据，该项统计数据被隐匿了。

表 12.7 的第二列和第三列显示了对 ACES 公司按年龄分组的未加权和加权的 LBD 就业总人数百分比。该表清楚地表明，在 ACES 中，年轻公司抽样比例太低。例如 1998 年，在 1 年公司组，ACES 收到良好应答的公司按就业人数计仅占 1.5%。使用 ACES 样本加权，这些公司仅仅代表了 1 年公司就业人数的 15%。但是，回想一下，ACES 不是依据公司年龄来分层的。那些占据大量经济活动的较为成熟企业的覆盖面则要好得多。因此可以认为，ACES 只在总投资支出上具有代表性。

图 12.16 显示了按年龄分布的投资率。因为在每一年里对年轻公司的观测值都是有限的，所以我们使用混合数据来构建该图。也就是说，每个年龄组（低于 25 年）都由多年的观测值组成。[33] 该图清楚地表明，投资率（即资本支出总额与其固定资产的比例）随着年龄上升在下降。年轻公司与年老公司相比有更为密集的投资。此外还可看到，投资强度的 90-10 百分位差在随着公司年龄而下降，这表明相对于年老的公司，年轻的公司会追求更为多样化的投资策略。

另一种研究不同年龄公司投资行为的方法，是在一段时期内持续追踪一群公司。这对 ACES 来说是困难的，因为该调查缺乏明确的“面板”性质。ACES做了一件很好的工作，即仅就情况确定的大型企业进行纵向追

㉝ 注意 LBD 中最老的公司（即那些 1975 年前成立或拥有 1975 年前成立的基层单位的公司）在 18 年以上年龄组中占主导地位。

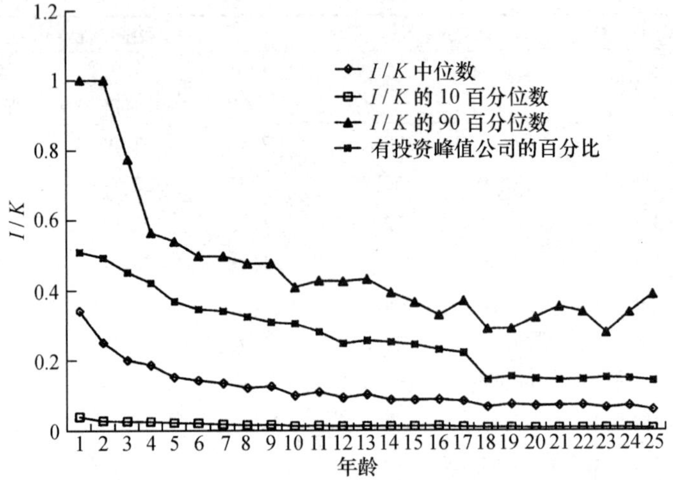

图 12.16 公司投资率(I/K)的年龄分布(ACES-1 公司)

踪。当然,这些企业几乎全部是老企业。年轻企业大多是小企业,因此在 ACES 中,它们在 1993—2000 年间只被观察到一次(在 1993—2000 年间 141 605 家 ACES-1 企业中有 111 446 家仅仅被观察到一次)。因此,跨期持续追踪一群公司的唯一方式,是构造一群在同一年诞生但随观察时间推移其构成会发生变化的混合公司。

593 表 12.8 考察了诞生于 ACES 覆盖期内的 1993 年的一群混合公司。前四列集中显示出,该群体在全部各类活动中都只占一个很小的份额(前两列的工资总额和就业比例是根据来自 LBD 的整体信息得到的)。有意思的是,年轻企业在投资和资产方面所占的份额比它们在工资总额和就业上所占的份额更小,尽管它们的投资比成熟企业更密集。

表 12.8 1993 年诞生群的活动份额(%)

年份	占工资总额的份额	占就业的份额	占投资的份额	占资本的份额	投资的相对份额	资本的相对份额	投资/资本的中位数
1993	1.38	1.12	D	D	D	D	D
1994	2.04	3.02	0.48	0.30	15.89	9.93	19.63
1995	1.93	2.79	1.13	0.86	40.50	30.82	18.54
1996	1.82	2.58	1.10	0.80	42.64	31.01	20.57
1997	1.64	2.36	1.18	0.62	50.00	26.10	25.00
1998	1.72	2.15	1.35	0.53	62.79	24.65	16.36
1999	1.74	2.06	0.71	0.59	34.47	28.64	14.89
2000	1.12	1.97	0.73	0.57	37.06	28.93	19.08

注:D 表示为了避免披露个别公司的数据,该项统计数据被隐匿了。

这群混合公司在投资密度上的特征不如图 12.16 描述得清晰。在一年之内,我们发现年轻公司投资密度的平均数和中位数都比较高。图 12.16 的实质是要将跨期统计数据库中在一起,来显示投资密度随公司年龄而下降的趋势。然而,由于 ACES 不长期追踪单个公司,而且样本构成 594
年年在变化,因此很难对某个给定群体的行为做推论。显然,在多年性样本中会只包含成功的进入者,这些公司的投资最有可能比先前时期样本中的那些没成功的公司更加密集。这也许可以解释,为什么对一群混合公司,我们看不到与我们在某一年之内考察覆盖整个年龄分布的各公司投资时的相同模式。

另一个对理解年轻公司投资行为感兴趣的原因,是它们也许会选择不同于成熟公司的资产组合。新公司往往更有可能尝试采用新技术。图 595
12.17 依据公司年龄分布比较了 1998 年 IT 设备在其资本总支出中所占份额来考察这个问题。我们看到,在老公司那里,IT 设备所占投资预算份额相比起来要更小。无可否认这是一个非常有限的分析。ACES对年轻公司的观测数量较少,这就限制了我们控制诸如行业和规模等其他因素的能力,而且我们只有一年的详细资产信息。[34] 尽管如此,图 12.17 仍然表明,资产组合是公司年龄的函数。

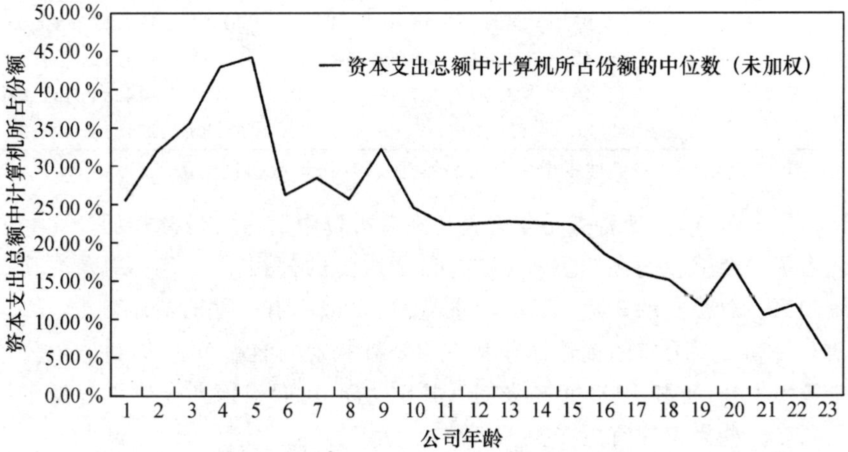

图 12.17　资本支出总额中计算机所占份额的中位数(未加权),1998 年

在表 12.9 中,我们比较了整个 20 世纪 90 年代年轻公司经济活动的

[34] 也就是说,在进行这项研究时,只能获得 1998 年按详细资产类型分组的投资数据。至今已公布了 2003 年的此类数据,但对于列入此处已经太晚。更多有关使用 1998 年 ACES 微观数据的公司资产组合的细节,参见 Wilson(2004)。

不同指标所占的比重。该表显示，成立不到四年的公司在就业中的份额大致不变，在整个20世纪90年代只占不到10%。因为大多数年龄组公司的就业在下降，所以年轻公司对净就业增长的贡献要大得多。

表12.9 20世纪90年代年轻公司的活动份额(%)

公司年龄	1993	1994	1995	1996	1997	1998	1999	2000
				ACES-1总投资的份额				
0	D	D	D	D	D	D	D	D
1	0.39	0.48	0.21	0.37	0.65	0.84	2.54	1.80
2	0.81	1.00	1.11	2.50	1.01	1.04	2.46	1.96
3	0.68	0.77	0.96	1.10	0.65	0.96	1.53	1.10
合计	1.88	2.25	2.29	3.97	2.31	2.85	6.52	4.85
				LBD就业的份额				
0	1.12	1.11	1.24	1.59	1.31	1.31	1.24	1.39
1	3.02	3.02	3.01	2.93	3.20	2.85	2.69	2.87
2	3.01	2.84	2.79	2.76	2.71	2.89	2.65	2.89
3	2.53	2.75	2.64	2.58	2.55	2.45	2.71	2.55
合计	9.67	9.72	9.68	9.86	9.77	9.50	9.29	9.70
				净就业增长的贡献				
0		1.50	35.23	61.29	28.28	33.78	123.97	58.94
1		103.93	54.31	66.49	48.70	40.81	139.17	70.65
2		-6.42	-3.47	-6.66	-3.58	-4.85	-17.12	-1.59
3		-11.16	-3.00	-5.49	-3.45	-3.94	-14.84	-1.664
合计		147.86	83.06	115.63	79.95	65.80	231.18	126.37

注:D表示为了避免披露个别公司的数据，该项统计数据被隐匿了。

表12.9的显著特点是年轻公司在总投资中所占的份额较低。这些公司占了整个就业的大约10%(在有付酬雇员的公司中)，但平均来说其投资却只占总投资的3%。新公司进入ACES似乎有一些时滞。例如，ACES对0年和1年公司的覆盖面非常有限。如果有可能针对0年和1年公司推算出1997年和1998年缺失的ACES投资，我们应该同样可以看到年轻公司在这些年份中有更多投资。

596 退出的贡献

如上所述，我们也对公司进入和退出对资本及投资动态的贡献感兴趣。然而，上一部分的结果和讨论表明，ACES不太适合于研究公司进入的影响，因为新公司被纳入ACES似乎存在时滞。因为不能充分地测算进入，所以我们不能采用在工厂层面分析所使用的资本创造和消失测算值。但ACES可以用来研究退出对资本消失的贡献，为此，我们下面的分析是比较有限的——仅尝试量化由公司退出所影响的资产价值。

在这个尝试中,我们考察的是公司的退出而不是工厂的退出。为此我们考虑公司退出的两种类型。使用 LBD,我们可以区分以下两类公司:从数据中消失但其基层单位(或者这些基层单位的子集)继续在另一个公司下运作的公司,以及其基层单位完全停止运作的公司。我们称后一种情况为“全然死亡”,称前一种情况为“身份死亡”。我们注意到,ACES 没有为调查那些多单位公司的基层单位死亡所引发的资本资产变化提供足够的信息。后者是值得进一步研究的相关主题。

表 12.10 显示了 1993—1999 年全然死亡和身份死亡者的固定资产现价价值。这些数字给我们提供了来自 ACES 的该类公司在经营最后一年 597
的固定资产。身份死亡可以包括兼并,以及导致 LBD 中一个有效身份消失但对该公司所控制的基层单位运作没有太大实质影响的其他活动。

表 12.10　来自公司倒闭的资产处置和二手资本支出(现价 10 亿美元)

	1993	1994	1995	1996	1997	1998	1999
固定资产:全然死亡	10.1	26.7	8.3	19.1	25.6	30.5	22.3
固定资产:身份死亡	124.9	145.0	166.1	284.9	295.1	270.4	348.5
第 $t+1$ 年的二手资本支出	30.7	35.0	34.6	31.2	63.5	42.0	62.7
第 $t+1$ 年的其他增加和购置	38.3	67.8	101.6	123.0	152.6	186.6	173.3

注:此表是我们仅利用 ACES-1 中那些报告有正资本支出的公司计算得到的。因此其总数稍低于公布的估计数字。只使用这个子样本是基于数据质量的考虑。普查局并没有公布任何固定资产或其他增加、购置的数据。因此只能根据具有正资本支出的 ACES-1 公司来编制这些表格。

为了把这些数字都纳入考察范围,并提出相关计量问题,我们考虑了那些濒临死亡公司的资产的可能去向。它们可以在二手资本市场被国内公司购买,可以通过兼并和收购(M&A)活动被国内公司获得,可以出口或报废。在 ACES 表格中,美国普查局要求公司提供两条揭示如何处置濒临死亡公司资产的信息。首先,它询问二手资本的支出,这将获得通过二手资本市场所购买到的来自濒临死亡公司的各种资产。但这些市场同时也经销存续公司所出售的资产,因此并非所有通过 ACES 获得的二手资本支出都来自濒临死亡公司。

表 12.10 表明,身份死亡的资产价值远远超过全然死亡的资产价值。其资产大部分会被那些收购濒临死亡身份的基层单位的公司吞并。如果公司考虑将其作为资本支出(即公司保留这些收购资产的折旧或摊销账户),美国普查局要求公司将其计入通过 M&A 活动获得的二手资本支出。如果这些通过 M&A 活动获得的资产不被视为资本支出,美国普查局要求

ACES 受访者在“其他增加和购置”项下输入这些资产的价值。

因此,事实应该是这样的,那些受公司死亡(全然死亡和身份死亡)影响并仍然被其他国内公司使用的资产,应该在 ACES 中的二手资本支出以
598 及其他增加和购置数额中反映出来。表 12.10 最后两行分别显示了二手资本支出总额以及其他增加和购置总额——在 ACES 追踪公司死亡并在前两行报告其固定资产的那一年。这里的想法是,第 t 年的死亡应该在获得濒临死亡公司资产的那些公司第 $t+1$ 年增加的资产中反映出来。因此,可以用前面两行之和代表可以从公司死亡中获取的二手资产存量,最后两行则代表被国内吸收的此类资产,以及由存续公司在二手资本市场销售的资产。因此,最后两行可以作为从濒临死亡公司所吸收二手资产的上限。

从表中可以看到,该年全然死亡和身份死亡的公司资产中,有 51%—78%(平均为 64%)要么通过 M&A 活动被吸收(在身份死亡的情况下),要么作为二手资产被直接购买。ACES 数据表明,吸收总额大大低于通过身份死亡可以获得的固定资产总额(即通过 M&A 活动转手的资产)。此外,大部分此类吸收是通过“其他增加和购置”类别来测算的。已公布的资本支出统计数据中没有包括这个类别,因此,已公布数据的用户可能会遗漏这些支出的大部分。

简而言之,此次初步调查揭示了处理公司退出时出现的两个不同但却相关联的问题。首先,与公司退出(不是全然死亡就是身份死亡)有关的资产总值,并没有通过二手资本支出指标或其他购置指标体现出来。一个尚未解决的问题是上述测量差距是否能够反映已经报废但没有在资本和折旧测算中体现出来的资本。这里存在一个我们无法调查的相关问题,即已被关停的基层单位的资本(是多单位公司的一部分)可能存在报废的情况。除了已经发现的测量差距,资本收购的构成会导致出现进一步的问题。大部分资产转手似乎通过记为其他收购这样一个未公布的类别而在 ACES 中体现出来了。以上事实——资本转手显然没有在二手资本支出中体现,因此不属于已公布统计数据的组成部分——引发了进一步的问题,即如何在资本测算中处理公司退出。

此处的工作仅相当于朝更好地了解濒临死亡公司资产处置迈进了一小步。很明显,关于公司进入和退出如何影响资本的存量和流量,还有更多需要认识的东西。无论从宏观还是微观视角来看,了解公司动态对资本的作用都是重要的。要取得进一步的进展,需要强调在测量方面存在的各种困难,如固定资本存量估价与其收购成本估价的对比,二手资本出口的

作用,以及新资产和二手资产的价格缩减指数。

我们还认为,由公司退出所引起的测算问题,并非只意味着资本存量平均水平的测量误差,它还可能引起资本存量和资本运用周期性变化方面 599
的测算问题。正如我们所强调的,无论就公司进入、退出还是其资本的不均匀调整而言,对公司动态的研究都要集中于公司层面调整的波动性。很重要的一点是要认识到,基层单位退出是高度反周期的。因此,资本的报废率和资本的重新分配率一样,不只是一个常数,而是可能会随着行业、时间期限和企业类型的不同而变化。一个没有解决的相关问题是用于资本重新配置的资金利用率。重新配置资本(即使主要是所有权的改变而不涉及资本物理位置的改变)很可能是需要时间和资源的,在此期间,资金利用率可能会非常低。所有这些因素都表明,由公司退出引起的问题,不能只利用一个简单的折旧率调整因子来确定,而是要直接收集数据并进行分析。

公司层面证据总结

上述对公司层面投资分布微观特征的简要探索形成了以下若干深刻认识。第一,难以应用永续盘存法进行测算,而且,与之类似,由于年度面板的轮换,很难将 ACES 作为面板数据使用。第二,ACES 显示出包含了进入者但却存在时滞。第三,不同年龄的公司其投资模式存在巨大差异。年轻企业比成熟企业有更高的投资率。这种模式与就业增长模式极为相似。然而,与就业不同的是,年轻企业在总投资中只占一个相对较小的比例。出现这一结果的部分原因是,与更为成熟的企业相比,年轻企业的资本存量更小,因此,即使具有很高的总投资率,它们对总投资合计数的贡献仍然相对比较小。此外,一般可以发现,成熟企业在就业方面几乎没有表现出增长,但在资本方面却显示出强劲的正向总投资。第四,我们发现大量资产与企业退出(通过所有工厂的退出或者通过收购)有关。

12.5　总 结 评 论

微观和宏观数据的整合应该成为改善经济测算的目标,保持在所有层面上(公司、行业和总量层面)的汇总测算之间的内部一致性,已经显示出其优越性。有了这种内在一致性,就可以对总量变化(不管是由于经济因素引起的还是计量问题引起的)之根源进行透明的测算,并在清楚把握总影响前提下进行微观层面的分析。公司具有多种特征,最近的研究表明, 600
针对企业年龄、企业规模总变化进行贡献分解,与针对持续存在、进入、退出企业进行贡献分解一样,都是非常有用的。尽管已经有此认识,但却少有具备微观/宏观数据整合性质的企业活动指标。在此方面，最糟糕的企业活动指标当属资本存量和流量。在本章中，我们针对汇总（自上而下）和微观（自下而上）两种方法，对资本测算的各种具体方法做了详细介绍和量化。

汇总法资本存量和流量是基于自上而下的、供给方的方法。围绕资本品的国内生产、出口和进口，可以提供相当准确的国内供给指标。具备这些供给总数，是自上而下方法的优势。稍微有些挑战性的问题是将国内供给在个人消费、政府消费和按详细资产类别划分的固定企业投资之间进行分配，因为能够获得的按详细资产类别划分的支出数据比较有限。尽管如此，可以认为，自上而下方法针对按详细资产类别划分的资产存量和流量汇总数，提供了一套相当准确的测算值（需要谨慎对待的是，鉴于数据方面的局限性和概念问题，测算资本品及其折旧的投资缩减指数的固有难题仍然存在）。

从数据的交叉连接上看，自上而下方法的最大缺陷不是按资产类别划分的资本存量和流量，而是按详细资产类型划分和按行业划分的资本存量和流量。目前，后一方面的分配是按照一种间接方法和一个非常强的假设——关于一行业使用的资产与该行业的职业分布之间的关系——给出的。这些问题对设备投资分配的影响最为严重——例如，在最近公布的1997年资本流量表中，约85%的设备投资总额是根据就业的职业分布在各行业间进行分配的。

这里的核心问题一直是缺乏按行业分类的各类详细资产使用的直接测算值。最近，随着ACES的开发，针对所有部门在公司层面搜集的资本支出有了一些改进。然而，来自ACES的数据刚刚开始用于国民核算中。我们已经将这些新数据的优势纳入本章分析，用以探讨用自上而下方法测算分行业资本存量和流量的局限性。

在研究新的ACES数据的过程中，我们还讨论了自下而上方法构建资本支出数据的许多局限性。首先，被要求按行业分解其资产的公司，往往会在应该报告的行业方面出现缺失（我们从其他来源知道，该公司是从事这些行业的活动的）。其次，费用化和租赁问题也是困扰按公司划分资本支出的测算问题，特别是对某些资产类型来说。

601 在本章中，我们开发了一种混合方法来按行业分配资产——该方法试图利用自上而下和自下而上两种方法各自的优点，并将每种方法的局限性降到最低（或至少对其进行调整）。我们相信该混合方法能够改进分资产、分行业资本存量和流量的测算。此外，它还有望使宏观和微观数据更具内部一致性,进而具备更大的能力支持在微观和宏观层面进行资本存量和流量内部一致性分析。这种混合方法本身也具有许多局限性——但通过进一步研究,并通过改进原始数据、对普查局企业数据进行更好的整合,这些局限性是可以改进的。

与本章密切相关的另一个目标,是描述微观层面资本存量和流量经济测算的特点。如上所述,自下而上的测算对于改进总量指标是非常重要的,而它本身也是很重要的。分析人士越来越多地使用企业层面的纵向数据库去研究企业动态,即使其目标只是在于解释企业行为的总体波动。

创建一个能够支持在微观层面进行高质量分析的数据基础结构,面临着许多挑战。调查面板轮换导致很难使用永续盘存法来测算资本存量。此外,按年度从微观层面收集到的数据也非常少——充其量,每年只能按粗略资产类别收集数据。此外,很难生成投资价格缩减指数和折旧率,这些都是公司层面特有的困难(如果不是不可能的话)。ASM 针对制造业部门基层单位层面资本存量和流量数据的收集有一些退步。出现这些退步非常令人遗憾,因为 ASM 已经成功地被纵向链接起来,从而使其有可能在一个很宽泛的范围内对企业进行动态分析。正如我们所强调的那样,尽管 ACES 已经在某些方面有所改进,但是作为一个纵向微观数据库,考虑到它所使用的抽样程序(例如,年度样本轮换以及新进入企业和年轻企业的代表性不够),ACES 仍然存在很多局限性。

尽管在微观层面存在这些测算上的挑战,但从微观分析中所看到的事实还是相当惊人的。企业层面投资活动的分布是相当不均匀的,并具有很大的异质性。在任何给定的一年,总有很大一部分企业账面投资为零,另一小部分企业则具有很大的投资峰值。这些投资峰值在总投资中占了很大份额,同时在时间上也在单个企业累计投资中占了很大的份额。所有这些不均匀意味着,一些企业正在缩减其资本存量(主要通过折旧),而另一些企业则在大幅扩张其资本存量。各企业之间在资本增长率上所隐含的 602
异质性意味着,资本在生产者之间的分配一直处于不断变动之中。此外,企业进入和退出对资本投入在各生产场所之间的重新分配产生了重要影响。一个与此相关的动态是,年轻企业可能有很高的失败率,但一旦生存下来则具有非常高的平均投资(以及产出和就业)增长率。把所有这些因素综合起来表明,总动态是由一系列复杂因素所驱动的,要理解这些总量,需要将总变化按照以下方面各自的贡献加以分解:零投资企业与具有投资峰值的企业、企业进入和企业退出、年轻企业与较成熟企业。我们的研究结果进一步表明,这些要素的贡献在不同周期的各个时段上是有变化的。例如,20 世纪

70 年代后期的投资热潮应该说并非由总资本创造的下降所致,而是更多地与总资本消失(持续存在企业资本的不断缩减以及企业不断退出)有关,而到了 80 年代和 90 年代,投资热潮则更多地与总资本创造的增长有关。

我们的初步调查结果不仅引发了关于微观和宏观投资动态驱动力的有趣问题,还引发了在资本测算中如何处理工厂和公司退出这样的有趣问题。依照资产服务寿命的标准处理方法忽略了工厂和公司退出问题。也就是说,按照标准方法,资产服务寿命是由资产的技术使用决定的,但它忽略了工厂和公司退出的作用。用于估计资本存量的现有方法,在对选择性偏差进行了某些调整之后,确实以一种比较粗略的方式考虑了二级市场对资产效率和服务期限的关系的影响。然而,在考虑所有情况之后,我们仍然不是十分清楚公司退出和资本重新分配对资本测算的影响。通过将来自退出企业的资产与二手资本支出及其他购置(原则上应该体现由企业退出引起的资本重新分配)之间的估计值进行比较,我们在确定这个问题的严重程度方面取得了一些进展。我们发现,因公司退出而释放到经济体中的资产价值大大超过了国内对二手资产吸收(通过购买和收购实现的)估计值的上限。尽管我们的分析有很多测算上的局限性,但是这个问题仍然值得进一步关注,这也进一步强调了宏观—微观数据整合的重要性。其之所以重要的原因之一,是公司和工厂的退出具有高度的周期性,而且在不同行业之间差别很大,由此导致的任何测量误差都会影响到我们如何理解随时间推移和行业不同而发生的变化。

我们相信,这些微观特征提供了必须以微观—宏观内在一致性为前提来理解各种总量测算指标的初步证据。然而也要清醒地认识到,鉴于微观
603 数据(以及微观层面的有关指标)的限制,我们对微观分布特性的分析仍然具有局限性,所以应该比较谨慎地看待这些结论。

不管是对一般的经济测算,还是仅就资本测算而言,一个尚未解决的问题是怎样做才能改善微观—宏观数据的一致性。在我们看来,如果从如下两方面努力,可能会取得重大进展:第一,协同努力去开发这里所提出的致力于整合微观和宏观资本测算的混合方法,第二,使那些收集资本存量和流量数据的调查设计(主要由 ASM 和 ACES 进行)能够清楚地认识到数据的用途之一是微观数据分析和与之密切相关的微观—宏观数据整合。也就是说,统计机构应该考虑改进企业投资调查(例如 ACES),要更加关注进入者和年轻企业,并应重新考虑样本轮换策略,以便增强纵向分析能力。

附　录

年度资本支出调查(ACES)1993 年首次开始收集数据,其目的是列表显示行业层面的资本投资总额,并将其分成设备投资和建筑物投资、新投资和二手投资。其覆盖范围几乎包括了整个非农私人部门经济。特别是在 1999 年之前,它在将近 100 个二位至三位码 SIC 行业层面上收集和发布了资本支出数据,而 1999 年以后,则以北美行业分类(NAICS)为基准收集数据,大约覆盖了 134 个三位至四位码非农行业。为报告公司(例如总部、地区办事处和中央研究实验室)服务于多个行业的建筑物和设备支出,它提供了一个额外的"行业"。1993—1995 年,ACES 样本包括了 27 000—30 000 家拥有 5 名及以上雇员的公司;而在 1993 年和 1995 年,有 15 000 家拥有 5 名以下雇员或没有任何雇员的公司(即非雇主公司)填报了一份简略调查表(ACES-2)。自 1996 年以来,该样本已包括了约 32 000—44 000 家有雇员的公司和 12 000—15 000 家非雇主公司。前一组填报这项调查的长表(ACES-1),后一组则填报短表(ACES-2)。

两种调查表要求接收者都要填报本公司在新的及二手建筑物和设备上的支出。ACES-2 表基本上就此止步,但收到 ACES-1 的公司,还要填报公司的资产账面价值总额、折旧和退役,调查年度通过资产租赁协议获得的新的建筑物和设备,以及调查年度由生产或兴建新固定资产所引起的资 604
本化利息。最重要的是,还要求这些企业提供它们已经参与的每个行业的资本支出数据,并将这些支出区分为新的或旧的支出,以及建筑物、设备或其他支出。

在某些年份,ACES-1 的接收者除了要按行业进行分解外,还要按建筑物类型和设备类型进一步区分其投资支出。例如,1994 年要求公司提供详细的建筑物支出,在 1998 年,则要提供其详细的建筑物和设备支出。1998 年,ACES 收集到了 29 个建筑物类别、26 个设备类别的支出数据。2003 年的 ACES——本研究进行时正处于实地调查中——于 2005 年中期发布,也收集到了按行业划分的建筑物和设备支出的详细数据。

与上文一样,我们仅关注 1998 年 ACES。总的来说,1998 年抽取了 45 997 家公司作为样本,有 33 815 家雇主公司收到了 ACES-1,12 182 家非雇主公司收到了 ACES-2。因为我们感兴趣的是按行业和按资产类型划分的投资,所以我们仅关注 ACES-1 的接收者。遗憾的是,如上所述,非雇主公司占有的资本支出——合计为 950 亿美元,约占全国总量的 9.7%——

在 ACES 中既没有分配给各个行业，也没有分配给各种资产类型，这是一个很重要的局限性，也是与 BEA 估计值的重要区别。㉟ 同样重要的是要注意，这些缺失的投资对某些行业（也可能是某些资产类型）的影响可能要大于其他行业（资产类型）。无论如何，在收到 ACES-1 表格的 33 815 家企业中，27 710 家（占 82%）填报了质量较高的数据——这些数据被计入公布的合计数中。雇主公司总体有 8 790 亿美元（加权）的资本支出。加上非雇主公司的 950 亿美元投资，ACES 所测算的 1998 年资本支出总额为 9 736 亿美元。㊱

12.2 节中我们已经注意到 ACES 所收集数据的若干问题，其中一个重要现象是相比于 BR 中的行业数目，这里的被调查者在报告其所在行业数目方面出现了“截断”。为了证实这一现象，我们以 26 470 家 ACES-1 填报
605 者为子样本做专门研究。㊲ 采用 ACES 的行业定义，我们发现，这些公司在 ACES 中平均确认了 1.35 个行业，而根据企业登记，同样的公司在 1.85 个行业（或 37% 以上）有非零工资。但是，省略掉的行业似乎是这些公司中的较小行业，至少平均来说是这样的。特别是，没有被确认的行业只占加权工资总额的 11.0%。㊳ 即便如此，假设按与工资总额分配同等比例重新分配这些资本支出，结果会显示出，所填报行业的总投资平均被高估了 12%（即 $1/(1-0.110)=1.124$）。㊴ 就实际上经营一个以上行业的 8 122 家公司而言（依据 BR），它们在 ACES 中平均确认了 2.08 个行业，而 BR 中显示出其在 3.78 个行业（或 82% 以上）中有非零工资。这里，没有被确认的行业占这些公司加权工资总额的 16.8%——由此表明，在剩余行业中平均存在接近 20% 的资本支出上偏。因此，行业截断似乎是一个潜在的

㉟ 1995 年拥有 1—4 个雇员的公司也收到 ACES-2，因此有近 18% 的国民投资没有被 ACES 分配给各行业。

㊱ 与此不同的是，FRTW 认可的投资为 10 671 亿美元，而 CFT 认可的投资为 11 607 亿美元。重要的是应注意到，除了上面所讨论的一些其他概念区别外，行业范围和资产覆盖面在这三个来源之间也有所不同。

㊲ 由于种种原因，有 1 024 家公司被排除在原始样本之外：落选的主要原因是 BR 中这些行业的工资不是正值。另一些公司落选是因为其所从事的活动超出了这里的行业范围，如农业生产，将这些公司包含在内会使分析变得复杂。还有一些公司落选的原因是它拥有 BR 中没有足够 SIC 代码的基层单位，从而不能合理地分配适当的代码。加权计算，这些落选公司占原始样本投资的6.4%。

㊳ 公司有时也会填报一些未在 BR 中填报的行业——虽然这种情况比较少见。在这里，有 3.2% 的加权资本支出出现在此类行业中。

㊴ 这当然是假定公司正确地填报了公司层面的资本支出，并把它分配给了较少的行业。另一种可能是，公司通过忽略未确认行业的投资而少报了公司层面的投资总额——但鉴于 ACES 的调查结构，这种设想似乎不太可能。

严重隐患。

接下来,我们探讨是否某些行业在 ACES 中会更经常地比其他行业遭遇漏报。针对这 26 470 家公司,按照疏于确认属于该行业的频率并由此使其加权工资总额(以 1998 年 10 亿美元为单位)比例严重不可信的程度进行排名,表 12A.1 列出了排名前十的行业。不管是哪一种测算,耐用品(除汽车外)批发业都位列被忽略行业的榜首,而相关的非耐用品(除杂货和石油产品外)批发业也距之不远。这并不是一个全新的发现。Becker 和 Dunne(1999)曾试图协调为什么同时响应 1996 年 ACES 和 1996 年 ASM 的公司在其 ACES 表格中填报了更多的制造业资本支出,他们发现,那些主要从事制造业的公司经常不能在 ACES 中确认其批发行为,很可能会把那些支出错误地分配给它们所在的制造业。看来,对应公司次要活动的那些行业,在 ACES 中可能会面临着被变“小”的更大风险。而且,在某些“天生作为次要活动”范围内的行业,由此可能会被 ACES 系统性地变“小”。事实上,表 12A.1 列出的某些行业,的确属于“支持性”行业,例如工程、会计、研究、管理服务以及计算机程序设计、数据处理和其他计算机服务。

表 12A.1　ACES 中最易被公司忽略的行业

排名	行业	频率
1	耐用品(除汽车外)批发业	1 301
2	控股公司、慈善信托基金和其他投资机构	1 251
3	工程、会计、研究和管理服务	1 137
4	其他零售点[a]	851
5	非耐用品(除杂货和石油产品外)批发业	748
6	商业服务,NEC[b]	646
7	房地产办事处	509
8	其他医疗卫生和相关服务[c]	399
9	计算机程序设计、数据处理和其他计算机服务	380
10	社会服务(包括儿童日托和住宿照顾)	370
		加权的工资总额(1998 年 10 亿美元)
1	耐用品(除汽车外)批发业	31.5
2	工程、会计、研究和管理服务	24.0
3	非耐用品批发业(除杂货和石油产品外)	18.6
4	商业服务,NEC[b]	15.6

（续表）

排名	行业	频率
5	其他零售点[a]	15.2
6	证券和商品经纪及服务	13.3
7	计算机程序设计、数据处理和其他计算机服务	12.2
8	测量、分析和控制仪器，以及其他[d]	9.9
9	金属制品业(除机械及运输设备外)	9.2
10	其他医疗卫生和相关服务[c]	8.7

注：NEC＝他处未归类者。

a 不包括经营日用百货(包括百货公司)、食品、服装及饰品以及鞋类的零售商店。

b 包括除设备出租和租赁(SIC 735)之外的所有 SIC 73 以及计算机程序设计、数据处理和其他计算机服务(SIC 737)。

c 包括医疗和牙科实验室、肾透析中心、他处未归类的特色门诊设施以及他处未归类的其他活动。

d SIC 38。还包括摄影、医疗、光学器材以及钟表。

606 由以上分析得到的结论就是，有些行业可能具有“天生作为主要活动”的性质，因此会有偏多的资本支出被系统地归于这些行业。表 12A.2 列出了最可能没有提供充分的 ACES 行业详情的前十类公司(根据其主要
607 行业)——用其未确认行业工资总计所占百分比测算。有两件事是显而易见的。首先，表中的一些行业同时也出现在了表 12A.1 中。由此表明，在这些行业存在抵消效应——有些公司有未报告的资本支出，另一些公司则存在多报的资本支出。同时也可能表明，在这些公司如何按其主要行业归类与普查局如何划分其所在行业之间存在着某些差异。其次，相对于表 12A.1，这里出现了更多的制造业行业，而且相对来说都属于高技术行业。由此可知，不仅这些特定制造业公司会遗漏一个很大比例的活动，而且，这些活动在加权工资总额中也占有相当大的份额。

除却这些制造业公司，我们考察那些公司最不可能在 ACES 中确认的行业——尽管这些行业(根据 BR)是有工资总额的。也许并不奇怪，相比其他行业而言，公司疏于填报的行业之一是耐用品批发业——它是表 12A.1 中排名第一的行业。[40] 问题是，制造业公司往往不认为自己是在从事批发业务。高居这些高技术公司榜单的其他未填报行业是控股公司、慈善信托基金及其他投资机构(SIC 67)，工程、会计、研究和管理服务(SIC 87)，以及计算机程序设计、数据处理和其他计算机服务(SIC 737)。

㊵ 事实上，这三个制造业行业占表 12.4 给出的耐用品批发业未能覆盖的 315 亿美元工资总额的 40% 以上。

表 12A.2　最可能没有提供充分 ACES 行业详情的公司类型

排名	公司的主要行业	ACES 中未确认的工资总额	
		百分比	1998 年 10 亿美元
1	供水和卫生服务(SIC 494—497)	46.2	3.2
2	隐匿的行业	39.0	D
3	控股公司、慈善信托基金及其他投资机构(SIC 67)	37.9	4.1
4	测量、分析和控制仪器等(SIC 38)	34.0	12.5
5	杂项服务(SIC 89)	33.5	1.5
6	其他医疗卫生和相关服务(SIC 807,809)	30.0	5.1
7	计算机和办公设备(SIC 357)	29.0	5.3
8	通信设备和电子元件及设备(SIC 36)	24.7	19.7
9	其他存款机构(SIC 608,609)	21.4	1.0
10	非耐用品(除杂货和石油产品外)的批发贸易	21.1	10.0

注:D 表示为了避免披露个别公司的数据,该项统计数据被隐匿了。

参 考 文 献

Autor, David H., Frank Levy, and Richard J. Murnane. 2003. The skill content of recent technological change: An empirical explanation. *Quarterly Journal of Economics* 118 (4): 1279–1333.

Becker, Randy, and Timothy Dunne. 1999. Annual Capital Expenditure Survey (ACES) and Annual Survey of Manufactures (ASM) comparison. Washington, DC: Center for Economic Studies. Memorandum, March.

Caballero, Ricardo, Eduardo Engel, and John C. Haltiwanger. 1995. Plant-level adjustment and aggregate investment dynamics. *Brookings Papers on Economic Activity,* Issue no. 2:1–39.

Cooper, Russell, and John C. Haltiwanger. 2000. On the nature of capital adjustment costs. NBER Working Paper no. 7925. Cambridge, MA: National Bureau of Economic Research.

Cooper, Russell, John C. Haltiwanger, and Laura Power. 1999. Machine replacement and the business cycle: Lumps and bumps. *American Economic Review* 89:921–946.

Davis, Steven, John C. Haltiwanger, and Scott Schuh. 1996. *Job creation and destruction.* Cambridge, MA: MIT Press.

Doms, Mark, and Timothy Dunne. 1998. Capital adjustment patterns in manufacturing plants. *Review of Economic Dynamics* 1:409–429.

Doms, Mark, Ron S. Jarmin, and Shawn D. Klimek. 2004. IT investment and firm performance in U.S. retail trade. *Economics of Innovation and New Technology* 13 (7): 595–613.

Foster, Lucia, John C. Haltiwanger, and Namsuk Kim. 2005. Gross job flows from the Annual Survey of Manufactures:1993–1998.Washington,DC:Center for Economic Studies. Mimeograph.

Foster, Lucia, John C. Haltiwanger, and C. J. Krizan. 2001. Aggregate productivity growth: Lessons from microeconomic evidence. In *New developments in productivity analysis,* ed. Edward Dean, Michael Harper, and Charles Hulten, 303–363. University of Chicago Press.

———. 2002. The link between aggregate and micro productivity growth: Evidence from retail trade. NBER Working Paper no. 9120. Cambridge, MA: National Bureau of Economic Research. August.

Haltiwanger, John C., and C. J. Krizan. 1999. Small business and job creation in the United States: The role of new and young businesses. In *Are small firms important? Their role and impact,* ed. Zoltan Acs, 79–97. Boston: Kluwer Academic.

Hulten, Charles, and Frank Wykoff. 1981. The estimation of economic depreciation using vintage asset prices: An application of the Box-Cox power transformation. *Journal of Econometrics* 15:367–396.

Jarmin, Ron, and Javier Miranda. 2002. The longitudinal business database. Washington, DC: Center for Economic Studies Working Paper no. WP-02-17.

Jorgenson, Dale, Mun Ho, and Kevin Stiroh. 2005. Growth of U.S. industries and investments in information technology and higher education. In *Measurement of capital in the new economy,* ed. Carol Corrado, John Haltiwanger, and Daniel Sichel. Chicago: University of Chicago Press, forthcoming.

Lawson, Ann, Kurt Bersani, Mahnaz Fahim-Nader, and Jiemin Guo. 2002. Benchmark input-output accounts of the United States, 1997. *Survey of Current Business* 82 (12): 19–109.

Meade, Douglas, Stanislaw Rzeznik, and Darlene Robinson-Smith. 2003. Business investment by industry in the U.S. economy for 1997. *Survey of Current Business* 83 (11): 18–70.

Stiroh, Kevin J. 2004. Reassessing the impact of IT in the production function: A meta-analysis and sensitivity tests. New York: Federal Reserve Bank of New York. Mimeograph.

U.S. Bureau of Economic Analysis. 1999. *Fixed reproducible tangible wealth in the United States, 1925–1994.* Washington, DC: U.S. Government Printing Office.

U.S. Census Bureau. 2000. *Annual capital expenditures 1998.* Washington, DC: U.S. Department of Commerce.

Wilson, Daniel J. 2003. Embodying embodiment in a structural, macroeconomic input-output model. *Economic Systems Research* 15 (3): 371–398.

———. 2004. Investment behavior of U.S. firms over heterogeneous capital: A snapshot. FRBSF Working Paper no. 2004-21. October. San Francisco: Federal Reserve Bank of San Francisco.

Wolff, Edward. 2002. Computerization and structural change. *Review of Income and Wealth* 48 (2): 59–75.

小组评论

T. L. 麦森博格*

很高兴有机会阐述美国普查局的国民账户改进新方案。普查局一直 611
将 BEA 视为最重要的用户，我们为项目改进所做的大部分工作都是在BEA 需求的导引下进行的。可以说，BEA 用来开发季度 GDP 指标的原始数据大约有 3/4 要直接或间接依靠普查局生成的数据。这就表明，改进国民账户需要 BEA 和普查局保持步调一致。

我将从三个很宽泛的方面对我们的数据改进计划予以说明：更好、更及时地提供数据服务，为 BEA 开发其投入产出表(I-O 表)提供更详细的数据，以及增加有关测算资本投入的数据。就服务业而言，我下面描述的某些改进或许你已经在以前的会议中听到过，关键是我们正在做一年前承诺要做的事情。我们正在实施已经得到资助的新方案——作为 2003 财年经济统计新方案的一部分。

目前我们正在就选定的几个服务行业收集季度数据。第一次季度调查实际始于 2004 年 3 月 31 日，首先是信息、通信和技术密集行业。第一年我们将逐渐涵盖这三个部门，并从这些部门中选定一些行业。我们从收集 2004 年第一季度和 2003 年第四季度的数据开始，并将在 6 月末邮寄第
二季度调查表。我们打算收集三个季度的数据，并要与被调查公司在报告 612
内容上达成一致。这是一个自愿性调查，我们将于 2004 年 9 月中旬左右发布数据，第一次将发布从 2003 年第四季度至 2004 年第二季度的数据。之后，我们将于参考季结束后 75 天内公布该季度的数据。

我们将利用手里的这笔资金(作为 2003 年拨款的一部分)扩展明年的新的季度调查，把医院、护理和家庭护理设施包括在内。尚未最后决定的 2006 年总统预算中有一项追加资金申请，就是为了在季度调查中新增八个服务业部门。

我要补充一点，2006 年总统预算中还包括了一项新方案——为扩展

* T. L. 麦森博格(Thomas L. Mesenbourg)是美国普查局经济规划处副处长。

针对约117个其他服务业部门收集年度行业数据提供资金，以便将那些目前仅包括在五年一次经济普查中的关键部门——目前年度调查中尚未包括的金融、保险、房地产、公用事业以及运输等行业——覆盖在内。我们曾希望能从2004年或2005年预算中得到此项资助，虽然未获批准，但每个人——包括管理预算办公室（Office of Management and Budget，OMB）——都一致认为应该改进服务业数据在此方面的明显缺陷，为此在2006财年（FY）向国会重新递交了申请。

回到正在实际进行的改进活动上来，我们已经开始分阶段扩展服务业年度调查（Services Annual Survey，SAS）的内容。目前SAS包括269个服务行业。首次扩展是要将这些服务行业的生产数据包括在内。2003年SAS显示了信息部门的生产数据。从2004调查年起，我们开始收集服务和材料购买成本方面的年度信息。收集的数据包括各种服务业公司在材料购买、合同工、软件、数据处理、电信服务、管理和咨询等方面的开支。

更详细的产出数据和中间投入数据将有助于BEA改进其服务活动增加值估计。2006年总统预算中同样包括了在此方面提供支持的资金，我们希望收集零售部门和批发部门的更多生产详情——这两个部门大约有40—50个行业。至于资本支出信息，普查局于2004年4月中旬正邮寄扩展后的年度资本支出调查表，这是你们在上次会议中已听说过的。

我们将首次能够提供硬件、软件和通信服务业的年度营业支出明细信息，包括资本性支出和费用性支出。从2003年数据开始，我们将每年收集
613 企业购买计算机、通信设备和高科技医疗设备的数据。我们将按ACES中公布的行业类别发布这些信息。我们也将分行业提供针对软件的资本性和费用性数据，还希望能提供按标准化软件、定制软件以及自主开发软件划分的全部软件数据，尽管这些数据不能按行业分类。计划于2005年3月首次公布这些新信息。

从联邦统计资料中能清楚地知道谁进行了资本投资，却并不清楚这些资本品实际是从哪里购买的。我们认为，扩展ACES调查将可以弥补这一缺陷。

以上介绍了我们在当前经济统计项目中所采取的、可以帮助BEA改进国民账户的几项工作。我还要指出，我们改善2002年经济普查的目的是为了帮助BEA。2004年3月29日，我们发布了2002年经济普查的首批1 700项数据报告。这是一个经汇总的统计数据摘要。已经加快了2002年经济普查数据的发布进度，以支持BEA改善I-O表及时性的工作。

经济普查将首次公布产品生产部门和非产品生产部门的行业序列数据。从现在到2004年12月底，我们将生成651个行业序列报告。这是一

个加速了的时间表，将比五年前提早 4 个月为 BEA 提供制造业和采矿业数据；制造业产品分类信息提前了 11 个月；而零售与批发贸易商品在线信息比五年前早了大约 20 个月。

最后我要提及另一项改进活动。2003 年扩展了批发贸易年度调查的范围，将国内制造商的分销机构和销售办事处也包括在内，我们将其称为非商业批发商。反映这些企业经济表现的指标过去仅包含于每五年一次的经济普查中，现在我们将开始每年提供数据。2004 年 3 月开始收集这些非商业批发商的数据，计划于 2005 年 4 月公布。经过此次改进，将会形成更好的存货数据。

长期以来，BEA 一直希望有更好的制造商销售办事处和分销机构数据，总计约 500 亿美元的批发存货由这些机构持有。存货变动会对 GDP 估计值产生影响，因此有关此方面的改进当然会大受欢迎。

总之，我们认识到了宏观经济核算的极端重要性，并且我还要说，我们是在与 BEA、BLS 以及联邦储备委员会的密切合作中精心拟定上述改进工作的。普查局的工作是收集数据——作为一项任务，此项工作并不轻松，614
事实上它越来越具有挑战性。我们正全力应对这些挑战，我可以向你们保证，我们将牢记你们的需求。

K. 乌特果夫*

首先我要申明，我们 BLS 热切期待与 BEA 一起工作，协调由 BEA 和 BLS 生成的各种指标，为改进国民账户做出贡献。正如大家所知道的，国民账户是美国统计体系中最重要且最受关注的账户体系。BLS 向 BEA 提供了建立该套账户所使用的大部分信息，同时我们也将 BEA 的数据用于生产率估计。因此，我们两个机构之间的密切合作是绝对必要的。

我简要谈一下我们所做的一些涉及国民账户的工作。通过今天上午的会议大家已经知道，其中一项工作就是探索 BEA 与 BLS 生产账户的整合。该文就一套理论上一致的测算与现有测算进行了比较，并在最后部分开始了一项艰巨工作，对由两个机构准备的许多详细行业产出估计值进行了比较。

Steve Landefeld 为此所做的工作确实值得称道。我知道 BEA 和 BLS 都在致力于进一步的开发。我们也与 BEA 一起比较了 CPI-U 和 PCE 链式加权指数。我认为，这项工作毫无疑问将提供更好、更透明的测算结果。

* K. 乌特果夫(Kathleen P. Utgoff)是美国劳工统计局局长。

目前,我们正在从事改善国民账户的其他工作。薪酬调查——称为 CES 或者 790 调查,经过修订后将生成更好的个人收入估计值。有关收入以及工时的估计将扩展到包括全部雇员,而不仅是生产工人和非管理人员。在考虑进行这种变更时,BEA 的需求非常重要。同时还有另一个动因就是,在一个制造业逐渐下降、服务业部门活动逐渐增加的经济体中,区分非生产工人、非管理人员和其他工人变得越来越困难。从受访者那里我们了解到这是一个重大的问题。因此我们希望换一个方向进行。

薪酬调查的另一个变化是增加了工资总额序列——其中包括非工资性现金支付,如奖金。我们预计将于 2006 年年初开始公布所有这些变化。
615 我们也在对消费者价格指数和生产者价格指数予以改进。在消费者价格指数中,我们加快了商品轮换频率,然后在商品中重新抽样,以使样本更贴近当前时期。我们也在继续推行包含特征模型在内的各种其他方案,以便更好地估计质量变动。

PPI 的改进主要是覆盖范围的扩展。经过扩展后,PPI 已经将一半零售贸易业包括在其中,并完成了对该部门的覆盖。PPI 测算了该部门贸易加价的变动,由此可以与投入产出账户中的处理保持一致。覆盖范围将继续扩展,以后还要增加服务业部门其他行业和非住宅建筑业的指数。

还有一项重要的扩展是预计于明年公布的银行业指数。该项目是在与 BEA 的密切合作中进行的,其目的是使价格变动测算与产出测算保持一致。目前正在测试的方法是使用者成本法。

我想说的最后一件要做的事情,是将于 2005 年夏天首次公布的美国时间利用调查(American Time Use Survey,ATUS)估计结果。调查对象是由 1 800 户住户组成的、基于目前人口现状调查的样本,此项调查提供了大量丰富的信息,将为核算非市场性活动提供重要数据,对理解和评估现有用于估计生产率的工时数据也是十分宝贵的。微观数据同样可从 ATUS 中得到。我认为时间利用调查是一项重大进展,此项工作得以完成,应归功于 Katharine Abraham。一项叹为观止的工程开始了,并取得了重大进展。

L. 斯里弗曼 *

Tom Mesenbourg 和 Kathleen Utgoff 刚才已经就他们各自所在机构为进一步整合国民账户正在做的和即将做的工作做了说明。在这个小组中,我

---

* L. 斯里弗曼(Larry Slifman)是美国联邦储备委员会研究统计处副处长。

是联邦储备委员会的代表,但我不想重复 Al Teplin 及其合作者已经阐述过的美联储为此所做的努力(本书第 11 章)。所以,我将就本次账户整合会议中提出的问题发表一些更具一般性的意见。

三种整合类型

在我看来,本次会议在以三种方式使用“整合”一词。第一种方式,正如 SNA 所说明的那样,是作为提供一个统一核算框架的整合。第二种方式,我称之为过程的一致性,包括了诸如确保各种统计机构使用一致的部 616
门定义、部门边界和交易等情况。Teplin 等(本书第 11 章)与 Fraumeni 及其合作者(本书第 9 章)所写的文章就属于此类整合。第三种方式,也是在本次会议中被大量讨论的方式,是统计误差的消除。

整合的好处

与大多数事情一样,国民账户的每一类整合都是有利有弊的。先看好处。对统一的核算框架而言,一个显而易见的好处是:经整合的账户将与经济和核算理论更为一致。此外,全面整合可以使账户体系更加天衣无缝,便于研究者追踪更多种类的关系。

显然,过程一致性对统一核算框架的完成是至关重要的。各种统计机构之间需要明确划定部门范围,明确定义各种具体交易,否则就不可能完成账户的全面整合。此类工作非常耗费时间且非常琐碎,但它非常重要。此次会议的一个幕后好处就是,在确认 NIPAs 和资金流量账户处理之间的不一致以及如何解决这些不一致方面,BEA 和美联储取得了进展。美联储期待继续与 BEA 合作,在实现过程一致性上取得更多进展。

最后,消除统计误差的好处是什么呢? 我认为,主要好处是可以消除(至少会减少)没有经验的那些用户的困惑。这可不是一个微不足道的好处。

整合的代价

但是整合也带来了代价。例如,为达到过程的完全一致,可能需要统计机构投入相当多的资源,在我们想考虑构造新的框架、进行新的整合步骤时,一定要考虑这些成本。但我认为,为实现过程的完全一致性,不会有显著的分析性成本。

统计误差的消除则不是这样。我喜欢 Jack Triplett 看待误差的方式:误差告诉我们数据中存在模糊不清之处。我认为,知道数据中有些东西是模糊不清的,这本身就是有价值的信息,如果弃之不顾,就要付出沉重的代价。让我举一个有关潜在代价的例子。在 20 世纪 90 年代中期,国民账户以收入法估计的结果开始比以生产法估计的结果更快地反映生产

617 率加速。[①] 如果那时 BEA 使用一些方法抹掉了这些统计误差,分析者和政府官员就不可能获得这些信息,重大的政策错误可能会因此出现。

建议

我的建议可以概括如下:首先,过程一致性本身是好的。统计机构在协调账户使之衔接一致方面做得越多,对我们所有的人来说就越好。在资源允许的范围内,统计机构应大力推进过程一致性。

其次,对统计误差而言,如我前面建议的那样,第一条规则应是:不要丢掉任何信息。实际上,这一规则意味着,在使用任何算法消除统计误差之前,BEA 应该保证研究者可以获得所有未公布的、用来构建账户的原始资料。这样做的好处是可以让那些高级用户能够自己观察数据,看其是否有模糊不清之处并得出自己的结论。

最后,我要申明,我并不是说 BEA 应该放弃消除统计误差的计划。但是,在最终确定要采取的方法之前,为了得到消除误差的最好方法,BEA 需要研究更多的方案。这些方案应是系统的、可再现的,并且应该有经济理论作为指导,正如 Joe Beaulieu 和 Eric Bartelsman 所述(本书第 8 章),要以信息理论原理为指导,对多种指标进行优化组合。[②]

K. G. 阿伯拉罕 *

要实现国民经济账户整合或更一般的经济统计整合,所面临的主要挑战在于:如何处理不同但明显相关的各测度指标之间的误差。有时,从不同角度收集的数据显示出不同信息这一事实本身就可以提供有用的线索,但即使在这些情况下,如果能在通常可利用的信息之外,获得更多与此争议理由有关的信息,往往也是有益的。另一方面,通常来说,那些仅仅是由于不同机构执行的操作方案不同——将企业归入不同的行业,使用不同的缩减指数或缩减方法来生成实际产出估计值,等等——而产生的数据不一致,似乎不可能对任何人有用。在许多情况下可能很难就共同的方法达成协议,但我仍然要说,如果不朝此目标努力,我们就会给数据使用者带来严重危害。

---

① 例如,可参见 L. Slifman and C. Corrado,"Decomposition of Productivity and Unit Costs",1996 年 11 月 18 日,见 http://www.federalreserve.gov/pubs/oss/ossl/ossl.doc.html。

② 参见 Beaulieu 和 Bartelsman(本书第 8 章)。

* K. G. 阿伯拉罕(Katharine G. Abraham)是调查方法专家,马里兰大学经济系兼职教授,美国经济研究局特邀研究员。

我举由基层单位月度调查和人口现状调查得到的两个就业估计值为例,说明相关序列之间的差异可能包含着有用信息。这两个就业估计值各有其测算目标和内容:基层单位调查测算的是职位数,而住户调查测算的是就业人数;基层单位调查不包括农业和私人住户中的职位,而这些部门所雇用的人员却包括在住户调查中;基层单位调查不包括个体经营者,住户调查中则包括;等等。如果同时拥有基于这两种概念基础上的就业信息,那么就会丰富我们对劳动力市场状况的理解。但是,这些概念上的差异并不是造成基层单位与住户调查就业估算值之间观测差异的唯一原因。即使对住户调查就业数据进行概念调整,使之与薪酬调查就业数在概念上保持一致,得到的结果仍然显示出,住户调查测算的就业在20世纪90年代的大部分时间里有较慢的增长,而在过去几年中又具有较快的增长。调整了基本概念差异后仍然存在较大误差,这表明,尽管付出了大量努力来保证两个序列的准确性,但至少其中之一必定有问题!显然需要开展旨在解释这些误差的研究。③ 618

又如消费者价格指数(Consumer Price Index, CPI)和个人消费支出(Personal Consumption Expenditure, PCE)缩减指数,这是两个相关但不一样的数据序列。两者都与消费者支付价格的趋势有关,但两者之间在范围和概念上却存在着重大差异。这些差异包括:PCE缩减指数的覆盖范围明显更宽,计算时采用了链式加权费雪公式而不是固定权重的拉氏(Laspeyres)公式(进一步的讨论参见Fixler和Jaditz,2002)。但范围和概念的差异并不能解释两者间的全部差异;即使就CPI与PCE缩减指数重叠部分选择应用这两个不同成分的价格指数,仍然会引起这两个序列的不同表现。可能有令人信服的概念上的原因或其他理由选择这样做,而缺乏某些足够的理由用别的方法去做,如果在生成PCE缩减指数时能够使用CPI成分价格指数,那么就可以方便数据使用者。

经济分析局(BEA)与劳工统计局(BLS)在行业产出测算上的差异(Fraumeni、Harper、Powers和Yuskavage在本书第9章进行了详细讨论),是数据误差可能导致混淆的另一个例子。BEA和BLS在协调制造业产出估计结果方面已经取得显著的进展,比如使用一组通用的价格缩减指数, 619
但在非制造业产出测算方面仍然存在显著差异。如Fraumeni等所说,可选序列中确实隐含着不同的产出概念,但从经验上来看,这些概念上的差

③ 讨论与探索90年代两个序列分歧的各种可能解释,可参见Nardone, Bowler和Kropf(2003)。

异相对来说并不重要,更重要的是生成非制造业估计值所用原始数据的差异,以及其构造过程中所采用的不同的缩减指数与缩减方法。BEA 和 BLS 正致力于更好地解释行业产出指标观测误差的来源,并努力在“适当的地方”取得更高一致性。我赞赏此项工作,并希望这两个机构在一致性方面有更高追求,而不是仅满足于就产出指标为什么不一样寻找解释,然后就此作罢。

又如,尽管依据的是大体相同的基础原始数据,但 BEA 和 BLS 针对资本存量的测算却选择了不同的假设,也就是说,对各类资本资产所提供的服务如何随资产役龄而下降有不同的假定。BEA 假定,资本资产的效率随役龄呈几何级数下降;而 BLS 则使用了双曲线役龄—效率函数(参见 Fraumeni,1997;Dean 和 Harper,1998)。虽然根据 BEA 在 1997 年所采用的折旧率,居住用建筑物应该被赋予一个更长的服务寿命,但 BLS 并没有这样做(BLS,2003)。BEA 和 BLS 的职员对我说,两个机构采用的不同假定在实践中通常会得到相似的结果,也就是说,无需担心方法上的不同。但是,如果有人想了解两个机构之资本存量序列存在怎样的相关关系,这些方法上的差异无疑就会给人造成困惑。可以肯定,至少从原则上讲应该有一个正确答案,我们应该能够就哪个是最接近正确答案的假设达成一致。

BLS 和普查局在进行企业登记时对基层单位的行业归类有所不同,Lawson、Moyer、Okubo 和 Planting 的文章(本书第 6 章)在讨论中提到了这些情况,这是一个典型的例子:最好有一个明确的解决方案而不是并列给出不同的解决方案。原则上,合适的归类方法应该是:每一基层单位有且仅有一个正确的行业代码。BLS 所用的原始数据和普查局所用的原始数
620 据对确定正确的行业归类可能都是有用的,但除了历史原因外,没有理由必须保持两套独立的登记系统。两种企业登记形成两套行业分类结果,这给试图基于这两组清单综合利用相关行业信息数据的使用者带来了实际问题。同样的批评也适用于这两组清单在地理编码上的差异。BLS 和普查局正在为理解这些差异联合工作,我要表扬参与这项已取得进展的重要项目的员工。但是,从数据使用者角度来说,很明显,最终目标应是消除两组清单之间的差异而不只是简单地理解它们。

当然,对不同但相关的统计序列——尤其是由不同机构提供的序列——进行协调,这项工作说起来容易做起来难。可以理解,负责建立某个数据序列的机构主要关心如何得到最好的数据。而且,也可以理解,一个生成某项数据产品的认真且称职的员工,不会愿意放弃自己对如何准确建立数据产品而形成的专业判断。协商一个统一的方法必然要投入时间

与精力,再加上对该统一方法能否改进自己的数据总难免心存疑虑,这就会进一步加重上述不情愿。但是,如果一直拖延相关数据产品生产者之间的协调工作,其累积效应将会给数据使用者造成不必要的麻烦。

在这种情形下可以做些什么呢?如果有机会从头开始重新设计统计体系,我可能会让经济分析局局长担任最后仲裁者,由他来裁决经济数据项目间在方法论问题上的分歧,尤其是那些会对国民账户产生影响的分歧。因为,正是这些差别给 BEA 的工作带来了最严重的问题,在他们那里,不同来源的不一致数据必须设法调和在一起。在如 BLS 和普查局企业登记中出现不同的行业归类这样的特别重要的情形中,实现协调要求修改法律,即那些规范出于统计目的获得美国国税局记录的法律。但是,即使没让 Steve Landefeld 独揽经济数据大权,即使规范我们一直期待的统计数据共享的法律没有改变,我们仍然有许多事可以做。迄今为止,除了满足各种日常需求之外,BEA、BLS 和普查局的高级管理人员与全体员工在统一数据产品方面已取得重大进展,这是值得我们称赞的。我力促对这些经济数据项目继续给予优先关注。

J. S. 兰德菲尔德*

有许多方式能够使一个统计体系内各种统计数据之间实现一体化和达成一致。一种选择是建立一个中央统计机构,并授权它为每一套相互联系的统计资料提供一套唯一且一致的概念、方法和原始数据。但是,在美国这个有史以来一直执行分散型统计体系的地方,与改变那些合并各种统计机构所必需的无数法律和组织结构相比,更现实的解决办法可能是增加合作、实现数据共享这些小动作。相对于由一个庞大的中央统计机构统一生成数据,另一个解决办法是生成更准确、更相关的数据,因为它可以保留在一个分散体系内能够触发的各种创新。

多年来,尽管成立了许多工作小组来探索中央统计机构的创建,但却没有任何进展。部分问题在于要改变许多结构与法律,而且这样的合并也缺乏令人信服的理由。近年的进展是,生产经济统计数据的各种统计机构已经发生了一系列变化——希望同时获得集中体系与分散体系两方面的好处。这些变化包括:

- 在填补原始数据缺口、更新分类体系、正视并协调由不同机构生成

---

* J. S. 兰德菲尔德(J. Steven Landefeld)是美国经济分析局局长。

数据间的差异等方面加强合作；

• 改变不同机构之间只能有限共享宏观数据的法律法规，最终目标是改进数据的一致性、准确性，减少来自不同机构经济调查的受访者负担；

• 通过公共网站（www. fedstats. gov）和链接网站（www. bea. gov，www. bls. gov 和 www. census. gov），开发更容易进入、信息更具一致性的中央数据库。

这是一种可以在一个分散体系中得到集中统计体系之好处的方法，本次会议的文章已提供了大量表现其功效的例子。例如，BEA 分行业 GDP 和投入产出账户之间实现相互一致，并最终与 BLS 的生产率估计达成一致，这表明，只要在填补数据缺口、开发一致的原始数据和方法方面加强合作，就能生成更一致、更准确的数据。

622 为了开发更具一致性的分行业 GDP 和 I-O 增加值估计值，BEA 根据其顾问委员会的意见，决定不使用以衔接到 I-O 表为基础的单一方法，而是采用双管齐下的办法：（a）与普查局和 BLS 一起，共同改进服务业以及中间投入[4]原始数据的准确性与及时性；（b）开发一套新的一致的估计值，它们实际上是每个行业两个估计值（使用不同的原始数据和方法得到）的加权平均。权重以对每个组成部分原始数据和方法之相对准确性的评估为基础。利用这种方法没有损失任何信息，由此得到的估计结果——它使用了所有可用的数据——不仅更一致而且更准确。[5]

BEA 和 BLS 还采用了一种正视并协调总产出与增加值序列中的差异的策略，目标是针对原始数据与方法选择最具可能性的组合，而不是仅仅采用各机构的某一估计值。但也有这样的情况（如企业产品的定义），为保证一致性，BEA 直接采用 BLS 的定义，放弃了 BEA 定义所具有的某些优点（对其账户使用者而言）。

数据共享给整合带来了最大的潜在利益。在 BEA 的 I-O 账户中所使用的分别来自普查局和 BLS 的行业数据之差异，显示出美国行业数据存在最为显著的不一致性。在 I-O 账户中，BEA 使用普查局提供的行业和产品数据来测度各种商品和行业的产出、中间产品和最终需求，但要使用 BLS 的工资薪金以及其他数据来测度增加值。二者之间差异相当大，而且行业账户估计值的大部分不一致也都间接与此有关。

---

④ 在填补 BEA、BLS 与普查局提供的数据缺口方面，BLS 和普查局着手进行的改进的完整目录可参见 Kathleen Utgoff 和 Thomas Mesenbourg 的小组评论。

⑤ 给予一致性与准确性以及所需要的统计技术的进一步讨论——不是以单一的方法和总量控制来估计——可参见 Lawrence Slifman 和 Katherine Abraham 的小组评论。

例如，无论使用BLS数据还是普查数据，各行业报酬总计大致相同，但单个行业之间的差异却有可能会相当大，水平值差异大约有15%，而增长率上的差异更有其近两倍那么大。在国际投资、贸易与服务法案许可的BEA-BLS-普查局数据的早期微观数据链接中已经发现，行业数据的大部分差异似乎是由于将单个企业归属于不同的行业或对辅助单位的不同处理引起的。

本次会议的各篇文章已经指出了在分散体系中进行合作的各种方式， 633
但仍有许多工作要做。要使数据共享的范围超出目前所允许的有限类别，就需要对规则与法律做其他相应修改。只有实现了这些改变，我们才能从数据共享中获得超出最初数据共享法律预想的更大好处。在以往成功的基础上，各个统计机构、管理预算办公室、国会需要紧密合作开发并资助那些填补缺口、整合和更新国家经济统计数据的新的研究计划。比如，尽管近年来在此方面已经取得了重大成就，但围绕服务业产出与价格、国际服务贸易以及收入等方面的测算，仍有较大的数据缺口。与过去五年相比，今后五年应该有突出进展，从这一分散体系中产生一套比今天能获得的数据更一致、更准确、更相关的美国经济统计数据。

参考文献

Dean, Edwin R., and Michael J. Harper. 1998. The BLS productivity measurement program. Paper presented at the Conference on Research in Income and Wealth conference on New Directions in Productivity Analysis. 20–21 March, Washington, DC.

Fixler, Dennis, and Ted Jaditz. 2002. An examination of the difference between the CPI and the PCE deflator. Bureau of Labor Statistics Working Paper no. 361. June. Washington, DC: Bureau of Labor Statistics.

Fraumeni, Barbara. 1997. The measurement of depreciation in the U.S. National Income and Product Accounts. *Survey of Current Business* 77 (July): 7–23.

Nardone, Thomas, Mary Bowler, and Jurgen Kropf. 2003. Examining the discrepancy in employment growth between the CPS and the CES. Paper prepared for presentation to the Federal Economic Statistics Advisory Committee. 17 October, Washington, DC.

U.S. Bureau of Labor Statistics. 2003. Revisions to capital inputs for the BLS multifactor productivity measures. Available at http://www.bls.gov/web/mprcaptl.htm. Last updated April 8, 2003; accessed October 19, 2004.

主题索引